本书为国家社会科学基金项目（编号：13AZD017），并得到中共中央党校创新工程项目资助

以交流和沟通
重构社会关系模式

丁元竹◎著

中国社会科学出版社

图书在版编目（CIP）数据

以交流和沟通重构社会关系模式／丁元竹著．—北京：中国社会科学出版社，2020.12

ISBN 978-7-5203-7618-1

Ⅰ.①以… Ⅱ.①丁… Ⅲ.①社会关系-研究-中国 Ⅳ.①D66

中国版本图书馆 CIP 数据核字（2020）第 255043 号

出 版 人	赵剑英
责任编辑	刘　艳
责任校对	陈　晨
责任印制	戴　宽
出　　版	中国社会科学出版社
社　　址	北京鼓楼西大街甲 158 号
邮　　编	100720
网　　址	http://www.csspw.cn
发 行 部	010-84083685
门 市 部	010-84029450
经　　销	新华书店及其他书店
印　　刷	北京君升印刷有限公司
装　　订	廊坊市广阳区广增装订厂
版　　次	2020 年 12 月第 1 版
印　　次	2020 年 12 月第 1 次印刷
开　　本	710×1000　1/16
印　　张	42.5
字　　数	719 千字
定　　价	248.00 元

凡购买中国社会科学出版社图书，如有质量问题请与本社营销中心联系调换
电话：010-84083683
版权所有　侵权必究

目 录

第一章 概念阐释、研究价值、研究方法、理论框架 ……………（1）
 第一节 主要概念阐释和研究范围界定 …………………………（1）
  一 主要概念 ………………………………………………（1）
  二 社会体制内涵外延的阐释和分析 ……………………（7）
  三 核心概念及其拓展领域 ………………………………（16）
 第二节 研究价值 …………………………………………………（23）
  一 现实意义 ………………………………………………（23）
  二 实践价值 ………………………………………………（24）
  三 学术价值 ………………………………………………（25）
 第三节 研究方法 …………………………………………………（26）
  一 实地研究 ………………………………………………（27）
  二 理论研究与学理解释 …………………………………（35）
  三 大数据研究方法 ………………………………………（38）
  四 综合决策机制研究 ……………………………………（41）
 第四节 理论框架 …………………………………………………（44）

第二章 社会体制的历史逻辑 ……………………………………（46）
 第一节 中国社会体制的历史脉络 ………………………………（46）
  一 新中国成立之前的社会体制 …………………………（46）
  二 新中国成立到改革开放前社会体制的基本特征 ……（53）
 第二节 当代世界主要社会体制类型及其演变 …………………（59）
  一 以公众承担社会事务为主要特征的社会体制：
    美国模式 ………………………………………………（59）
  二 福利国家的社会体制：欧洲模式 ……………………（73）

三　全球化下的社会体制 …………………………………… (76)

第三章　社会体制的理论逻辑 ………………………………………… (80)
　第一节　中国学者对于社会体制的探索 ……………………………… (80)
　　一　市民社会及其治理还是其他？ ………………………………… (80)
　　二　与经济体制改革配套的社会体制改革 ………………………… (82)
　　三　以社会管理体制为核心的社会体制 …………………………… (83)
　　四　以社会规范为核心的社会体制 ………………………………… (85)
　第二节　国际学者对于社会体制的认识 ……………………………… (86)
　　一　把社会作为整体探索与社会需求 ……………………………… (86)
　　二　人与人关系模式组成的社会制度形式 ………………………… (87)
　　三　制度、地位和角色的社会结构下的社会体制 ………………… (88)
　　四　同舟共济、公平发展的社会共识 ……………………………… (90)
　　五　对现行资本主义制度系统升级的理论探索 …………………… (91)
　第三节　社会体制中"社会"与"文化"的逻辑 …………………… (93)
　　一　"社会"与"文化" …………………………………………… (94)
　　二　经济人与社会人 ………………………………………………… (97)
　　三　现代化进程中的社会与文化一体化 …………………………… (105)
　　四　人类命运共同体与全球社会体制的探索 ……………………… (108)

第四章　社会空间中的社会关系模式 ………………………………… (116)
　第一节　社会与社会领域 ……………………………………………… (117)
　　一　相关概念的诠释 ………………………………………………… (117)
　　二　社会领域 ………………………………………………………… (124)
　第二节　社会互动中的社会秩序 ……………………………………… (134)
　　一　社会秩序 ………………………………………………………… (134)
　　二　社会沟通 ………………………………………………………… (136)
　　三　社会沟通的历史演变 …………………………………………… (143)
　　四　现代社会沟通的关节点 ………………………………………… (148)
　第三节　商业模式变化与社会空间扩张 ……………………………… (155)
　　一　互信社会价值的重塑 …………………………………………… (157)
　　二　重塑交流的公共利益机制 ……………………………………… (161)

第五章 "小我"与"大我"的公共空间 (165)
第一节 公共领域与公益利益：社会体制的核心 (166)
一 基本概念 (166)
二 公共领域的理论诠释 (177)
第二节 公共利益与社会发展 (189)
一 公共消费与社会空间 (189)
二 公共消费的结构化特征 (192)
第三节 共享经济：公私的混合领域 (197)
一 共享经济的产生、含义与特征 (199)
二 共享经济的社会体制内涵 (203)
三 共享经济的混合制度分析 (208)
四 共享经济的社会基础分析 (214)

第六章 社会动员机制与社会活力 (221)
第一节 社会动员机制 (221)
一 社会动员机制与社会治理体系 (225)
二 社会信任与社会治理体系的价值基础 (238)
三 公共空间拓展与治理能力现代化 (238)
四 重塑社会动员机制 (239)
第二节 志愿服务的社会机制 (245)
一 志愿精神是核心价值观的具体体现 (247)
二 志愿精神是人类生活共同体的基本价值 (251)
三 志愿服务是日常社会生活的一部分 (256)

第七章 社会体制的国际视角 (260)
第一节 内生环境下的文化与社会体制：以印度社会发展为例 (261)
一 印度社会的人文生态与印度社会的生成 (261)
二 技术进步与印度社会变迁和转型 (265)
三 善良温和、机智聪慧、自信坚韧的人性特征 (268)
四 变化中的社会规范和习俗 (271)
第二节 公共领域和公共空间：发达国家和地区的案例 (283)

一　公共部门的扩张和新型公共空间建设……………………(285)
　　二　公共领域的人力资源布局……………………………(305)
第三节　社会关系模式：不同国家和地区的案例………………(307)
　　一　社会组织与公共领域…………………………………(307)
　　二　国（境）外公共服务类的社会组织模式……………(311)
　　三　国（境）外公共服务类非营利组织的主要职能……(317)
第四节　社会领域创新……………………………………………(318)
　　一　社会创新及其兴起……………………………………(319)
　　二　社会创新的主要内容和方式…………………………(322)
第五节　互联网环境下的社会体制：特朗普治下的美国社会
　　　　体制分析…………………………………………………(329)
　　一　特朗普的个体偏好及其特点分析……………………(329)
　　二　美国群体的媒体偏好及其特点分析…………………(331)

第八章　社会体制的创新环境……………………………………(335)
第一节　互联网环境下的当代社会结构变迁……………………(335)
　　一　技术创新与社会组织发展……………………………(335)
　　二　技术进步中生成新型社会组织………………………(337)
　　三　社会组织服务方式创新………………………………(340)
第二节　互联网环境下的公共部门………………………………(342)
　　一　政府治理与国家治理的新阶段………………………(342)
　　二　政府治理的新理论……………………………………(344)
第三节　信息化环境下基本公共服务供给体制…………………(371)
　　一　信息化环境下的基本公共服务理论反思……………(372)
　　二　基本公共服务供需平台的理论建构…………………(380)
　　三　基本公共服务平台的价值分析………………………(381)
第四节　技术创新与公共域的扩张………………………………(385)
第五节　社会政策的综合决策……………………………………(391)
　　一　社会政策的决策机制…………………………………(392)
　　二　以现代技术和体制机制创新支撑社会政策决策……(402)
　　三　能力提升和绩效评估…………………………………(407)

第九章　改革和创新社会体制 (412)

第一节　社会体制改革的核心目标 (413)
一　始终坚持民生是人民幸福之基和努力实现社会和谐这一根本宗旨 (414)
二　把提高人民的幸福感作为推动社会体制改革的抓手 (418)
三　实现社会公平正义是社会体制的落脚点 (420)

第二节　打造共建共治共享的社会治理格局 (421)
一　深刻把握社会治理的规律性 (421)
二　完善社会治理体制 (425)
三　防范和抵御安全风险 (430)
四　建设人民共同的精神家园 (432)
五　聚焦大城市的顽症痼疾 (433)
六　建设共建共治共享的民生体制 (437)

第三节　做好社会体制改革的整体规划 (439)
一　从总体上安排社会体制改革 (439)
二　设计激发社会活力的体制机制 (444)
三　建立和完善与社会体制改革总体目标相适应的文化体系 (445)

第四节　实现中国社会体制改革目标的配套政策 (445)
一　创新社会发展方式 (445)
二　创新体制机制环境 (447)
三　建构社会体制的运行机制 (448)
四　建设基本公共服务供需平台 (451)
五　全面深化改革的综合决策和执行机制研究 (456)

跋　关于相互交流与相互隔膜社会模式的深度思考 (459)

第一节　基层社会体制改革和建设：建设基层人民的美好社会生活 (461)
第二节　全球化下的国别社会体制：改革开放四十年后的中国改革再出发 (464)
第三节　人类命运共同体与全球社会体制：全球发展十字路口的思考 (468)

附录 实地调研分析报告、问卷调查分析报告、大数据分析报告 ……………………………………………………………………（477）
 附录一 我国社会治理状况的大数据分析报告……………………（477）
 附录二 北京市基本公共服务痛点大数据分析报告………………（535）
 附录三 美国的共享经济调研情况汇总报告………………………（560）
 附录四 Uber在美国发展、挑战及运行机制情况调研报告 ……（562）
 附录五 社会价值与志愿领域：北京市志愿服务问卷调查分析报告 ………………………………………………………………（569）
 附录六 北京市的社会动员机制调研报告…………………………（609）
 附录七 完善社区治理的社会政策体系：上海市基层社会治理调研报告 …………………………………………………………（626）
 附录八 北京市基本公共服务供需平台现状评估报告……………（636）
 附录九 特朗普出台宽带政策推动美国农村繁荣情况分析报告 ………………………………………………………………（652）

参考文献 ……………………………………………………………………（657）

后　记 ………………………………………………………………………（669）

第一章 概念阐释、研究价值、研究方法、理论框架

第一节 主要概念阐释和研究范围界定

一 主要概念

(一) 社会体制

本书将提出一套探索社会体制的理论，在社会的利益格局、公共利益、空间结构和社会关系模式之间进行历史与现实、理论与经验、微观与宏观之间的考量。书中基于社会客观发展的历史演变和社会理论的历史脉络来这样界定社会体制：社会体制，就其本质来说是人们的社会关系模式，而且它是一种相对持久的制度模式，它决定着人们的行为。它由至少两个以上的个体在相互作用中形成。换句话说，社会体制以利益格局为核心，以公共利益为纽带，以公共领域范围（在本书中我们将其称为"公域"），来构筑社会的基本秩序，编织人们之间的社会关系模式。个体之间的相互作用有着共同的指向和目标，并发生在一定的物理空间中，通常社会体制是逐步开放的。社会体制的功能是促使社会开展日常活动，好的社会体制能够形成社会基本氛围，激发社会活力，促进社会公平，实现社会和谐，有时还要应对社会冲突，其中，激发社会发展活力和维护社会秩序是一个良好社会体制改革的核心点。

本书的目的是构建一个逻辑系统来解释在中国引起普遍关注的公共服务和社会治理活动的建构，并能解释社会建设的逻辑体系，本书认为，社会体制是由一系列的元素组成的：利益格局、公共利益、公共空间、社会空间和社会关系模式。本书提出的元理论是：任何一个人文区位上的社会关系都有自己的独特模式。家庭、邻里、社区、街道、区域，乃至国家都是人文区位的不同表达形式。伴随着商品、信息、资金、人口的流动，最

初主要文化发源地的人文区位内部不同家庭、群体之间的互动，到后来这些主要文化发源地之间的互动，文化之间出现了交融。交通工具和信息技术在这个过程中发挥了不可估量的作用。不同族群之间的婚姻是典型的文化的交融表达方式，其深层次的变化是多方面的，除了文化，还有人种的变化。安东尼·吉登斯说道："在某些社会里，社会整合与系统整合几近重叠，社会中定位过程的'层化（layered）'程度就很不发达。而当今社会里的个体则被定位于纷繁多样的层面上，包括家庭、工作场所、邻里、城市、民族国家以及一个世界性系统，所有这些都展现出某些系统整合的特征，将日常生活的琐碎细节与大规模时空延展的社会现象日益紧密地联系在一起。"仔细想想，从最初的氏族部落，到各个古代文明的发源地，再到目前被互联网、喷气机、高铁连接在一起的世界，大致也就是这样一个景象：不同类型的社会关系复合建构了当代的全球社会景象。

最初的社会体制是人类在自己的人文区位上建构出来的，非常具体的社会关系模式。形成这样的元理论的逻辑来自对人们行为的理解，这就是人类的行为是由其文化信仰、价值观念、社会规范决定的。特定的文化信仰、价值观念、社会规范总是产生于一定的人文区位。日常生活中的人们之间的接触、交流和沟通表面上看起来杂乱无章，但在一个时空结构中连续观察便会发现其规律性，这种规律性就是社会的习俗、习惯和社会规范使然。在这样的环境下，经济逻辑对社会关系网络的影响是，资本、信息、技术会逐步改变人们的文化信仰、价值观念、社会规范，至少会引起它们的变化。这些文化信仰、价值观念、社会规范在时下被人们称为"社会资本"，与其相对应的是"经济资本"。人们通常将资本、信息、技术称为"经济资本"。值得注意的是，在"经济资本"中，技术对于利益格局的影响越来越重要，这是进入20世纪后期经济逻辑变化的一个显著特征。当然，也有人认为技术是制度创新的产物。人工智能不仅会带来就业和消费的变革，也会带来财富的裂变。事实上，经济资本和社会资本是互相嵌入的。在历史的演化进程中，社会资本和经济资本，尤其是经济制度之间总是互相作用和互为因果的，在发展进程中互为建构和持续再建构的。

在这个意义上，社会体制具有历史性、国别性、全球性。在一个不断全球化和信息化的时代，被互联网、贸易等连接起来的各国社会体制又进入一个全球性演化进程。全球治理也就应运而生。但是，社会体制是具体的，而不是抽象的，从经济活动上看，经济中的各种活动是通过一个个具体的人、具体的组织和群体来进行的，经济活动实质上也是一种社会活动，不同的组织和个人掌握不同的资源，拥有相对的独立性；从文化活动来看，这些个人、组织和群体因发展环境和所经历的历史不同而有着文化上的差异，对同一活动的理解大相径庭，他们具有相对独立的活动空间；从国家主权来看，国家治理下的社会拥有自己独立的社会劳动力市场、社会保障和社会福利制度、社会治理体系。概而言之，每一个社会体制都有它的本土性，都有自己的关于规范、习俗、空间以及本土生活的记忆和话语体系。外来人进入他人的社会体制需要费力去理解和适应这些规范、习俗、空间及其话语体系，甚至表现出不适而需要有一个调适的过程，而本社会体制中长大的人们则对其习以为常，也就是通常所说的习惯。本书试图通过跨学科的方式来解释社会体制，并不将理论局限于某一个具体的学科。

在这里，本书想提出一个命题来进一步说明社会体制的五个要素之间的关系，就是"有公共空间无社会空间模式"，这个概念的含义是，进入20世纪后期，一些国家，比如战后日本的一些城市地区都有过这样的经历：由于土地价格上升等原因，吸引房地产开发商介入城市建设，在城市周边开发了大量住宅区，也建设了相应的配套服务设施，包括社区活动中心、体育馆、游泳池、绿地、花园、座椅等公共空间，但是住宅区远离城市中心，缺乏便利的交通条件和居民满意的医疗、教育服务，导致居住区的入住率不高、人口稀少；或在一个时期内由于居住的人口不多，相应的配套服务设施不能配置人力资源和提供有效的服务，房屋空置与服务缺位恶性循环；由于缺乏足够的人气，住宅区的社会空间也难以拓展，也形不成能够满足人们需求的社会纽带，即社会关系模式，社区的社会体制建设也就无从谈起。公共空间强调的是公共设施及其服务功能和分布，社会空间则强调在公共空间中的社会活动和参与的社会性，以及人们之间的社会互动。人们之间的社会互动总是随着生产和交往不断扩大范围，进而从小的社会空间迈向大的社会空间的。大的社会空间会随着规模扩大产生分化，形成不同的"圈子"。尽管二者都强调空间，但侧重点是不一样的，从我们通常所说的社会建设这一概念来解释它们，公共空间与公共服务和社会事业是密切交集的，社会事业建设是不断扩大公共空间的过程；社会空间与社会治理是密切交集在一起的，人们之间的社会纽带是遵循着一定的规则形成的，这就是社会秩序，社会治理发生在其中。美国乔治城大学教授乔丹·桑德（Jordan Sand）描述 20 世纪 60 年代左右的日本的公共空间与社会空间时是这样写的："人们能够买到的房屋却越来越远离市中心。这导致了上班族们更长的通勤时间，并使得郊区居民不得不生活在没有任何既成社会纽带的新社区里。"[①] 这种现象似乎在美国也曾发生过，罗伯特·帕南特在《独自打保龄》一书中对美国过去几十年的社会资本消失有过这样的描述，类似于日本所发生的一切。由此进一步说，利益格局、公共利益、公共空间、社会空间和社会关系模式是现实社会生活的基本要素，也是社会体制的基本要素。这五个要素说到底是围绕着利益格局和人们的不同需求展开的。从这些要素出发来考虑社会体制改革、规划和政策设计就会更具操作性。人们通过日常的见面、打招呼、生活琐事、交流等在一定公共空间中形成认知、情感，形成社会纽带。"小镇居民通常彼此了解，知晓彼此的资产，相互关心，从而保证了社区的健康发展。"[②] 一般情况下，由于空间、时间、认知等因素的限制，人们经营的社会纽带又是有限的，在一个大的公共空间中又会形成若干小的社会纽带。空间形式在人文环境中必定会表现为一种社会形式，表现在人们之间的空间关联。当然，我们不能简单地将这种社会性理解为空间中的社会分布，而是人们在空间中进行的社会互动和社会沟通，最终表现为一种社会纽带和心理纽带。在互联网环境下，情况会有所变化，人们在移动平台上可以形成若干小的社会纽带，这就是以不同目的和不同群体为特征的"群"。网络环境下，"群"交流似乎更加便利，更少受到时间和空间的限制。与传统意义上的公共空间比较，网络公共空间的信息量大，传播快。事实上，网络环境下，每个个体交叉于不同的"群"之中，信息来源多，新信息也多，这是网络环境下的信息传播优势和社会纽带的基本特征。人类的社会关系模式随着市场、技术已经发生了可观的变化。这已经构成当代社会学研究的重大课题。

利益格局也可以视为一种社会网络，它是由人们占有财富的多寡，以什么样的方式获得财富，以及由占有财富多寡决定的社会地位等要素组成的社会网络。社会会因为对财富、权力、知识、技术等要素的占有而形成

[①] ［美］乔丹·桑德：《本土东京：公共空间，在地历史，拾得艺术》，黄秋源译，清华大学出版社 2019 年版，导言第 12 页。
[②] ［美］罗伯特·伍斯诺：《小镇美国：现代生活的另一种启示》，邵庆华译，文汇出版社 2019 年版，第 103 页。

依赖、支配、主导、服从等一系列的关系类型。财富大致相同的人们会形成自己的"圈子",或者是精神上的,或者是空间上的,或者二者兼而有之,无论以何种方式,都是以社会关系网络形式呈现的。美国先期的企业家们建立了自己的商会以此来促进和保护自己的利益,到1858年,这样的商会已经发展到了十几个。以商会为纽带的美国顶级企业家和银行家保持着密切的联系。1834年成立的"费城商会"实际上是商业俱乐部,他们举办一系列的活动,保持着家庭之间的密切关系,确保他们的利益和财富能够代代相传,努力扩大财富的继承机会。这些家庭和商会对地方选举也产生了巨大影响。在公共利益基础上产生的社会纽带也与个人追求的非经济意义上的社交行为、获得他人认同、社会地位以及广义的权力和影响等目的有关,而这些只有在公共利益、公共空间和社会空间中才能获得和得到满足。经过几十年的建设,中国各地城市几乎都完成了住房和相应配套设施建设阶段,大小城市座座高楼拔地而起,相应的服务设施有的已经建成,有的正在建设中,可以说现阶段的中国城市已经不乏公共空间,但大量闲置住宅如何拓展社会空间和建立社会纽带需要提到议事日程上。

建立和完善社会纽带必须约束社会行为,形成社会秩序,这是社会学关注的领域。选择和约束是两个不同的概念和秩序原则,前者更适合市场领域,后者更适合社会领域。给个人更多的选择才能激发活力,强化约束才能维持基本的社会秩序。当然,适度的选择和秩序对市场和社会都是必需的。一个健康持续发展的社会必须激发全体社会成员的参与活力,也就是要给他们一定的选择空间。这一点对于我们理解当前正在推动中华民族伟大复兴的壮举十分重要,实现中华民族的伟大复兴必须依靠全体人民的共同努力。"一个国家从边缘走向显赫,其政策和国民的进取心不容忽视,同时也是最大的动力。"[1] 社会要持续发展必须积累足够的动力,包括人民的积极热情、思想解放、关心国家、热爱社区等,这些动力就是社会活力,社会活力也是社会创新力。一个充满创造力的国家,一定会走在时代前列。激发社会活力的根本目的是建设一个在公平正义制度下的公正社会。激发社会活力和实现公平正义是一个硬币的两面。社会只有实现公平正义,才能实现社会和谐。中华民族伟大复兴既是经济和科学技术的复

---

[1] [印度]卡迈勒·纳特:《崛起的印度》,张旭译,湖南人民出版社2012年版,绪论第24页。

兴，也是社会的和谐和文化的繁荣。因此，本书中社会体制改革的总体目标是，努力推进社会的公平正义，在国家推进社会主义现代化进程中逐步实现全体人民共同富裕的目标。

（二）社会体制改革整体规划

2017年召开的党的十九大对中国社会主义现代化和中华民族伟大复兴作出了整体谋划。按照党的十九大报告提出的百年目标中的社会发展体制机制作出的描述：到2035年"人民平等参与、平等发展权利得到充分保障，法治国家、法治政府、法治社会基本建成，各方面制度更加完善，国家治理体系和治理能力现代化基本实现"，以及"人民生活更为宽裕，中等收入群体比例明显提高，城乡区域发展差距和居民生活水平差距显著缩小，基本公共服务均等化基本实现，全体人民共同富裕迈出坚实步伐"。到2050年，"全体人民共同富裕基本实现"。"我国人民将享有更加幸福安康的生活。"根据党的十九大报告精神，我们在本书中把社会体制改革整体规划理解为统筹考虑人民群众的机会公平、利益公平和权利公平的公平保障机制，以及人民群众平等参与、平等发展、平等分享的体制机制，通过这一系列的目标集合来探索实现这些目标的社会激励机制和全体社会成员为实现这一目标的动员参与机制。从社会体制改革的整体规划这样一个目标出发，我们在本书中将不聚焦具体的社会体制问题，诸如医疗卫生体制、社会保障体制等，而是聚焦于比这些具体领域的社会体制更高一个层次的利益格局、公共利益、公共空间、社会空间和社会关系模式等层面的问题。提出这样的分析框架，一方面是受到经济体制改革的启发。通常人们把经济体制视为包括金融体制、财政体制等在内的体制机制的集合，但是，高于这些体制的是产权机制、价格生成机制等市场机制，等等。提出这一框架的另一考虑是，进入新时代又必须超脱经济领域、超脱市场对社会事业的主导，尤其是它对社会事业发展目标的主导，努力使社会事业摆脱狭隘的经济利益。所以，本书在探索社会体制时将借鉴经济体制改革的经验，使社会体制改革的研究聚焦在类似于经济体制中的产权体制和价格机制，在社会领域应该聚焦在公共利益、公共空间、社会空间，以及社会关系模式等体制机制问题，通过对这些领域的探索，寻找社会体制的基础理论和基本解释，以求在深层次上探索社会体制及其改革，理解社会建设、公共服务和社会治理等重大问题，在理论和方法上有所创新，探索中国特色的社会建设学科体系建设等问题。

(三) 社会体制改革政策配套设计

本书在利益格局、公共利益、公共空间、社会空间和社会关系模式的基础上,将回过头来,把社会体制改革的配套设计紧紧围绕着以社会事业发展(基本公共服务体系建设)和社会治理体制创新为核心的社会体制问题,深入研究信息化环境下的社会事业创新、公共服务机制创新、社会治理机制创新等体制机制问题,为实现社会体制总体目标和推进社会体制整体规划提供理论和方法上的支持。

二 社会体制内涵外延的阐释和分析

(一) 社会体制的内涵

从基本定义出发,本书也可以认为社会体制是指一种秩序。一方面,它是人们在自己的社会生活中为适应环境而逐步建立的人与人关系的模式;另一方面,它是为了社会生活而建立的约束个人行为的秩序,包括如何最有效、最合理地分配财产,如何对社会生活进行决策,以及人们如何参与社会生活,等等。它表现为在一定地区或社会内的社会法、制度和政府行为中的一系列道德、政治和经济原则。社会体制决定着人们之间的关系模式。换句话说,社会体制是指在特定的社会中,人们之间社会关系的模式,它以利益格局和参与方式为边界条件,通过社会机制配置资源,充分激发个人和集体的参与热情。健康的社会体制的本质是推动个人履行社会责任,参与社会事务,一起解决社会问题。社会体制是一种聚合体,它将许多社会关系整合在一个系统之中。我们应当从利益格局、公共利益、公共空间、社会空间、社会关系模式以及个人在"复杂社会"中的角色来观察社会体制的存在。社会体制不是孤立存在的,也不是抽象的,它与市场、文化、生态环境相互作用,在市场领域中存在着非市场社会关系。市场体制机制之所以在各个民族国家的表现形式不一样,就是因为在所有民族的生活中,经济生活是嵌入社会体制中的。市场机制的运用在任何一个国家或地区都离不开特定国家或地区的社会习俗,而社会习俗可能是来自外部力量的作用形成,或者是由于偶然事件带来深远影响造成的,也可能是历史进化过程中逐步形成和习以为常的。社会习俗也是一种历史现象,有生有灭。这一点,人们在以前考虑得不多,尤其是经济学家,特别是那些参与经济决策的经济学者对此考虑得不多,因此在进行制度设计和经验借鉴时往往把市场体制看成是一种纯粹的东西,甚至可以照搬,其实现在看来，社会体制就是市场经济的制度环境之一，对市场体制的运行方式和运行效果产生非常重大的影响。另外，反思这些年的社会治理体系建设，需要反思对社会习俗等因素的作用考虑有限，在社会治理过程中，对各个治理主体之间的关系考虑比较多，对于各类主体中的个体和群体的行为规范考虑较少。一套社会治理的政策要发挥作用，必须基于各类主体的价值取向和内心约束。

我们这里所说的"社会机制"更类似于人们经常讨论的"市场机制"，即如何通过制度设计激发社会活力是其关键。通常，通过各个国家的历史发展，尤其是对不同国家的历史发展来观察社会体制，其效果更加明显。丹尼·罗德里克认为，"那些常常被经济学家们认为理应存在的社会安排，如一个清晰的产权系统，一个抵制欺诈、垄断和道德风险的监管机构，一个充满信任和合作且富有凝聚力的社会，抵御风险和管理社会冲突的社会和政治制度，法治以及廉洁政府等在贫穷的国家都不具备"[①]。丹尼·罗德里克所谓的"充满信任和合作且富有凝聚力的社会"更具有我们在这个研究中所说的"社会体制"的意味。理想的体制环境或许在特定国家是可以具备的，但在相当一部分国家是不具备这样的制度环境的。历史上，很多国家为了使一项制度得以执行和实现，进行改革和创新来建立一个更加适合目标体制所需要的制度环境，有的改革成功了，有的失败了，原因错综复杂，因为制度运行的环境实在是太复杂了。社会发展本来就不是由一个因素所决定的。

讨论社会体制改革不能脱离国家的现实发展，建设一个"充满信任和合作且富有凝聚力的社会"对当下的中国具有特别重要的意义。2018年，中国经历了一系列的社会事件，包括重庆公共汽车坠江悲剧等。这些事件背后折射出了中国社会体制背后的一系列的问题：肇事者毫无良知、肆无忌惮，无视社会公德、公共安全，与驾驶员在极其危险的大桥上厮打，面对在飞驰的公共汽车上打斗有可能造成车辆失控、车毁人亡的境况，车上的乘客居然视而不见，冷漠无情，更没有人站出来阻拦这种无理打斗，更不用说与其他的坏人坏事作斗争，最终导致汽车坠入桥下，车毁人亡，整个事件没有赢家。在这场事件中，最终毁掉了所有人的生命。仔细琢磨，

[①] ［土耳其］丹尼·罗德里克：《相同的经济学，不同的政策处方——全球化、制度建设和经济增长》，张军扩等译，中信出版社2009年版，第143页。

这背后隐含着深层次的价值观念、社会机制等社会体制问题。长期流行的拜金主义、利己主义对社会的侵蚀、无视法规的个人举止最终酿成了悲剧。通过这一事件，我们理解，健康的市场经济的市场性制度和非市场性制度基础至少应当包括：明晰的产权、公平的监管、社会的凝聚力、社会责任、社会信任、社会秩序、守法奉公、底线意识等。市场制度要很好地发挥作用，必须依赖社会制度环境的完善。文化价值和社会管理是市场经济的制度基础之一。社会发展的社会性和非社会性至少应当包括利益格局、社会关系模式、文化价值、社会凝聚力等。进一步说，社会关系模式是社会关系的具体化概念。社会关系是指人们在社会交往、社会互动、社会交流过程中，在公共空间中的各种要素的组合，是交往、交流和互动的结构化，包括空间定位。社会关系模式则考量了不同人文区位和不同文化背景下的社会关系，其价值基础至少应当包括社会网络、信任、承诺、社会规范等。在大多数情况下，经济行为是通过社会关系完成的。市场也不完全是单纯的经济体制，它包含了政治、意识形态和文化等复杂因素，是这些因素相互作用的结果。在理论研究中可以对市场单独考量，在政策制定和政策实施过程中就必须考虑它可能涉及的各种因素。同样，对社会建设的考量也是如此。社会凝聚力是建立在个体之间的信任和合作基础上的，社会资本是其核心要素，它包括社会成员共享规范，相互信任，形成密切的关系网络，以开展集体行动和社会成员相互协调、密切合作。

本书引入了"文化"概念，在这里谈的"文化"是文化精神、文化价值，而不仅仅是作为形式的文化产业和公共文化社会设施。曹丕就曾经有一个说法，叫作"'文章者，经国之大业，不朽之盛事'，文艺必须有益于世道人心"[1]。讲的是文化的社会价值和文化精神，文化必须具有影响道德风尚和精神教化的作用。仅仅把文化嵌入产业是不够的，或者说仅仅把动漫、网络文学等称为文化产业是不够的，必须使它们能够"以文载道"，文化产业必须具有精神追求，缺乏文化精神和文化价值的文化产业和公共文化设施充其量只能是一堆 GDP，这样来倡导的文化所造成的社会是一个原子化的社会，不是一个社会有机体。一个时期以来，文艺界不时暴露出来的丑闻，无论是演艺方面的，还是个人生活方面的，都会引起人们对文化产业化过程中的文化精神和文化价值培育的担心。在大力推进文

---

[1] 王蒙：《王蒙执论》，人民出版社 2014 年版，第 73 页。

化产业的时候千万不能忘记文化价值和文化精神的生产，必须把对文化精神和文化价值的塑造摆在首要位置，且始终记住：文化价值是社会体制的核心和基础。文化的逻辑强调的是，不同人文区位中的不同信仰、价值观念、行为准则，可以用于解释人类的行为模式，我们在本书中提出的社会关系模式在某种程度上是用文化的逻辑来解释的，做好这样的解释，需要注意历史上的各种演化细节，例如，印度人、印第安人、非洲人、北美人，等等。这些也是本书的兴趣所在。在文化的逻辑中，"信仰"和"价值"更为宽泛，许多行为准则是从中演变出来的。价值和规范在20世纪的中后期在社会学领域得到大大强化，这在很大程度上是塔尔克特·帕森斯（Talcott Parsons, 1902—1979）的功劳，至少在美国是这样的。当然在他之前的人类学中也有端倪。

社会体制，就是那些能够把单个的个人组织起来实现个人生活目的和社会整体目标的关系模式。人是制度的产物。人的社会行为产生于他们生活其中的社会体制，因此能够贴近民生和人民群众关心的问题而设计的社会体制，会更加符合主流的民意，获得千千万万民众的遵从，从而调动和激发他们的积极性、主动性和创造性，最终建立和完善社会的激励机制和动员机制。当全体人民团结起来为了一个目标而奋斗，这个社会的体制机制就算是完善起来了。人民一般会从也只能从他们日常生活的经历去感受获得和失去，喜怒与哀乐、幸福与悲伤、和谐与冲突，去感受社会体制的存在。一个健康的社会体制会使这个社会坚不可摧，所向披靡。

仔细品味我们的社会现实，医生和患者之间的矛盾反映了医药卫生体制的问题与矛盾；人们对孩子作业太多或者学校教学质量的抱怨，会折射出教育体制的问题与矛盾；房价过高和买房难，折射的是土地制度、财政体制等领域的问题。对于同样的社会经济问题，不同的社会阶层，会有自己的不同感受，表面上是个体的特性决定的，本质上是社会利益格局决定的。曾经参与美国总统竞选的桑德斯描述了自己少年时代的情景，他说，那时"住在公寓的是工人阶级，而住在私宅的是中产阶级。这是我印象中阶级划分的表现之一"[①]。这就是那个时代的利益格局和社会关系模式，也是当时美国社会体制的特点之一。很显然，住在公寓中的人们的思想和

---

① [美]伯尼·桑德斯：《我们的革命：西方的体制困境和美国的社会危机》，钟舒婷等译，江苏凤凰文艺出版社2018年版，第5页。

感受与住在别墅和豪宅中的人们的思想和感受不会完全相同。这种利益格局也就决定了人们不同的心态、行为模式、处世方式，也最终决定了人们之间的社会关系、对社会生活的态度，等等。社会体制在内涵上包含着丰富的内容。

（二）社会体制的外延及社会体制的制度环境

社会体制，涉及民众关切的各类民生问题的体制机制，诸如教育体制、社会保障体制、社会福利体制、就业体制、收入分配体制、基本公共服务体制、文化体制、教育体制、保障性住房制度、社会治理体制、社会组织体制等制度安排。纵观世界各国，每个国家都有体现本国特色的社会体制。即便是一个国家从另外一个国家学习了某种社会体制，如教育体制、社会保障体制，也往往是嵌入式的学习，即把外来的制度体制嵌入自己的文化和制度环境中。历史上和现实中，这种"嵌入"，有嵌入得好的，也有嵌入得不好的，也就有成功的和不成功的。大致说来，结果相同的社会纽带或者叫作社会关系模式应当是基于基本的经济体制和社会体制的。

同一个医疗卫生体制在其他国家或地区实施起来效果不错，为什么到了另外一个国家或地区就会产生问题或偏差？这里存在一个特定社会的价值体系、人际关系模式、人口地理特征，以及政府管制等组成的制度环境差异问题。例如，滴滴出行的最大特点是及时、点对点。可是，滴滴出行却在我国西部的一些省份的山区城市不能很好地运行，因为那里是山区，城市建设在山间，道路狭窄、交通拥堵，在一个交通拥堵的环境中即时性就成为一种可望不可求的制度安排。再如，出租汽车的牌照在我国的香港地区可以拍卖和私人拥有，并且运行得非常好，曾经有一段时期一些城市借鉴过来，则引起牌照价格无限上涨，层层转租，司机生存压力巨大，出租汽车司机为争取自身利益的抗争不时发生。为什么？因为香港是一个封闭的市场（进入这个地区是需要港澳通行证的），劳动力的供给是有限的，尤其是在香港从事低端行业的劳动力更是有限的，而内地的劳动力供给从某种程度上讲是无限的，各地的劳动力可以从四面八方云集东部沿海城市，形成一个貌似可以无限的劳动力市场，大量劳动力展开激烈竞争，一下子就把出租车司机的工资给拉了下来，而把出租车营业执照的价格拉了上去，因为政府发放的出租车牌照是有限的，而来自四面八方的劳动力却是无限的，这就带来了劳资关系紧张等一系列社会问题。在这个意义上，社会体制是与特定的人文生态和制度环境联系在一起的。一项体制机制的好与坏不能绝对化，不能一概而论，必须放在具体的制度环境中加以分析和评价。鞋子挤不挤脚，只有自己知道。21世纪初期中国开启的医疗卫生体制改革，就曾研究和参照多国经验，目前我们看到的正在推进的医疗卫生体制绝不是某一个具体国家模式的简单照搬，而是基于中国国情的一种探索，即便是大量借鉴了各国的经验，医疗卫生体制存在的问题依然很多，任重道远。历史在发展，时代在变迁。改革开放四十多年来，我们在各个领域都借鉴了其他国家的经验和理论，最终都不能脱离中国的现实来实践。从社会学的观点看社会体制，我们认为，人类在其历史发展，尤其是特定人文区位上的人群，会形成独特的行为模式和习惯，这些习惯潜移默化，成为支配人们日常行为的社会规范和习俗，我们将这些也视为社会体制的一部分。关于这一点，在本书的后半部分，即在"社会体制的国际视角"一章中，我们以印度为例，深入探讨社会体制的深层次问题，通过印度的社会体制来进一步分析这些所谓习惯对社会的影响，以及它们是怎样成为社会体制的一部分的。

（三）社会体制的核心问题：利益格局

社会体制的核心是在收入分配体制基础上形成的利益格局。收入分配体制问题，既是一个历史问题，也是一个现实问题；既是一个经济问题，也是一个社会问题；既是一个中国问题，也是一个全球问题；既是人类在当代必须面对的一个重大问题，也是一个各个国家都想处理好但却一直没有处理好的发展中的核心问题。就社会而言，利益格局涉及的不仅仅是财富多寡和收入分配关系，还会延伸到族群、社会、人口特征、教育、健康、政治参与机会、发展机遇等不同的因素。无论在经济领域还是社会领域，权力的合理使用始终是一个核心问题。"在大多数有记载的历史当中，不平等或者在增长，或者保持相当的稳定状态，显著减少的情况是很少见的。"[①] 这就与人们孜孜以求的理想社会的愿景形成了某种程度上的不一致，追求美好社会的理想就成为社会发展和社会研究的核心问题。

利益格局是改革开放初期中国共产党人就考虑到的一个事关全局的重大问题。早在改革开放初期，邓小平同志就指出，要鼓励和支持一部分人、一部分地区先富起来，到了一定的阶段一定要走共同富裕的道路。展

---

① ［美］沃尔特·沙伊德尔：《不平等社会》，颜鹏飞等译，中信出版社2019年版，序言：不平等的挑战第XXI页。

示了中国共产党人为人民谋福祉的崇高理想。邓小平同志的走共同富裕道路的思想始终是我们改革开放以来坚持的基本原则。党的十八届三中全会把发展和完善中国特色社会主义制度，推进国家治理体系和治理能力现代化作为全面深化改革的总目标，正是继承了邓小平同志的遗志来进一步深化和完善的制度。党的十九大报告提出到2050年基本实现全体人民的共同富裕，是对中国社会主义现代化目标的坚定遵循。努力实现全体人民共同富裕的目标是中国共产党的基本纲领和基本任务。这个过程也就是逐步改革和完善社会体制的过程。对中国而言，收入分配体制改革将是一项长期的任务，不能一蹴而就。如何解决好这个问题事关全局，解决好了将是人类宝贵的制度财富。

利益格局问题是一个全球性问题。在国际上，2016年参加美国总统竞选的民主党候选人伯尼·桑德斯在竞选后说道："我们让大家关注美国收入差距悬殊、不平等的问题，也强调了应拆分将美国经济引入崩溃边缘的大型银行，也暴露了美国当前糟透的贸易政策、已破裂的刑事司法体系，以及群众承担不起高昂的医疗和高等教育费用等问题。"[①] 从20世纪后半叶美国思想理论界就开始了对美国的收入分配、医疗卫生、教育和就业等问题的深入讨论，不乏深刻的、批判性的反思，也可以将这些反思视为对资本主义制度的反思。社会问题只是社会体制的表象，不同的社会体制会表现出不同的社会问题，桑德斯所说的美国社会问题是美国社会体制的具体体现。收入差距扩大、不平等问题是美国长期争论不休的社会问题，甚至在讨论1929年的经济危机的时候，有人将原因归咎为当时的收入差距过大，例如经济学家、诺贝尔经济学奖获得者保罗·格鲁克曼（Baoluo Gelukeman）就是这样认为的。

无论是从国内还是从国际，收入分配体制都是社会体制的核心问题，深层次利益格局的调整也将是人类共同面对的长时段社会体制问题，同时也是经济学家们最为关注的问题之一。在很多情况下，社会学家们是从另外的一个角度关注这个问题的，就是社会结构和社会分层。当然，在这个问题上，社会学也更关注声望等要素。

（四）社会体制：社会问题的深层次原因

社会体制的内在问题往往通过一些具体的社会问题表现出来（见案例

---

① ［美］伯尼·桑德斯：《我们的革命：西方的体制困境和美国的社会危机》，钟舒婷等译，江苏凤凰文艺出版社2018年版，前言第2页。

分析1-1），尤其是那些关系民生的问题，就像身体机理会通过疾病体现出来一样。在西方国家，由于社会问题和各种社会现象的直接责任者是政府，所以人们在怪罪各类社会问题和社会现象时往往首先把矛头指向政府，政府也往往为了博取民意，把解决民生问题作为工作议题，例如，美国前总统贝拉克·侯赛因·奥巴马（Barack Hussein Obama）为了解决医疗卫生问题，颁布实施了法案，唐纳德·特朗普（Donald Trump）上任后又将其废止。竞选期间，特朗普提出废除奥巴马医改和平价医疗方案。2016年1月20日，他签署命令，废除《平价医疗法案》。特朗普在与那些医保法案的"受害者"会面时，痛陈《平价医疗法案》带来的种种弊端。医疗卫生历来是民众最为关心的问题和热点话题。同样，医疗卫生问题在我国也是人民群众最关心、最直接、最现实的利益问题，案例分析1-1就反映了北京市居民对待医疗卫生的态度，他们最关心的问题，其背后折射的是一系列的医疗卫生体制问题。这个案例是我们在课题研究实施过程中，针对北京市的基本公共服务状况进行的一个大数据分析，旨在发现其中的体制机制问题。

案例分析1-1：资源配置与利益格局

民众言论趋势及其特点（见图1-1）：

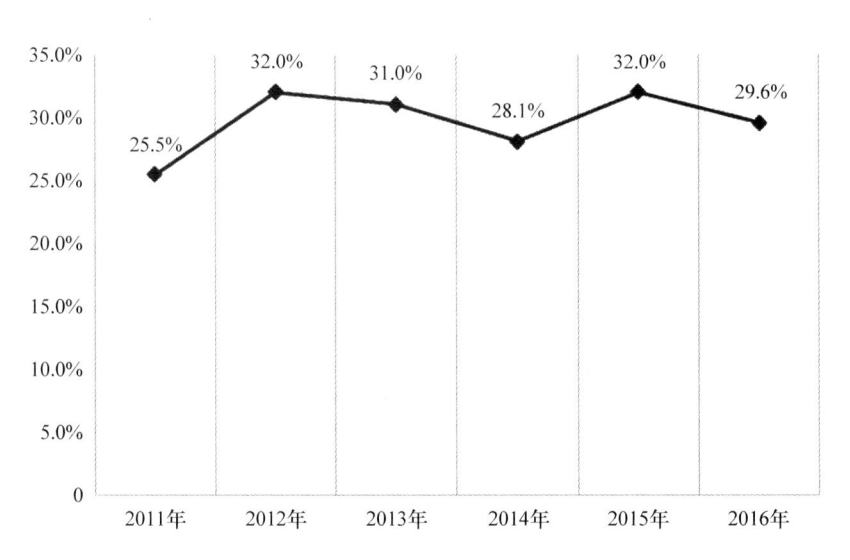

图1-1 民众言论在医疗卫生领域的趋势

从图1-1我们可以看出，民众言论在医疗卫生领域的相关内容呈现双峰趋势。2012年、2015年分别为近6年来的高峰点，达到32.0%。2011年、2014年、2016年相关言论占比相对较低。医疗卫生领域的民众言论中10.0%的言论呈现出了负面情绪，90.0%的言论呈现出了正面情绪，可以判断，北京市民总体上对当前的医疗卫生工作是满意的。民众言论在医疗卫生领域的负面信息总体呈现出先下降后上升趋势。2011—2014年，负面言论呈现下降趋势，低点出现在2014年，为7.8%；2015年民众关于医疗卫生领域负面言论迅速上升，达到11.1%，与上一次的高点差0.3个百分点。2016年有小幅下降，与2012年持平。这其中反映出了体制机制问题。通过分析我们发现，在医疗卫生领域，挂号难，是一个全国性的问题，非常普遍，在北京更为严重。北京聚集军队、各部委的医疗资源，有全国最好的医疗机构。从各个医院的诊疗情况看，北京市的医疗资源更多服务于全国的患者，因为很大一批患者是从全国各地来到北京。对于生命的渴望使得人们不惜代价寻求最好的医疗资源。从外地赶来的病人及家属大多数是在当地已经诊断过和治疗过，来北京希望专家能够给予新的希望。由于体制机制等原因，优质医疗资源分布在北京等大城市中，且我国基层的医疗资源相对稀缺、布局不合理，民众对基层医疗机构的医疗条件、医生专业水平等方面信心不足，在患病后，只要条件允许，会选择大城市、大医院。加强基层的医疗资源布局，优化基层医疗结构，提升基层医疗机构水平，提升民众对基层医疗机构的信心，是医疗卫生体制改革的主要任务之一。由此可以进一步分析医疗体制存在的问题，首先是我国的医疗资源配置体制需要加快推进基本公共服务均等化体制建设。其次是建立和完善健康的医患关系模式。这个问题既折射出了公共领域的问题，也折射出了人际关系模式。人际关系模式是发生在公共资源配置不合理的基础上的，是发生在公共领域的。这将是我们在本课题中深入分析的问题。在这里，医患关系可以视为一个社会问题，而公共资源，或者医疗资源配置体制是其产生的根源之一。可见，社会问题通常是社会体制的具体体现。

进一步分析这个案例：由于资源分配和利益格局导致了医疗卫生资源在空间布局上集中在首都等超大型和特大型城市，致使大量外地病人涌入并导致挂号困难、医疗资源紧张等问题，同时也给本地人看病带来了压力；个体的病人进入大城市的大医院看病，就把自己的社会空间从其生活的地区拓展到了大城市，他（她）将与大城市的医生、病人以及其他人发生一系列的社会关系，包括医患关系、病友之间的关系，由于他（她）来自外地，自己身上体现出来的民风民俗不同于医生，也不同于病友，还与其接触的北京居民有差别，这其中不免发生不同的碰撞，心理上的或行为上的，他（或她）被改变了或者改变了别人，进而形成了不同的社会关系模式。在这样的分析中，我们揭示医患关系、病友之间的关系、外地病人的支付和报销模式等，进而帮助病人进行更好的治疗和帮助决策部门更好地配置医疗资源。对社会体制进行分析，犹如对人体的病理进行分析，是一种深层次的社会分析。社会问题与社会体制的关系可以视为疾病与病理的关系，只有对病理进行深入分析，搞清楚病理，才能准确对症下药，药到病除。由此也可以深刻理解社会体制研究和社会体制改革的重大意义。在移动互联时代还有一个有趣的现象，就是病人、医生，甚至病人家属组成了不同的朋友圈，他们在这些"圈"交换各种信息，诸如疾病恢复、治疗经验、问题咨询、业余活动，等等，一种非常有趣的新的社会组合和社会组织方式，在某种程度上，它们发挥着传统意义上的志愿组织的功能。

三 核心概念及其拓展领域

由于社会体制涉及问题之多、之广泛，除了分析利益格局，还必须从多个角度进行分析。

（一）公共利益

收入分配及其形成的利益格局不管其形式如何，都会产生一个公共利益格局。公正制度的核心是利益格局的设计，包括私人利益和公共利益。本书中的公共利益是相对于私人利益尤其是私人财产而言的。私人利益包括居民的合法收入、储蓄、房屋和其他合法财产，以及在此基础上发生的家庭生活，也可以统称为私域。公共利益是全体社会成员共同关心和关注，都可以享受和共同分享的利益，诸如公共设施、公共卫生和医疗、义务教育、人口服务、残疾人服务、环境生态、文物古迹和风景名胜，等等。扩大公共利益，可以改善人们之间的关系，但要面临较大的财政压力。除了私人利益和公共利益外，还有一个第三域，就当代中国而言，通常我们指旧城改造、开发区建设、科技园区、经济技术开发区等，这些既不是私人利益，也不是公共利益，我们在本书中之所以做出这样的区分，是为了防止一些地方政府和相关部门打着为公共利益的旗号,强行拆迁,侵占私人利益,破坏生态环境,给国家和民族带来不可弥补的损失。这些年,人们已经到看了诸如此类现象的不断发生,有些强行拆除甚至带来了惨绝人寰的人间悲剧。在一些房地产的开发过程中,个别"不良官员"和既不良又不法的商人互相勾结,打着为公共利益的旗号,侵吞了大量的公共利益和私人利益,造成了社会关系的高度紧张,带来了严重的社会治理问题。随着经济社会的快速发展,社会公共领域的范围会不断扩大,居民的社会生活不断丰富,人们的社会交往的范围会越来越大,公共服务供给也会不断改善。这样一个以公共利益为核心的社会公共领域会逐步扩大和完善,成为社会活动和社会生活的基础空间。它在一般意义上已经包括了人们在传统意义上所说的社会事业,但又宽泛于社会事业的概念,而且会在社会公共利益的空间基础上,通过社会互动、社会交往和社会沟通生长出来新的社会关系和社会生活方式,这些,我们都将其纳入社会体制改革研究的范围。

从这样的一个视角分析可以看出,理想的社会体制应当包括公共利益的合理设计。合理的公共利益设计会造就合理的公共空间,在合理的公共空间中,社会空间也会朝着合理的方向推进。党的十六届五中全会首次提出推进基本公共服务均等化,就是试图对公共空间进行合理布局的一次重要倡导。基本公共服务均等化战略实施十几年来,取得了重要成效,尤其在城乡、区域基本公共服务布局中成就显著。例如,大量常住人口,尤其是"农民工"子女在大城市和特大城市获得义务教育的权利,大大缩小了城乡人口的社会空间,改变了他们之间的关系模式。当然,进一步缩小这种公共空间的可能性依然存在,他们之间社会关系融洽的机会依然很多。社会体制改革就是要推动全体社会成员关注公共利益,建设公共领域发展,社会秩序稳定,人际关系充满友情和信任,日常活动成本较低,充满友好氛围的社会。

按照生产方式和技术进步状况,我们在以下叙述中把社会体制划分为不同类型来进行分析。我们看到,数千年来,人类一直在为利益格局进行协调,努力改善不公平和不平等现象,公共利益在社会范围和面对不同的发展水平,都有助于促进经济进步和社会有序。但是,至今财富分配依旧是一个人们关注但未能解决好的中心议题。造成财富和收入扭曲的因素是非常多的。

(二) 公共利益在不同社会形态中的具体体现

在传统的农业社会里，以家庭、家族和社区为核心的基本社会秩序和社会关系模式成为人们公共生活和社会生活的基础，在这样的社会里，各种矛盾纠纷、生老病死都是通过家庭、家族和社区来进行的，一些人一辈子生于斯，死于斯。围绕着家庭、家族乃至传统的社区就构成了人们社会生活的公共领域。就业也是在传统的村落中进行的，在这样的经济社会环境中，不存在严格意义上的失业，但会存在隐性失业，家庭、家族和社区的帮助可以把剩余的劳动力淹没在隐性失业中。为了维护公共利益，使个人的社会生活得以维持，人们规定了公共活动的社会规范，包括家族规矩和乡规民约。久而久之，这些社会规范内化于心，就成为习惯，也就是传统文化和传统习俗。成为习惯的文化是骨子里的东西，是经过家庭和社区不断倡导，最终经过公众筛选，必须严格遵守的，而且是不自觉地遵守的东西，这些我们在费孝通20世纪40年代发表的《乡土中国》中已经看到了，诸如长幼统治、长幼有序、无讼等。由于乡土社会不流动或流动性不强，家规和乡规民约对人们行为的约束力是非常强大的。由此也可以理解，为什么费孝通在《乡土中国》一书中写出乡土中国的"无讼"的用意。"无讼"是传统乡土社会关系模式的真实写照。眼下，中国的一些基层也在积极探索"无讼"社区建设，这不仅是对传统社区关系模式的继承，更是从一个较深的层次探索社会建设问题，因为，它提出了什么是好社会的标准问题。简单说，好社会以及好的社会治理就是要通过社会自身和全体社会成员的努力来解决社会问题，而不仅仅依靠外部的强制手段。好社会犹如好身体，通过自身的免疫力可以消除疾病，保持活力。所以，好社会是一种精神，也是一种文化，它意味着人们通过各种语义和符号来表达和强化情感上的交流与依恋。

进入近代工业社会，随着工业化的迅速扩张，土地不断流失，城市化的加速，乡村人口急速向城市集中，原先生活在农村的人们开始到工厂和在城市生活。在日本，"随着各地移民在20世纪50年代末和20世纪60年代作为日本经济奇迹的劳动力基础而涌入东京和其他日本城市，日本的人口结构从农村人口占主导变成了以城市人口为主流"[1]。在美国，"就全国

---

[1] [美] 乔丹·桑德：《本土东京：公共空间，在地历史，拾得艺术》，黄秋源译，清华大学出版社2019年版，导言第8—9页。

范围而言，1980 年人口不足 1000 人的非都市小镇中人口有 62% 在随后的 30 年中规模缩小，甚至在 1980 年人口为 5000—10000 人的非都市小镇中，有 42% 在同一时期人口也出现了下降"[①]。其实这里所讲的小镇，就是居民点，不同于中国的小城镇。根据美国人口普查局的数字，美国大约有 19000 个建制居民点，其中 18000 个建制居民点的人口不足 25000 人，这与美国全国的人口规模有关系。在中国，乡村人口迁移过程大约从 20 世纪 80 年代至今，目前依然处在转移过程中。这些进入城市工作和生活的居民发现，原先那个他们生活其中并为他们提供公共生活的公共领域的乡村社区就远离他们而去了。陌生人的社会取代了熟人社会，正如德国社会学家裴迪南·滕尼斯所说的，法理的社会取代了传统的社区。原先那些由家庭、家族和社区承担的公共责任逐步由政府承担起来，这是进入工业社会后人类社会的重大变化。进入工业社会，还意味着社会组织性的强化，工业，尤其是机器大工业是以组织性、纪律性、标准化、规模化等为其核心要求的，在这样的经济组织基础上形成新的社会形态不足为奇。在工业社会基础上形成的社会形态的基本特点是，团体规模远远大于乡土社会中的团体，信仰和价值观念也呈现多样化，社会规范各异，社会空间密度相对会低一些。在大的社会群体中，比如城市社会，会出现物以类聚、人以群分的社会构架，而在小的社区，比如乡村，人们必须和每个人打交道，当然，再小的群体内部也都会有自己的潜在规则。由此也可以进一步解释费孝通提出的"熟人社会"的基本内涵，"熟人社会"是空间和精神的结合。"空间暗含着接近的意味，因此，同住一个空间的居民相互熟悉，他们和自然环境以及建筑环境之间的关系推动了共同利益。"[②] 从文化的逻辑看，巨型社会空间中的制度安排与微型社会空间中的制度安排是完全不一样的，精神生活也存在很大差异，"多元一体"是其表达方式之一。

进入工业社会和城市社会，与城市住房制度私有和核心家庭同时出现的是体现了工业社会基本特征的私人领域（简称"私域"）。这个所谓的"私域"是这样的，核心家庭支撑着工业劳动力的日常生活、社会生活的一部分，以及自身的"再生产"，而核心家庭及其成员又由就业以及社会

[①] ［美］罗伯特·伍斯诺：《小镇美国：现代生活的另一种启示》，邵庆华译，文汇出版社 2019 年版，第 105 页。

[②] 同上书，第 73 页。

保障和社会福利制度等公共域（简称"公域"）来支撑着，现代工业社会就这样替代了传统的农业社会。"私域"和"公域"交织在一起。现代工业社会和传统的农业社会已经是完全不同的两种社会体制，它们有着全然不同的公共域和私域，截然不同的公共利益、公共空间、社会空间和社会关系模式。

工业社会和城市化造就了不同于传统农业社会的社会体制。面对资本主义的矛盾和危机，从19世纪末期，德国开始建立保险制度，到20世纪初期，英国开始建立福利国家，从1935年美国国会通过《社会保障法》到20世纪70年代时任英国首相玛格丽特·希尔达·撒切尔（Margaret Hilda Roberts）和罗纳德·威尔逊·里根（Ronald Wilson Reagan）开启的新公共管理革命，政府在公共领域发挥的作用越来越大。政府建立基本公共服务体系，创造了一个不同于传统社会的新的公共领域，人们在其中建立起了新的社会关系模式。这些，我们可以从裴迪南·滕尼斯的《共同体与社会》以及《滕尼斯传》中看到，滕尼斯是这个过程的亲历者，这似乎也是他提出社区和社会概念的初衷。"在《共同体与社会》一书中，滕尼斯认为，现代社会的标志是以全新的行动主义倾向，其特点是个人行为从习俗规范中解放出来，这种转变有利于个人独立自主地判断自己的意图，并评估可以采取的手段，但是，其代价是'共同体'被边缘化。而'共同体'本来是一个小规模的、面对面的社会存在形式，其中个人追求的是共同体的目标，共同体的目标就是他们每个人的目标。"[①] 这段论述中讲的"共同体"是传统意义上的乡村共同体。当然，这不是说滕尼斯希望回到从前的那个传统意义上的"共同体"，而是要建设一个新时代意义上的共同体，一个文明时代的共同体。历数20世纪初期开始的各国社区重建，人们是可以从中品味出一些意味的。

进入信息化时代，公共领域、人们的关系模式都发生了新的变化。一方面，信息化、贸易全球化、资本的全球流动、劳动力的全球流动，造就了全球经济一体化，在经济一体化的进程中，各个主权国家的社会体制在缓慢变化着；另一方面，信息化时代，公共领域有"虚实"之分，虚拟的公共领域发生在社交媒体和移动互联空间中，在线互动大大改变

---

① [英]加雷斯·戴尔：《卡尔·波兰尼：市场的限度》，焦兵译，中国社会科学出版社2016年版，第41页。

了人们传统意义上的面对面的互动。"微信"、"微博"等社交媒体造就了相互重叠的、大量的朋友圈，人们活跃于这些朋友圈中，形成了新的社会关系模式。这里，本书愿意进一步延伸进入信息化社会以后的家庭和婚姻状况的变化，这些年来，无论是中国还是其他国家，单亲家庭、丁克家庭大量存在，离婚率不断攀升，究其原因，除了要分析道德伦理等因素外，还要分析技术、经济的变化，以及"私域"和"公域"的变化。显然，比较工业社会，信息化环境下的年轻人不仅在就业和公共服务保障上有了更大改进，个人若是不愿意进入一般意义上的劳动组织就业，零工经济也是一种基本的选择，而且做出这样选择的人越来越多，信息化还为他们提供了便利的交流环境——微信、微博、视频，凡此种种，还有网络提供了海量的信息，部分替代了家庭的相应功能，未来随着人工智能的进一步发展，家庭和婚姻还会发生进一步的变化，正如恩格斯在其著名的《家庭、私有制和国家的起源》一书中写道："文明时代是社会发展的这样一个阶段，在这个阶段上，分工、由分工而产生的个人之间的交换，以及把这两者结合起来的商品生产，得到了充分的发展，完全改变了先前的整个社会。"[①] 换句话说，在信息化社会，技术改变了社会结构，也会完全改变整个社会。也正是在这个意义上，我们说，互联网改变了人们的生活方式，不能离开这些变化和变革来理解当代青年的婚姻状况的变化。

传统意义上的公共服务依然由政府在进行着制度的安排，以往发生在公共服务领域的各种互动依然存在，但很多都是与互联网沟通起来的，医疗服务平台、志愿服务平台、社会保障公共服务平台等，大大改变了各类服务的提供方式。这些，我们可以通过现实生活的体验和观察品味和认知。案例分析1-2就是一个在虚拟世界中人们对北京市基本公共服务的基本态度。案例分析1-2是我们在本书写作过程中做的一个北京市基本公共服务的大数据分析，我们通过北京市居民对该市向其提供的六类基本公共服务的主观态度来了解北京市的基本公共服务现状，过去学者和政策制定者通常是通过走访、座谈会或问卷调查获得信息，现在可以通过对居民网上言论分析获得，原因就是居民越来越多地成为在线用户。据统计，北京市100人中拥有的手机数量是180部，这为在线数据形成和分析奠定

[①] 《马克思恩格斯选集》第四卷，人民出版社2012年版，第190—191页。

了基础。将来在解决了信息安全和隐私保护问题的前提下,通过在线数据分析来进一步改善基本公共服务、准公共服务和私人服务的供给将成为新的发展领域。

案例分析 1-2:北京市的基本公共服务

这个案例的分析以《北京市"十三五"时期社会基本公共服务发展规划》为依据,以北京市基本公共服务的六大板块[义务教育、医疗卫生、劳动就业、社会保障、文化体育、民政(养老服务)]为主要内容,分别构建各领域的民众反馈信息模型,借助 MySQL 数据库构建各领域数据库,利用 R 软件、数据分析技术对文本信息进行主题归纳,分领域定义民众反馈主题,重点关注民众的负面情绪反馈。在民众反馈信息中,如图 1-2 所示,基本公共服务领域的内容占比 71.0%,其他内容占比 29.0%。在基本公共服务领域中,与劳动就业领域信息相关的内容占比最高,为 26.8%,在当前阶段,劳动就业依然是对北京市民众影响最为重要的领域。民众对文化体育领域的关注次之,再次为医疗卫生领域,义务教育、社会保障、养老服务较为靠后,占比依次为 7.1%、4.1%、4.1%。这样,我们通过大数据的方式就把握了居民对基本公共服务的态度,信息化环境下,基本公共服务的获取方式和供给方式都将发生深刻变

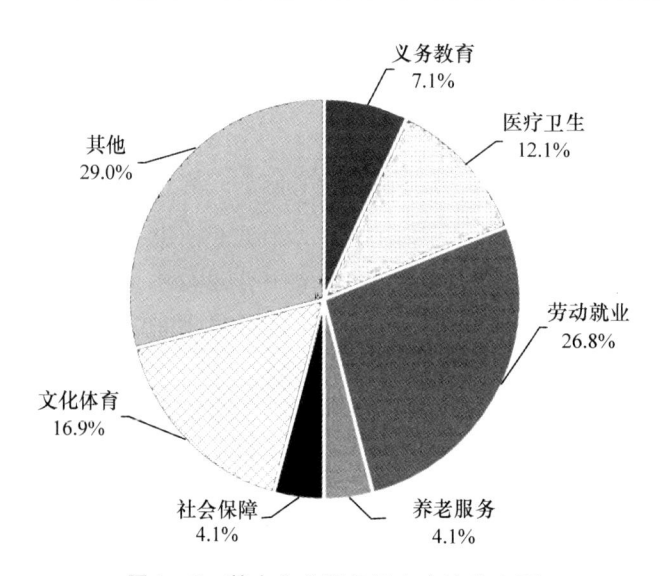

图 1-2 基本公共服务民众言论分布图

化。这是我们在虚拟世界中看到的人们对公共生活的态度。

在社会体制分析过程中,我们从公共利益开始,延伸出公共领域、公共空间、社会空间、社会关系模式等。从历史的角度看,公共领域、公共空间、社会空间、社会关系模式与部落、族群、民族等共同体联系在一起,这是本书分析问题的一条线索;另外一条线索是族群、家族、大家庭、核心家庭,以及丁克家庭等,这又是另外一条线索。所有这些,都是我们在本书中分析社会体制改革问题所要考虑的。正如马克思说的,历史从哪里开始,逻辑就应当从哪里开始。但是,历史和逻辑都遵循着越来越复杂的原则。新的技术带来新的变化,也要求用新的分析手段开展研究。

第二节 研究价值

一 现实意义

经济体制改革对于经济发展具有重要价值——中国在经济体制改革过程中建立了社会主义市场经济体制,释放了个体和企业的活力,带来了财富的增长和人民生活的改善。这已经为改革开放四十多年的经验所证明。社会体制及其改革对社会发展也具有重要意义。

本书从历史和逻辑的角度研究社会体制问题。对社会发展来说,没有什么比公平正义更为重要了。中国成功实施改革开放发展战略四十多年后,已经成为世界第二大经济体。在面临人力资源压力和产业升级瓶颈的同时,一些发达国家经历和饱受煎熬的制度性痼疾在中国也开始显现,诸如收入差距扩大、社会信用缺失、人与人关系紧张、社会原子化、环境生态压力、卫生医疗改革、老龄化加速压力、社会治理面临挑战、各种社会问题层出不穷,等等。2011年下半年发生在华尔街的示威游行提出的口号,以及在此前几年美国学者诸如贾德·伯恩斯坦(Jared Bernstein)提出了为当代政治家、经济学家和社会学家共同关注、反复讨论的问题[1],即,我们通过什么样的治理方式才能实现经济和社会的公平发展?这些问题都是社会体制改革研究中不能忽视的,都需要中国的学术界、决策部门

---

[1] Jared Bernstein, *ALL TOGETHER NOW, Common Sense for a Fair Economy*, Berrett-Koehler Publishers, Inc., 2006.

和决策咨询机构深思。进一步说，中国在走向社会主义现代化和实现中华民族伟大复兴的历史进程中，既遇到了发达国家和地区在历史上曾经遇到的问题，又遇到了自身历史和环境特征造成的"具有中国特色"的问题，还遇到了全新的国际环境的大变局和科技革命的飞速发展带来的挑战，在这样的背景下，完全模仿和照搬不行，完全另辟蹊径也不现实，需要在借鉴的基础上创新。这需要中华民族以更加开放包容的胸怀和兼收并蓄的智慧来处理自己在发展中遇到的问题。拥有五千年历史的民族有这样的智慧来面对现实和未来的挑战，并在应对各种危机和挑战进程中，走向辉煌。在这个过程中，改革和创新社会体制具有特殊的实践意义，一方面，社会体制将确保社会的公平正义，另一方面，它也启发人们不断思考一个好社会应当怎样去建设。好社会是社会建设和社会治理的目标。社会建设和社会治理都不过是手段而已。

二　实践价值

中国的社会体制改革是中国社会主义市场体制改革和全面深化改革的重要组成部分，是中国特色社会主义制度的具体体现。中国的发展和改革是一个整体性行动。没有社会体制改革或社会体制改革滞后，经济体制、政治体制和文化体制改革都会步履维艰。社会建设现代化和社会治理现代化就是要不断提升运用中国特色社会体制去解决改革开放中出现的各种社会问题的能力。改革开放初期，邓小平同志高瞻远瞩，提出政治学、社会学以及国际政治等研究要尽快补课的目的就是适应整体推进改革的要求。改革是为了激发发展活力，这些活力包括经济活力、社会活力、政治参与热情以及充满活力的核心价值。经济活力源自产权明晰和竞争环境公平，按照现代化理论家的观点，政治的类型取决于财富的占有类型，经济增长是产生民主结果的必要条件而非充分条件，发展和完善中国特色社会主义市场经济体制是一个事关全局的重大改革问题；社会活力来自利益格局合理性和社会环境公正，公共利益得到全体人民的关心和维护；政治活力产生于权利平等和民主决策机制完善；文化活力来自以上三个方面的相互作用形成的社会行为模式。文化表达社会存在，是现实生活的反映。但是文化同时又制约着经济社会发展，成为经济社会和政治体制的价值基础。正是在这个意义上，马克斯·韦伯指出了新教伦理对于资本主义的意义。把这四个部分放在一个长远目标中加以考量并勾画出它们在实现长远目标中的关系，就是顶层设计，因此，探索当代中国社会体制改革和创新具有重要的政策价值。健康的社会生活是社会体制的核心内容，发生在基层人民中的社会生活是丰富多彩的，在推动社会体制改革进程中，如何把顶层设计和基层创新以及发挥人民群众的创造性有机结合起来是一个不能绕过的问题。

三 学术价值

就研究社会而言，社会学对社会的解释有一套自己的理论体系和诠释方法，就一般意义的社会学，使用了团体与组织、社会结构、社会制度、社会变迁、社会习俗等。社会体制是一个中国特色的概念，它有别于社会学意义上的社会制度、社会规范、社会习俗，也不同于政治意义上的社会制度。它是中国在向社会主义市场经济迈进和建设中国特色社会主义制度过程中提出的一个具有中国意义的概念。它直接与社会建设、社会治理这些具有中国特色的概念联系在一起。社会学的"社会制度"更侧重于家庭及其内部的关系、宗教、教育、经济、医疗卫生等，与我们在这里谈的社会体制有相同一面，也有不一样的地方。在中国特色社会主义制度的意境下讨论社会体制具有特别的意义。实际上，它将挑战传统意义上的社会学的"社会制度"概念，在中国特色和中国根基上探索社会体制改革，具有重要的学术价值，实际上，就是运用社会学等各个学科的知识探索在中国进行的社会事业发展和社会治理体制创新，这必然会给社会学在中国的发展带来契机，进一步丰富和发展中国特色社会主义制度的内涵。

邓小平同志是一位伟大的战略家。20世纪70年代末，中国恢复社会学伊始，当时党和国家工作的重心转到了经济建设上，摆脱贫困走向温饱是邓小平同志考虑的首要问题之一，同时，他也考虑到了社会问题、国际问题、法律环境问题，恢复社会学就是他的决策。按照邓小平同志的原意，就是为了使社会领域的改革适应和配合经济领域的改革。时隔四十多年，中国经济有了长足的发展，社会建设提上了议程，并成为社会主义现代化五位一体布局的重要组成部分，社会建设作为新的学科建设应该怎么推进？这是新形势下需要回答的问题。研究社会体制改革和创新无疑是社会建设学科的一项重要任务，蕴含着深刻的理论探索和思想创新。社会体制作为一个中国政策决策部门提出的概念，具有雄厚的实践基础，在中国即将完成全面建成小康社会第一个百年目标和迈向基本建成社会主义现代化强国的关键时期，在学术和理论上对社会体制进行探索，其意义是不言而喻的。

第三节 研究方法

本书从问题出发来设计社会体制改革的研究方法。对社会体制的科学研究，要求对社会体制的思想方法和研究方法进行思考，这是确定社会体制的目标和配套政策，实现决策科学化的必要条件。

社会科学的研究可以从历史开始，也可以从理论开始，还可以从问题开始，通常我们叫作问题导向。从历史开始的研究往往适宜提出问题，构建理论体系，可以对现实问题做出解释，进行深入解读，作出预测，温故而知新；从理论出发的研究既可以构建理论体系，也可以指导实地研究并形成新的理论。科学深刻的理论具有强大的穿透力，这也是历史上一些伟大思想家和伟大理论家一直成为我们的思想源泉的原因；从问题出发的研究可以通过理论解释形成新的理论框架，也可以通过理论、历史和实地研究形成解决问题的答案，提出解决问题的对策，条条大路通罗马。通常，综合性研究更有利于对问题形成全面的理解和解释，提出综合的解决方案。事实上，任何一个单一学科对问题的认识都会是片面的，真正解决问题的研究必须是综合的。跨文化、比较性和长期性考量对于理解重大问题是非常重要的方法选择。

检验社会科学成果正确与否的根本标准是看它们是否能够经得起实践的检验，能够提出解决现实问题的办法，拿出解决问题的政策措施。不仅要解决当前的问题，还要具有历史的穿透力，至少不会给未来带来较多的麻烦。人的思维具有惯性，或者说是，习惯有时会使人们习以为常，不能及时调整对策和战略。发生在各个历史阶段的改革创新也都是针对以往的惯性或习惯展开的行动。现时代，探索发展问题不仅要有战略思路，也要有具体的对策。但历史上出现这样的问题比较多：一个时代的政策措施解决了这个时代面临的问题，但到了下一个时代却成为人们发展的难题，因为原有政策的实施环境发生了变化。决策不仅要依靠当下对问题的理解和分析，还要基于深邃的理论分析，以提高政策的预见性。这实际上就是一个改革和创新的过程。

在基本战略确定之后，具体的政策设计就显得尤为重要。这是我们考虑社会体制改革的基本目标、总体规划及其配套政策时反复思考的问题。这种研究问题和解决问题的习惯也是中国社会科学与西方社会科学的一个分界线，中国近代以来遭受帝国主义的侵略和凌辱，探索中华民族的前途和命运成为全体中国人民的共同要求，中国知识界也不例外。中国社会科学一个世纪以来一直不能摆脱"经世致用"的文化传统有着深刻的历史渊源，也与近代的大变局密切相关。当然，"为学术而学术"的做法在历史上也有过，在现实中也存在。历史经历有时会凝练为民族习惯。

我们正处在一个深刻变革的时代，必须学会超越一般的学科研究方法，诸如社会学的研究方法，从历史、文化和哲学的视角来分析社会体制及其改革问题。尤其是从文化的视角分析社会体制会另有收获。深层的社会体制问题隐含在文化价值之中，文化精神和文化价值分析也非常重要。

本书的出发点始于实地研究中提出的问题，就是党的十八届三中全会提出的发展和完善中国特色的社会主义制度必须通过具体的体制改革来进行。针对现实中提出的问题，我们试图在研究和探索中进行理论解释、历史分析、比较研究、实地研究、大数据分析。通过理论分析来寻求问题的本质解释，通过历史分析和比较研究来解释同一问题在其他国家是如何解决的，以求得在理解国情的基础上从国际经验中寻求思想、理论和方法上的启发；通过实地研究寻求解决现实中问题的切实答案。

一 实地研究

（一）从实求知

中国幅员辽阔，各地发展不平衡，从问题出发就会发现：对于在一些地区是问题的问题，在另外一些地区可能已经不是问题，甚至有现成的答案，这是进行社会科学研究必须面对的一大特点，也是中国在推进社会政策过程中常用的方法。家庭联产承包责任制首先是发生在安徽，后来推向全国。但家庭联产承包责任制在全国的实施也不是随便地和简单地照搬，而是基于本地实际进行新的模式探索。20世纪80年代，乡镇企业的异军突起，其基本内涵是发展农业以外的非农产业，为农民致富创造条件。但后来出现了一系列的发展模式，诸如"苏南模式"、"温州模式"、"珠江模式"等。实地研究可以避免无休止的和无谓的争论。

寻找解决问题的方略是复杂和艰难的。"描绘天堂比指明通往天堂的路容易得多，只描绘了天堂而没有考虑指明道路的人其实没有做出任何有益的事情。"①"是什么"和"为什么"是社会体制研究之要义,"怎么办"是社会体制研究工作的核心和重点。二者分野于此。不知道"是什么"和"为什么"是很难提出解决问题之道的,但知道了"是什么"和"为什么",也未必能够道出"怎么办"。中国社会体制改革目前实际就面临这样的局面。"怎么办"涉及了对政策的把握和理解,还需要对现代政策机制了如指掌。我们可以自己去探索"是什么"和"为什么",也可以通过学者们的学术研究直接获得答案。现代社会中,最好的方式是合作,学者、政策制定者、政策执行者一起来探索问题和解决问题无疑是最佳的研究路径。真正的社会科学研究一定是通过一个密切合作的群体来完成的,或者我们将其叫作学术共同体。

(二) 解决"是什么"的问题

1936年,在《社会研究能有用吗?》一文中,社会学家费孝通对政策研究和学术研究之间的关系进行了初步探索,他提出"研究在先,政策在后,研究者不能供给正确详尽的事实,是研究者的不能尽责"②。这要求学者、研究者首先要以科学态度研究清楚事实及其本质和规律,为决策提供坚实的事实。进一步说,做好政策对策研究需要处理好一个重要关系,这就是,要理顺决策咨询和与决策咨询有关的科学事实之间的关系。决策咨询主要是提出对策建议,科学研究主要是发现事实、弄清真相、揭示规律。对策建议是建立对事实、真相和发展规律认知的基础上的。决策咨询建议要求决策咨询的主体,决策咨询研究人员,必须掌握相关的事实。这些事实可以通过自己的科学研究,也可以在别人研究的基础上获得,通过各种途径把握问题的真相和规律,一句话,决策咨询必须建立在坚实的事实基础上。从科学研究的角度看,决策咨询人员需要和科研人员一样,在研究过程中必须坚持研究中的实事求是的态度,不带有任何倾向性,首先把事实搞清楚,把握研究对象的客观规律和真实面目。

决策研究具有综合性。通常,决策咨询工作者可以根据大量不同学科对于同一问题的研究进行综合分析,在一个更高层次上把握事实真相,因此,决策咨询带有宏观性、综合性和高度概括性。综合性和高度概括性并

---

① [美] 彼特·伯恩斯坦:《繁荣的代价》,王正林译,中国人民大学出版社2009年版,第15页。

② 费孝通:《费孝通文集》第一卷,群言出版社1999年版,第368页。

不排除决策咨询工作者对于某一问题和事实进行深入分析和实地研究，尤其实地研究最为重要。

概括性和宏观性的研究往往会停留于表面，而实地研究可以使决策咨询工作者产生找到问题的感觉，二者相互结合方能对真实的世界进行描述。决策咨询就是要在了解这个真实世界的基础上按照人们的意志去改变这个世界，告诉人们怎样去解决发展中面临的问题。通常，优秀的决策咨询是带着问题和理论去认识并告诉人们这个真实世界的。尽管决策咨询工作者的工作性质带有概括性和宏观性，但是新时代错综复杂的社会问题要求决策咨询工作者必须具备较高的理论素养和学术功底，必须对现行政策有深刻的了解和掌握，对现实问题有深入的研究。只有具备这些素质和素养，决策咨询者才能敏锐地抓住问题的实质和发展趋势，在大量研究成果中发现决策所需要的事实支撑。

案例分析1-3是我们在研究中试图分析的人们对劳动就业的看法。我们通过案例分析1-3对北京市的劳动就业状况进行大数据分析，确定北京市的劳动就业状况中居民的言论趋势、倾向和痛点，在此基础上又进行了理论分析，加深了对北京市的劳动就业问题"是什么"和"为什么"的认识。当然，我们也知道，劳动就业是一个复杂的问题，要解决好这个问题，首先必须保持经济持续稳定的增长，这是扩大就业和提高就业质量的核心问题，其次产业结构调整、完善劳动力市场、建立和谐的劳动关系等都是必要条件。就业问题的解决是一个多元政策设计或综合决策问题。

案例分析1-3：北京市的劳动就业状况

民众言论趋势分析

民众言论在劳动就业领域中的相关内容呈现出先上升后下降的特点。2011—2012年为上升阶段，2012年为近期高点，达到19.8%，2013—2016年为下降趋势，前3年下降速率基本一致，2016年较2015年只有小幅下降。从劳动就业领域的民众言论趋势曲线可以看出，民众关于劳动就业的谈论热情趋于下降。就业是民生之本，是民生的核心和关键。在劳动就业领域的民众言论中，16.9%的言论表达了负面情绪，83.1%的言论表达了正面情绪。这说明，就业趋势总体是好的，也是存在问题的。

民众言论在劳动就业领域的负面信息总体呈现波浪式上升趋势，参见图1-3，负面信息基本上是在21.1%—35.0%之间浮动的。其中2016年最高为35.0%，即在所有关于劳动就业的言论中，有1/3以上表现出负面情绪。次高点为2014年，达31.1%，也有将近1/3的负面情绪表达。从劳动就业领域的负面信息可以发现，劳动就业领域对北京民众的情绪影响较大，大多数民众的生活都直接或间接地受到劳动就业的影响。劳动就业与经济形势密切相关，受经济波动的影响。

民众在劳动就业方面的相关负面信息主要涉及以下问题：第一，民众普遍反映工作难胜任、瓶颈期，工作压力大；第二，劳动者申请劳动保护成本太高，侵害劳动者利益的事件时有发生，而且经常不了了之；第三，就业市场混乱，多数找工作的人表示有过被骗经历，反映了劳动力市场的不规范和失序问题。在民众关于劳动就业的信息中，民众反映有职业迷茫、难胜任、压力比较大等问题，大多数人表示对自己的职业生涯缺乏明晰的规划，有一部分是在参加工作一段时间后，遇到了瓶颈期，很难逾越，但又找不到新的突破口，需要专业的职业规划师的指导。而对于新参加工作的人，表示希望在踏入职场前能够有专业人士对自己的职业生涯做一番指导，避免不必要的弯路。北京市作为全国各类经营最为集中的劳动力市场之一，职业规划师目前的数量缺口较大。同时，近年来，因为工作压力大造成的心理疾病也越来越多，越来越多的职业人士都面临各种困惑，需要心理咨询师的指导。就业压力技能提升职业规划迷茫等现象从根

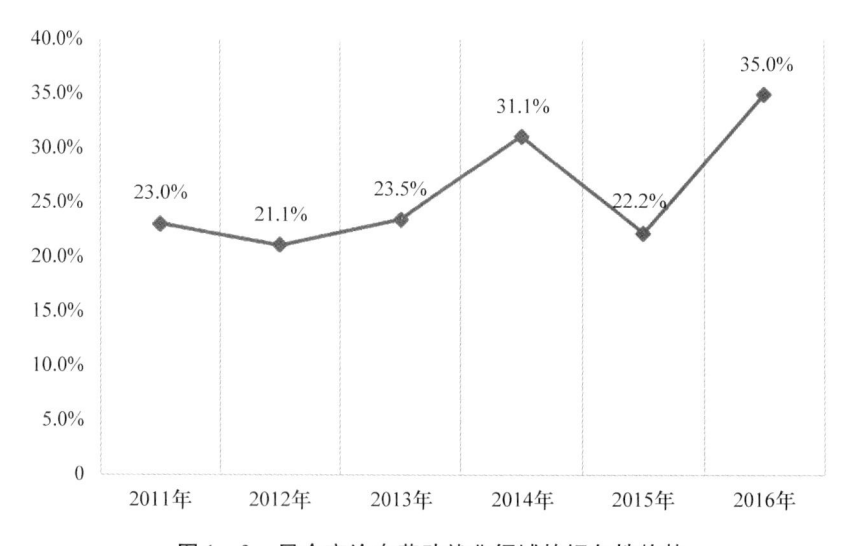

图1-3　民众言论在劳动就业领域的倾向性趋势

本上反映了我国就业领域的结构性矛盾和整个国家在经济转型升级过程中出现的劳动就业的新情况、新问题。

当然，若是进一步从理论和历史分析，就会发现更加深刻的解释轨迹：就业是与收入分配制度联系在一起的，财富的过度集中，特别是过度发展金融业、房地产业等会造成大量的就业人口找不到工作，2008 年美国的金融危机就是典型的例证。如果再对比一下，奥巴马和后来的特朗普的政策，问题就会更加清楚：大力发展实体产业。事实上，从克林顿政府开始，人们就思考把实体产业吸引回美国的各种办法，在这点上，特朗普做得最为突出。当然，政策的实施是一个连续性的过程。

（三）综合性研究

本书就其确定的社会体制改革的目标、规划和配套政策等就注定了它是一个政策研究项目。政策要求的科学研究必须全面深刻，不可以偏概全。尤其是要处理好学科研究与全面研究和分析的关系。这就要求专门的学科把主要精力放在对各个领域具体问题的厘清上，尤其是从自己的专业眼光和视角提出对问题的深刻分析。决策咨询则是对各个学科基础上的知识进行综合和分析。相对于各个专业学科，决策咨询更具有综合性特征，需要决策咨询人员拥有综合素质和综合分析能力。在这点上，费孝通在 20 世纪 80 年代的小城镇问题研究中就看得非常清楚，对我们在当前理解学科建设与决策咨询的关系仍有重要意义，当时他说道，"实事求是的科学研究不等于消除了可能的片面性，每一门学科的研究，其片面性都是不可避免的。越是专家，其片面性或许会越大"[1]。面对日益复杂的国际国内形势，决策者越来越需要建立在实地研究和大数据基础上的决策咨询支持系统的帮助。推进国家治理体系和治理能力现代化需要对决策咨询的思想方法和研究方法进行深入研究思考，这是决策科学化、民主化和法治化的前提条件。

检验决策咨询成果的根本标准是看它们是否能够提出解决现实问题的办法，拿出解决问题的政策措施，并能引导实践沿着正确的方向发展，尤其使政策不仅有现实性，更有前瞻性，不至于为下一代人带来决策障碍和发展难题，或者尽可能少地带来障碍和难题。这是高水平的决策咨询所要

---

[1] 费孝通：《小城镇及其他》，天津人民出版社 1986 年版，第 16—17 页。

求的基本条件。针对现实中提出的问题,在研究和探索中进行理论解释、历史分析、实地验证、大数据分析。通过理论分析来寻求问题的本质解释,以求得启发;通过实地研究寻求现实中问题的答案。把这些要素结合起来,就是决策咨询。兰德公司就是走了一条综合研究的道路。随着美国空军"向兰德指派或提议的任务越来越多,全职职员也日渐增长,使得兰德成为一个以各大学各学科顾问为基础的跨领域研究机构"[①]。但是,兰德公司所取得的成就及其影响又使我们不能不深入研究其方法。兰德作为美国国家决策机构最引人注目和最有争议的方法就是其系统分析方法的使用。关于这一点,费孝通教授的体会还是比较深刻和富有启发性的。在对苏南小城镇的调研过程中,费孝通发现,"为了不使决策陷入片面性,在决策和科研之间应当有一个中间环节。这个中间环节就是综合各个学科对某一事物的认识,进行'会诊',然后才向决策机构提出若干建议及论证"[②]。

综合性的研究还包括在社会体制研究过程中如何把试点探索与理论分析有机结合起来,既考虑问题导向,也考虑体制机制的深入探索。"摸着石头过河"实际上是一种政策导向的治理思路,即坚持问题导向,遇到问题解决问题,先不把制度设计放在优先位置;长此以往,也就没有真正从制度层面上考虑国家的发展和治理问题,没有建立起一套适合中国国情的制度。当然,对于这个问题,邓小平同志早就有所考虑,他在1992年的南方谈话时提到了这个问题,要求大约用30年的时间使各项制度更加成熟更加定型。党的十八届三中全会提出全面深化改革的总目标是发展和完善中国特色社会主义制度,推进国家治理体系和治理能力现代化,把制度建设问题提上了议事日程,现在遇到的问题是如何使这套制度更好地适合现阶段的国际国内形势和发展要求,保障中国长期发展的制度必须尽快基本定型。必须在中国国情基础上,结合人类社会发展的普遍规律来探索中国特色社会主义制度和建设常态化的现代国家。长期来说,中国的文化建设是个大问题,由于急速的社会转型,传统农业社会的"私"与市场化过程中的"市场社会"发生碰撞,形成了一个时

---

① [美]亚历山大·阿贝拉:《白宫第一智囊》,梁筱芸等译,新华出版社2009年版,第12页。

② 费孝通:《小城镇及其他》,天津人民出版社1985年版,第17页。

期社会上流行的极端利己主义和个人主义,这个问题表现在教育的产业化、医疗的产业化,以及当前社会保障中"骗保"现象、重庆公共汽车"坠河"等方面,"私"和利己主义渗透到了社会生活的方方面面。这个问题必须尽快提上议事日程,并从深层次进行研究。这是一个影响国家长期发展的文化和心理问题。

(四)中国特色的学科建设探索

中国特色的学科建设是一个在继承中发展、在发展中创新的过程。从百年前开启的探索中国前途和命运的学术探索,至今人们还在如何处理"继承、发展、创新"中求索,这不能不说,中国走在一条充满挑战的学术道路上。而且在这个过程中,如何对待外来的文化和学术以及如何对待我们自己文化遗产问题上的争论从来没有停止过。艺术是风格化和个性化的创作,它的传播受到接受、欣赏、评析、传播主体的个性化和风格化的制约。中华民族长期处于自身强大文化和悠久的历史与外来文化的强大冲击之中,深层次的原因可能如同 20 世纪 30 年代的美国芝加哥学派的创始人罗伯特·帕克所说的,中国是一个完成了的文明,它的组成和各个组成部分之间的搭配惟妙惟肖,以至于动一个部分会影响到整体。这个完成了的文明在走向现代化进程中遇到了新的问题。也许罗伯特·帕克的这个判断可以帮助我们来理解近代以来出现的"全盘西化"和"反全盘西化"之间的争论。

中国在走向强国富民的现代化道路上取得了举世瞩目的成就,是因为中国人民在改革开放中找到了一条科学发展的道路,在这条道路上,中国人民深刻理解了"中国的特色"的寓意,这个特色形成于中国固有的历史文化、地理环境、政治发展、时代等特征,从而也就知道了"是什么"和"为什么"。一个多世纪以来,中国人民借鉴发达国家的经验,结合中国特色,走出了一条社会主义革命和建设以及改革开放的道路。尽管如此,中国依然要学习和借鉴世界上其他国家和地区的经验,也要总结自己发展的经验,地区之间也可以互相借鉴,还要不断创新。一个民族要始终走在时代的前列,探索永无止境,创新也永无止境。2017 年,唐纳德·特朗普接棒美国总统,整个世界格局发生了根本变化,历史处在新的十字路口,中国面临百年未有之大变局,处在新的发展阶段上。创新已经摆在了中国知识界面前,不管人们是否意识到,我们需要创新思维方式,改变原有的研究习惯,探索新的学科建设路径。

发展是沿着多个路径进行的，有的是在理论创新基础上，把理论应用于实践，取得突破。有的是通过实践自身的创新。社会学家费孝通教授在20世纪90年代到各地调研时，经常对地方干部说的一句话就是，"我是来学习的，因为地方在实践中创造了很多的经验，实践走在了理论的前面，我们总是在追赶实践"。这实际上是说，我们必须尊重人民群众的首创精神，激发人民群众的社会活力。费孝通教授一生都在追赶中国城乡发展的实践。中国当前这个阶段所遇到的问题，许多是前沿性的，没有理论和经验可循，实务者自己在摸索，当然，有理论指导的实践探索会更加理性。尤其是在一个充满不确定性的时代，更需要发挥理论穿透力的作用。无论是理论探索还是实践跟踪，研究者永远必须与时俱进，否则就会落伍。中国的市场经济体制是在各地实践基础上逐步成熟的。眼下各地正在进行的社会性试验，诸如社区建设、社会建设、社会创新等方面的实践探索，可能预示着中国社会体制改革会有一个巨大的突破。

正如我们在前面已经谈到的，中国幅员辽阔，发展极其不平衡，在一些地方是问题的问题，在另外一些地方却不是问题，或者说已经解决了，也有经验。别的地区可以借鉴，学者可以总结，提炼出理论和政策，供别的地区学习和参考，也可以提升为新的理论，即有中国特色的理论。

研究发展中的问题，要看在实际生活中有没有这样的先例。在社会体制改革问题上，上海和北京走在了全国的前面。北京自2007年建立了中共北京市委社会建设工委和北京市人民政府社会建设办公室，并在基层进行了大量的实践。上海市2009年也成立了类似的机构。在2018年的党和国家机构改革过程中，这些机构又进行了相应的调整，这也是新形势下，适应国家治理体系和治理能力现代化的要求而为。上海浦东在建设类似工业园区这种类型的"公益孵化器"。另外，厦门很有特色，经济发达，文化繁荣，是全国精神文明建设的典型。成都市的统筹城乡改革综合试验区与基层推行公共服务和社会治理一体化已经形成了自己的特色，还有河南省焦作市解放区的和谐社区建设也很有理论与实践价值。

科学研究就是去研究一个真实的世界，并告诉人们一个真实的世界。各种类型的智库研究和决策咨询就是要在了解这个真实世界的基础上，告诉人们怎样去解决发展中面临的问题和挑战。带着问题和理论去认识并告诉人们这个真实世界的认识是科学的认识和理性的思考。

二 理论研究与学理解释

（一）理论分析

从理论上分析基层和地方社会体制存在和发展的理由，甚至从基本理论开始，对于分析问题的实质确实会有帮助。社会体制问题在深层次上涉及利己主义和利他主义、公共管理、社会学理论等。理论的作用就是对现有的思路和实际中得出的结论进行分析和解释。用通俗的话说，就是论证。中国学术界一直有一个传统，就是做研究要有理论分析框架，这是对的，它会提升分析问题的水平。有了理论框架，问题的研究才会深入下去，研究也就站在了前人的肩膀上。当然这种研究方式也有问题：理论毕竟是以往经验的总结和提炼，面对新的发展和事实，它如何解释？这是一个悖论。它可能能够解释并得到结果，也可能解释不了。解释得了，我们且叫论证，解释不了可以形成新的假设，并在此基础上进一步形成新的解释。面对这个悖论，绝不能作茧自缚，必须有所探索。于是，就有了理论上的创新。经过七十多年的社会主义建设和四十多年改革开放，我们已经进入了一个在理论方面需要创新的阶段。

在这个现实世界里探索社会体制改革基本目标和总体规划，以及相关配套措施，我们提出这样几点理论思考：

第一，随着计划经济向市场经济转轨、传统社会向现代社会转型，在家庭和市场之外，中国已经形成一个日益壮大的公共领域。这个公共领域的发展与经济社会发展阶段有着密切的关系，并随着经济社会发展由简单到复杂。中国各地正在进行这方面的积极探索。除此之外，在互联网上人们也在构建一个全新的公共空间。

党中央、国务院提出的更加注重以民生为重点的社会建设，为这种发展提供了新的契机。发生在重庆的公共汽车坠河事件，滴滴出行在最近几年遇到的公共安全事件都要求学术界重新审视新时代的公共利益、公共空间问题，在界定公共空间和社会空间的过程中，进一步探索社会体制改革和创新的相关问题。甚至共享经济、网络环境下的知识产权的讨论都从深层次上折射出了中国在公共领域面临的现实问题和理论问题。

第二，人类对公共服务的需求具有天然的便利性要求，这就导致了公共服务供给的扁平化特征。这种扁平化恰恰是人们对生活便利性的基本要求，也是社会生活的基本组织形式的基础。在工业化时代，基本公共服务的布局是随着工业布局和城市布局而展开的，带有工业时代经济的聚集特征，在这一点上，中国的医疗服务体系布局就是一个典型例证，优质医疗服务聚集在北京和上海等大都市，人民群众"看病难"问题突出。在互联网环境下，这类问题将会得到解决。在传统的工业经济模式中，社会服务尤其涉及面对面的服务，是劳动密集型的。中央政府有关部门以及地方政府提出的建设便民利民生活圈，诸如五分钟、十五分钟的服务圈实际上反映了这样的要求。公共服务和社会服务的服务圈的建设既是一个服务体系建设过程，也是一种社会关系模式的形成过程。社会体制设计如何适应居民的社会生活需求是一个至关重要的问题。

第三，政治要讲道义，资本则讲利润，社会发展则要讲公平正义，尤其是社会体制改革。社会还要讲和谐。2008年美国引发的全球金融危机的历史教训依然值得深刻总结。甚至在这场危机的最严重时刻，法国的银行还在投机，嗜金如命。如何推动经济发展，又遏制逐利性带来的负面作用，把经济成果及时转化为人民的福祉——仍然是各国在21世纪必须面对的一个重大课题。

自从恢复和重建以来，中国社会学取得了长足的进步，值得注意的是，社会学家们在社会发展政策组合问题上仍未达成一致，中国社会发展中的一系列重大问题不是可以通过社会学一个学科的理论就能解决的，尤其是涉及纷繁复杂的社会问题的解决，全面推进社会建设等，需要多学科的合作。理解当代中国社会体制的特点及其改革方向，是社会建设和社会治理的基础性工作，需要从历史和逻辑分析入手，站在多个视角审视，寻求不同的解决办法。这是本书试图努力的方向。

本书的理论出发点是分配体制、利益格局、公共利益、公共空间、社会空间和社会关系模式，以及它们之间的关系，通过分析确定它们之间的关系，规定各自的角色。国家与社会、社会与市场的关系是西方政治社会学的核心理论之一。20世纪后半期这个理论在中国学术界曾引起广泛讨论，并被用来解释中国社会发展，尤其是社会组织的发展和社会治理模式。本书的三个理论延伸是：政府与社会的利益关系、政府与社会在利益关系中的决策模式，以及政府与社会在公共事务中的分工与合作。政府与社会的利益关系主要指收入分配格局；政府与社会在利益关系中的决策模式是指公众参与决策的方式；政府与社会在公共事务中分工与合作是指政府与社会在公共服务供给中的角色安排。这三个方面互为因果，是可以通过数量进行分析和通过模型进行模拟的，不过，这不是本书的任务。

我们对以上的理论分析包括社会学，又超越社会学，涉及多学科，由此就产生了分配体制、利益格局、公共利益、公共空间、社会空间和社会关系模式等理论分析框架。

（二）国际经验和比较研究

针对中国面临的问题，看看国际上各个国家在这方面如何做的是会有所启发的，甚至会大大拓宽思路，形成更加深刻的认识和分析。尽管各个国家的历史和具体情况不同，国际经验可以提供分析问题的视角和思考问题的思路，至少可以提供经验和教训，使我们在决策过程中前思后想，尽量不走弯路，或少走弯路。这些，我们在开展本研究的过程中体会特别深。在研究社会体制问题中，我们收集了大量主要国家和地区的社会体制发展和建设的资料和数据，其中包括美国、英国、加拿大、日本、西欧诸国，以及我国的香港地区等。这些国家和地区的历史、文化、经济各有自己的特点，尤其是考量了它们具体的历史发展阶段，对照中国的现实发展，确实深受启发。在对它们的情况有了基本了解之后，对我国现阶段的一些问题的思路也就比较开阔了，至少有很多的启迪。一个国家的一套体制在这个国家运行得很好，不一定适用于其他国家，因为任何体制的背后都有其生长的制度环境。制度环境不同，制度的设计和运行状况也就会不一样，甚至可能产生相反的效果。中国社会学恢复初期，费孝通教授提出建立"迈向人民的社会学"和"迈向人民的人类学"，既有政治考量，更是基于他自己的历史经验。

在理论分析的基础上还可以进一步开展国际比较，对此在本书中也进行了尝试。我们的体会是，研究和借鉴国际经验一定不要离开被研究国家与中国的历史发展阶段，即便是考虑了历史发展阶段，也还要考虑为什么这些国家在这样一个历史阶段采取了这样的措施和政策。总结过去的研究经验和教训，我们很多研究离开了历史的阶段性进行比较，得出的结论往往会混淆视听。另外，经验告诉我们，一定要研究发达国家的经验和教训。即便是发达国家也不都是经验，也有教训，也有不成功的范例。要摆脱那种"凡是外国的都是先进或好的"理念。回顾历史，"全盘西化"的一个致命问题是忽视了中国所处的历史阶段。创新的任务就摆在了我们的面前，这是一项更具有挑战性的工作。

三　大数据研究方法

（一）社会科学研究的新阶段

从参与观察到问卷调查，再到大数据科学，社会科学研究将进入新阶段。在本书中我们尝试着使用大数据方法来研究社会体制改革的有关问题，尤其是用来研究公共服务和社会治理的状况，以及公共部门使用大数据的情况。使用这种方法的基本考量是：由社会成员之间产生的信息及其信息网络已经成为经济社会活动的基础，并构成了理解社会体制的重要手段。借助网络，社会成员从来没有像现在这样拥有对问题解决的参与热情和治理能力。政府网络客户端、企业和单位的微信、群体之间的"朋友圈"正在取代传统的文件传输方式，改变传统的信息传播渠道，也改变着人们的行为方式、公共空间、社会空间，乃至社会结构，形成新的社会关系模式。

（二）信息化下的社会关系模式

如果说，社会的基本特点就是由个体的人们组成的网络结构，那么，互联网使这种网络结构更加"网络化"。现在看来，"网"的出现是创造新的社会关系模式的一次重要机遇。我们之所以认为信息化造就了新的社会关系模式和新的公共领域，是基于这样的认识：一是使用互联网的人口已经占到了世界人口的一半。我国的互联网用户已经超过了总人口的50%，在条件许可的情况下，必须研究这个50%以上的人口结构和社会结构，这些人口的互动方式、生活方式、工作方式等。在线已经成为当代社会关系和社会结构的重要特征。互联网塑造了网上的在线行动。大数据是把现有的数据平台互联起来，形成一个在线的巨型数据系统和运算体系。这其中涉及建立各个部门、地区、行业、单位之间的信息共享的机制，以及信息安全制度。二是互联网对于不同年龄段的人会有不同的意义，年青一代更喜欢虚拟空间。研究发现，城乡网民中各个年龄段的网民使用互联网主要分布在10—49岁的人群之间，尤其是10—19岁、20—29岁和30—39岁这几个年龄段。在互联网环境中成长起来的年青一代，对现实世界有虚拟感，对虚拟世界有现实感。在这个意义上，我们认为虚拟世界已经现实化了。三是随着互联网技术的进步和智能社会的发展，社会组织面对的社会人群及其交往方式将会和正在发生巨大变化。网民接入互联网的主要场所是家里，2014年12月和2015年6月分别占90.7%和90.4%，其次是单位，分别是31.1%和33.7%，再次是公共场所，分别是18.0%和18.8%。网民们接近Wi-Fi的情况也大致如此。"微信"的发展已经超出社交应用，进入平台层级入口，成为新媒体中的佼佼者。我国媒体经历了初期的天涯社区到方兴未艾的移动社交应用的发展，短短十几年已经发生了天翻地覆的变化。无处不在无时不在的互联网传媒和由其组成的"朋友圈"，加速了在一些重大问题上的预期一致性。对于社交媒体的正面作用要肯定，但其负面影响也要考虑，有些问题要及早注意，如自媒体中的虚假事实和谣言的管控，以及负面信息的快速传播，已经给社会治理带来巨大风险，必须建立起监督机制和追责机制，及早加以规范。四是在互联网和智能手机的广泛应用过程中，居民对公共服务的个性化需求越来越凸显和越来越迫切，传统的公共服务供给模式将难以为继，必须借助数字技术来满足日益增长的个性化的居民公共服务需求。社会组织创新意味着使用数字技术来提升服务效率，借助网络化和数字化来生产多种多样的产品，产生全新的服务体验。五是经济社会越来越朝着体验方向升级。体验会通过各种各样的方式出现在人们的生活中，改变人们的心态和行为。在组织方式和治理模式上，如何通过这类服务和服务组织来实现对社会的治理，需要深入研究和积极探索，不能回避互联网的快速发展这一现实。

例如，在研究过程中，我们使用大数据方法获得人们对教育的基本观点（见案例分析1-4），通过大数据分析获得北京市居民在网络上反映出来的观点、倾向性、痛点等，我们通过这些分析来进一步开展有关政策的研究。

案例分析1-4：北京市的义务教育状况

民众言论在义务教育领域的相关内容基本呈逐渐下降趋势，且下降的幅度不断增大，2016年下降幅度达到近50%。2012年为近期高点，在所有言论中占比达到14.4%。

义务教育领域的民众言论中有11.4%的言论表达了负面情绪，88.6%的言论表达了正面情绪（见图1-4）。

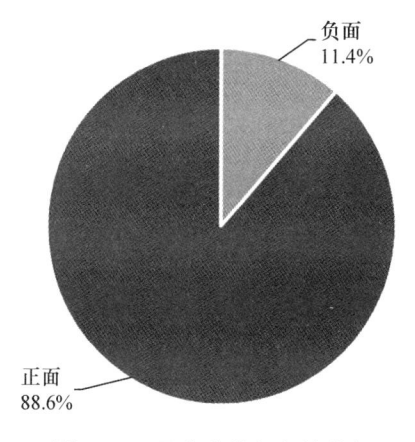

图1-4 民众言论倾向性分析

民众言论在义务教育领域的负面信息总体呈现波浪式上升趋势。2011—2014年，负面言论呈现先上升后下降趋势，低点出现在2014年，为11.4%，2015年、2016年迅速上升，2016年达到21.5%。在义务教育领域，对入学谈论最多的三个因素主要是所在城市、户口、外来人口，其次为择校、入学费用等问题，最后为政策因素。在义务教育阶段，入学问题无疑是民众最为关注的问题，北京市的教育资源全国领先，所有家长都希望将自己的孩子送进最好的学校。同时，北京又是全国外来人口最多的城市之一，常住人口800多万，财政资源相对比较紧缺。而且，在政策的实施过程中还遇到如何平衡户籍人口与常住人口之间关系的问题，努力做到公平公正，这是一个重要的公共政策选择。户口限制：在北京，就读幼儿园、小学、初中，学校首先会考虑的是北京户籍人口的子女，在有名额剩余（好的教育资源当然不会出现这种情况，而好的学校通常还需要缴纳高昂的择校费用）的情况下才会考虑常住人口，因此，对于外来人口中不属于精英阶层家庭的学生通常被选中的学校均教学水平一般，从义务教育已经开始出现阶层分化。政策引导：在义务教育阶段，更多地还是需要依靠政府的政策引导，从顶层设计开始，合理配置教育资源，做到教育资源公平。在义务教育领域，依靠市场因素引入社会办学方面没有异议，但是教育费用的问题值得关注。另外，民众对义务教育领域中非京籍学生（外地人、异地、外来人）以后的高中教育问题，以及异地高考问题争议较大，争议的焦点仍是非京籍居民关于北京市高考对异地倾斜的有关政策，并表达了较多的不满情绪。

这些分析结果使我们看到了北京市教育，尤其是义务教育中存在的问题和政策选择中的困难。

我国属于后发国家，其后发优势在互联网领域得到了很好的体现，网络经济渗透到了社会生活的方方面面，成为人们社会生活不可分割的组成部分。我们发现，我国有条件在新经济业态、政府改革创新、社会组织服务方式创新等方面有自己的后发优势，在经济结构调整和社会结构变迁方面有所创新。在这里，消除数字鸿沟是一项十分重要的任务。与其他国家比较，我国是互联网应用发展较快的国家。在互联网应用上，我国涌现了一批世界级企业，诸如阿里巴巴、腾讯公司等，我国也有条件推动产生一批世界级社会服务机构，在传播我国文化、我国价值方面发挥独特作用。事实上，它们已经发挥了很好的作用，大大改变了我们的社会体制和机制。

四 综合决策机制研究

（一）社会体制的综合性特征

本书不仅要研究社会体制改革的目标模式，还要提出规划和对策，因此，决策咨询的方法也是本书中必须考虑的基本方法。在研究中我们感到，社会体制改革涉及社会学的领域，从严格意义上说，社会学的知识不足以对整个社会发展形成全面的认识。社会学更多的是侧重社会的制度和规范的分析。一是不管我们承认还是不承认，社会体制现实的发展已经超出了现有学术研究的视野，人们暂时还没有找到一个更加合适的理论来引导我们走出解释的困境。从2007年底开始的全球经济衰退打破了所有理论和学术上的不切合实际的幻想：诸如，自由不受干预的市场是有效的；如果市场犯了错误，它自身会迅速纠正。政府的作用越小越好，管制只会阻碍创新。社会部门只有企业化管理，才能提高效率，等等。历史教训我们重新审视公共部门的作用。二是对现实问题研究发现，政府需要发挥作用，社会也需要发挥作用。经济需要在市场、政府和社会之间找到平衡——在这个过程中，必须承认公共部门、非公共部门的作用。20世纪30年代，甚至整个20世纪，资本主义应对危机的重要办法就是寻求和实现这种平衡。面对马克思无产阶级革命的思想和风起云涌的工人运动，德国政府出台了养老保险法等；面对20世纪30年代的全球经济危机，罗斯福政府出台了人类历史上第一部社会保障法。自那以后至今的历史过程中，经济什么时候在这些因素之间找到了平衡，就会稳定向前，否则，就会出现危机和动荡。20世纪下半叶，美国失去了这种平衡，并借助全球化来向全世界推行这种不平衡，最终导致了全球一起来为美国买单。在这样一个基础上思考问题，我们深深感到，推动社会体制改革必须认识到，历史已经进入一个新的阶段，投资需求不仅仅局限于生产领域，更扩大至公共领域，就业需求不仅仅局限于生产力领域，更扩大至公共部门，投资不仅仅局限于物质领域，更扩大至人力资源领域的时候，转变发展方式，就已经远远不是经济发展方式的转变，而是整个发展方式的转变，这其中包括社会治理方式的转变。政策的重点必须放在创造就业上。三是中国长期以来存在的问题是，经济决策往往是经济学家们的事情。当然，公共管理学家以及社会学家对于经济问题缺乏了解也阻碍了他们参与经济发展问题的决策。造成当前经济政策缺乏通盘考虑的原因实际上是非常复杂的。缺乏全盘考虑不是最可怕的，最可怕的是我们还没有意识到这个问题。但是，我们也发现市场经济是存在许多问题的，而且面临许多严重的问题。"近距离观察美国经济，你会发现一些更深层次的问题：在这个社会里，十年来就连中产阶级也面临收入的停滞不前；社会不平衡日益加剧；尽管也有例外，但穷人靠自己的力量爬到社会上层的比率比'老欧洲'还要低。"这是诺贝尔经济学奖获得者、美国经济学家约瑟夫·施蒂格利茨（Joseph E. Stiglitz）在其著作《自由落体：美国、自由市场和世界经济体的沉没》中的一段话，值得深思。其实，在这之前的许多美国学者已经看到了这一点，提出了许多新的理论，诸如资本主义3.0、资本主义4.0等。这个问题我们在后面还要进一步分析，直接的结论应当是：追求个人主义不会导致社会利益最大化，间接的结论是，利己主义和利他主义是两条道上跑的车，它们不会自然而然地跑到一起。若让它们跑到一起，还需要另外的力量和机制，也就是说需要社会体制改革和创新。但是，就其本质来说，人是一个需要群体的动物，而且是只有在群体中才能生存和发展的动物。自由市场把社会变成了"经济社会"，社会建设就是要改变这种对于社会的异化现象。在一个极端个人主义盛行的时代，人们普遍认为，市场可以解决一切问题，公共领域几乎没有存在的必要，中国改革开放四十多年的经验和教训从正反两个方面都证明，在推进市场化改革的同时，必须加强公共领域建设。我们必须时刻记住，如果所有的社会事务都要通过市场展开，个体的人就会变成一个个孤立的经济人，社会就会变成一个原子化的社会，这样的社会的基本偏好是追求个人利益最大化，由此我们可以理解一个时期以来发生的各种社会事件。反过来说，社会体制改革就是要探索在经济社会发展过程中那些市场不能解决，必须通过社会才能解决的问题，以及解决这些问题的方式方法。这个问题解决了，社会体制的改革方向和改革目标也就明确了。利己主义的破坏性影响在各个社会中屡见不鲜，关键是看不同社会中的人们是如何抑制它的。

（二）综合性解决方案

在这样一个发展的关键时期，政策研究不仅要有国际视野，更要有历史视野。1929年发生的国际经济危机在经过短暂恢复之后，不到一年又陷入了低潮，反反复复，直到第二次世界大战结束。2009年底和2010年初，就有人预料国际金融危机已经过去，经济复苏就在眼前，不料下半年全球经济又出现动荡。历史的经验值得注意，成熟的社会和成熟的政府政策不能没有历史感。这也就是我们通常理解的理论和政策的穿透力。通过具有全局性的历史视野把握发展的历史阶段性特征，根据这样一个历史阶段性特征来制定政策，这一点在当前比任何历史时期都重要。在这个意义上，中国当前许多重大问题的研究需要更多领域的专家参与、合作、研讨，寻求综合解决方案。而且，我们决不能因为自己已经取得的经济成就而故步自封，创新必须依赖各国的经验与教训，必须吸收各国专家参与中国发展问题的研究，更大包容性是任何一个国家在发展中必须作出的重要选择。

社会体制是社会的运行机制和制度安排，其核心是由社会利益格局决定的社会关系模式。社会体制是社会秩序的基础，也是激发社会活力的核心制度。合理的社会体制能够使其文化和社会组织方式应对复杂的社会问题，避免使社会陷入"困境"。社会体制研究既涉及理论探索，又涉及实践应用，还必须放宽国际和历史视野来审慎分析，需要采用综合的方法。在当代，大数据是对更大范围的社会事件进行把握和研究社会体制的不可或缺的路径和方法。

第四节　理论框架

人通过公共空间在与他人的互动、沟通和交流过程中形成一定的社会空间。公共空间又可以称为社会基础设施，它基于一定的利益格局。技术、物流和经济组织的创新，会大大改变人们的互动、沟通和交流方式，降低互动和交流的成本。技术、物流和经济组织的创新，既具有空间意义，也具有时间意义。移动互联是一种即时互动和交流。社会互动最初可能是基于私人利益也可能是基于公共利益发生的，但社会空间一旦形成，就必定形成公共利益机制，公共利益机制又制约着私人利益、个人行为和社会关系模式。

历史是纵向的，社会空间是横向的，纵横交错就形成了人类学常说的人文区位。也就形成了不同的文化类型和不同的社会关系模式。私人利益通过公共利益得以实现。社会空间在其拓展过程中遭遇不同的文化，就形成了不同的社会关系模式。人们的利益关系通常是具有时空结构的，例如资本、技术和信息（在当代的数字），数据在空间中布局和在时间中流动都会产生价值。时间就是金钱，足以说明这个问题。人们之间的互动、沟通和交流有时是纯社会性的，例如走亲戚、探访朋友等；有时是经济性的，例如贸易和商业谈判等。即便是纯经济性的互动、沟通和交流也往往带有其社会性。任何经济行为背后都有社会的规则和文化内涵。

在当代，互联网从一个信息源向周边扩散在各个环节引起的反响是不一样的，因为各个节点的历史、文化、政治、地理、习惯等存在巨大差异，就会形成不同观点，且极其复杂，这恰恰反映了不同受体之间的不同的文化特征。互联网的这种扁平化的特点，还会进一步引起截然不同的社会观点和形成更加复杂的社会舆论。扁平化社会结构是当代人类不可回避的和必须面对的。若在这个过程中社会治理没有扁平化的思维方式和平台化的治理结构将会很难面对这样的一个复杂的扁平化社会结构。在这个意义上，我们认为，社会体制是在公共空间基础上形成的社会空间，以及社会空间在其拓展过程中形成的社会关系模式。社会体制可以界定为建立在一定公共利益基础上，通过公共空间形成的社会空间和社会关系模式。

空间和社会关系模式就决定了社会动员的方式和社会的活力的激发方式。在这样一个理论框架下我们来看民生和社会治理，那么社会治理就是建立一个更加和谐、能够交流的社会关系模式。改善民生就是要建成一个更加合理的利益格局，提供更加宽泛的公共空间，包括更多的公共服务。

这样，我们就在原有的公共管理和公共服务以及治理理论的基础上，为社会建设和社会治理找到了建构了的理论基础和解释框架。本书对社会体制研究的理论贡献是：在空间结构上找到了社会关系模式；在历史的结构中找到了文化类型，这样就把社会体制建立在纵横交错的基点上，避免了以往仅仅就体制问题去论体制，就治理谈治理的单一思考和处理问题的模式。还有就是，在公共空间和社会空间中我们把互联网对当代社会体制的影响纳入解释框架里了。简单一句话，社会体制就是社会空间关系和社会关系模式。

我们还应该从千年未有之大变局、百年未有之大变局和四十年未有之大变局来看社会体制改革这一问题。千年未有之大变局是指中国已经和正在经历从几千年的传统农业社会转变到信息化社会这样一个伟大的时代，其历史跨度之大、社会结构变化之深刻、社会空间扩张之广、社会关系模式之新颖，前所未有，人们的心理震撼和需要进行的心理调适可想而知；百年未有之大变局是指世界从工业社会到信息社会的伟大转变。互联网带来的百年大变局大大改变了人类的公共空间和社会空间，全世界成为一体化的社会，改变了人类的利益格局和社会关系模式。我们还可以说是四十年未有之大变局，因为，从四十年前的经济建设到现在我们面临的一系列的社会问题，教育、医疗、社保等等，正如邓小平同志所说的，发展起来的问题不见得比没有发展起来少。这正是我们当今研究社会体制改革的出发点，也是必须把握的社会体制的重要趋势。

第二章　社会体制的历史逻辑

社会体制的产生、发展和演变有其自身的历史发展脉络。如前所述，自有人类社会以来就有人们的利益关系，也就有人们活动的公共空间和社会空间，就会形成特定的社会关系模式，这种社会关系模式通过制度固定化了就形成了社会体制。在这部分中，我们主要考察国内外不同的社会体制的历史发展及其特点。如前所述，有人类社会就会有人与人之间的利益关系、人们之间的相互合作，以及在此基础上的共同生活和必须遵循的基本规则。

源于不同的历史和地理环境，各国社会体制差别甚大。现实中和历史上，从来就没有统一的国家体制与社会关系模式。理想的国家与社会之间的互动只有在理论中才能构建出来，并成为人们追求的目标和分析问题的框架。无论是从现实中还是从历史上，人们能够看到的只是具体的、各具特色的社会体制和文化模式，正如钱穆所言，"西方人主张个人主义，家与国皆受限制，而可谓并不知有天下。希腊人知有城邦，不知有国。罗马国人，则可分征服者与被征服者，而双方对国之观念自不同。罗马人亦有家，然其家与中国人之家大不同"[1]。这是一个极具历史和世界视野的判断。国学大师梁漱溟先生把人类文明分为三大系也是基于这样的历史逻辑和世界视野。

第一节　中国社会体制的历史脉络

一　新中国成立之前的社会体制

根据既定的分析框架、理论思考和研究方法，本书认为中国传统的社

---

[1] 钱穆：《晚学盲言》（上），东大图书公司1996年版，第264页。

会体制表现在三个方面：利益格局、公共空间和治理模式。

（一）普天之下，莫非王土的利益格局

中国古代的社会体制渊源于它的人文生态，有些传统因素依然对当代中国发展产生深刻影响，我们可以将其称为中华文明的文化基因。

"普天之下，莫非王土；率土之滨，莫非王臣"[①]是对封建社会利益关系的典型概括，如白寿彝所说，封建社会里的"皇帝是最高最大的地主，土地所有权和政权在他身上是统一的"[②]。鸦片战争前，"中国是清王朝统治下的一个独立、统一的中央集权的封建国家。……。地主阶级占有大量土地，农民则很少或完全没有土地"[③]。基本上说，封建社会的土地所有制是地主阶级掌握土地，但中国封建社会的土地制度在不同的历史上又有自己的特点，大致从春秋战国到中国封建社会的灭亡，中国历史上曾经有过国家土地所有制（皇帝是其代表）、地主阶级的土地所有制和农民土地所有制。20世纪40年代，在西南联大和清华复原时期，费孝通和历史学家吴晗曾一起从历史的角度研究中国的社会结构，基于当时的研究和研讨，费孝通指出，在封建社会，"皇帝是政权的独占者，'朕即国家'"[④]。"封建的政权是依照血统来分配和传袭的。不生在贵族之门的庶人，轮不到这些'宝座'，看不到这些'神器'。"[⑤] "中国历史，自始即然。先是一宗法社会，封建制度即从宗法来。在其下者拥护其上，在其上者领导其下，君民一体，实即氏族一家。"[⑥]钱穆解释道："中国人言身家天下，进则有国有天下，退则有身有家。"[⑦]这些，都是对中国传统社会中国家与社会的关系以及利益格局的深刻理解和具体说明。这既描述了中国传统封建社会的分配制度、利益格局，也表述了中国传统的社会空间和社会关系模式。

在传统的封建社会，中国像大多数国家一样，由于市场交易的有限范围，社会空间也是非常有限的。"在大多数的古代社会中，市场只具有边缘性地位，他们被严格限定在产品交易（有时也包括奴隶买卖）的范围

[①]《诗经·小雅·谷风之什·北山》，《四书五经》，北京燕山出版社2007年版，第845页。
[②] 白寿彝：《中国通史纲要》，中国友谊出版公司2012年版，第105页。
[③] 李侃等：《中国近代史》，中华书局1994年第四版，第1页。
[④] 费孝通：《费孝通文集》第五卷，群言出版社1999年版，第466页。
[⑤] 同上书，第467页。
[⑥] 钱穆：《晚学盲言》（上），东大图书公司1996年版，第258页。
[⑦] 同上书，第218页。

内，而不存在土地或劳动力的市场化；而且，市场也不是社会财富分配的决定性因素。生产者一般只是为熟悉的买家生产固定数量的产品，而不是在一个不确定的市场内展开竞争；即使价格波动影响了他们的决策，这一反馈机制也不会像现代市场经济那样敏感。"[①] 在劳动力没有市场化的环境中，公共空间和社会空间是有限的。市场扩张是导致利益格局变化和公共空间形成的重要因素。市场在其扩张过程中会塑造非市场社会关系，而非市场关系又为市场关系创造了一个社会环境。二者互为因果，只是在实际的政策执行过程中，人们如何来对这种关系进行设计罢了。但是，一旦市场支配了人们的社会行为，渗透到人类社会发展的深层，会导致人类的社会行为屈从于经济行为。社会领域的过度市场化就是典型例证。马克思在其《1844年经济学哲学手稿》一书中讨论的异化问题也许就是对这种结果的一个预见。因此，在社会体制的背后，利己主义和利他主义、市场化制度和非市场制度的关系的具体表现是由特定历史环境决定的。转型国家如何处理这两对关系，取决于他们的理性选择程度。

（二）基于社会习俗和文化价值的治理结构

费孝通在其20世纪40年代的研究中发现，中国传统文化中不乏以人为本的理念，但是缺少让民众参与的体制机制，正如他写道："我们的遗产中找得到'民为贵'的精神，找得到'不与民争'的态度，也找得到基本社会团体的自治习惯；但是找不到像美英一般的宪法和民主。"[②] 这样的民本主义自然产生不了法治，而是依靠德治，即依靠统治者的德行。民本思想和民主思想本是两个东西，后者依靠法制。宪法体现了国家意志，民主体现了公众在国家事务中的作用和角色，二者不同，但又相互联系，是一个问题的两个方面。缺乏民主和宪法，基层如何治理？历史学家黄仁宇对这个问题作了具体探索："中国的历史之所以不同于其他一切文明的历史，乃在于中国在公元前若干个世纪里就已经发展出了一种中央集权的政治体制。由于此种体制必然能够动员还只是相当原始的技术支持，因而它也确实是一项很大的进步。……。由于缺乏所谓的技术精细化，中国的官僚政府通常表现得广度有余而深度不足。这一点给人留下的印象很

---

① ［英］加雷斯·戴尔：《卡尔·波兰尼：市场的限度》，焦兵译，中国社会科学出版社2016年版，第228—229页。

② 费孝通：《费孝通文集》第四卷，群言出版社1999年版，第346页。

深刻。中国官僚政府所获得的支持,主要来源于社会习俗和社会价值。"[1]这些社会习俗和社会价值体现为种种做人的准则,诸如天人关系、人伦关系、统治秩序等,约束个人依附于初级的社会组织,诸如家庭和宗族、乡村社区等,如钱穆所言,中国"自来本无社会一观念,因亦无社会一名词"[2]。但是,中国有群的概念,大致也表述了社会的含义。后来,社会、文化这类概念都是从日本翻译过来的。沿着这样的逻辑,费孝通指出"在中国,政权和这里所记载的社会威权是很少相合的。政权是以力致的,是征服者和被征服者的关系。这里所讲的威权是社会对个人的控制力。儒家固然希望政权和社会本身所具有的控制力相合,前者单独被称为霸道,相合后方是王道,但事实上并没有成功的。孔子始终是素王,素王和皇权并行于天下,更确切一些说,是上下分治。地方上的事是素王统治,衙门里是皇权的统治。皇权向来是不干涉人民生活的,除了少数暴君,才在额定的赋役之外扰乱地方社会的传统秩序"[3]。我们讲,当前中国正在经历千年未有之大变局,讲的是从传统农业社会的家、家族、社区向城市社会的转变。短短四十多年,从不到20%的城市人口增加到了接近60%的城市人口,换句话说,从不到两亿人生活在城市到八亿多人生活在城市,一方面是传统的农村家庭、家族和社区在解体;另一方面是大量的农村人口转入城市成为城市居民,他们的生活习惯和生活方式不可能在一个短短的时间内发生根本性改变。在农村原来意义上的通过家庭和家族约束个人行为的社会习惯和社会习俗因家庭和家族的解体而失去应有的效应,加之中国传统社会本来就缺乏法治的传统,农村社会治理就出现了空当;而在城市,面对大量农村人口的进入,原有意义上的基层治理模式,无论是在治理方式还是在人力物力上都难以适应这样一种快速的变化。可以想象,整个国家因为这种快速转型而形成的各个个体和各类组织的角色重新定位、文化重新调适的问题是历史上任何一个时期和任何一个国家都不曾有过的。这是我们称之为千年未有之大变局的含义所在。

中国地理环境巨大差异造成的地区差别和国家对经济资源控制造成的财富巨大差异,使其财富占有不平等程度在相当长的一个时期保持较高水

---

[1] 黄仁宇:《现代中国的历程》,中华书局2011年版,第7—8页。
[2] 钱穆:《晚学盲言》(上),东大图书公司1996年版,第270页。
[3] 费孝通:《费孝通文集》第五卷,群言出版社1999年版,第479页。

平，这种较高水平的不平等会使人们预期的民主和公众参与的水平与程度大打折扣。儒家思想在相当长的时期在中国传统社会发挥着巨大作用。费孝通和吴晗曾经研究过中国历史上的士绅在道德教化中的作用，"绅士们高踞于无数的平民以及所谓'贱民'之上，支配着中国民间的社会和经济生活。……绅士乃是由儒学教义确定的纲常伦纪的卫道士、推行者和代表人，这些儒学教义规定了中国社会以及人际关系的准则"[1]，决定了中国传统社会的社会关系模式。那么，绅士又是指什么？根据费孝通的界定，"绅士是退任的官僚或是官僚的亲亲戚戚。他们在野，可是朝内有人，他们没有政权，可是有势力，实力就是政治免疫性。"[2] 士绅"导民以德"治理社会，与儒家的社会自律十分契合。所以，自宋代开始，一些儒家政论家对于社会的治理更倾向于"无为"，而不是官家的控制，倒是有点道家的味道了。"导民以德"实际上是一种自我监督制度，通过个人的自觉和社会团结，实现彼此监督，这样社会日常管理的工作不是由政府来负担，而是落到百姓的身上了。

当然，士绅制度与传统的科举考试制度是密切联系在一起的，而士绅优势是传统中国社会农村治理的基础。"15世纪后，随着乡试扩大录取名额，三百年间，生员的数量从四万增至六十万。因为政府官职越往上，名额越少，所以越来越多无法取得更高功名和官衔的下层士绅，便承担起了地方行政中的非正式角色。"[3] 这也帮助我们进一步理解费孝通教授和吴晗教授提出的"皇权不下县"的历史背景，换句话说，"皇权不下县"不是中国传统社会一直的治理模式，而是在一个特定阶段上的社会治理方式。对于这个问题，顾炎武（1613—1682）在其治国方略中作了论述，对基层士绅在基层治理中的作用提出了相互矛盾的分析，"一方面，他确信朝廷如果正式承认地方士绅对地方政府的管理权，整个帝国就将得到更好的管理。然而，另一方面，他又痛斥员生干预衙门事务，滥用权力，欺骗农民的钱财。依顾氏之见，朝廷若能约束生员，那地方行政的很多问题都将迎刃而解"[4]。如果是员生，基层士绅真如顾氏所说，"干预衙门事

---

[1] 张仲礼：《中国绅士》，[美] 弗兰兹·迈克尔：《导言》，李荣昌译，上海社会科学院出版社1991年版，第1页。
[2] 费孝通：《费孝通文集》第五卷，群言出版社1999年版，第473页。
[3] [美] 魏斐德：《中华帝国的衰落》，梅静译，民主与建设出版社2017年版，第28页。
[4] 同上书，第30—31页。

务,滥用权力,欺骗农民的钱财",费孝通和吴晗所说的"皇权不下县"的士绅德治又何以实现呢?历史是如此复杂,需要静下心来深入研究,要研究各个时期的士绅的作用。

事实上,中国历史上的士绅的角色是不断变化的,"14世纪到20世纪间,中国只出现了三个朝代。那六百年间统治中国的三十四位皇帝虽都依赖于士绅对其政权的认可,但皇帝个人,还是更喜欢把任务交给自己的属下,而非士绅。在明显循环往复的朝代更替模式下,随着君主恩宠而来的权力平衡,帝国的专制程度越变越强,士绅的影响力则日渐减弱"[①]。在中国历史上,商人的地位不是很高,但是进入20世纪,商人获得了越来越多的认可,1902年,当时的政府颁布了商法,为商人提供法律保护,商会也取得了合法地位,此时的商人很快与士绅结成联盟一道面对共同的利益问题,中国社会进入新的阶段。真实的历史是,士绅和商人早就有着千丝万缕的联系,这可以追溯到18世纪,那个时候,士绅和商人已经不是那么泾渭分明,私人交情是经常发生的,尽管官方并不怎么认同他们之间的关系。这段历史对于我们从一个历史的长时段来理解当前的政商关系也有意义。18世纪的政商关系变化预示着一种新的社会结构正在形成。商人的出现和商品流通就会大大加速社会的流动,不断拓展社会空间。

不管怎么说,中国传统社会的国家与社会的边界及其权力结构在近代逐渐被打破。当然,中国漫长的社会发展进程中也分成若干阶段,不同阶段上的社会体制、社会关系模式、社会治理方式是有很大差别的。在这样的历史视野中看"皇权不下县",还有很多值得进一步探索的历史问题,也有在更大范围思考当代基层社会治理的空间。

(三) 以家和社区为基础的社会空间结构

在传统社会,家庭是一个独立于政府和国家的社会单元,甚至基层组织也是这样,费孝通的研究证明了这一点,"生活上相互依赖的单位的性质和范围却受着很多自然的、历史的和社会的条件所决定。我们绝不能硬派一个人进入一个家庭来凑足一定的数目。同样的地方团体有它的完整性。保甲却是以人数来规定的,而且力求一律化"[②]。这不但是在中国,在其他国家,家也是一个私域。不过在这里,费孝通强调了家庭的血缘关

[①] [美]魏斐德:《中华帝国的衰落》,梅静译,民主与建设出版社2017年版,第64页。
[②] 费孝通:《费孝通文集》第四卷,群言出版社1999年版,第341页。

系特征，认为这样的社会单元相对独立，可以满足人类的基本需求。通常传统意义上的"家"是比现在意义上的"家"的规模要大，在这一点上，恐怕中外不会有多大区别，例如，1870年的时候，美国的家庭户均人口是5.3人，到了2010年则减少到了2.6人。由于传统的农业社会没有社会保障制度，对于家庭的劳动力来说，也就不存在退休的惯例，大多数情况下，男性劳动力必须不断地劳动才能养家糊口，直至他们残疾或死亡。"家庭是中国文化中最重要的一部分。"① 由此我们也可以理解为什么儒家提出"修身齐家治国平天下"的治理方略了，家庭是传统社会体制的重要组成部分，甚至是核心。

中国传统意义上的"家"，在农业社会的家，既是一个私人空间，也是一个公共空间，说它是一个私人空间是指它是个人或家庭私生活的地方；说它是公共空间，是因为"中国的家是一个事业组织，家的大小是依着事业的大小而决定的"②。这"大大小小"的事业是指生产的安排和生产过程，以及公共服务的供给。在公共服务的供给方式上，所有的人对安全感都有一种深层次的心理需求，这源自对"我在哪里"的这一追问的社会心态。另外，传统农耕意义上的家负责人的生老病死，家庭纠纷，基本生计，还可以满足人们的精神需求。人类为了生存，需要在一个地区中与所处人群的联合。这种联合会形成人们情绪安定的基本环境和重要场所。人们在家庭生活中得到极大放松和安定。

造成家庭及其角色的变化的主要原因是经济发展，此外行政力量的干预也不可忽视。行政体制有时会把这种人类自然的社会单元打破，例如保甲制度。"把这种保甲原则压上原有的地方自治单位，未免会发生格格不入的情形了。原来是一个单位的被分割了，原来被分别的单位被合并了，甚至东凑西拼、支离破碎，表面上的一律，造成实际上的混乱。"③ 保甲制度可以实现安全目标，但是未必能够达到交流和情绪安定的目的。传统的士绅治理是建立在社会流动性较弱、生产方式和生活方式单一基础上的。1949年以来，"中国的社会和文化传统已经被纳入新的秩序之中"④。这主要是指土地改革、人民公社制度的建立，农村的集体生产制度的实

---

① 钱穆：《晚学盲言》（上），东大图书公司1996年版，第307页。
② 费孝通：《乡土中国 生育制度》，北京大学出版社1998年版，第40页。
③ 费孝通：《费孝通文集》第四卷，群言出版社1999年版，第341页。
④ 黄仁宇：《现代中国的历程》，中华书局2011年版，第7页。

施。黄仁宇在这里讲的"被纳入新的秩序之中"是比较内地和台湾,尽管在外在形式上和文化上,两岸在基层社会结构上存在的差异很大,但是内在地、全面地看去,都各自继承了中国文化的不同方面,这并没有改变两岸同源同祖的历史事实。

以家庭和血缘为核心的社会关系模式容易产生对社会的自私和冷漠的道德取向:对家人亲,对外人冷漠、自私,甚至会对与自己毫不相关的人所遭受的苦难视而不见听而不闻。理解当前的社会道德问题,不仅要着眼于当前的市场经济体制带来的影响,也要从纵深分析中国的传统文化的负面影响。体面来自个人成就对家庭带来的荣耀,"光宗耀祖"就是一个例证,而不是对社会的奉献。从这样一个历史视角出发,我们就可以深刻理解为什么在当前发生了一些不可思议的缺乏诚信和社会责任感的社会问题了。进一步说,类似重庆的公共汽车坠河事件,除了反映出由于市场经济发展过程中的问题外,文化基因也是不可忽视的因素。

与现代意义上的城镇化不同,"中国城市是在以农为本的文明框架内兴起的。甚至到了 16 世纪晚期,明朝皇帝还在王宫里举行以高度舞蹈化的动作来象征丰收的宗教仪式"①。这种不是以交易和服务公众的居住中心,尽管规模宏大,但依然不能改变农业文化的本质,就其思想和生活方式而言,是一种更加密集的"农业社会",紫禁城里居住的是一个大家族。由于没有商品的扩散和交易,这种城市对外的影响是有限的,城乡各自满足着自己的需求和消费。这样的经济布局实际上也影响了城乡人口的布局和社会治理的布局。这也可以成为我们理解"皇权不下县"的另外一个视角。没有商业,也发展不起来工业,形不成企业家创业刺激,中等收入群体也培育不出来,这样的社会结构不仅存在于古代的中国,也发生在古代的日本、朝鲜、印度,以及埃及。

二 新中国成立到改革开放前社会体制的基本特征

(一)公有制和集体所有制为主体的财产制度

首先,国家所有制和集体所有制成为国民经济的唯一基础。据吴敬琏先生的研究,改革开放初期,中国城市经济中,80% 为国有企业,20% 为

---

① [美] 乔尔·科特金:《全球城市史》,王旭等译,社会科学文献出版社 2014 年版,第 88 页。

集体企业，是没有非公经济的。改革开放之前，中国实行的是计划经济。"在计划经济时期，所有的工业和商业都是由国家垄断经营的，政府可以人为地把农民生产的粮食、棉花、原材料价格压低，在工业里又把上游产品的价格压低，这样就把农业和上游工业的利润转移到了商业，国家可以从国家垄断经营的商业环节把利润全部拿到自己手里，派作各种用途。"①共和国成立之初，中国几乎复制了苏联社会主义计划经济模式的全部内容。在这样的计划经济体制下，国家所有和集体所有就成为国民经济的唯一基础。在这样的体制下，存在三大差别：收入差别、地区差别和城乡差别，但个人之间的差距还是可以容忍的。其次，国家按照苏联模式建立了一套政企不分高度集中的财政税收体制。改革开放前，基本上是以统收统支的财税体制为特征。李培林认为，"在计划经济时代，我国社会管理的基本体制是政府承担着几乎全部社会职能，以单位为基础对社会实行总体控制，社会运行成为政府运行的组成部分。这是一种行政吸纳社会或社会运行行政化的管理体制。随着改革的深入和社会主义市场经济体制的确立，社会组织体系发生深刻变化，传统的行政化单位体制逐步弱化，国家在相当程度上失去了依托单位承担社会职能的组织基础，同时强调在改革中剥离单位原来承担的社会职能，实现社会职能社会化（以及某种程度的市场化）"②。李培林在这里讲的"以单位为基础对社会实行总体控制"最为典型的例子是类似改革开放前后的包头钢铁厂——企业办社会，这样的企业除了没有自己的火化厂外，几乎拥有各类教育、医疗机构，以及为吸纳本企业职工子女就业的第三产业等。在这样的企业里，公共利益与企业利益结合在一起，企业也就是公共空间本身。在这样的企业里，由于职工子女可以代替父母上班，或者叫接班，在社会关系模式上，工厂里的人们既是同事关系，还可能是长辈和晚辈的关系，企业成了一个近乎完整的社会系统。

（二）以户籍制度为核心的城乡分隔分治的社会空间模式

户籍制度是中国社会管理体制的重要制度设计，把人口人为地分为城乡户籍也是中国独有的社会管理方式之一，换句话说，它把一个国家的人口通过制度安排摆放在两个不同的空间，老死不相往来。本地居民和外来

---

① 吴敬琏：《当代中国经济改革教程》，上海远东出版社2010年版，第61页。
② 李培林：《创新社会管理体制是我国改革中的新任务》，《人民日报》2011年2月23日。

人口的不平等是由于户籍制度"赋予"个人的社会地位。这种社会地位决定了他们拥有不能等量的分配结果和享受不同的公共服务的权利，造成了不同类型的生活形态。其次，户籍制度的本质是基本公共服务制度。根据1951年2月中央人民政府颁布的《中华人民共和国劳动保险条例》，由国家统筹、企业实施的针对职工及其家属的养老保险、医疗保险、工伤保险等劳动保险制度。中国参照苏联和其他社会主义国家建立了以受益为基准的现收现付的社会保障体制。这一制度先是在国有工业企业实施，之后推广到国有商业贸易企业。在农村则是沿用以家庭保障为主的社会保障形式，辅之对孤寡老人实行五保政策。这套保障制度带有明显的现收现付特征和"单位"特色。1958年以后的户籍制度改革明确了城乡户籍的差异和人口流动的约束性，特别是到了无产阶级"文化大革命"后期，从宪法上确定人口流动的非法性，就把户籍制度的城乡差异法定化了。这个时期，人口自由流动甚至被当作"盲流"，也给改革开放初期的农民自由贸易带来了一系列困难。随着市场体制的逐步建立，与之相适应的改革政策又开始打破这种固化的户籍制度，当然这又是一个漫长的过程，直到目前为止，这种制度的影响依旧根深蒂固。

户籍制度既是一种利益格局，它赋予了人们不同的权利，城市户口和农村户口的含金量是有巨大差异的；它也是一种公共空间，整个国家分成了城市和乡村，在改革开放以前，农民只能在农村地区谋取生计，被限定在特定的空间结构中；它还是社会空间，由于它具有把人限制在特定地域的能力，人与人之间的交往和人口流动就受到了限制，人们的社会空间也就有了限定的范围，不是可以随便和自由流动的，在此基础上社会关系模式也就基本形成了。所以，在这个意义上，户籍制度是中国改革开放以前并影响到现在的一种重要的社会体制、重要的利益格局、分割性的社会空间和社会关系模式。

（三）被行政化和单位化渗透的社会关系模式

在计划经济时代，乃至改革开放后的相当长一个时期，行政化渗透到社会生活的各个领域，造成了社会生活的两重属性，一方面，它是一个强加的身份，政府通过行政级别、财政拨款等强化了各类本应当属于社会组织的行政特色，而这些特色又维持着各类事业单位作为社会组织与民间社会组织的区别和分隔的事实。泛行政化在各类组织、个体之间构建起了某些集体特征、经验和历史，所以，也就在这些组织中创造出一些抵触文化和情绪，其中隐含着社会的不稳定因素。对这种侵蚀社会秩序较大的因素，也有人将其称为"官化"。"官化"就是表现在各类社会活动中的行政化，以行政动员替代社会动员。社会官化触及了社会声望、社会权利、社会地位等问题。官员作为一种社会角色，在传统社会，社会对其期望如钱穆所言"在朝美政，在野美俗"，在当今已经淡然无色。把"官化"引入公共生活或社会生活就产生了相反的功能和效果，限制了人们之间的互动或人际关系。它集中反映了社会成员对权力的盲目崇拜，不利于社会树立正确的价值取向。在无孔不入的负面引导效应之下，"官化"会使"官本位"思想更加固化，渗透到社会生活的方方面面，固化了不合理的社会结构，引发人们把个别官员的不良行为误判为政府行为，影响了公众对政府的社会认同，增加了治理社会的难度。行政化耗尽社会动员的能力。另一方面，它使事业单位改革步履维艰，社会组织难以发展。"中国传统事业单位体制内的所谓'事业'，是特指'没有生产收入'，'所需经费由国库支出'的社会工作"[1]，包括科学、教育、文化、卫生、体育等部门和单位。中华人民共和国成立以后，尤其是在经济恢复和第一个五年计划时期（1949—1957年），"奠定了政府主办社会事业和政府是社会管理主体的理论基础和政策框架。经过社会主义改造，随着经济活动单位从多元所有制转向集体和国有所有制，社会发展领域的社会活动单位也逐步转向这两种所有制形式。政府主办社会事业，政府同时成为社会管理的主体"[2]。任剑涛认为，当前的政府和社会的关系是1949年以来的历史选择，"新中国成立以后实际上对社会采取了一个大包大揽的设计取向"[3]，社会事务、教育事业、公共卫生、文化事业以及科技事业等基本上是国家包办，事业单位基本附属于政府。城镇居民与农村居民拥有不同身份和不同权利是一个体制改革问题。传统意义上，事业单位制度与企业制度相对而言，在计划体制下，政府控制了人权、财权和物权，也就自然需要承担起相应的事权和责任，成为经济社会活动的唯一主体，相应的责任和义务也就绝对集中，国家包办了一切事务，甚至企业活动。中国在照搬苏联经济管理模式的同时，也基本照搬了其社会管理模式，其主要特征表现为活动的非经济

---

[1] 黄恒学：《中国事业管理体制改革研究》，清华大学出版社1998年版，第2页。
[2] 刘瑞、武少俊、王玉清：《社会发展中的宏观管理》，中国人民大学出版社2005年版，第87页。
[3] 任剑涛：《事业单位改革能否成功关键在政府》，《改革参考》2011年第16期。

化、主体的国办化、机构的行政化、经费的供给化、资源配置的非社会化、发展目标的计划化、运行机制的非效率化、管理体制的非法制化,以及活动范围的扩大化。① 在这样的背景下,社会组织发展也受到约束,新中国成立后,当时的内务部在取缔各种反动社团的基础上,对当时社会需要的社会团体进行了登记。计划经济时期,社会团体活动空间有限,作用不大。"20世纪50年代初,全国性社团只有44个,1965年有近100个,地方性社团有6000个左右。"②

(四) 治理者和被治理者泾渭分明的基层治理模式

虽然在20世纪50年代国家制定了城市居民委员会条例,以及后来的村委会自治办法,明确了居民自治的方向,但是,居委会和村委会主要还是承担了人口管理等职责。即便是改革开放之后的一个时期,从政权意义上,政府并没有把权力让渡给居委会和村委会,尽管下放了一些公共服务职能。从自治意义上,居民参与居委会的活动并不多,也不积极主动,或者不参与有关公共事务,居委会和村委会在基层的治理作用非常有限。上级政府给了居委会和村委会很多事务,但是没有给予相应的权力和财力,事情很难做起来,村民自治加大了管治的难度,责权利不统一。实际生活中,居民最关心的是自己的根本利益,基层社会治理如何把居民的利益调动起来,需要建立治理者和被治理者融合的基层治理模式。

回顾改革开放四十多年的历程,中国先是从计划经济体制中"外化"出来一个市场体制,当时人们称之为"双轨制",随着对计划体制改革的深入,新的社会体制逐步形成。例如,原有的计划体制下并没有社会保障制度,除了国有企业职工、机关工作人员和事业单位工作人员拥有社会福利。20世纪80年代的农村改革、企业改革造成了人口流动和企业职工分流,承担这些流动人口和下岗职工的社会保障任务自然就成了完善社会保障体制建设的使命。伴随着市场经济的发展,中国的社会保障体制逐步建设了起来,这个过程中,教育体制改革、医疗卫生体制改革也逐步提上议程,整个社会体制改革整体迈进。在经历了教育和医疗产业化的阵痛之后,基本公共服务体系建设提上议程,目的是建立一个政府负责制度安排的公共领域,来把基本公共服务作为一项制度向13亿人民提供,从计划

---

① 黄恒学:《中国事业管理体制改革研究》,清华大学出版社1998年版,第2页。
② 张平等:《中国改革开放:1978—2008》,人民出版社2009年版,第661页。

经济下的社会事业，到教育和医疗产业化，基本公共服务体系建设的目的就是要使社会体制改革与社会主义市场化改革的目标相适应。

回过头来看看中国社会体制演变的历史，从传统的"普天之下，莫非王土"的利益格局，以家、家族和传统社区为基本单位的公共利益和公共空间形式，以及传统的农业耕作方式下的社会空间和社会关系模式；到新中国成立后建立的国有企业、集体企业以及农村集体经济为基本特征的利益格局，以及城镇中以政府公务人员为主体建立的社会福利制度的公共利益和公共空间，在户籍制度分割下的社会空间和社会关系模式，在这个阶段，社会空间得到了巨大拓展，社会关系模式发生了深刻变化；改革开放以来，以建立社会主义市场经济体制为目标的改革，逐步形成了一个以公有制为基础、多种所有制并存的利益格局，随着农村改革和企业改革的深入，以社会保障体制改革为先导的公共服务体系改革和创新，以及随之的人口流动，大大改变了公共空间结构和社会空间结构，带来了人与人关系的深刻变革，形成了新的社会关系模式。总的趋势是，在利益格局得到改善的同时，不尽如人意的地方也表现了出来：收入差距拉大和收入分配不合理现象时有发生，利益协调问题成为核心问题。公共利益伴随着基本公共服务体系的建设，尤其是基本公共服务均等化体系的推进正在得到不断完善，公共空间伴随着交通设施、互联网的飞速发展不断扩大，在此基础上，社会空间和社会关系模式的深刻变革前所未有，中国已经和正在经历着一个千年未有之大变局，即从农业社会向城市社会的转型。

总而言之，中国没有经历完整的资本主义阶段，尽管经历了半殖民地半封建的社会形态，封建意识和封建传统残余影响深远，既渗透到经济生活，也渗透到社会生活和政治生活，"官本位"长期居于支配地位，健康正常的官商关系一直没有建立起来，由此可以理解为什么民营经济在中国长期不能发展起来，即使有了一定发展，也发展不好的历史原因；中国在 19 世纪由于清王朝的腐朽和无能，丧失了第二次工业革命的机会。工业不发达，农业社会没有顺利转型到工业社会，社会组织性相对不足，也始终没有建立起发达国家在工业化阶段建立起的"团体格局"；以家为核心的差序格局伴随着以"私"为特征的文化渗透到社会组织的各个层面，包括行政系统；中国幅员辽阔，各地区差异巨大，行政层级多于其他国家，例如与加拿大比较，中国有五级政府，加拿大只有三级，行政层级多，决定了中间层级如何协调基层和中央政府之间的关系，我们从电视剧《于成龙》中可以看到，若是于成龙仅仅唯皇上的命令是从，那会使更多的人死于灾害，剧中的情节是，于成龙面对实际，面对灾情，为百姓着想，敢于打开皇家粮仓，开仓放粮，当然他也冒着死罪的风险，好在皇上体察民情，支持于成龙。所以，如何处理好中央和地方的关系是中国社会长期以来的关键点：一收就死，一放就活。上层统治者与中层管理者之间有默契，那将是社会的幸事，否则，要么倒霉的是基层民众，要么倒霉的是中层官员。这也是中国社会长期走走停停的原因之一。中国半殖民地和半封建的社会没有产生一套严格意义上的公务员制度，长期学习和借鉴苏联的计划经济模式及其行政管理体制，行政系统的公共精神没有长足发展的机会，以"光宗耀祖"、"当官发财"为核心的官场文化渗透到个别官员的骨子里，甚至成为官场文化的基因，从当官发财到以权谋私，从以权谋私到明哲保身、宁左勿右、欺上瞒下，都是这种文化基因的变种和变态，由此窥见中国传统行政文化劣根性之根深蒂固。

第二节 当代世界主要社会体制类型及其演变

一 以公众承担社会事务为主要特征的社会体制：美国模式

（一）另外一种文明

中国和美国是两种不同的文明。"当1776年7月4日，悬在菲列得尔菲亚（Philadephia）的老'自由钟'传出新美国的消息的时候，我们的东方姊妹共和国——中国——已经是几千年的'文明之邦'了。"[1] 中国是一个拥有几千年历史的文明古国，正如美国社会学芝加哥学派的代表人物之一罗伯特·帕克20世纪30年代在燕京大学访问时所讲过的，"有一件事是中国所独有，且足以用来分别于欧洲，俄国及印度的，就是它不仅是一个古旧的文明而且是一个已经完成了的文明。一切中国的东西，任何一项文化的特质——器具，习俗，传习，以及制度——无不相互地极正确地适合，因之，它们合起来，足以给人一种它们是一适合而一致的整体的印

---

[1] ［美］查尔斯·俾尔德、威廉·巴格力：《美国的历史》，魏野畴译，新世界出版社2017年版，第3页。

象"①。相对于中国悠久的历史，美国依然是一个年轻的国度，其自身传统习惯很少，内部文化多样复杂，正如社会人类学家费孝通在其《初访美国》一书中讲到的，"我强调美国在历史上的尺度正是想烘托出年轻两字的骨子。……这广大的陆地上，在哥伦布到达的时候，人口稀少，加上这些土人的顽固，不屈服，不同化，以致从文化上说，在一定程度上这里可说是一个真空。向这真空驰入的，不是有组织的文化单位，而是一辈对于传统制度已失去好感的亡命者。……北美早年的移民并不存衣锦还乡的愿望。他们要在新世界求得新生活，而当时的环境，如我在上章所说的，也迫使他们确立一个和传统不同的生活方式。所以美洲的文化基础不是原原本本从欧洲移植来的"②。在这个意义上，费孝通说美国文化是"年轻的文化"。现如今，年轻的文化和古老的文化，年轻的国度和古老的国度相处、交往、碰撞。历史决定了中美两国都是世界上独一无二的。两个独一无二的文化，在21世纪因中国的崛起碰了头，这在世界历史上恐怕也是独一无二的。

美国现代社会是历经数百年转变形成的。几百年前的它甚至连个名字都没有，人们称其为"新大陆"，这在当时是个临时的代称。"对于白种预备居民来说，新大陆就是一个想象中的地方。于他们而言，美国始于一个狂热的梦、一则神话、一场幸福的幻觉、一种奇想。"③ 自建国以来，美国社会体制发生巨大变化，大致可以分为以社团为核心的社会体制、政府主导的社会体制和个人主义盛行的社会体制三个阶段。"美国城市引人注目的发展受到以下几个因素的驱动——移民、欧洲的投资、北美消费基础的全面增长，最重要的是制造业的迅速发展，尤其是大规模生产的发展。"④ 城市化和工业化给美国带来巨大的变化，最终把这块以乡村为主的土地变成了大城市林立的地方。

从历史上看，美国以及其他西方文化之所以风靡世界，究其根本原因是其以生产技术和物质产品为基础的物质文化的传播，正如人类学家马林诺斯基在其《文化论》中所指出的，"人的物质设备：举凡器物，房屋，

---

① 费孝通：《费孝通全集》第一卷，内蒙古人民出版社2009年版，第134页。
② 费孝通：《费孝通全集》第三卷，内蒙古人民出版社2009年版，第434页。
③ [美] 库尔特·安德森：《梦幻之地》，崔元帅译，中信出版社2019年版，第17页。
④ [美] 乔尔·科特金：《全球城市史》，王旭等译，社会科学文献出版社2014年版，第152页。

船只，工具，以及武器，都是文化中最易明白，最易捉摸的一方面。它决定了文化的水准，它们决定了文化的工作的效率"①。近代以来的工业革命从蒸汽机到电气革命，再到当前方兴未艾的信息技术、生物技术革命和人工智能革命，先是发生在英国，后来在美国蓬勃发展。从美国兴起的工业革命、信息技术革命，特别是最近十年来的移动互联技术、数字技术和智能科学的广泛应用。

（二）美国社会体制的起点和发展脉络

1. 利益格局的形成与演变

私有制是美国经济体制的基本特征，甚至有人将美国称为最典型的市场经济模式。这个特征的形成可以追溯到殖民时期，这既是美国经济体制的基本特征，也是美国社会体制的基本特征。利益格局是经济体制和社会体制的交合点。美国历史不长，社会体制独具特色。早期北美大地居住的是印第安人，他们是这块土地上的原居民和主人。印第安人过着部落式的社会生活，为人厚道的性格使他们接受了"五月花号"上的拓荒者。"五月花号"上的人们在印第安人的帮助下，在北美大陆上居住和生活下来，组建了北美大陆最早的移民社区。这些移民社区的居民们先是通过拓荒维持生计慢慢发展起来。后来，印第安人又遭到了那些来自欧洲的、最初落难的人们的逐杀。

在美国进入工业社会之前，"自耕农"，也就是那些经济上自给自足、政治上独立的土地所有者，构成了美国人口的很大一部分。1862年土地法案为人们提供了数十万个农场。"杰佛逊说过：自己有土地，能自食其力的人，才有独立的精神，这是共和国生命之所寄啊。"② 1865年前，南方种植园大量使用奴隶。奴隶制度废除后，佃农和佃农制度为无地农民提供了半独立地位。由于较短的历史和移民社会，较之欧洲模式，美国社会模式更有活力。法国历史学家和思想家夏尔·阿列克西·德·托克维尔（Charles Alexis de Tocqueville）在其《论美国的民主》一书中对美国的民主和活力赞赏有加。在经济的快速增长过程中，经济精英获得了相应的政治地位，他们在财富不断增加的同时，也获得了相应的社会地位，表现出

---

① ［波兰克拉科夫］马林诺斯基：《文化论》，《费孝通全集》第十八卷，内蒙古人民出版社2009年版，第182页。

② ［美］查尔斯·俾尔德、威廉·巴格力：《美国的历史》，魏野畴译，新世界出版社2017年版，第61—62页。

了自己的文化特色。在波士顿、纽约和费城，一些主要的企业家组成了工业资本家精英集团。那些来自从事茶叶、胡椒、糖和奴隶贸易的家庭成员熟悉美国与欧洲、印度和远东地区的贸易网络。这些殖民时期的商人把财富传给了自己的后代。

这个时期，美国农场主曾经是主流社会的一部分。20 世纪以来，由于农业部门的持续发展和农业机械化生产的扩大，这样的农场主越来越少，他们慢慢地搬到城市居住，融入城市生活。从社区到小镇，从小镇再到城市，从城市再到州，从州再到联邦，这是美利坚合众国的形成过程，也是美国社会及其社会体制的形成过程。

第一次世界大战前后，美国新一代商人开始拓展自己的业务范围，他们从贸易转向专门的行业，诸如工厂、银行、保险和航运等，成为工业资本主义的先驱。这些企业界的精英之间建立了密切的社会关系，尤其是那些居于领导地位的商人之间发展联姻关系，一方面展现了他们的经济优势，另一方面形成了重要的社会关系。他们的家园成为重要的社会纽带。富人们居住在自己的社区，立足于这些社区来开展社会互动，建立社会联系，增加自己的财富，造成了城市内部的阶级隔阂。眼下，在波士顿的海边依然可以看到 19 世纪留下来的富人区，幢幢豪华别墅反映出了那个时期的社会分化和阶级差别。这些先期的企业家建立了自己的商会来促进和保护自己的利益，到 1858 年，这样的商会已经发展到了十几个。以商会为纽带的美国顶级企业家和银行家保持着密切的联系。1834 年成立的费城商会实际上是商业俱乐部，他们举办一系列的活动，保持着家庭之间的密切关系，确保他们的利益和财富能够代代相传，努力扩大财富的继承机会。这些家庭和商会对地方选举也产生了巨大影响。他们是奴隶制的坚定支持者。

在工业革命的进程中，制造业把一些工匠培养成了制造商，这些工匠是从社会下层发展起来的，没有继承财富的机会，但是努力工作和不懈奋斗可以使人获得财富和地位，大大激励了美国人从社会底层向社会上层流动的梦想。作为工业革命的受益者，这些工匠出身的制造商形成了新的社会精英阶层，他们不仅拥有自己的财富，也拥有自己的独立意识和文化，并与老牌企业家和银行家泾渭分明。这些人通过自己的努力而不是通过家庭继承获得成功，他们在生活方式上自成一体。由于阶级地位和文化上的差异，从工匠发展而来的制造商不能进入由继承财产而获得地位的社会圈子，于是，这些新贵组织了自己的社会圈子。但是，并不是所有的工匠和社会成员都可以进入制造商的圈子，那些小商人和中产阶级由于其经济实力不得不组织起来维护自己的利益，又形成了其独立的社会圈子。

较之于欧洲一些国家，美国的社会不公平要严重得多，收入差距也非常大，贫困问题较为严重。这种现象在20世纪出现过两次，第一次是1929年经济危机之前，那时美国社会的收入差距巨大，克鲁格曼将这种社会收入差距视为1929年经济危机的根源之一；第二次是"在20世纪70年代末，美国1%最富有的人口占有财富不到国民总收入的9%。从那以后，财富就积聚到越来越少的人手中"①。

2. 公共空间的形成与发展

早期美国，移民众多，分布广泛，信仰各异，政府无力顾及，由于快速、多元移民所造成的众多社会问题和公共事务，相互帮助和共同组织社区活动就成为美国社会文化的基本特征，这个特征在过去200多年不断发展和完善，慈善和志愿精神成为其社会共同价值。正如美国前总统比尔·克林顿所说的："机会的观念作为统一的动力贯穿于我们的历史。它引导我们尽最大努力，它吸引其他国家的人抵达我们的海岸，它让我们所有的人都投身于一个共同梦想。"② 克林顿（William Jefferson Clinton）在这里纯粹是一种政治家的表述，目的是唤起全社会的团结意识："共同工作以建立共同基础是我们这个民族最重要的价值观之一。保护它免遭意欲分裂我们的势力的侵害，是我们不断要面对的挑战。"③ 不过，结社和相互帮助确实是美国社会的基本特征之一。皮特·德鲁克（Peter F. Drucker）指出，美国生活的特色"是一种志愿者组成的私人团体内部和私人团体之间的竞争与合作共存。这种行为深深根植于过去——它存在于小宗教团体成员间的友谊和他们的相互依赖，同时也根植于拓荒者的邻里友情，它也存在于我们最新的制度当中"④。

在20世纪30年代和60年代，为穷人、医院、孤儿院和其他社会计

---

① ［美］罗伯特·赖克：《美国的逻辑：为什么美国的未来如此堪忧》，倪颖译，中信出版社2011年版，第XV页。

② Bill Clinton, *Meeting American's Challenges for the 21st Century*, Time Books, 1996, p. 13.

③ Ibid., p. 81.

④ ［美］彼得·F. 德鲁克：《管理的新角色：社会生态学视野下的美国》，王灏译，华夏出版社2011年版，第11页。

划提供服务的非营利组织非常繁荣。私人基金会发挥了重要的作用。许多这样的组织成立于20世纪早期，当时，巨型的工业企业积聚了大量的财富。这些基金会的作用是支持各种各样范围广泛的活动，包括艺术、教育和研究等。现在我们在美国各地看到的卡耐基图书馆就是这个时期建立起来的，这个时期还有诸如洛克菲勒家族、福特家族的慈善业事业。他们的慈善活动不仅遍及美国本土，也遍及世界各地。美国各地的博物馆的大量藏品是个人捐赠的，如波士顿的印刷博物馆收藏了大量荷兰后印象派画家文森特·梵高（Vincent van Gogh）的作品，这样的例子数不胜数。总结这一段美国的历史可以发现，一旦社会给公民承担责任的机会，尤其是那些处于社会底层的居民，他们就不遗余力地抓住机会成为负责的社会成员。

　　美国的公共部门是从社会领域生长出来的，这是因为美国先有社会，后有国家。美国有悠久的志愿活动和市民社会组织历史。自从19世纪早期托克维尔（Alexis de Tocqueville）观察到市民社会组织的盛行以来，美国人对他们自己的志愿精神颇为骄傲，并且将之详细地记录了下来。市民社会组织建立在地方志愿群体的基础上，志愿群体互相联合起来解决自己社区的问题和人们关注之事。至今志愿者依然活跃在消防领域和政治家的选举领域。

　　美国的社会保障制度和社会福利制度建设晚于其他工业化国家。19世纪末20世纪初，欧洲若干国家，如德国、英国开始建立公共福利制度，以应对由于工业革命进程加深引发的社会问题，诸如失业、贫穷等。但这个制度在美国启动很晚。因为当时美国工业化方兴未艾，经济蓬勃发展，每个人都不担心没有工作。即使找不到工作，美国地广人稀，也可以得到一份农田，维持基本的生计。在这样的背景下，美国政府没有感到建立社会福利体制的压力和必要。1929年的经济大萧条摧毁了人们的这种信念。由于银行和企业破产，有史以来，美国人感受到了失去工作的痛苦。当时的美国总统赫伯特·克拉克·胡佛（Herbert Clark Hoover）相信市场的作用，认为实行自由的市场竞争是保持经济发展的主要对策，他主张政府对企业不加任何干涉，任其自由发展，经济状况便会得到改善。与此同时，胡佛通过州和地方政府为需要帮助的弱势人群提供救济。但在当时，地方政府没有足够的资金来做这些事情，所以，胡佛的政策目标并没有得以实现，还引起大多数美国公众的不满。大多数美国人认为，胡佛为克服大萧条所作的努力是不够的，1932年，美国人民选举富兰克林·德拉诺·罗斯福（Franklin Delano Roosevelt）做他们的总统。1932年，罗斯福上台没几天，便向美国国会提出了社会复兴和改革的立法提案。国会几乎批准了罗斯福提出的所有措施。大萧条时期实施的许多政策都是临时性的，但是其中之一，尽管几经修改，社会保障却成为延续至今的制度。在这个过程中，社会参与和政府供给相得益彰，共同发挥作用。当然，这个制度毕竟已经实施了80多年，整个美国的人口规模和人口结构已经发生了深刻变化，抚养比的变化尤为显著。美国的社会保障制度何去何从，有待进一步观察。

3. 社会关系模式的形成与变迁

美国的各个治理主体的权力边界都比较清楚。托克维尔写道："在美国，人民成了各级政府必须竭力讨好的主人。"① 即便是现代美国，社区居民若是想竞选社区公职，做一些为社区居民服务的事情，尽管是没有报酬的志愿者，也需要赢得居民们的好感，进而获得信任和支持。历史上，"在州内，能够代表全体乡镇的只有一个机构，那就是作为全州权力中心的州政府。除了乡镇活动和全州活动以外，就只有个人活动"②。这里所谓的"个人活动"实际上就是个人的家庭生活和个体之间的社会生活，包括社团活动，也就是基层人民的社会生活。基层人民的社会生活就是生活共同体的生活。在当代，人们将其称为社区。历史上的美国的个人主义"强调的是作为开拓者对政府控制漠不关心，有时也意味着开拓者把法律带到他自己的土地上，而开拓者自己则是一名义务警员在边疆社会中建立起最低限度的社会秩序"③。个体把自己的事情做好了是一个社会向善的基础。

按照费孝通的描述，早期移民社会中，"美国人主要的社会关联不是血统，而是那些名目繁多的'社'。"④ 托克维尔也是这样看的，他把美国社会看成是一个结社的社会。正如美国20世纪最有影响的历史学家查尔斯·俾尔德所说的："有一个农人的家里要是需一座新房或新仓，他的四邻都来了，帮着伐木，树架，房屋作成了开落成会，用污黑的小酒壶喝酒

---

① ［法］托克维尔：《论美国的民主》，高牧译，南海出版公司2007年版，第59页。
② 同上书，第65页。
③ ［美］卢瑟·S. 路德克：《构建美国——美国的社会与文化》，王波等译，江苏人民出版社2006年版，第264页。
④ 费孝通：《费孝通文集》第五卷，群言出版社1999年版，第3页。

助兴。有一个女人要是需要一床过冬的铺盖,她集合四邻的妇人来开'助缝会'(quilting bee)。在剥玉蜀黍的时候,有'剥苞会'(husking bee),小孩们在这里都非常踊跃。到了斫伐树林的时候,邻人们都来了,砍树,把木头滚成大堆用火烧。'滚大木'(log rollings)在当时的确是社会上一种事实。"①

针对美国社会关系模式,社会学家费孝通在 20 世纪 40 年代考察美国时描述道:"美国这个社会,从这角度看去,是很别致的,大体说来它是早年截去了两头的层次,只剩下了个中间梯阶的结构。我说这是别致的,因为梯阶是发生在两端之间的,没有两端也就没有梯阶了。其实美国的两端不在美国,它是个移民的社区,是从欧洲中间梯阶爬横了,到了这新大陆,结果保持这梯阶的精神,永没有顶的往上爬。"② 换句话说,美国没有悠久的历史,而其他国家和地区,诸如欧洲、亚洲、中国都有自己的悠久历史和灿烂的文化。历史上除了南方种植园的奴隶制度外,那些从欧洲远道而来的异教徒本身就是对天主教的反叛,所以在美国建国伊始甚至没有封建制度的残余,也未曾有世袭的贵族制度,市场制度和资本主义在美国的发展几乎没有什么障碍,这也帮助我们理解为什么这个国家能有敢作敢为、毫无顾忌的民族性格和习惯。

桑德斯的如下描述可以视为美国城市化和工业化一定阶段上的社会和社区形态:

> 小时候我经常在街上和校园里玩耍。街道就是我们的乐园,每次出来都带个斯伯丁皮球。和今天不同,那时没有大人管我们,一个都没有。我们都是自己组织比赛。
>
> 一玩就是好长时间。我们在街上玩捉迷藏、吊球、曲棍球、触身式橄榄球,有车经过的话就当是暂停,球卡在停着的汽车下面就算犯规。我们还比赛往下水井盖里扔石子。如果扔进了中间的洞里,就可以赢回 10 个石子。
>
> ……

---

① [美]查尔斯·俾尔德、威廉·巴格力:《美国的历史》,魏野畴译,新世界出版社 2017 年版,第 133 页。

② 费孝通:《费孝通文集》第五卷,群言出版社 1999 年版,第 7 页。

现在想来,我们当初算是一个独立民主的小团体了,我就是在这个小团体中懂得如何与人合作的,我永生难忘。

另外一件令我难忘的事是布鲁克林道奇队与我们街头孩童以及整个社区的互动。长大后我被问到支持哪只棒球队。开什么玩笑?在我眼里是布鲁克林道奇队一支球队,而且他们就如同我的亲人一般。①

桑德斯的这段描述让人们看到三点,那时候没有像现在的孩童有那么多的玩具和去处;美国孩子在这个时期的小团体意识是非常浓厚的;那个时期的人们的社区归属感非常强烈。仔细品味,这种情况应该是发生在工业化较低的阶段,那时城市化程度也不高,社会流动相对弱的社会体制下,这是一个我们经常讲的所谓"熟人社会"。社会不流动或者流动性不强,人们有闲暇时间开展社区活动,这恐怕也是农业社会和工业社会初期社会的共性。

19世纪开始,美国中产阶级开始发育,他们重视教养、勤奋、礼貌、教育、规矩和清洁。中产阶级的子女一般不在工厂做工,他们有自己的闲暇时间,可以开展"自我提升"等活动,诸如阅读、弹钢琴、玩玩具和游戏。在这个过程中培养起他们的技能和价值观。这个时期,中产阶级也开始限制生育孩子的数量,人们不再依靠孩子作为经济收入的帮手,因为他们知道,让孩子健康成长需要时间和投入。中产阶级的妇女不是为了工资而工作,他们通常在佣人的帮助下收拾房子和打扫卫生,培养孩子和丈夫的良好行为以及管理家庭的采购。丈夫和孩子的教养程度可以向社会、邻居和丈夫的同事显示家庭在经济上的成功水平。在这个意义上,声誉成为社会分层的一部分。

在美国,公共生活的特点是这样的:"一个侍者,或一个车夫,或一个警察在面对一个普通工人时的态度与他面对宾夕法尼亚州长时的态度不会有什么不同。这就造就了一种自尊的精神,不论是对于这样行为的人,还是对于这种行为的对象都如此,即使他属于较贫穷的人。"② 这得益于美国是一个移民社会,尤其没有经过封建社会这样一个阶段,在其文化中

---

① [美]伯尼·桑德斯:《我们的革命:西方的体制困境和美国的社会危机》,钟舒婷等译,江苏凤凰文艺出版社2018年版,第5页。
② [德]维尔纳·桑巴特:《为什么美国没有社会主义》,王明璐译,社会科学文献出版社2014年版,第165—166页。

缺乏等级的基因。在美国一个人成功的主要标志不是他的家庭出身、社会地位，更是他的成就。由于公共生活的特点，美国人口中各个阶级之间的距离相较于欧洲或其他国家是在缩小的。进入 20 世纪的时候，美国的仆人阶层开始消失。仆人阶层的消失意味着各个阶层的生活方式开始趋同，绝大多数家庭不得不自己做家务，包括做饭、洗衣服、清洁卫生等，实际上也消除了穷人和富人之间在生活方式上的巨大差异。这个过程大约发生在 20 世纪的上半叶，除了历史原因，政治、经济、教育、传媒等因素在其中也发挥了巨大作用。

（三）当代美国社会体制的基本特征

1. 严重社会不平等

从观察的情况看，自 20 世纪 70 年代以来，美国的收入差距在不断加大，20 世纪后期的收入差距状况与 20 世纪初期的情况大为不同。经济大萧条之前，美国的最高收入者的收入来源于资本，诸如利息、股息、租金等资本收入。20 世纪 70 年代之后，一些高收入者的收入来自专业，诸如金融人士、经理人、医生、行政人员、律师和金融专家。尽管如此，美国的最富有者依然是股票经营者和房地产商。

现代美国，农业工人主要是移民，他们来自墨西哥，从事田间工作和包装工作。美国社会是从农业社会开始拓展其社会空间的。在美国，不到 1% 的人口在农业部门工作，他们基本上是独立的农场主。美国当代的农业基本上是商业化和工业化了的产业。在现代美国，"农民"通常是指那些拥有土地的农场主和农业企业家。"农业工人"通常是指那些从事田间工作的移民，相当于中国的"农民工"。只是在美国，"农民工"不是来自乡下，而是来自不发达的国家或地区，在美国，从社会分层来看，他们也是低收入阶层。换句话说，当代美国的农业产业，由农场主、高级经理人、监督者和农业工人组成。美国农村地区的土地和农业经营越来越集中，综合性农业企业是其主要表现形式。日益集中的农业规模经营把那些土地所有者塑造成了上层社会的一部分。

2015 年以民主党人身份参加美国总统竞选的伯尼·桑德斯（Bernard Sanders）对美国的社会体制有如下的描述：

> 如今，富人更富，穷人更穷。国会中会有人听民众的心声吗？国会代表什么人的利益？当然不代表艰苦的工薪阶层的利益。

现实生活中，数百万工人无法养家糊口，很多人甚至饔飧不继。很多中产阶级工作时间变长，但工资却减少了。除非我们改变国家的经济运营轨迹，否则的话，现在的年轻人将是最先忍受贫穷。

高等教育是步入中产阶级的阶梯，但数百万年轻人却无法支付起高昂的学费，还有学生因为背负太多债务而中途退学。

很多家庭夫妻双方都工作赚钱，但仍然买不起住房，也无法享受高质量的儿童看护服务。很多老一辈工人发现制造业工作岗位都已转移到了中国或墨西哥，他们的收入也较之前大大降低。很多老年人和残疾人根本无法靠每年仅有的1万美金社保生存，4300万民众处于贫困之中。现状没有任何改变。①

中产阶级的危机是美国社会体制面临的另一个问题，正如桑德斯所描述的：

不幸的是，财富再分配流动方向完全错误。数万亿美元从中产阶级手中流出，转而流入千分之一的最富有阶层的银行账户中。1979年，最顶尖的千分之一的富人持有全国7%的财富。今天这一数字已经达到了20%。

过去15年间，美国亿万富翁的人数是原来的十倍。2000年，美国有51个亿万富翁，他们的总净值之和仅是4800亿美元。而今天，美国有破历史纪录的540个亿万富翁，总净值之和为2.4万亿美元。

……

如今，金字塔尖1%的富人握有的财富相当于底层90%民众的总财富，美国排名前20的大富翁的财富比底层1500万民众财富之和还要多，美国一个家族——创立沃尔玛的沃尔顿家族的财富比底层1300万民众财富之和还多，这样的社会一定出现了非常严重的问题。②

桑德斯的观点也为一些美国社会学家的研究成果所证实。收入差距更

---

① ［美］伯尼·桑德斯：《我们的革命：西方的体制困境和美国的社会危机》，钟舒婷等译，江苏凤凰文艺出版社2018年版，第129—130页。

② 同上书，第140页。

为严重的是，最近几年中，社会新增财富越来越向少数富人手中集中。这些拥有巨额财富的个人和家庭可以全部或部分地控制企业，并通过拥有财富间接地对权力产生影响。当然，拥有财富和阶层还是两个概念。在美国，中上层阶级通常对社会进程会产生重大影响。第二次世界大战后的一段时间，美国经济繁荣，中产阶级不断扩大，人们退休后的生活保障也不错。从桑德斯的阐述中可以看到，美国的社会问题就是收入分配不合理、教育体制不能保证社会的正常流动、住房问题、就业问题、社会保障问题，核心是收入分配制度和财富的占有方式。"奥巴马总统之所以最近会说'不平等是当代的主要挑战'，主要原因就在于不平等的加剧在美国要严重得多。最突出的问题是大公司高管报酬史无前例地飞涨，财富的日益集中正在成为当代社会的最大挑战。"① 美国不是一个对不平等无限容忍的国家，各种举措就足以说明，第一次和第二次世界大战之间，美国制定了高累进制所得税和遗产税制度，其税率之高是其他国家望而却步的，但这并没有阻止美国不平等程度的加剧。

当然，桑德斯的观点是有争议的，也有人认为，"过去50年，美国实际家庭收入中值增长50%。人口普查数据受到一些无关因素干扰，显示的结果并不准确"②。

在美国，20世纪70年代发生的重大变化之一就是去工业化、平均工资的扁平化、经济金融化、收入不平等、信息技术的广泛应用、资本对华盛顿的渗透以及政治权力的泛滥，这些，都深深影响了美国的社会结构变化。社会变得更具有创业精神，更少社群精神，更自由，更不平等。聚集在沿海地区的金融机构和技术公司变成了经济发展的引擎，世界各国的产品源源不断地运往美国，除了少数人获益，大部分人就业困难。公立学校、稳定的工作岗位作为中等收入群体的公共服务机构象征处于长期的败落中。不过从文化上来说，美国一直是一个对于大赢家和大输家都能够容忍的社会，他们认为这是机会平等机制的代价。

2. 市场机制为基础的公共空间

说美国是一个市场化程度最高的国家，那是指总体而言的。与美国的

---

① ［法］托马斯·皮凯蒂：《漫长的危机》，洪晖译，中信出版社2018年版，第124—125页。

② http://www.ftchinese.com/story/001083533? exclusive.

利益格局一样，美国的市场、国家和市场的关系在不同历史阶段的表现形式是不一样的，1929年之前，市场在美国社会发挥的作用是非常巨大的，以至美国第31任总统赫伯特·克拉克·胡佛（Herbert Clark Hoover）希望通过市场的力量与各个州政府一道来应对突如其来的经济危机。接任胡佛后，富兰克林·D. 罗斯福（Franklin D. Roosevelt）强化了联邦政府的作用，引入了宏观调控机制，重新建构联邦和州政府之间的关系，把社会保障建立在联邦层面上，使政府在经济社会中的作用得到强化，从此联邦政府进入了一个扩张时期。

值得注意的是，在影响社会生活的各种因素中，教育因素居然凸显出来。教育对美国社会生活的影响深入广泛。在日常生活中，尤其对年轻的父母，入学、日常教育、毕业就业，教育已经成为他们社会生活的核心。教育可能是一个世纪以来社会体制和社会生活中的最大变数之一。

有人认为，与其他发达国家比较，美国的福利制度相对较小，贫困程度较高。当然，也有不同的分析方法和不同的看法。[①] 美国的福利支出源于公共和私人两部分，在美国，通常政府针对老年人和低收入群体提供医疗保健费用，这些，在一些国家是由政府支出的。美国的中产阶级和工作人员主要是由雇主提供医疗保险。与欧洲比较起来，老一辈的美国中产阶级获得的私人养老金多一些，美国中产阶级为子女支付的大学教育费用比欧洲要多，通常这些在欧洲是要政府来支付的。在欧洲，中产阶级严重依赖政府福利，而在美国，福利更多依赖个人。尽管如此，美国的社会福利仍然是庞大的，在发达国家中，美国的人均政府福利支出居第三位，只是因为美国政府对老年人和穷人的支付更为突出罢了。当把由私人机构支付的养老、医疗费和教育费用纳入整个社会福利体系计算时，美国的人均社会福利支出几乎是欧洲的两倍，一旦按照大口径计算，世界上只有一个国家人均社会福利支出超过美国，那就是挪威。美国计算贫困的标准也有自己的特点，就是那些低于居民人均收入中位数50%的人群被定义为贫困人口。由于美国人均收入的中位数大大高于欧洲和其他国家，美国出现了

---

① Irwin Garfinkel, Lee Rainwater, and Timothy Smeeding, *Wealth and Welfare States: Is America a Laggard or Leader*, New York: Oxford University Press, 2010, p. 1. Garfinkel, Rainwater and Smeeding do not endorse the governmental policies in the United States; rather, their comparisons are intended to provide factual information and to remove simplistic perceptions about low social welfare spending and high poverty rates in the U. S.

一个庞大的贫困群体。不同口径和标准下的比较往往会产生误导。

在微观上这反映了不同的福利制度设计，在宏观上则反映了不同的分配体制，前者是公共利益问题，后者是利益格局问题。在这里，公共利益和利益格局交叉在了一起，可称之为社会体制。社会体制首先反映的是整个社会的利益格局，它在政府、企业和社会之间发生，政府对企业减税或者税率降低，有人将这种减税称为具有社会目的的减税。企业为员工提供养老、医疗和教育支出，只是从整个社会总体而言，分配方式不同而已，换句话说，治理模式也不一样。2017年1月，现任总统唐纳德·特朗普就任后，把减税作为推动经济发展的手段和个人的竞选承诺，目前来看，减税取得了积极效果，得到了社会的认可，到2019年上半年，已经有250家企业承诺为美国工人和毕业的大学生提供900万个就业培训机会。特朗普呈现给世人的执政线条基本是：以美国经济振兴为主线，以税收改革、发展制造业和基础设施为基础，以科技创新为支撑，以国际平衡为主要目标，在全球事务中继续扮演老大角色。

美国不同的地方政府，包括社区，其组织形式和特点是千差万别的。有研究认为："在美国，地方政府也有两套班子：一套主要由不拿报酬（或只有少量补贴）的市民志愿者组成的各种理事会和委员会，他们对政府决策起参谋和咨询作用。另一套是以市经理（市长——作者注）为首的行政机构，他们受雇于市政府，是全日制的政府雇员，是政府政策的执行者和政府日常事务的管理者。"[①] 市民社会组织的资金来自个人和公司的捐助、联邦、州和地方政府。约有69%的美国家庭平均每户捐赠1017美元。公司一般也开展财政捐助，虽然它们也以提供实物产品和服务为手段增强与社区之间的关系，并且提高它们的产品和服务的知名度。商业部门在它们的目的和目标中也日益注重提供捐助，这些捐助包括产品、用过的设备、员工租借、服务、雇员志愿者和现金礼物等。社会捐助构成美国社会慈善的基础，正是有了这个基础，美国的各类非营利组织才得以发展。

3. 凝聚力式微的社会关系模式

随着社会分化，当代美国社会的凝聚力也在不断下降，"美国布鲁金斯学会的一项研究显示，20世纪60年代，国会议员中，持温和中间立场

---

① 高新军：《美国地方政府治理》，西北大学出版社2005年版，第182页。

的比例为 40%；而近些年来，这一比例已经跌破 10%"[①]。国家凝聚力的减弱，会大大损伤国家的基本秩序，对于国家治理是灾难性的。

继《独打保龄》一书之后，哈佛大学教授帕特南在中国新出版的《我们的孩子：危机中的美国梦》展示了许多美国儿童和少年的"崩溃"、"完蛋"现状的令人心酸的故事。他分析了这些故事背后的各种原因，包括政府的责任不到位、社会不公平、家庭婚姻、学校教育体制、邻里关系等。换句话说，随着经济和技术的进步，美国社会也在发生深刻变化。

纵观美国历史，其利益格局是在不断变化的，不同的历史时期有不同的特点。而且，不同的社会阶层由于其社会分层造就了他们自己的亚文化特点，也造就了他们不同于其他阶层的社交模式。当然，每个人会因为他们社会阶层的变动而不断调整自己的亚文化和行为模式。美国的任何一个社会阶层都包括上千万人。上千万人的群体中自然会表现出其内部的多样性，每一个阶层的特征表述也只能是一般性概括。人性通常要比社会结构变化慢一些，社会结构变化了，但人性可能还没有变化。人性隐含在文化基因中，相对于社会结构本身，文化更具有稳定性和持久性。

大多数美国社会科学家认为美国社会是存在分层的，他们通常基于拥有的财富多寡、受教育程度、职业状况、收入多寡以及所处的亚文化或社交网络状况来进行划分。当然，学者们对如何分层和是否需要分层还是存在争议的。人们通常将美国的社会分为上层阶级、中产阶级、下层阶级或工人阶级。在美国，上层阶级通常通过资本和资本收益获得财富而不是通过每年的工资积累，他们包括政治家、财产继承人、风险投资者、顶级名人、高级经理人等。特朗普上台采取的减税政策和扩大就业政策正在产生一定的影响，未来对美国的社会结构产生的作用有待进一步观察。

二 福利国家的社会体制：欧洲模式

（一）公共财政支撑的社会安全网

安东尼·吉登斯则把欧洲社会模式概括为：发达的奉行干涉主义的国家，以税收占据国内生产总值的水平为衡量标准；直到高中毕业的免费义务教育；健全的福利制度，能够在相当程度上为所有国民，尤其那些最为

[①] 黄平、倪峰：《美国问题研究报告：2011》，社会科学文献出版社 2011 年版，第 5 页。

需要的国民提供有效的社会保障；限制或阻止经济不平等和其他形式的不平等。"欧洲社会模式是一系列价值观——整个社会共同承担风险——的总和，包含：控制可能会危及社会团结的不平等因素；通过积极的社会干预来保护易受侵害的人群；在产业领域培育协商而非对抗的氛围；为全体人民在社会和经济方面的公民权利提供一个良好的框架"[1]。在这种模式中，形成以公平和公正为核心的政府财政和福利政策；以充分就业为导向的经济政策；经济和社会政策执行过程中的社会组织体制；全社会共同承担风险的价值体系。这种体制的问题是，必须用高税收来缓解财政压力，而政党制度提高了社会福利水平。"在欧洲，政府收入占国内生产总值的比重为45.1%，而在美国则为30.7%。"[2] 与美国不同，在联邦德国，一些在其他国家已经被市场化的要素并没有被市场化，诸如土地、劳动和货币等，有时人们把德国视为已非市场关系支撑的社会。

欧洲这些福利制度主要是在20世纪以后建立的，英国马克思主义史学大家埃里克·霍布斯鲍姆（Eric Hobsbawm，1917—2012）在其《工业与帝国：英国的现代化历程》一书中所描述的，"要说维多利亚工人阶级生活有什么最突出的特征，或者有什么最让我们难以想象的东西，应当首推社会保障简直完全缺失这一现象"[3]。在这样的社会环境下，工人一旦发生失业，便无依无靠，或者靠自己的储蓄，或者依靠"互济会"、工会、邻里街坊，甚至不惜到小店里赊账来维持生计。《济贫法》是英国当时唯一兜底的社会政策。按照霍布斯鲍姆的研究，英国直到接近20世纪才建立起基础教育，19世纪后的英国全民识字率目标基本没有实现。得益于工业革命起步早，英国的城市化进程比美国要早一些，19世纪中叶，英国的城市化已经达到了50%，城镇居民的数量基本超过了乡村居民的数量，美国在1900年才达到了40%。随着城市人口的增加和城市化进程的加速，英国加速对城市基础设施进行大规模投资，到1914年，社会保障制度在英国显现出了基本的轮廓。随着城市化进程的推进，第三产业在英国发展起来，服务业的发展为妇女就业提供了机会，"她们成了售货

---

[1] ［英］安东尼·吉登斯：《欧洲模式：全球欧洲，社会欧洲》，沈晓雷译，社会科学文献出版社2010年版，第13页。
[2] 同上书，第117页。
[3] ［英］埃里克·霍布斯鲍姆：《工业与帝国：英国的现代化历程》，梅俊杰译，中央编译出版社2016年版，第166页。

员、服务员、电话接线员（新通信工具主要由女性操作）、打字员、教师和记者"①。到21世纪初期，英国妇女在劳动者队伍中的比例几乎接近50%，这是近一个世纪产业演化的结果，也是人均寿命不断提升的结果。

（二）凝聚社会与政府力量的社会空间

就社会秩序而言，欧洲模式无疑是一种比较有秩序的社会治理模式，它不是单一的治理，而是一套综合的治理。法国社会治理的历史说明，治理的工具不是一成不变和一劳永逸的，它们是随着时代的发展变化而不断发展变化的。欧洲最初是社会治理，后来政府介入，尤其是中央政府的介入，再到后来的社区，特别是地方政府的介入，不同历史阶段，面对的问题不一样，采用的治理方式也大不一样。"在法国，动员采取公共行动帮助城市'办社会'的方式——不论是在何种空间上——与美国那种依靠市民社会和地方层面的积极性的意志并不相同。美国人的逻辑建立在自由行动原则的基础上……。"② 这是美国人的价值观。这又回到了罗伯特·帕克的至理名言：任何制度背后都有一套价值体系在支撑着。在治理问题上，英国和美国也有很大差别。"在法国，是国家收税官征收社区税赋；在美国，是社区收税官征收国家税赋。因此在我们这里，中央政府向社区派出代理人；在美国则是社区向政府派出公职人员。"③ 这或许就是人们所说的"草根"的含义。与其他国家比较，美国社会更具有草根性。由此也可以理解为什么托克维尔对美国的民主感到特别吃惊。

（三）工会和其他促进工人权利机构发挥关键作用的社会关系模式

在维持这些机制的过程中，"社会伙伴"、工会和其他促进工人权利的机构发挥着关键的作用。欧洲社会模式要求每项特征都应当有助于促进整体经济繁荣和提供更多的就业机会。"欧洲社会模式的动力来源于竞争、团结和互信三者之间的互动。……欧盟所有成员国的国家制度都致力于寻求经济效率与社会进步的协调。各国实现这一目标的方式各有千秋，但所有国家都有成立行业协会、资方协会和工会等组织的自由，有在协商

---

① ［英］埃里克·霍布斯鲍姆：《工业与帝国：英国的现代化历程》，梅俊杰译，中央编译出版社2016年版，第179页。
② ［法］索菲·博迪-根罗德：《城市暴力的终结?》，李颖等译，社会科学文献出版社2010年版，第30页。
③ ［法］吕西安·若姆：《民主—社会与民主—政治权利》，《读书》2012年第1期，第37页。

中表达并捍卫自己观点的自由和经营自由,这些都构成了欧洲社会模式的基础。"另一个重要的参数是:应建立强有力的社会安全体系,它会充当了社会减震器的作用,尤其在危机出现时,每个人都能感受到它的重要性。

欧洲的经验说明,第一,社会成员和社会组织之间的沟通是社会进步的重要内容。第二,社会安全网是社会秩序的基础。

三 全球化下的社会体制

（一）全球化背景下的财富分配机制

在财产关系和利益分配格局上,全球化的基本特征是金融资本可以在各国自由流动,人力资本却不能自由流动。"跨国现象可以分为三类——产品、人口和信息。每一类都对国家有着独特的影响。"[1] 全球化的历史和现实表明,"资本市场自由化并没有促进发展中国家的经济增长,但却将它们置于更大的风险之中。"[2] 要使人力资本能够与金融资本一起自由流动,理论上的解决方案是取消主权国家,事实上这是不可能的。另外,源于共同体意识的社会体制使各国人民都愿意在自己国家生活,并希望本国经济繁荣。经济全球化正在带来政治的全球化、文化的全球化和生活方式的全球化,而政治、文化和生活方式必须是多元的,他们不像经济的效率标准那样可以单一地加以衡量和比较。全球化背景下的单一经济效率标准和多元政治、文化、生活方式之间的矛盾,是当今世界发展过程中基本矛盾的又一表现。

（二）超越主权国家的社会互动和诉求表达的社会空间

主权国家的社会治理面临越来越大的挑战。曼纽尔·卡斯特针对当前世界社会中正在进行的不寻常转变进行了非常有意义的探索。就社会来说,在没有全球信息化之前,主权国家与主权社会是统一的。全球化条件下,信息可以通过互联网、卫星电视、手机短信等把不同国家的居民联系起来。这就给一些主权国家的社会治理带来一定难度。跨国界的卫星电视频道造成了跨国界的收视群体,也造成跨国界的文化传播、文化认同。在

---

[1] ［美］马克·波斯特:《互联网怎么了?》,易容译,河南大学出版社2010年版,第107页。
[2] ［美］约瑟夫·斯蒂格利茨:《稳定与增长》,刘卫译,中信出版社2008年版,第166页。

这种情况下，国际经济、政治、文化、军事等领域的每一波动，都会影响到主权国家内部的居民。"作为一个政治单位，国家正受到前所未有的挑战。运输和传播的现代体制促进了产品、人口和信息的全球交换，也打破了单一民族国家的疆界和权限。"[1]

互联网下的结社也使主权国家的挑战日益严峻。由于互联网等新媒体技术的应用，整个世界的社会体制已经发生了根本的变化。网络社会，或者叫作网络社区，人们通过网络形成共同兴趣、利益和分享活动，形成网络条件下的人与人之间的关系，甚至结社。"约翰·哈特立（1992）作了一个大胆而又令人信服的论断，说媒介就是公共领域：'电视、大众化报纸、杂志和照片，现代的大众媒介，就是公共领域，是公共场所被创造出来并得以存在的方式和地方。'维利里奥也提出这样的观点：'从现在开始，在街角预演的视觉机器中，大街同公共集会地点的屏幕、电子显示屏相比，已经黯然失色（1994）。''公共'越来越倾向于滑入'公开'，就像'文字'被'图像'取代。审视这些变化，必须摒除怀旧、追诉之情，并且使用现代人的政治和理论才行。"[2] 随着全球化进程加速，这种现象越来越明显，主权国家社会治理面临的困难也越来越多。互联网改变了传统的参与方式。"看起来，媒介尤其是电视与其他形式的电子传媒，孤立了市民并替换了旧式政治空间中的自我。"[3] 在全球化经济下，明显感到与主权政治实体不一致的情况是，全球互联网系统下的个体分布在世界各地、不同国家，在扁平的互联网系统中他们可以形成新的社会组织形式，也可以单独成为主体。

信息处理能力正在改变全球空间格局。"全球范围跨越巨大空间处理和传输信息的能力破坏了原来城市中心的许多优势。整个20世纪后30年的发展趋势是，人口甚至大公司的总部继续向郊区或小型城市迁移，美国尤为如此。1969年，美国最大的公司中只有11%将总部设在郊区，1/4个世纪后，近一半的公司总部迁到城市边缘区。"[4] 通信技术的进步预示

---

[1] ［美］马克·波斯特：《互联网怎么了?》，易容译，河南大学出版社2010年版，第106页。

[2] 同上书，第187页。

[3] 同上。

[4] ［美］乔尔·科特金：《全球城市史》，王旭等译，社会科学文献出版社2014年版，第273页。

着未来的经济活动和社会活动空间变化将畅通无阻，人类整个社会关系模式会发生意想不到的变化。甚至还可能出现家庭办公，这将是技术和经济影响社会的另一个方面。社会有条不紊，多样化发展，人口来自五湖四海才是兴旺发达的标志。

（三）跨国和国际非政府组织参与公共服务供给的公共利益格局

在扁平的互联网系统中国际非政府组织、跨国非政府组织获得巨大便利性。跨国非政府组织和国际非政府组织借助信息技术和现代交通在世界各地开展各种活动，诸如扶贫、福利、文化、教育、卫生、社会服务、环境保护、国际发展、住宅、慈善、法律援助、志愿服务等，社会服务远远超出国界，尤其在"经济发展援助、灾害和救济、国际友谊和文化传播"[1]等方面，这类组织发挥了重要的作用。20世纪70年代以来，社会领域的创新和企业家活动都与国际间的组织活动有关[2]，这些活动或多或少对主权国家的政府产生了影响，"全球化已经给政府提供社会保障带来极度困难……国际一体化正在影响政府的作用，削减其社会义务"[3]。现代社会由于信息技术的广泛应用和社会流动不断加大，人们在不同场合和不同时间里建立了各种关系来交流和安定情绪，以实现个人安全和心理满足，包括通过网络和新媒体维持的朋友关系、单位内部的人际关系、社会中的兴趣团体、各种俱乐部、学校的同学会、专家聚会等，现代社会的交往方式远远超越了以往以地域为基础的情绪安定装置，也就是我们通常意义上所谓的社区。视频、语音短信、电话等现代通信工具把交流范围从家庭扩展到全球，尽管它与面对面的接触是不一样的。面对面的接触和交流是一种感觉和习惯，微信、视频、语音短信即时交流也是一种接触和交流，一旦成为习惯，也会成为社会交流的常态。

人类文明起源于不同的人文生态，从古埃及到古希腊，从古印度到古代中国，早期人类形成了不同的文明，形成了不同的文化和社会生活，也就有了不同的社会体制、不同的社会关系模式。学界前辈梁漱溟、费孝通等学者都从自己的角度对这些文明进行了探索。梁漱溟主要是从历史上的几个文明，诸如埃及文明、印度文明和中国文明，来分析全球文化的脉

---

[1] Ledivina V. Carino, *Between the State and the Market*, CLCD UP NCPAG, 2002, p. 87.
[2] Vivian Hutchinson and the New Zealand Social Entrepreneur Fellowship, *How Communities HEAL: Strories of Social Innovation and Social Change*, The Florencw Press, 2011.
[3] Philippe Legrain, *Open World*, *The Truth About Globalization*, Abacus, 2002, p. 151.

络，费孝通则在20世纪40年代初访美国时对美国人的性格进行了细致的描述和分析，费孝通是基于美国人类学家米德的研究成果和自己在美国一年的观察，对美国文化的特点和性格进行这项研究并写出这本书的。

自从人类开启全球化进程以来，各国之间的文化冲突和交融就发生了，这种文化冲突和交融始于个体之间的互动和沟通，无数个体之间的互动和沟通就形成了国与国、民族与民族之间相互影响也相互冲突，这也是一个文化调适的过程。佛教自印度传入中国，与中国传统文化融合，成为中国传统文化的三大源流之一。尽管世界进入信息化，全球化把人类连接成为一个整体，文化和社会差异、冲突和融合依然是当代社会体制基本的发展趋势之一，世界从来没有像现在这样把融合和冲突交织在一起，地理、文化、历史、主权、边界又把各个民族和国家划定在一定的范围内，能不能在短期内建成一个一体化的全球社会体制还有待进一步观察。

第三章　社会体制的理论逻辑

马克思说历史从哪里开始，逻辑就应当从哪里开始。马克思在这里讲的"历史"就是事实发生的客观过程，他讲的"逻辑"就是对历史发展过程的理论描述。逻辑不是历史的简单描述，它集人类各个时代和各个群体的智慧，在更高层次上来反映历史，它提升了历史，展现了人类的洞察力。本书分别从中国学者和国外学者对有关社会体制的思考和理论分析入手来看当代社会体制的逻辑演变。我们在研究过程中发现，社会体制的完善短期看政策，中期看体制，长期依赖于文化，所以本书将分析文化在社会体制建构中的作用。如果社会政策和社会体制不能变成人们的行动自觉和内化为人们的内心理念，公共领域和社会空间被个人私有化，那这样的社会体制从长期来说是不可持续的。

第一节　中国学者对于社会体制的探索

一　市民社会及其治理还是其他？

伴随着市场经济体制和进一步的对外开放，海外文化和学术思潮不断传入中国，形成了文化和思想的碰撞，中国学术界对社会的研究也进入了一个新的阶段。东西方文化和学术碰撞历经一个多世纪，经历了几个不同的阶段，20世纪初期曾有"全盘西化"、"中学为体，西学为用"等争论。正如胡绳所指出的："这个时期的文化运动者，在介绍西方科学和文化的时候，是'全盘受之态度'的，因为那时的厌旧心情激起了趋新的心情，而凡西洋的都新，所以凡西洋的都介绍。"[1] 这也是我们理解改革

---

[1] 钟离蒙：《中国文化问题论战》，《中国现代哲学史资料汇编》，辽宁大学出版社1981年版。

开放以来理论界思想脉络的切入点。

就社会体制和社会发展研究而言,自20世纪90年代以来,中国学界就社会与国家的互动展开了一系列的讨论,比较典型的是有关市民社会的讨论。代表性的学者包括邓正来和俞可平。邓正来和俞可平都是政治学学者,他们引进的治理理论和由此引起的讨论及研究支撑了一个相当长时间内的中国学术界的研究思路和框架,其核心概念有市民社会、治理等。后来的社会组织、非营利组织、社会治理也都是或多或少由这些理论支撑着的,也是相当长时期内解释社会组织和社会治理的基本理论。人们也是通过这样的理论框架来解释政府、市场和社会之间的关系的。

邓正来主张在对中国问题的分析过程中逐步探索中国的社会和国家关系及市民社会概念。谈到市民社会及其治理,俞可平主张不能简单照搬一般概念,"虽然治理理论还很不成熟,它的基本概念还十分模糊,但它打破了社会科学中长期存在的两分法传统思维方式,即市场与计划、公共部门与私人部门、政治国家与市民社会、民族国家与国际社会,它把有效的管理看作是两者的合作过程;它力图发展起一套管理公共事务的全新技术;它强调管理就是合作;它认为政府不是合法权力的惟一源泉,市民社会也同样是合法权力的来源;它把治理看作是当代民主的一种新的现实形式等等。所有这些都是对政治学研究的贡献,具有积极的意义。"[1] 俞可平担心这些概念在国际领域会成为一些大国和跨国公司干涉别国事务和内政的借口。无论是邓正来还是俞可平,都充分肯定了市民社会及其治理的学术思想的价值和意义,但也都指出了其局限性。其实这个问题的最大争论还是来自市民社会作为一个舶来品,它与中国的历史和文化之间的关系到底如何?到底是社会管理还是社会治理,学术界一直争论不休。直到2013年党的十八届三中全会首次提出"社会治理"这一概念,这些争论才算告一段落。

较邓正来和俞可平的治理理论提出稍晚一点儿时间,三个部门的理论出现了,时间大约在20世纪90年代中期的世界妇女大会前后,这个时候,非政府组织概念引入中国,美国非营利组织著名专家莱斯特·M.萨拉蒙(Lester M. Salamon)的理论也被介绍到了学术界,人们用这些概念和理论来解释非营利组织的合理性和发展的潜在能力。后来它与治理理论

---

[1] 俞可平:《治理与善治》,社会科学文献出版社2000年版,第14页。

开始融合，成为社会组织的理论基础。

二　与经济体制改革配套的社会体制改革

在经济体制改革过程中，一些有着改革实践经验的学者基于经济体制改革所需要的社会体制、社会管理主体、社会管理对象等问题，提出了社会体制及其改革问题。这主要是市场理论中延伸出的一种理论，大致相当于19世纪德国的社会政策学派，那时也有一批德国经济学家面对资本主义面临的社会问题，探索社会政策问题，包括社会不公平问题。

在中国经济体制深入改革的进程中，宋晓梧把社会体制划分为劳动就业体制、收入分配体制、社会保障体制、教育体制、医疗卫生体制和社会管理体制。尤其是围绕着中国改革历程中涉及的各种因素而进行的一系列制度设计，是围绕着经济体制改革引申出来的政府职能转变，进而谈论社会体制问题，[1] 宋晓梧是一位经济学家，同时也是一位政府高官，长期参与经济体制改革政策制定和制度设计，必然会从政府工作的角度考虑社会体制问题，"围绕公共服务和社会管理而进行的一系列制度安排，主要包括社会事业体制、社会管理体制和公共服务体制等三个方面。其中，社会事业涉及教科文卫体，社会管理涉及就业、收入分配、社会保障、人口发展、社区和社会组织、公共安全和社会稳定等，但公共服务体制又与社会事业体制、社会管理体制有很大的交叠，为避免重复，这里侧重指公共财政、公共服务供给和公共服务提供方式等方面的体制问题"[2]。卢汉龙等认为"社会机体是由各种制度性设置（institution，又可翻译成'公共机构'）组织起来的"[3]。卢汉龙等把人口体制、家庭婚姻制度、基层社区体制、社会治安、社会组织以及社会福利和社会保障视为社会制度的重要内容。卢汉龙是一位具有社会学背景的学者，他在这里既考虑了社会事业体制，也考虑了社会管理问题，同时又考虑了社会学意义上的制度建设等问题。李培林认为，"为了构建现代社会管理体制，一切与此相矛盾或背离的现行社会管理制度都应被纳入改革和完善之列。目前，尤其需要深化对城乡管理体制、社区管理体制、社会组织管理体制、公共资源投入管理体

---

[1] 宋晓梧：《中国社会体制改革30年回顾与展望》，人民出版社2008年版，第12页。
[2] 宋晓梧：《加快推进社会体制改革》，《半月谈》2010年第22期。
[3] 卢汉龙等：《新中国社会管理体制研究》，上海人民出版社2009年版，第2—3页。

制的改革"①。李培林是从公共服务体制和社会治理体制等多个视角出发来认识社会体制的。在这个过程中,针对市场理论的偏好来进行修正的是公共管理和公共服务理论。尤其是在 20 世纪 90 年代出现了教育产业化和医疗卫生产业化之后,公共管理理论举起了公平正义的大旗,通过公共财政来解决教育和医疗卫生领域出现的"上学难"和"看病贵"等问题。国家也在此理论基础上着手建立基本公共服务体系,并谋划了国家"十二五"和"十三五"基本公共服务规划,充当了政府在基本公共服务体系建设中制度安排者的角色。由此我们也可以看出,改革开放四十多年,在不断扩大开放的过程中,外来的理论和学术思想的引进和讨论是与每个历史时期的国内经济社会发展需要密切相关的。现实对理论有自己的选择权利。凡是有生命力的理论必须根植于实践发展。

以上主要是指社会事业体制,也就是后来所谓的基本公共服务体制和公共服务体制,它直接与市场化改革有关系,也与政府改革密切相连。在某种意义上就是,在市场经济体制激发个人和企业的社会活力,努力追逐经济利益的过程中,如何去管那些市场不能、不愿意关注的领域,诸如弱势群体、公共事务等。弱势群体的问题不解决直接关系社会公平正义和社会稳定,公共问题不解决直接关系社会的正常运行,没有路灯,城市就不能正常工作和生活,这实际上就是人们的公共利益问题。社会越发展,公共领域的问题就会越复杂,公共领域也越庞大。但这不意味着必须由政府来解决所有的社会问题。

三 以社会管理体制为核心的社会体制

基于中国发展过程的利益关系调整,有学者,特别是有法学或政治学背景的学者从利益、权利等角度分析社会体制,也有学者把社会体制视为社会管理体制。郭道晖认为社会体制包含四层意思,"一是多元群体的社会地位的结构,包括阶级、阶层、利益群体、公民、社会组织等等。他们在社会中的结构和地位应该是存在的,比如说我们工人阶层是领导阶层。二是社会物质资源、精神资源的占有与分配的体制。三是社会主体的权利(right)和权力(power)的结构。四是社会权力和国家

---

① 李培林:《创新社会管理体制是我国改革中的新任务》,《人民日报》2011 年 2 月 23 日。

权力的互动关系"①。这个解释包含了社会分层、利益关系和国家与社会的关系。何增科认为，社会管理体制包括利益协调体制、社会保障体制、弱势群体保护体制、流动人口管理体制、民间组织管理体制、基层社会管理体制、社会服务体制、社会工作体制、社会治安体制、社会应急管理体制等。②何增科等在其《中国社会管理体制改革路线图》中把社会管理体制的外延界定在社会权利与社会治理、利益协调、社会公平与收入分配、社会保障、弱势人群权益保障、流动人口管理、社会组织管理、基层社会管理、社会服务、基本公共服务均等化与公共财政、社会工作、社会治安等方面。③俞可平认为，"社会管理体制就是国家为了维护社会秩序而用以规范和协调社会组织、社会事务和社会生活的一系列制度和机制。社会管理体制的内容极为丰富，就目前我国的现实情况而言，诸如社团管理体制、社会保障体制、社会治安体制、社会应急体制、社会服务体制、社区管理体制和社会工作体制都可列入其范围"④。社会管理体制不能简单视为社会体制。前者是一定国家或地区社会主体根据一定的目标对社会秩序进行干预的活动过程。而后者是客观反映政府和社会关系的历史过程。这些对社会体制的探索带有更大的综合性，考量了更多的领域和更多的社会要素。

这里，本书想通过时空的角度对"社会秩序"再做一点深入剖析。在当代，社会秩序是人们在分析社会治理问题过程中常用的一个概念，约定俗成的说法是，社会不发生矛盾和冲突，维持现状，人民安居乐业。若是进一步从学理上研究，它包含了丰富的内容，首先，社会秩序是发生在一定空间中人与人之间的社会关系，例如传统社会中的父父子子、君君臣臣，现代社会中的家庭成员、社区居民、单位同事、国际友人，凡此种种。这些人和人群遵循着一定的社会规范形成一定的社会关系模式。其次，社会秩序还具有时间结构特征，当代人的社会规范源自历史的延续和历史传统，并在一代代的文化传承中形成历史积淀，内化于现代人心中。现实和历史始终有着不可切割的关系，对于历史和传统的改变就是对时间

---

① 郭道晖：《论社会权力——社会体制改革的核心》，《中国政法大学学报》2008 年第 3 期。
② 何增科：《深化十大社会管理体制改革的具体构想》，《北京行政学院学报》2010 年第 2 期。
③ 何增科等：《中国社会管理体制改革路线图》，国家行政学院出版社 2009 年版。
④ 俞可平：《推进社会管理体制的改革创新》，《学习时报》2011 年 3 月 8 日。

意义上的社会秩序的调整和变革。每一次这样的变革都会引起争论，甚至是斗争。历史铸就了现代的利益格局、习俗习惯，时间秩序上的改变意味着对当代人利益格局的调整和对当代人习以为常的生活方式的变革，由此可以看到社会秩序的时空特征及维护社会秩序和变革它的复杂性。事实上，发生在空间中的社会关系同时也是发生在时间中的。在这个意义上，社会关系模式可以理解为在时空结构中的社会构成，随着时间的"流逝"和空间的"拓展"，人与人之间的互动、交流和沟通带有其情景特征。由此来理解"社会融合"、"文化融合"就是在空间拓展过程中，各种不同文化在时间序列中不断积淀，在改变他人的同时也改变自己，从而形成新的文化范式。当代所有社会关系模式，不管是微观的还是宏观的，都由多重复合的结构交织而成，这种多重复合既可能是自己的历史进程中适应新的情景的内部"时间复合"，也可能是跨越"内部"而受到外部影响形成的"时空复合"，进入工业革命时代，尤其是进入信息化时代，"时空复合"远远多于"时间复合"，它包含了不同类型社会之间的相互关联。在这一点上，社会的主体性或文化的主体性都是非常复杂的概念。这里的"复合"并不完全等同于"聚合"，因为，在时空关联过程中包含了一系列的"抛弃"或"扬弃"。每个族群为了适应业已变化的环境，必须不断地更新自己的传统和文化。

进一步展开对现代社会中的复合特征的分析就是，市场对资源的配置和技术的不断进步与扩张造成了信息、资金、人员、产品等对各个民族国家的渗透，发生了经济、社会、行政、文化上的彼此关联和彼此镶嵌，这正是市场经济和技术革命所特有的结构性特征和原则，这恰恰是全球化的进程中不可避免的一面。即便是没有后来的全球化，历史上的战争、人口迁移也带来了信息、人员和物品的渗透以及民族之间的通婚。当代人类学解释了不同种族通婚带来的族群基因的变化。

四 以社会规范为核心的社会体制

社会规范又分为正式的社会规范和非正式的社会规范。刘少杰指出，"广大基层社会成员在日常生活中的思想意识活动通常处于社会心理的感性意识层面上，上升到理性推论或理论思维层面来思考问题、支配行为是非常有限的或很少发生的。并且，支配人们在日常生活中展开各种行为的制度，更多的是习惯、习俗和惯例以及在文化传统中传承下来的道德伦理规范，而这些都属于内在的、非正式的感性制度"①。这是典型意义上的社会学对社会体制的理解。事实上，在现实生活中，非正式的社会规范要通过各种正式的社会规范不断得到强化而潜移默化为人们的日常行为规范，它是一种长时段的力量，也需要通过长时段的努力来建立，也就是我们通常所谓的文化问题。但是，这个观点非常有价值，它提醒我们，中国现代化进程中的核心问题之一是如何通过合理的制度设计并坚持不懈地贯彻执行来实现人们行为方式的根本转变。社会规范是社会学的基本概念，指的是作为人们的行为准则的社会规范如何在一个社会中发生作用的。

无论是从市民社会和治理出发，还是从市场化改革需要的配套社会体制、社会治理体制、公共服务体制，以及社会规范出发，都是从不同的视角来看社会。从学科角度看，包括政治学、法学、经济学、社会学，视角不同，理论不一样。但这就是四十多年来对中国社会体制的认识。也正是在这种认识和实践的基础上，中国社会研究从传统意义上的社会学进入社会建设学科的新阶段，这也是理论发展的逻辑。从认识到建设是不同的阶段，也是不同的发展范式。或者说，中国社会学从其建立就不是源于学院派的思索和学术讨论，而是源于政治的倡导，没有邓小平关于社会学、政治学等学科需要"补课"的指示，可能就不会在改革开放一开始就恢复社会学，因为是要为经济体制改革服务，所以这门学科自其恢复之日就不能按照学科的逻辑去建设，而必须围绕着现代化建设去恢复。

第二节　国际学者对于社会体制的认识

一　把社会作为整体探索与社会需求

埃米尔·迪尔凯姆（Émile Durkheim）在其《社会学方法论》中阐明了自己关于社会和社会整体的理论，其中包括：第一，社会本身可以被看成是一个实体，它区别于自己的各个组成部分并且不可归于各个组成部分；在把社会当作一个独立的实体时，迪尔凯姆实际上优先分析社

---

① 刘少杰：《改革创新社会管理体制，化解风险型社会矛盾》，《科学社会主义》2010年第3期。

会实体的重要性。第二，迪尔凯姆在强调优先分析整体时，把系统的组成部分看成整体的基本功能，满足整体的需要和必要条件的东西。第三，迪尔凯姆以"常态"和"病态"使社会系统概念化，这样便强化了"功能需求"的观念。这一思想至少意味着：若要避免"变态"的出现，必须满足社会系统的需要。[①] 雷蒙·布尔在对自迪尔凯姆以来的社会学研究方法作了分析之后指出，社会学方法可以分为三大类，第一类的分析范围是社会整体，第二类则是个体以及个体所处的社会环境所构成的复杂关系，第三类研究可能包含的范围既不是社会整体，也不是社会局部，而是可直接观察的、"自然的"社会单位，如群体、机构、社区等。尼可拉斯·鲁曼（Niklas Luhmann）社会体制理论的核心是认为社会系统首先是一个沟通系统，社会包含了所有的沟通。正如我们即将分析的，沟通和互动是人类关系的基本形式，尤其在当代。当代社会是一个全球社会，每个个体都与其周围的环境联系在一起。只有在一定历史条件下和社会关系中从事实际活动（首先是生产活动）的现实人，才具有人的需要、人的本质。从马克思和恩格斯关于人的需要的诸多论述来看，现实的人具有五类需要：生理需要，社会交往与爱和尊重的需要，劳动的需要，认识和创造的需要，自我实现的需要。自我实现是出自自我需要的活动，是由自我提出目的的活动，但并不都是为了个人利益而奋斗的活动。马克思主义社会学强调了社会的基本关系，提出了生产力、生产关系、经济基础和上层建筑等基本概念，尤其是其唯物史观奠定了马克思主义社会理论的基础。

二 人与人关系模式组成的社会制度形式

国际上也有学者把社会体制理解为人与人关系模式组成的制度形式，包括个人与个人、个人与群体以及群体与群体之间的关系。法国学者弗里德里克·巴斯夏认为，"不管我们对未来抱有什么希望，对人类可能找到用以改善人与人之间的关系、促进财富公平分配、实现知识和道德传播的各种方式抱有什么想法，有一点必须承认，那就是：社会秩序是由一些成员所组成的，这些成员有智能、有道德、意志自由，并且能不断完善。若

[①] [法] 埃米尔·迪尔凯姆：《社会学方法论》，胡伟译，华夏出版社1999年版，第51页。

是剥夺这些成员的自由，社会就只能是一堆粗陋的、破烂的机器零件而已"[1]。在巴斯夏看来，人类可以有不同的理想和愿景，但是理想社会的核心是秩序和自由。这是从人类本性出发讨论社会秩序的，而人类的本能不是与生俱来的，而是生成于一定的环境，或者叫人文生态。有秩序是自由美好和谐社会的重要特征。对于这一点，美国社会学家罗伯特·帕克（Robert Ezra Park）认为，社区是社会组织中的个人及其社会制度的空间分布，每个社区都是一个社会，但不是每一个社会都能构成一个社区。帕克特别注重区位（Location）在社区形成中的作用，注重时间和空间对人类组织方式的影响和对人类行为方式的决定性作用。人的本性决定于天地之间的人文环境。麦坚齐认为："人类社区发端于人类本性的一些特性和人类自身的基本需求。人类是群生群居的动物，他无法单独生存，相对看来，人是弱小的，他不仅需要一定环境保护他，供他居住，还需要同类伙伴的协同合作。"[2] 由此我们可以来解释为什么要在基层建立社会秩序和在基层实施社会治理。由此也可以解释为什么社区建设的基本理论是基于各个具体的社区的各自探索。每个社区都是在自己特定的人文生态中形成的，生活在这一环境中的人们的心理、秉性也各有千秋，所以每个社区的治理模式也不尽相同。社区治理的个性特征就凸显出来了。这里暂且把基层社会治理叫作社会管理的微观机制。建设社会管理的微观机制的意义在于重建家庭、社区、社会组织等。由此也可以进一步想象，大到国家，小到个人，都有自己的特点，而且社会越往下延伸，地区、社区、家庭、个人等，其特征就越鲜明，在这个意义上理解社区治理的个性特征也就不足为奇了。具有鲜明特征的社会组织和个人要能够在一起和平共处，必须基于一定的关系模式。

三 制度、地位和角色的社会结构下的社会体制

在20世纪50—60年代曾经产生重大影响的美国社会学家、结构功能主义的代表人物塔尔科特·帕森斯（Talcott Parsons）把社会、文化和人格三个因素视为社会组织的三种主要模式。[3] 主要体现在两个方面：一是有

---

[1] ［法］弗里德里克·巴斯夏：《和谐经济论》，王家宝等译，机械工业出版社2010年版，第15页。
[2] ［美］R. E. 帕克等：《城市社会学》，宋俊岭等译，华夏出版社1987年版，第65页。
[3] Talcott Parsons, *The Social System*, Routledge, 1991.

关制度、地位和角色的社会结构；二是社会行动和人类互动机构的功能。因此，社会体制包括社会变迁（行动和互动的过程）和社会稳定（稳定的社会结构形式），进一步说，社会体制包含了社会的整体：共同价值、行为规范和社会目标。重建微观社会秩序，就是要建立和谐的家庭关系、充满活力又有秩序的社会组织和基层组织活动。"实际上自1945年以来，对于社会民主而言，机械改革的成本非常之高。如果有人试图奉行一项政治战略，但是没有深刻借鉴广大民众所持有的价值观，那么当受到更为显著和自信的信仰体系的挑战的时候，很快就会崩溃。"[1] 改变价值观念，使人们的生活方式与他们的道德行为相符合，这本质上是自下而上的社会行动，需要从家庭、社区和工作单位做起。理解帕森斯的理论和观点，也许需要一个更大的历史视野，20世纪初期以来，包括美国社会在内的整个西方社会都曾经历了工业化、城市化和战争的洗礼，传统的社区解体、人与人关系的淡漠、家庭结构的变化等，这是这个时代社会变迁的基本特征，也不能不在社会学家的思想上留下痕迹。

从帕森斯社会学的观点看，社会体制是一种组织性关系网络，它把个体、群体、机构连接起来，形成一个稳定的正式结构，在这个结构中，个体可能同时属于多个社会体系，例如核心家庭单位、社区、城市、国家、学校、企业、行业、宗教、经济群体、种族等，形成了个体的多重角色和在社会中处于诸多的社会网络之中。由此，我们也可以形象地理解在互联网广泛使用的时代，一个网民处于诸多朋友圈中的角色特征。这种连接方式在本质上没有什么不同，以往是面对面、电报、信函，现在是在线联系。这是传统的社会网络和现代社会网络的不同点。所以，社会体制既是社会学的研究对象，也是公共政策的研究对象。

那么社会网络又是怎么发生的？社会网络形成于人们之间的社会互动。帕森斯（Talcott Parsons）是研究社会体制的社会学家，他把社会体制界定为行动理论的一个组成部分。根据他的行动理论，他认为，社会体制的构建应当包含语言互动、社会互动、文化规范，没有这些，很难谈社会体制。通过语言互动、社会互动、文化规范，人类开展行动和沟通。就行为规范和社会行为而言，文化是很难从社会中分离出来的。

---

[1] ［英］安东尼·吉登斯：《欧洲模式：全球欧洲，社会欧洲》，沈晓雷译，社会科学文献出版社2010年版，第153页。

著名的社会学家和社会体制专家尼克拉斯·卢曼（Niklas Luhmann）为现代社会体制理论建设奠定了基础。他将社会体制定义为建立在人与人之间关系基础上的大众传播体系，包括社会体系、社会组织和交互系统。在卢曼看来，社会体制，包括宗教、法律、艺术、教育、科学等，都是由具有不同相互作用特点的封闭系统组成的。按照卢曼的观点，我们来理解当代的新媒体和大众传播就会有新的视角。传播是每个时代社会体制的组成部分，只是每个时代的传播手段不一样罢了。

四　同舟共济、公平发展的社会共识

华盛顿经济研究所的伯恩斯坦（Jared Bernstein）通过一个发生在天堂和地狱的寓言对自己心中理想的社会体制描述道："我曾经听人们讲过一个发生在天堂和地狱中的寓言：在天堂和地狱的人们，分别围坐在盛满美味大餐的餐桌旁，食物远离他们，不过他们每人都手握真正的、可以触及那些食物的长长餐叉。在地狱，人人都挨饿，因为尽管每个人都可以用手中的餐叉去取到食物，但是，餐叉长于他们的手臂，以至于他们弯过手臂难以把餐叉终端的食物送到嘴里。在天堂，人们也面临餐叉太长问题，但是大家吃得很好，怎么回事？因为他们互相喂食。"[1] 这个寓言的核心是：人类只有在相互帮助过程中才能够过上美好的生活，也才能够得以生存和发展。永续发展的社会必须是一个互助友爱的社会。紧接着这个寓言，伯恩斯坦指出了当代美国社会问题的实质：保护美国人民的私人权利一直是美国价值的核心，但是由于过分强调个人主义，美国社会和经济发展就像在地狱里吃饭一样，人们被推到了相互孤立的境地，尽管经济持续发展，似乎人人都感到饥饿。伯恩斯坦认为这个过分强调个人主义政治和社会哲学正在伤害着美国，危及国家的未来，危及后代的发展，更为荒唐的是，它使那些试图实现美国梦的人变得更加艰难。面对这种困境，"只为自己"（YOYO, You are on your own）观念的困境，伯恩斯坦认为，人类需要一个变通的理念，这个理念既能接纳个人自由，又强调这种个人自由应当通过更合作的方式来应对人们面对的挑战来实现。他称之为"我们一起做"（We're in this together, WITT）。不仅美国的学者看到了美国的困

---

[1] Jared Bernstein, ALL TOGETHER NOW, *Common Sense for a Fair Economy*, Berrett-Koehler Publishers, Inc., 2006.

境，美国的政治家也同样看到了美国的问题之所在。2011年，克林顿引用了这句富有哲理的寓言，并认为，基于这样的哲学理念，美国会摆脱当前的危机，创造出更多的工作岗位，奠定长期和繁荣发展的基础。① 在他的新作中，克林顿对于企业家的社会责任，以及员工的社会责任都寄予厚望，认为他们是企业繁荣和社会和谐的基础。这样，从同舟共济的理念，到社会企业家的培养，在理论和操作意义上就找到了结合点。值得欣慰的是，现实中已经有一批实务者在这方面积极践行。② 这将是我们在后面进行深入讨论的社会创新问题。

五 对现行资本主义制度系统升级的理论探索

资本主义自产生之日起就带有难以调解的矛盾和问题。20世纪之后，尤其是2008年国际金融危机以后，国际上探索当代资本主义未来的思潮不断涌现，这包括把资本主义制度视为一台电脑，需要对其版本进行升级的形象说法，社会上也有对资本主义升级的呼声。"现阶段涌现出的替代新自由主义和凯恩斯主义的各种思潮中，有主张局部改良的金融体制改革派，有主张全面改良的财富收入改革派，有提出革命要求的长期国有化改革派，也有主张'21世纪社会主义'的权利结构改革派。它们从不同的层次和角度，提出了替代资本主义的理论和现实方案，并有一部分付诸实践。"③ 彼得·巴恩斯认为资本主义造成的环境破坏和贫困要求对这套制度进行升级，"我们是否能够设计、安装并升级一个系统来纠正这些问题呢？这看起来是个遥不可及的梦想。然而，历史上就曾有过类似的梦想成真，那就是1935年颁布的社会保险法律"。"我们现在所需要的就是一个与此类似的系统升级，这次所要纠正的是，资本主义对于自然环境与人类后代的漠视，以及中青年人群的贫困问题。"④ 工业化和城市化在资本主义制度环境中造成的突出问题是贫富不均和环境恶化，至今它们依然是人类不能跨越的发展障碍。

---

① Bill Clinton, *Back to Work*: *Why We Need Smart Government for A Strong Economy*, Published by Hutchinson, 2011, p. 82.

② Muhammad Yunus with Karl Weber, *Building Social Business*: *The New Kind of Capitalism that Serves Humanity's Most Pressing Needs*, Published by Public Affairs, 2011; Geert Hofstede, Gert Jan Hofstede, and Michael Minkov, *Cultures and Organizations*: *Software of the Mind*, Mc Graw Hill, 2010.

③ 程恩富、丁晓钦：《新主张新要求层出不穷》，《人民日报》2012年1月16日。

④ ［美］彼得·巴恩斯：《资本主义3.0》，吴士宏译，南海出版公司2007年版，第28页。

英国学者阿纳托莱·卡列茨基针对2008年的国际金融危机带来的一系列问题，提出了资本主义4.0的思想，"在未来的几年中，全球政治会遭遇困惑、迷茫和冲突，会导致进一步的国际失衡和更为严重的金融泡沫的破灭。而这些问题的起源我们无从想象。同时，民主资本主义也会随时随地兴起，我们同时也确信，现存的新兴资本主义模式会留下许多未解决的问题和矛盾"。他描述的这些现象，似乎就在眼前。"资本主义体系新版本也并非合情合理、完全高效和永远平衡的。未来如同人类的生活一样，依然是不可预见、模棱两可和纷繁复杂的——这就是资本主义4.0。"[①] 历史在发展过程中，会出现许多不可预见的事情，既有"灰犀牛"，也有"黑天鹅"，这是由我们人类认识的局限性决定的。自工业革命至今，几个漫长的世纪，思想家们不断探索，也不乏伟大的思想家出现。这些探索使我们感到，当代人类社会似乎正处在一个十字路口上：要么重蹈覆辙，要么改革创新。如果说，在漫长的20世纪中，"20世纪70年代，许多人谈论危机。80年代，大多数人谈论重建和改组。90年代，我们不再相信70年代的危机已经真正解决；开始流行的观点是，资本主义历史或许正处于一个决定性的转折点"[②]。从20世纪后期至今，这些流行的观点依然比比皆是。

至此，以上从多个角度提出以下几个命题作为结语和需要进一步讨论的话题：

第一，社会体制的形成是一个历史过程，因此需要从比较长的时间来观察其变化。

尽管一些突变和历史事件会对现行社会体制产生影响，但是社会体制根植于长期的历史发展之中，这其中包括人们对一些根本问题的认识也需要有一个由浅到深的过程，比如市场体制、社会企业、社会企业家和社会创新等。在过去几十年由基层实践和学术理论研究正在向政府政策和企业决策渗透，甚至体现在政治家的思想和战略思考中。这也说明了社会体制的重要意义不容忽视。有时学者的思考与政府的决策是统一的，有时又是沿着各自不同的方向演化的。学术研究更加带有理想色彩，好的学术研究

[①] ［英］阿纳托莱·卡列茨基：《资本主义4.0》，胡晓娇译，中信出版社2011年版，第287页。

[②] ［意］杰奥瓦尼·阿瑞基：《漫长的20世纪：金钱、权利与我们社会的根源》，姚乃强等译，江苏人民出版社2001年版，绪论第1页。

具有很强的理论穿透力。政策更具操作特色和现实色彩，好的社会政策会具有很长的历史持续性。改革和创新对社会体制提出的要求是，在学术研究和政策实践之间找到内在联系，这将打破传统意义上的学术和实践的分野，把人类思想、人类社会发展推上一个新的阶段。正如马克思说过的，"历史上的哲学家们只是用不同的方式解释世界，而问题在于改变世界"[①]。

第二，有力的政府、有力的市场和有力的社会缺一不可。

必须承认，有效率的政府、具有竞争力的企业和充满活力的社会之间并非相互排斥，而是互利共生。对于可持续的社会来说，有力的政府、有力的市场和有力的社会缺一不可：不依赖政府的经济发展政策是市场经济的美梦，它已经在2008年的国际金融危机中破灭了。市场经济只有与强有力的政府和充满活力的社会共存。但是，没有市场或者低估市场机制作用的观点和做法会对经济和社会发展活力产生巨大杀伤力。这就是当代中国社会体制改革和创新的目标模式中不能忽视的问题。

第三，研究当代中国的社会体制，只有与其他国家和地区开展比较才能深入下去。

从中国与其他国家比较来看，中国传统社会体制的特点有四个：计划经济体制造成的复杂利益格局、城乡分隔的户籍制度、泛行政化的社会关系和治理者与被治理者泾渭分明的基层治理模式。实现社会秩序，激发社会活力，必须从改革这四个体制机制入手。现行各国社会体制既是特定历史发展的产物，也是全球化进程中相互影响的结果。

第三节　社会体制中"社会"与"文化"的逻辑

抛开一般理论和现实政策层面的东西，中国改革开放以来，能够对社会体制从社会和文化两个层面同时进行考虑和探索的非费孝通莫属，这主要是因为他的社会人类学功底和视角，以及他以解决中国发展问题为己任的研究导向，尤其是其"志在富民"的人生志向，使其能够从一个整体来把握中国的社会发展，在探索中国社会发展的过程中，不自觉地就进入社会体制这一深层次领域。中国在今天比任何时候都需要从文化和价值层面去解释和理解这个社会的发展，因为当代中国的社会问题背后的价值和

[①] 《马克思恩格斯选集》第一卷，人民出版社2012年版，第136页。

文化因素是造成社会问题形成的深层次根源，但人们往往就事论事。试想历经近十年的社会治理体制的推进与创新，在取得巨大成效的同时，若是整个社会的诚信水平大大提升，社会关系模式发生深刻变化，社会治理的精细化水平就会得到更大提升。社会治理与政府治理是相辅相成的。政府要提升自己对社会的治理水平，就必须不断帮助社会完善自己。

一 "社会"与"文化"

（一）人类生活两面性：社会与文化

美国社会学家、马萨诸塞大学阿姆赫斯特分校社会学教授米尔顿·M.戈登说："如果把人类的生活比喻为一枚硬币的话，那么一面是'社会结构'，另一面就是'文化'。社会科学家使用'文化'这个词汇时，指的是人类的社会遗产——不是通过生物基因遗传，而是通过正式和非正式的教导和示范的方式一代一代继承下来的行动方式和做事方式。早期的人类学家泰勒曾提出'文化'的经典定义，他把'文化'描述为'一个复杂的整体，包括知识、信仰、艺术、法律、组织和其他人们作为一个社会的成员所需要学习的能力和惯习'。"[1] 在这里，文化就是人类学意义上的生活方式，是内化于心的行为规则、思维习惯，也可以称为文化基因。缺少了文化，缺少了人文精神，社会体制就缺少了内涵，社会生活就缺少了滋味。中国古代讲"以文教化"内含了人的社会化是要通过文化实现的过程和机理。事实上，社会和文化一直处于一种持续的互动和演变过程中。人们的行为方式体现出来的就是举止、信仰、价值和技能等社会规范。著名作家王蒙在谈到中国文化时也讲，"中华文化的基本理念是对于道德的追求，对于礼（行为举止规范）义（义理，人际道理原则）的追求，对于道或仁的追求，这些是一通百通的根本概念，这种追求就是我们说的理想，也可以说是整体的文化走向"[2]。我们从一个文学家对文化的理解上也看到文化就是一种社会规范。在王蒙的视野里，文化是内化于心的东西，不是那些形式的东西。因为是内心的东西，所以才能有利于群体的团结、社会的秩序、生活的安宁。这样的视角也有利于我们在接下来的分析中看公共

---

[1] ［美］米尔顿·M. 戈登：《美国生活中的同化》，马戎译，译林出版社2016年版，第28—29页。

[2] 王蒙：《王蒙执论》，人民出版社2014年版，第15页。

领域和社会领域。

在社会生活中，文化的作用非常巨大，它总是能够改变特定人群的需求，例如，在改革开放初期，国门打开，初衷是引进国外的资金和技术来推动中国现代化目标的实现，但是，随着资金、技术的进入，社会中的特定群体对于文化产品的需求就产生了，后来的发展也确实改变了那个时期人们的需求。就全世界而言，由于各国文化不同，同样的东西在价值上会在不同的文化中表现出轻重和主次上的不同。文化差异会使跨文化的贸易获利，也可能使其失败。英国人在其殖民过程中发现，有的民族对其自认为有巨大创新价值的产品没有兴趣或不屑一顾，这让殖民者困惑不解，问题就在文化。因为，按照英国人的逻辑，市场经济和贸易中的人都是经济人，经济人必须是理性的，但是不同的文化中往往会产生"非理性"行为和"非理性"的经济人。当然，和世界上的任何事物一样，文化也是可以被改变的，在改变中得到发展。例如中国画，又称"国画"，是中国的传统造型艺术之一，在世界美术领域自成体系，在创作形式和创作内容上都体现了中国传统文化的特征和要求。近代以来，国外的"油画"传入中国。油画使用植物油，诸如亚麻仁油、核桃油、罂粟油等调和染料，画在纸板、木板或亚麻布上；而国画使用毛笔、软笔或手指和国画的染料画在宣纸或帛上，是两种完全不同的画法体系。油画的传入改变了国画的一些技巧，形成了新的画风和新的画派。而中国的书法则没有国画那样的机会，因为中国书法是世界上独一无二的艺术形式。

这里想简单地分析一下文化产业。发展文化产业是一个当前非常热门的话题，文化通过产业传播是一个非常有效的途径，但这个"产业"必须有"文化"：健康的价值取向、文化精神。文化产业若是缺少文化精神和价值观念，就难以超凡脱俗，如果是这样的"文化"，我们宁可把"文化产业"划到经济领域。实事求是地讲，任何产业和经济方式也都是文化，都是人类的文明。因为生产方式最终是一种人类文明、智慧和思想的凝聚，任何产品都内含着人类的思想和创造。

（二）社会和文化的互为一体

在社会人类学家费孝通教授的思想中，社会和文化也是互为一体的。在早期思想中，费孝通教授谈论文化实际上是用社会这个概念的，例如在《花篮瑶社会组织》这本书中，实质上讲的是花篮瑶的文化体制，诸如习俗之类。社会制度、社会组织通过文化、习俗、仪式等体现出来，通过人们的社会行为表现出来。吴文藻在评论《花篮瑶社会组织》时也曾写道："社会文化，亦可简称'社会组织'，其作用在于调适人与人之间的关系，乃应付社会环境的结果。"[①] 在这里文化的含义已经阐述得非常明确，这就是，文化实际上是人们发生在实际生活中的行为规范。在《花篮瑶社会组织》中，费孝通和王同惠认为："花篮瑶中最基本的社会组织是家庭"[②]，展示了"一个很复杂的族团间的关系网络。在这种网络中族团单位永远是在流动中。但是依现有状态而论，比较明显的族团单位，以言语、文化、团体意识、内婚范围为区别的基础，是花篮、拗瑶、茶山、滴水花篮、板瑶、山子等名称所包括的团体。……但是因汉族受外族的压力，在形成更大'中华民族'的向心动向下，对于诸瑶族团采取了很强的同化作用"[③]，因此"诸族团原有的文化遗产及其社会组织在最近的将来会发生激烈的变化"[④]。换句话说，在人们的社会组织形式背后隐含了复杂的制度安排，人类学家称之为价值和社会规范。

费孝通的这些思想既得益于吴文藻的言传身教，也得益于马林诺斯基的深刻影响。费孝通教授的老师、英国人类学家马林诺斯基说："我们发现文化含有两大主要成分——物质的和精神的，即已改造的环境和已变更的人类有机体。文化的现实即存在于这两部分的关系中，偏重其一，都会成为无谓的社会学的玄学。一种物器的同一性并不在于它的特有形式，一个观念，或风俗的同一性也不在于它的形式。器物的形式始终是人类行动所决定，所关联，或为人类观念所启发。信仰，思想和意见也是始终表现于被改造的环境中，要认识文化的现实，只有从此着眼。"[⑤] 20世纪中期，在云南期间，费孝通教授翻译了马林诺斯基的《文化论》一书，马氏的《文化论》就是从生活本身入手来认识文化的，且以功能主义的视角来分析文化。

纵观费孝通一生的学术活动，贯穿于他的全部论著和学术活动中的两

---

① 吴文藻：《〈花篮瑶社会组织〉导言》，载费孝通《费孝通全集》第一卷，内蒙古人民出版社2009年版，第439页。
② 费孝通：《费孝通全集》第一卷，内蒙古人民出版社2009年版，第376页。
③ 同上书，第430页。
④ 同上。
⑤ ［英］马林诺斯基：《文化论》，载于《费孝通译文集》（上册），费孝通译，群言出版社2002年版，第290—291页。

条主线是社会和文化,这就是,他从20世纪30年代初期解决"中国农村的基本问题"的初心中萌发出来的对中国社会发展的探索,并将这种探索贯穿于他的一生;从"中华民族文化变异"的思考,到形成"中华民族多元一体格局"的思想,以及在此基础上形成的"各美其美、美人之美、美美与共、天下大同"的至理名言;从"江村经济"到"志在富民"的学术实践,可以将其视为费孝通教授学术思想的两条基本主线。这两条主线展示了以认识"整个中国"(1934年,他与第一位妻子王同惠在广西大瑶山进行田野调查中立下的认识中国的誓言)为自己从事社会学的根本目的。这位社会人类学家,是从社会和文化两个角度来把握中国社会这个整体的。他的学识探索可以视为认识社会体制的模式之一。现在回过头来看看马林诺斯基和吴文藻对社会和文化的认识,再来理解费孝通教授一生围绕社会和文化开展研究也就非常清楚了。只是他不是简单地在学理上来分析社会和文化,而是从中国面临的问题来分析这两个问题,或者是严格意义上的一个问题的两个方面。

二 经济人与社会人

(一)社会生活的物质基础

经济活动创造了社会活动赖以存在和发展的物质基础,正如恩格斯在《马克思墓前的讲话》中所说的"人们首先必须吃、喝、住、穿,然后才能从事政治、科学、艺术、宗教等等"[①]。我们理解的社会生活是这样的,它以经济生活为基础,以社会互动、人际交往、社会沟通为核心,以精神满足为目的。社会问题分析离不开经济生活。社会人类学家费孝通从事社会学都是从中国面临的最基本的问题出发,而不是从学科的某一个概念或理论出发,如20世纪30年代,基于饥饿是中国农村的基本问题,他开启了对江村和云南的调查,1957年春天,费孝通教授试图对中国农村发展问题做出进一步的探索,这年他重访了江村。他从新中国成立以来的江村发展变化证实并发展了他以往的思想:第一,依靠单纯的农业生产活动不能完全解决农民的收入问题,必须发展农业以外的其他产业。他针对江村说:"要显著地提高这类地区的农民收入,单纯从农业入手是绝对不够的。

---

① 《在马克思墓前的讲话》,《马克思恩格斯选集》第三卷,人民出版社2012年版,第1002页。

如果忽视了副业的多种经营，那就会发生严重问题。"① 这种"严重问题"就是指农民的收入和农民的生计问题，这一点他在《江村经济》中已经触及。第二，发展乡村工业是中国工业发展的形式之一，他认为，"在我们国内有许多轻工业，并不一定要集中到少数都市中去，才能提高技术的"②。这就是说，一些工业企业可以分布在农村。这也是他在20世纪40年代观察中国农村得出的一种认识，乡村化还是城市化，是近代中国学术界和实务界在探索中国现代化过程中争论不休的问题之一。后来，由于"反右运动"，费孝通教授关于农村发展的研究活动没能进行下去，上述观点还被当作"妄图从恢复贩运、恢复合作丝厂两个方面来策划资本主义的复辟活动"③ 遭到了批判。从此，他步入了长达二十多年的沉默期。

1979年，费孝通教授复出并受命领衔重建中国社会学，这是中国农民创造了"大包干"的经验得到中共中央肯定的第二年。在费孝通教授重新进行乡村工业研究和大力倡导发展乡镇企业之前，1978年，中共中央在《中共中央关于加快农业发展若干问题的决定》中明确要求社队企业要有一个大发展。费孝通教授的长期思考和探索与党中央国务院的决策不谋而合，并把自己融入了中国轰轰烈烈的伟大改革实践中。行行重行行，跟踪和记述中国现代化的步伐，成了这个时期他学术研究的中心。国务院在1979年7月颁发了《关于发展社队企业若干问题的规定（试行草案）》。④ 这是国家制定的第一个专门针对社队企业发展的文件。它有力地促进了全国社队企业的发展。实践发展必然引申出理论问题，从1980年起，经济理论界就乡镇工业的意义展开了热烈而深入的讨论，今日延伸到了中国的城市化道路的多方探索。不同观点之间的讨论也前所未有。

1981年10月，在"三访江村"中，费孝通教授惊喜地发现"这个农村个人全年平均收入已接近300元，位于全国的前列"⑤。究其原因发现，是由于1979年以来落实了多种经营方针，大力发展多种多样的副业。是年底，他在伦敦经济学院就中国农村的基本问题发表了自己对于中国工业

---

① 费孝通：《重访江村》，《新观察》1957年第11—12期。
② 同上。
③ 同上。
④ 赵贺春主编：《乡镇企业经营管理学》，中国展望出版社1986年版。
⑤ 费孝通：《三访江村》，《江苏社联通讯》1981年第17期。

化的看法:"在人口这样众多的国家,多种多样的企业不应当都集中在少数都市里,而应当尽可能地分散到广大的农村里去。"① 这个结论已经不能简单地视为是 20 世纪三四十年代他在江村和云南调查得出结论的重复。这是一个被近 60 年的发展实践,尤其是改革开放几十年来的巨大社会变迁事实所证实了的结论。它成了后来费孝通教授其他理论思想发展的出发点。1980 年初,他就预见到:② 乡村工业的发展会对农村经济社会结构、人口模式等产生重大影响。如果不是承担着重建中国社会学的重任,也许费孝通教授会全力以赴地对社队企业进行研究。尽管公务繁忙,"三访江村"之后,1982 年他又十几次下江南,对江村和苏南农村进行研究。在 1982 年底的考察中,他由农村商品经济中的"出"与"进"问题上升到对市镇的研究。他在这个时期以敏锐的眼光捕捉到了人口流动的迹象和技术的传播苗头。他看到:"农村发展之后,必然会产生一个商品集散中心,也就是市镇。"③ 市镇是农村商品发展的重要条件。他将农村问题的研究推进了一步,"想从这一方面下点功夫,进一步研究这个问题"④。后来的"小城镇、大问题"就是在这个基础上进一步延伸出来的。

从一个村庄到市镇,社会空间,在费孝通教授的学术视野中不断扩大。纵观他的学术历程,从在瑶山的几个村子里想象"中华民族"的多元一体;从江南的一个村庄想象中国农民的富裕;从 20 世纪 40 年代的云南三村;再到改革开放,从江村再出发,沿着江村的产品、技术、人口流动,把自己的研究上升到城镇、区域,最终扩展到全国:长江经济带、全国的乡村发展模式和中华民族多元一体再到后来的"天下大同"的共同体思想,社会空间的概念不断拓展。费孝通教授的学术思想史实际上是一个世纪以来中国社会空间结构变化的历史,甚至包括改革开放以来中国在发展中与世界接轨而不断实现自己的全球化的历史进程的反映。他的思想和研究恰恰是历史和时代的一幅画卷。

小城镇研究是从农村研究中引发出来的。在费孝通教授看来,它对农村发展所具有的意义十分重大,它是"整个农村发展战略中的一个'瓶

---

① 费孝通:《三访江村》,《江苏社联通讯》1981 年第 17 期。
② 费孝通:《社会学的探索》,天津人民出版社 1984 年版,第 204 页。
③ 同上书,第 216 页。
④ 同上。

口'"①。"小城镇、大问题"的意义并不在于它揭示了中国城市化的特点，而在于它在乡村发展和城乡关系中的地位，以及推动农村发展中的作用。"工农相辅"、"无工不富"② 几乎可以说是对费孝通教授的第一条思想主线的简单概括。

（二）综合考察社会经济效益

费孝通从致富农民入手来研究中国的社会问题，就注定了他的研究不可能把经济与社会分离开来。毫无疑问，费孝通教授的这条思想主线是他在对中国的数十年的考察中形成的。仅仅看到这一点似乎还不足以说明他为什么会坚定不移地坚持这一点，也不可能全面把握他的社会观。在当时，乡镇工业和小城镇的发展所受到的批评之一，是它们的规模效益太低，事实上，乡村工业和小城镇在经济的聚集规模效益上确实低于大工业和大都市。从这一点着眼，当时经济学家们的批评也不是没有道理。效益大小的确定是由人们对客观事实的判断决定的，而对于效益类型的追求则取决于人们的价值判断，亦即决定于人们的社会观。

费孝通教授将自己的效益观称为"社会经济观"③，以区别于单纯追求经济效益的经济观。如前所说，在 1948 年回答《人性和机器》的批评时，费孝通教授就阐述了自己类似的观点。20 世纪 80 年代他对于乡镇企业效率的基本观点是：中国农村发展小工业的意义比简单的经济增长多得多，乡村工业除解决了中国的生计问题，推动了工业化发展外，还正在改变着当代社会的传统性质和结构，在乡镇企业发展的地区，人们已经开始改变他们的思想和做人的态度。④ 所以，他不主张仅仅算经济账，而主张通盘考虑各种影响和因素，而算总账远比单算经济账复杂。他所谓的算总账实际上是指要从经济和社会的综合效益上来对待乡镇企业和小城镇的发展。他不完全坚持经济效益观是与他关于人的观点有关的。他很赞成帕累托（V. F. D. Pareto）的观点：绝大多数的人类行为是非理性的，不是由逻辑而是由情绪支配的。费孝通教授说，"我认为：人类行为理性成分和非理性成分这两方面都有。但是在不同时代比重不同，两者的比重是根据生

---

① 费孝通：《谈小城镇建设》，《社会学通讯》1983 年第 2 期。
② 根据 1949 年 3 月 8 日与笔者谈话记录。
③ 同上。
④ 费孝通：《经历·见解·反思》，民盟中央《中央盟讯》1988 年 7 月增刊。

活变化的。"① 他从思想发展的深层考察中国的发展，认为中国的发展，从思想深层来看，一直是在理性和非理性两端中间摇摆。因此，他主张中国的发展，要提倡理性主义，中国理性主义发展得还远远不够，同时他又认为中国的发展"也要记住人除了理性外还有另外一面"②，即非理性。这样，费孝通教授关于中国发展观点的思想主线引申到人类的意义和目的上——"要记住人类本身的意义和最后的目的"。他在1981年就呼吁："不要忽略了'人'！"③ 他没有专门阐述人类的目的和意义是什么，但从他的各种论著中可以看出：他主张人的全面发展，或者说，人本身就是目的。

追溯人的观点，他的这个思想应该是受到梅岳（George Elton Mayo）的影响。梅岳先生非常重视工业中的"人的因素"，他关于"文明的理论是根据这种假定，即如果技术的和物质的进步要保持的话，人和人的合作不管怎样是不可少的"④，他的这个观点是基于对"人性"的理解。1944年访美期间，费孝通教授曾与梅岳一起工作了三个月，并了解了他关于"人的因素"的观点。1963年，费孝通教授曾将梅岳的《工业文明的社会问题》译成中文，并认为该书有不少新的启发，"有许多方面是可以参考梅岳这位老先生的理论的"⑤。当然，后来有关中国乡镇和小城镇的解释，费孝通教授已经超出了梅岳的视野。将小城镇和乡镇企业与人类本身的意义和目的结合起来分析，费孝通教授把他发展乡镇企业的理论与文化人类学理论联系起来了。进一步说，把乡镇企业与人类本身结合起来，就是把乡镇企业在中国的发展与中国农村的富裕结合起来，这是一个多世纪以来中国数代知识分子的基本价值和理想追求。在这里也就深刻理解在中国社会学和人类学恢复初期，他为什么提出"建设迈向人民的社会学"和"建设迈向人民的人类学"的初衷了。

（三）人的全面发展

围绕着人的全面发展，改革开放四十多年没有停止过争论和讨论。20

---

① 《费孝通教授谈"发展与发展研究"》，北京大学社会学所资料室。
② 同上。
③ 费孝通：《不要忽略了"人"》，《百科知识》1981年第1期。
④ ［美］梅岳（George Elton Mayo）：《工业文明的社会问题》，费孝通译，商务印书馆1964年版，第128页。
⑤ 费孝通：《社会学和企业管理》，载《民族与社会》，天津人民出版社1981年版，第107页。

世纪 80 年代由于发生了由马克思《1844 年经济学哲学手稿》[①] 中的"异化"理论引发出来的一场关于人道主义的争论,[②] 尽管这场争论在当时并没有形成一致性的看法,但它推动了对人的问题的研究。马克思讲的"类存在物"就是社会,也就是中国传统文化中的"群",由此也可以进一步理解中国传统文化中的"物以类聚,人以群分"的含义了。在"类"这个意义上的人必定是感性和理性的统一,人的发展必然是感性和理性的全面发展。费孝通教授并不赞成那种过分强调"经济人"而使人性"异化"的观点。他的人类学理论奠定了乡村发展理论的基石。实际上他也把乡村工业和小城镇放到通常所谓"发展"的角度上进行分析——社会的发展应当依据人类的目的性把人看作具有多种侧面的整体,看作生物的存在,看作个体和集体的成员以及生产者和消费者,他们同时生活在自然、经济、社会、文化环境之中。人与自然、经济、社会、文化浑然一体,必须始终坚持以人民为中心的发展理念。

(四) 多元文化下的社会生活

1. 多民族的文化多元一体格局

中国作为一个特大型国家的发展道路必定具有自己的特点和特色,对其研究思路和研究方法也注定必须另辟蹊径。费孝通教授"中华民族多元一体格局"思想的萌芽已经出现在 20 世纪 30 年代初期《中华民族文化变异的研究举例》和《花篮瑶社会组织》等论著中。从大瑶山调查开始到中华人民共和国成立初期,费孝通教授几乎没有对这个问题再做进一步的探索。这期间,他奔赴英伦,师从马林诺斯基进行人类学学习,撰写博士论文《江村经济》,在云南大后方教学和开展西南农村调查,在清华大学与吴晗教授一起研究中国的社会结构,等等。1950 年,他担任了中央民族访问团分团负责人考察西南少数民族地区,1951 年又出任中央民族学院副院长,这在客观上为他中断多年的民族问题研究课题提供了条件,也推动了他的思考和研究,有时公务繁忙,不免影响自己的学术研究。

从 1950 年开始,他又转向了对中国民族问题的研究。从发表的论著

[①] 《马克思恩格斯全集》第 42 卷,人民出版社 1979 年版,第 169 页。
[②] [法] 保罗·科利:《哲学主要趋向》(*Main Trends in Philosophg*),李幼蒸译,商务印书馆 1979 年版,第 189 页。

看，"中国是一个统一的多民族的国家"① 是他对中国民族特点的基本判断。在他看来，中华民族的统一归因于它悠久的文化和文化的冲突、融合。费孝通教授写道："从我们现在已有的历史知识来说，最迟在五十万年前我国的土地上已经住着原始人类，……在最早的文字记载中，已可以看到当时聚族而居的人们组成不同的集团。而且有不同的名称。历史记载中不断出现关于这些集团的流动，交战和混合。"② 他试图从历史考据中来解释中华民族的历史融合过程。这个时期，他写下了许多这类文章，诸如《关于广西壮族历史的初步推考》③《大理历史文物的初步察访》④《开展少数民族地区和少数民族历史有关的地区的考古工作》⑤ 等。他也从历史的资料找到了许多支持自己论点的根据。在对壮族历史的分析中，他发现在广西的"布越伊"人"在二千年前地区分布比现在更广"，"在二千多年中……已（部分）融合在汉民族里面"⑥，"还有一部分仍旧保持他们民族的语言，而且还用相当于早年自称的族名来称呼自己的民族"⑦。

实地社区研究和历史文物研究是费孝通教授研究中华民族多元一体格局的基本方法，晚年的《中华民族多元一体格局》也依然保留着这种风格。他交替地使用这两种方法。在他看来"许多关键性问题只能通过文字记录，遗留的文物，以及现存的风俗，习惯，信仰等去推考"⑧，同时，他又认为实地的社区又可以"丰富我们对中华民族形成和变化过程的理解"⑨。1978 年之后和在中华民族的多元一体格局的基本思路提出之前，他曾进行了一个相当长时期的实地研究和文献研究，并写下了一系列的民族问题思考，诸如"重访金秀瑶山"、"瑶山调查五十年"⑩、"我国是统一的多民族的国家"⑪ 等。可见，费孝通教授中华民族多元一体格局理论

---

① 费孝通：《对于宪法草案有关民族问题基本规定的一些体会》，《新建设》1954 年 9 月号。
② 同上。
③ 《新建设》1952 年 1 月号。
④ 《云南日报》1957 年 2 月 8 日。
⑤ 《考古通讯》1956 年第 3 期。
⑥ 《新建设》1952 年 1 月号。
⑦ 同上。
⑧ 同上。
⑨ 北京大学社会学研究所资料室。
⑩ 同上。
⑪ 《北京大学学报》1989 年第 4 期。

的形成几乎经历了长达六十年时间的思考。这些思考在晚年就变成了深刻的思想。

毫无疑问,作为一个理论的提出,"中华民族多元一体格局"对中国民族学研究产生了重大影响,值得注意的是,这是在费孝通教授思想中酝酿已久的观点。在它正式提出之前,已经在他20世纪30年代的著述和与友人的通信中表达出来,成为他内心的积淀,影响着费孝通教授本人一生的学术研究,离开了这点很难深刻理解他后来提出的"边区开发"和"全国一盘棋"等构想。我们可以将他的这些观点视为他多元文化观的组成部分。其实,我们不妨说,20世纪30年代的大瑶山调查和江村调查是费孝通教授生平事业的中心点,后来开展的许多研究和得出的许多结论都可以在瑶山和江村中找到其痕迹。

2. 多元文化下的民族关系

像在世界的文化交流中他主张文化之间的"各美其美、美美与共"一样,在对待中华民族的多民族关系上,费孝通教授主张民族之间的关系应当建立在自由平等之上。在他看来,民族之间的关系"不但是平等的,而且是自由的。各民族都有它们的语言文字,风俗习惯,宗教信仰"[①]。民族与民族之间不能加以强制或代替。除此之外,费孝通教授关于"民族平等"的观点还包含着各民族在经济上的共同繁荣及共同现代化。

中国各民族发展的不平衡性是一个基本的事实。费孝通教授在20世纪50年代初期就认为各民族富有特色的经济社会发展是一部活的社会发展史,以说明中国境内的各民族处于不同的发展阶段上。1979年在加拿大讲学时,他讲道:中国的现代化必须是各民族的现代化,在实现这个现代化过程中,"应当清醒地区别民族间社会经济发展水平上的差距和民族特点上的差别"[②]。这是中国社会学恢复后,他第一次出国访问,可见如何恢复社会学,他心里已经有自己的考虑了,他反对在消除各民族的经济差距时,连同各民族的社会文化特点也改变了。

[①] 费孝通:《自由平等的民族大家庭的大宪章》,《光明日报》1954年7月2日。
[②] 费孝通:《中国的现代化与少数民族的发展》,北京大学社会学研究所资料室,1979年9月1日。

三 现代化进程中的社会与文化一体化

（一）民族现代化与中华民族的多元一体

费孝通教授将自己的"志在富民"思想拓展到少数民族的具体发展道路上并结合起来，并且确认"少数民族地区的经济发展必须是少数民族的发展"[①]。其中包括：因地制宜发展适合于本地的产业和在汉族支援下，主要由少数民族人民"参与"的经济开发。在这里，已经看到他的"多元一体格局"的思想主线与"无工不富"、"农工相辅"的思想开始融合起来。在这种融合的深处可以看到他试图通过现代化这条途径来实现"人类本身的意义和最后目的"。

费孝通教授对于现代化的论述最早见于《中国的现代化与少数民族的发展》。在这篇文章中，他将现代化理解为利用人类所掌握的先进科学技术来促进生产，提高社会的生产力，从而促进其社会、文化的发展。显然，在他所理解的现代化中，经济发展的目的在于推动社会、文化发展，经济并不是目的。社会和文化的发展才是目的。这种以社会和人为中心的现代化观（或称发展观）导致了他在对中国社会发展的研究中——如小城镇研究和边区发展研究，首先，强调根据人类文明和个人的社会需要的变化，把各种经济性的目标和非经济性的目标结合起来。其次，他以整体的和统一的观点来分析各地区的发展，使微观和宏观的社会结构协调起来。最后，他试图说明人们在地区布局上保持空间发展的合理性。他进入了一个新的境界。

当然，单就这种现代化观来说，在20世纪60年代中期已经在许多国家酝酿。人们逐渐地认识到自工业革命以来支配着人们经济行为的思维模式实际基于这样一个假设：凌驾于自然之上的发展观在近三个世纪以来的经济发展中打上了烙印。生态环境的恶化和社会贫富分化迫使人们重新审视经济增长的目的。所以，自20世纪60年代以来，发展已经成为一个受到普遍关注的全球问题。资本对劳动力的剥夺和对生态环境的毫无限制的毁坏成为几个世纪以来的基本特征。在费孝通教授前往加拿大谈中国的现代化问题时，佩鲁（F. Palu）在厄瓜多尔的"新的发展"讨论会上指出，新的发展是为全人类和一切人的利益服务的发展，也是促进人类和一切人

---

① 费孝通：《西部经济发展和各民族共同繁荣》，《科学、经济、社会》1986年1月。

自身的发展，文化价值是决定减缓或加速经济增长的基础，也是检验增长目标是否合理的基础。经济的发展只有经过文化价值的检验才能够站得住脚。回顾20世纪70年代初里约热内卢会议至今，良知的人们奔走相告、大声呼吁保护环境和消除贫困，成绩是不可磨灭的，但是，在善待自然和处理人与人之间的关系上，人类要走的路程依然很远。

(二) 文化调适与冲突

费孝通教授对中国现代化探索的意义在于：当人们在争论和澄清新发展观的内涵时，他已经在探索一个落后的、多元文化大国怎样才能走向现代化——在发展研究的探索中，这也许是一个最复杂的题目。从这里我们了解到：费孝通教授的现代化思想并不是受到了同时代思潮的影响才提出的。当然，我们关心的不是费孝通教授与当代思潮的关系，而是费孝通教授所探索的活动本身：人们只有透过他的"志在富民"和"中华民族多元一体格局"的观点才能理解费孝通教授思想的真正意义所在。

作为一个社会人类学家，费孝通教授对于文化作用的感触要比别人深刻，这是一种对社会深层次的认知。通读费孝通教授晚年的著作，文化是他思考的核心，也是他这个时期的基本思想。在费孝通教授的著述中，社会和文化的概念是交替使用的，尽管他没有专门来论述它们之间的相同和不同。但是，对于作为"社会"核心的文化，费孝通教授是有着深刻思考的，他说道："'文化'就是在'社会'这种群体形式下，把历史上众多个体的、有限的生命的经验积累起来，变成一种社会共有的精神、思想、知识财富，又以各种方式保存在一个个活着的个体的生活、思想、态度、行为中，成为一种超越个体的东西。"[①] 人的社会化是一个文化传承的过程。家庭、社区、学校扮演了传承者的角色，这些社会组织把习惯、习俗和社会规范嵌入到途经它们的人们的行为之中。内化于心，外化于行。一个个的社会人就是这样形成的，社会和文化也就是这样继替的。社会的继替通过文化传承，人类实现了世世代代的延绵继续。

1992年在北京大学社会学系成立10周年纪念大会上，费孝通从中国的小康社会建设引申出社会与文化关系，"现在走到小康的路是已经清楚了，但是我已认识到必须及时多想想小康之后我们的路子应当怎样走下去。小康之后人与自然的关系的变化不可避免地要引起人与人的关系的变

---

① 费孝通：《费孝通文集》第十六卷，群言出版社2002年版，第156页。

化，进到人与人之间怎样相处的问题"①。在进一步谈到人与人之间的相处时，他用了一个新的概念，就是人的心态关系。人与人之间进行互动、沟通和交流都是基于一定心态的，也即心理状态。社会的问题自此进入文化领域，成为一个文化问题，就这么简单。费孝通教授讨论这个问题的时候，恰恰是中国开启邓小平同志提出的现代化"三步走"战略目标的第二步战略之时。

（三）生活方式把社会和文化凝为一体

中国现代化的战略思想自其一开始就深深打上了中国文化的烙印。1979年12月6日，中国改革开放的总设计师邓小平同志会见日本首相大平正芳，大平正芳向邓小平同志提问：中国是怎样勾画其现代化蓝图的？邓小平同志回答道，中国要实现的四个现代化，是中国式的四个现代化。中国的四个现代化的概念，不是像日本那样的现代化的概念，而是"小康之家"。这"小康"之概念源自中国古代文化经典《诗经》，《诗经》中的《大雅·民劳》有"民亦劳止，汔可小康"的描述，是古代思想家的社会理想，也是古代劳动人民对殷实、富裕生活的期盼。邓小平同志借用中国古代文化经典来表述中国现代化的发展之路，将中国的现代化深深根植于中国的文化土壤。正如习近平总书记所说的，"中华文化源远流长，积淀着中华民族最深层的精神追求，代表着中华民族独特的精神标识，为中华民族生生不息、发展壮大提供了丰厚滋养"②。中国文化传统深深扎根于中国的土壤，体现在人们的行为、制度、体制中。文化内化于人们心中。

如费孝通教授在20世纪后期预言的，心态问题到21世纪初期确实成为一个重要的社会问题，被纳入党的战略部署中。党的十九大报告在谈到社会治理时，首次提出社会心理建设，要求加强社会心理服务体系建设，培育自尊自信、理性平和、积极向上的社会心态。将心态建设与社会建设紧密结合，展示了中国共产党对社会发展的清晰思路的认识和对社会发展规律的尊重。在中国发展的历史中，在中国现代化的进程中，社会与文化、文化自觉和文化自信从来就不是截然分开的，而是互为一体的。离开中国五千年的文化和历史，会失去中国发展的根基，就很难说清中国社会

---

① 费孝通：《费孝通文集》第十二卷，群言出版社1999年版，第297页。
② 《习近平谈治国理政》第一卷，外文出版社2014年版，第164页。

的发展方向和未来的选择,离开对中华民族文化的自信也就很难有真正意义上的文化自觉。当然,文化自觉和文化自信是有关系的,建立在自信基础上的文化会更有方向感,建立在自觉基础上的文化会更有定力。

费孝通教授之所以能够把社会与文化融为一体,就在于他不是从学科建设来考量社会和文化,也不是从部门工作考虑这个问题,而是从解决现实问题出发。这样,无论从思路上还是方法上,视野都将宽阔得多。正如费先生自己在 20 世纪 30 年代说的,学问是有用的知识,"研究在先,政策在后,研究者不能供给正确详尽的事实,是研究者的不能尽责"[①]。

社会和文化并非截然不同的东西。在实践领域,经济建设、政治建设、文化建设、社会建设和生态文明建设互为一体,构成"五位一体"的中国特色社会主义现代化总体布局,是对几十年来中国特色社会主义道路认识不断深化的结果。在学术领域,社会人类学打通了社会与文化的界限,开启了近一个世纪对文化与社会的探索,形成了对各民族文化和社会的纷繁复杂的认知和描绘。正如 20 世纪中叶的英语世界最重要的马克思主义文艺评论家雷蒙·威廉斯(Raymond Wilians)所指出的,文化是英文词汇里最为复杂的两三个词之一,它在欧洲国家中,有着极其复杂的词汇演变史。"有一种用法是将'文化'这个词几乎等同于'社会'(Society):一种特别的生活方式——如'美国文化','日本文化'。"[②] 在社会人类学中,不管其狭义还是广义,文化几乎都是用来表示一个民族、一个时期或一个群体抑或全体人民的一种特殊的生活方式、一种特殊的社会体制。

四 人类命运共同体与全球社会体制的探索

(一)全球社会体制的新探索

"人类命运共同体"这一重大战略思想是 2015 年习近平总书记发出的"通过迈向亚洲命运共同体,推动建设人类命运共同体"的倡议,旨在倡导世界各国在追求本国利益的同时兼顾其他国家的利益,在谋求本国发展的过程中促进人类社会的共同发展,也就是在全球化进程中,处理好各国

[①] 费孝通:《费孝通文集》第一卷,群言出版社 1999 年版,第 368 页。
[②] [英] 雷蒙·威廉斯(Raymond Wilians):《关键词:文化与社会》,刘建基译,生活·读书·新知三联书店 2016 年版,导言第 25 页。

之间的利益关系，形成一个合理的全球利益格局是人类可持续发展的核心问题。全球化环境下的利益格局就是各国之间的利益协调和冲突（已经发生和正在发生的中美贸易冲突使我们对这个问题的认识更加清晰了）；全球化环境下的公共利益就是能够满足各个国家和社会在全球化时代生存、享受和发展所需要的公共有效资源和条件；全球化环境下的公共空间就是由于喷气机、高铁和互联网发展带来的全球一体化活动空间；全球化环境下的社会空间就是全球化已经把各个国家和人民连为一体的互动模式，尤其是喷气机和互联网带来的快速交往和交流方式。人类命运共同体是对人类社会体制的一种新的探索，其核心是如何处理利益关系，国家与国家之间的关系、民族与民族之间的关系，以及不同文化之间的友好相处，它触及当代人类社会发展的核心问题。往深层次说，繁荣的文明如何共同走向文明，如何避免现有的繁荣走向衰落，是当代人类共同面对的问题。人类命运共同体既是一个经济共同体，也是社会共同体，还是文化共同体。

"人类命运共同体"的英文翻译"Ecological Progress and the Community of Shared Future for Mankind"。在英文里，共同体就是 Community。如果看历史，中国人对这个词的翻译还是有着深刻的中国文化内涵和中国传统文化底蕴的。20 世纪 30 年代，美国芝加哥大学社会学派的首领罗伯特·帕克来到当时的燕京大学社会学系讲学，第一次带来了这个英文概念——"Community"。这个"Community"怎么翻译曾一度困扰着燕京大学社会学系的师生们，当时燕京大学的师生们把它翻译成了"社区"。仔细推敲"社区"这个用法，这个中文翻译内含了丰富的中国文化意义。"社"代表了"群"，也就是中国传统意义上的社会。我国近代资产阶级启蒙思想家、中国社会学的先驱严复在 1903 年翻译斯宾塞的《社会学研究》，将其取名《群学肄言》就是一个很好的说明。我们理解，费孝通和他的老师及同学们翻译这个 Community 的时候一定是要有"群"的含义，那就是"社"，但是"群"与人们的生活环境联系在一起的是人文区位，后来就把 Community 翻译成了"社区"，社区这个概念最容易表达 Community，由此也可以看到中国文化的独特性和它的博大精深，它会赋了一个西方意义上的概念于中国文化的内涵。习近平总书记提出了"人类命运共同体"这个概念是基于当代世界发展大趋势。人类命运共同体就是指人类这个大社会内部的各个国家、地区、民族之间建立什么样的关系模式才能够实现人类在这个地球上的永续发展。在历经环境生态的不断恶化和社会贫富差距不断扩大的痛苦之后，深刻思考人类的共同命运确实是一个宏大命题，不可回避。

人类命运共同体不仅反映了人与人、国与国之间的利益关系，也反映了人与自然之间的关系，首先反映的应当是人与自然之间的关系，这就把社会体制问题延伸到了生态文明体制领域。生态文明强调的是文明，这是生态文明的核心。文明是人类在历史发展进程中积淀下来的对于自己所处环境的认识以及在这个过程中形成的各种知识、人文精神及其物化形式。如果单独把文明拿出来看，人类的任何一种文明都是在特定人文区位中形成的。梁漱溟先生在20世纪30年代就提出人类最早的文明有三大系，即埃及文明、希腊文明和包括中国文明在内的东方文明。这三大文明源于各自的人文区位，发展成独特文明，而后又向周围辐射，在与其他文明融合中发展。这个过程就是一个利益协调与冲突、公共利益形成、公共空间扩大、社会空间拓展和人类社会关系模式创新的过程。特定的人文区位中生长出特定的文明。人类在发展过程中，由于人口流动、信息流动、资本流动，导致了文明之间的交流与交融，导致全球化，导致人与人、国家与国家之间的联系越来越密切。举个例子来说明这个问题，印度文明，就其本质来说，不是纯粹的，而是在冲突和交流不断融合中发展的。从最早的居民，其实到现在人们还是说不清楚最早的印度人是从哪里来的，到后来的雅利安人、波斯人、葡萄牙人、英国人，以至当代的全球化下的多元交流与碰撞，印度文明在不断改变，不断进步。当代技术进步带来的文明几乎是不可阻挡的。由雅利安人创造的种姓制度、印度教，尽管历经孔雀帝国、南北诸王朝，以及后来的殖民统治，依然在发挥着它的作用，只是在不同阶段表现方式不一样罢了。所以看一个文明一定要理解这个文明产生的人文区位，它的地理环境、历史积淀和民族融合等。

（二）人类文明与社会体制

讲到文明，古代的三大文明——中国文明、印度文明还有埃及文明都是农业文明。进入工业文明以来，人类社会的生产力得到了长足的发展，但是也带来了诸多问题。工业文明是从16世纪初英国开始的，先是从英国的曼彻斯特和伦敦，慢慢形成伦敦—曼彻斯特经济带和城市带，这是世界第一条以工业革命为核心的经济带，同时也是城市带。到17、18世纪，工业革命的发展在法国巴黎、德国柏林出现，形成世界上的第二大经济带。随着工业化的进一步蔓延，出现了纽约和波士顿经济带，再后来美国又出现第二大经济带,就是从加拿大多伦多附近的五大湖,中间经过芝加哥到匹兹堡,蔓延几百公里形成的美国第二大经济带。随着信息流、资金流、人口流的进一步加速,美国就出现了西部的经济带,这三大经济带依然是当今美国三大基本经济区域和城市带。第二次世界大战以后,现代化和全球化步伐在加速。在20世纪六七十年代的日本、我们国家的台湾地区、香港地区经济快速发展,还有新加坡,世界上又出现了新的城市带和经济带。20世纪80年代,中国改革开放,在沿海地区慢慢形成了中国东部沿海经济带,中国东部地区发展起来以后,经济向中西部辐射和转移,带来了中西部的发展,等等。这都是工业文明的结果。这些不同文明背后都有自己的社会体制在支撑着,我们且不说国际上的,就是中国内部的珠江经济带、长江经济带和京津冀经济带都有其自身的历史、地理、文化和行为方式。

我们也看到,20世纪70年代以来,互联网、喷气机等技术加速了人口流动、信息流动和资金流动。同时,随着人口规模的不断扩大,人与自然的关系越来越紧张。党的十八大报告提出了生态文明的战略思想,将其纳入中国特色社会主义现代化"五位一体"布局,在这样的背景下,习近平总书记提出了人类命运共同体倡议,其意义非凡。地球变得越来越小,这个地球确实越来越成为一个共同体。如何来构建人类命运共同体,是当代中国和全世界面临的一个共同的问题。因此我们觉得在这样的条件下,绿色发展、生态文明建设是中国对人类的一个重大的贡献,也是习近平新时代中国特色社会主义思想的重要内容,更是我们当下研究社会体制的一个重要领域。因为,从历史上的各个文明中生长出来的具体社会形态在技术进步基础上不断融为一体,日趋全球化,我们在当今不仅面对的是一个经济全球化的世界,也是一个社会全球化的地球,互联网把各个民族的人民融为一体,全球化的社会如何面对一个因环境生态、科技革命、人口结构变化带来的不确定的未来?这难道不是一个重大社会体制问题吗?

(三)生态文明与社会体制

我们可以从三个方面来审视文明,表层的文明,主要是围绕衣食住行所体现出来的风俗习惯,例如,人们制作食品用的食材、香料和采用的烹调风格是一种生活习惯,各个民族、各个地区各有特色;中层的文明,又称为制度和规范,包括风俗、礼仪、节日、法律法规、社会规范、宗教信仰、文学艺术等,这些需要通过一定形式的物质形态和非物质形态表现出来，通常是文化人类学和社会学关注的领域；深层文明，主要是指人们的四观：世界观、人生观、价值观和审美观，这个层次的文化实质上是人们对天地、对自己和对别人，以及对生命和生活的看法，通常是哲学家关注的领域。我们经常讲茶文化，例如：普洱茶是一种文明，它体现了表层文明，普洱是一种饮料，具有自己的风格，它讲究冲泡技术和品饮艺术，既可清饮，也可混饮；普洱茶也体现了中层的文明，饮普洱茶有自己的规范和习俗；普洱茶也反映了中国传统文化的"和"，这个"和"就是哲学层次的文化，即四观——世界观、人生观、价值观、审美观，不同的民族在不同的问题上确实有不同的认识。普洱茶既是人们的生活方式，也有自己特定的加工过程和生产方式，确实包含了很丰富的文明和文化内涵。中国的茶文化是中国文明的具体体现。中国不同地区的茶文化又是不同地区文化的具体体现。

回过头来看，我们既然走进了一个信息化时代，互联网把全世界的人都联系在了一起，人类就必须面对共同的命运。中国的人类命运共同体建设与"一带一路"构想是紧密联系在一起的。在践行"一带一路"倡议过程中会涉及众多的国家，这些国家的文化是在特定的人文区位和人文生态中形成的，自然会有不一样的地方。例如，作为"一带一路"上南亚八国之一的印度就具有自己的历史文明。印度不是一个具有单一文化的国家，尽管信奉印度教的人口占据国家人口的绝大部分，但是它的内部差异非常之大，每个邦、每个民族、每个人都有自己的故事，这是研究这个国家的人们不能不重视的。印度社会内部文化差异巨大，且呈现多彩多样，所以，了解印度文化中人性和习惯是一个很艰难的过程。面对不同的文明，应当求同存异。求同是求哪个同？就是求共同命运，就是要认识到人类只有一个地球。美国前副总统戈尔曾经写过一本书《倾斜的地球》。读过那本书的人都会深深感觉到，地球确实面临着一系列的问题，所以建设一个健康的、能够让人类持续发展的地球是人类共同的使命，在这一点上，各国人民和政府可以而且必须找到共同点，这就是保护地球家园。当然，在"一带一路"交流的过程中，各个国家的风俗、习惯，甚至包括衣食住行不一样，我们认为这差别都是可以认同的，为什么呢？20世纪后期，曾有一批世界领袖和学者汇集印度首都新德里来研讨"21世纪人类如何建设美好社会"，当时他们遇到的一个核心问题就是文明冲突问题。20世纪80年代后期，反思这些问题，费孝通教授提出了"各美其美、美人之美、美美与共、天下大同"的至理名言,实际上是说,不同的文化之间怎么相处的问题,不同的文明是在特定的人文区位中形成的。所以在这个特定的人文区位中,特定的文明一定有特定的道理,生活在别的人文区位的人一定要设身处地地去理解。是不是可以设想,"各美其美、美人之美、美美与共、天下大同"成为人类在全球化条件下建设命运共同体的价值基础?还是我们需要进一步去探索更加适合全人类在面对地球巨大压力条件下的共同的文化基础?这是一个当今非常迫切的、重大的社会课题。

人类共同的价值基础的首要条件是人类只有一个地球,全人类未来的永续发展必须依赖对这个地球的保护,因为,必须在人类福祉和地球保护之间形成一种平衡,各个个体的人类和各个国家,必须在这个问题上达成共识。20世纪30年代,费孝通和他的夫人王同惠女士在广西大瑶山做调查的时候就发现,广西瑶族有一个花篮瑶族群,这个族群有一个习俗,就是每家每代只准留一对夫妇,因此,每对夫妇只准留两个孩子,一个留在家里,一个嫁出去,当他们问及当地人为什么会有这样的习俗,当地人回答:"瑶山田狭,养不起多人。"上千年来这个民族就是通过这样的一套习俗来维持着人和自然的平衡。我们的祖先有这样的智慧来保护地球和维持种族的延续,我们当代人为何就不能够做到呢?历史上,有的民族为了维持生态的平衡,还采取更为极端的措施。所以,理解一套文明、一套习俗、一套习惯,一定要基于它所赖以存在的人文区位和人文生态。"在制度和信念中凝结的因文化而异的偏好,和地理因素一起,创造出了不同的地区(Region)。有时候,人们认为所谓的地区,只不过是一个通向真正'全球化'的世界的跳板,但是否如此,我们并不清楚。不同的地区过去一直是,而且现在也仍然是重要的纽带,连接了不同的社会和整个世界。"[1] 和市场经济的社会环境一样,区域发展也不仅仅是地理因素塑造的结果,是历史演化的产物。这样,我们理解文明一定要从人文区位去理解。从人文区位理解我们就可以谈"各美其美",不同的文化是在特定的人文环境中形成的,在特定的人文区位形成的文化,大家首先要相互容忍和相互欣赏,这就出现"美人之美","美人之美"才能"美美与共",只

---

[1] [美]彭慕兰、史蒂文·托皮克:《贸易打造世界:1400年至今的社会、文化和世界经济》,黄中宪等译,上海人民出版社2018年版,第4页。

有"美美与共"才能"天下大同",才能建设人类命运共同体。人类文明、生态文明、"一带一路"、人类命运共同体建设说到底是一个文化如何进行各美其美、美人之美的问题。人类命运共同体还意味着人类必须一起面对共同的社会问题与挑战,探索人类和各国共同能够接受的社会体制和文化价值。全球化和全球格局的新变化已经赋予社会体制改革和创新以新的内容和使命。

回顾思想的历史,我们看到,社会体制是一个极其复杂的概念。各个国家在其历史发展过程中形成了各自的社会体制,国内外学者们从不同的角度对社会体制进行深入研究和探索。从其范围而言,有广义的社会体制,也有狭义的社会体制。广义的社会体制是指一个国家的基本制度,类似人们常说的社会制度;狭义的社会体制是指影响人们日常生活和内在行为的一些制度安排,包括利益格局、社会关系模式。我们在本书中使用后一种界定,即狭义的社会体制。狭义的社会体制,就所谓的利益格局而言,包括收入分配的制度安排及其产生的结果,社会分层和社会结构,以及具体表现出来的基本公共服务、就业、社会保障、社会治理、医疗卫生、教育等体制机制,在很大程度上,这是我们通常所说的民生建设的主要内容,它与经济建设和经济发展水平密切相关。就社会关系模式而言,包括人与人互动和交流的方式,以及它们背后的社会规范、社会心理、各种社会习俗等,这些社会规范、社会心理、各种社会习俗又通过日常交往中的互动而不自觉地表现出来,形成一定的社会氛围,人们就生活在这种社会环境之中。社会关系模式与文化和文明程度密切相关,即我们通常所说的文化建设。利益格局直接影响人们的社会关系模式,但又不完全决定人们的社会关系模式。社会关系模式受到历史、习惯的影响和支配要比利益格局久远。利益格局会在短时间内通过收入分配制度改革影响人们的行为方式,但这种影响是一个缓慢的过程,不过一旦形成新的利益格局就很难打破,久而久之形成的新的社会关系模式也不会在短期内得到改变,这一点,改革开放以来的利益格局变革及其形成的社会关系模式的历史和现状就是一个明证。当人们试图改变不信任造成的有毒食品、假冒伪劣等行为时,发现既定的利益格局已经形成。利益格局和社会关系模式直接关系到人们的幸福感、安全感和获得感,以及人们对社会的满意程度,是一个社会的心理基础。

文化可以分为物质文化和非物质文化,它们都影响着社会体制变革的方向。一个世纪以来，无线电、电视机、收音机、小汽车、飞行器、高速铁路、太空飞行器、电子计算机，以及互联网的迅速发展深深地改变了人们的生活。但是非物质文化，诸如政府管理、经济体制、家庭生活、信仰体系的变化似乎要缓慢得多。而且这种变化会表现在代际之间。互联网把代际之间的距离拉大了，并使其成为当代社会的重要特征。非物质文化不能适应物质文化的直接结果通常是社会问题产生的原因之一。所以，面对物质文化的快速进步，人类拼命地寻求适应这种变化的体制机制，督促政府采取规制的思路极为常见。但问题是一种新的体制机制和技术创新往往是在没有约束的环境中进行的，例如互联网下的商业模式，所以创新和规制有时会发生碰撞，正确处理好二者之间的关系极为重要。

历史发展的事实告诉我们，社会体制改革的目标就其实质而言，是调整利益格局，重塑公共空间，再造社会空间，塑造健康、奋发向上的社会氛围，铸造和谐的社会关系模式，培育友爱平和的社会心态和社会行为，以提升人们的社会生活质量和水平，换句话说，就是要不断提高人们的幸福感、获得感和安全感。

第四章 社会空间中的社会关系模式

人类，无论是个体意义上的还是群体意义上的，都对空间存在着依附性。物理空间是人类存在的必需要素。在这里，空间包含了两层意思：一是人们属于某个地方或者来自某个地方，这已经包含了社群意识和认同感的某些意义；二是他们日常生活中需要对自己的身体进行定位，手机或视频中的第一句话"你在哪里"，就是一种自身和对他人的空间定位。这个定位的意义是非常丰富的，打电话的人想知道对方在什么地方，于是也出现了人们接触和交流中的身体定位、社会空间关系。在日常生活中这是再平常不过的事情了。社会空间中的关系模式的含义之一：个体从自身已经社会化了的行为与其他社会成员发生沟通与互动，这个互动在社会空间表现为与不同文化接触过程中铸造的人类行为的形形色色的特点，建立起社会纽带。家庭关系之所以成为一种最亲近的关系，除了血缘因素，很重要的另一个因素是社会空间关系。家庭、邻里、社区等不仅是场所，也是一种社会场景，是各类不同成员活动的场所。家庭住宅的固定性也就意味着社会关系的固定性，它深深影响着人与人之间的关系。同一区域下的人群，可以结成更大的社会关系纽带，比如民族等，这是一种宏观社会纽带，或者叫作宏观社会结构。

利益格局和社会空间都会通过"关系"表现出来，个体只有在与他人在一个共同的公共空间的比较中才能显示出利益关系，表现出平等或者不平等。严格意义上说，市场也是一种社会关系，它基于人类的社会本性和社会需要，被发现并服务于人类。一个孤立于社会之外的，或者在另外一个公共空间中的个体不会有不平等的感觉。一个没有就业机会，没有社会保障的农民工进入城市后，就会有新的不平等的感觉，在乡土社会中，他（或者她）是不会有这种感觉的。当一群有着共同语言、共同信仰和共同历史记忆的人与另外一群有着不一样的共同语言、共同信仰和共同历史记忆的人居住和生活在一个共同的公共空间时,公平和不公平的感觉就会油然而生,处理好这样的问题是极其棘手的,常见的是主权国家内部的民族和族群问题。在卢森堡经济学家布兰科·米兰诺维奇看来,"每个民族都被认为是其文化、传统和所占有的土地的监管人,因此,有权利接受或者拒绝外来民族的进入"[1]。在这个意义上,主权国家内部的民族和族群关系是一个重大话题,也是一种社会关系模式。在本书中,我们试图在以往社会学、治理、公共管理、公共服务等理论和实践的基础上,运用一种创新的分析视角来看社会体制,我们的基本观点是:在公共领域和公共空间发生的社会关系模式会涉及一系列的与社会有关的基本概念,诸如社会、社会互动、社会沟通、社会治理、社会空间、社会动员等。本章中我们从这些基本的概念及理论入手来说明社会的秩序和激励机制是如何形成的,以及如何建立社会的动员和激励机制。

第一节　社会与社会领域

一　相关概念的诠释

（一）重新审视社会

在分析社会体制改革之前,本书首先需要对"社会"这一概念进行必要的分析。中国社会学会成立之初,整个国家百废待兴,社会学自从其一恢复就投入到了轰轰烈烈的改革开放的洪流之中,这既是当时的中央领导同志决定恢复社会学的本意所在,也是中国百年学术之传统。作为当时恢复中国社会学的领衔人的费孝通,自己首先带头进入中国的农村发展和农民致富领域去探索如何建立迈向人民的社会学和迈向人民的人类学,开展了小城镇研究和边区开发研究。在1958年到1978年的二十年间,由于自然灾害、苏联的遏制以及"文化大革命"的破坏,中国经济在"文革"结束前几乎到了崩溃的边缘,农民和工人的收入都非常少,生活水平很低,农村和农业问题非常严重。这是中国社会学在恢复之初所必须面对的严峻形势。回顾过去四十多年,中国社会学一直就是以实地研究中国的社会问题为己任,在各个时期的经济社会重大问题上从来不乏自己的视角和

---

[1] ［塞尔］布兰科·米兰诺维奇:《全球不平等逸史》,熊金武等译,中信出版社2019年版,第154页。

观点。

屈指回首，中国社会学从恢复至今已四十多年，进一步从理论上探索"社会"的特点和内涵就显得十分必要，它会促使人们在更加精细的环境和状态下深化对社会发展的认识。中国社会学恢复之初，费孝通教授就不主张从概念入手来发展刚刚起步的社会学；而建议从问题入手，从当时中国改革开放面临的实际问题入手恢复社会学。当时百废待兴，让社会学尽快为现代化服务，从这个意义上说，费孝通教授的考虑是对的。当时，邓小平同志也不主张对意识形态的问题进行过多讨论，提出了"实事求是、解放思想、团结一致向前看"的著名主张。这就是当时整个社会的基本特点。

经过四十多年，社会学、社会建设已经有了长足发展，对"社会"的理论进行讨论还是必要的。尽管现在人们不太关注社会治理和社会建设的理论的社会学渊源。事实上，21世纪初期兴起的社会管理以及后来衍生出来的社会治理最初的理论主要是来自政治学的"治理"理论，这一理论后来也成了社会组织发展、慈善事业进步等领域的基本理论和分析框架。之前提出的现代政府的四大职能：经济调节、市场监管、公共服务、社会管理中"社会管理"也是源自公共管理理论，源自当时对政府改革和建设的目标定位。至于社会建设的提出，那是21世纪的事情了。民生领域也被视为社会建设的一个重要组成部分，从最初的按照计划经济体制安排的社会事业到21世纪初期人们试图用公共服务和公共管理理论来解释社会事业，为社会事业健康发展探寻道路，无疑是一大进步。谈到社会建设，还有一个领域，就是社会保障。所有这些都构成了中国的社会领域和社会建设的重要内容。迄今为止，还没有一个理论可以把这些分散的领域加以凝练、提升和概括形成一个理论的解释。这也是我们在本书中考虑的问题：经过四十多年的社会建设和发展，社会建设的基本理论是什么？曾经担任哈佛大学教授的塞缪尔·鲍尔斯说过："对于'社会'，我指的是以对市场的广泛依赖为特色来分配经济产品和服务，实现政府权力的真正平等、法治、公共宽容，不因种族、宗教或其他出生偶然性引发的职业和地区移动障碍。"[1] 鲍尔斯的意思是，社会是一个与市场和公共部

---

[1] ［美］塞缪尔·鲍尔斯：《经济动物：自利的人类如何演化出利他道德？》，刘少阳译，浙江教育出版社2018年版，第96页。

门——政府平行的领域，它在政府和市场之间担当一个确保公正和正义的角色，这也符合我们通常所说的：市场追求效率，社会追求公平。社会建设的目标是确保政府设定的"平等、法治、公共宽容"的目标得以实现。这也有了到20世纪初期在政策制定领域围绕着效率和公平的政策选择：效率优先，兼顾公平等。这也是我们在研究中提出利益格局和公共空间问题的初衷。利益格局通常是与市场机制密切相关的，是由市场机制的运行造成的；公共空间是政府为了解决社会问题和促进社会发展塑造的一个场域，社会关系将发生在其中。

经过四十多年的改革开放，特别是经济发展带来的深刻社会变革，中国已经在自己的社会发展和社会学探索中提出了反映中国特定历史条件的一系列概念，诸如社会体制、社区建设、社会治理、社会建设、公共服务等。这些概念都有着中国自己的含义，形成于中国特色社会主义现代化建设进程的不同阶段，与国际上的一些概念逐渐区别开，尽管国际上的同行们不一定了解这些概念，但是中国的政策制定部门和学术界会一目了然。对于这些概念，我们没有理由忽视或轻视，必须认真对待，将其视为中国各级实务部门、制定部门、学术界在过去的几十年中从中国实际出发，面向中国人民的社会生活，提出了一系列解决中国问题的政策，解释中国社会的理论和方法。这其中也大量借鉴了国际上的经验，使用了其他国家的理论和方法。中国社会问题的研究历经从各个独立学科的不同视角分析社会领域中的独立问题，到从总体上来把握整个社会发展的所有问题，这是当代中国社会体制改革理论的使命。构建中国特色的社会建设理论的历史条件已经具备，中国社会学界面临着新的历史使命：站在有着5000年文明历史，五十六个民族的中国土地上，好好认识中国的社会发展。

马克思和恩格斯早就发现人类具有社会性。这种社会性可以通过人们之间的互动、沟通和交流表现出来。在这个互动过程中，人们相互改变，既改变了自己，也改变了他人，并留下了文化记忆。一代代人因语言记忆而被文化记忆塑造，语言记忆和文化记忆成为人们世界观形成的语境。基于这样的理解，本书主张于把社会视为一个满足人们社会交往和心理需求的领域。物质需求是它的基础。经济发展的目的是解决人们的物质生活所需，社会发展则是解决人们的社会关系和谐和心理满足之所需。

（二）社会空间

马克思在《〈政治经济学批判〉序言》中指出："人们在自己生活的

社会生产中发生一定的、必然的、不以他们意志为转移的关系，即同他们的物质生产力的一定发展阶段相适应的生产关系。这些生产关系的总和构成社会的经济结构，即有法律的和政治的上层建筑竖立其上并有一定的社会意识形式与之相适应的现实基础。"① 马克思在这里所说的"人们在自己生活的社会生产中发生一定的、必然的、不以他们意志为转移的关系"特别是"人们在自己生活"中发生的关系，构成了人们的社会领域和社会空间。关于社会空间，我们在这里先介绍一个概念，社会空间由三个层面组成，"最里面一层我们称为家庭，在家庭成员之间，相互帮助是全力以赴、不计回报的；第二层面是我们的知己好友，以及生活中相同部落/文化背景下，与我们有社会关系的人们，我们会帮助这些人，但是通常也会期待对方有所回报。这两个层面合在一起，就构成了我们的社会关系网。第三个层面就是除以上两个层面以外的其他任何人，这些人可能与我们素昧平生，不会产生任何交集，或许他们可能还会对我们带有敌意。但只有再加上这个层面之后，我们的社会空间才算完整。② 对于这句话的理解是：人类自产生之日起，他们的生产活动的范围是不断扩大的，人类的社会空间也随之不断扩大。各个文明产生于各自人文区位，随着经济发展和交通工具的进步不断扩大范围，于是就有了雅利安人进入印度，欧洲人进入北美的历史，这个过程既是民族流动、融合的过程，也是人类社会空间不断扩大的过程。

在人类社会空间扩展的历史上，最具有历史意义的事件无疑是移动互联的出现。在"微信"和"微博"中形成的朋友圈对第三个层面的人际关系模式产生了深刻影响，这里面有许多人，虽然见过面，或者没有见过面应邀加入了朋友圈，见过面的以后或者不再见面，没有见过面的将来有机会见面或者一生再也没机会见面，但是，这个圈子里的人们还不停地在交流、互动。这就是互联网下的人们社会关系的新模式。从这个视角出发，社会体制也可以理解为人们社会生活的基本组织形式。互联网深刻改变了人类的社会生活和生活的组织方式。

马克思在《〈政治经济学批判〉序言》中所说的"生产关系的总和构成社会的经济结构"和"法律的和政治的上层建筑"中一部分构成了人

---

① 《马克思恩格斯选集》第二卷，人民出版社2012年版，第2页。
② ［挪威］拉斯·特维德：《创新力社会》，王佩译，中信出版社2017年版，第5—6页。

们从事社会活动的公共空间和整个社会利益格局的一部分。过去我们研究社会事业或基本公共服务主要是从计划经济体制或公共服务的理论视角出发的，在本书中我们尝试从公共空间理论和利益格局理论来审视社会事业或基本公共服务问题，以期有新的解释。

（三）基于中国社会结构特征之一的"差序格局"的另一种视角

"差序格局"一直以来是社会学界用来解释中国与西方社会不同或存在差异的一个重要概念，尤其是对传统乡土社会的解释。我们可以用社会空间理论来解释差序格局。"差序格局"实际上就是发生在地域空间中的一种制度安排，是被中国社会学界普遍接受的一种对中国社会结构特征的理论解释。社会人类学家费孝通在他的名著《乡土中国》中写道："中国乡土社会的基层结构是一种我所谓'差序格局'，是一个'一根根私人联系所构成的网络'。这种格局和现代西洋的'团体格局'是不同的。在团体格局里个人的联系靠着一个共同的架子；先有了这架子，每个人结上这架子，再互相发生关联。"[1] 我们要深刻理解和把握费孝通教授在这句话里的两个概念，一个是"中国乡土社会"，另外一个是"现代西洋的"社会，这句话的真实含义是，中国传统的农业社会和现代西方的工业社会。从社会发展阶段来说，这是两个处于不同阶段上的社会。"生活相依赖的一群人不能单独地、零散地在山林里求生。在他们，'团体'是生活的前提。可是在一个安居的乡土社会，每个人可以在土地上自食其力地生活时，只是偶然的临时的非常状态中才感到伙伴的需要。"[2] 费孝通教授在对中国和西洋，我们认为主要是对美国的社会结构进行分析时，实际上跨越时空进行了比较，那就是发生在两个不同的空间结构上的不同发展阶段的社会特征。对于两个不同发展阶段上的社会结构的分析，在当时就是一种即时比较，即20世纪40年代的中国与美国的现实比较。在这个比较中，他发现了中国的"差序格局"和西洋的"团体格局"。比较研究是人类学的基本方法。进一步分析，中国的乡土社会是处于农业社会发展阶段的，美国的"团体格局"是工业化，即便不是工业化，也是那些经历工业化后移民到北美大陆的欧洲移民建设的社会。换句话说，最早来到美洲大陆的不是拓荒的农民，而是

---

[1] 费孝通：《乡土中国　生育制度》，北京大学出版社1998年版，第31页。
[2] 同上。

有两类人，一类是逃避迫害的新教激进派，另一类是追求厚利的投机商人。这就注定了，拓荒时期的美国经济社会发展不会是传统的农业社会发展模式。美国早期的移民，在北方是自给自足的小农庄，在南方则有较大的种植园。他们都有着自由和自主的精神。由于大量的追求厚利的投机商人的进入，美国早期的工业也开始发展，是与农业密切相关的工业产业，如磨坊、碾坊，以及规模不大的造船厂（渔船）。"大多数殖民地居民的生活都比英国本土的居民安定富足（奴隶除外）。"① 农业社会和工业社会的社会体制是完全不同意义上的社会体制。从这个意义上说，"差序格局"和"团体格局"是对不同发展阶段上的社会体制的表述，就当时的时空来说是同时发展的两种不同的社会结构，这样的理解和解释才更加具体，而不是一般意义上的比较。

事实上，随着中国进入工业化和城市化后，社会结构也发生了深刻变化。中国在20世纪70年代后期开启的农村改革，以及由这个市场化改革带来的乡村工业化和城市化，把那些本可以在土地上自食其力地生活的农民送到了乡镇企业、小城镇和大城市，尽管相当一部分进城农民还没有真正意义上融入城市社会生活，但是，乡村社会的组织方式和移民出来的所谓"农民工"的生活方式已经发生了深刻的变化，原先意义上的"私人领域"已经不复存在。进入工业化的农民依靠一个共同的体制，这就是正在建设的适应城市化需要的基本公共服务体系和户籍制度，也就是费孝通教授所说的"共同的架子"。这样，在这个阶段上，中国就出现了一个新的社会领域。而且，经过四十多年的发展和改革，中国的社会组织由改革开放初期的1万多个发展到2018年的80多万个就是另外一个例证。尽管我们不能说，现在的社会体制具有"团体"的性质，但是大量社会组织的出现一定是对传统社会组织模式的重大变革。

从社会体制理论进一步分析，"差序格局"是发生在农业社区的社会关系模式，生活在一个很小区位上的人们以家为单位，共同劳作与生活，相互熟悉，家庭或家族是社会的核心，人们的社会空间是从家庭往外拓展的，由于生产方式局限，决定了其有限程度。而"团体格局"是工商社会环境下来自不同社会和群体的人们的社会关系模式，其社会空间是随着

---

① ［加拿大］梁鹤年：《西方文明的文化基因》，生活·读书·新知三联书店2018年版，第315页。

商业和工业活动无限扩大的。所以,"差序格局"和"团体格局"不仅反映了当时东西方社会结构的差异,也反映了乡村和城市、农业生产方式和工业生产方式下的公共利益、公共空间、社会空间和社会关系模式的差异。从 2018 年国家统计局发布的城乡人口统计数据看,城镇常住人口 83137 万人,乡村常住人口 56401 万人,2018 年的城镇常住人口较 2017 年增加了 1790 万人,乡村的常住人口较上年减少了 1260 万人,城镇人口占总人口的比重(城镇化率)为 59.58%,流动人口 2.41 亿人,比 2018 年减少 378 万人。这样的城镇化水平大致相当于 20 世纪 40 年代费孝通教授访问美国时的美国城市化。当然,尽管中国在经历城镇化和工业化的过程中,人口结构和社会体制确实在发生着变化。例如,几十年的人口政策、人口流动,无论是城市还是乡村,"空巢"家庭大量存在,乡土中国意义上的"长老统治"将不存在,代之而起的是应对"长老"们的年迈和照顾。这将是中国 21 世纪的最大社会问题之一。

　　这里可以用社会体制的 5 个要素来进一步分析这种变化。说对"长老"们的年迈和照顾是 21 世纪里的最大的社会问题之一,是因为中国已经进入城市化中后期,在过去七十多年里,尤其在最近的四十多年里,大量人口,准确地说是六亿多人口离开农村或小城市进入大中城市就业和生活,这种人口流动已经改变了传统意义上的社会空间和社会关系模式。眼下,那些年龄在八十岁至九十岁的"长老"们大部分家庭几个子女,这些子女的年龄也在五十至六十岁之间,由于人口城市化带来的人口迁移,这些在现在看来依然是"大家庭"的家庭绝不是那种传统社会中的子孙满堂、儿孙绕膝、同吃同住的大家庭,不论农村还是城市,这样的家庭已经一去不复返了,现在所谓的这些传统意义上的大家庭实际上已经是核心家庭,大家庭社会空间基本上是一种心理空间,因为大部分子女与年老的父母分居,居住在中国各地或世界各地,除节假日见面和平时的通信,他们大部分时间并不生活在一起,人们之间没有了过去那种因为同吃同住同劳动而产生的财产关系和利益关系。但是,传统意义上的养儿防老的文化依然积淀在这代人的心里:老年人对子女有依赖感,子女对老年人有责任感和义务感,这些并没有因为经济发展和社会进步而淡化,居住在远方的"长老"们依然是他们内心的挂念、情结和责任。传统意义上的大家庭已经由面对面、朝夕相处的社会空间变成了由高铁、喷气机、互联网联结的社会空间。与此同时产生的是,各地正在积极推进的居家养老模式、机构养老模式,以及与之相适应的社会保障制度的建设和完善,它们承担了传统社会中的大家庭和子女的责任,这是一种进入工业社会阶段的责任转移和让渡,由家庭转移和让渡给政府和社会,形成新时期的公共利益和公共空间。接下来的五十岁至七十岁之间的这代人可能要经历一个不同于上几代人的生活:由于他们是历史上的"独生子女"政策的践行者,大部分是独生子女家庭,他们与子女之间的空间关系将由分布式转为点对点模式,一对年轻夫妇关照两对以上的父母养老将成为常态。再接下来的四十岁以下的父母的情况会有所改变,因为他们正在践行新的生育政策。可以想象,在接下来的至少二十年间,中国社会体制变迁会进入一个非常特殊、无论对于家庭还是对于政府和社会都将会面临巨大压力的阶段。政府和社会承担更多责任将会成为这个阶段的基本特征。

二 社会领域

(一)社会生活

社会领域是相对于经济、政治、文化和生态环境领域而言的。与经济生活比较,社会生活更强调人们之间的社会交往和社会组织形式,并通过这些社会交往和社会组织获得建立情感、思想交流和互相沟通,在谈到家庭这种基本的社会生活时,费孝通教授写道:"若是我们打着算盘说话,头脑冷静一些,看看穿,父母都觉得为儿女当牛马是一件不公平的事,这一念之差,立刻会使家庭制度破坏到不成样子。这世界哪一处不安定在'想不穿'上,惟其因为人们想不穿,才有这世界,这'没有想穿'或'不去想穿它'认真的做人,就是宗教的热忱。"[①] 与政治生活比较,后者更强调政治组织的纪律、规章和规矩;与文化生活比较,文化生活更强调通过文化文学和艺术活动来表达精神诉求,实现社会交往,满足精神需要,实现精神愉悦。艺术是文化的外延,通过各种各样的"艺"来最大化展示"文",通过民俗风习、节庆活动,也通过有特色的歌舞绘画、习俗呈现。文艺的"艺"一定要通过各种方式展示出来,但是"文"的底蕴不可或缺。

经过四十多年的改革开放,中国经济有了长足的发展,人民群众的物

---

① 费孝通:《费孝通文集》第一卷,群言出版社1999年版,第255页。

质生活得到了前所未有的满足,这是改革开放的伟大成果。在享受这个伟大成果中,我们越来越感觉到经济生活的意义。在改革开放初期,邓小平同志把当时社会的主要矛盾界定为人民群众日益增长的物质需求与落后生产力之间的矛盾,突出了物质生产和物质生活的重要性,从物质匮乏时期走过来的人们对此深有体会、记忆犹新,这就是一个时期和一定历史阶段上的社会发展特点。这不是说那个年代没有社会生活,一个社会在任何时候都有人们自己的社会生活,就像桑德斯在前面描述的他早年的社会生活一样。就政府而言,党和政府考虑的是需要确立自己的工作重点。1978年启动改革开放政策,中国的人均国内生产总值只有381元人民币,整个国家的近10亿人口中,有2亿人口生活在贫困线以下,这就是当时邓小平同志确定主要矛盾的基本依据。党的十九大报告在中国特色社会主义进入新时代这样一个历史背景下提出我们现阶段社会的主要矛盾是人民群众日益增长的美好生活需要和不平衡不充分的发展之间的矛盾,就把人民群众的需求从经济生活提升到了经济生活基础上的社会生活领域。在这样的历史背景下,研究社会生活的意义就凸显了出来。"美好生活"既是一个客观概念,也是一个主观概念,既需要从物质生活指标来衡量,也需要从人们的社会心态和社会心理来评价。

社会生活就是基层人民的日常生活,就是人们的衣食住行、邻里关系、邻里交往、亲朋好友的互动、沟通与交流,以及由此产生的各种社会活动。以邻里关系为例:事实上,邻居之间存在着一种依赖感,也就是说,邻居之间相互依靠、互相帮助,由此产生相互信任,形成一种凝聚力,彼此团结,一起来面对生活的挑战。邻里关系也是一种非正式的社会网络,还是一种社区精神。也有学者将这种关系称为"集体效能"(collective efficiency)。[1] 邻里关系还是一种社会规范。最为简单的是,邻里之间在房前屋后、道路边上遇见了要打招呼,或者在行驶的车上看到邻居后放缓车速,摇开车窗,打个招呼,等等,这些都展示了邻里之间的关爱,交换信息,交流沟通。这些就是社区生活,也是基层人民的健康生活。要研究社会领域,基层社会无疑是最有意义的。这个基层社会还不能简单理解为我们通常所说的街道和社区,还包括家庭及其延伸出来的各种社会生

---

[1] [美]罗伯特·伍斯诺:《小镇美国:现代生活的另一种启示》,邵庆华译,文汇出版社2019年版,第145页。

活和公共活动，以及个体或家庭因为种种原因发生的各种有组织的活动。一群有着共同生活经历和遭遇的人们组织起来，开展各种活动，既有自助活动，也有助人为乐活动。由病友发起的志愿服务活动已经成为当前志愿服务的重要形式之一，它既有公益性的，也有自助性的，它大大改善了患者们的生活状况和精神风貌，形成了一种新的社会组织形式。这个群体中，原有的社会职业、社会地位被大大淡化了，相同的经历把人们联系在一起。基层公共空间和社会空间不仅具有经济意义，还有重要的社会意义。社会秩序和活动主要是在基层形成和建立的，家庭关系、邻里关系、单位内部的同事关系，这些都是最基本的社会关系。社会生活其实就发生在家庭和社区，发生在学校和单位，发生在医院和商店里的人际交往和交流，它随时随地影响每一个人。人们的日常生活的变迁影响着整个社会的变迁和社会的状态。

我们也注意到，越来越多的问题发生在基层。社会问题发生在个体身上，出现了社会学意义上的、人们通常看到的越轨行为，导致社会控制失灵。用社会学家蒂法妮·萨帕塔-曼席拉（Tiffany Zapata-Mancilla）的话来说就是，"个人的生活的确取决于他（她）所处的社会环境"[1]。这个环境首先是他（她）的家庭、邻里（我们所谓的社区）、工作环境。其次才是人们现在常说的深层次的社会问题。通常社会深层次的矛盾不会直接激化个人越轨行为。当前，社会上发生的各类问题，并不是由于社会深层矛盾直接引发的，而是通过一系列家庭矛盾、社区关系和人际关系的恶化爆发出来的。这种爆发出来的矛盾和问题直接影响了人们的生活秩序。

进一步说，社会发展最终如何造就人们的社会生活，这里所谓的社会生活是指发生在个人与家庭、与社会、与群体、与社区的交往以及各种各样的公共活动。怎样造就人们的健康心理、友爱精神、开诚布公、见义勇为、为人正直的处世方式等。这种社会生活就不能简单地是物质生活，它以物质生活为基础，以社会交往为核心，以精神满足为目的。就社会学意义上来说，重建人们的社会生活，首先就是要重建人们正常的、健康的社会生活，建设基本社会规范、基础性社会组织、基本的社会信任和社会责任以及密切的社会互动，等等。要把社会规范作为社会建设和社会管理的

---

[1] ［美］理查德·谢弗：《社会学与生活》，刘鹤群等译，世界图书出版公司2009年版，第181页。

底线工程。社会规范是一个社会最基本的秩序。人们首先通过这个秩序进行自我约束，建立基本的社会秩序。一旦有人突破这个底线，就会出现越轨行为，冲击基本的社会秩序。完全依靠法律来约束人们的行为，有人心理上会产生不愉快。最佳的心理愉悦产生与社会成员都能够遵循基本的、大家认可的社会规范，在这规范之内，大家相互尊重、相亲相爱、和平共处。这就进入到了社会心理层次，社会心理建设首先是一个基本社会规范建设问题。也有人把这个过程叫作社会资本的聚集过程。这样，社会治理就不仅仅是人们通常看到的社区建设、社会组织建设，在这些社会组织和社区建设的过程中如何培养起大家基本的社会规范才是最核心的。首先心态是最深层次的，心态决定行为。其次是规范，人们对基本社会规范的遵守程度，决定了人们的心态，决定了社会关系的状况。再次是法规，一旦人们把法规作为约束行为的底线，人们的社会心理就可能会扭曲，行为就可能会变态。法律法规只能作为行为约束的最后防线。基本的社会规范不仅体现在人们日常的社会生活中，也要体现在经济生活里面，尤其是要体现在公平的经济分配活动中。精神生活、情感交流、亲切融洽等美好情感和互动社会生活的基本目标，也是人们心理愉悦的基础。从这点出发，回顾以往，社会上出现的一种心理，就是"我又没有犯法"和"见了红灯绕着走"，就是以不超越法律底线作为自己的行为底线的，在这样的底线下出现了一系列的社会问题。"我又没有犯法"和"见了红灯绕着走"作为行为底线最终会导致大量的越轨行为产生，而且严重侵蚀着社会资本，要在短期内改变这种状况是不可能的。

（二）社会生活的草根特征

如何铸造社会生活？公共服务和社会服务如何能够延伸到家庭和人际关系的层次？这都是社会建设中的重大问题，需要认真研究。更为复杂的是，深层次的社会矛盾会成为主观的社会问题。大量客观社会问题得不到很好的解决就会积淀在人们的心里，长此以往，会因现实矛盾激化而暴露出来，成为人们的社会行动。就社会而言，关键是有没有一个导火索；就个人而言，关键是他（她）的生活环境对其心理造成的挫伤和他（或她）的心理承受能力有多大。近年来，接二连三发生的血案，与个人的心理素质有关，更深层次是与主观的社会问题没有得到解决有关。这实际在深层次上把公共服务与社会管理问题打通了。好的基层公共服务和社会服务会降低社会管理的成本。在政府层面上，基层公共服务与社会治理不能分开，应当一起规划。

在这个意义上，双管齐下的治理必须从两个方向切入：一是问题本身的治理，常规的治理，诸如规范、约束、管控等；二是心理的治理，这需要动之以情，晓之以理，建立人与人之间的沟通顺畅的关系模式。我们提出社会空间中的社会关系模式就是试图通过这样人与人之间、心与心之间的交流来夯实社会沟通，实现社会治理和建立社会秩序，同时也激发社会活力。中国在新时代社会治理的着力点应该聚焦在这个问题上，创新社会治理模式也应该在这方面下功夫。这也是提升社会治理水平的关键。

社会生活发生在基层，不仅是指它发生的社区和村落，也是指人们的社会生活是民间的、非官方的、草根的，它不是行政系统的一部分，或者也不是行政系统的末梢，而是置于行政系统之外的一种活动。在这种活动中，个人的官方身份让位于个人的社会身份，公民和社会成员，担负起自己的社会责任。这也是为什么斯托克对欧洲地方政府的评价时所说的，"地方政府是政治系统的一部分，承担着整个公众需求、疏导社会冲突以及整合各阶层在资源分配和政策制定中优先顺序的重要职责。在社区发展中，作为一级政府的地方议会理应占据一席之地"[1]。在欧洲一些国家，地方政府改革的路径各不相同，策略不断创新，但总的趋势是将其重点放在地方社区建设。建设和谐社区是建设和谐社会的基础性工作。在社会发展领域，西方发达国家积累的经验值得借鉴。在中国的社会建设过程中，我们也应当借鉴发达国家成熟的经验，重视基层政治与社会之间的互动。

城市社区服务存在的主要问题，首先是邻里关系冲突，其次是缺乏场所和设施，最后才是缺乏认同感。这样，我们就对越来越多的问题发生的基层形成一个比较全面的解释，知道了问题的实质在哪里。中国的城市社区建设要超越设施建设和一般行政事务的应对为重点，真正转向居民生活，关注居民在想什么、干什么，把社区工作与他们的实际生活结合起来。百姓生活说来也简单，衣食住行、公共安全、未来期待，若是社区工作者能够把自己的工作与居民的所思所想有机结合起来，拧成一股绳，形成生活和治理的合理性，夯实基层治理的社会生活基础。

---

[1] Stoker, G. (1991), "*Introduction: Trends in Western European Local Government*", in Batley, R. and Stoker. G. (eds) Local Government in Europe, London: Macmillan.

为什么越来越多的问题发生在基层?"基础不牢,地动山摇",多少年我们一直把这句话作为做好基层工作的座右铭。为什么问题还是屡屡发生?根本原因是我们对基层人们的社会生活认识不到位,没有人深刻认识到人们的社会生活、精神生活的重要意义。没有真正把基层问题当作核心问题来抓,缺乏对基层意义的认识。在管理意义上,我们缺乏管理基层社会的经验,没有想居民之所想,思居民之所思,把社区事务简单视为自己的工作,例行公事,有的甚至得过且过,这是当前基层社区问题之根本所在。人类学家常说的一句话,"如果不加强地方社区,鼓励他们在规划与维持其基础设施过程中积极参与并发挥更大作用,那么发展战略注定会失败"①。联想起一系列正在实施的政策,诸如公共卫生和基本医疗政策、农村新型社会养老保险等,如果没有基层完善的服务体系,会是什么样的结果?如果没有基层干部和基层人民的自觉活动,顶层设计方案的实施会大打折扣。这些问题有的需要顶层设计,尤其是关系到国家发展重大战略和长期战略问题,必须从顶层设计,未雨绸缪,统揽全局;有的必须把顶层设计和基层创新有机结合起来,采取从群众中来到群众中去的工作方法;有的需要放手让群众自己创新和解决,充分发挥人民群众的首创精神,这是中国改革开放四十年的基本经验之一。试想,没有小岗村人民的大胆创新,就不可能在当时的基层农村撕开传统体制的口子,农民就不可能富裕起来;没有邓小平等老一辈革命家的大力支持,就不会有小岗村的尝试进一步发展的宏观环境,农民即使生产了大量的产品也不可能卖出去变成现金收入,这个尝试和经验也不会在全国推广开来。百姓生活,平平常常,但百姓有着向善、向好的朴素心态,这是他们追求美好生活的原始动力,建设美好社会,追求美好生活,是自古以来人们孜孜以求的梦想。政府的政策制定必须基于人民群众的朴素梦想,将其形成发展的动力与合力,做到这一点,是顶层设计的关键。

把基层理解为人民生活的共同体,是指人们的日常生活容纳了经济、政治、社会、文化的方方面面,这方方面面通过人们的行为综合体现出来,多种因素集于一身。根据我们的理解,公共服务和社会治理在基层不能分开。如果把基层文化设施与社区建设有机结合起来,它产生的合力远

---

① [美]凯蒂·加德纳:《人类学、发展与后现代挑战》,张有春译,中国人民大学出版社2009年版,第121页。

远大于文化和社会各自力量的总和。这些年的教训是，我们在基层投入了大量的资金，建设了大量的基础设施和服务设施，但是缺乏必要的人力资源配置，也缺乏与百姓生活之间的联系，造成了大量资金和资源的闲置与浪费。基层建设问题既凸显了农村社区服务少的矛盾，也凸显了社会管理不足的问题。与历史上相比，地方政府的角色越来越重要。在基层，地方政府承担着越来越多的公共服务——人口增长、扩大就业和救济贫困人口等社会治理的任务都落在了地方政府的身上。另外，地方政府还承担着基础设施建设、公共服务供给以及社会福利制度建设的任务。这一点可以从美国服务职业结构的变化中看得非常清楚，1870 年，美国的文职人员大约占服务业人口的 1.1%，到了 1940 年增加到 10.4%，再到 2009 年就变成了 12.1%，同期的管理人员和行政人员分别是 1.6%、3.7% 和 14.4%。在农业几乎消失了的社会，随着蓝领阶层的减少，服务业和管理部门的人员必然增加，公共服务的扩展是不可避免的。

由于社会生活的综合性特征，对于人们的社会生活就可以从不同的视角进行分析。假如我们不是从私人消费，而是从公共消费；不是从私人部门就业，而是从公共部门就业；不是从私人部门出发，而是从公共部门出发，来看目前正在和将要进行的发展方式转变，会得出什么结论？换一个角度看问题确实不容易。这需要勇气和创新性思维，需要调整研究问题的视角。缺乏创新思维和研究问题的新视角，或者说缺乏新的理论构架是中国经济长期走不出"囚徒困境"的原因之一。说到消费不足，就说收入分配不合理；说收入分配不合理，就说社会保障水平低，云云。一直在经济领域、体制机制领域打转转。

这里，我们只是想通过研究指出，在经济之外寻求发展的思路也应该得到应有的尊重，并给予足够的重视。在新的历史时期，鼓励各个学科和部门积极参与重大发展问题的思考与讨论，无论对于发展本身还是对于人类认识水平的提高都将是幸事。根据我们的理解，一是经济学并不像人们想象的那样，具有无比的解释力和预见性。通常在以往实践基础上归纳出来的理论有相当一部分会滞后于实践，尤其是在当今的互联网时代。二是不管什么样的经济学理论，不管是谁的理论，都必须具备经验和事实基础。在经历了这场几十年未曾发生过的危机之后，让其他学者与经济学一道来解释这个日新月异、令人捉摸不定的世界，可能会更实际、更恰当一些。公共部门和社会领域的理论不是凭空出现的，它们是近几个世纪，特别是

第四章 社会空间中的社会关系模式

最近一个世纪公共领域和社会发展的反映。

还有一种思潮值得考虑，这就是，20世纪下半叶，学者们对于现实发展道路的思考甚至是质疑，也应当引起我们的关注和思考，促使我们去寻求新的发展模式。美国学者马克·布莱思（Mark Blyth）在研究和总结2008年这场国际金融危机的教训与经验后指出，"市场和政府时时处处都是相互重叠、不可或缺、相互排斥，并具备生成能力。作为一种制度，资本主义在政府提供审慎监管的环境中能够获取的最蓬勃的发展，美国资本主义也不例外。在政府和市场之间保持何种程度的平衡是一个需要由不同国家来确定的一个政治问题"[1]。有类似思想的人不只是布莱思一个人。从更加宏观的角度考虑这类问题的人数不胜数，核心是围绕着市场、社会和政府的关系展开的。

政府和市场之间平衡的核心是分配制度及其服务体系的设计模式。我们已经看到，不合理的分配模式造成了相当一部分人的消费不足或没有能力消费。这种消费不足不仅表现在一个国家，也表现在世界范围内，国与国之间、地区与地区之间，最终制约了发展的步伐。市场机制造成了目前微观结构与宏观结构的趋同性和雷同性。这个问题还没有引起人们的进一步讨论，其深层次原因是市场力量缺乏制约，或者人们赋予它绝对的地位。经历多次经济危机之后，人们不能再循规蹈矩，必须寻求新的发展方式。如果从过去40年中国采取的追赶模式以至后来形成的与发达国家雷同的发展来讨论问题，那么从深层次上说，中国当前发展方式的转变绝不仅仅是经济领域的收入分配、城乡关系、产业结构以及地区结构的调整，而是更加深层次的创新，一种超越发达国家传统模式的自我探索和自我创新。得出上述结论的不仅仅是我们的研究，美国历史学家龙多·卡梅伦已经看到了发达国家问题的症结所在，"资源分布的不均衡——不同个人、社会集团和国家之间的不均衡——是经济发展问题的症结所在"[2]。而这个问题之所在，就是我们长期追随的一般意义上经济体制。纵观历史，没有一个国家的机制和体制是雷同的。

当西方国家把中国放在一个超级大国位置，不管是重视也好，捧杀也

---

[1] ［英］马克·布莱思：《美国资本主义的终结？马克·吐温、忧愁湖及当前的危机》，《交流》2009年冬季刊。

[2] ［美］龙多·卡梅伦等：《世界经济简史》，潘宁等译，上海译文出版社2009年版，第423—424页。

好，中国都需要比任何时候清醒。因为，中国在过去40多年走过的基本是一条追赶的道路。如果中国想在这场中美贸易冲突之后真正成为一个世界大国，进而走向强国，就必须有自己的发展道路、发展理论，一种不同于西方发达国家在起步时所遵循的发展理论，并且是具有21世纪特征、代表人类新的发展方向的理论。基于这样的考虑，我们不禁要问自己，中国要成为一个世界大国，我们在理论上准备好了吗？我们可以这样说，在指导思想上，中国共产党提出的科学发展观奠定了中国走向自己特色道路的理论基础，这是根本性的。仅这一点，就足见中国共产党的伟大和智慧。在中国理论界，中国的经济学、社会学、管理科学等也需要而且应当站在这样一个高度来认识问题，来重新调整自己的研究方式、研究方法、研究内容。面对发展模式的选择，理论界应当高瞻远瞩、大彻大悟。深邃的理论源自于对历史、文化和全人类知识和成就的把握。

全球化条件下发展的最大难点来自国际经济社会形势的不确定性。2018年，我们深刻体会到了这种不确定性。这种国际经济社会形势不确定性的深层次原因产生于各个国家的主权经济、主权社会和主权政治的传统性重合在以信息技术为基础的全球化经济体系中发生缺失。换句话说，以信息技术为基础的全球化经济打破了传统工业社会中的主权经济、主权社会和主权政治统一性，成为当今世界发展中的基本矛盾。这也是我们当前面对的这场国际金融危机与20世纪30年代那场世界经济大萧条的显著不同点之一。主权经济、主权社会和主权政治的重合缺失增加了主权国家宏观经济调控和社会管理的难度。中国政府在加强宏观调控方面已经取得的成就是否证明全球化下需要更强大、更具有应变能力的政府？

新的发展不仅仅是经济的增长，更应当是经济社会的可持续发展。可持续发展的关键是在提高质量上下功夫，而提高发展质量的关键是引进大量新的发展部门，通过创新部门的发展来进一步推动原有部门的创新，在发展进程中新旧部门实现融合，并使原有的部门和新的部门之间协调发展，建立一种平衡关系。这些新的部门不仅包括民营经济，也包括新的商业模式，诸如滴滴出行这类的平台经济和共享经济。自20世纪70年代末期启动改革开放，中国先是在国有经济和计划经济之外形成了一个市场经济，包括个体农民、乡镇企业、民营企业，它们后来在20世纪90年代成为国民经济的半壁江山，这些都是在基层，在草根的基础上发展起来的新生事物。人们的社会生活也是伴随着这样的改革在不断改善的。这就是我们所说的社会生活的草根性。费孝通教授的《江村经济》，又名《中国农民的生活》，就是描述了一个江南农村的农民们的日常生活及其相关的各种制度和体制，诸如"家"、"财产和继承"、"亲属关系的扩展"、"生活"、"职业分化"、"劳作日程"、"农业"、"土地占有"、"蚕丝业"、"养羊与贩羊"、"贸易"以及"资金"，等等，这些都是农民在经营过程中必须面对的问题，日常生活的问题才使其贴近中国农民的生活。改革开放之前和之后，中国的农民（不论是安徽的，还是江浙一带的）又从这些基本生活出发，探索联产承包，发展农村副业和乡镇企业，在日常生活中找到了中国农村发展和改革的方向，走出了中国农民富裕的道路。草根和基层孕育着人民的基本生活，也孕育着国家发展的方向。正如《江村经济》的结尾中说到的，"中国农村的基本问题，简单地说，就是农民的收入降低到不足以维持最低生活水平所需的程度。中国农村真正的问题是人民的饥饿问题"[1]。解决土地问题和人民的温饱问题始终是中国现代化进程中的核心问题。

（三）社会的社会属性

社会这个概念有时对于人们是很渺茫和困惑的。有人认为，社会领域中最为典型的公共领域是福利领域，它最具有社会特性。福利不过是纳税人通过政府实现自己慈善目标的一种方式。换句话说，政府福利、慈善和志愿服务及其衍生出来的服务体系及其活动是社会公共领域的核心。利他主义的最典型形式是慈善和志愿服务。利他主义始于个人与群体的关系。首先，为了维护正常的社会生活秩序，全体社会成员应当对社会和他人负责的一些最基本、最起码的公共生活准则。梁启超《新民说》："所谓公德者，就其本体言之，谓一团体中人公共之德性也；就其构成此本体之作用言之，谓个人对于本团体公共观念所发之德性也。""公德之大目的，即在利群，而千万条理即由是生焉。本论以后各子目，殆皆可以'利群'二字为纲，以一贯之者也。"[2] 每个民族由于本身的历史、文化传统，由于民族心理、风俗习惯等，社会责任感和精神世界具有民族的传统的特点。

---

[1] 费孝通：《江村经济：中国农民的生活》，江苏人民出版社1986年版，第200页。
[2] 梁启超：《新民说》，载《饮冰室合集》，中华书局1936年版。

人是社会的存在物，人要在社会中生活，就必须遵循社会组织为维持一定的社会秩序而建立的各种社会规范，其中社会责任感是最普遍的、最广泛的、渗透性最强的社会规范。作为个体的人之所以遵守社会规范，进行道德选择，是出于自身和社会生存与发展的需要。一个人能否得到社会和他人的认同和赞许，是人的一切利益中最基本的利益。利他主义产生于人类对于群体认同和赞许的需要。另外，人类的生命个体不能独立生存，它必须与自己周围的自然环境和人群建立联系，并依存于自己周围的环境和人群，从中获得自己生存和发展所需要的物质、精神、社会方面的资源，这是生命的共同体本能，或者叫作生命的生态系统，在社会学意义上，我们称其为社区。

生命的社区本能不仅存在于人类社会，在自然界也普遍存在。在自然界中，差别迥异的生命个体处于不同的"生态系统"关系网络之中，在这个关系网络中得以生存，也支持着整个系统。还有，马克思和恩格斯将人的本质紧紧地与社会的发展连接在一起，科学地论证了人与社会发展间的辩证关系，这是我们认识社区发展问题的基本理论依据。人的自我价值和社会价值的关系应当是一种相辅相成的关系，但更强调人的社会价值。

第二节　社会互动中的社会秩序

一　社会秩序

社会秩序在其狭义上是指社会关系维持现状，不发生变化，人与人关系没有激烈的冲突的，也不影响政治稳定，通常我们将其称为社会稳定。在其广义上，是指人们按照自己社会特有的法律、法规、习惯、习俗、规范行事所形成的社会关系模式，每个人都要按照自己的社会角色行为，不越雷池。人们在这样的关系模式中自觉形成一种社会秩序。社会稳定与社会秩序的含义有时是重合的。例如：人们遵纪守法，没有违法行为；人们遵循社会的礼俗和习惯，相处融洽。中国传统社会的"礼"就是一种建立社会秩序的规范。礼制就是通过礼仪定式和礼仪规范来固化人与人之间的关系，《汉书·成帝纪》说道："圣王明礼制以序尊卑，异车服以章有德。"这实际上就是要求通过礼仪来规范人与人之间的关系模式，人们遵守了，就不会有冲突，否则可能引发矛盾和冲突。传统的"君君臣臣、父父子子"都是这样的"礼数"。中国人常说"礼多人不怪"讲的就是礼数多人们不会怪罪,但是礼数不到则可能引起麻烦,清代的李宝嘉(1806—1906)在其著名的《官场现形记》中有一句著名的话:"横竖'礼多人不怪',多作两个揖算得什么!"不论在传统社会还是现代社会,礼是一种基本的社会秩序。也是社会和谐的基本要素。当我们把文化作为一种生活方式来对待的时候,就隐含了文化是如何帮助我们处理人与自然的关系和文化是如何帮助我们处理人与人之间的关系等。宗教传统与社会体制有着很多的相似之处,这一点从印度教和印度的种姓制度就看得比较清楚。一个社会的基本秩序在其历史发展中就已经被安排好了,我们现在面临的问题是如何发现这些秩序,以及人们是如何遵循这些秩序和如何破坏这些秩序的,对这些秩序规则有一种文化上的自觉。当代的中国社会治理需要一种历史定力和社会厚度。

社会关系模式是指人们形成的社会秩序的不同类型,是研究社会治理的理论基础。不同的地理、历史、文化环境中会形成不同的社会空间,我们在这里且称其为社会关系模式,或者叫作不同类型的社会关系。过去,我们研究社会管理或社会治理是从治理理论出发的,或者说,学者们主要是从各个治理主体之间的关系开始的,因为他们借鉴了国际上治理的基本理论,而且那个时候,也就是刚刚改革开放,中国关门封闭了几十年,对国际政治、社会学、政治学都很陌生,而自己的这些学科如何建设,似乎也难以在一夜之间就非常明了,所以也就借鉴了大量的国际上的相关学科、相关理论和相关思想,用来启发和解释中国改革开放出现的新情况新问题,而实践工作者们则侧重于治理的结果。

四十多年走过来了,我们有了自己的实践探索。现在我们可以换个角度从社会关系模式出发来研究社会治理问题。人们在公共领域发生活动必然形成一定的社会关系和社会互动。在这里,马克思对于人类的社会关系进行了清晰的描述,这是我们理解社会体制和社会关系的理论基础。在这部分中,我们将从人们之间的社会互动、社会沟通入手进一步分析社会体制特点和历史演进,特别是在经济和技术进步的基础上来分析和理解这个问题。美国社会学家、马萨诸塞大学阿姆赫斯特分校社会学教授米尔顿·M.戈登写道:"当我提到一个社会的'社会结构'时,我指的是一套非常具体的社会关系,在这一个社会关系的框架中,社会成员们被放置在或大或小,或永久或临时,或有正规组织形式或杂散无组织的各类群体之中,正是这些群体把这些成员们与这个社会最主要的制度行动联系起来，例如经济和职业生活、宗教活动、婚姻和家庭、政府机构以及娱乐活动。"① 他在这里讲的非常具体的"社会结构"实际上是指在特定文化环境和历史环境中的社会结构。例如，印度文化中的种姓制度的社会治理模式不同于美国文化下的政府、市场和非营利组织的互动模式。前面我们分析的"差序格局"就是中国农耕社会的基本社会结构，而且，中国几千年几乎是在非常缓慢的社会变迁中进行农业生产和维持基本生计的。到改革开放前，80%以上的人口依然生活在农村，这大约相当于美国1870年的水平，甚至可能还要低一些。在中国这样的一个正如毛泽东同志描述的小农经济如同汪洋大海一般的国家建设社会主义现代化，其问题和挑战之多可以想象。社会治理的模式也不能简单模仿国际上一些国家的理论和实践，必须深入研究中国的实际和问题特点。

现在走到了这一步，加强和创新社会治理需要深入到不同的文化环境和语义下进一步研究各个国家和各类文化下的治理问题。中国的社会治理理论需要创新就不能不深入研究中国的社会结构和文化传承。举个例子，人们在谈到社会治理时，经常强调必须加强诚信体系建设，尤其面对大量假冒伪劣产品侵害消费者的利益行为，更是从公共安全的视角强化诚信体系。殊不知，假冒伪劣从表层说起来是一个诚信问题，就其深层次原因是知识产权不清晰，或者知识产权制度没有建立起来的问题，和一个政府怎么进行监管的问题。可以想象，在一个由几千年的农业社会迅速转入工业社会的国家，大量的手握手机，思想意识依然停留在农业和农村层面的人们，产权意识和产权制度是那么容易迅速建立起来的吗？在相关知识产业没有发展起来的或者还有得到一定的发展的情况时，相关产权制度制定过快会抑制产业，但如果制定过慢又会造成假冒伪劣盛行，如何在这之间拿捏，又涉及政府的治理水平和治理能力，在这样一个事例下我们来思考中国的社会治理创新尤其是明确它应该按照一个什么样的理论框架和实践进程来安排。

二 社会沟通

人们之间的大部分沟通行为受制于特定的制度设计，或者叫作"体

---

① ［美］米尔顿·M. 戈登：《美国生活中的同化》，马戎译，译林出版社2016年版，第27页。

制"，比如正式和非正式的规范。社会体制也是社会的"游戏规则"。个体的人必须在日常生活中与自己的家人、朋友、同事，以及其他与自己有关的人交往，这个过程中自然发生沟通。人们通过沟通来探讨共同关心的事物，也通过沟通来实现集体合作的更大智慧。社会互动始于人们之间的沟通。但是任何社会互动都是遵循一定的社会规则进行的，这些社会规则又被视为社会秩序，或者叫作文化，包含了思想和价值观念。人们讲文化有多重含义，其中之一就是指人们的生活方式和行为方式，其内在的就是社会规范。

因为人类具有的思想特质，在个体、群体、民族的相互互动过程中会因为不同而产生自我意识、反思和自我反思。自我意识、反思和自我反思，有时是一个个体的行为，有时是一个群体和民族的行为，这些自我意识、反思和自我反思的过程意味着人类社会在互动中进行着社会结构、行为模式的社会重建。外部冲击要改变内在的习惯和定式需要一定的时间和力量。有时候能够改变，有时候反而自己被改变了。所以，社会重建并不简单地意味着个体被迫接受某些规则，个体的文化背景和心理素质决定着他是在参与过程中接受和认同社会规则的，这也是一个创新和变革的过程。纵观人类历史，每一个民族每每遭受外来文化冲击的过程，都是一个文化的融合过程。当年，英国殖民者试图废除印度的萨蒂陋习，就遭到了一些印度妇女的强烈抗议。综观印度的历史，废除和减少萨蒂也是一个历史过程，即便是在当前的一些落后的印度农村，萨蒂依然残留。中华民族自1840年鸦片战争以来，不断进行中西文化之间的比较、学习、反思就是一个民族不断重构自己与他民族之间关系的过程，目前这个过程依然在进行中。

社会沟通不仅发生在社会成员之间，也发生在治理机构和公众之间，正如鲍尔斯所指出的："社会的管理质量不仅仅是公民素质的总和。善治并不取决于社会由多少好市民构成，而是取决于社会机构如何引导公民间实现社会沟通和交流。"[①] 鲍尔斯的说法也不全面，一个社会必须具有好的公民素质和良好的社会沟通机制，二者不可偏废。一个社会可以由无数的好公民组成，仅限于此还是不够的，还必须有各个个体之间的密切沟通、交往、交流、合作等，这样社会才能成为一个有机体。

---

① ［美］塞缪尔·鲍尔斯：《经济动物：自利的人类如何演化出利他道德？》，刘少阳译，浙江教育出版社2018年版，第14页。

从历史视野看，社会有机体是极其复杂的组织构架。无论是中国还是其他国家，历史上都曾经历了无数次的人口迁移和人口融合。人口在流动过程中会发生不同群族之间的婚姻，这既改变了人种结构，同时改变了人与人的关系模式。现代社会中，几乎每个民族或个体都是不同群族或不同种族以及不同文化的重新组合。各个民族的主体文化不是一成不变的，也随着时间的流逝在发生着深刻变化，在不同的历史时期表现出不同的特征。

社会治理是现代社会发展出现的一种新的治理形式，它也赋予现代政府具有新的职能。21世纪初期，中国在经历多年的改革之后，把社会管理作为现代政府的四大职能之一就是顺应了这样的一种发展趋势。既顺应了国际趋势，也顺应了国内社会发展的形势。经过几十年的改革和发展，一些社会问题突显和国家具有治理社会的财力。社会治理作为政府的基本职能也对现代政府提出了基本的要求，那就是要求政府必须更加出色和有效率。因为在现代社会，出色的和有效率的政府是社会秩序的基础和特色。面对社会诸多问题和社会上要求解决这些问题的呼声，政府适时解决好这些问题是政府治理体系和治理能力的基本体现。现代政府要实现社会治理现代化首要任务是对现代社会的科学认知。

这里，还需要说明交易在人类社会沟通中的作用，原始社会就产生了物品的交易，到现代社会人们将其称作贸易。交易超越个人关系，出于自愿，双方互赢，基本是在竞争环境下进行的。交易是一个具有元理论意义的概念，也是人类学家要研究原始民族交易活动的原因之一。交易不仅能够满足人们之间的基本需要，而且还会产生人与人之间的思想交流，形成新的理念，造成文化的碰撞，由此也会产生更多的新的文化、新的理念和新的思想。贸易可以超越个人、家庭、组织、社区，以惊人的速度产生变异，成为社会经济进步的动力。近代以来，人类财富的发展和迅速增加，无不与贸易有着密切的关系。当然，我们也发现，在这个贸易发展过程中，各个文明之间的矛盾和冲突也时有发生，甚至由于文化之间的差异引发战争。发生在180年前的鸦片战争，背后是英帝国主义的贸易驱动，也有大英帝国与大清帝国之间的文化冲突。英国殖民者进入印度的最初动因是为了寻找香料和其他产品进行交换。总之，人类为了生存和发展，必然要发生交易和贸易，这也就造就了社会沟通。通读近代中国历史，英国商人甚至包括英国外交使节来到广东，他们想与大清政府沟通，但是事情一开始进行得不那么顺利，这其中主要是缺乏相互认知、礼仪差异、思想上的不同等。当大清帝国的翻译官按照大臣禀报给皇上的文本格式翻译英国致中国皇帝的外交信函时，翻译官的文化和内心以及皇上的感受和内心是如此的不同，感受也是如此不一样。一封无论在格式上还是内容上都充满对等的外交信函，通过拥有等级文化和等级心理的翻译官的翻译就成了一份下级向上级的报告公文文本，社会沟通的差异，甚至误解也就自此产生了。作为国家最高决策者的大清皇帝的判断自然也就出现了偏差，误判在所难免，决策也一定会出问题，后来发生的悲剧和中华民族百年耻辱的历史也就不可避免。当然把这个过错全部归咎于翻译官是不负责任的，大清皇帝对世界的认知和大清帝国的体制才是问题的根本原因。因为清王朝的"朝贡制度"在文化上最为西方贸易者反感，曾经担任过美国国务卿和总统的约翰·昆西·亚当斯（John Quincy Adams）就曾经表示，鸦片战争的真正起因是"朝贡制度替讲究实际的贸易事务强行套上礼仪的束缚，殊为可笑"[1]。在当时的西方人眼里，清王朝是如此的不开化和缺乏贸易视野。仔细回味历史，也许朝贡制度的根源可以追溯到"普天之下，莫非王土"的理念。朝贡制度还源自中国传统文化对身份地位、政治地位的关注，而不是对物质利益本身的追求。由此可见，异文化之间的沟通是何等重要。

通常，社会沟通是指发生在社会关系中的、两个以上的社会实体通过技术环境（电话、普通信函、电子邮件、微博、微信，等等）或常规环境（面对面的——语言的或肢体的）开展的知识、思想、感情交流。随着信息技术的进步，人们越来越把发生在开放社会的非正式的社会沟通作为社会沟通的重要内容，诸如微信、微博等。这是社会沟通在新形势下的新趋势新情况，也是我们面临的新问题新挑战。

人们为什么需要社会沟通？马克思指出，在现实生活中，人是一切社会关系的总和，人们必须在与他人的交往中得到发展和实现自己的价值。一个人除了渴望得到财富、成功，还希望在社会和社区中得到人们的认可，得到人们的理解和了解，体现出自己的价值。个人在与他人的交往中

---

[1] ［美］彭慕兰、史蒂文·托皮克：《贸易打造世界：1400年至今的社会、文化和世界经济》，黄中宪等译，上海人民出版社2018年版，第33页。

得以交流、分享，获得心理上的满足和释放，得到精神上的安慰和平衡。在现代社会，社会交流又是缓解精神和心理压力的重要途径。过去一两个世纪的现实是，市场经济加速、工业化进程加快、社会生活节奏变动，传统社会安于现状的社区生活似乎已不复存在，人们处于为了生计和发展的奔忙之中，紧张之中的人们能够与社会交流的机会太少了，人们对于这样的机会重视也不够，这也就是为什么会在经济得到快速发展后，患心理疾病的人不断增加的原因之一。心理问题实际上是一个世界性的问题。人类确确实实需要社会沟通。

沟通需要理解，需要设身处地，需要以心换心。现实生活的情况往往是，人们一般习惯于按照自己的经验、心态、知识、文化来理解别人，用自己的经验、心态、知识来解释别人的行为，其结果是误解，最终造成沟通障碍，甚至发生冲突。理解，就是设身处地，人具有设身处地的能力，这是一种重要的心理特征和行为模式，只是在不同的人身上表现得不同罢了。设身处地对于个人是一种修养，对于一个民族是一种文化自觉。当今世界，全球化环境下，尽管互联网创造了沟通的条件，能否真正实现沟通，跨文化的理解是基础。纵观历史，因为不理解导致的误解而引发的战争和冲突比比皆是。借助于贸易，人类社会交往的空间不断扩大，既扩大了自己的社交圈子，也获得了更多的合作机会，随之而来的是思想观念的变革。交流的不断加深和不断沟通是人类走向文明的一把钥匙，因为它会推动社会创新力的提升，良性的社会运行状态也会自然而然地形成，人类如何建立一种合作性体制，沟通是一个人类合作性体制的形成过程。理想的社会发展模式是社会自身能够自觉有效地依靠合作性体制运转。人类的交流和互动的方式不是单一的，而是形式丰富多样、内容丰富多彩的。合作网络是人类社会繁荣的基础。回顾历史上的贸易发展，尤其是在各国的商埠，例如，在我国清代的广州、泉州等地，聚集着不同国家的商人，也流行着多种语言，同时各自的宗教信仰也不得不采取包容的方式，相互接纳。

在社会生活中，沟通不仅需要技巧，还需要沟通的愿望、友好、平和、平等的心态，这是顺利沟通的价值基础。沟通的愿望来自对别人关心和希望得到别人的关心，是人类的本能使然；友好是人生的基本态度和个体的基本修养，也包含了对美好社会的理想和渴望，渴望建设一个美好社会是人类自古以来孜孜以求的理想，这些体现在古代美丽的传说、小说、诗歌、绘画等文艺作品和其他文献中。平和来自从容的生活和开放包容的心态,以及对生活的深刻理解,对人类本性和做人准则的全面把握。平等是个人信仰和文化的积淀,它产生于对社会地位、权力财富等正确认识。社会学家费孝通在20多年前就说,在实现小康之后,心和心之间的关系就变得特别重要。尽管人们的地位、财富、知识、能力不一样,但是平等对话是最基本的,这需要每个人,不管其地位、财富、知识、能力有何等程度的不同,都必须有理性平和与谦卑的心态。在一个急速转型和身份变化巨大的社会,尽管理性平和与谦卑并非那么容易,但也不是不能做到,这需要每个人具有自觉意识。美德、友爱、信念、知识、意识是人类最宝贵的价值。这些东西可以交流和分享,但不可以像商品一样被交换,不可以成为商品,可以给予,但不可以买卖,否则,社会将陷入可怕的境况:物欲横流、社会整体性腐败、普遍受贿、道德沦丧。一个健康的社会必须明确它的底线,什么可以买卖,什么不可以买卖,什么必须坚守,什么可以变通。社会不分新旧,只分它是否能够充满生机和活力,只有充满生机和活力的社会才会以普遍的原则进行合作并慷慨地交流和沟通,才能不断激发社会的活力和推动社会不断进步。"周虽旧邦,其命维新。"

在没有根本利害冲突的情况下,社会隔阂可以通过一定方式的社会沟通来消除,甚至实现社会的融合。比尔·克林顿说过:"马丁·路德·金曾经说,人们之所以互相仇恨,是因为他们相互害怕。他们之所以相互害怕,是因为他们相互不了解。他们之所以互相不了解,是因为他们互相不能交流。他们之所以互相不能交流,是因为他们彼此隔离。我们的经历中令人悲哀的教训是,有时我们相邻而立,却仍彼此隔离,心与心之间相距千里。如果想要建立稳固的社区,我们就必须缩短这种距离。"[1] 在这段话中,克林顿是把社区概念作为一个民族或者国家共同体的概念来使用的。仇恨和恐惧可以是个人内在的心理状态,也可以外化为具体行为;在化解仇恨和恐惧中,了解和交流是非常重要的,改善个人的内在心理状态和外在行为需要通过人与人之间的沟通和交流。美国的社会沟通有着悠久的历史,源自这个移民国家的社会融合问题,早

---

[1] [美]比尔·克林顿:《希望与历史之间:迎接21世纪对美国的挑战》,金灿荣等译,海南出版社1997年版,第91—92页。

期美国的小学教育中就强调采取多种措施帮助社会多语言中的孩子融合在一起。沟通理解，正是在这个意义上，我们才可以理解马克思所说的人是"一切社会关系总和"这一科学理论。

推动沟通与融合进入社会体制、社会治理领域，而不是把社会体制、社会治理仅仅局限于社会组织和基层组织管理层次，是对社会发展和社会治理的深层次认知，对于提升当代中国社会治理水平至关重要，它意味着中国的社会体制和社会治理格局要从人们关注的如何发挥企事业单位、人民团体、社会组织和基层组织的作用以及他们自身的建设，进一步延伸到人民的实际生活，延伸到每一个人的内心和具体行为，只有人心大治，才有天下大治。在这个意义上，人们的社会生活其实也非常简单，就是以物质生活为基础，以精神生活为目标，发生在人与人之间的交往活动，形成一种社会和谐的局面。

心态问题说到底是个人修养和家庭教育问题。一个个体立于社会，他（或她）将发生三个层面的关系，与自然之间的关系，与社会之间的关系，心与心之间的关系。个体与他人发生关系必然伴随着心理的过程，按照一定的社会心态。每一个个体的心态是不一样的。将个人的心态培养始于个体最初的社会化进程，从家庭开始，再到学校和工作单位。一个社会从家庭开始，到机构和市场，甚至到政府治理的混乱状态会潜移默化地改变人们的心态，逐步导致社会内在规范的失序，包括道德沦丧，一旦出现突发事件，这类社会内在规范的失序就会显现出来。在这个意义上，贴近社会生活来建设社会秩序是提升社会治理能力最现实不过的措施和手段。

心灵的东西非常重要，也最容易被人们忽视，维系一个民族、社会、社区长期发展和存在的往往是人们内心的价值积淀，也是我们在谈以人为本时很少考虑到的。不过，社会学家费孝通早就看到这一点："由于文化的隔阂而引起的矛盾会威胁人们的共同生存。"[①] 他是从文化人类学的角度看文化的，即文化是人们的价值体制和行为模式。文化的隔阂是怎么形成的？地理、种族自然是原因。现实中的隔阂许多却是由于收入差距、社会地位差别引起的。而在公平发展的机会机制下的收入差距又是不可避免的，要消除人们之间由此产生的误解和隔阂，沟通、

---

① 费孝通：《费孝通全集》第十三卷，蒙古人民出版社 2009 年版，第 349 页。

了解是非常重要的。

在全球化和中国经济持续发展下，中华民族作为一个巨型共同体建设需要更加宽阔的视野、心态，尤其是在当前，面对纷繁复杂的国际局势，这种视野和心态不仅对于国家稳定具有重要意义，对于国家安全也不可或缺。理性是人类的基本特征。

三　社会沟通的历史演变

（一）传统农业社会的沟通

这是一种面对面的交流，体现为邻里之间、个人之间、群族之间的交往与沟通。这种沟通方式发生在传统社会，主要是农业社会。那个时候大家都居住在同一村落里，从事农业活动，生产方式基本相同，日出而作，日落而息，生活方式也差别不大，没有非常大的社会流动，是一个熟人社会。正如费孝通教授在其《乡土中国》中描述的："在这里我想说明的是生活上被土地所囿住的乡民，他们平素所接触的是生而与俱的人物，正象我们的父母兄弟一般，并不是由于我们选择得来的关怀，而是无须选择，甚至先我而在的一个生活环境。"[1] 人们的交流是从随意的时间和经常的接触中发生的，在这个过程中甚至产生亲密的感觉。人们通过亲密的接触相互影响，遵循着相通的规矩，"规矩不是法律，规矩是'习'出来的礼俗。从俗即是从心。换一句话说，社会和个人在这里通了家"[2]。这句话把人们常说的"习惯"一词解释透了。在这样的社会环境和社会结构中，士绅的治理为什么不是可能的呢？答案是沟通方式。在这样的社会中，有些沟通是不一样的，不言而喻似乎是经常的沟通模式，"'我们大家是熟人，打个招呼就是了，还用得着多说么？'——这类的话已经成了我们现代社会的障碍"[3]。

传统农业社会的面对面谈话、信函、口信等，都是基本交流方式，当然，不同社会的交流方式是不一样的，埃及人发明了莎草纸，古罗马的人们利用莎草纸来传递信息、交流信息；到了中世纪宗教改革，人们把一些改革方案贴在墙上，大家可以在上面表达自己的意见和建议，这又是一种

---

[1] 费孝通：《乡土中国　生育制度》，北京大学出版社1998年版，第9—10页。
[2] 同上书，第10页。
[3] 同上。

沟通和交流，并具备了现代意义上的双向互动特征。"快速浏览经济的发展史，我们会发现在工业革命之前，绝大多数的经济行为都是发生在个体之间，根植于社群并且与错综复杂的社会关系交织在一起。让商业交换顺利进行需要的信任感，大部分来自复杂的社会关系。"[①] 交流的最佳状态是可以及时做出反馈，尽管古罗马的莎草纸和中世纪的宗教改革的交流方式缓慢，但是是双向的而不是即时的。美国西北大学教授罗伯特·戈登（Robert J. Gordon）在其《美国增长的起落》一书中描述，1870年"美国人口中占比75%的农民普遍处于隔离状态。1870年不仅没有电话，也没有农村邮政服务"[②]。根据戈登的研究，1870年是美国历史上的分水岭，之后的美国在各个方面都开始了革命性的变化。之后的十年，电报、电话相继出现。后来的人们说，第二次工业革命对美国的影响和带来的变化完全出乎预料，就像现在的人们对于互联网和人工智能带来的影响惊呼不可思议一样。每一次技术革命和产业革命对于人类而言都是革命性的，超出了人们的认知。

电话和电报出现之前，人们的沟通模式独具特点，人们的社会关系是比较亲近的、社会空间是有限的，人们甚至只可以通过表情、眼神、手语等相互理解，从村落到其周边，范围不会太大，即便是像古罗马的莎草纸传播，也是在罗马的狭小的地理空间中，且时间漫长。

（二）工业社会的沟通

随着生产方式发生变化，工业革命开始后，大量的农村人口离开农村进入城市，这些来自不同农村社区的人在城市就业和工作，就出现了陌生人的社会。在这样的背景下，有人提出重建社区，重建像早年的乡村一样的人与人可以面对面的互动方式。这件事情已经进行了上百年，有成效，似乎不那么理想，也许与人们过于理想化有关，也许与工业社会进步有关。

后来出现的咖啡馆是人们之间相互沟通和交流的新的形式，直到现在，它在商务活动和日常交往中发挥着重要的作用。在欧洲，咖啡兴起于17世纪，正值欧洲商业开始兴旺之际，这种来自中东的饮料摇身一变成

---

① ［印度］阿鲁·萨丹拉彻：《分享经济的爆发》，周恂译，文汇出版社2018年版，第6—7页。
② ［美］罗伯特·J. 戈登：《美国增长的起落》，张林山等译，中信出版社2018年版，第58页。

为西方商业活动中的社交媒介。在当代社会，咖啡是上班族的标配，是办公大楼中休闲和传播信息的俱乐部。由此我们也可以理解为什么在一些大的商业区会遍布着咖啡馆或者咖啡馆加速食店。咖啡馆不仅是一个空间，也是一种文化，"有人曾说，中国虽然有很多咖啡馆，却没有真正的咖啡馆文化，即人们相约于咖啡馆，并非只是为了谈生意和谈恋爱，而是因为生命体之间需要通过各种对话来触摸彼此、连接彼此，在安全而温暖的对话中释放彼此的灵魂"[1]。这句话对否我们且不加评论，但它确实赋予了咖啡馆另外的文化含义。

19 世纪出现的报纸和 20 世纪出现的广播、电视，从根本上说，不是一种沟通方式，而是一种传播方式，因为它们是单向的传播和灌输，受众不能也没有办法反馈自己的意见和建议，只能被动地接受。这个时期，还出现了电报、电话等新的通信工具。电报是一种单向传播，电话是一种典型的在线互动，只是这种互动方式的成本极高。移动互联出现后，尤其是"微信"和"微博"出现后，在线互动的成本才大大降低。这是互联网出现以前的人们沟通和互动的主要方式。

电报、电视形成单向的传播空间，是农业社会不可比拟的，据说，1932 年罗斯福当选美国总统的消息，他的妈妈就是从广播里得知的。1920 年美国第一家商业无线电台创办后的 20 年间，也就是大约到 1940 年，80% 的美国家庭拥有了至少一台收音机。

越洋电话大大改变了人们互动的空间，因为成本等因素，一开始不是每个人可以参与到这样的交流中去的。在这样的技术环境下，人与人之间的社会关系模式和社会空间也是有限的。1876 年的美国，由于电话的双向交流功能，使其慢慢取代了电报，到 1890 年，电话开始在美国普及开来，到了 20 世纪 40 年代，美国的通讯革命大大改变了美国的社会网络，把每个家庭连接在一起。

这里我们还想谈谈报纸在历史上的作用，耶鲁大学教授莱莉亚·瓜尔内里写道，在 20 世纪的初期，"长时间待在办公室、家庭和社区的读者认为，报纸让他们与城市乃至全世界之间的联系变得更加广泛"[2]。一方面，

---

[1] [美]朱安妮塔·布朗、戴维·伊萨克：《世界咖啡》，赫耀伟等译，中国工信出版集团、电子工业出版社 2015 年版，推荐序。

[2] [美]莱莉亚·瓜尔内里：《大转折时代——报纸覆盖下的美国五十年》，李瑞译，四川文艺出版社 2019 年版，序言第 3 页。

人们通过报纸获得和了解自己生活的社区、城市,乃至全世界;另一方面,人们还可以通过报纸上看到的信息,再使用电话、书信等方式与自己关心的信息、有关的人或机构发生联系。在网络没有出现之前或还没有足够发达的情况下,报纸承担了交流和沟通的中介,但它不直接承担沟通的任务,所以,这个时期的人们还是间接地通过报纸与自己的社区、城市乃至世界发生联系的。毫无疑问,在相当长的一个时期,报纸在人们的精神生活中发生的作用是不言而喻的,城市街道的角落、写字楼大厅摆放着各种各样的报纸,出版商或者是出于商业目的或者是出于公益目的,但报纸承载的信息无疑给人们的生活带来了巨大的改变,甚至成为人们日常生活的一部分。就中国而言,改革开放后的一个时期,满大街的书报亭就是这个时代的真实写照。

瓜尔内里还说,"报纸一直是私人企业,却扮演着重要的公共角色。在两次世界大战期间,报纸创造了公共空间,将追求利润和履行公民职责完全融为一体"[1]。这似乎有点像是对互联网媒体的描述一样,当代互联网媒体,诸如谷歌、百度等也都具有公共空间的功能。难道这是媒体的基本特征吗?至今,大的互联网络还不能像传统的社区报纸或城市报纸那样,覆盖当地的新闻热点,也不能为当地居民提供共享的信息,但是各个城市的网络、各个组织的网络可以履行这种功能,还有微信、微博的朋友圈也具有后者的功能。能够引起同一社区的人们相互关注的还是他们自己的朋友圈。

(三)信息时代的社会沟通

"你在哪里呢?"这是移动时代的典型用语,电话号码不再局限一个位置,之后出现的微信、微博都与地点无关。手机闯入人们的日常生活,大大改变了他们的社会行为和文化生活:新闻即时性变为现实,娱乐出现了个性化和碎片化。

在三四五线城市网民中,有74%以上的手机使用者会把闲暇时间用在刷屏上,有严重手机依赖行为,尤其是女性用户。20—29岁这个年龄段的用户居高不下。

一方面,中小城市工作压力相对于大城市和特大城市的居民要小,用

---

[1] [美]莱莉亚·瓜尔内里:《大转折时代——报纸覆盖下的美国五十年》,李瑞译,四川文艺出版社2019年版,第237页。

在上下班的通勤时间也少，有更多闲暇时间刷屏；另一方面，因为有闲暇时间，所以他们有更多的时间用在社交媒体上。

互联网拓展了人类交流和沟通的范围，也拓展了社会治理的规模，政府规模也随着扩大。在互联网时代，个人的交往对象已经超出熟人的范围，拓展到成千上万的陌生人，如果加上间接沟通的，甚至可以拓展到以百万计的群体规模。人类社会在最近一个时期发生的快速发展是与互联网的出现密不可分的，历史的发展证明，人类密切联系的程度越高，社会进步越快，取得的成绩会越明显。互联网把单个个人联系起来，这样大大提升了创新的效率，提升了人类社会空间的范围，产生了新的社区，即互联网社区。这是 20 世纪人类社会空间的新发展和最新形式。这种社会空间，对于个人来说是机遇，对于商人来说，是无限的商机。20 世纪 70 年代，交往方式发生了根本性变革，这就是信息技术的广泛应用。信息技术的广泛应用造成了经济的全球化，经济全球化进一步的发展造成了全球的社会化。"科技拓展了我们经济行为的'社群'范围，超越了家族、朋友圈，扩大到了由数字技术按照需求划分的亚群体，使我们能参与到社会学家朱丽叶·斯格尔（Juliet Schor）所谓的'陌生人之间的分享'中。"[1]

微信、QQ 等正在改变着人们之间的沟通方式。课题组在调查中听到一个在信息技术领域颇有发展的成功人士讲到这样一个故事：一位孩子要过生日了，母亲提出要带她买件衣服作为生日礼物，孩子说不需要衣服，因为同学们都穿校服，衣服平时穿不着，还是给买一个"微信"或 QQ 上的小产品吧，诸如小星之类，因为现在的同学都是在 QQ 上写作业，这类小产品大家都有，是网络圈子里的人们认同的标志。可见，网络改变了人们的生活方式、学习方式和认同方式。尤其值得注意的是，网络改变了新生代、"90 后"和"00 后"的认知方式。

就社会来说，在没有全球信息化之前，主权国家与主权社会是统一的。在全球化条件下，情况就变得复杂起来，信息可以通过互联网、手机短信等把不同国家的居民联系起来。这就给一些主权国家的社会管理带来一定难度。在全球化经济下，明显感到与主权政治实体不一致的情况是，全球互联网系统下的个体分布在世界各地、不同国家，在扁平的互联网系

---

[1] ［印度］阿鲁·萨丹拉彻：《分享经济的爆发》，周恂译，文汇出版社 2018 年版，第 8 页。

统中他们可以形成虚拟组织，也可以单独成为主体；在扁平的互联网系统中国际非政府组织、跨国非政府组织获得巨大便利性；跨国界的卫星电视频道造成了跨国界的收视群体，也造成跨国界的文化传播、文化认同。在这种情况下，国际经济、政治、文化、军事等领域的每一次波动，都会影响到国内居民。国际市场的变动会影响居民的消费和生产行为。

移动互联的出现，人们拥有手机数量之多，以及低成本等因素，将整个地区的大部分人联结成一个网络，在互联网环境下，社会空间扩大了，人与人之间的社会关系模式出现了质的变化。例如，在教育领域，教师们抱怨学生上课看手机的人越来越多，是学生的原因还是老师的原因？老师们怪罪学生，其实，这里有着深刻的社会变革的因素。试想，手机已成为人们感知的延伸，没有手机在某种情况下似乎失去一定的感知，久而久之，触摸手机和不断查看手机就成为人们的日常习惯，习以为常，这是学生们在上课查看手机的第一种解释；第二种解释，当代的大学生是在互联网，尤其是在移动互联环境中长大的，在线是他们生活方式的一部分，对于老师的讲课，他们可能边听边查阅有关知识和信息，也是习惯使然。如果我们的教师能够结合学生的特点，在教学模式上有所创新，通过讲授和启发，让学生在线查阅，甚至互动，然后师生之间再在线下进行互动，教育的意义就变了，教育也就向现代化迈出了大大的一步。在这个意义上，必须深入反思教育体制改革的内涵是什么？人们经常说，学校培养出来的学生不适应就业岗位的要求，问题出在哪里？举个例子，从事知识产权研究和教学的机构确实不少，但适应知识产权岗位的学生却不多，试想下，如果从事知识产权教学的老师熟悉网络技术和网络环境下的知识一起运用于教学，那会是什么情景？技术改变了公共领域、公共空间和社会关系模式还真不是一句空话，关键是我们怎么理解这个问题，也在于我们在实践中如何去应对。用线下社会管理的方式管理线上社会，会有一定意义，但效果是有限的。

四　现代社会沟通的关节点

（一）和谐的家庭与个人的健康心态

和睦的家庭和邻里、亲密的家庭和邻里关系，是家庭成员和社区成员沟通的基础，也是个人心理家庭的前提。童年的记忆会成为一生的记忆，深深地刻在每个人的心里，甚至体现在一生的行为中。健康家庭走出来的孩子与暴力家庭走出来的孩子是不一样的。家庭是社会核心价值延续、保护和发展的最基本的单位，通过父母的尽职尽责、慈爱、关心、鼓励，孩子会区分好的言论和坏的言论、好的行为和坏的行为，会在社会生活中充满友爱、信心和希望，这些正是一个健康社区的基础，也是一个和谐社会的基础。这也是为什么很多社会学把家庭与社区放在一起讨论和审视的原因。

克林顿在谈到社区时说："人们很容易忽略这样一个事实：即共同工作以建立共同基础是我们这个民族最重要的价值观之一。"[①] 这里的价值是指公共价值。共同工作是美国人民最擅长的事情。这里的"共同工作"是指合作精神和合作行为，由此也可以理解为什么托克维尔一踏上美国的土地就惊呼：这是一个结社的社会。从这里可以看到社区的一些特点：共同的目的、同一居住地、共同的归属等。美国人对社区的擅长来自早期的移民历史和移民文化，包括"五月花号"的天路客们的历史。美利坚最早的社区就是教区。在教区中，人们有着共同的信仰、共同的目的，居住在一起。无论从马克思主义经典作家的论述，还是对各国思想史的分析，以及各个国家的历史事实都说明，结为社区共同体是人类在自然发展过程中形成的，也是人类的生存本能，因为作为生命个体的人类彼此相互需要自己的共同体，需要沟通、认同、交流、互助、互惠、交易，从而提升生活质量和健全精神生活。社区建设在本意上就是把个体连接在一起，为共同体服务，参与共同体事务，保持健康的心态。

健康的心态也来自社会规范。人是社会的存在物，人要在社会中生活，就必须遵循社会组织为维持一定的社会秩序而建立的各种社会规范。按照社会规范行事会使人们从容坦然，不必为自己的越轨行为担心、内疚、自责，心里很阳光灿烂，不会产生负面的心理。社会规范有好坏之分，我们这里讲的社会规范自然是好的、健康的社会规范，例如，社会责任感是最普遍的、最广泛的、渗透性最强的社会规范。这是人们和平共处的基本前提。真正的、高品质的生活质量的前提下相处的人们都能够承担起自己的社会责任，应当包含居民毫无顾忌的交流和愉快的相处，真正高品质的生活也应当是使人们回归每个居民承担自己社会责任和遵守社会规

---

① ［美］比尔·克林顿：《希望与历史之间：迎接21世纪对美国的挑战》，金灿荣等译，海南出版社1997年版，第79—80页。

范的共同体的生活。

近年来，在创新社会管理的实践探索中，国内的一些省市，诸如北京、江苏、广东、安徽、贵州、江西、湖南、山东、浙江等地都从不同的角度对社会沟通进行了探索。2011年，北京市西城区委区政府提出运用信息化技术手段，加快推进"全响应"社会服务管理建设设想，探索社会视角下的社会各类主体在互动过程中，形成的全息、全元、全维、全联动、全反馈的社会运行状态。在此基础上，2012年初，西城区启动了"访民情、听民意、解民难"工程，领导干部带头下基层，各部门、各级领导与社区建立联系点，街道、社区全面收集民情信息，形成区、街、社区三个层面全面感知社情民意，快速处理民生问题的机制，居民反映急迫的民生需求在第一时间得到响应。总体看来，西城区创新社会服务管理注重顶层设计，起点高，在网格化、信息化、标准化、精细化、人性化等方面形成了自己的一些思路和做法。一个社会或一个社区的和睦相处需要领导干部、社区居民，尤其是社区居民的自觉参与。

(二) 社区融合与健康社会生活

社区重建是现代意义上寻求社会关系模式的重塑以及社会空间的再造，也就是再造基层人民的社会生活，这项工作在当前必须充分考虑网络环境下的社会变革这一趋势。"成功的社区在拥有共同的目标或活动的同时，还有着共同的经历和共同的信念。其成员拥有共同的思维方式和价值体系，因此他们可以相互预见并尊重彼此行为。"[1] 社区的要素包括区位、人群、组织、共同的意识或归属感。在网络环境下，人们的网上社区也是一种新型社会组织形式。具体来说：一是区位是共同体的重要因素，但不是唯一的因素。区位也可以叫作空间因素，是指社区自然环境、资源状况、地理位置等。社区是指人们共同居住于同一地区，在这一地区中他们共同的活动比较多，接触多，在这一地区之外，他们很少有或者没有共同活动，也没有接触，当然人们在此之外可能与其他人群形成另外的活动和接触。在这个意义上，我们说作为一个单个个体的人，在其现实生活中，可能会交叉处于不同的社区。二是人群，社区必定有一批不同年龄、性别、职业、教育的人居住或生活，他们在收入、信仰、地位、社会态度上

---

[1] [美] 克莱尔·高蒂安妮：《繁荣社区的智慧资本》，载德鲁克基金会主编《未来的社区》，魏青江等译，中国人民大学出版社2006年版，第62页。

也不尽相同。尤其是现代社会，一些国家的政府和社会组织有意识地在规划上把不同的阶层搭配居住，以减少社区分离，促进社会融合。中国传统的社区，同一单位的人居住在同一社区，随着改革开放的深入，这种状况基本改变，不同单位，甚至不同地区的人口居住在同一社区。在城市进程中，大量农村人口进入城镇就业、上学、居住，有本地区的，也有外地区的，甚至还有外国的，社区人口结构走向多元化是社会发展的趋势和特点。在西方国家，如欧洲和美国，甚至不同种族的人居住在一起，人们也习以为常。但种族之间的相处和民族之间的融合是社区建设的关键和重点。三是美国社会学家罗伯特·帕克（Robert Park）说"每一个社区即是一个社会"[1]。根据我们对社会的理解，居住在同一地区的居民必然会有若干的社会组织，这些组织可以是正式的，也可以是非正式的，社区就是由它们共同组成的。四是共同的意识，也就是认同，是指居住于同一社区的人们由于相同的生态环境、共同活动、公共利益，甚至个人利益与邻里之间的密切相关性，在心理上形成的相同的归属感，大家属于同一社区，在语言上或话语上一致，彼此可以很快进行交流，找到共同的话题和需要一道解决的问题。人是社会的存在物，马克思将其称为"类存在物"。人要在社区中生活，就必须遵循社区组织为维持一定的社会秩序而建立的各种社会规范，从事类似的活动。作为个体的人之所以遵守社会规范，进行道德选择，是出于自身和社会生存与发展的需要。有的国家或地区在社区建设过程中制定了乡规民约，作为社区生活的基本准则。在我国的相当一部分社区中，也有类似的乡规民约。社区居民的生活，也就是基层人民的社会生活是非常具体和琐碎复杂的，乡规民约只有具体、细致、入微才能形成效力，发挥作用。一个人能否得到社区和他人的认同和赞许，是人的一切利益中最基本的利益，而得到认同和赞许的关键，则在于一个人是否有美德和具有社会责任感，品德高尚的人会得到社会和他人的赞誉。在社区生活中，个人的品行十分重要，而个人的品行在社区生活中的具体体现，就是他（或她）如何处理与邻里之间的关系，他（或她）怎么处理发生在邻里之间的大小事情，也就是如何待人处事。通情达理、设身处地、承担责任、平和友好、乐于助人，无疑是最基本的社区生活规则。可

---

[1] Robert E. Park & Ernest W. Burgess, *Introduction to the Science of Socology*, Chicago：University of Chicago Press, 1921, p. 161.

以想象，如果一个社区有着这样的氛围，在其中生长出来的孩子会是什么样子的？在这个意义上，社区建设不仅仅是建设基层人民的社会生活，也是建设一个社会的共同未来和共同价值。人类社会要存在和发展，就必须有共同的价值目标和行为规范，并要求全体社会成员共同去维护和遵守，这就要求人们做出正确的道德选择。一个社会的共同价值和共同未来的培养不是仅靠媒体的舆论宣传，更要靠人们日常生活的孕育。社会的共同价值和共同未来就孕育在人们的日常社会生活之中。也正是在这个意义上，我们理解，社区要靠建设，也要靠治理，根本上要靠建设。健康、向上、向善、平和、友好等要素组成的基层人民社会生活是社区治理的基础。社区治理应当把精力放在这里才会更加贴近生活和行之有效。只有遵循社会发展的规律才能有效地推动社会进步。

在各类共同价值中，社会责任感是非常重要的社会价值，也是基层人民社会生活的最基本的行为准则。社会责任感作为一种自主的选择，旨在维护社会和谐发展，实现自我肯定、自我完善，社会责任感对于社会发展和人自身的发展具有十分重要的作用。只有每个社会成员承担社会责任，才能保证社会和谐与健康的发展。在社区内部也是如此。20世纪以来，社区精神一直是人们极力追求的东西，也是社区建设的灵魂，也是人们最感到困惑的。社会人类学家费孝通非常重视社区精神的价值。从早年以社区为单位开展社会人类学研究，到晚年关注社区建设，他以社会人类学家的眼光看到，"社区中的住户，彼此都很了解，发生了什么事，大家有一种责任感，要一起去解决。这种意识，在上海人的生活中，特别是在邻里关系中，是早就有的"[①]。对于大部分社区建设实践者来说，社区是培育社区精神和激励合作技巧的过程，它包括一群人为了共同承诺目的和目标所具有的热情、天赋、洞察力和经验，甚至还包括相互之间的包容、相互之间的熟悉、相互之间的尊重、对于思想和观念冲突的容忍、可信的相互沟通、成员之间为了组织的成功和健康发展相互负责、有理想的、一致的治理机构等，这都是社区建设必不可少的。

（三）民族国家凝聚力和共同体建设

凝聚力是把国家和民族建设成为命运共同体的心理基础，这种心理基础的核心是文化。一种象征性的文化可能会把不同的族群联系起来，大家

---

① 费孝通：《费孝通文集》第十六卷，群言出版社2004年版，第8页。

相互认同。历史上曾经发生的证明就是，18 世纪的英国人进入印度，把这个南亚次大陆的诸多文明区域以地图的方式表征出来，使南亚次大陆的人们感到了他们是一个象征意义的整体，形成了统一的认同。再加上历史上的孔雀王朝的阿育王和莫卧儿帝国的阿克巴奉行的多元文化共同融合也构成了印度多元文化共生共存的历史基础。有人说，印度这个国家远看是由一群文明小国组成的文明古国是有其历史原因的。

基于对历史、学科训练、现实研究和全球问题等诸多方面的反思，费孝通教授在其晚年提出了"各美其美、美人之美、美美与共、天下大同"的著名表述，就是讲不同的国家、民族和文化之间的沟通、融合、欣赏问题的。民族之间的沟通是多民族国家维护社会秩序和确保领土完整的重要任务。要凝聚一个民族和社会的向心力，必须建立强大的共同体。民族认同是在历史发展长河中逐步形成，或者通过偶然事件推动形成的维系整个民族凝聚力的一种内在要素，从历史的经验看，民族认同和民族凝聚力也是民族复兴的不可缺少的条件。凝聚力是基于认同，没有认同就很难谈凝聚力。凝聚力首先表现在感情方面。但凝聚力又不完全可以归结情感。我们可以把凝聚力界定为一种理念形态（价值观、理想、感情、行为准则等），它蕴藏在每一个社会成员的内心中，是社会成员共同的心理和精神的集中体现。民族凝聚力是某个民族整体对其民族成员的吸引力、这个民族成员对民族整体的向心力以及民族成员之间的亲和力。这三种力量有机统一起来，才能形成强大的凝聚力。而民族整体吸引力处于决定地位，它决定着民族成员的向心力和民族的亲和力。民族整体对其民族成员的吸引力来自共同的历史、文化，尤其是价值观，诸如民主、文明、和谐、自由、平等、公正、法治、诚信、友善等。民族成员的向心力源自作为个体的人们对于民族的价值认同。

人类发展的历史表明，文化的复兴是国家和民族复兴的重要标志和基础性工作。文化也是一个民族、一个国家、一个社会保持健康、稳定、协调和持续发展的保证，也是一个民族、一个国家、一个社会立于不败之地的根本所在。特别是根植于人们内心的核心价值更是民族文化的基本要素。中华民族的崛起离不开我们祖先留下的文化，更有赖于新时期不断创新和发展的文化建设。进入新的历史时期，中华民族的发展已经不再是面对民族生存的巨大挑战，它正以重新崛起的面貌立足于世界民族之林，去面对发展的挑战。与 20 世纪上半叶不同，当前中华民族的任务已经不再是挽救民族生存，而是促进民族复兴，在促进民族复兴的过程中，智慧地处理大国关系，趋利避害，提升整个中华民族在世界民族之林中的地位，这也是当前提高民族认同和强化民族凝聚力的基础。在提升整个中华民族地位的过程中提升民族整体对民族成员的吸引力，民族成员对民族整体的向心力和民族成员之间的亲和力。

民族之间的社会沟通基于具有一个文化相对主义的认识，就是不同的民族之间的价值和判断问题的思维方式不一样，或者说具有不同的文化习惯，如果一个民族用自己的价值和思维方式去理解和解释另外一个民族的行为，可能会产生误解，甚至会有"以小人之心度君子之腹"的嫌疑。解释当代民族之间的行为，必须了解它们的动机、习惯和价值观。当然，这并不能简单地得出结论，文化没有好坏之分，无论是历史上还是现实中，有一些文化确实是有害的文化。

（四）信息化与社会沟通方式创新

互联网已经形成了一种新的社会生态，或者叫作新的社会组织，既要谨防互联网问题引发的社会管制危机，又要充分利用新媒体化解各种社会风险。网络社会蕴含巨大机遇，也隐藏着巨大风险。互联网是一把双刃剑，人们可以利用互联网来满足生活需求，提高便利性，创造一个新的社会环境。但是也有很多人利用互联网来传播虚假信息，进行网络诈骗，甚至通过网络骗取、偷窃个人信息，带来社会混乱，造成很多社会问题。解决好这些问题需要各国政府、社会、企业和群体社会成员的共同努力，我们将其视为未来全球社会治理的新趋势、新特点和新问题。全球网络社会治理已经不再是很遥远的事情，对此，我们要有足够的心理准备。"人与人之间还是需要面对面的交流，但是，不可否认，网络上交流的便利，提高了熟人之间密切交流的重要性。"[1] 随着人们感知习惯的适应和改变，网上交流就是一种现实世界的交流方式。

当前互联网出现了一系列过去不曾出现的新情况，需要以新的思维方式方法认真对待。例如，过去中小学生各自写作业，现在利用QQ，他们可以通过一个QQ群来沟通和完成作业，这就形成了一种新的交往圈子和社会关系，年老的一代，包括他们的老师，如何理解这种新的方式方法非常重要，父母理解这种现象，有利于了解孩子的行为，也便于沟通，老师

---

[1] ［日］岩井克人：《未来的公司》，张永亮等译，东方出版社2018年版，第61—62页。

了解，可以与时俱进，改进教学方式方法，提高教学水平和质量，领导干部，尤其是从事社会管理的领导干部了解，会改进管理方式方法，使社会管理的方式方法更有针对性，更加贴近实际，达到维护社会秩序、激发社会活力的目标。

在当前，面对互联网迅速发展带来的各种新现象，需要解放思想，首先要跳出简单的"管理"的思考问题和处理问题的模式，认真考虑如何利用互联网与社会沟通，如何通过沟通来化解矛盾和问题，进而采取各种方式方法进行引导。因势利导是治理的最佳境界之一。坚持这样去思考问题，社会治理工作才能适应新的历史条件下出现的新情况新问题。

各级领导干部要把社会沟通作为创新社会管理的重要手段和联系群众的重要方法，也是作为坚持群众路线、密切联系群众的重要修养。首先，要敢于与群众接触、交流，敢于面对他们提出的问题，对于群众提出的问题，能够解决的要努力解决，解决不了的要耐心向群众说明情况，赢得群众的谅解，凡是涉及法律法规的问题坚决依法处理，只有这样才会赢得群众的理解、信任和支持，才能不断提升自己和党组织的威信，才会永远处于不败之地。毛主席说要相信群众和依靠群众。新民主主义革命时期，我们党依靠群众，夺取了全国的胜利，建立了中华人民共和国。社会主义革命时期，我们什么时候坚持了群众路线，我们的事业就不断前进，什么时候脱离了群众路线，我们的事业就遭受挫折，甚至失败。

要做到这些，各级政府和领导干部必须适应新形势下的网络环境，学会在线下线上都能做好调查研究，在线下敢于与群众面对面，在线上勇于与网民讨论，线下和线上结合来解决好群众关心的问题。

第三节　商业模式变化与社会空间扩张

商业模式依赖社会关系，社会关系也塑造商业模式，二者互为因果。"过去，在世界各地，贸易都是通过同一故乡出身的人所建构的人际网络来进行。同一地方出身，意味着彼此间有一些能令人信赖的相关之处，包括讲同样的方言，骂同样的脏话。"[1] 这是对传统的商业模式中的社会关

---

[1] ［美］彭慕兰、史蒂文·托皮克：《贸易打造世界：1400 年至今的社会、文化和世界经济》，黄中宪等译，上海人民出版社 2018 年版，第 29 页。

系的一种简单描述，改革开放初期甚至以后的一个相当长的时间里，中国传统的家族企业就是一个例证，在这样的企业里，家庭关系、亲属关系是其基本的和起决定性作用的社会关系。后来，随着国际竞争的日趋激烈和现代企业制度建设的要求，这些家族企业不得不引入现代企业制度。

即便是进入互联网时代，新的商业模式依然需要和依赖一定的社会关系支持。20世纪70年代以来的一系列科学技术改革深刻改变了经济和社会的运行方式，新的商业模式层出不穷。新的商业模式中蕴含着新的经济关系、社会关系和文化价值。在由工业社会向信息社会转型的过程中，政府治理创新问题是一个需要及早提上议程研究的问题，因为信息技术改变了经济社会发展的模式，带来了深刻的社会变革。正如国际基督教大学教授岩井克人所说的，"时代的特征是不一样的，农业时代，以经验为主。所以我们学习总是对的，因为时代不发展，经验都是有用的，老人说什么，我们听什么就行了。工业时代，你会发现老人说的话已经没有用了，因为时代在缓慢发展。这个时代同代人的经验是有用的。进了工厂，人家做得好，就要向人家学习。到了互联网时代，发展迅速，向同代人学习也没用了，行业经验积累得充分专业，却突然发现这个行业倒闭了。时代发展越来越快，如果不能快速更新和迭代技能，很容易被抛弃。而且市场越来越往需求的发起端靠近"[①]。典型的农业社会的治理就是费孝通教授在《乡土中国》中描述的"长老统治"，老人说什么，年轻人就听什么，因为他们掌握着经验、知识、文化、社会规范。而且，他们生活的社会千年不变，经验基本是正确的。在一个瞬息万变的时代，经验有时会带来麻烦。现在我们越来越意识到"行业经验积累得充分、专业，却突然发现这个行业倒闭了"的含义了。农业社会的思维方式相对单一，即便是到了工业社会，思维方式依然比较简单。单一的思维方式很难跟上信息时代的发展。

新的商业模式对社会关系和对社会空间的要求是理论创新和学科创新的基础。2016年5月，习近平总书记在哲学社会科学工作座谈会上的讲话中指出，"社会总是在发展的，新情况新问题总是层出不穷的，其中有一些可以凭老经验、用老办法来应对和解决，同时也有不少是老经验、老办法不能应对和解决的"。当前政府治理面临一些传统治理理论不能解释

[①] ［日］岩井克人：《未来的公司》，张永亮等译，东方出版社2018年版，序言第5—6页。

的问题。回顾历史，中国的宏观经济调控、基本公共服务，尤其是互联网在经济社会中的应用，催生了新的商业模式，推动了中国特色社会主义理论的建设，发展了中国学术的话语体系。

改革的不断深入呼唤理论创新，在政府与市场、政府与社会、市场与社会的关系上的确需要有一个根本性的、适合中国国情的研究和理论上的全新解释。李克强总理在 2017 年 3 月 15 日答记者问时再一次承诺政府要"壮士断腕"和"自我革命"，展示了本届政府在政府改革问题上的坚定不移的决心。为政府全面改革创新提供理论支撑是学术界的责任。学术界应不怠慢，更应不辱使命，在理论上大胆探索，勇于创新。

一 互信社会价值的重塑

历史上的贸易和产业发展中，通常是同一故乡的人建构人际网络来开展贸易和发展家族产业，之所以出现这种现象，核心问题是信任。互信会大大降低社会的交易成本。在中国当代没有什么比重新塑造一个互信的价值体系建设更重要的事情了。2014 年 8 月 3 日，云南昭通发生地震，造成数百人死亡，人们极为痛心。北京市民政局通过网络号召北京市民捐款，从网络反映的情况看，效果并不理想，据说是"遭到前所未有的抵制"，甚至谩骂。在北京市民政局公布捐款账号和捐款方式后的两个小时内，共收到 7 万多条信息，几乎都是"骂娘"的，为什么会出现这样的情况？有网友分析是"信任危机！"网络是舆情表，是网友对我们的个别政府部门长期失信、不作为的反应。对此不能掉以轻心。这些年，郭美美事件、个别官员的腐败，以及一些官员的作风极大地降低了群众对政府、公务员和社会组织的信任。这些网络信息还反映出一种社会情绪，"咱们一个提着无纺布袋的人，给提爱马仕的人捐款，你不惭愧吗？"、"一个为一碗面条加不加蛋想半天的人，给一餐上万的捐款，你好意思吗？"、"请问发起捐款的北京市民政局，没有北京户口可以捐款吗？"等，这些，确实反映了一种社会情绪。当然，不是所有的网民的反馈和回应都是对的，但是对这种社会情绪的关注，除了要关注社会信任外，还要关注网民的认识水平和程度问题。比如，有网民说道，"仅一个月，向 IMF 注资 430 亿美元，再次援助上合组织 100 亿美元贷款，无偿援助阿富汗 1.5 亿元，中非论坛援助非洲 200 亿美元，免除越南到期 500 亿美元贷款，共计 1230 亿美元"，且不说网民列举的数据是否准确，他们对于一个大国在世界事务中的责任还是缺乏理解的。中国作为一个世界大国,承担越来越多的国际责任,负责越来越多的国际公共事务,其重要性不亚于对本国事务的处置,这些都需要网民们不断提升自己的认知水平,国家也有义务通过各种途径向人民宣传。但是,网络舆情是不能忽视的社会因素。这里起码要考虑三个方面的问题:一是政府要取得人民的信任,就必须加强自身的改革和建设,真正为人民群众办事,而且是办实事,努力改善与人民群众的关系,建立血肉之情。正如习近平同志讲的,"做人要有人品,当'官'要有官德。当干部的,不能老是想着自己的升迁,'莫道昆明池水浅',一个干部,无论处在什么岗位,只要心系群众,都可以做出一番事业来"①。对于群众的冷暖、喜乐不闻不问,得过且过,要赢得人民的信任和拥护,要动员社会力量是不可能的。二是要不断提升网民的认识水平,注意引导网民的情绪,这就需要不断加强与人民的沟通,不能高高在上做老爷。把人民视为群氓阿斗最终要引起人民的唾弃。各级政府,确实需要考虑一个问题,如何与人民群众建立互信的社会关系。互信也是实现社会动员的价值基础。社会参与的力量和驱动力来自哪里?这不仅仅是动员主体的动员方式问题,还是被动员主体的力量源泉问题。当因为时间紧张、工作繁忙、社会认同缺乏等压力而使人们手忙脚乱时,是什么力量能够激励群众继续前进,答案就在于必须信奉互信和公共服务的理念。

这些年来,北京市在推进社会组织发展、激发社会活力方面进行了大量的尝试,包括扩大在财政领域的投入,支持社会组织发展,2014年,海淀区从全区4000万元加强和创新社会管理创新专项资金中,拿出120万元,对全区取得成效的社会组织通过以奖代补的形式进行奖励,奖励的范围覆盖行业协会、公益组织、教育机构、社工事务所、社区社会组织等,取得了一定的成效,近5年,每年服务居民100万次,极大动员了居民参与公共事务的积极性,推动了社会建设稳步迈进。但是,必须认识到,激发社会活力,除了这些物质的资助和支持,还必须建立和完善其他体制机制,包括与之相适应的价值体系。社会建设不仅仅是对社会领域的资金投入,还包括更加广泛的社会内容。市场体制需要信用基础,社会体制也同样需要社会信任。这些软性因素看起来不重要,其实非常关键,试想在一个百姓不信任的环境下,如何能调动他们参与的积极性?这就回到

---

① 习近平:《之江新语》,浙江出版联合集团、浙江人民出版社2013年版,第3页。

了一个老问题：人最需要、最看重、最认同、最容易吸引人、最崇敬的东西永远不是钱和物，而是思想、情感、道德、信仰、信念、价值。一个社会只有重视这些东西了，这个社会才能回归品位、品质，社会才能回归秩序、活力、尊重、和谐。经常听到人们讨论品质生活，建设品质城市，真正的品质体现在各个地区的人民如何自己做人和如何对待别人。2018年下半年，课题组在山东的一个中等城市调研，发现这个城市的公交车、出租车、私家车普遍为行人让路，颇为吃惊，要知道，为行人让路的倡议在各地，甚至大城市已经尝试了若干年了，但是效果甚微。这样一个细节就可看到城市居民的品质。当然，问题是如何实现长期可持续，必须跳出用经济建设的方式建设社会，逐步把经济的方式与社会的方式结合起来，这是社会建设面临的重大挑战。所谓重大挑战，要求我们社会领域的领导干部和各级政府及其有关部门，要深刻认识和把握社会发展的规律，掌握社会建设的本质。

从社会治理来说，在当下中国建立诚信制度，关键在于"官念"的改革，反思一些地方在社会建设领域的试点，其得失成败，说到底，也在于能否树立正确的"官念"，处理好权为民所用和全心全意为人民服务，没有这样真诚的理想和信念，仅仅把试点和示范作为完成上级政府交办的任务，或者是为了树典型，吸引其他地方来学习，打着示范和试验的幌子，谋划个人"小九九"，这样的示范和试验，纵然是制度设计再精细，管理手段再新颖，也难免发生异化，难以取得群众的认同和回应。

在这里，我们还要进一步分析人们经常讨论的战争年代的中国共产党如何贯彻群众路线和动员群众的。其实，仔细分析就不难发现，我们以土地改革为例，中国共产党不只是领导军队斗地主、分田地，更是先用理论武装群众，告诉群众革命的道理，使群众了解自己行为的意义。这是思想上的灌输和统一；接着发展群众组织，通过农会、妇女协会、共青团这些党的外围组织深入群众，发动群众。在思想上和组织上逐渐掌握群众，在斗地主、分田地的过程中建立了新的经济关系，在此之前，党和人民的社会关键已经建立起来了，农民参与土地改革不是一个被动的过程，而是一个主动的过程，一个共同协商、共同参与的过程，在这个过程中，农民有自己的利益，也有自己的理想，利益和理想在参与的过程中结合起来了。解放思想，完善社会关系，推动土地改革，土改给了我们一些非常重要的启示。试想当前我们开展的社会动员能不能达到这样的水平和程度？真的需要反思。

社会治理强调的是多元主体参与，在推进社会动员试点工作中，要在动员社区、社会组织、商务楼宇、居民、志愿者等社会力量广泛参与的基础上，更要从当前工作的空白点和薄弱点入手，重点围绕党委中政府决策部署的大事、居民群众亟待解决的难事、突发事件应对处置的急事，在动员社会单位参与社会建设、动员各种社会力量提供公共服务上有新突破，健全完善工作机制，实现社会动员更加广泛。

社会动员也可以利用中国固有的文化进行推动，要积极研究中国文化中的人性与习惯，因为人们的不自觉行为产生特定文化中的人性与习惯。有人认为，"在中国，形式总比内容更重要。对面子的追求是中国人做大的行动力。'面子'概念包含了名声、名誉和自豪感。在中国，对于避免'丢脸'的偏执比阿拉伯世界等严重"[1]。这种判断不一定全对，但回顾历史，也有值得回味的地方，值得我们在设计社会动员机制时深思。同一个活动的参与，有人为了利益，有人为了荣誉，还有人为了其他，从事社会治理的人，必须学会设身处地，这样才能把握社会动员的内在机制。

进一步说，互信的价值体系本身就是一种社会治理方式，它通过人与人之间、组织与组织之间、族群与族群之间的相互信任增强凝聚力，提高各个个体自身的内在约束力，来维持社会秩序，协调社会关系，形成社会的有序局面。改革开放不久，在一些城市出现的被老一辈改革家们称之为"苍蝇"的所谓"小姐"，那些人不是本地人，基本是外地人，因为在一个陌生的环境，她们没有什么顾忌，所以熟人社会有熟人社会的好处和约束力。与那些强制性的管理和现代技术的监测监督相比，由人们之间的相互信任而形成的社会秩序更加持久和有效，也是现代社会治理的理想模式。技术手段和体制机制建设最终要通过强制约束实现内在的约束。一个实现了个体能够内在约束的社会才是有品位和有品质的社会，才是文明社会。

在社会动员的过程中，必须始终记住，激励政策在不同文化和社会环

---

[1] ［美］金·伊塔丝：《见证——国务卿希拉里·克林顿》，方志操等译，中国友谊出版公司 2013 年版，第 178 页。

境中的作用是不一样的，因为文化不同，激励政策或许会对一个或多个社会偏好的作用产生抑制，这给我们制定社会动员政策提供了警示。如何制定激励政策，制定什么样的激励政策才能发挥作用？社会体制改革的研究者着实需要审慎研究相关问题。对于信仰神灵的印度人，物质的刺激也许与信奉祖先崇拜的其他民族的效果是不一样的。

二　重塑交流的公共利益机制

如何来培育互信的社会环境？制度建设当然是最重要的，通过法律法规规范人们的行为，并将其逐步内化于心，这是社会规范形成的制度基础。基于这样的认识，检讨我们已经实施的社会治理，总体来看，当前的社会治理和社会动员模式还没有突破"群众反映，领导研究，组织处理"的模式。这种模式的问题在于：一是缺乏公众参与公共政策的制定和决策过程，他们不是主动参与，而是被动参与，在多大程度上能够调动群众的积极性还是很难说的；二是如果领导的思想解放，敢于正视和解决问题则是一回事，否则就是另外一种情况，不但达不到群众的要求，甚至还会挫伤群众的积极性。即使现在一些所谓的联席会议，也不过是政府相关部门的联席会议，真心解决群众切身利益问题的会议，没有群众参加，例如，某市街道办事处召开老城区精细化管理联席会议，主要参加者是街道办事处、城区管理局、交通局、交警大队、公安分局的干部，试想，老城区精细化涉及市容环境、人文环境、交通环境、生态环境，具体包括居民摆摊买卖、餐饮、垃圾处理、社区公园等，这些问题没有居民和住区单位的参与如何彻底解决？解决好这个问题，打造新时代的公共空间是一个重要的选项。

根据新公共服务的理论，公务员的角色就是表达公民的需求和帮助他们实现自己的利益，而不是通过所谓"掌舵"来坚持特定的发展方向。这是因为，当今社会中涉及人民利益的公共政策错综复杂、交叉重叠、相互影响，公共政策实际上要面对这些关系，是在交流和碰撞中形成的，在这个过程中，各类群体和利益集团通过交锋与妥协，最终形成大家都能接受的公共政策，这样的公共政策是各方利益和交流的混合物，而不仅仅是政府"掌舵"下的直接产物。政府通过议程安排，使各方能够坐到一起，为社区和公共生活面临的问题找到合适的解决方案，在这个过程中，政府和居民一样，都是积极的参与者，传统意义上的管理方式、控制方式需要改革。改革管理模式，首先需要基层社会治理的领导干部解放思想，相信群众，依靠群众，尊重群众的首创精神。

公共利益需要共同责任。实现公共利益的最佳选择不是某个群体单独做出方案，而是需要广泛的公众参与，政府的作用是能够把拥有不同的人群和不同的利益集团聚集起来，创造一个无拘无束、真诚相待的对话交流环境，大家共商关系自己切身利益的话题。除此之外，政府还需要通过规制使公共利益的解决方案公平规范，并确保公共利益最大化。也就是说，政府需要引导公民在形成解决公共利益方案的基础上，引导社会成员一道共同实现公共利益。良好的社会治理的突出特色之一就是要把社会的"私人恶习"变成"公共利益"，实现个人利益与公共利益的一致，这也是良好的社会体制的基本要求：通过一系列利益设计、激励措施、限制因素和其他一些规则，引导人们之间开展正确的交往和沟通。一个出色的社会背后一定有着一套十分重要的伦理规则在发挥作用，忽略这一事实会影响人们对社会治理的正确判断。所以，出色的社会治理机构必须关注各种刺激、惩罚和激励措施的实施效果，而不要流于为治理而治理的形式。

"公共利益不是由个人的自我利益聚集而成的，而是产生于一种基于共同价值观的对话。因此，公务员不仅仅是要对'顾客'的要求做出回应，而且要集中精力与公民以及在公民之间建立信任与合作关系。"[①] 必须创造条件使居民准备好承担公共责任，如果社会动员的政策不是从人民关注的事务出发，甚至对社会上的种种弊端熟视无睹，而仅仅认为那是官员和政府的事情，人们因而对于公共事务就不会再有兴趣，就会局限于一家一户的个体的福祉，对于公共生活和公共利益也会麻木不仁，也不关心它们。这是非常可怕的社会现象，通常这样的社会会陷入冷漠。激发社会活力，实现社会动员，就是要教育人民勇于承担起对于国家事业、经济社会发展事务和自身事务的责任，建立起与之相适应的价值观。要教育人民，首先领导干部要做出表率，敢于承担责任。当前的社会动员，更要从价值层面展开，从价值层面进行设计，而不仅仅是开展一系列的活动，尤其是那些表面上的活动。习近平总书记 2014 年 2 月 17 日

[①] [美] 珍妮特·登哈特、罗伯特·登哈特：《新公共服务：服务，而不是掌舵》，丁煌译，"译者前言"，中国人民大学出版社 2014 年版，第 7 页。

在中共中央党校举办的省部级主要领导干部贯彻落实党的十八届三中全会精神全面深化改革专题研讨班上要求，推进国家治理体系和治理能力现代化，就是要提高人民群众依法管理国家事务、经济社会文化事务、自身事务的能力，实现党、国家、社会各项事务治理制度化、规范化、程序化，不断提高运用中国特色社会主义制度有效治理国家的能力，寓意深刻，值得进一步学习和领会。

重塑公共利益机制还要进一步加强对社区的改革，尤其是要加快去行政化。社区组织之所以不能更好发挥社会动员中的作用，还在于承担的政府事务多：牌子多、台账多、评比检查多，社区居委会行政化趋向严重，它们承担的部门委派的任务多，没有精力和能力完成自治的任务。党中央国务院要求政府部门简政放权，这个决定也同样适用于社区建设，要坚决取消本不属于社区的工作和任务，社区委员会能够有更多的时间和精力与居民一道解决居民生活和工作中的迫切问题。

我们还要关注来自新公共服务的启示，新公共服务是一场基于公共利益、民主治理过程的理想和重新恢复的公民参与的运动。[1] 这就告诉我们，以往以公共服务绩效为目标的所谓绩效评估，并不能在真正意义上体现公共利益和公共参与。是的，我们看到，在现实生活中那些被应用到政府工作绩效中评估，或者通过政府自身的机构，或者通过政府委托的所谓"第三方"评估——实际上，被评估方来安排评估事项，这在实质上是与自我评估几乎没有什么差别的。它最终还是回到了一片赞扬声中。只不过是冠以"第三方"而已。政府改革抑或政府简政放权究其实质来说是增进公民的公共利益，公共利益最重要体现在公共卫生状况得到改善，就业人数不断增加，公共安全状况得到促进，人民安居乐业，环境生态质量得到提高，以及许许多多涉及人民群众利益的问题得到解决，而不是看我们工作的投入产出上是多么有成效，一句话，我们怎样改进了人民的福祉。我们必须时刻记住，"'贯彻'一部宪法比制定一部宪法更困难了"[2]。要时刻记住，就社会治理而言，组织效率固然重要，社会效益更加重要。社会效益的最好指标就是看人民群众满意不满意。

---

[1] ［美］珍妮特·登哈特、罗伯特·登哈特：《新公共服务：服务，而不是掌舵》，丁煌译，"译者前言"，中国人民大学出版社2014年版，第7页。

[2] 同上书，第3页。

只有在这个意义上，社会动员才可能形成其行政基础。还有，在一定程度上，个别行政人员的腐败行为实际上已经把行政效率损害掉了，尤其是党的十八大以前。这几年，大力惩处腐败，领导干部在廉政奉公方面有了很大的改进，但个别基层干部变得懒政，大搞形式主义，穷于应付，工作毫无成效，群众提出的问题解决不了。有些问题积重难返。这些问题必须引起高度重视，一些社会问题得不到解决，久而久之，会积淀到人们的心里，形成心理问题。针对某一个社会问题或社会现象，在线上的网络社会中留下的短语、表情、评论等都是一些社会情绪，不能视而不见。

  在这部分中，我们从社会入手，分析了社会中的人与人之间社会利益机制、在社会利益中形成的社会关系模式及其历史发展，勾画出了社会的基本特征。任何一种文化，不论它从哪个源点开始传播，在传播途中，总是要与其他文化发生交流和碰撞，最终以调适的方式得以绵续。千百年来，人类文化就是这样不断传播和碰撞，最终得以调适，形成新的变种，形成了不同的社会体制和社会关系模式。佛教从印度传入中国也曾经历了一个与中国文化交融的过程，最终成为中国传统文化的三大渊源之一。印度在阿育王时期对伊斯兰教采取的沟通包容的政策，使得印度教与伊斯兰教能够长期并存和共同发展。阿育王、莫卧儿皇帝阿克巴都赞成人们之间的积极对话。阿克巴作为穆斯林领袖，不顾大臣们的强烈反对，迎娶了印度教教徒作为皇后，甚至还联络世界各地的不同宗教领袖一道探讨宗教的共同点，探索各种宗教融合的可能性，这些历史经验在当代社会治理创新和社会体制构建中依然具有重要的参考价值。

第五章 "小我"与"大我"的公共空间

基于以上对社会空间结构的分析，我们在这里想从利益格局和公共空间入手来分析社会体制及其改革，因为我们认为，利益格局和公共空间是社会空间的基础，试想，现实社区生活中，先是有社区的公共设施或社区服务项目，才会有社区成员的社区参与，在此基础上才会有社区成员之间的互动和沟通。在这部分中，我们将分析这个公共领域，我们且将其称为"公共域"。"私域"到"公共域"内涵的变化是伴随着生产方式、技术进步和生活方式的改革进行的，而且，"公共域"是一个不断成长、规模不断扩大的过程。传统农业社会的公共域和信息社会的公共域的差距是不可比拟的。试想19世纪后半叶，电话机刚刚发明，拥有电话的美国人在一年里平均打十次电话，到20世纪中叶，平均打1200多次，这是一种什么样的公共空间和公共域的差别呢？

当然，政府自身的变革也不可忽视，20世纪30年代，时任美国总统罗斯福通过扩张公共服务，把政府的作用大大提升，创造了一个庞大的公共领域。到了20世纪后期和21世纪初期，小布什等共和党总统又不得不通过社会保障私有化来缩小这个日益庞大的公共领域。20世纪70年代的新公共管理革命，政府把大量公共服务向社会组织让渡，在这个过程中，非营利组织在美国和英国迅速发展，后来在世界各地迅速发展，又创造出了一个庞大的社会空间。当前，社会保障体制改革，公共领域的变迁，公共领域正处在一个前所未有的大变局的前夜。历史就是这样在循环中前进。马克思主义辩证法将其称为否定之否定或螺旋式发展。具体说来，20世纪70年代，伴随着由英国的撒切尔和美国的里根推动的公共服务领域的革命，公共服务和公共管理理论领域的创新也出现了，在西方，一度被称为一场社团革命。针对第三部门的兴起，有关三个部门的理论风靡世界，20世纪90年代也传播到中国，一段时间里，三个部门理论和治理理论对中国知识界产生了重大影响，围绕着这些理论进行的学术研究数不胜数。回过头来看，这些理论也大大推动了中国的公共管理的实践创新和社会治理创新，以及社会组织快速发展。这些实践的发展伴随着市场经济的进步，逐步在市场之外形成了庞大的社会领域，诸如社会保障体系、医疗卫生、教育、社会福利、人口服务，等等。这就是我们通常所说的社会事业，社会事业在20世纪90年代从教育和医疗卫生的产业化探索入手，到21世纪的头几年开始转向公共服务为基础的探索，表现出中国社会事业逐步找到了发展的方向感。不是探索社会事业的各个领域和社会事业本身，而是从深层次来认识社会事业，我们选择了利益格局和公共空间作为分析社会体制的工具。

基于税收财政、个人缴纳和个人积极参与等方式形成的社会事业是一种发展过程中的利益调整，这是我们从利益格局讨论社会体制的因由。社会各项事业在设施和设备投入的基础上形成了公共空间，这是人们社会生活、社会活动和社会关系的基础性设施。最初它们是在市场、政府和社会之间形成的，说得更确切些，它是伴随着政府和市场之间的博弈形成的，在政府和市场博弈过程中，社会领域不断扩大，最近几年随着互联网发展出现的共享经济正在改变这种利益格局和公共空间。这种共享经济带来什么样的利益格局和公共空间还有待于进一步观察，但这是一个不可忽视的领域。我们将提出来讨论。

第一节　公共领域与公益利益：社会体制的核心

一　基本概念

（一）作为社会领域基础的公共领域

1. 作为"大我"的公共利益

可以经常看到，现实生活中的很多社会问题是由于缺乏对公共利益的关心和缺乏公共精神引起的，诸如，社区的乱搭建，居民乱放垃圾，路人对身边发生的问题视而不见，等等。社会领域既不是简单的市场领域，也不是简单的私人生活领域，而是具有公共生活特点的一个领域。社会体制在相当程度上涉及公共领域。这个问题的深层次可能隐含了一个社会体制改革和完善的过程。社会体制尽管在当前是一个非常复杂的私人选择和公共选择，但是涉及经济体制和市场体制，就很难回避社会体制。美国圣母大学教授本杰明·雷德克利夫的这段表述，似乎把现代社会的利益格局中私人选择和公共选择说得更明了一些，"在现代福利国家制度之前，去商品化是由家庭和教会开展的，他们竭尽其有限的能力帮助弱势群体。诚然，这些机构提供的社会支持不稳定且水平较低，但他们为社会提供了情感上与精神上的支持，这显然超过了只是物质供应所带来的好处。由于提供社会支持并不是这些机构存在的原本目的——我们并没有强迫家庭或者教会照顾那些需要帮助的人，他们出于慈善之心自觉地承担了这一责任，于是催生了一种专门为帮助弱势群体的机制的出现。这种机制并不是把这一事业当作慈善，而是把它当作社会权利，这就是福利国家制度。随着福利国家的发展，它代替了家庭和教会，成为去商品化的核心提供者，并随之降低了那些机构的社会关联度。可以认为，这些机构与人们生活关联的减弱对社会有着不利影响，这体现在人们突然间很难找到生活意义之所在"[1]。从这段表述中我们可以看出，理想的社会是以情感为纽带的，家庭成员自然不用说了，教师与学生之间的亲密关系，会大大提升教育质量；医生与病人之间的密切互动，会大大提升医疗的效果。这通常是发生在农业社会和人口流动性不强的社会的，例如美国在19世纪初期，人口几千万，处于农业社会，再如中国在改革开放之前，虽然人口多，但绝大部分人口居住在农村，家庭规模大，家庭的功能自然不是现代小型家庭可以比拟的。现代社会，面对日益增多的人口，单个的教师面对巨大的班级和单个医生面对络绎不绝的病人，建立密切的关系确实需要时间，在某种情况下似乎也不允许，尤其是在医疗产业化的背景下，这更不可能。这是现代政府在制定公共政策中遇到的一个重大问题。接二连三发生的家长与学校之间的矛盾，不断发生的医患冲突，也给政府带来了不少的麻烦。一个完美的公共决策，需要在市场效率、政府制度安排与社会情感之间做出选择。带有情感的家庭、教会，乃至社区，在帮助小规模的社会人群时可以得心应手，但是面对大规模的、各种各样的不同社会群体可能会束手无策，在这样的环境下，政府出手也许是最好的选择，只是它在大多数情况下，只能通过制度安排，而鲜有能力体现社会关怀，或者通过制度安排让家庭和社会组织去体现社会关怀。市场在这个不能营利，甚至要赔本的领

---

[1] ［美］本杰明·雷德克利夫：《人类幸福的政治经济学》，仲为国译，北京大学出版社2018年版，第69页。

域是不会全身心地投入的。

不论是传统社会还是现代社会,都会出现一个在市场以外的公共领域。当然,不同的人对于公共领域的理解是不一样的。国家的福利制度可以使更多的人享受较高水平的生活,改善生活质量,提高社会安全感,但是,也会带来社会情感方面的缺失。但这也不是绝对的,一个时期以来,一些慈善组织为了宣传效应,对被支持的弱势群体进行曝光宣传,给当事人带来心理伤害的事情也曾发生过,有关这方面的情形媒体也曾曝光过。进一步说,"爱因斯坦提出人类有两股主要的'内驱力':其一是'私人化'或者自我本位,它鼓励一个人'保护自己的存在'和'满足私欲';其二是'社会化',它鼓励'从(一个人的)同伴中获得认同感,分享欢乐,排解忧伤。两者显然都是存在且必要的,而且'它们具体的结合方式决定了个体能够实现内在平衡的程度'"[1]。一个人的生活水平和生活质量取决于其"私人化"和"社会化"之间的平衡,只有这二者实现平衡了,个体才能过上幸福的生活。换句话说,个体生活离不开公共领域。包括福利制度在内的公共领域提高了生活水平和生活质量,减少了在市场竞争失败中产生的恐惧,提升人们的安全感和幸福感,促进了生活中人们之间亲密关系的形成。

所以,有学者将公共利益理解为,"'公共'是很多人的综合(integration),是大我理念。共享、共有、共同的公共利益(common good)是否存在?……。相对而言,公共利益就不是私利的妥协,而是'独立'于私利(但不一定'对立'于私利)和'超越'私利的整体性综合利益。也就是中国的小我、大我之利"[2]。在中国传统文化中,人们常用"小我"来替代"大我",视"大我"为"小我",尤其是在乡土社会,也表现在那些来自乡土社会的人们身上。"公共利益"首先需要"小我"做出奉献和牺牲,奉献和牺牲自己的时间、精力、智慧来服务"大我",在其中,他(或她)得到"大我"的支持、尊重、信任,以及广泛认同,"小我"在服务"大我"的过程中自身的利益也得到了实现。公共利益着眼于需求一致的利益,是有自己边界的。大部分情况下,社会成员的大多数既不

---

[1] [美]本杰明·雷德克利夫:《人类幸福的政治经济学》,仲为国译,北京大学出版社2018年版,第80页。

[2] [加拿大]梁鹤年:《西方文明的文化基因》,生活·读书·新知三联书店2014年版,第379页。

会完全自私，也不会完全忘我，他们是需要相互兼顾的。完全自私的个人在社会生活中不可能长期混得下去，完全忘我也是一样，一个人不能把一生的时间全部用来做志愿者，因为他（或她）需要生活，需要养家糊口，但可以在一生的一段时间里把自己的时间、精力，甚至知识奉献给他人或社会。社会也不能期求一个人一生不间断地做志愿者，除非他（她）已经衣食无忧。在任何一个社会，为了"大我"，忘却"小我"的人，其品质都是难能可贵、令人钦佩的。不论他（或她）忘我了多少，忘我了多长时间。当然，利他行为未必就是由利他动机驱动的。人们也不必追究"小我"的利他动机，在大多数情况下，这种探究是没有意义的，因为"我"是由一个"可以说得出来的我"、"说不出来的我"和"不想说出来的我"组成的，传统上人们通过察言观色进行判断，后来又通过问卷的精心设计，似乎都是似是而非。借助于移动互联和大数据是不是可以准确把握一个人的内心世界还有待于进一步观察。作为"大我"的公共利益是社会自身组织起来实现的，很多情况下是政府在这个领域的缺失造成的，或者原本就应当是公众自身的利益和必须自己去完成的，不管人们怎么去理解，或从什么角度去理解。至少，这是在传统农业社会和当初北美社会初期人们的一种社会组织形式。

公共利益及其产生的问题必须由人来解决。"公共问题不是孤立存在的，也不会自动发声。公共问题得有人辅佐推动，有人操持经营。公共问题是那些为之奔走，向公众解释并阐述其严重性的人们建构出来的。"[①] 我们看到的那些提出公共问题的通常有社区的某个人的倡导，社会组织的某些人，以及有人文情怀的知识分子，他们各有特点，动机各异。当然，他们提出的公共问题能否得到公众的响应，还取决于个人的能力、组织的影响，以及他们调动资源的多少。关键还是他们提出的问题是否关系大众的利益，这是成为公共问题或公共议题的关键。在中国出现的一种现象就是，面对一些公共问题，著名学者、退了休的官员参与其中，并产生了巨大的推动作用，这与他们的人文精神、个人能力都有关系。在国际上也不乏其人，美国前副总统阿·戈尔就是利用自己的政治经历来积极推动保护环境的，当然这其中必定充满了人文精神。阿·戈尔完全可以不必把推动

---

① ［法］柯蕾：《公众参与和社会治理》，李华等译，中国大百科全书出版社2018年版，第54页。

环保作为自己后半生的选择，也可以像克林顿或希拉里一样，以从事演讲来作为自己的退休生活。阿·戈尔的《倾斜的地球》以及后来他拍摄的一系列关于环境生态的影片，确实在那些关心人类可持续发展的人群中产生了共鸣。

事实上，"小我"和"大我"是具有深厚的文化内涵的，不同文化意义下的"小我"与"大我"是具有不同内涵的。例如，在宗教的影响下，印度的传统文化更加注重精神生活，而不是物质生活，在物质生活上的攀比心理没有那么严重，而且大部分印度人还有一种扶贫济困的心态。人们把这些东西又称为社会资本，"还有我们称为'社会结构'的事物，它要求生活内容不仅包括生产和交易，还包含个体之间超越私利的联系。这种观点恰好与撒切尔夫人的观点对峙，她认为社会的存在取决于对市场独自支配人类生活的程度的限制。这种设想只有在市场从属于民主原则时才能实现；反之则行不通"[1]。撒切尔的观点纯粹是西方文化的理念，及西方人重物质的理念。人们通常所讲的社会资本在某种意义上也是公共领域的一部分，因为"社会学家特别迷恋'社会资本'的观点，是因为个体对社会网络融合所带来的人际信任和互惠主义的常态化。大量证据显示，这种社会'连结性'与更高层次的精神幸福和物质幸福有关"[2]。也就是说，人们的幸福感多半不是因为物质上得到多大的满足，而是在社会关系中所处的位置和公平正义得到多大体现。当然，物质生活是社会生活的基础。

现代意义上的社会组织在试图摆脱"官僚性"上下了很多功夫，但是，如同现代意义上的社区建设一样，它们面对的是一个日趋复杂的社会，工业化和城镇化、人口规模扩大、社会事务增多等，所以也都很难再回到传统意义上的社会组织和社区组织状态，但是在走向"亲情性"和"社会性"方面依然有很大的拓展空间，或者造就居民对公共决策产生新的影响，铸造制度化的参与空间，问题是它们愿意还是不愿意？是选择制度化的居民参与来降低治理成本呢，还是选择政府管理来不断提升治理成本，这的确是各国社会治理的一个根本性选择。在这里我们愿意进一步延伸对社会体制的解释，我们认为建设一个柔性的社会体制比建立一个硬性

---

[1] [美]本杰明·雷德克利夫：《人类幸福的政治经济学》，仲为国译，北京大学出版社2018年版，第83—84页。

[2] 同上书，第84页。

的社会体制的成本要低很多。柔性的社会体制是以"社会"治理为基础的，其力量源自社会成员的群策群力，社会以自身的自组织和社会规范来约束社会成员，而不是简单依靠政府和技术的强行管理。硬性的社会体制是以"政府"治理为基础的，其力量源自政府的组织动员，源自巨大公共财政和行政体系，这是各国社会治理未来面临的重要选择：选择的成本和有效的治理。

"小我"和"大我"是相对的，不断变化的。历史上的"大我"从家庭开始到社区，早期的人类社会，家庭作为处理和解决社会事务的单位，具有"大我"的功能，随着政府在公共领域中承担的责任越来越多，家庭作为"大我"的角色就发生变化了。进入工业化社会，政府似乎承担的全部或部分的"大我"角色，随着社会组织的发育和发展，社会组织也在承担起"大我"的角色，作为社会问题的处理者出现于公众生活。互联网将这种变化加速和扩大了。

2. 公共部门和公共领域

这里先提出两个有待深入讨论的概念：公共领域和市民服务。

人们对公共部门有着不同的理解，大多数情况下是指政府部门。公共领域，有时是指国家部门（Public Sector），或指作为国家职能延伸出来的一部分来为政府（中央、区域或地方）、企业、居民生产产品，提供服务，配置物品，如社会保障、管理都市规划、国防力量组织等。这些公共物品或公共服务的组织形式大致有如下几种：一是指直接由税收支持，没有特别商业目的的行政组织，其产品直接由政府规定。二是指与直接的行政机构有区别，拥有专门商业目的的公共所有企业（特别是制造业、国有企业），其产品一般不由政府直接规定，但其目标、经营条件等是由政府规定的。三是部分外包被视为公共部门模式。完全的外包或购买一般由私人公司代表政府提供全部服务，我们经常谈到的准公共服务类型出租汽车行业就属于这一类。部分外包大约包括私人部门参与，但公共部门拥有资产所有权等内涵。[①] 另外，人们谈到公共领域会涉及公民服务、社会服务、政府机构、国有化、公共所有和国有企业等。

市民服务（civil service）有两个明确的含义，是政府服务的一部分，其中个人根据专业性质受聘，竞争上岗；雇员是在政府机构而不是军事机

---

① http://en.wikipedia.org/wiki/Public_sector.

构。通常意义上，军事机构不在公共部门讨论的问题之列。我们在这里将公共领域界定在政府和参与政府公共服务供给的非政府公共部门，尤其侧重于与民生直接相关、居民直接消费的部分，包括由消费者无偿使用的和自己付费的消费领域。

政府公共部门的建立和发展，尤其是在第二次世界大战之后的迅猛发展，在全世界范围内创造了一个庞大的公共领域，到20世纪70年代，由于石油危机和政府财政压力，里根政府和撒切尔政府对公共部门进行改革，于是就促进了人们常说的"第三部门"，也就是社会组织的产生。事实上，20世纪70年代以后产生的"第三部门"还不能等同于传统意义上的公共领域，因为就其"社会性"和"亲密性"而言，还是与传统的社会组织形式有巨大差别的。至少他们的改革是试图脱离政府公共部门的"官僚性"的尝试，也是为了减轻政府财政压力。在这样的改革背景下，传统意义上的由社区和家庭承担的公共生活就演变成了政府部门和非营利组织共同支撑的社会生活，有时变成了公共生活或行政工作的一部分，人们在这样的一个公共空间开展各种活动。

当然，社会领域的公共生活发展与社会分配格局密不可分，历史和经验都证明，那些生活质量更高、生活环境更加优雅和优越的人群会显示出更加强烈的回馈社会的行动。但是人们的心理的满足更容易在周边环境和亲近的人以及满意的私人生活中找到，而不是在个人生活的宏观环境和收入分配格局中找到，也正是在这个意义上我们在前面特别强调了基层人民的社会生活的意义。美国著名社会学家、普林斯顿大学社会学系主任罗伯特·伍斯特对于社区公共空间的描述可以帮助我们加深对公共空间的理解，他写道："几乎所有的小镇，即使再小，至少都有一个公共空间，有的还有6个以上的公共空间。在我们研究的几乎每一个社区里，美国海外退伍军人协会、美国退伍军人协会或者社区大楼都会为小型的社区聚会提供室内场所。大型活动都会在学校的体育馆和礼堂、露天集市以及教堂举行。对于有些社区来说，修建一个溜冰场或游泳池，抑或是拥有农业大楼或野餐场地，让大人孩子能够齐聚一堂，绝对是一件引以为傲的事。由于人们彼此之间相互认识或是期望表现出这样的状态，所以，邮局、咖啡馆、便利店也就成了公共空间。"基于伍斯特的所谓说法，中国过去和当前正在进行的公共服务体系建设，尤其是社区服务体系，当然也包含了部分市场设施的建设，都构成了中国居民的公共空间。在一些超大型城市、特大城市和大城市，巨大无比的音乐喷泉广场，都为居民开展社会互动和交流创造了前所未有的公共空间。甚至在一些中小城市，也不乏这样的公共空间，室内的包括广场、街道、人行道、贸易中心、市场、购物中心及游乐场、各种公园，等等；室内的诸如画廊、博物馆、剧院、电影院、展览馆、餐馆、咖啡馆、茶馆，等等。四川成都郊区的餐馆，吃饭时间是经营场所——由基本生计推动的生活，两餐之间却成了人们打麻将的场所——由休闲推动的社会生活。需要进一步推动的是，如何让这些公共空间发挥更好的作用？如何通过举办各种活动，或者是通过政府组织，或者是通过社区或社会组织，或者由居民自发组织，让社会活跃起来，让人们之间的凝聚力加强起来，这是新时代社会建设不能忽视的重大问题。这是一个在公共空间基础上推动社会组织和社会结构发育的过程，也是社会建设向高质量迈进的过程。现阶段，中国社会建设的高质量发展的基本内涵就是，充分利用过去七十年，尤其是改革开放四十多年来，特别是党的十八大以来的公共服务体系建设奠定的坚实基础，发展和完善社会的凝聚力和社会纽带，不断提升社会发育的水平和质量，不断推动社会关系由弱向强转化，逐步形成强社会关系，推动着人们从经济生活、个人生活走向社会生活和公共生活。

本研究中所谓的公共领域包括以上所说的所有公共部门的类型，这是一个在大类上进行的划分，以区别市场和社会。严格意义上，市场提供了诸多的为人们开展公共生活的公共空间。

（二）公共领域的不同阐释

事实上，人们对公共领域存在不同的理解，包括政治学意义上的解释。克劳斯·埃德尔认为，"所谓公共领域，乃是国家与社会之间的一块空间。它既不是一种政治制度，也不是一种社会制度，而是一种场合（instance），由此观察这些制度，沟通其意义（尤其是其合法性），而其方式可以是肯定的，也可以是批判的"[①]。在这里，埃德尔更多地是将公共领域视为一种公共沟通和公共舆论，或者叫作公共话题，其基础概念是社会平等。由此我们也可以来解释为什么社会上经常流行着把某一知识分子群体称为公共知识分子。在这样的一个公共空间中，人们可以讨论和表达

[①] ［英］吉拉德·德朗蒂：《当代欧洲社会理论指南》，李康译，上海世纪出版集团、上海人民出版社2009年版，第412页。

自己的观点,而且各种社会团体都可以参与。网络社会是这种定义的较为典型的代表,网络社会也是这样形成的。正是在这个意义上,埃德尔把公共领域与市民社会联系起来考察,市民社会"看起来像是公共领域中有组织的一面"[①]。我们暂且把这种阐释理解为对公共领域探索中的一种,而不是全部。

实际上,公共领域远比其字面意义复杂得多。"在美国著名汉学家黄宗智(Philip C. Huang)看来,哈贝马斯的公共领域概念包含两种含义:含义之一非常特定,是指资产阶级公共领域,具体地说是特指17世纪后期的英国和18世纪的法国开始出现的现象;含义之二较为宽泛,是指社会中的某类现象,而资产阶级公共领域只是这类现象中的一个变数。"[②] 哈贝马斯自己也没有将公共领域讲得非常清楚,他说,公共领域的不同含义"源自不同的历史阶段,在一同运用到建立在工业进步和社会福利国家基础之上的市民社会关系当中时,相互之间的关系变得模糊起来"[③]。哈贝马斯看到了问题的复杂性,他从历史的角度分析了这个概念,包含了两种意思,一种是古代雅典城邦广场上的民主生活和决策过程,人们通过广场上的谈话和讨论解决公共生活中面临的问题,以及各种各样的由国家和公众发起的活动。我们在很多场合讲这种方式,尤其是第一种方式成为治理活动。第二种更像我们现在所谓的公共服务和公共产品。这些哈贝马斯所谓的公共领域在古代处于萌芽状态,随着社会经济的发展不断扩大,成为当代我们看到的公共服务、公共物品和社会治理。公共服务更多是提供人们需要的各种服务和物品,而社会治理更多的是指对这些服务的分配和使用,以及人们在其中的社会生活。这些社会生活既包括各种团体的活动,也包括各类团体的组织方式。与其他领域比较,公共服务相对应的是私人服务,公共治理对应的是管治。哈贝马斯说:"公共领域由于实际承担了市民社会从重商主义乃至专制主义控制之下获得政治解放的语境当中的一切功能。"[④] 哈贝马斯和我国的

[①] [英]吉拉德·德朗蒂:《当代欧洲社会理论指南》,李康译,上海世纪出版集团、上海人民出版社2009年版,第419—420页。

[②] 李佃来:《公共领域与生活世界——哈贝马斯市民社会理论研究》,人民出版社2006年版,第79页。

[③] [德]哈贝马斯:《公共领域的结构转型》,曹卫东译,学林出版社1999年版,第1页。

[④] [德]哈贝马斯:《公共领域的结构转型》,曹卫东译,学林出版社1999年版,第59—60页。

学者们更多地强调了公共治理，在政治学意义上给予了分析和研究。实际上，公共领域是具有多种功能的，包括经济功能、政治功能、文化功能。国家在建设这类公共领域时发挥着重要的作用，因为"慷慨的福利制度保证社会联系的维持，也会维持这种联系带来的社会性态度和行为的常态化，并由此提升社会资本以及与之相随的人类幸福"[①]。这一点，我们在开始讨论公共领域和市民服务问题时就已经阐明了。

公共领域的经济功能主要表现在公共领域的就业和消费上，这是本研究需要讨论的一个问题，因为这是阐明这个领域的一个不能绕过的问题。消费是现代化进程中一个不可回避的话题。公共领域的就业是想说明公共领域不是一个虚拟的领域，而是一个实体；公共消费则是想说明，人们对于公共领域的需求也不是虚拟的，而是实实在在的，诸如教育、医疗卫生、就业、社会保障、社会服务、住房、残疾人服务，公共文化等，都是实实在在的领域。这也是我们区别于其他公共领域研究的特点。"通过扩大政府财政在社会福利和社会发展领域的支出，尤其是注重教育、医疗卫生、社会保障、社会服务的发展，以确保国民经济的总需求保持一定的稳定，这一支在国外的社会学和政治学中被称为'社会凯恩斯主义'。"[②]公共领域的政治功能主要体现在社会治理上，这也是本书的一个侧重点。公共领域的文化功能主要是文化价值。任何制度背后都会有一套价值支撑着，通常人们称之为公共价值，具体到公共领域背后的价值是什么，我们需要作进一步的分析。还有一个领域是本书非常关注的，那就是公共服务或公共物品生产和供给领域，也正是在这个意义上，本书所谓的社会体制研究在另外一个层次上关注社会事业和社会治理问题。

现在我们来看看欧洲的情况，人们在欧洲是这样解释"公共部门"的，"'公共部门'这一术语往往被不加选择的使用。公共部门有三种定义方法：

——法律定义：指政府组织与由公共规范管理的组织。

——财政定义：除上述组织外，公共部门还包括很大程度上由公共渠

[①] ［美］本杰明·雷德克利夫：《人类幸福的政治经济学》，仲为国译，北京大学出版社 2018 年版，第 84—85 页。

[②] ［美］莫妮卡·普拉萨德：《过剩之地：美式富足与贫困悖论》，余晖译，上海人民出版社 2019 年版，"代译序"第 9 页。

道出资的民营组织,其中包括提供教育和医疗保健服务的非营利组织。

——功能定义:如果按功能定义,公共部门包括与公共管理、社会保障、法律和秩序、教育、医疗保健和社会文化服务相关的所有组织"①。

本课题研究更倾向于第二、三种解释。

随着政府职能的转变,公共部门的内涵和外延都在发生变化,并且由于购买服务和外包的出现,其边界变得越来越模糊。至少,公共部门包含了政府、承担政府公共服务的非营利部门以及承担政府公共服务的私营部门的一部分。所谓一部分是指承担公共服务的消费部分。承担公共服务的私人部门的就业还应当视为私人部门就业,其消费可以视为公共消费,所以公共消费与就业并不都是一致的。在美国"社会企业的运作模式既有纯慈善型的,也有纯商业型的,而很多具有创造性的模式是在这两者之间的中间部分,其中既包括慈善属性,也包括商业属性。在纯慈善模式中,产品和服务的获得都是完全免费的,资金的捐助也是没有回报的。志愿者付出的时间也是无偿的。另一端的纯商业模式是以市场为驱动的,产品和服务都是收费的,必须付给投资者合理的回报,付给工人有竞争性的工资。中间部分的模式是结合商业和慈善的模式来进行运作,其运作模式也是两种运作模式的混合,如可以同时雇用领取薪酬的工作人员和义务的志愿者。如果一个社会企业的社会使命是雇用社会弱势群体作为劳动力,那么他们也可以按照市场价格收取报酬,有时甚至高于市场价收取报酬"②。这也是我们说其边界变得越来越模糊的原因之一。另外,我们所谓的模糊,还是指企业越来越讲社会责任,并付诸行动。非营利组织不断探索商业模式,以提高效率,确保可问责和可持续性。所以,我们至少可以认为,公共部门的发展与经济的发展水平和产业层级是成正比的。不仅如此,它们之间还相互促进。认识到这个问题,适时调整发展政策并进行相应的行政体制、基层人事体制改革,是确保经济社会持续发展的基本要求。

研究发现,公共领域包括制度体系和服务体系。制度体系包括公共财产、法律法规、管理执行机构。比较典型的例子是社会保障,社会保障包

---

① 陈福今、袁曙宏等:《欧洲公共部门绩效评估》,国家行政学院出版社2005年版,第27页。

② 中华全国青年联合会:《中美青年领导人社会建设培训项目》,2009年。

括制度设计和服务体系。这个问题我们后面将专门讨论。服务体系包括管理执行机构本身、服务供给组织。换句话说，公共领域至少包含了政府公共领域制度制定机构、制度执行机构、配合制度实施的服务机构，涉及政府自身、提供公共服务的社会组织和私人部门，还涉及人、财、物。由此，也就有了公共消费和就业。

为什么会有公共领域？因为人类发展有必须共同面对的问题。公共领域是历史的产物，就像市场领域一样，它们都在历史的一定发展阶段上产生，并随着历史的发展而不断变换形式，在不同的文化背景下又有各自的形态和表现。如果，从深层次来理解这个问题，我们或多或少会在人类的本质特征中找到一些解释。

二 公共领域的理论诠释

我们其实可以从人类的本性上来解释公共领域存在的理由。尽管人们从人性"善"与"恶"来界定人类的本性，在市场经济发展起来之后，曾一度盛行着利己主义和利他主义的思潮。在考虑人的利己主义和利他主义本性基础上设计社会秩序，是当前和今后一个时期研究社会体制改革的一条路径选择。人性是相对稳定的，尽管它会随时代慢慢发生变化。

（一）从利己主义说起

针对公共领域的出现及其存在的理由，形成了若干的理论解释，利己主义是其中之一。市场机制基于个人利益驱动，人们认为利己主义是市场行为的动因之一。"按照托克维尔的说法，自私是人的一种古老本能，始终伴随着人类。"[1] 后面我们还会谈到在人类本性中都能找到利己主义和利他主义的影子。当然，在世界的各个文化，诸如基督教文化、伊斯兰文化、印度文化、儒家文化、非洲文化、南美文化，等等，利己主义在这些文化中的表现方式也是不一样的，正如梁漱溟先生所说的，西方文化更注重物质，中国文化关注人与人之间的关系，印度文化纠缠于神与人之间。所以，我们还不能在一般意义上去讨论利己主义，必须把利己主义放在各个具体的文化中加以审视，这样才能看出各个民族的利己主义的特点。不管怎么说，就人的本性来说，利己主义和利他主义都是存在的，只是在各种文化环境中，它们各自表现和发挥的程度不同罢了。工业革命以来的市

---

[1] 秋风：《利己主义的魅惑》，《文化纵横》2010年第2期。

场体制建设和经济快速发展确实刺激了利己主义,这是近几个世纪以来世界经济快速发展的动力之一。马克斯·韦伯在其《新教伦理和资本主义精神》一书中指出,新教重视现世的物质享乐,既要苦修来世,还要腰缠万贯。"很多人把时间和精力都放在我们想要得到的东西上了。我们拥有的物质不仅占据了我们现有的生活,还占据了我们的思想。"[1] 从另一个角度说,利己主义激发的人们对物质产品的巨大欲望也是近代以来人类社会发展的动力之一。别的不说,改革开放四十多年,从初期的物质贫乏到目前发展的不充分不协调,其中就隐含着对于生产力发展的巨大需求,否则,就无法理解改革开放以来的经济快速发展的社会动力:市场经济体制激发了亿万人民的积极性和创造性。

  针对利己主义走向极端和市场失灵,就出现了政府干预。纵观各国历史和现实,市场体制在有的国家表现得好,有的国家表现得差;在有的时期表现得好,在有的时期表现得差,这与政府的干预和社会体制的纠偏能力不无关系。就世界范围而言,人们并不怀疑政府的作用,而是对其作用的范围和干预的力度存在不同看法。大部分人承认,一个好的政府是经济发展的必备要素。无论是市民社会活动还是市场活动都离不开政府的规制和保护,欧文·E. 休斯指出,"所有的政府活动需要组织和人员——公共服务或市民服务"。"毫不夸张地说,公共部门影响整个经济和社会。合同若没有法律框架保障,私人部门将陷入混乱。法规、税收、许可、基础设施、标准、就业条件都对私人部门的决策产生影响。政府提供公共服务使公共消费成为可能,后来发生的公共领域扩大也是在这个基础上进行的。公共部门也是消费者。公共部门也是从私人部门购买服务和物品的巨大消费者。公共部门在决定真正的生活标准方面发挥决定性作用,这些标准使人民依赖于政府的服务质量,包括教育、卫生和医疗、社区服务、环境、公共交通、法律和秩序、城市规划以及福利服务——至少是大量消费的物品和服务。"[2] 没有政府的参与,整个社会也会陷入无序状态。公共部门首先为市场和市民社会活动提供了框架和范围,有时候会干预市场的正常运行和正常的社会生活秩序。当然这也是人们争论最多的,也比较担

---

[1] [美] 雷切尔·博茨曼:《共享经济时代:互联网思维下的协同消费商业模式》,唐朝文译,上海交通大学出版社 2015 年版,第 34 页。
[2] Owen E. Hughes, *Public Management and Administration*: *An Introduction*, Palgrave Macmillan, 2003, pp. 71–72.

心的。有一点非常清楚，无论是对企业还是对社会组织，没有政府的规制是万万不能的。

与其他制度一样，市场制度在各个国家的表现形式也是不一样的。利他主义对市场体制运行的影响不仅取决于政府的管制，也取决于不同的文化环境。

(二) 利他主义的理论

1. 利他主义

利他主义是人类行为的行为动机和动力，或者是人类的另一本性，个体不能离开他人孤立生存，需要社会关系，需要公共利益，为此也就导致了公共部门的发展。人类不仅追求索取，也谋求对他人的付出，利他主义造就了人类的社会生活。利己与利他始终是人类社会发展的内在源泉，只是在不同时期、不同的历史条件下，它们在人类行为中体现的程度是不一样的，过去几百年，受利己主义驱动，市场经济突飞猛进发展起来，资源在私人领域密集配置，相反，利他主义支持的社会领域资源匮乏，发展缓慢。不过，当前，全世界面临的现实是，尽管技术取得了巨大进步，几十亿人口使用移动互联，世界在经济发展中获得了前所未有的进步，但是全世界仍然有数亿人口每天的生活费不足一美元。于是越来越多的人奔走呼吁建立一个公平的社会，自20世纪70年代以来，社会组织的发展在世界各地如雨后春笋，被称之为全球范围内的社团革命，这些社团中的相当一部分秉持志愿精神，服务于扶贫、儿童保护、妇女援助、环境生态保护等领域，各国的社会组织在这个时期都得到了长足的发展，承担起服务社会的责任。因而，利他主义也得到快速的发展，慈善事业、志愿服务、公民服务、社会企业家以及社会创新如雨后春笋，空前发展。在企业界也出现了比尔·盖茨、沃伦·巴菲特等一辈慈善家，他们把私有领域的资金投向了公共领域，并把市场模式和市场手段也引入了公共领域，比尔·克林顿、阿·戈尔等前世界领袖也为公益事业奔走世界各地。几十年来，新型的社会组织形式不断出现，传统的公共领域的边界正在变得越来越模糊。

在利他主义的各种表现中，最为典型的是慈善行为和志愿服务。把自己的所有、所得、时间、精力、知识奉献给社会和他人而不求回报。慈善和志愿服务的动机是极其复杂的，也是一个公共领域研究的世界难题，但是当一个国家表现出更多的慈善捐赠和更多的人参与志愿服务，那一定有它的体制原因、历史原因。如果全世界，不论地区、种族、文化、宗教信仰，都把志愿服务、奉献他人、公益事业等作为社会生活的重要选项，那一定有其人类本性的深层次解释。

仔细分析起来，社会福利与慈善和志愿服务还是有所区别的，前者更体现为法定的政府行为，它始于政府对人们的社会权的保护，是政府的基本责任，也可以视为政府作为纳税人的代表来提供集体的社会服务。社会权是基于福利国家和社会国家的理念，为使任何人都可以获得合乎人性尊严的生存，而予以保障的所有权利的总称。这种社会权利表现为三个方面：第一，人有义务去满足他人的基本生存权；第二，强调正义、公平、履行义务、寻求公正的社会经济权。给予穷人实际的社会权，托马斯·潘恩进一步肯定地强调："不是施舍而是权利，不是慷慨而是正义。"第三，基本公共服务权是一种接受权亦即积极人权，享有接受权是有资格接受某物或以某种方式受到对待的权利。[①] 社会权是伴随着人权的国际化，人权内容不断地被扩展而出现的，人权不仅仅局限在政治领域，还发展出经济、社会和文化权利即社会性权利，也即社会权。社会权之所以产生，是基于以下几个方面的原因：（1）人类对生存与发展的需求；（2）自然威胁与社会威胁（包含市场机制与竞争机制）导致的人类生存条件的脆弱性；（3）资源和权利的稀缺性；（4）道德与理性对人类需求的表达和实现将是一个长期的历史过程。[②] 作为社会共同体生活的一项原则，任何处于危难中的人都有权向他人呼救，所有的人都有责任解除呼救人的危难，因此，国家应当以积极作为的姿态介入这一社会性权利的实现领域，使弱势群体获得实际上的自由。这是现代政府的正确选择。一句话，政府福利是代表全体纳税人履行职责。而慈善和志愿服务大部分是指一种个人行为，是个人基于自己的意愿把自己的财产、时间、精力、知识奉献给社会的一种行为，它仅代表个人的意愿和行为。社会福利和慈善与志愿服务在形式上是有区别的，本质上没有区别，本质上都是人类的利他行为，前者是全体社会成员的意愿通过政府去实施的，后者是个人意愿通过自己来实施的，二者都是一个健康的社会的基本要素。

[①] 李长健、李伟：《和谐语境下农民社会保障权的法律保护》，《北方论丛》2006年第5期。
[②] 刘俊海：《论社会权的保护及〈经社文公约〉在中国的未来实施》，载刘海年主编《经济、社会和文化权利国际公约研究》，法制出版社2000年版，第62页。

第五章　"小我"与"大我"的公共空间 | 181

利己主义和利他主义的两个理论也可以用来解释构建和谐社会中的基本原则之一，即公平与正义。公平与正义既体现了道德层面上的要求，也体现了法律层面的意义。温家宝同志对社会主义初级阶段理论的阐述是，"邓小平同志指出，社会主义的本质，是解放生产力，发展生产力，消灭剥削，消除两极分化，最终达到共同富裕。这就告诉我们，巩固和发展社会主义，必须认识和把握好两大任务：一是解放和发展生产力，极大地增加全社会的物质财富；一是逐步实现社会公平与正义，极大地激发全社会的创造活力和促进社会和谐。上述两大任务相互联系、相互促进，是统一的整体，并且贯穿于整个社会主义历史时期一系列不同发展阶段的长久进程中。没有生产力的持久大发展，就不可能最终实现社会主义本质所要求的社会公平与正义；不随着生产力的发展而相应地逐步推进社会公平与正义，就不可能愈益充分地调动全社会的积极性和创造活力，因而也就不可能持久地实现生产力的大发展"[①]。实现社会的公平正义，没有包括再分配和基本公共服务等一系列政策和措施是不可能的。[②] 建设中国特色社会主义必须把推进现代化和不断提升综合国力作为基本目标，通过物质资源的极大丰富来满足人民群众对美好生活的需求。眼下，中国人民正在享受社会主义建设和改革开放带来的各项成果，生活水平达到了前所未有的阶段，生活选择的空间之大也前所未有，在生活水平和生活选择发生深刻变化的同时，社会关系、习惯风俗、社会规范也在悄悄地发生变迁。例如，春节，曾几何时是举家团圆的习俗，在被年青一代的核心家庭（也有几代同堂）的外出旅游替代，这是问题的一个方面；问题的另一个方面是，社会现实中，还有大量人群在为生计奔波。形成这种状况的原因很多，有个人方面的，也有社会方面的，还有政府政策实施带来的，所以中国特色社会主义建设必须解决好收入分配问题，按照邓小平同志的要求，就是要走共同富裕道路。实现社会的公平正义是社会主义初级阶段的主要任务。要实现这一任务，必须在完善制度的同时，激发人们的利他主义精神，对于中国现阶段来说，这是一个必须考虑和亟待去做的事情。

---

① 温家宝：《关于社会主义初级阶段的历史任务和我国对外政策的几个问题》，新华社2007年2月26日电。
② 同上。

从利他主义理论出发，人类在几千年的历史中不断在扩大针对弱势群体的社会福利、慈善事业和志愿服务。基于建设中国特色社会主义的基本目标和对于人类本性的基本考量，必须在推进现代化的过程中把利己主义和利他主义两个理论及其实践结合起来分析。利己主义加速了财富的分配不均和社会分化，也带来了财富的巨大增长，是一把双刃剑。它导致了资源在市场领域的密集配置，产生了巨大的聚集效应，生产了日益增多的物质财富，也引发了政府参与资源的再分配。利他主义减缓了财富的分配不公和社会分化，扩大了公共领域的范围，导致了资源在公共领域配置，还导致了政府对非营利组织的支持和规制。在这个互动的过程中，公共领域形成了，并不断壮大。我们似乎看到，政府在很大程度上扮演着一个中间角色，一方面，它介入了市场领域，另一方面，它又介入了社会领域。而它介入社会领域主要是通过公共服务的管制和供给来实现的。在这个意义上，政府又是超越公共领域的。因此，从这个意义上说，关于第三部门的理论是有其道理的，至少在从单一的计划经济和全能政府走向市场经济和有限责任政府的改革进程中，第三部门的理论为我们分析问题提供了一个视角，其历史功绩不可磨灭。第三部门不应当是社会组织本身，而应当包括公共领域。或许，公共领域、社会领域、市场领域的划分更加切合实际，不过这不是本论题要解决的问题，可以留给另外的专题去研究。

也有观点认为，"更加公平的社会是一个不需要太多慈善行为的社会"①。慈善行为是不公平社会的一种公平行为。它旨在通过社会成员的共同努力来实现社会公平，但最终解决公平问题还要依靠更加完善的制度设计。如果从历史上一些慈善行为的出现这一发生学的视角看慈善，慈善的出现确实是因社会问题的增多和社会不公平现象严重时出现的一种社会善举，如几百年前江浙一带出现的粥棚，就是大户人家为无家可归者提供临时救助的一种方式，一方面为他人，另一方面也为自己，为自己求得一方平安。一个穷人增多的社会必定是一个不安宁的社会。进入现代社会，大量社会企业家参与到社会事务中来。社会企业家的出现是在推动这个公平运动的队伍中增添一支力量，并不能从根本上解决问题。这在更高层次

---

① [美] 亚瑟·C. 布鲁克斯：《谁会真正关心慈善》，社会科学文献出版社 2008 年版，第 36 页。

上提出了建设一个什么样的社会的问题和建设一个怎样的社会体制的问题。既然利己主义和利他主义都是人类的本性,那么人类完全有能力根据人类本性去设计一个更加合理的社会体制。

2. 利他主义的回归

改革创新和创新社会体制,当今世界,尤其是中国现阶段的社会体制改革,在价值层面需要在利己主义和利他主义之间找到一个平衡点。

利他主义曾是一个被遗弃的阶段性问题。在中国改革开放后的一个阶段,也曾经流传着一句话,"雷锋叔叔不见了",现在回过头来想想,想想当时"十亿人民九亿商"的局面,想想现在的一些令人痛心的社会现象,价值建设方面的问题还是需要检讨的。进一步延伸,发生在过去几百年间,当资本主义被推到登峰造极的地步的时候,就会偏离人类的本性,带来社会的不平等和贫富差距,还会带来一系列严重的社会问题。利己主义和利他主义协调并进才能体现人类的本质属性和社会健康发展的基本要求。"稻圣和夫(DDI 电信创始人——笔者注)认为利他主义其实是资本主义发展初期的伦理规范,也正是它促进了资本主义的快速发展。而现在经济领域出现的诸多问题,正与利他主义这种资本传统被人们遗弃有关。"[①] 当世界各地的人们重拾利他主义,意味着资本主义伦理已经经历了一个否定之否定的过程。目前来看,这个否定之否定的过程还在延伸,一些对近几百年甚至更长历史进行反思的思想和观念不断涌现。一些深层次的问题虽被各个领域的学者探讨过,但是随着互联网的发展,出现了许多新的理论问题。举个例子,"网络效应"要求互联网企业最好是采用巨无霸式的经营模式,赢者通吃。但这会进一步加剧已经存在的社会不公平。如何在信息时代提升企业的创新水平、创造财富的能力,又能在更加公平的社会之中找到平衡点,这是新时代的一个重大理论问题。我们正处在一个理论上必须进行反思和创新并举的时代。人类正在经历百年未有之大变局。

利他主义也可以视为一个社会的社会资本。这里,我们想谈谈帕特南(Robert D. Putnam)的社会资本研究的一些观点,从中可以看到,影响利他主义的变化还有一些其他的因素。帕特南是美国科学院院士、哈佛大学肯尼迪政府学院的马尔金公共政策讲席教授,他认为,"如果拥

---

① 张邦松:《听稻盛和夫讲以德服人》,《经济观察报》2010 年 6 月 21 日。

有更多的社会资本，如果每个人都可以相较于工作更多地关注家庭和个人生活，如果政府可以在保护环境和教育儿童上投入更多的资源，那么显然，这个世界会变得更美好"[1]。这里，帕特南把个人的家庭生活和个人生活也作为社会资本的一部分，是非常有意义的，关心个人身体健康和心理健康是当代社会的一个重大问题，许多社会问题由此产生，只是还没有引起社会和个人的足够重视，帕特南提醒人们了。另外，他把家庭也视为一项重要的社会资本，家庭对个人的心理健康和身体健康极为重要，对孩子的成长更是不言而喻。人生是从家庭启航的，健康的人生是从健康的家庭启航的。帕特南从个人和家庭找到了社会资本建设的源头，这是一个重要的理论贡献。之前，他所想象的社会资本更具体体现为人们参与到社区生活和更多参与志愿服务活动、课外活动、校外活动，甚至包括到邻居和朋友家的娱乐，这使我们想起了滕尼斯，通常意义上的"社区"思想的创立者（其实，在他之前，英语世界在十六七世纪就已经提出了这一名词），滕尼斯在少年时代曾经生活在德国乡村的一个大牧场，每天晚上都会有许多邻居或朋友到他的家里来聚会，热闹之程度可以想象，其乐融融。这给滕尼斯留下了终生难忘的印象，童年的记忆总是让人流连忘返。后来搬到大城市生活后，城市的社会规范、人与人之间的隔阂都深深刺痛了滕尼斯，他的"社区"与"社会"或许就是对这种具有明显地域性生活的反思的理论化。在这一点上，滕尼斯和帕特南没有什么根本的区别。要恢复人与人之间的面对面交往，按照帕特南本人的研究，城市化、就业压力、工作之紧张、郊区化和城市化、电视的广泛应用，以及在当代互联网的迅速发展，都是新问题。于是，联想到当代中国，年轻家庭的房贷、工作的加班、接送孩子上下学、上下班的路途、对于手机的迷恋，等等，若是再拿出一定的时间做志愿服务，那是需要非凡的勇气和极大的进取心的，当然，若是我们的志愿服务能够涉及与这些年轻家庭的日常生活密切结合，必定会有另外的样子。时代在发展，社会发展必须要跟上时代的步伐。激发和体现利他主义的社会活动和社会项目一定要与时代发展密切结合起来才能够彰显出巨大的生命力和动员力。

---

[1] ［美］本杰明·雷德克利夫：《人类幸福的政治经济学》，仲为国译，北京大学出版社2018年版，第214—215页。

不过我们也看到，一些人在经历了个人事件，如生病、精神刺激、个人的社会挫折，会在恢复或反思期间积极寻求社会团体的生活，包括社区生活，他们会在这些生活中得到愉悦、放松和愉快，进而使身体、生活得到恢复，回归社会。这进一步说明，人类需要公共领域，需要社会生活，需要在公共领域中生活和获得自己需要的生活品质，仅仅靠私人领域是不能解决人类所有问题的，这也是我们认为利他主义能够和可以被激发的另外一个理由。其实，人就其本性来说，具有利己主义和利他主义的基因，但是这种基因的激发还是取决于个人的生活环境和制度环境。

这里需要进一步思考目前在中国社会建设过程中人们在积极倡导的所谓"社会企业"和"社会创新"。这里不是说这些概念以及开展的这些活动不对，而是要进一步去探索在这些活动中，如果仅仅为了使非营利组织或公益组织实现财务自由和可持续，而抛弃了非营利组织和公益组织在凝聚社会资本中的作用，那无疑是偏离了发展的方向。像企业需要市场理论、经济学的基本原理一样，社会创新和社会企业也需要自己的理论创新和支撑。反思这些年的社会组织和慈善事业发展，理论研究滞后于实践，甚至一些理论研究者本身就陷入实务不能自拔，缺乏对一些社会组织和慈善事业重大理论问题的深度研究和深刻思考，更没有基于本国历史和文化去构想更具有解释力和说服力的理论和观点。

回归利他主义需要做三件事情：

事情之一：倡导奉献精神、社会服务精神和服务与贡献人类福祉的精神；参与积极有意义的社会服务，团结合作；培育感恩之心。

事情之二：建立和完善社会的评价机制来提高全体社会成员的参与公共事务热情，要衡量个人对于家庭、社区的贡献，以及对他人的关心帮助。

事情之三：重新定义成就，以消除仅仅视经济成功和财富多寡来评价个人和群体的成就观，拓展生活中的"好"的含义；关注社会，关注人类面临的重大问题；有担当，有情怀，有情操，有格局。

（三）公共利益的基本理论

1. 奥斯特罗姆的理论贡献

问题在于如何划清楚公共领域的边界。仅仅靠好的政府是不够的，政府和其他组织提供公共服务的方式大致勾画出了公共部门的边界。尤其是，共同财产制度和多中心理论为公共部门发展提供了依据。奥斯特罗姆（Elinor Ostrom）认为，共同财产制度（Common Property Regime）是一套规制共同池资源（Common-Pool Resource），保护、保持和消费"共同池"资源的制度安排。"共同池"资源的使用，如果管理得精心，是能够可持续的，因为其资源系统组成了一个积极的回馈圈。[1]"共同池"资源可以被国家、区域或地方政府当作公共品，被一些公共组织当作公共财产资源，也可能被私人或公司当作私有资源。地方团体在管理公共资源方面通常比外部权力机构介入管理的效果要好。奥斯特罗姆认为，如果政府或者社会能够容忍和鼓励这些参与者自发生长出不同的组织方式和谈判方式，进而形成一套在博弈、惩罚、容忍和恐吓背后的规制，就能够保证公有财产有效率地运作而不至于"坍缩"。在她看来，公共财产制度产生于这样一种情形：使用者与"共同池"资源独立建立关系并形成资源稀缺机制，在这种情况下，他们获得净收益会低于他们在一定程度上的合作与联合，保持资源系统的公共财产性质好于私有化。公共财产制度保护、新资源和配置边际资源的典型办法是通过复杂的社区规范和一致性决策机制。公共资源管理会面临制定限制资源数量、时间和应用技术等政策方面的挑战。"共同池"资源并不是公共物品。公共财产制度在其外部看来像是私人物品，在其内部看来像是公共物品。公共物品的存在以及管理这套系统的体制机制的形成决定了公共领域的存在，也决定了它的边界。这个边界需要我们在界定公共服务的供给方式过程中仔细鉴别和分析。奥斯特罗姆的理论为我们在市场与公共领域中间寻求其他治理方案提供了思路。

2. 公共服务理论

公共服务供给始终是公共服务体系研究问题分析的核心。公共服务是人类社会发展过程中的重要制度创新。一是公共服务是政府为促进社会公平而采取的制度安排。[2] 公平意味着更合理地分配财富、收入和资源。在市场经济的社会中，经济聚集会导致极度的收入分配不平等，减

---

[1] Ostrom, Elinor (2003), "How Types of Goods and Property Rights Jointly Affect Collective Action", *Journal of Theoretical Politics*, Vol. 15, No. 3, pp. 239 – 270 (2003); Ostrom, Elinor (1990), Governing the Commons—The Evolution of Institutions for Collective Action, Cambridge University Press; Ostrom, Elinor, Roy Gardner, and James Walker (1994), *Rules, Games, and Common-Pool Resources*, University of Michigan Press, 1994.

[2] Holley H. Ulbrich, "Public Finance in Theory and Practice", *Thomson Learning*, 2003, p. 115.

少不平等成为发展中的重要内容,也是全世界公认的发展目标与核心。通常,减少这类不平等主要靠市场、私人部门自愿的再分配,以及政府的干预,通过政府在再分配中发挥主要作用。一方面,通过政府的再分配,实现财富、收入分配、资源和机会占有得更加均等;另一方面,通过实现平等和公平,促进社会稳定有序。基本公共服务权与一般民事权利最大的不同是在国家与公民之间形成了直接的权利、义务关系,国家以更加积极的姿态,为社会创造更好的服务。基本公共服务权所关心的是人的最基本的需求,其蕴含了深刻的人性关怀,因此,基本公共服务制度权利的性质首先是基本人权。二是基本公共服务具有典型的公共服务特征。[1] 公共服务体现了发展的社会属性。社会发展的内容具有公共物品、自然垄断和外部经济等特征,因而是市场无法有效提供的,这又体现了它的社会权。在这里,教育和卫生最为典型,它们为全社会所需求,可以通过市场提供,具有外部性,要保持基本教育和基本公共卫生的公平性,政府必须介入。掌握公共权力的政府必须承担起供给公共物品、公共服务的责任,并对这些基本公共服务进行管理。在这里,我们所谓承担不一定完全要政府亲自去做,但是政府必须保证对于基本公共物品能够使全体人民可及,至于如何到达人民手中,基本公共物品的供给可以根据效率原则进行。

把政府推向公共领域并承担起促进社会公平的位置,是过去几百年,尤其是过去一百年间的事情。过去一百年,各国政府通过各种计划,取得了一定的成效,为更多的社会成员提供了参与的机会,但是还存在不少问题。无论是罗斯福还是约翰逊,都没有从根本上消除不平等,更有甚者,社会不平等在过去一百年中不断加深。韩国在20世纪中期模仿西方发达国家建立起社会福利体制,目前这种福利体制的再分配功能比较弱,收入分配不平等现象非常严重,经济社会层面两极化的结构日趋明显。有研究认为,韩国已经进入两极分化的社会。两极分化削弱了韩国的社会凝聚力,成为追求社会福祉、社会和谐的主要障碍。两极分化通过收入排斥、财产占有排斥、消费排斥、教育排斥、关系排斥、生产排斥等影响社会和谐。家庭收入、财产占有、消费等在各自平均水平的60%以下就会引起社会排斥,韩国的社会贫富差距的重复性及长期化正在形成。利他主义导

---

[1] Holley H. Ulbrich,"Public Finance in Theory and Practice",*Thomson Learning*,2003,p.66.

致的社会不公平，要求公共部门来平衡发展，这是政府、社会、服务体系出现的原因之一。20世纪下半叶，各国收入差距扩大似乎是一个普遍现象。

中国在转型时期出现的一系列令社会深思的事件不得不令我们去思考利己主义问题，试想在重庆公共汽车坠河事件中，坐在公共汽车上的乘客和旁观者，对于肇事者的无理无法表现得那么冷漠和自私，最终也因为自己的利己主义行为使自己连同肇事者一起葬身河底。公共汽车本身就是一个公共空间，聚集在这个公共空间的人们居然无视自己的公共利益、自己的公共权利，这是一个何等扭曲的社会？发生这样的事件，这背后的社会机制是什么？我们不由得想起，2001年美国的"9·11"事件中，那架坠落在匹兹堡附近的飞机上的故事，飞机上的乘客想尽办法与劫机者战斗，使劫机者的目的最终没有得逞；我们也想到了在纽约的双子座，面对两架飞机的猛烈撞击造成的熊熊大火，那些在双子座办公的人们能够有序地疏散，并且保护女性优先逃生，这里不是赞美什么或批评什么，只是为研究问题做一个比较，为的是探讨问题，寻找到这个行为和动机背后的社会机制，利己主义在什么环境下是可能的？联想到生产领域的假冒伪劣产品，究竟是什么原因使这些伤天害理的产品能够生产出来，能够在市场和社会上大行其道？究其深处，自然是文化及其体制、社会体制等深层次的问题，它们是怎么导致这些问题的？机理是什么？

彼得·巴恩斯（Peter Barnes）针对传统发展方式带来的三大弊病：侵蚀自然资源、扩大不平等和最终不能提高民众的幸福指数，提出了解决问题的方案："通过添加一个能与企业部门相抗衡的公共权益部门，来纠正资本主义操作系统的偏差。"[1] 他这里所谓的公共权益是建立在公共财富基础上的。后者包括空气、水、栖息之地，还有人类赖以生存的生态系统、语言和文化艺术、社会价值和政治制度安排等。这个公共权益是相对于私有权而言的。这是面对20世纪人类不断扩大的社会不平等的一种探索方式。没有市场机制，社会的活力就不能有效地激发出来，有了市场机制的确能大大推动生产力的发展，但是，社会不平等现象就成为发展中的难题，这是一个悖论。

---

[1] [美]彼得·巴恩斯：《资本主义3.0》，吴士宏译，南海出版公司2007年版，第76页。

对于资本主义操作系统存在的问题，现代人类学也已经看到了问题所在，"到了20世纪90年代中期，人们意识到，预想中现代化可以带来的好处实际上只是一种幻想，因为世界上大部分地区，经济增长、技术变迁与科学理性所带来的好处并没有在物质层面上实现"①。公共权益是更为复杂的一种解释，它已经超越了对私有权和收入差距的解释，把环境生态这些被公共管理理论视为外部性的因素囊括进来了，试图把外部性的东西内部化。如果把其内部化为市场因素是否可行？有待于进一步观察。但作为分析问题的一个视角还是应当肯定的。

3. 公共空间

在这里我们还需要单独说说公共空间问题。公共空间是指社会成员参与社会事务、解决社会问题、满足自己社会需求的空间结构。例如，社区空间是社区居民互动、参与的重要场所，诸如亲子、会客、聚餐、娱乐、休闲、临时生日派对、社区问题研讨等，以满足社区居民的社交、参与和兴趣活动。其他诸如教育、医疗等也可以此类推。各类公共服务设施基本都可以定义为公共空间，目前人们讨论的滴滴出行的专车和快车，尽管它们属于私人财产，但被用作客运活动，无疑就成为公共空间。

第二节 公共利益与社会发展

一 公共消费与社会空间

（一）从两个假定说起

假定有A和B两位消费者，他们各有100万元用于消费。

消费者A将这100万元用于购买了奢侈品或进行了奢侈消费，那么它最终产生了两个结果，一个结果是他满足了自己的消费需求和消费欲望，另一个结果是他拉动了奢侈品产业的发展，增加了奢侈品产业收入，包括老板和产业工人的收入及其就业。在这种情况下，大部分收入应当是进了老板的口袋，财富是趋于集中的。

消费者B将这100万用于公益事业，比如用于农民的信息技术的提

---

① ［美］凯蒂·加德纳：《人类学、发展与后现代挑战》，张有春译，中国人民大学出版社2008年版，第1—2页。

高，给 100 万农民买了电脑，那么它最终会有三个结果，一个是他满足了自己的公益追求，二是他推动了电脑产业的发展，增加了电脑产业的收入，包括老板和产业工人的收入及其就业，三是他增强了农民的技能，或者是发展能力。农民使用电脑除了获得信息、提高生产技能之外，使用电脑需要消费电，需要网络支出，还需要其他耗材的支出等。

消费者 A 和消费者 B 的消费行为不同之处在于：一是消费目的不同，A 纯属个人消费，B 则属于公共消费。二是消费的结果不一样，A 的消费到他消费为止，而 B 的消费会带动更多的消费，甚至会形成一个巨大的消费链条。"富人的生活必需品消费量与穷人的需要差不多，他们主要是奢侈消费。富人收入的增加刺激的是奢侈消费品的生产，而且有限，比起大多数穷人因收入减少对生产的副作用要小得多。"[1] 这也是为什么贫富差距过大并达到一定水平之后经济停滞的原因之一。政府，甚至包括富人都需要明了，经济领域的利他主义实际上也是最大的利己主义。利己主义和利他主义从来就不是各不相关，而是一对孪生兄弟。

进一步说，公共消费是指那些以公共群体为目标的消费，它一方面具有再分配的功能，另一方面又具有扩大消费的功能。从拉动需求和推动经济发展的视角看，它更能拉动经济的发展。在这个意义上，"所谓公共消费是指由政府和为居民服务的非营利机构承担费用、对社会公众提供的消费性货物与服务的价值。在生产力水平提高和经济发展的基础上，在不减少个人消费基金和牺牲个人消费质量的前提下，社会消费基金和公共消费数量不断增加是人类社会发展的必然趋势。第一，公共消费的比重将增加。社会公共消费在消费基金中所占比重如何，从目前世界的情况来看，与一个国家经济的发达程度具有正相关的关系。发达国家的社会公共消费比重要高于发展中国家和落后国家，但总的规模一般均保持在 20% 以内，只有少数高收入石油国家略有超出。第二，居民享受公共消费的差异度会有所降低。[2] 由此可以看出，公共消费本身就具有再分配功能，消费量取决于收入多少。通过公共消费来消除贫富的两极分化，对一国经济稳定持续增长是有利的。

在这个意义上，我们可以看出公共消费更有利于创造一个更大的社会

---

[1] 何正斌：《经济学 300 年》，湖南科学技术出版社 2010 年版，第 110 页。
[2] 尹世杰：《消费经济学》，湖南师范大学出版社 2003 年版。

空间，会使越来越多的人参与其中，形成越来越庞大的社会关系网，带动越来越多的人参与社会生活，形成社会关系的新模式。

（二）理解公共消费

进一步说，公共消费（Public Consumption）是指政府在公共物品和公共服务上支出以增加福利的消费。也有研究指出，公共消费由"一国政府花费在养老金和基础设施改善上的支出"[1]。卡塞莉和文图拉［Caselli and Ventura（2000）］提供了一个分析消费分配动态的工具，一个依赖于公共消费偏好的期限定性作用的因素。按照他们的研究，消费分配与公共消费和私人消费替代边际率相交。这个结果直接来自于每个消费者不同的替代边际效率的消费。[2] 我们可以引申出一些新的推论，那就是，公共消费和私人消费在一定程度上、一定范围内是可以相互替代的，但是，超出一定范围，就会相互抑制。尽管我国现阶段的社会保障体系的框架已经初步建立了起来，但存在的问题依然不少；教育资源布局不合理和缺乏公正，在相当程度上抑制了个人消费。福利国家的过度公共支出抑制了经济快速增长是另外一个方向的例证。由此可以进一步引申出那种仅仅依靠改变经济发展方式的思路无益于解决中国当前发展中的结构性问题，必须在阶段性特征上下功夫，扩大这个阶段上的公共消费。"一定数量的公共设施建设，如街道、桥梁、隧道、兵工厂、海军基地、议会大厦、警察局和消防队，是提供基本的公共服务所必需的。社会对这些公共建设本身有需要，需要就是其存在的理由。"[3]

这里延伸的问题是，公共建设必须以民众的需求为宗旨。而不是为发展公共部门而发展公共部门，为公共消费而公共消费，为就业而扩大公共就业。这里要掌握一个标准，那就是必须使公共消费与私人消费保持和谐，不能因为公共消费而损害私人消费，也不能因为公共就业而损害私人就业。更不能因为扩大公共消费导致纳税人生产性投入不足，最终损害经济发展。从转变发展方式的角度看，需要对公共消费和就业的内在结构进行深入的分析。"虽然经济学家对政府消费的含义和间接影响意见非常不

---

[1] http：//dictionary.bnet.com/definition/public + expenditure.html.

[2] Yoshiko Hayashi, *Consumption Inequality and Public Consumption*, Yoshiko Hayashi * Osaka Keizai University, Centre for Japanese Economic Studies, Macquarie University, Sydney NSW 2109, Australia, May 2004, CJES Research Papers, No. 2004 - 1, ISBN 1 - 86408 - 982 - 2.

[3] ［美］亨利·黑兹利特：《一课经济学》，蒲定东译，中信出版社2008年版，第20页。

一致,但是,没有人会反对这样的观点,即政府的经济活动应该作为一个部门来分析,就像企业部门和家庭部门一样。"①

二 公共消费的结构化特征

纵观历史可以看到一种轨迹,人力资源的分布与物质资源的分布是呈正相关的。基层公共资源缺乏、资金缺乏,需要配置的人力资源自然也缺乏,因此,现阶段的人力资源配置问题实质上也是一个物质资源配置问题,其中包括收入分配格局的合理性问题,还包括公共服务体系建设问题,等等。正如约翰·肯尼思·加尔布雷德说过的,"生产社会的最终问题是它生产了什么,这表现在对某些东西供应充足而对另一些东西的生产却很吝啬的一种难以缓和的趋势。这种差距甚至引起了社会不安和社会不健康。划分富裕范围和贫困范围的界限,大致就是划分通过私人生产而投入市场的商品、服务与政府提供的公共产品、服务的界限。首先,我们的财富不仅与后者的贫乏形成惊人的对照,而且我们私人生产商品所得的财富在很大程度上引起了公共服务的供应危机。这是因为我们未能看到这种维持两者平衡的重要的、实际上迫切的需要"②。加尔布雷德对社会的吝啬批评的核心是想强调公共服务和公共物品的合理配置。只是我们还要把公共物品与公共服务再略加区分,因为在中国,相当长一个时期,人们对公共物品的投入是慷慨的,而对公共服务的投入是极其吝啬的。公共产品、公共服务供给的贫乏不仅造成了公共需求难以满足,也给由于公共需求扩张带来的就业造成极大限制。公共服务需求扩大会提高公共财政的支出,而公共财政支出要求经济必须保持持续的繁荣。经济的持续繁荣会带来更加充分的就业。这些,就是改革开放四十多年来我们一直试图在平衡和协调的问题。现在看来,还是需要静下心来仔细研究经济增长、需求、就业、财政支出和公共服务之间的关系。对于中国的发展,公共服务和民生问题还是个新的要素,它对经济增长、需求和就业的深刻影响我们还需要在理论和实践中进行深刻的解释。

从加尔布雷德的论述中我们也已经看到,从市场配置资源的方式来

---

① [美]罗伯特·耐尔·海尔布伦纳:《经济学的秘密》,秦海译,海南出版社2001年版,第117—118页。
② [美]约翰·肯尼思·加尔布雷德:《富裕社会》,赵勇等译,凤凰出版传媒集团、江苏人民出版社2009年版,第180—181页。

看，产生目前基层公共资源匮乏的状况是有其一定的必然性的。要改变这种状况，需要有超越市场的力量介入。换句话说，扩大基层消费和就业，从根本上说，这也是收入分配格局的调整问题，这个问题解决了，公共空间就会延伸至基层，形成一个自上而下和自下而上的畅通无阻的公共空间，如同一个人，经脉全部打通了，身体的毛病也就自然治愈了。合理配置公共资源是解决当前中国社会发展失衡的主要选择。如加尔布雷德所说，"假设一个社区建造更好的学校或更好的公园和购买更昂贵的汽车能够同样获得较好的回报。通过把注意力集中在汽车，而忽视了学校和公园，这样社区未能使自己得到最大限度的满意。正像一个社会的学校一样，国家普遍的公共服务也是如此。我们在满足自己对私人产品的欲望时毫不吝啬，这几乎是不明智的，而在公共产品方面极端克制，这也很不明智"[1]。很多公共物品不仅事关当前的发展和当前社会问题的解决，更是有利于长期的战略布局，很多公共服务资源是战略性资源。"实际上，事实比描述得更好些，也更坏些。税收结构不变时，各级政府的收入随着经济增长而增长。公共服务可以在这种自动增长中得到维持，有时甚至得到改进。"[2] 中国目前的问题实际上是一个社会进入丰裕阶段面临的新问题。现在需要人们提升到这样一个层次和阶段上来认识这些问题。要改变一些人依然在经济的圈子打转转，试图从经济发展中找到解决所有问题的灵丹妙药的做法。当前在考虑公共领域的问题，必须深入研究公共领域的基本规律，只有把握其内在规律方能找到解决公共领域问题的办法。这个问题给我们的启示就是，各个领域的发展规律并不相同，不能简单类比，尤其不能把一个领域的规律搬到另外一个领域。例如，中国经济发展到当前这个阶段，实现经济高质量发展是关键，那什么是高质量发展？就是从要素驱动向创新驱动转变，发挥技术创新的引领作用。那是不是也可以把高质量发展引入到社会领域，提出当前的社会也要向高质量发展？这就需要作深入的研究，即我们的社会发展到了这个阶段，主要的问题是什么？

社会要承认各个领域都能获得成功的价值取向。只要是有利于社会进

---

[1] [美]约翰·肯尼思·加尔布雷德：《富裕社会》，赵勇等译，凤凰出版传媒集团、江苏人民出版社2009年版，第186页。

[2] 同上书，第188页。

步事业的,都应得到尊重。只有社会确立了不仅挣钱和做官是成功的标志,志愿服务和公益创业也是成功的标志这样的多元价值体系,社会成员、大学生才会真正进行多元选择。我们始终相信,任何制度背后都支撑着一套价值体系。发展要素及其制度安排和制度背后的价值支撑都是不可缺少的。经济发展方式需要转变的不仅仅是调整国民收入分配结构,加快服务业发展以及积极推进城市化。根据我们的理解,上述三个方面恐怕都会超越经济领域。

首先,国民收入分配过程中的消费和投资都既包含了私人消费和公共消费,也包含了私人投资和公共投资。确定公共消费和公共投资的比例不应当仅仅依据经济学的理论,而应当依据经济社会发展的客观现实,需要对这个客观现实进行深入的理论研究和实地分析。服务业既包含了生产性服务业,也包含了非生产性服务业。在经济社会进入公共需求扩张阶段,非生产服务的发展要放在更加重要的位置。无视社会服务的就业容量是错误的。还有城市化,从历史上看,城市化从来就是一个公共服务供给的过程,从农村转移出来的劳动力需要在城市服务业就业,自己及其家人也需要在教育、卫生和医疗等方面的服务,这是他们转移的基本动因之一。因此,仅仅发展生产性的服务是不足以实现转变经济发展方式目的的。尤其是要考虑到中国的特点,这个特点不同于其他国家,就是,中国投资与消费不平衡,收入分配不合理,服务业发展滞后。国民收入分配不仅发生在企业和个人之间,也发生在区域之间,地区之间的发展不平衡最重要的是通过政府间的转移支付来弥补,在国际上人们将其称为财政均等化过程。这个过程就是中央政府或地方政府进行的财富再分配过程。消费不足在很多情况下是由于收入的两极分化所引起的。中国目前就或多或少有此种情况。当人均 GDP 达到一定水平时,必然要着力解决这个问题,否则直接结果会是生产过剩进而财富增长下降,经济会进入衰退期。在这个意义上,中国共产党十七届五中全会把收入分配体制放在重要位置是有其深刻考虑的。我们更需要理解其真谛。

其次,这里我们且不说经济转型升级和建设现代经济体系会遇到什么样的体制性障碍,就社会需求来说,在这样一个历史阶段的突出表现就不会仅仅是经济转型升级和建设现代经济体系的转变,而一定是包含了更加广泛的内涵。过于狭窄和简单地去理解经济转型升级和建设现代经济体系很可能错置了我们的注意力,在政策上导致新的扭曲。事实已经很清楚,经济转型升级不是现在才提出来的，早在第九个五年计划时就明确提出来了，而且之后的每个五年计划都重申，但始终没有转变过来。这其中有国际上的原因，也有国内的原因，经验值得总结，教训值得吸取。尤其在中美关系进入一个新的阶段，中国实现由要素驱动到创新驱动的转变已经没有讨论的余地，这事关国运。

最后，不进行相应的行政体制改革，经济转型升级和建设现代经济体系的门槛也迈不过去。不相应地扩大公共消费和与之相适应的公共服务，同样也迈不过转变经济发展方式的门槛。我们还是应当从历史发展的阶段性特征来分析现阶段中国居民的消费特征、消费需求。我们始终要记住，"生产出来的一切东西，只是由于能为人类的需要服务而才对人类具有价值，而这些需要只有用消费来满足。"[①] 消费重于生产。社会的幸福一方面建立在产品的极大丰富基础之上，另一方面又建立在公平使用这些产品基础之上。因此，转变经济发展方式要考虑把公共管理体制改革作为条件之一，归根到底，经济转型升级和建设现代经济体系是公共领域和社会领域的问题。至少，需要通过公共领域和社会领域的改革来为经济转型升级和建设现代经济体系创造一个更加宽松的环境。不能仅仅局限于经济领域。

经济发展可以带来富裕，也可以带来贫困。当经济发展的成果仅仅为少数人享用的时候，对于其他大众来说就是剥夺，就是贫困。发展的核心问题是如何让更多的人在发展中受益。要使更多的人受益关键是看有没有一个公平公正的分配制度。这是就经济发展在一个国家或地区内部而言的。像中国这样一个大国，要实现民族的伟大复兴，其经济发展就不仅仅是满足其内部发展的需求，还要考虑更多更复杂的目标。一个国家或地区的经济发展是否可以获得相应的国际地位和认同，恐怕还需要其他的因素。进一步说，经济学这把钥匙既可以开启富裕之门，也可以开启贫困之门，究竟开启哪扇大门，则有赖于经济学家的科学精神和人文精神。经济学家需要有人文精神和人文关怀。关注人民的福祉应该是经济学家必备的品质。真正的学者应当是有良知和教养的知识分子。

在经济转型升级和建设现代经济体系这个问题上，始终必须有着清醒的认识，必须从深层次考虑问题。"在一个落后的发展中国家，如果你不

---

① 何正斌：《经济学 300 年》，湖南科学技术出版社 2010 年版，第 108 页。

满意现在的产业结构（我相信谁也不会认为这个国家应该永远停留在这种落后的结构上），那么你要做的就不是人为地现在硬要去改变产业结构，而是努力积累资本，发展教育，去改变你的'落后'的要素结构。一旦你的资本多了，人才多了，只要价格是合理的，经济体制是竞争性的，那些'高级的'产业就有了发展的条件。所以，'提升产业结构'的问题，不是产业政策的问题，而是教育政策的问题，不应搞什么产业政策，而是要有体制改革和教育发展的政策。"① 这个分析是从一个深层次来分析经济转型升级和建设现代经济体系的，值得借鉴。但是，对这个判断还需要加以补充。一是不仅仅是教育政策，而是整个公共政策，教育政策和教育体制改革关乎所有人尤其是年轻的家庭和少年儿童，涉及公共财政、就业、家庭结构，还涉及国际因素，因此，在公共领域的改革和发展中，教育不可能单兵独进，必须有其他公共政策与之相适应。二是一个国家不可能不去解决它已经面临的挑战，诸如老龄化等。对于老龄化的可能影响，我们还是需要进一步估计，它毕竟有其他国家所不具有的特点和问题。这样，在现阶段，中国的改革就必须是统筹性的、全面的、协调的，必须全面深化改革。

要使中国经济在脱离外力推动的情况下，彻底恢复持续快速增长，必须立足当前，着眼长远，真正把政策着力点放在消除制约内需增长的体制机制障碍上，通过提高居民消费水平和快速推进人口城市化，扩大内需，经济转型升级和建设现代经济体系。进一步讲，政策着力点应该放在调节国民收入、扩展公共部门发展空间和破解城乡二元结构上。在经济转型升级和建设现代经济体系中调整国民收入分配格局，在二次分配领域需要做的事情就是积极推进公共部门的改革。不下大决心、大气力深化改革，这些问题不可能得到有效解决，宏观调控政策也很难在短期内走出困境。中国是一个大国，这样的大国有自己的优势去探索自己的发展道路。

以公共设施为基础的公共领域的形成（在这里，我们暂且不讨论哈贝马斯界定的"公共领域"问题），是人类进入工业社会以来的重大变化之一，其动力就是工业化进程中的大量农村人口进入城市生活和就业产生的

---

① 樊纲、武良成：《城市化：一系列公共政策的集合》，中国经济出版社 2009 年版，第 50 页。

对公共服务、公共生活的需求。这些进入城市的农村人口本身就形成了城市中的新的社会形态；为了满足他们的需求，政府又通过财政和税收等方式建立了基本公共服务体系，适应他们的需求，企业也参与到了公共服务的供给过程中。这其中的公共部门、公共服务、公共领域构成了新的社会组织形态。当然，各个国家在这个过程中的情形是不一样的，因为各个国家原有的社会体制不尽相同。美国在19世纪进入工业社会和开展大规模城市化进程时，人口不到一个亿，地广人稀，有土地作为依托，生计不是什么问题，也没有户籍制度限制人口的流动；中国在20世纪70年代，也就是晚于美国一个世纪之后，开启了大规模的工业化和城镇化，人口规模已经是当年美国人口的十几倍，人多地少，且有着严格的户籍制度限制人口流动，最终造成了具有中国特色的城市公共领域、公共空间的二元化，以及二元化的社会关系模式：城市人口和进入城市的农村人口尽管生活在同一个屋檐下，但是不能享受相同的公共设施、公共服务、公共空间，还被称为"农民工"、流动人口、常住人口，等等，实际上被排斥在城市体制之外。到目前为止，中国就其整体而言，不仅在整个国家中表现为城乡二元结构，就是在其城市内部的公共领域也是二元结构，这种二元结构造成了社会关系模式的二元性。

从另外一个角度看，一个国家由其历史、社会和文化积淀凝聚而成的社会体制会在长远发展中影响这个国家的发展和现代化进程。社会体制因素是一个国家现代化进程中的长时段力量，在长时段中形成，在长时段中发挥作用。改变它也需要长时段的努力。

第三节　共享经济：公私的混合领域

最近几年，由于滴滴出行、"优步"等新的商业模式的出现，共享经济成为一个新的社会问题进入人们的讨论范围。对于共享经济，人们褒贬不一，甚至还出现了意识形态方面的争论。共享经济的出现与环境生态压力加大、人类的环境自觉，以及互联网的快速扩张有着密切的关系。共享经济已经出现，在经济领域、经济研究领域，乃至环境保护领域引起了不小的震动，深入的讨论依然在进行中。但对这个问题的研究，从社会领域关注得还不是太多，不过，它的社会影响将是深远的，因为，共享经济提供的不仅是汽车、住房等，也形成了一种消费文化，提供了一种社会资源的分配和处置方式。另外，共享经济也重塑了一种新的社会体制机制，那就是把消费者的欲望变成必需品，变成生活习惯、生活方式，变成充实的社会生活。一个人一旦使用了互联网及其产品，若是让其不再使用，那将经受不方便带来的诸多焦虑。让分享成为一种习惯将是一场深刻的社会革命。

回顾历史，较早关注网络社会兴起及其对世界变革意义的居然是社会学家。非常有意思的是，"共享经济"这一概念是1978年由社会学家首先提出来的。20世纪90年代，曼纽尔·卡斯特已经预见到网络社会的兴起及其对未来世界的影响，他当时写道："新信息技术正在以全球的工具性网络整合世界。以电脑为中介的沟通，产生了庞大多样的虚拟群体。"[1]他预见到了"虚拟社会"的出现，这是一个被社会学长期视为与社会组织、社区不一样的新的社会组织形态。相当长一个时期，在我国学界和政策制定部门都将其称为"虚拟社会"，现在人们开始认识到，这个所谓的"虚拟社会"具有实体性质。随着"微博"、"微信"等通信、传播和沟通工具的出现，人们不再简单地将网络社会视为虚拟社会，就像人们在慢慢改变对网络平台的非实体性看法一样，正在形成对由网络形成的社会组织形态的新的认识。在可以预知的未来，在互联网认知领域中会发生一系列的颠覆性的理论和方法，因为人们已经隐隐约约感到，传统的理论和方法在解释网络环境下的一些新现象时已经力不从心，包括共享经济、网络环境下的知识产权，以及平台等。

历史在其发展进程中，人类往往先是用传统的认知方式来界定新事物，当发现传统的认识不能解释新事物时，慢慢再形成新的认知方式、理论解释。由于习惯的原因，人类总是喜欢使用已有的思维方式和理论框架解释新出现的事物。"旧瓶装新酒"是人类难以摆脱的路径依赖，其实也是一种习惯。既定的路径不仅是一种思维习惯，还基于长期形成的法律、法规等正式社会规范，以及约定俗成的非正式社会规范。突破原有的路径既要突破旧的思维习惯，创新思维方式，还要进行体制改革，在任何时代，这并非易事。曼纽尔·卡斯特还预见到了"网络企业"的出现对就业、工作方式的影响，他写道，"网络建构了我们的新社会形态，而网络化逻辑的扩

---

[1] [美]曼纽尔·卡斯特：《网络社会的崛起》，夏铸九等译，社会科学文献出版社2006年版，第19页。

散实质性地改变了生产、经验、权力与文化过程中的操作和结果"[1]。共享经济日新月异的发展正在验证卡斯特的预见。

尽管学术界仍有人不看好共享经济,认为20多年前就有人提出这个概念,至今它也没有发展成为支柱产业。但须看到,时过境迁,共享经济渗透到生活的各个方面已经是不争的事实。20年前人类何曾遇见到在今日移动互联网势如破竹,谁又能预见到年青人离开手机不能预约出租车和"专车"、"快车"等交通工具?谁又曾预见到年青一代不再去实体店购物?毫无疑问,共享经济发展的外部环境已经与20年前大不一样。在新的历史条件下看共享经济,需要新的视野和心态。"首先是价值观念的转变。消费者开始觉悟到,地区资源的供应是有限的,高消费的现象不可能永远维持下去。因此,我们正在尝试从那些已经拥有的物质中解脱出来。"[2] 在这个意义上,共享经济也是对改革开放初期人们崇尚的"高增长、高消费",尤其是一次性消费和"用一次就扔"的消费观念和消费行为的革命。

一 共享经济的产生、含义与特征

共享经济(sharing economy)的产生有其复杂的经济、社会、环境等原因,它出现于21世纪初期,主要因由是经济萧条、技术进步、人口增长和资源压力。人们常常引用的经济学中有关"公地悲剧"的理论可以说是一种对共享经济的另外一种解释,或者说是对这个问题的理论上的学术表达。

近年来,各国政府对共享经济都给予高度重视。为促进经济发展,英国政府在2015年的政府财政报告中列入支持发展共享经济的财政支出,旨在为英国的投资、创新、经营创造一个良好的环境。随着共享经济在德国快速发展,德国政府已经意识到这个新兴业态将给经济增长注入新的活力,当然也会带来一系列的挑战。德国政府正着手通过立法来引导共享经济的发展。德国政府将着眼于确保分享的公平公正,保护消费者的利益不受损害,保护消费者的权益、劳动者的权益,确保公平竞

---

[1] [美]曼纽尔·卡斯特:《网络社会的崛起》,夏铸九等译,社会科学文献出版社2006年版,第434页。
[2] [美]雷切尔·博茨曼:《共享经济的时代:互联网思维下的协同消费商业模式》,唐朝文译,上海交通大学出版社2015年版,第58页。

争等。

中国政府高度重视共享经济的发展。习近平总书记多次提到要鼓励支持共享经济和新业态的发展。2015年10月，党的十八届五中全会通过的《中共中央关于制定国民经济和社会发展第十三个五年规划的建议》中第一次对共享经济做出规划，要求实施"互联网+"行动计划，发展物联网技术和应用，发展共享经济，促进互联网和经济社会融合发展。2016年3月，李克强总理在政府工作报告中要求"促进共享经济发展"和"支持共享经济发展"，要推动新技术、新产业、新业态的快速成长，以体制机制创新促进共享经济发展，建设共享平台，做大高技术产业、现代服务业等新兴产业集群，打造动力强劲的新引擎。在国家经济发展进入新常态，国民经济转型升级进入新阶段，推动共享经济发展意义深远。目前，学界和其他领域的专家们还在争论是用"共享经济"好呢？还是使用"分享经济"更合适？其实这都无关紧要，从英文来说，共享经济和分享经济都是一个概念，是一个意思。汉语可以也必将找到一致的表述。

共享经济发展迅速，成果显著，2018年，各个年龄段的互联网用户都有了不同程度的增长。尤其值得注意的是，过去人们一直担心的老龄群体中使用手机的用户占了相当的比例，人们担心的数字鸿沟压力有可能会减轻，这有利于数字时代的社会结构向合理化方向发展，也有利于共享经济的发展和布局。

共享经济的产生有其技术环境。互联网带来了互相链接，重建了人们的社会参与和市场参与方式。在当今经济社会发展和人们的日常生活中，大量可使用的信息技术和社会媒体已经成为主流。日新月异的信息、社交平台，尤其是移动互联方式和硬件的革命使人类进入一个新时代。人们可以非常容易地建立社会网络和直接互动的组织形式。这些信息技术包括公开的数据、随手可得、成本低廉的智能手机等。技术发明及其进步戏剧性地降低了共享经济及其组织模式的隔离程度。

案例分析 5-1：罗宾·蔡斯（Robin Chase）的实践探索

蔡斯是一位居住在波士顿的交通运输企业家，曾参与 Zipcar、Veniam、P2P、Buzzcar、GoLoco 等企业或平台的创办，她也是世界上最大的共享经济实体组织之一——Zipcar（该组织在纽约有 3000 辆车，按小时或天租赁）的合伙创办人和 CEO。蔡斯还是 Buzzcar（类似传统的汽车分享模式，Buzzcar 会员之间使用车辆不需要付款，但该组织对排放有一定要求）的创办者和 CEO，P2P 分享服务模式的倡导者。也就是说，蔡斯和她的伙伴们是一批环保主义者。蔡斯发起创办了 GoLoco，还是 Veniam（互联网数据递送业务）合伙创办人和执行主席。她撰写了著作《同理心公司：人和平台怎样创新合作经济和创新资本主义》（Peers Inc: How People and Platforms are Inventing the Collaborative Economy and Reinventing Capitalism）。当蔡斯与她的朋友们合作创办 Zipcar 时，她不仅建立了自己的企业，也创立当代具有经济和社会影响的合作经济。在这本书中，她拓宽了对经济转型的认识，并对资本主义经济模式提出了质疑。当最佳的人力资源与最优质的企业资源结合起来组织"同理心公司"（"Peers Inc"）时，创造力就会被释放出来。"同理心"把地方化的个体、专业化力量和客户力量组织起来。当潜在的能力被平台和多元"同理心"的参与释放出来时，一种全新的动力就会被激发出来。

在《同理心公司：人和平台怎样创新合作经济和创新资本主义》中，蔡斯把她富于洞察力的思考引入到工作、经营、经济和环境问题的思考，提出了一系列的独到见解：动员各种闲置资源并转变经济学通常倡导的、一直坚持的最大限度利用所有资源的理念；公司与具有"同理心"的人之间的合作如何才能使公司成长得更快，学习得更好，更有效地生产产品和递送服务；如何通过"同理心公司"来关注全球加速变暖问题；"同理心公司"如何通过创新和进化来延长那些具有传奇色彩的企业去战胜自己短暂的生命周期；为什么公司与同理心的人之间权利相等会成为长期繁荣的前提；平台如何在现存的金融体系之内或者之外建立起来；在一个新的、分权化的世界中，政府如何才能够提高经济发展的可能性和保护人们的工作机会，等等。

蔡斯提出了富有启发性的"同理心公司"模式来强调一系列人类面临的棘手问题：气候变暖、收入不平等，并试图证明这种模式对于化解这些棘手问题的重要价值。

蔡斯这个案例告诉我们，共享经济的发展基于互联网技术、志同道合的人们之间的密切合作，致力于解决人类面对的具有挑战性的问题，其中包括环境。共享经济既是一种体制机制，也是一种理念和价值取向。在中国当下的环境保护领域，也活跃着一批有着环境意识的专家学者和实践者，也有人将其称为环保主义者、理想主义者，他们一道在实践共享经济的可行性。引领着绿色发展和探索新的社会组织形式。"通过吸收众包模式、社会多元化、产品分散化、共享社会和创客运动等理念，我们更加接近所谓真正的'公众参与型社会'。这样的社会为人们打开了更多大门，提供了更多参与机会，让他们最大限度地发挥个人能力。"① 共享经济将成为传统再分配方式和市场部门的重要补充，它带有一种强烈的互惠性特征。

自然资源的快速消耗也加速了共享经济的出现。继发达国家繁荣和拥有较高消费水平后，有着巨大人口规模的发展中国家的迅速繁荣给自然资源带来前所未有的压力，引起环境生态成本的上升和资源市场的波动，增加了传统制造业在设计、产品和配送等方面的压力。在这样的背景下，许多全球型企业开始高度关注循环经济的推广和发展，大量探索性、环境保护导向的企业纷纷出现，引领潮流，通过网络经济来适应新形势。它们使用网络技术，包括数据的收集与分享、最佳实践传播来提升企业间、社会组织间以及政府间的合作水平。

共享经济通过动员闲置资本重新形成价值，使之增加生产者收入，提高消费质量，推动国家经济增长和改善人民福祉，减少负面环境影响，增强社区纽带作用，促进社会融合。通过租借和循环，节省项目成本，共享经济为那些无力支付或不想长期拥有的人提供所需要的服务和产品。通过分散化、消除准入障碍，以及自组织等手段，共享经济可提升运营的独立性、灵活性，实现自力更生，提升社会成员参与治理的水平和能力。共享经济还可以在全球城市范围内加速实现可持续的消费和生产，成为个人和企业家创新的催化剂。

通常衡量一个国家的经济速度和规模的标准是 GDP。在很多情况下，GDP 与人们的生活质量并无必然的关系，它仅仅是一个国家经济总量指标。经济增长会产生许多变化——收入分配、环境污染、生态破坏，乃至整个经济体制变革，结果是好是坏，没有绝对的标准。共享经济使整个社会受益。越来越多的人感到滴滴快车给人们的出行带来很多便利，这既包含了经济效益，也包含了社会福祉。当然，经济增长对于国家非常重要，因为税收直接关系到国家地位、国家能力，尤其是大国，没有一定的经济

---

① [挪威] 拉斯·特维德：《创新力社会》，王佩译，中信出版社 2017 年版，第 192 页。

增长就不可能确保军事的竞争力和科技竞争力。对于政治家和国家来说，经济增长意味着更多的税收、更多的国民收入和更强的国际竞争力。对同一问题，各类社会主体的关注点是不一样的。

2016年夏季，在对美国社会体制开展实地研究过程中，也对源于美国的共享经济思潮和发展脉络进行了考察。共享经济的思想源于社会学。共享经济的实质是在信息技术平台上对社交和商务进行组合，它代表了一种新的社会体制和商业模式。历史上，"'人类在社会发展过程中创造了一个巨大、富裕、普世、占统治地位的社会运转机制，这一服从人性欲望的社会体制对于地球环境来说却是一个灾难。这个体制就是商业机制和工业化，也就是我们现在的社会体制'"①。

二 共享经济的社会体制内涵

共享经济的社会特征之一是通过网络发布资产报告，使网络社群中的人们分享这些资源的一种社会组织形式。与市场或行政层级比较，共享经济在很大程度上是通过社会关系的分散模式来实现资源的重新分配。它的基础是平台，平台通过自由下载的软件、分布式运算、移动互联来实现资源分布。传统的中心市场模式和行政层级模式被点对点的分散式信息交流所代替。这里的"分享"已经不是单纯的金钱和物资的交换，而是各种社会关系的相互作用，它增加了人们之间的相互依赖感。它预示着传统的非面对面和非个体式的商业模式被日益亲密的网络社群所取代。共享经济更根植于社群。由此也可以说，共享经济是一场社群革命。它不仅重塑了传统意义上的"社区"和"邻里"，也重塑了全球化。在某种意义上，共享经济也是一种协同消费，带来了一种新的社会机制：群聚效应、社会公共资源、陌生人之间的相互信任和闲置产能的充分利用。

首先，人们对共享经济的探索主要集中在出行、住宿、信贷、文化、生活日用品等领域。共享经济的市场机制主要包括，经济和便捷——帮助客户减少所需要支付的金钱和时间；提供便捷的供给方式、支付方式；减少人工服务流程；通过自助式服务拓展客户的选择机会和选择空间。

其次，共享经济的社会机制囊括收入分配机制、保障保险、信誉信

---

① ［美］雷切尔·博茨曼：《共享经济的时代：互联网思维下的协同消费商业模式》，唐朝文译，上海交通大学出版社2015年版，第131—132页。

任、同理心、必信力、有情有义、共享互惠。对于产品，人们关注的不仅仅是性价比，更可能关心的是工作、服务、产品的感受，也就是说，在商业过程中，"人性化"得到更多的展示。在诚信的文化氛围中，人们怀着共同的信念，社会鼓励人们分享自己的信息，乃至自己的闲置物品，实现自组织。在这样的文化氛围中，人们必须确保做正确的事情，准确无误地完成自己的工作，积极主动承担责任。分享、"同理心"都是人类的本性。"埃莉诺·奥斯特罗姆（Elinor Ostrom）是共同体的著名拥护者，也是唯一一个虽然不是经济学家，却获得了诺贝尔经济学奖的女性。她通过研究证明了，通过根植于社会资本中的虚拟货币的交易，很多社区获得了繁荣发展。居民从根本上自行决定如何组合和分配资源，设立监管者对那些破坏团体规则的人进行罚款，或最终将其驱逐出去。共同体的一个显著特点是设立指导原则的社区充满内在的自信。社区成员遵守规则，社区的正面声誉和相互信任也获得提高和改进。在如今的生活中，网络规则创造了一种数字共同体的形式。我们与他人的关系决定了货币或价值，这就是媒体被称为社区的一大原因。"①

"共享价值，顾名思义，意味着需要确立如何使企业价值链的所有重要利益相关者（stakeholder）获益——这样就不需要有道德上的紧迫性来帮助其他人了。确定如何使每个人都能获益，意味着你会比那些只注重短期利益的竞争对手更能持续地发展业务。"② "互惠（reciprocity）是社会的一种基本活动，人们无法仅仅通过非人格化的交易（impersonal transactions）发挥作用。"③

案例分析 5-2：文化分享

Book Crossing，一家世界性图书馆，也是一个社会网络平台。它通过 11571948 本图书在 132 个国家的 1626443 个读者中间传阅，努力实现图书改变世界和教会人们生活的愿景。Book Crossing 的使命是，通过图书连接人群，使图书不仅可以收藏，还可以分享。帮助 Book Crossing 在世界范围内运行的是活跃在各国的志愿者。Book Crossing 分布在世界各国，如美

---

① ［美］约翰·黑文斯：《入侵未来》，吴振阳译，机械工业出版社 2016 年版，第 156—157 页。
② 同上书，第 168 页。
③ 同上书，第 195 页。

国（29%）、德国（16%）、英国（13%）、荷兰（11%）、芬兰（10%）、加拿大（8%）、澳大利亚（5%）、法国（4%）、葡萄牙（3%）、西班牙（1%）。

Common Threads，由首席艺术家 Smith 和艺术家 Jesus Salgueiro 于 2003 年创办。他们坚信，家庭和食物是连接人类社群、培育情感的重要纽带——连接社区、培育文化、教化人们和使人群感到愉悦。

这主要还是一种文化产品分享的案例。当然人们通过文化产品最终分享文化精神和文化价值。

一个人在日常生活中用"同理心"对待别人，往往会得到别人的同理心。这也是企业成功和经营顺利的基本法则。"同理心"还意味着"社交生产"，例如维基百科，就是典型的"社交生产"，它提供了包括 200 种语言在内的、超过 900 万的条目，它是一个"开源软件"，任何人都可以免费使用，维护其运行的是一群志愿者，类似的开源软件还有许多。"同理心"公司是一种全新的价值创造方式，在其中，信任发挥着重要作用。人天生具有自愿奉献、相互合作，与他人分享自己的精力、时间、金钱和知识的本性，通过这种分享获得心理上的满足感。"同理心"还在于社交网络中，个体既有自己的利益和考量，同时参与社交活动的人们又有共同的目标。互惠行为成为"同理心"的核心价值。

共享经济背后折射着利己主义和利他主义的价值取向。人类历史上，利己主义与利他主义曾经是一条道跑的车，这点可以从马林诺斯基在对南太平洋岛上的原居民交易圈和交易行为的研究中看到。几个世纪以来，市场经济的发展，利己主义和利他主义分道扬镳，社交和商务也各行其道、界限分明。现代技术进步似乎又把社会与商务融为一体，社交互动、社会信任和共享产生的活动也创造了货真价实的真金白银。但是，"每个时代都在两者之间找平衡，在一方占主导地位时总是又会唤起另一方的崛起。一方面，如果一个社会只有整体没有个体，个体无法获得利益，我们将失去广为人知的市场经济社会的好处——它独有的自由、创造力、个性以及物质的多样性，等等"[①]。市场机制和互惠机制如何发挥作用和发挥多大

[①] ［印度］阿鲁·萨丹拉彻：《分享经济的爆发》，周恂译，文汇出版社 2018 年版，第 53—54 页。

作用取决于制度环境。社会体制改革就是要在这二者之间寻求平衡，赋予社会特有的意义。否则，若是把所有的礼物都变成商品，社会也就不存在了。在这个意义上，共享经济不仅是分享物品，也是一种情感的分享，在这个过程中，新的文明也就产生了。"以前，我们崇尚高度的利己主义文化，把自己的身份定位和幸福与否建立在拥有多少的物质上；现在，我们的社会文化已迎来资源共享和协同式生活方式，消费的理念也正在改变。"[1] 在共享经济中，使用权胜过占有权，"享"胜过其他。具有共享经济的理念，也是一场思想上的革命：改变拥有的态度，把心思转移到自由支配产品，享受产品带来的使用效果和体验效果，而不是拥有产品上来。如果有一天，整个社会不以拥有自己的私家车为荣耀，那社会将是什么样子呢？

最后，共享经济会涉及社会福利体制改革。随着参与共享经济的自由职业者不断增加，政府须制定统一的劳动标准、补偿保险、健康福利、休假、探亲假、补偿金、残疾人权益以及儿童保育权。当然，相应的税收政策也需要进一步完善。Airbnb 在自己的网站上劝告房主们支付应缴税款。在一些地方，平台和参与者制定了税款交付协议。2014 年 10 日 1 日，Airbnb 宣布向旧金山地区的房客征收 14% 的酒店税。

分享拥有悠久的历史，而且含义也丰富多彩。但在现代意义上讲共享经济，其最典型的特征是将过剩产能和闲置物品充分调动起来，实现物尽其用。当今世界，人类的基本需求，从衣食到住行，都在被互联网改造着。互联网使人类由消费者变为消费的提供者，并挑战约定俗成、天经地义的经营模式和经济体制。人类已经习惯于不断地扩大生产规模和不断地占有物品这样一种经济模式，而很少去设想改变这一经济模式。例如，为什么人们必须拥有自己的汽车，而实际上自己拥有的汽车在大部分时间里并不怎么用得上——绝大部分时间里是停放在自家或工作机构的车位上。很多人用汽车，不是自己真正需要，而是因为别人已经拥有。可以想象一下，多伦多的五大湖边、纽约港湾的船坞里停泊着大量的私人游艇，它们出海的频率又是那么低，船主们以占有这些船只获得心理上的满足感和幸福感，甚至将其视为上流社会的象征。这是人类自古以来形成的基本心理

---

[1] ［美］雷切尔·博茨曼：《共享经济的时代：互联网思维下的协同消费商业模式》，唐朝文译，上海交通大学出版社 2015 年版，第 191 页。

特征。延伸到眼前，国人以拥有数套住房，尤其是在郊区拥有别墅而获得满足感和幸福感不也被视为自然而然的吗？

分享使产品的使用与所有权发生分离。在计算机和互联网文化领域，分享是指分配和提供数字储备信息，诸如计算机软件、多媒体、文献和电子书等。从前，人们需要到书店或音像出版机构购买的音乐光盘或录音带，现在只需要到网上去免费下载就可以了。"分享"也常常被宗教界使用，如教堂中，人们分享食品，有时是每个参加的人都贡献各自的一份，大家一起分享；有时是少数几个人贡献，大家一起分享。分享是人类互动的基本方式，它承担加强社会纽带的作用和改善人类福祉的使命。在共享经济中，人们的动机是复杂的，比如环保、省钱、便利、参与，等等。这是一个颠覆传统的时代：协同行为颠覆了纯粹的市场行为。

共享经济有时也被称作合作消费（collaborative consumption），是一种介于所有（owning）和馈赠（gift giving）之间的混合经济模式，基于点对点（peer to peer）的产品和服务分享，通常通过线上社区服务来实现。目前涉及的领域有住宿、物流、交通、服务和音像制品等。

共享经济的体系非常复杂，在形式上，共享经济包括：替换（swapping）、交换（exchanging）、集体交易（collective purchasing）、合作消费、分享所有权、分享服务、合作化企业（co-operatives）、循环使用、二手产品交易、出租、借出、合作经济、循环经济、现用现付经济（subscription based models）、个人对个人出租（peer-to-peer lending）、小额金融、微型企业、社会媒体、聚联网（the Mesh）、社会企业、众筹、众包、开源数据、公开数据、用户原创产品［user generated content（UGC）］，等等。从分享主体上看，共享经济包括个人、企业（包括平台）、社会组织为各类市场和社会主体提供最优化的信息资源，使其可及、便利地使用产品和服务。

共享经济的前提是，当产品信息被分享，无论对个人，对企业，还是对社区来说，这些产品的价值都是增加的。在 Airbnb 中，房屋的主人获得收入和人际交往的快乐，房客节省了支出，并获得了不同于酒店的经历和体验。分享消费是现代经济制度和现代社会体制安排的方式之一，在这种制度安排中，参与分享只是为了消费产品或服务，而不是为了拥有，是为了体验，而不仅仅是使用。

具体来说，共享经济具有四个特征，一是对消费者行为来说，许多产品和服务由所有权转变为分享。成立于 2008 年的空中食宿（Airbnb）到 2015 年已经拥有超过 2300 万的用户，平均每晚客流量高达 42.5 万人，比酒店业的巨头希尔顿集团全球日客流量高出 20%。空中食宿估价已高达 255 亿美元。二是线上社会网络和电子市场很容易把消费者联系在一起。根据 PwC 的分析报告，截至 2014 年底，美国、英国、加拿大分别已经有 12000 万人、3300 万人和 1400 万人参与了共享经济。三是移动设备和电子技术使分享产品和服务更加方便。也许可以将共享经济视为一种继续使用的资产处置方式，通过建立共同体，将消费者变为提供者，来激活绝大多数资源和创新各种各样的经营模式。如今，一些人对于共享经济仍然存在争议。业界人士和学术界的一些人士认为，若是要大家把自己的物品拿出来分享，需要一定的动员或激励机制。四是几乎所有与幸福有关的问题研究都发现，人们越来越注重体验以及通过体验获得的喜悦，而不是关注购买或拥有某些东西。年轻人更是热衷于体验，这大大刺激了体验经济的发展。不论从业者受到何种训练，一旦他们直接与客户接触，会心旷神怡，愉悦倍加，顾客也会心情舒畅。人类的体验在不同代际之间是不一样的，因为每代人的感受不一样，最终形成的习惯也不尽相同，不能简单地用上一代人对问题的理解去理解下一代人。

从宏观经济的视角看，共享经济是一种混合市场模式。从微观经济视角看，共享经济包括各种各样的构成，诸如营利的、非营利的、物物交换以及合作社式结构。共享经济提供了拓展的产品、服务和知识，超出了个人对个人、单一的所有权，有时也指"放弃所有权"。作为买方和卖方、出租方和租借方，公司、政府、个人都参与到了这些变化和进化的组织结构中。共享经济会制造一批胜利者，也将产出一批失败者，例如，房屋所有者胜出，旅馆所有者败北，互联网专车胜出、出租车败北，等等。推陈出新是历史必然，这不仅发生在以上领域，也发生在所有领域，高铁撼动了国内航空业的霸主地位已经是不争的事实，只不过它没有像出租车那样引起人们的高度关注而已。日常生活中，越是贴近生活的领域越容易引起人们的关注。现实中的矛盾，甚至是冲突，从局部看是问题，从全局看是趋势。要学会从共享经济发展中看到未来的趋势。

三　共享经济的混合制度分析

共享经济是一种混合经济制度。从传统意义上的所有权来说，它把所有权和使用权分离又合并，形成分享体制机制；从交易模式上看，它把面对面、点对点交易的过程有机结合起来；从社会内容上看，它把商业价值、社会价值有机结合起来。之所以这样，共享经济的发展基于三大原则。

(一) 人是共享经济的核心和灵魂

共享经济是以人为中心的经济，这里的"人"，是指那些广泛参与社区和社会活动的社会成员。共享经济的参与者是个人，也可以是社区、公司、组织、群团等，换句话说，是所有高度嵌入到分享体系中、有所贡献或有所收益的产权所有者和组织者，以及使用者。"人"是产品和服务的提供者，也是创造者、合作者、生产者、合作生产者、批发者或再批发者。在共享经济中，"人"创造、合作、生产和批发点对点、个人对个人（P2P）的产品和服务。在共享经济中，微型企业精神受到高度称赞，因为在微型经济中，人们可以根据绑定的合约，开展点对点的交易。在一定的经营范围内，拥有者、雇员和客户，都会因为他们的观点、思想受到高度肯定，并被纳入各级供应链、组织和经营模式中。在共享经济中，信息和知识是分享的、公开的和人人可及的。高质量和公开的交流是共享经济体制的核心，因为它关乎信息和物品的流量、经济效率和可持续性。共享经济的基本工作是关于分配、知识、智慧的沟通，并使参与这个过程的个体、社区、组织非常容易接近、获得和使用物品和服务。技术和社会网络能够使沟通流量加速，信息广泛分享。在教育领域，通过沟通可以使人们更加容易接近知识、技能。在这个意义上，我们认为促进分享"更多的信息"是共享经济的核心和灵魂。社交网络恰恰起到了这样一个作用，它与经济活动密切相关，但又打破了传统意义上的"经济"界限。

共享经济创造了一个以社会共同体为基础的文化氛围：健康、幸福、信任和可持续性。分享被视为一种积极的象征，参与分享的人受到社会的尊重、鼓励和重视。可分享的生活方式是人类的优秀文化和传承，应当得到崇尚。分享文化渗透到各个部门、区域、经济、性别、宗教和民族中，多样性受到尊敬，不同群体之间的合作受到称赞和鼓励。分享和合作被视为连接各个层级的生命线，从个体，到邻里社区，再到国家，甚至到跨越国界的程度。资源分享是分享社会经济制度的一部分。在共享经济中，外部性总是被认可和整合，经营总是立足于最有效的资源利用和合作经营文化。共享经济囊括了人们经常讨论的社会创新模式，诸如自觉经营、社会经营、可持续经营、合乎道德的经营、社会企业和为了未来的共享经济经营等。占主导地位的分享经营模式包括,以可及性为基础的模式、服务、认购、租赁、合作、点对点模式。颠覆性创新、创意企业、微型创业等,它们都是共享经济的共同趋势。从这个意义上去看当前的出租车行业面临的问题就会发现,在一个比较完善的制度环境中,互联网"专车"颠覆出租车是不可避免的。

(二) 开放性和可及性较强的产品

在共享经济中,对于那些想生产和想消费的人来说,产品和服务是开放的、便于接近的。互联网技术和网络能够使产品和服务通过集群的方式一道运作,并超越地理限制得到使用和消费。环境友好型的地方产品受到人们的推崇。3D打印技术提供了更有地方性的产品,更短的服务供应链,提高了效率和可及性。共享经济的社会责任非常明显,公共服务可以(包括社会支持)通过合作生产实现——在各类角色扮演的全社会范围内展现,诸如家庭、朋友、地方社区、慈善组织、社会企业、商业界以及政府等。共享经济既具有营利性机构的特征,也具有非营利性机构的特点。评价它的成功程度不仅要看它创造的利润多少,也要看其创造的社会价值,它实现着经济效益与社会效益的有机统一。一个分享自己汽车或者住宅的人,既是为了增加自己的收入,也是为了地球的持续发展,也在这个过程中,结交朋友,感受友情,享受文化。当然,每个分享者的动机不尽相同。(见案例分析 5-3)

案例分析 5-3:Uber 的运行机制分析

Uber 的运行机制的核心特征是利用技术手段提升效率,便利出行,提升出行舒适程度。在用户体验方面,Uber 聚焦满足用户"实时、低廉、舒适"需求。

(1) 以提高效率和便利顾客为导向的派单制

一是 Uber 产品和服务设计的核心理念是采用派单制——一旦乘客下达用车指令,后台在大数据精算基础上实现自动匹配,把订单发给距乘客最近的车辆,要求司机15秒内回应。二是 Uber 软件设计采用极简法则:用户打开 App 时,系统默认用户需要用车,就开始搜索距离最近的车辆,只要用户点击用车,后台会迅速给最近的车辆发出指令。派单秉承距离最近原则。司机不必时时担心抢不到单,而处于精神紧张状态。三是效率为导向，Uber 设定的重要考核指标之一是 ETA（estimated time of arrival），即要求 Uber 每开辟一座城市，随着司机和潜在顾客的增加，乘客等待时间应缩短，直至能控制在 3—5 分钟，甚至更少，目前，旧金山是 2.4 分钟，纽约是 2.7 分钟，墨西哥是 4.1 分钟。

(2) 建立在精算基础上的价格制度

一是 Uber 组建了多学科合作的算法团队，包括火箭研究科学家，计算神经学专家和核物理学家。技术团队在后台做了大量工作：需求预测、拥塞预测、供应匹配、智能调度、动态定价等。Uber 在本质上是高度自动化的供需匹配中心。二是 Uber 通过强大的算法团队研究压低价格。Uber 这种模式在不同城市得到验证，有些城市 2 年之内就 6 次降价，甚至降到了出租车费用的 40%—50%。2015 年 1 月，Uber 宣布在美国 48 座城市降价，为司机提供保底收入。三是 Uber 研究发现，价格优化还可以让车辆里的乘客不止一位：在保证运行效率前提下，可实行单次多名乘客搭乘，降低每位乘客分担的支出。Uber Pool 试图实现每次搭乘同一方向上至少有两名乘客，车辆在中途放下一名乘客的同时，又接上另外一位乘客，依次轮替，不断持续。这一计划已在旧金山、纽约和巴黎得到践行，在旧金山的业务量已占 50%。四是尝试降低基准价的同时，还尝试动态定价（Surge Pricing）：根据实时交通信息，在用车需求大于供给时，提高价格，鼓励更多司机出行；在供给超过需求时，降低价格，鼓励更多用户叫车。

(3) 双向评价制度环境中的优质服务

一是在一些实用需求上下功夫，提供矿泉水、免费 Wi-Fi、手机充电等。Uber 优质服务依赖双向评价的数据体系，其内部对司机评价有两个核心的指标：乘客评分和接单率，每周结算一次。乘客评价满分是 5 分，若是司机平均分低于 4.8 分，则拿不到奖励。同样，若是系统自动派单，司机接单率达不到 80%，就没有奖励。司机也给乘客打分。若乘客有不良行为，如喝醉弄脏车，司机给差评。当某一乘客分数过低时，就会被判为不受欢迎乘客。同样是叫车，得分高的乘客更容易叫到车。

(4) 信誉和诚信基础上完善营销模式

一是 Uber 在每个城市的营销大致分为两个阶段：从 0 到 100 的冷启动和从 100 到 N 的口碑传播阶段。在传播链条中，采用的是自上而下的方式：先激活精英群体，让其成为 Uber 的拥趸，自发传播到白领阶层，再利用白领的影响力扩散到他们的社交圈，引发口碑传播。一般产品的推介，总是先有1%的意见领袖，然后是9%的跟进者，最后才是90%的大众人群。二是 Uber 司机端的冷启动同样依赖金字塔顶端的1%群体。这类群体可以是企业的 CEO，也可以是互联网大咖。冷启动后，将产品快速推广到90%的大众群体是营销的关键。这一阶段，Uber 通常会通过打造不同体验场景、传递创新型生活方式、与高端企业跨界营销以及借助明星力量等手段，让用户参与到营销过程中，并激发用户充当传播者，以口碑传播方式，协助 Uber 完成宣传。

（5）以"大平台＋小组织"为基础完善治理模式

一是 Uber 以总部透明化、共享数据平台为基础，通过严格的招聘规则，派遣最精干的三人小组到各大城市，给其充分授权，实现全球化战略。二是 Uber 标准配置是三个人精英团队，包括市场经理、运营经理和城市总经理。市场经理负责市场营销、媒体对接以及创意策划；运营经理负责数据分析和资源配置，如招募司机，管理与司机相关事宜，以及如何更好地服务用户；城市总经理主要负责策略性工作，如城市策略性规划。三是 Uber 建立专门团队处理一些共性问题，如政府关系、媒体关系、招聘等。在拓展每个城市过程中，依靠后台的强大数据平台来跟踪团队在各个城市业务的进展，进行评价。具体说：市场经理负责需求端，衡量其工作的主要指标包括：新用户增长量、城市订单量、服务品质、客服满意度以及媒体对接效果。媒体对接效果评价具体指标包括发稿率、质量、品牌认同度等。运营经理负责供应端，重要考核指标之一是 ETA，即用车抵达时间。城市总经理负责总体把控，协调供求两端，保证司机增长量与用户增长量匹配，以及成本、商业方式的可持续性，在本土化过程中，确保 Uber 品牌形象坚持全球标准。

共享经济是一种集各种交易、激励和价值创新的混合经济体，其中，价值不仅仅是指货币价值，也包括经济、环境、社会价值等。共享经济体制可以接受各种相互替代的货币、地方货币、时间银行、社会投资和社会资本。共享经济基于物质、非物质或社会回报，鼓励最有效使用资源。资源通过有效和公平的制度，在地方、区域和全球范围内被分配或再分配。所有权模式，诸如合作的、集体的交换和合作消费促进了资产的安全和公平分配，在全社会范围内实现了资源的有效使用。

共享经济混合的激励机制能够鼓励和激励更多的人积极参与社会经济活动。在一个地方被视为"废品"的东西，在另外的地方是有价值的物品，共享经济能够使"废物"重新配置到有需要的地方，并物尽其用，再现价值。闲置资源根据需要者的需求被重新配置或交易，形成一个有效的、公平合理的循环系统；产品循环、升级回收和分享。根据共享经济的原则，"废物"只是放错了地方的资源，或者叫作"沉睡的资产"，只要合理配置就能够对个人、社区、公司和社会有效用。

(三) 共享经济中的复杂权力结构及其未来趋势

共享经济授权社会成员能够在经济和社会领域重新分配权利，在地方、国家和全球各个层级上，经济和社会依赖于公开、分享、社会再分配、公共治理过程。这个强有力的经济体制能够促进公开化，分享机会，使权利更加可及，从而促进收入分配制度的完善，减少不平等和消除贫困，鼓励人们成为积极的社会成员，深深参与到他们的社区和所处的环境中。

在共享经济中，法律制定的机制是民主的、公共的和具有可及性的。规则、政策、法律和标准的产生往往基于人们在各个层次上参与到公共治理过程。法律和政策制定能够推动和刺激居民、社区和公司之间的分享实践，如汽车分享、点对点交易，以及形形色色的资源分享等。法律、政策、机构以及设施创造了一个包含保险、担保、社会等级、信誉资本在内的信任体制。

共享经济把人和地球置于经济制度的核心。价值创造、产品和分配把可获得的自然资源在协同效果前提下，在和谐的环境中使用，而不是以牺牲地球为代价，在不破坏环境的前提下，在人与自然的和谐中，推动人类生活的欣欣向荣。这也是对"绿水青山就是金山银山"体制机制的一种探索。环境责任，包括环境负担是在人群、组织和国家政府之间分享的。共享经济中的物品和服务被设计为可持续性，而不是可淘汰性，不仅能够实现资源的重复使用，而且对地球产生积极的影响。例如，不是简单地通过碳减排来减少负面影响，共享经济要生产对环境和生态有积极作用的产品和服务，像"从摇篮到摇篮（C2C）"或者是循环经济模式。

共享经济是基于长远考量而建立的强有力的、可持续的经济体制，它总是把当前行为的影响与未来发展联系起来，更着眼于未来。考虑到长远影响和可以预见未来的"大视野"，共享经济代表了一种稳定和可持续的经济制度。系统思考和系统探索各种变化对于实现共享经济的发展至关重要。毫无疑问,技术进步已经为共享经济发展提供了条件,而且它已经在许多领域应用了,很多人将参与共享经济视为第二职业或为了孩子教育而增加收入,或采取灵活就业的方式,但是,一旦人们将其作为收入的唯一工作来源,福利和社会保障问题都将会被提上议程,并需要着手改革和完善现行的社会保障体制。

四　共享经济的社会基础分析

分享意味着将自己拥有的物品分享给所有的人使用,它需要雇主拥有开放、包容和诚信的心态来对待客户,对于客户也是如此。共享经济不仅构建了一种新的经济组织形式,也构建了一种新的社会组织形态和社会秩序。它的发展离不开法律和诚信制度。

(一) 共享经济意味着社会价值的发展和培育

信任是分享的前提。现实生活中,共享经济行为不是发生在两个与世无争的行善者之间,而是发生在人们为获得自己需要资源的交换系统中,由于互联网的介入,人们不必见面就可以交易,南美的 Airbnb,房东把家里的钥匙放在约定的地方,房客住宿后把房费放在门口的篮子里,双方不曾见面,这个交换系统以信息系统为工具,以信用为基础,这如何不是一种新的社会体制!所以,共享经济既是一个经济系统,也是一个社会系统,又是一个信息系统,还是一个价值系统。传统意义上的社会学研究的社会交换系统,往往关注社会交换系统中的经济和社会特征。随着电子货币的出现,分享过程中的交换价值、交换媒介以及计量单位电子化了,而不是通常意义上的纸币。在无现金的分享过程中,信任的本质与使用纸币的状况完全一致。

在已有的国际文献中,共享经济与人们经常讨论的社会创新的概念,诸如社会经营、社会责任等密切相关,这自然要求我们探索共享经济的社会价值基础。共享经济的发展意味着社会价值的培育,它是指一个社会所拥有的社会规范,包括公平、正义、友爱、善良、忠诚、勇气、怜悯、仁慈、感激、谦虚、宽容、真诚、勤奋、坚韧、积极、乐观、礼让、勤俭等基本行为规范。这些,都是共享经济的社会价值所要求的,也是一个健康社会所必须具备的。"过去几年分享经济的爆发应当归功于我们与陌生人之间迅速发展起来的信任关系。这种关系是通过不同的系统产生可靠的数字化信息建立起来的，这些信息组成了所谓的'数字化信用基础设施'。"[1] 我们说一个社会必须拥有自己的社会价值，就是说要让社会有一点自己的空间，不能完全把社会领域市场化，社会领域中好多问题是不可以简单地用市场手段解决的。比如说，到医院看病要排队，引入市场机制的解决途径通常是，有钱可以优先排队，享受VIP待遇，没有钱就必须排队，从社会价值的角度来看，这都是不公平的。就人的本性来说，人是利己主义和利他主义的综合体，人的骨子里包含着二者的基因。关键是作为个体和集体的人们处于什么样的环境，好的环境可以使二者平衡发展，坏的社会环境可能使利己主义走向极致，或者就是人们通常所说的精致的利己主义。用社会价值的理论，可以解释人除了追逐个人利益之外还有利他主义的行为需求，否则就没有办法解释历史上的慈善行为和志愿行为。这也是历史的规律和社会的规律，共享经济当然也离不开这一价值取向。共享经济依赖于使用者和提供者的意愿，但是，为了实现交换，双方都必须值得信赖。

共享经济不仅带来了人与人关系模式的改变，也将改变社会保障的体制机制，"我们对市场的监管方式将根本改变，基于雇佣方式的社会保障体系将受到巨大冲击"[2]。成熟的共享经济模式不仅是一个商业创新，也是一种社会组织形式的创新，滴滴出行、Airbnb、Uber等不仅是成功的企业，也是一种基于互联网技术的成熟的社会组织形态和公共关系模式。当然，一个企业的成熟不仅取决于企业本身，也取决于它赖以生存的社会环境。一个成熟的企业依赖于一个成熟的社会，二者不可分割。还必须看到，随着平台不断提高自己的服务的专业化和不断扩大自己的业务规模，未来社会将面临着更加严重的不平等，把点对点服务平台上的各个个体纳入现行的医疗保险、养老保险、失业保险等社会保障体系中去，也是当代社会体制改革中不能忽视的问题。

（二）人性中的社会价值基础

人具有两面性，利己主义和利他主义，从古至今，不可能存在单面人。"任何人都很清楚，人并非只带着善意而活着。在人的心中的某个地

---

[1] ［印度］阿鲁·萨丹拉彻：《分享经济的爆发》，周恂译，文汇出版社2018年版，第83页。

[2] 同上书，第9页。

方，潜伏着一些负面的情感，如恶意、嫉妒、情结、怨恨、愤懑、憎恶等。"[1] 人的两面性得到什么样的展示，取决于制度和社会环境，换句话说，好的制度可以使人的社会价值得以展示，坏的制度会使人性中的"恶"表现得淋漓尽致。理解当代美国的志愿精神和慈善事业，可以追溯到早期美国的历史。"早期的美国人却把'公共美德'看成是人类性格成熟的一种特殊品质，非常类似于黄金法则。"[2] 在美国历史和现实中，道德存在于日常生活之中。当时的人们认为，"美德必须被赢得，必须被了解。美德不是人性中一种不变的品质。它必须不断地被培养，一小时一小时、一天一天地被运用。建国者们指望家庭、学校与教会去点燃代代相传的道德火种"[3]。这是早期美国社会的制度基础。"美国是由移民构建起来的人工国家，不具有前近代的历史，建国的理念就原封不动地成为这个国家的传统了。"[4] 后来，美国的社会部门（也有人称为第三部门）发展非常之大、速度之快、主体之多元化，非其他国家能够比拟。当然，不同之处在于，社会组织是以社会目标为导向的，社会企业家需要使自己的社会使命内化于心，外化于行。而共享经济的经营者则完全没有这样的职业要求，但是，共享经济的特点决定了企业家们必须具有社会企业家的心态。

讨论共享经济的社会价值，人们对于纯粹意义上的交换还心存质疑，这涉及对古典经济学创始人观点的理解。亚当·斯密对于人类本性的思考是撕裂性的，一方面他认为人类有其善良的一面，另一方面他又认为人类有其追逐自私自利的内心世界。[5] 亚当·斯密的撕裂性思考是现实中人们行为和内心撕裂的理论展示。人们的社会存在决定了人们的意识。为了解释人类社会的分工现象，他必须承认人类需要他人的善意帮助，但单凭善意，人类又无法得到这样的帮助，必须具有自利心。他总是在人们的善意行为之后去寻求功利性。[6] 就连早期的功能主义，例如，佛雷泽也试图从南太平洋岛上的部落居民的礼品交换中寻求经济企图和社会目的。"斯密

---

[1] ［日］橘玲：《日本人》，周以量译，中信出版社2013年版，第301页。
[2] ［美］W. 克里昂·斯考森：《飞跃5000年》，毛喻原译，群言出版社2015年版，第44页。
[3] 同上书，第48页。
[4] ［日］橘玲：《日本人》，周以量译，中信出版社2013年版，第185页。
[5] ［英］马特·里德利：《理性乐观派——一部人类经济进步史》，闫佳译，机械工业出版社2015年版，第70页。
[6] ［英］亚当·斯密：《国富论》，唐日松等译，华夏出版社2006年版。

对这一难题的认识是，仁爱和友谊是必要的，但要让社会正常运作，这些还不够，因为人'随时都需要很多的合作与帮助'。"① 这似乎是那个时代经济学研究的一条路径，要研究商品就必须研究交换，研究交换就必须研究分工。恩格斯在其著名的《家庭、私有制和国家的起源》一文中也分析了从氏族社会到奴隶社会演进过程中，私有制出现的历史，"最卑下的利益——无耻的贪欲、狂暴的享受、卑劣的名利欲、对公共财产的自私自利的掠夺——揭开了新的、文明的阶级社会；最卑鄙的手段——偷盗、强制、欺诈、背信——毁坏了古老的没有阶级的氏族社会，把它引向崩溃"②。这些，对于所有制的理解和解释就与我们以往的认识衔接起来了。恩格斯研究家庭、私有制和国家的起源也是从各个民族和氏族的历史文献着手的。马特·里德利研究后发现，一些社会擅长创造信任感，而另外一些社会却难以做到，挪威社会比秘鲁社会有一套设计更精当的激发信任的制度。这背后涉及文化、历史、地理环境、经济发展水平以及现行的法律。

（三）理想社会的价值基础

世界著名管理学大师亨利·明茨伯格对于理想社会做出了自己的定义："可以用坐在一张有着粗壮的三条腿的凳子上来描述一个平衡的社会：一个拥有受人尊敬的政府的公共部门来给民众提供许多保护（比如治安及监管）；一个拥有责任的企业的私营部门来供应我们所需要的很多产品及服务；还有一个源自强盛社区的社群领域，从中能找到许多我们的社会归属。"③ 明茨伯格在这里讨论的是社会的理想状态。尽管明茨伯格在这里没有谈及共享经济，但是，他这里讲的企业是具有社会责任的，而不仅仅是整天热衷于营利。人民对于政府的爱戴源自于政府能够为民服务和保护人民的利益与安全。市场的责任是提供人民需要的产品并确保产品的质量和安全。健康社群要求人们能够从中得到群体的帮助和得到精神上的慰藉。三者缺一不可。

社会团体本身须有自己的文化和核心价值，即向善的力量，社交网络

---

① ［英］马特·里德利：《理性乐观派——一部人类经济进步史》，闾佳译，机械工业出版社2015年版，第70页。

② 《马克思恩格斯选集》第四卷，人民出版社2012年版，第110—111页。

③ ［加拿大］亨利·明茨伯格：《社会再平衡》，陆维东等译，东方出版社2015年版，第3页。

中的各个圈子各不相同,有的正能量十足,有的缺乏正能量。健康的社会需要培育具有正能量的社会团体,"因为是一件正确的事而去做,这样产生的决心并不是因为政府要我们做或者市场的诱导,让社团生活成为一种向善的力量,并且为变革提供动力"①。好的社交网络就发挥了这样的作用。好的共享经济社群也应当具有这样的作用。"社群力意味着如何将人们聚拢在一起以合作的关系开展工作。在我们每个人作为个体和社会中的我们所有人之间,是我们群体性的天性:我们是需要归属与认同感的社会动物。"② 公共领域也有自己的价值和文化,分享是其主要特征。"公共财产与社群领域相联系,是公共的:分享,而不是占有。"③ 正在兴起的共享经济需要分享的文化价值,这是经济体制进化的一个新的阶段。资本主义需要新教伦理,共享经济需要新的价值取向,这是当下的人们难以绕过的理论问题。理论是灰色的,实践之树永远是常青的。

中国各级政府一直在积极探索政府与社会的关系,并通过社会协同和公众参与来实现社会管理的目标,在2013年11月召开的中国共产党第十八届中央委员会第三次会议通过的《中共中央关于全面深化改革若干重大问题的决定》中第一次将社会管理更名为社会治理,彰显了在社会领域凸显多元治理格局的决心和信心。这也是多年来,在社会领域倡导志愿服务、社区建设和公众参与的结果。

上面讨论的有一些可能不适于中国,但是可以为我们分析问题提供一个视角。"美国的活力在每一个真正的美国人的血液里流淌,而唯一能够找到真正的美国人的地方,就是这个民主意见的交换中心。"④ 这个民主意见的交换中心就是社区中心,在这个社区中心,邻里们敞开心扉,大家一起讨论时局和时事,提出自己的意见和建议。这一点值得我们的决策者和关注公众参与的人们深思,"让公共领域运转的关键是,在有问题出现时,公民是否有多种途径有效地影响政府的决策者。公共领域运转还有赖于,人们是否能够通过交谈、抱怨、信件、请愿、利益团体、政党、诉讼、示威、抗议的方式,感觉到自己能够,事实上也能够把问题推上公共

---

① [加拿大]亨利·明茨伯格:《社会再平衡》,陆维东等译,东方出版社2015年版,第50页。
② 同上。
③ 同上。
④ [美]迈克尔·舒德森:《好公民——美国公共生活史》,郑一卉译,北京大学出版社2014年版,第187页。

议程"①。我们从某一案例看到，一个新建小区，因为社会治安、乱搭乱建，引起居民不满，在与物业和开发商多次交涉无效后，居民们决定自己成立业主委员会，自己来维护自己的正当权益，他们按照政府有关成立业主委员会的文件规定组织筹备，费了很大力气，动员了几乎所有能够联系到的居民，通过了居民投票，最后还是没有得到政府的住房和城市建设部门的批准。居民们非常灰心，但是毫无办法。据说，除了筹建业主委员会，他们还通过信访等途径与政府有关部门和领导联系，祈求他们的帮助和支持，但是均未见效果。这种局面倒是给了开发商和物业公司以底气，居民没能把问题推上公共议程。

建设完善的社会信用体制这一点倒是符合中国当下发展的要求，也值得中国在进一步激发社会活力过程中考虑，要实现社会动员，首先要建立起码的社会信任。而诚信问题恰恰是中国价值体系的缺失部分。"若缺乏基本的社会信任，社会将难以为继；若缺乏有组织的、制度化的不信任，民主将难以为继。"② 不解决好这个问题，社会参与难以进行，基层民主也不可能建立起来。这些年来，民政部门在基层自治和基层民主建设中不能不说下了很大功夫，但是效果甚微，究其原因，此种做法的问题是，把政治制度建设这样一个严肃问题，放在农村和松散的社区来推进，不能不说是缺乏严肃性的，也缺乏相应的制度配合，如价值体系，政治民主建设不仅需要居民的参与，更需要居民参与社会事务的信任体系。

社会结构的变化对于志愿服务的发展影响十分明显。集权化的等级制度、社会的两极分化、个人主义的价值观念都是泯灭志愿精神的重要因素。这种情况也发生在美国，相当长的一个时期，人们讨论被托克维尔称为参与之邦的美国，在最近几十年中，公共参与、社会资本正在消失，最主要的障碍则是最初在19世纪90年代到20世纪20年代之间才开始的一种集权化的等级关系结构。历史表明，"这种结构不被打破，民主的普遍复兴将不会出现"③。美国的经验不一定适合中国国情，但是可以对我们的研究和探索提供一些借鉴。不论怎么说，共享经济的出现和发展，开辟

---

① ［美］迈克尔·舒德森：《好公民——美国公共生活史》，郑一卉译，北京大学出版社2014年版，第187页。
② 同上书，第258页。
③ ［美］罗伯特·H. 威布：《自治：美国民主的文化史》，李振广译，商务印书馆2006年版，第300页。

了社会发展的新领域，也提出了社会体制改革创新的新问题，我们没有理由回避这些新问题。科学研究必须与时俱进，及时回答新问题，解释新情况。

经过精心设计的制度可以使"小我"与"大我"趋于一致，这是社会发展的最佳状态。世间经常发生的情况是："小我"与"大我"经常发生冲突，甚至导致了一系列的恶果。市场机制是把"小我"与"大我"连接起来的方式之一，有的时候它连接得好，有的时候它连接得不好；在有的国家连接得好，在其他国家连接得不好。有的国家成功了，有的国家失败了。创造"小我"与"大我"趋于一致的制度始终是人类孜孜以求的理想。很多情况下，人们顾此失彼。发挥市场在配置资源中的决定性作用和更好地发挥政府作用的有机结合是一套复杂的制度设计。

总而言之，由个人和家庭的共同需要产生的公共空间是随着生产方式发展和技术不断进步而不断扩大的，经历了家庭（家族）和社区阶段，工业化和城市化带来的政府部门参与的社会福利制度阶段，以及最近的共享经济发展带来的混合领域阶段，不同阶段上的公共空间是不一样的，总的趋势是不断扩大，利益格局也越来越复杂，这是我们理解社会体制的基础性概念和基本理论构架。在社会体制改革中，我们所说的公共空间是指包括社会事业在内的公共服务领域以及关系人们私人利益的公共话题，它既包括公共设施，还包括公共活动。利益格局包括收入分配格局和其产生的社会结构与社会分层。社会结构中人们要组织社会生活，要有共同的文化，个人要社会化，人们之间要进行社会互动，在互动的过程中形成社会组织和社会团体，要共同面对社会问题，这样在社会中自觉或不自觉地就产生了一个公共领域。由于人们需要共同的社会生活，这就造就了公共利益，形成了公共领域，以及在此基础上形成的公共空间就构成了人们社会生活的基础。共享经济的出现是21世纪经济社会文化和环境领域的一场革命，它挑战了长期以来的既定的利益格局。它既代表了一种新的商业模式，又代表了一种新的社会组织形式，还代表了一种新的文化：生态文明的一种新探索，这是我们研究社会体制的逻辑起点。

第六章 社会动员机制与社会活力

第一节 社会动员机制

社会体制的另外一个重要功能是能够实现社会动员,激发社会活力。社会活力和社会创造力是衡量一个社会的社会体制优劣的重要指标之一——应视为最为关键的指标。社会要实现自己的发展目标,必须有能力动员全体社会成员的积极参与。一个全体成员都有意愿积极参与的社会才是一个充满活力的社会,当一个社会的社会问题主要依靠社会成员自身而不是完全依靠政府去解决时,这个社会才算走向了成熟的社会,也就是习近平总书记于2014年初在中央党校讲话时要求的,要提高人民群众参与国家事务、经济社会发展事务和解决自身问题的能力和水平。如何让更多的人参与到社会生活中来,特别是公共生活中来,这确实需要进一步完善社会动员机制。

社会动员工作不求大而全,要求精而实、人性化、机制化、生活化,尤其要与人民群众的社会生活密切结合起来,力求激发每个人的活力和创造力。这些年来,各级地方政府和志愿组织通过项目化方式推动社会动员工作取得了一定成效,比如社区的项目化管理和推动、志愿服务活动、志愿服务体系建设等。采取社区项目化的工作方式引导推动工作,必须进一步明确社区建设的目标、任务、措施,更加有效地组织实施,督促指导试点项目进展情况,切实实现预定的动员目标;志愿服务活动开展和志愿服务体系建设要掌握志愿服务的基本规律,尤其是要研究志愿服务体制机制,并将其与社会体制改革创新有机结合起来,在一个更大的制度环境中为志愿服务寻找合理定位和发展动力。

社会动员的首要工作是尊重人民群众的首创精神,这也是改革开放四十多年的基本经验。就社会学而言,人格尊重是人与人关系和谐的基础,也是社会和谐的基础。调动群众的积极性是一门大学问,也是中国共产党领导中国社会主义革命、建设和改革开放从胜利走向胜利的法宝。早在1975年,邓小平在谈到调动教师的积极性时就说,"教育方面存在不少问题,现在老师积极性不高,学生也不用心学,教育质量低,这样下去怎么实现四个现代化?"① 这就抓到了教育体制问题和激发教育体制活力的核心:人。任何时候,任何情况下,只有抓住了人,就抓住了问题的核心和社会动员的"牛鼻子"。邓小平当时为什么这样讲?主要还是针对当时一些人把毛泽东同志在特定情况下讲的"以学为主,兼学别样"曲解为学工、学农、学军都是以学为主,有的大学把专业课取消了,基础课压缩了,教师地位低下,得不到应有的尊重,严重违背了教育的发展规律,挫伤了教师和学生的积极性。邓小平说道,"几百万教员,只是挨骂,怎么调动他们的积极性?"② 换句话说,要调动教师的积极性就要尊重他们,必须尊重他们的人格、职业。同样,社会动员也需要动员者尊重人民群众的人格、职业和意愿。邓小平同志在改革开放初期针对教育体制改革提出激发教师积极性的重要论述对于我们当前的教育体制改革依然具有重要的指导意义,对于我们理解当前的社会动员工作同样具有重要意义。

人格是指一个人在特定社会环境中形成的自己的行为模式、思想模式和情绪反应特征,是一个人区别于他人的属性之一,通常表现为性格和气质,是个人在家庭、学校和工作过程中形成的社会特征之一。对于一个人的人格的尊重是建立和谐的人与人关系的基础。职业是指人们参与社会分工,用自己的专业技能和知识智慧创造财富,获取合理合法报酬,创造物质或精神生活的一项活动,是个人通过教育和职业训练形成的技能体现,也是一个人的立身之本。每一项职业都是社会分工的结果,也是社会发展必需的组成部分,社会上只有分工不同,不应当在职业上有贵贱之分,不同分工下的职业都应当得到社会的尊重。职业不分贵贱,凡是能够创造价值的职业都应得到全社会的尊重。一个社会只有对能够贡献社会的各种职业形成尊重的氛围,这个社会的结构才能合理布局,人与人的关系才能和谐,人们的积极性和创造性才能被激发出来,才能形成社会和谐的关系和舒畅的心态,奋发向上的氛围,才会激励人们不断参与经济社会活动的

---

① 《胡乔木传》编写组:《邓小平的24次谈话》,人民出版社2004年版,第61页。
② 《邓小平文选》第二卷,人民出版社1994年版,第33—34页。

活力。

　　社会动员机制是国家治理体系的重要组成部分，人民群众作用发挥的程度大小，是衡量国家治理能力的重要标志。2014年2月17日，习近平总书记在省部级主要领导干部学习贯彻党的十八届三中全会精神全面深化改革专题研讨班开班式上发表重要讲话时强调，要提高人民群众依法管理国家事务、经济社会文化事务、自身事务的能力，不断提高运用中国特色社会主义制度有效治理国家的能力，对发挥人民群众的作用来推进国家治理体系和治理能力现代化提出了明确要求。讨论社会体制改革中的社会动员问题，必须将其摆放在国家治理体系和治理能力现代化的高度来认识。

　　社会组织是社会动员的主体之一。社会组织，尤其是志愿组织，在动员人们参与志愿服务活动中的作用越来越凸显，这主要是指那些以组织志愿服务为使命的组织，他们的使命决定了他们的工作重点和工作方式，社区志愿者协会、青年志愿者协会、地方的志愿服务联合会，乃至中央层级的志愿服务联合会，以及那些草根层次的社会组织都在动员志愿者方面发挥着重要的作用，中国志愿服务在这些年间得到长足发展与党委政府和各类志愿组织的动员不无关系。这些年，除了原有的志愿者组织，如中国青年志愿者协会、中华志愿者协会等，又陆续出现了中华志愿者联合会，中华志愿服务基金会等组织，不仅工青妇参与了志愿者的组织动员，中央精神文明指导委员会也把志愿服务工作摆在重要位置，这些都大大推动了志愿服务的发展。

　　单位作用较改革开放以前确实淡化了，但单位的作用远远没有人们想象的被社区取代了，在实际生活中，尤其是那些自己购买住房、搬出单位宿舍区的机关工作人员、白领工人以及其他职业的人员，单位的社会联系的主要意义远远超出现实意义的社区。我们不能不说在现时代，单位人由社区人或社会人所取代是一个过于简单的命题，至少在一部分小区还是这样。这里首先说网络，网络成为人们交往和获取信息的主要渠道一点也不足为奇，看看大街上、单位办公室、会场上，人们都在察看手机，就知道它是多么普及和被广泛应用了。网络正在改变人们的生活和工作，这一点是毫无疑问的。尤其是很多单位在组群的过程中，除了单位工作群，往往还有一个生活群，这个单位生活群不是讨论单位工作，而是讨论单位人关注的日常生活问题，因此，必须关注网络环境下的单位又出现了新的特点和趋势，社会化程度又加强了，未来肯定不只是在网络环境下，也会在现实生活中，线上线下一道互动。

在社区没有成为生活共同体，人们没有对社区的管理和秩序形成认同之前，单位人还是单位人，人们对于单位的认同会远远超过对社区和社会的认同。除了上述问题之外，朋友推荐参与志愿服务也是一个值得进一步分析的因素，这说明，在我国社会资本中，朋友之间的联系和交往对于推动社会公益活动是一个重要的因素，我国的社会联系是具有一定的强度的，不容忽视，人们也不都是在独打保龄，有时候也还是一起打保龄的，这个现象值得关注和进一步研究分析，把这种社会资本扩大，对于发育现阶段的社会资本，建立人们之间的信任、规范和价值非常重要。朋友、亲友都是社会组织的重要形式，是一个社会中不可缺少的黏合剂，需要从社会建设的高度加以认识和发展。这些非正式的社会组织形式其实是一个社会中最为重要且往往是隐性的社会联系，不被注意。但是，确实需要加以关注，就像需要关注非正式的社会规范一样。

缺乏面对面的交流是我们社会关系模式的一个特点，尤其是那些从农业社会走过来的人或从传统社会走出来的人，对缺乏面对面的交流是不习惯的。"'寂寞是20世纪的主要疾病'，正如大卫·雷斯曼所说，'我们都是寂寞的人'。人口在迅速膨胀，而人与人之间的可共患难的真情却逐渐消失了……我们生活在一个无个性的世界里，我们的事业、政府的规模、人口频繁的迁徙等很多原因，致使我们无法获得持久的友谊，然而这还只是个开始而已。"① 这里所谓的事业，应当就是指工作、就业等诸方面的压力，以及人们对于名利的追求。对于名利的追求占用了一些人大部分的时间，甚至影响了个人的健康。这里所谓的政府规模，就是指政府承担的公共事务越来越多，使得那些本该公民自己承担和负责的任务都由政府去做了，本该由公民自己去承担的社会责任也由政府承担了，甚至给居民造成了对政府强烈的依赖感，一有问题或稍不满意，就对政府有满腹牢骚。确实，由于各方面的事务和压力，公民自身处理问题的时间也减少了，人与人面对面接触的机会自然也就少了。政府如何在一个更高层次上让居民自己处理自身事务，是创新社会治理的重要任务。这里的关键问题是，谁来处理公共事务的效率高，效果好，成本低，更经济，而不是简单地停留

---

① ［美］戴尔·卡耐基：《淡定：内心强大的力量》，马剑涛等译，中国华侨出版社2012年版，第84页。

在"小政府、大社会"的理论分析和宏观议论上。当然,这种绩效要从一个更大的视角去分析。毫无疑问,人口频繁地流动和迁移,从一般意义上的城乡之间的迁移,到跨国迁移,确实带来了人与人之间接触、认识、交流、信任、友情等方面的困难,而这些,通常被视为人类最基本也最重要的东西。现在可以得出结论,工业革命、城市化泯灭了人类的本性的结论可能还为时过早,不过反思这个问题也不无益处。"如果一个人想要摆脱寂寞,就必须努力创造出怀特博士所说的'精神气氛'。不管我们身处何地,都应当努力营造温暖和友爱的气氛。具体说,如果我们想要克服寂寞,就要停止自怜,就应该去结交新朋友,与他们分享我们的快乐。当然这需要勇气,然而我们很多人都做到了。"[1] 志愿者就是这样一群人,他们通过自己的努力在营造一个友爱和温暖的气氛。给人们,那些被服务的人群和他们自己都带来了快乐。当然,我们更需要专业化的、善解人意的、富有爱心的志愿者们参与到社会事务中去。这就是,"如果说其他地区向上发展的经验有什么指导意义的话,人们必然会在社区平衡中需要更多的个人权利空间。权力问责和给予人民反馈是良好治理的普遍原则"[2]。

一 社会动员机制与社会治理体系

说到底,社会治理的目的就是保持一个社会的基本秩序和有序的生活环境,动员绝大多数社会成员参与社会行动,实现社会目标。在一个日益复杂的世界如何实施正确治理的决策?如何引导社会沿着正确的方向前进,避免曲折,避免危机?这需要国家治理体系和治理能力的现代化。"治理是关于政府与其他社会组织的互动以及他们如何连接市民。"[3] 这就是说,治理体系离不开人民。进一步说,"治理是指一系列的价值、政策和制度,通过这些,一个社会可以来管理它的经济、政治和社会进程"。它是一个国家开发经济和社会资源过程中实施管理的方式。它同时也是制定和实施决策的过程。国家治理体系和治理能力还被界定为一个国家限制

---

[1] [美]戴尔·卡耐基:《淡定:内心强大的力量》,马剑涛等译,中国华侨出版社2012年版,第84—85页。

[2] 郑必坚、基辛格等:《世界热议中国——寻求共同繁荣之路》,中信出版社2013年版,第225页。

[3] Governance and Good Governance, *International and Aboriginal Perspectives*, Tim Plumptre & John Graham, Institute on Governance, December 3, 1999.

和激励个人和组织的规则、制度和实践的框架。所以，国家治理体系和治理能力不仅仅局限于政府，也"包括多元角色的互动"[①]。这里的"多元角色的互动"就是社会动员，也是发挥人民群众的积极性、主动性和创造性。社会治理就是在国家治理体系和治理能力现代化进程中，进一步通过社会秩序和社会活力来完善中国特色社会主义社会体制，努力实现社会治理的现代化。

在基层的社会动员中，非常重要的一点是社会成员之间的尊重。社区组织领导人对于居民的尊重是他们履行职责的基础。因为，在基层社会中，存在着正式权力和非正式权力。正式权力是通过政府委派、法定程序选举出来的街道、社区、物业、基层党组织的领导人，尊重他人是他们行使法定权力的基础。在某种程度上，非正式权力更贴近人们的生活和日常交往，更加融入人们之间的关系，有了这种关系，才能形成日常的社会交往，才能比较容易达成一致的意见，实现合作共赢。尊重产生于人们的欣赏，被尊重的人或者有很高的社会地位，或者为社区或社会做出了突出的贡献，或者有着良好的社会声誉。当社区中的人们相互交往，共同处理一些社会事务和公共事务后，就会彼此熟悉起来，那些关心公共事务，有见解，为人处世得当的人就会逐渐成为人们尊重的人，这种尊重来自人们对他们良好行为和智慧的欣赏和奖赏，因为他们的行为能够推动社区向上向善。经济活动背后有其社会关系网络，这是经济运行的基础；行政系统的运行也有自己的社会关系网络和社会基础，即便是那些所谓基层组织，诸如居委会、业主委员会，等等，若没有广泛的居民的信任和尊重，要想更好地发挥作用和履行职责也是要经历一定周折的。基层行政系统不可能完全靠强力获得居民的信任和尊重，它们在建立自己的法定权威的同时，必须建立赢得居民信任和尊重的社会关系。尊重是一种社会激励机制。经济系统需要激励机制，社会系统也需要，同样尊重对于行政系统也不可或缺。行政系统内部的工作人员之间需要相互尊重，行政系统也需要对其服务的社会成员给予尊重，没有这些，就不会有简约高效的治理效能。因为人类就其本性来说，都喜欢安全、友善、温暖。

当前，我国的社会动员中存在的问题是，还没有突破"群众反映，领

[①] Elena Petkova, Crescencia Maurer, Norbert Henninger, Frances Irwin, *Closing the Gap*, World Resources Institute, 2002.

导研究，组织处理"的模式。这种模式的问题在于：一是缺乏公众参与公共政策的制定和决策过程，他们不是主动参与，而是被动参与，在多大程度上能否调动群众的积极性还是要打折扣的，尤其是在执行过程中能够得到他们的理解和支持更是值得商榷。二是如果领导的思想解放，敢于正视和解决问题则是一回事，否则就是另外一种境况，尤其是一些基层干部压住问题，或者隐瞒问题，不但达不到群众的要求，得不到群众的理解，甚至还会挫伤群众的积极性。三是群众广泛积极参与解决问题的会议还不多。现在举行一些联席会议，主要还是政府相关部门的联席会议。解决群众切身利益问题的会议，往往没有群众参加。例如，某市街道党工委和办事处组织召开老城区精细化管理联席会议，主要参加者是街道办事处、城区管理局、交通局、交警大队、公安分局，试想，老城区精细化涉及市容环境、人文环境、交通环境、生态环境，具体包括居民摆摊买卖、餐饮、垃圾处理、社区公园等，这些问题没有居民和住区单位的参与如何彻底解决？这些问题只有动员人民群众参与，才能找到解决问题的答案。说到底，治理体系和治理能力离不开人民的参与，需要激发人民群众的积极性、主动性和创造性。换句话说，就是要建立和完善社会动员机制。

以下案例分析展示了当前北京市的居民参与志愿服务的主要途径和由此可以看到人们参与社会生活的体制机制。

案例分析 6-1：参与途径

表 6-1　　　　　　　通过什么途径参与志愿服务

选项	小计	比例
1. 政府（如民政部门、街道办事处、社区服务中心等）组织的活动	524	27%
2. 本人供职或就读机构（包括供职或就读机构的党团、妇联、工会机构内部的志愿者协会等）组织的活动	778	40.08%
3. 社团（如学会、协会、俱乐部、基金会、慈善机构等非营利组织）组织的活动	1244	64.09%
4. 非正式组织（如自组织、网络组织等）组织的活动、偶发的临时性志愿活动	520	26.79%
本题有效填写人次	1941	

表6-1显示，网络已经成为人们获取志愿服务信息的主要渠道，占43.07%，其次为相关组织，占40.91%，再次为工作单位，占39%，第四位的是朋友推荐。

在志愿服务中，参与灾区救援工作的志愿者首先要能够自救，若是不能自救，何以去救别人？甚至可能成为其他人的拖累，志愿者不仅要有热情，更需要知识。在灾区，志愿者不仅要面对大自然的喜怒哀乐，也要面对成千上万灾民的喜怒哀乐，专业的志愿者不是把救灾物品送到灾民手中就可以了，还要安抚他们，抚平他们心灵的伤痛，这绝不是"别悲伤了，一切都会过去的"这样一句话就可以完成任务的。

纸介媒体在人们日常生活尤其是在志愿者的动员中发挥的作用远远不如网络、相关社会组织、工作单位以及志愿者本人的社会关系网络——亲朋好友，这让我们看到了北京居民眼下社会动员和社会活力的基本方式。在这点上，第九届中国（北京）国际园林博览会（以下简称北京园博会）是一个很好的创举。北京园博会共录取志愿者12722人，其中高校志愿者11855人，社会志愿者882人，港澳台及海外志愿者15人。在大型赛会志愿服务中，志愿者工作团队以建立标准志愿服务的信息化"远期交易平台"为核心竞争力，发挥市场在志愿服务资源配置中的决定性作用；以"志愿服务的文化传承传播"和"志愿服务的移动互联和大数据整合"为两条主线，既在更深更广的社会范围内实现传递正能量，发挥文化育人和引领作用，又有效促进志愿者之间、志愿者和工作团队之间的信息交互，提升管理运行效率；突出人性化、社会化、系统化三原则的统一，尊重志愿者主体性，回归志愿服务本质，极大地调动志愿者的积极性、提升志愿服务质量。

社会动员机制的基础是人民群众的根本利益，包括公共利益。针对人民群众的根本利益，包括公共利益，政府与人民一道寻求解决方案，鼓励更多的社会成员参与问题的解决。国家治理体系和治理能力现代化要求我们走出由政府"掌舵"、人民群众"划桨"的简单治理思路。国家治理体系和治理能力现代化的要求，公务员的角色就是表达公民的需求和帮助他们实现自己的利益，而不是通过所谓"掌舵"来坚持特定的解决问题之道。这是因为，当今社会中涉及公民利益的公共政策错综复杂、交叉重叠、相互影响，公共政策实际上要面对这些关系，在交流和碰撞中形成的，在这个过程中，各类群体和利益集团通过交锋与妥协，最终形成大家都能接受的公共政策，这样的公共政策是各方利益和交流的混合物，而不仅仅是哪个部门"掌舵"下的直接产物。政府通过议程安排，使各方能够坐到一起，为社区和公共生活面临的问题找到合适的解决方案，在这个过程中，政府和公民一样，都是积极的参与者，社会动员机制的完善意味着传统意义上的管理和控制的思维方式需要改革和创新。

案例分析6-2：动员社会参与　开展党政群共商共治

麦子店街道地处北京城东北三、四环路之间，CBD功能区的北部；面积6.5平方公里，下辖五个社区，有近5万常住居民、7000余外籍居民。经过20多年的发展，麦子店地区集国际政治、经济、商务、文化等功能为一体的综合性国际化社区特点日益凸显；第三使馆区、燕莎商圈、朝阳公园、全国农业展览馆及东方歌舞团、凤凰传媒等坐落在区域内。近年来，区域经济发展迅速，地区区级财政收入连年快速增长，2012年街道组织税源实现区级财政收入23亿元，同比增长39.4%。

事情的源起。街道，作为最基层的政府组织，要面对广大社区居民的衣食住行，为此街道办事处每年都会推出为民办实事的"折子工程"。然而，这种"政府做决定"打造出的"折子工程"从实施效果看，有时会出现"办实事，群众不买账"的尴尬。比如麦子店街道打造一条亮丽示范街，但居民盼望的是消除"最后一公里"的出行难；麦子店街道在社区大力开展绿化美化工程，而群众犯难的却是小区停车问题。怎样做才能使群众满意，让实事办到群众心坎里？

几经论证，麦子店街道探索出一条密切联系群众、动员社会广泛参与、切实为民排忧解难的新路子——问政于民，与民共治。即：让社会群众的合理诉求，通过公平、公开的疏导渠道，成为决策的选项，问政于民，与民协商共治。

麦子店的具体做法是，第一步——问需。"问需"是解决"办什么"的问题。街道把"问需"的过程作为从群众中来、到群众中去的过程，听取群众呼声，收集群众的意见、建议。每年年初，通过社区报、网络、入户发放调查问卷、社区议事协商会等形式向社区居民、社会单位和社会组织广泛征求"事涉公众利益"需求的建议案。2011年共收集各类需求的建议案284件，2012年362件，2013年3122件。按照"合法性、真实性、代表性、可行性"的原则对需求和建议案进行梳理归纳,形成当年度街道办事处协商问计的"建议案汇编"。第二步——问计。"问计"阶段,解决的是"怎么办"的问题。实践中麦子店街道采取了"两会一踏勘"的方式。一是在社区层面召开议事协商会。社区党委组织由社区党代表、人大代表、政协委员、居民的常务代表、社会单位及物业代表等组成的社区议事代表,以三下三上的形式,确定应由社区解决的社区事务和向街道申报的实事工程建议案。二是由办事处召开初选协商会。各社区通过议事协商会推选出的问政议事代表与街道办事处、区政府相关委办局代表、法律专业人士等,面对面对建议案进行协商确认,就建议案所反映的问题及其解决的措施进行可行性论证,并就如何实施提出意见、建议。三是实地踏勘。对于初选协商会确认的建议案,街道组织议事代表、相关科室负责人、专业人员三方进行现场勘验,对建议案的实施作出进一步实地论证,形成《街道年度实事工程的实施方案(草案)》。问计的过程,是从居民群众中获得解决问题的方法和智慧的过程;是得"道"的过程;也是"赢得共识"和"多助"的过程;是将"少数人决策公共事务"转变为"共商共治"的过程;是本着有商就有量,有量就有让,有让就有和的原则,不断提升治理能力的有效途径。第三步——问政。在充分问需、问计的基础上,街道组织召开"问政议事协商会"。在问政大会上,街道办事处向问政议事代表提交《街道年度实事工程的实施方案(草案)》,经与会的问政议事代表的充分协商、讨论、表决,最终形成《街道年度"一五一十"实事工程决议》。第四步——"问效"。"问效"解决的是"办得怎么样"的问题。还是在街道问政议事协商会上,除了确定当年度为民办实事的工程,还有一项重要工作就是对上一年度问政实事工作完成情况、完成效果进行评议。由街道办事处主任报告上一年度实事工程完成情况,接受问政议事代表的质询和评议。

三年来的问政实践,麦子店街道为地区居民解决了一系列诸如开通摆渡车、建立社区养老服务中心、居民楼二次供水改造、更换社区老旧健身器材、开通蔬菜直通车等居民普遍关心、关注的急事、难事。三年来麦子店街道地区问政议事代表对麦子店街道问政工作的满意率都是100%。

麦子店街道的工作在赢得地区群众和社会单位信任、支持的同时,各方参与的热情亦空前高涨。这使麦子店街道意识到,如何让居民群众、社会单位的合理诉求通过公平、公开的疏导渠道成为决策的依据?如何实现由广泛参与到有序参与？麦子店街道主要从以下三个方面入手，破解动员社会力量有序参与这个课题：一是充分整合各类基层民主制度资源，在社区协商议事平台上实现有效衔接。社区议事协商会是在社区党委领导下协商讨论社区建设与管理的重要平台，其协商议事的性质决定了在社区层面具有充分整合各类资源的包容性。在麦子店五个社区的议事协商实践中，人大代表、政协委员、社区党代表、居民的常务代表、社会单位代表等人员均参加到了议事协商会议中。社区党委通过三种方式在其中发挥引领作用：采取自荐、推选等方式保证社区议事代表中党员占有过半数的比例；充分运用党代表任期制这一制度设计和发挥社区党支部、党小组、党员的作用，执行党代表联系党员制度、党代表接待社区居民制度、党员向党组织反映问题制度，密切联系群众，及时反映社区群众呼声等；对议题首先在党组织内通过民主集中制形成共识，在协商议事过程中，党员发挥引领、示范和凝聚共识的作用。二是启动社区民政建设资金。开展社区民政建设资金使用项目的评选，目的是充分调动和激活社区"自我管理、自我教育、自我服务、自我监督"的积极性、主动性，引导和支持社区发挥自治功能，承担相应责任。麦子店街道的具体做法是，制定并出台了社区民政建设资金的项目申报、评选、资金使用办法等配套制度。社区民政建设资金支持的力度、政策的引导、使用的方向，极大地激发了社区投入的热情。各社区积极主动争取社会单位对社区建设的支持。经统计，今年办事处实际用122万余元的资金，激发社区积极主动地撬动社会单位135万余元的支持。资金使用额度是有限的，各社区希望争取资金解决各自问题的愿望是强烈的。因此，在五个社区之间形成了竞争局面。这一局面的出现是社区自主意识的体现，是认同、归属、协商、合作的前提。三是对五个社区的40名议事代表进行"议事规则"的专题培训。在培训过程中，议事代表们所表现出来的专注、认真、责任感和主人翁精神是前所未有的。经过集中培训，代表们初步掌握了动议、陈述、答辩、表决等规则要义。在质疑和答辩中，意愿和方案经受了挑战。我想做什么、我该做什么、我能做什么，如何赢得认同和支持，思维和视野如何跳出楼道、小区，这些问题通过演练和实战，使每个代表成为党政群共商共治的践行者、参与者。在一次座谈会上，枣北社区的议事代表蒋捷清真诚地说道，过去麦子店街道总是"躺在政府的怀里"，有什么事情直接向他们反映。现在麦子店街道认识到要像关心自己的事情一样关心社区事务，以主人翁的精神参与到社区建设中来。

三年来的问政实践，麦子店街道深深感受到：过去，在革命战争时代，在政治运动中，社会动员就是政治动员，政治动员是发动群众投身革命、英勇奋斗的重要方式。正是这种经常的政治动员，帮助人们明确了革命的方向，激发了革命热情，提高了思想政治觉悟，增强了夺取中国革命胜利的信心和勇气。现在，时代不同了，社会发生了变化，社会动员的内容和方式也发生了变化。街道工委、办事处正是坚持"致力民生，崇尚务实"的理念，紧紧围绕打造和谐家园，建立创新管理，公众参与的有效社会动员机制和公众参与机制，才使得麦子店街道的"问政"之路越走越好，才能够多做让人民群众满意的好事、实事。

案例分析6-3：全方位依托社会力量　创新社区工作载体

右安门街道立足实际，创新方法，探索新形势下社会动员的特点和规律，牢牢把握广泛调动社会各方面积极性、主动性和创造性，最大限度地激发社会活力，围绕社会动员体制机制创新，以社区社会组织为突破口，以政府购买服务、专业机构运作为手段，使社会动员和社会组织有机结合，在参与创新社会管理中充分发挥组织群众、引导群众、服务群众和维护群众的作用，拓展政府与社会交融整合的通道，实现政府、非政府组织、企业、居民对公共问题协同治理的有序控制。

街道按照优先发展公益性社会组织、重点培育自治类社会组织、完善提高文体类社会组织、加快发展救助类社会组织、补充发展其他类社区社会组织的目标任务，不断推进社区社会组织的建设发展。同时，建立扶持社会组织发展的专项资金，采取全额购买、政府补贴和政府奖励三种形式积极购买社会服务，提高财政资金的使用效率和行政效能。

一是挖掘社区社会组织"牵头人"，鼓励和吸纳有组织能力、专业技能强、热心公益事业的各类社会人才加入社区社会组织，作为社会动员组织的根基；二是以广泛培养社会组织成员为重点，由街道进行专业培训、座谈、交流等活动，提高社区自治管理的能力和水平；三是建立完备的志愿者数据库，保证在社会动员工作中，统筹安排专业人员和志愿者资源；四是通过整合社会资源，搭建"社企"合作平台，形成优势互补，吸引社会单位投入公益性社会组织，实现社会动员体系的多元化发展。

依托政府，搭建四大平台，完善社会动员管理机制。一是搭建规范服务管理平台；二是搭建社会资源共享平台；三是发挥社会组织互联平台；四是有效对接96156社区公共服务平台。

街道利用人才集聚的优势，利用右安门体育协会、文化创意协会和志愿者协会三大社会组织协会构成支撑地区社会组织的三个支架，充分带动各社区居民群众广泛参与地区活动，凝聚地区群众合力。其中右安门体育协会，以服务地区居民为导向，承接政府社会服务项目、地区精神文明和物质文明建设、开展各类文体交流、培训辅导、公益服务等多元化社会活动。同时，街道还大力扶持地区文化创意协会和志愿者协会发展，这些社会组织的成长和发展不仅符合和满足了辖区居民需求，同时与政府之间形成良好互动，成为街道、社区、居民间的纽带和桥梁。

街道放活权利，支持和引导社区社会组织全面参与地区社会动员工作。社区方面采取组建特色志愿服务队的方式，分别从不同方向和角度拓展社区特色服务。如治安巡逻服务队、"夕阳红"服务队、托幼服务队等，让热爱公益事业、有爱心的社会人士、社区居民参与进来，为社区群众做一些实实在在的事情，解决群众的一些实际问题。同时服务队再由会员或团体的形式加入志愿者服务队，形成社区志愿者分会，为街道志愿者协会扩充力量，从而形成人人动员、人人参与的良好局面。

2013年，在结合社区实际的基础上，右安门街道在针对老旧小区管理模式方面展开了新的探索与尝试，其目的在于运用专业机构运作手段，动员包括社区社会组织在内的一切社会力量参与社区建设，充分发挥组织群众、引导群众、服务群众和维护群众的作用，拓展政府与社会交融整合的通道。通过前期对社区的分片调研和总结，在征求民意的基础上，街道选定群众反映突出的"停车难"问题为突破口，将老旧小区——玉林东里一区社区作为试点社区，集中力量解决老旧小区"停车难"问题。

针对玉林东里一区社区属于多产权单位，且无物业管理等特点，街道通过现场调查以及对问题原因的深入研判，邀请专业规划设计单位，对小区进行摸底、分析、规划，同时引进专业的停车管理公司，进行封闭式管理，以达到执行准物业管理模式的目的。首先由街道牵头，统一规划，统一布局。在保证社区公共空间及居民活动场所的前提下，对基础设施进行大范围改造，进行合理整合；其次，凝聚社区力量，建立停车管理机制和监督机制。成立居民自治会和改造管理办公室，在社区党委的领导下，执行社区居民代表大会决议，接受社区议事协商委员会监督。最大限度地动员全体社区居民参与到停车场的车位分配、管理、监督中来，确保利益共享。

目前，经过重新规划和调整，玉林东里一区社区停车场改造工程已进入最后的冲刺阶段，停车位个数改造后比原有的增加约25%，基本能够满足小区的停车需求；社区各项基础化硬件改造也已完成，如地面硬化、花坛拆除、增设门岗、门禁系统、电子摄像装置等；停车位规划、车辆登记、停车费缴纳也基本完毕；各项规章制度和达标要求已经初步拟定；人员配备和工作职责也安排到位；各项利益分配经社区党委、居委会和社区居民自治会协商决定后，在充分尊重民意的基础上也已确定。停车管理模式已经开始实施，在接下来的管理过程中，社区停车管理会经历一个由磨合到规范的运作过程。步入正轨后，社区停车将完全遵照市场化规则运营，从而与市场正式接轨，社区的停车管理就此摆脱无序化管理。

针对近年来城市家庭养狗数目的不断扩增，相应而生的养狗后续问题也成为影响社区环境卫生、邻里和谐的主要矛盾所在。2013年右安门街道以永乐社区为试点，建立由街道办事处指导，永乐社区党委牵头协调为主的，包括志愿者队伍、社区民警、物业公司和养犬自律会为主体的"五位一体"的立体养犬监管网络，以施建宠物乐园作为突破口来解决居民无处遛狗、宠物狗随地大小便等问题。

目前，宠物乐园已全面启动，经过短期的运行，已初见成效。一是培育和谐邻里关系。为社区养犬居民搭建了一个良好的交流平台，有效抑制了因养犬所造成的邻里矛盾；二是改善社区环境。在宠物乐园内集中遛狗，提高了社区居民文明养犬的素质，方便物业公司统一卫生保洁工作，社区环境得到有效改善；三是激发居民参与的热情。协会的活动和集中遛犬，形式简单，内容丰富，调动居民主动参与社区建设的积极性，增强居民对社区的认同感和归属感。

为进一步提高街道应急管理社会动员能力，增强地区群众的公共安全意识、责任意识和在突发事件中的自救互救能力，右安门街道结合地区实际情况，制定地区社会动员应急预案，加强对突发事件的预防，并安排、动员各方面社会力量，如地区各级政府派出机构职能部门、社区社会组织、辖区单位、驻地部队等，参与突发事件应急处置与救援，按照就近、安全、方便的原则，做好突发事件后的人员救助、疏散、安置及物资保障等方面的工作，最大限度地预防和减少突发事件造成的损失。

街道社会动员目前存在的问题及意见建议：社会组织主要负责单位的职责不够明确，不能够充分调动地区、社区、社会组织的积极性。街道指导地区单位权力有限，不能够全面展开社会动员能动机制。

社会动员机制的核心是通过公共利益把人民群众团结起来，引导大家就共同关心的问题一道工作。公共利益需要共同责任。实现公共利益的最佳选择不是某个群体单独做出方案，而是需要广泛的公众参与，政府的作用是能够把拥有不同的人群和不同的利益集团聚集起来，创造一个无拘无束、真诚相待的对话交流环境，大家共商关系自己切身利益的话题。除此之外，政府还需要通过规制使公共利益的解决方案公平规范，并确保公共利益最大化。也就是说，政府需要引导公民在形成解决公共利益方案的基础上，引导社会成员一道去共同实现公共利益。"公共利益不是由个人的自我利益聚集而成的，而是产生于一种基于共同价值观的对话。因此，公务员不仅仅是要对'顾客'的要求做出回应，而且要集中精力与公民以及在公民之间建立信任与合作关系。"[1] 必须创造条件使居民准备好承担公共责任，如果社会动员的政策不是从人民关注政府事务，甚至对于社会上的种种弊端熟视无睹，而仅仅认为那是官员和政府的事情，人们因而对于公共事务就不会再有兴趣，就会局限于一家一户的个体的福祉，对于公共生活和公共利益也会麻木不仁，也不关心它们，长此以往，社会治理和社会动员的政策就会脱离实际，甚至导致严重后果。

激发社会活力，实现社会动员，就是要引导人民勇于承担起对国家事业、经济社会发展事务和自身事务的责任，建立起与之相适应的价值观。当前的社会动员，更要从价值层面展开。

社会动员机制意味着要让人民群众参与到政策的实施和评估过程中，重构新的公共服务思路。这就告诉我们，以往以公共服务绩效为目标的绩效评估，并不能在真正意义上体现公共意志和公共参与。是的，我们看

---

[1] ［美］珍妮特·登哈特、罗伯特·登哈特：《新公共服务：服务，而不是掌舵》，丁煌译，"译者前言"，中国人民大学出版社2014年版，第7页。

到，在现实生活中那些被应用到政府工作绩效中的评估，或者通过政府自身的机构，或者通过政府委托的"第三方"评估——实际上，被评估方来安排评估事项，这实质上是与自我评估几乎没有什么差别的评估，因为很多这样的评估不敢正视问题，因为不敢正视问题，所以也就拿不出真正能够解决问题的方案，它最终还是回到了一片赞扬声中。只不过是冠以"第三方"而已。政府改革抑或政府简政放权究其实质来说是增进公民的公共利益，公共利益最重要的体现在改善公共卫生，促进公共安全，实现人民安居乐业，提高环境生态质量，以及许许多多关系人民群众利益的问题得到解决，而不是看有关部门工作的投入产出上是多么有成效，一句话，我们的工作怎样改进了人民的福祉，这是一切公共服务绩效评估的核心。必须时刻记住，"'贯彻'一部宪法比制定一部宪法更困难"[1]。组织效率固然重要，社会效益更加重要。只有在这个意义上，社会动员才可能形成其行政基础。

志愿服务是一种重要的社会动员形式，推动志愿服务发展必须正视志愿服务的动机。志愿服务的动机可以从若干角度来理解。比如正义之心。"正义之心使得人类在没有血缘纽带的情况下，也有可能组成庞大的、相互协作的群体、部落及至民族。人类是唯一具备此种能力的物种。"[2] 这是从人类的本性来理解人的动机的。内心的动力有时来自外部环境的刺激，例如幸福感，"幸福感不仅来自于内心，也与外部有所关联。它来自于我们与他人、我们与自己的工作，我们与群体的正确关系中"[3]。美国的经验表明，"宗教信徒比非宗教人士参与了更多的志愿服务，其中大部分是为各自的宗教组织所做，或者至少是通过宗教组织集结，再去其他地方做志愿工作者"[4]。这里面确实需要进一步分析，因为有研究发现，参与志愿服务的人群与信仰宗教的人群有很大的重合性。这是为什么？是因为他们的信仰还是因为他们的组织形态？信仰可能使一部分人积极参与到志愿服务中去，组织活动的压力也不排除是一个原因。

---

[1] [美]珍妮特·登哈特、罗伯特·登哈特：《新公共服务：服务，而不是掌舵》，丁煌译，中国人民大学出版社2014年版，第3页。
[2] [美]乔纳森·海特：《正义之心》，舒明月译，浙江人民出版社2014年版，第3页。
[3] 同上书，第264页。
[4] 同上书，第287页。

案例分析 6-4：志愿者的动机分析

表 6-2　　志愿服务的动机 [矩阵量表题] 矩阵平均分：1.79

题目/选项	很重要	比较重要	不太重要	很不重要	平均分
1. 参加志愿活动可以开阔视野	1090（56.16%）	694（35.75%）	147（7.57%）	10（0.52%）	1.52
2. 我关心社会公益事业	1043（53.74%）	774（39.88%）	118（6.08%）	6（0.31%）	1.53
3. 我同情那些需要得到帮助的人	1013（52.19%）	747（38.49%）	159（8.19%）	22（1.13%）	1.58
4. 我可以通过参加志愿活动结交新朋友	706（36.37%）	797（41.06%）	396（20.4%）	42（2.16%）	1.88
5. 可以通过参加志愿活动学习新技能	870（44.82%）	724（37.3%）	312（16.07%）	35（1.8%）	1.75
6. 参加志愿活动使我感到快乐	1219（62.8%）	617（31.79%）	94（4.84%）	11（0.57%）	1.43
7. 人人为我，我为人人，我帮助了别人，当我有困难时，别人也会帮助我	944（48.63%）	604（31.12%）	337（17.36%）	56（2.89%）	1.74
8. 参加志愿活动对教育孩子有好处	745（38.38%）	690（35.55%）	378（19.47%）	128（6.59%）	1.94
9. 参加志愿活动是每个公民的职责	883（45.49%）	676（34.83%）	311（16.02%）	71（3.66%）	1.78
10. 我周围有很多人都在参与志愿服务	487（25.09%）	611（31.48%）	638（32.87%）	205（10.56%）	2.29
11. 参与志愿活动对工作有好处	526（27.1%）	559（28.8%）	631（32.51%）	225（11.59%）	2.29

在所有的志愿服务体系的研究中，志愿者的动机是一个最不容易观察和分析的问题，就全世界而言这也是一个最为复杂的志愿服务研究课题，主要问题是涉及人的本性、人的表达方式和人的表现方式等因素，即通常人们是不愿意把真实的"我"展示给别人的，或者不知道如何展示给别人。这也是社会治理的难点问题。

二 社会信任与社会治理体系的价值基础

试想在一个百姓不信任的环境下，如何能调动他们参与的积极性？这就回到了一个老问题：如何认识人的本质和人的本性？要知道，人最需要、最看重、最认同、最容易吸引人、最崇敬的东西永远不是钱和物，而是思想、情感、道德、信仰、信念、价值。一个社会只有重视这些东西了，这个社会才能回归秩序、活力、尊重、和谐，国家治理、政府治理和社会治理的价值基础才能夯实。因此，跳出用经济建设的方式建设社会，逐步把经济的方式与社会的方式结合起来，这是社会建设面临的重大挑战。所谓重大挑战，要求各级领导干部和各级政府及其有关部门，要深刻认识和把握社会发展的规律，掌握社会建设的本质。

对公众关心问题的兴趣，政府以及其他公共部门要把公众的利益放在首位，要想公众之所想，知公众之所知，急公众之所急，把公众所关心的问题作为制定政策和执行政策的核心。就中国当前来说，要实现善治之首要步骤是把根治腐败、扩大就业、消除贫困和社会差别、实现社会风气的根本好转作为党和政府工作的重中之重来抓。

三 公共空间拓展与治理能力现代化

社会动员包括公民的政治参与、组织成员的组织参与以及公众对于社会生活的参与。社会生活将成为公众参与的越来越重要的方式和内容。公民不分男女，都要在决策中听到他们的声音。公众参与是国家治理体系和治理能力的基本内容和基本形式。公众参与的方式多样，可以是直接参与，也可以通过合法中介参与。国际经验表明，国家治理体系和治理能力离不开正确处理政府与人民之间的关系，离不开政府与人民之间的真诚和密切的合作。公民的积极、建设性参与和对于公共部门权威的自觉认同、尊敬是实现国家治理体系和治理能力的前提和关键。

当然，改革开放时代和新时代的社会动员与当年的社会动员是不一样的，那个时期的农民文化水平不高，缺乏对外界的了解，甚至很多人不识字，对于这样的一个群体的社会动员方式和当前一批有文化，甚至是文化水平非常高、通晓国际国内情况的人群的社会动员有着巨大差异。当前，要特别关注互联网在社会生活中的作用。互联网已经成为人们的生活方式。社会动员，一方面要考虑动员的方式，另一方面要考虑群体目标，不同年龄段的群体的生活方式和思考问题的方式是不一样的，这就要求，细致的动员方案和技术设计。

四 重塑社会动员机制

要实现社会动员，必须理解民心的价值和意义，理解民心向背。为了推进社会动员工作，有些地区进行了社会动员工作试点。社会动员试点工作不是另起炉灶，而是按照"社会协同、公众参与"的要求，在原有各项工作基础上进一步提升社会动员能力，实现"三个结合"：一是与群众的所思、所想、所需结合，与基层群众的个人诉求和公共利益密切结合；二是上下结合，更好地调动基层试点工作积极性，做到上有试点方向、思路和任务，下有试点需求、动力和举措；三是左右结合，更好地推动试点工作与相关工作共赢，选取社区、商务楼宇、社会组织的示范点开展社会动员试点工作，探索不同领域社会动员工作模式。社会动员不是为了动员而动员，而是真正把群众团结起来，解决自己的实际问题。必须始终记住，社会动员的核心是群众的生活和利益，只有把群众的生活搞好了，人民群众才能满意，社会才能稳定有序。

我们还没有对社会动员的大环境给予足够的认识和重视，也没有刻意去创造这样一个环境，甚至在某种程度上抑制了发挥居民参与社会事务的热情。例如，在学术研究和一般意义的宣传中，过于强调基层组织的意志和目标，忽视了人民群众现实生活中的要求，作出的方案与群众的要求相差甚远，或者根本没有触及人民群众最迫切、最现实、最直接的利益问题，对于公民参与社会组织活动，甚至组织业主委员会都加以显示，或者不给予公开的支持，甚至在某种程度上加以限制，这就扼杀了公民应有的公共精神。"公共服务的精神并非只限于那些正式为政府工作的人们，即并非只限于那些我们视为公务员的人们。普通公民也希望有所贡献。然而，他们可以发挥其许多才能的途径却一直都有限，究其原因，我们认为，在某种程度上是因为，过去几十年来我们都严重地抑制了公民角色，进而更喜欢把人们视为顾客或者消费者，而不是将人们视为公民。"[1] 试想，没有公共精神，何以有公民的参与和参与的积极

---

[1] [美]珍妮特·登哈特、罗伯特·登哈特：《新公共服务：服务，而不是掌舵》，丁煌译，中国人民大学出版社2014年版，第14页。

性？现实生活中，有些政策是矛盾和互相不协调的，一方面，人们希望每个公民在社会需要的时候能够挺身而出，积极参与政府组织的各类服务，包括公共服务和社会服务，另一方面，在日常生活中，一些组织和机构又不给群众机会形成密切的社会联系，基层干部和基层工作人员与自己所在的社区居民、社区居委会、物业公司，乃至基层的政府组织形同路人，他们的日常生活问题得不到解决，诉求得不到回应，更谈不上与群众的交流、沟通、情感、认同，如此这般，何以会在组织需要的时候，听政府振臂一呼，召之即来？甚至在某种程度上，他们对于这种所谓的社会动员感到有点意外和形成逆反的心态，这些，我们可以在几个大的时期的网络议论中看得非常清楚。什么叫顺应民意？社会动员若不顺应民意，就不会调动起群众的积极性。小区居民天生就希望自己的小区干净整洁、环境优美、安全放心、邻里和睦、遵纪守法、团结一致，这就是他们的公共理想，为什么就不能把他们的这些公共理想视为他们公共精神中的宝贵财富和社会动员的切入点，为什么我们从开始就不考虑这些问题和对其视而不见？管理者和公务员思维方式的改变是实现社会动员的关键。只有这样，才能够抓住公共服务和社会参与中的那些有价值的东西，才能保护居民为公共利益贡献自己时间、精力、知识的尊严、勇气和承诺，才能形成社会动员的价值观。我们并不希望，对社会动员的所有问题都能够给出答案，也不会自命不凡地提出自己所谓的正确价值观，我们只是希望，我们的决策者们能够从社会发展的规律性、人民群众热爱生活的本性去考虑和探讨这些被我们忽视和习以为常，但又特别重要的价值观。当然，社会动员也有其困难之处，就是居民们的不同特点和不同要求带来的步调不一致的问题。基层社会生活中，有的居民素质高，有的素质一般，也有的差一些，这似乎难以避免。这种素质差也会引起不同居民之间的心理抵触和行为冲突，这在现实中比比皆是。举个例子，同一个小区内部本来是按照相同的思路设计和规划，在进一步的装修过程中，不同的居民会按照自己不同的文化、认知、品位等设计和规划，这一方面对整体规划和设计带来冲击，另一方面也会引起居民之间的互不欣赏，甚至抵触。

社会动员的关键，在现时代中国，是领导干部如何践行党的群众路线。中国共产党从2013年党的十八届三中全会启动的全面深化改革，尤其是在此之前倡导的群众路线教育和八项规定的贯彻落实，都试图使公务员队伍去掉那些脱离人民的坏习惯,根除腐败,与人民同甘共苦。这个过程其实正在推进中,我们看到的是,它将逐步建立起作为政府基本职能的公共服务的尊严和公务员职业所必须具有的公共价值,帮助公务员重新发现其行为的精髓和意义以及他们真正行为规范的理由。"随着这种服务意识和社区意识的增强,公共雇员感到自己更受重视并且更加有活力。在这个过程中,公务员也正在重新与公民联系起来。行政官员正在逐渐认识到他们许多东西要通过'倾听'公众的声音而不是向公众'发号施令'并且通过'服务'而不是通过'掌舵'才能获得。应公务员的邀请乃至强烈要求,普通公民又一次参与到治理过程之中。公民和公共官员正在以一种互利合作的方式齐心协力地界定和处理一些共同的问题。"① 但是,从另一方面也要看到,一些基层干部在执行党中央国务院的规定过程中,奉行明哲保身的官场哲学,执行中央政策"宁左勿右",给人民群众的工作和生活带来极大不便,甚至危及人民群众的日常生活,对此,要及早注意,避免积重难返,形成严重的社会矛盾,引发更大的问题和冲突。官场中的明哲保身、"宁左勿右"的作风究其深层次原因是官场利己主义的体现,公共精神在这些人身上已经荡然无存。

要实现有效的社会动员,必须结合党的群众路线教育探索新形势下的公共服务提供方式和公共利益维护方式,这是一种新的态度和新的参与,它表明,在这个领域,我们必须开展一场新的运动,并建立新形势下的公共精神、干部作风标准和新的社会规范。要充分认识到,使各级领导干部理解如何与人民群众同甘共苦,说起来容易,做起来难。这个问题对于中国共产党本来是传家宝和看家本领,但是,我们许多领导干部和基层负责人却忘记了,尽管他们在谈到动员群众时,也时不时提及历史上我们党的群众路线,但是要真正了解党的群众路线谈何容易?真正动员群众,我们就必须理解和了解新形势下的群众参与社会公共服务的驱动力是什么?还有,我们作为动员者的驱动力,因为缺乏群众基础,包括群众的了解,我们在工作中艰苦卓绝、混乱沮丧,我们的力量源泉在哪里?在于社会动员者的公共精神和公共价值。

---

① [美]珍妮特·登哈特、罗伯特·登哈特:《新公共服务:服务,而不是掌舵》,丁煌译,中国人民大学出版社2014年版,第1页。

明哲保身、"宁左勿右"是新形势下腐败、不作为的新形式和变种。我们也要深思,为什么在反腐倡廉的过程中,腐败会出现新的变种,会出现变异?其体制机制原因何在?历史原因何在?

社区工作动员志愿者参与社会事务和公共服务,那社区工作者本身需要做什么呢?社区志愿者凭什么信任社区工作者?这里也有一个社区工作者的价值取向和公共作风问题。为了社区环境安全和改进社区治安条件,为了社区居民子女,尤其是儿童能够有一个健康成长的环境,以及为了解决社区面临的种种问题,我们需要志愿者有非凡的献身精神,同样,社区工作者也不能置之度外,必须严格遵循自己的职业规范和价值选择。否则,我们就难以找到实现我们社会动员目标的有效手段。

在谈到解放战争的群众动员,美国传记作家汉娜·帕库拉写道:"当时四十五岁的邓小平动员地方农民,提供后勤支持给解放军,而共产党也派民兵参加战斗,淮海战役国军失利,南京和上海门户洞开,对蒋政府而言,这是最后一击。"① 为什么邓小平和中国共产党能够动员地方农民和民兵参加淮海战役,对此,马歇尔将军在向美国国会报告时分析道,蒋介石和国民党"'高层领导人中明显的愚蠢和普遍的腐败','造成国军士气低落'"。"'中共'已相当成功地把他们的运动与民心思变结合在一起;另一方面,当前的国民政府并无迹象'可以满足这一民心思变的需求或是创造出可满足中国民众的条件'。"② 这是一个外国人视野中的1948年、1949年的中国解放战争的局势,事业成败、社会动员依靠的是什么?是民心。为了挽救失败的命运,蒋介石派宋美龄到美国寻求军事支持,时任美国总统杜鲁门说道:"他们要我派约五百万美国人去救他(蒋),我不干……他相当腐败。"③ 腐败不仅是脱离群众,事实上就是掠夺人民和国家的财富,是走向了人民的对立面,在这样的背景和前提下,动员群众,岂不是贻笑大方的事情吗?前事不忘,后事之师。

还有一点,官员本来就是来自人民,服务人民,是百姓中的优秀分子、先进代表,这本来是一个简单直白不言自明的道理,但是这些年,这

---

① [美]汉娜·帕库拉:《宋美龄传》,林添贵译,东方出版社2012年版,第432页。
② 同上书,第421页。
③ 同上书,第428页。

个道理被个人念歪了，不少官员的"官念"发生畸变，注重官位排名、地位显示、等级分量。有些人当了官就自觉身份涨了价，高人一等。身份认同背后是官尊民卑，特权思想作怪，在这样的"官念"下动员群众参与社会事务谈何容易？"官本位"的价值观念侵蚀着社会动员和公众参与，群众的积极性受到挫伤，甚至出现官民对立，"官本位"寓意下的官尊民卑，不一定就是大贪大恶，但是，它的传播和弥漫，同样毒化社会风气，侵蚀世道人心，甚至动摇人民群众的信念和理想，关系社会的和谐与秩序。可以这样说，要建立起社会的动员机制必须从干部与群众关系的理顺入手，建立人民与干部的鱼水情，这不是套话，而是实实在在的实话。如果是这样，我们苦恼和困惑的社会动员就会变得容易多了。人世间本来就没有那么多复杂事，多数情况下是当局者迷。

其实我们没有必要回避群众反映强烈的腐败和干群关系问题，这是当前造成群众不信任组织、个别领导干部的主要原因，也是社会动员的主要障碍。这一方面表现在我们的体制机制还不能适应新形势的要求和群众的要求；另一方面，是我们的干部思想僵化不能吸引群众参与并引导他们前进。以习近平同志为核心的党中央高举反腐败大旗，在反腐败领域开展了艰苦卓绝的斗争，赢得了人民的拥护和爱戴。但是，我们也必须清醒地看到，腐败问题之严重，在群众中造成影响之深远，需要一定的时间，也需要进一步的制度建设，在彻底清除腐败的基础上，赢得人民的信赖和拥护，是中国共产党在新时期面临的巨大挑战，我们已经开了一个好头，从而使得引导社会前进有了新的动力，但还需继续努力。

针对有参与积极性的社会群体，动员组织部门和机构应当建立起互动互利机制，通过举行听证会、新闻发布会、各种讲座，将自己要实施的计划和项目介绍给群众，建立起公共参与的平台。前些年，北京市西城区积极探索社会治理创新。西城区对于这个问题有了自己的一些认识，例如，在拆迁问题上，他们让公共利益回归百姓，不允许在公共领域乱搭建，把违法搭建作为不可触摸的"高压线"，通过清理乱搭建，使城市更加整洁，百姓受益多多，也得到了百姓的理解和支持。

课题组在调研过程中也发现了这样的问题：一些居民乱搭被城管等部门强行拆除后，过一段时间，业主看看没有什么动静，再在原来的基础上进一步恢复和搭建，直至达到目的。最终事情也就不了了之了，乱搭建的也就搭建了，政府行政执法也履行自己的职能了，但是，公共利益还是被侵犯了。这样的问题如何处理？要切实将其纳入法制的轨道来解决，对于屡教不改的要敢于出手，严加惩处，拆除、罚款，乃至追究刑事责任，真正违法必究，执法必严，只有这样，才能真正实现依法治国。也才能赢得人民群众的信赖和同心同德。

当前，是否能够把社会成员动员起来，莫过于看官员们对人民的态度和如何兑现对人民的承诺。如果官不是真心实意地为人民做事情，而继续留恋往返于"作秀"，那是难以动员人民参与到轰轰烈烈的社会实践和社会动员中去的。合格的"父母官"应该和人民同甘共苦，共同面对问题、面对困难、面对实际，切实帮助人民解决问题、克服困难；而不是蜻蜓点水、像以往那样视察工作似的走过场。没有真诚的官员，就会造成群众的离心离德，也不会有真诚的群众。如何在中国这样一个社会重新培育起同舟共济的信念和理想，才是真正实现社会动员的关键。最可怕的是，如果基层干部为了迎合上级领导的喜好和自己的升迁"作秀"，群众为了谋取自己的利益"作秀"，如果这些都成为习以为常的事情，这个社会可就真的需要谨慎了。

社会动员，要建立起动员主体和被动员主体之间的互信。试想，缺乏这样的互信，动员主体的动员力何在？如果仔细想想，发生在基层的种种问题，基层政府和社会组织给百姓解决了多少，百姓是否满意？如果我们的基层组织不是真心解决群众的问题，群众对我们的工作不满意，言何信任，还谈什么社会动员？"当前大多数干部理想信念是坚定的，道德品行是好的。同时也要看到，在干部队伍中，理想信念缺失、道德品行不佳是一个需要引起高度重视的问题。"①

社会动员试点工作虽然取得了一定的成效，但还存在一些问题。主要有：各试点单位对社会动员工作的认识差异较大，工作进展不平衡；部分试点单位还没有完全找准试点工作的着力点，以一般性、常规性工作取代试点工作；社会动员的体系还没全覆盖，机制还不完善；常态社会动员与应急社会动员缺少有效的对接机制；社会动员能力还有待于进一步提高，整个社会民众的参与积极性还不够高，社会企业、社会组织的社会动员还有很大的提升空间，缺乏有效的激励机制。

心的问题是一个根本的问题，也就是一个高层次的文化问题。暮年

---

① 新华社：《防止干部成西方道德价值"应声虫"》，新华网，2014年7月20日。

的费孝通就反思过这个问题,他说:"我在孔林里反复地思考,看来当前人类正需要一个新时代的孔子了。新的孔子必须是不仅懂得本民族的人,同时又懂得其他民族、宗教的人。他要从高一层的心态关系去理解民族与民族、宗教与宗教和国与国之间的关系。目前导致大混乱的民族和宗教冲突充分反映了一个心态失调的局面。我们需要一种新的自觉。"[1] 从历史发展中我们可以看出,如果一个社会不能约束人民的"心",那就只能约束人们的"行",这主要是通过法律,使"天下无道"变得"天下有道"。贤者们则更多强调的是约束人们的内心,这就是哲学和宗教的发展和发挥作用的出处之一。这也是为什么最近,远至梁漱溟、费孝通等呼吁我们的时代必须有一个能够把各种思想统一起来、深入人心的孔子的原因之一。

2014年7月23日,中央精神文明建设指导委员会颁布了《关于推进诚信建设制度化的意见》(以下简称《意见》),要求建立起全覆盖的社会信用信息记录,切实增强诚信教育实践性时效性,建立健全激励诚信、惩罚失信长效机制,有力营造诚信建设的法律环境,以及切实加强诚信建设制度化组织化等。[2] 诚信是市场经济的基本要求和价值基础,也是核心价值观的基本内容,还是人与人关系的核心。诚信制度建立不会一蹴而就,需要长期的努力,甚至几代人的社会规范和行为的积累。

第二节　志愿服务的社会机制

习近平总书记指出,"一种价值观要真正发挥作用,必须融入社会生活,让人们在实践中感知它、领悟它。要注意把我们提倡的与人们日常生活密切联系起来,在落细、落小、落实上下功夫"[3]。这对我们当前推动志愿精神具有重要的指导意义。社会生活是价值观的载体,价值观是社会生活的灵魂,有理想、有信仰的社会生活才是有品质的社会生活。社会生活以物质生活为基础,以人际交往为核心,以精神满足为目的。社会治理和社会体制建设必须从人民的日常生活抓起和进行深入探索。于无声处听

---

[1] 费孝通:《论文化与文化自觉》,群言出版社2005年版,第114—115页。
[2] 《关于推进诚信建设制度化的意见》,《人民日报》2014年8月2日。
[3] 《习近平谈治国理政》,外文出版社2014年版,第165页。

惊雷。

如何激发社会活力，这是当前中国社会体制改革的关键和核心。而在很多学者和实践者看来，激发社会活力的主要内容之一是开展志愿服务，并把志愿服务作为社会动员的抓手。因为，志愿服务是指人们不为报酬、自愿地贡献自己的时间、精力、知识给他人的一种社会行为，具有利他主义的精神内涵，也是社会进步的重要标志，更是人们在日常生活中可以做到的，甚至是举手之劳的事情。大约过去十年中，学术界一直在讨论市场机制和志愿机制的作用和失灵问题。尤其是从事社会治理和社会组织研究的学者们把社会组织的发展归结为市场失灵，必须发挥社会组织的作用，也就是建立志愿机制。学术界对市场机制探索得比较多，而且中华人民共和国成立70周年的社会进步也证明了市场机制在配置资源中的有效性。当社会进步到必须进行整体设计阶段，厘清志愿机制的机理也就显得非常必要。通过科学、民主、法治建立起来的基本社会秩序和社会规范将更有利于动员社会资源，推动社会进步。

志愿服务激发社会活力不仅在于个体的贡献，也在于服务过程中的人与人之间的交流所形成的社会联系，而这种社会联系通常被人们称为社会资本。在很多国家志愿服务被视为衡量社会资本的一项指标。志愿机制实际上包含了两个层面的意义：第一，是什么机制在激励人们不为报酬资源把自己的时间、精力、知识贡献给他人？第二，社会如何去建立和完善这个机制，以便动员更多的资源来促进社会进步，而不是仅仅靠政府的动员。就目前来看，如何去建立志愿服务机制更是迫切和急需。回过头来说，市场机制是人类迄今为止找到的配置资源最有效的方式，它在明晰产权和完善公平竞争环境的边界条件内，最大限度地发挥价格机制在配置资源中的作用。如果完善志愿机制，最大限度地发挥志愿机制的作用，需要什么样的边界条件？

罗伯特·伍斯诺（Robert Wuthnow）在研究了美国的小镇居民生活后写道："志愿活动并不能让整个社区直接且平等地受益。虽然小镇居民把志愿服务活动看作是当地人值得赞赏的品格，但是，从他们对志愿服务所做的叙述来看，类似这样的活动所带来的好处是有选择性的。就像在一个较大的地方，居民们志愿去学校服务是因为他们的孩子在学校，志愿去养老院服务是因为他们年迈的父母住在那里，志愿去教会服务是因为他们自己的选择，去海外退伍军人协会薄饼早餐会做志愿者是因为这些有益于他们的老战友。"① 伍斯诺的阐述或许并不全面，尤其是忽视了那些带有慈善性质的志愿服务，但在某种程度上解释了志愿服务的部分动机，人们在志愿服务的过程中，或多或少要考虑自己的内心选择，至于这种内心选择是什么，则是一个寓意深刻的课题。互惠互利是人类的本性之一，也是一种价值观，邻里互助历来是人们友好相处的价值遵循。那些愿意奉献社会的人们会在承担社会责任中满足社会的期待，受到社会的尊重，自己也会感觉到社会的尊重，共同体精神在此也就表现出来了。

可以这样说，如果一个社会只有一个人自己，他（或者她）会在社会生活中显得无助，如果他（或者她）与他（或者她）的邻居和朋友联系，他（或者她）的邻居或朋友又与他们的邻居或朋友联系，这样拓展开来，就会形成一个巨大的社会圈子，在这个圈子里，也可以叫作社会空间，在这个社会空间中，他们的需求可能会得到相互满足，人们的心理得到相互满足，同时又相互互动，同时也会创造出一个更加舒适的生活环境，作为整体的社区会因为个人之间的关系而更加团结合作，越来越成为理想意义上的共同体。可是现实的实际状况却是"各扫门前雪"，甚至是损人利己的个人主义，正在侵蚀着一些社区，个人完全按照自己的意志搭建住房，无视邻里的感受，侵占公共空间，破坏景观，等等，严重损坏了社区人与人之间的关系——个人无限制的欲望，邻里之间的无奈和冷漠的人际关系，正在构成新型社区建设的障碍。如果每个人都能认识到社会资本的重要性，那么社区中的每个人都会抽出时间和精力去扩大和取得社会资本。

一　志愿精神是核心价值观的具体体现

志愿精神是指一种自愿的、不为报酬和收入而参与推动人类发展、促进社会进步和完善社区工作的精神，是公众参与社会生活的一种非常重要的方式。各个国家给志愿精神赋予自己文化的含义。中国青年志愿者奉行"奉献、友爱、互助、进步"的理念是中国青年志愿精神的具体展示。2013 年习近平总书记在给华农"本禹志愿服务队"的回信中就勉励大家弘扬奉献、友爱、互助、进步的志愿精神，坚持与祖国同行、为人民奉

---

① ［美］罗伯特·伍斯诺：《小镇美国：现代生活的另一种启示》，邵庆华译，文汇出版社 2019 年版，第 426 页。

献，以青春梦想、用实际行动为实现中国梦作出新的更大贡献。不管各国之间文化有多大差异，把自己的时间、精力和知识奉献给他人是志愿精神的核心。志愿精神的产生乃基于个人对人类及社会的积极认识、对于社会发展的积极价值取向，而这个取向又来自个人的背景、教育和经验，也来自社会环境的作用。志愿精神是个人对生命价值、社会、人类和人生观的一种积极态度，是一种积极的人生观。

如果按照国际上通用的办法来衡量北京的志愿服务，其特点基本是非正式志愿服务占多数。根据国际惯例，尤其是发达国家的惯例，非正式的志愿服务是不能计算在志愿服务统计体系中的，但是，为了激励志愿服务事业和弘扬志愿服务精神，发展中国家一般把非志愿服务作为志愿服务的一种形式进行统计。根据我们的调查报告，北京市非正式志愿服务在各类参与率中居首，占38.45%，说明，北京市的志愿服务还处于成长阶段。而且，20小时以下占49.77%，几乎为50%，与国际上其他地区和国家相比还是相对较低的。每一两周固定做志愿服务的占14.59%，志愿服务还没有成为人们日常生活的一部分，也没有成为一种生活方式，尽管在2008年奥运会之后，北京市在把奥运成果转化为日常志愿服务行为的方案中曾经试图把志愿服务作为人们生活方式的一部分，但事实上，还没有达到这样的目标。节假日做的占18.04%（见表6-3），表明只有在节假日期间人们才有闲暇时间参与公共事务和做公益活动。或者，人们把节假日的休闲活动拓展到公民服务领域，把个人的休闲与公共生活联系起来，不仅仅局限于利己主义的个人休闲，而是将其作为利他主义的社会服务活动。我们也看到，很多人只有在单位组织时才参与志愿服务，这也就是我们经常讨论的所谓志愿服务的"灰色领域"。适应变迁着的世界，这是新时代生活方式变革的必然趋势。北京市节假日的休闲还受限于其环境和生态容量，我们从周末动物园的人群以及动物园地铁口的拥堵就可以看到，北京人在节假日休闲行为的可能选择。当然，小汽车的增加正在改变人们出行的方式和地点。

应急志愿者在大的突发性事件中的影响，尤其是在2008年汶川地震救灾中的作用大大凸显，受到社会的重视。有人将2008年称为中国支援服务元年，这不为过。北京志愿者协会在这场抗震救灾中派出了自己的队伍，在共青团四川省委的支持帮助下进入灾区，参加救援。就北京来说，2012年的"7·21"暴雨中也涌现了大量的志愿者，尤其是在最初，大量社会志愿者自觉组织起来参与救灾活动，在社会上产生了巨大影响，也引发了政府关注，并将其纳入政府工作议程——北京市社会建设办公室设专题讨论如何开展社会动员，并在此基础上设计了社会动员试点方案和选择了一系列的街道社区开展试点工作。从整体来看，与全国比较，北京的应急志愿者的参与活动并不显著，这主要与社会需求有关——这些年，北京的应急志愿者需要并不十分显著，没有特别大的突发事件发生。

案例分析6-5：北京志愿服务参与频率

表6-3　　　　　　　　　　志愿服务参与频率

选项	小计	比例
1. 偶尔做一两次	746	38.45%
2. 只在节假日做	350	18.04%
3. 每一两周固定做	283	14.59%
4. 每一两月固定做	141	7.27%
5. 单位组织才做	283	14.59%
6. 其他	137	7.06%
本题有效填写人次	1940	

在1900多名志愿者中，参与志愿服务并贡献时间超过100小时以上的大约占13%，13%是个什么概念？如果开展国际比较的话，2001年，美国18岁以上的志愿者的平均贡献时间是218小时，加拿大是162小时，澳大利亚是160小时，英国是170小时。北京志愿者在2014年只有超过13%的人可以年均贡献100小时以上。从这个意义上，中国的志愿服务还有很大的发展空间。也正是在这个意义上，对于中国的志愿服务的激励形式来说，需要的不是简单向发达国家看齐，而是基于自己的国情，鼓励国人通过各种各样的方式，包括非正式的方式，参与到志愿服务中来，在这个过程中，培育人们的参与意识、参与热情、参与能力。在全民参与不断提升的情况下，在深入考虑通过组织方式组织动员各种各样的志愿服务活动，激发全民的社会责任感。

单位组织参与是中国特色的志愿服务性质。尽管经过四十多年的改革开放和发展，越来越多的人脱离单位的种种约束，越来越成为社会人，但是，单位在各类归属中，仍然算得上是最具归属感的组织，社区并没有像人们想象的那样，成为人们生活的共同体，至少目前还没有。尤其对那些依然在工作的人们，工作单位依然是他们社会生活的主阵地，甚至一些离退休人员依然会回单位参加体育锻炼，充分利用原单位的健身资源，或者说更熟悉原来的单位和对原单位有着强烈的归属感，老友、老同事，熟悉、方便、轻松。这从另一个方面说明，社区建设工作还需要进一步加强。这40年，既是中国社区建设不断得到加强的40年，也是人口不断流动的40年，除了2.80亿人口处于流动中以外，其他居民也经常过着一种居无定所的生活，尤其是这些年的房地产开发和个人住房扩张，几乎很多人都要迁移。年青一代似乎已经习惯于到处安营扎寨地生活。然而，植物死亡频繁迁移会阻断其根部的发育，对于植物是这样，对于人也是这样。传统的农业社会之所以能够生长出让滕尼斯流连忘返的社区生活来，就在于它的相对稳定，在这个相对稳定的社区中，人们相互认识，相互认同，相互帮助，归属感、认同感、地域感，凡此种种，都产生了，发展了，巩固了。一旦社会流动起来，一个人需要花时间在新的社区扎根，居所的稳定性和居民参与公共生活之间的关系非常密切。在一个拥有几处住房的城市，要建立起一个成熟的社区更是难上加难。经常迁居会导致社区纽带脆弱，居住人口频繁更换住所会导致社区的融合度降低，也会导致居民的安全感下降。

中国文化的骨子里不缺乏志愿精神。中华民族历来就有扶贫济困、助人为乐的传统美德。尤其是作为社会生活中最基层、最贴近群众的社区志愿者和青年志愿者，在推动中国志愿服务的发展中发挥了先锋队和主力军的作用。中国的现代化事业和构建社会主义和谐社会需要志愿精神和志愿服务。发扬志愿精神，参与志愿服务是实践社会主义核心价值观的重要途径。在抗震救灾中，我们看到中国文化的骨子里不缺乏志愿精神。中国传统文化中"先公后私"、"公而忘私"，无一例外地成为我国志愿者行动的文化底蕴。志愿者行动的最高理念在于自觉自愿。志愿者行动重在参与，依靠传统文化的再生力，凭借道德教化的感召力，志愿者行动在社会建设中重新解读中华民族的传统美德。

志愿精神也是一种社会责任。人是社会的存在物，人要在社会中生活，就必须遵循社会组织为维持一定的社会秩序而建立的各种社会价值，其中诚实、承担责任是最普遍的、最广泛的、渗透性最强的社会规范。作为个体的人之所以必须从基本的社会价值出发，进行道德选择，是出于自身和社会生存与发展的需要。一个人能否得到社会和他人的认同和赞许，是人的一切利益中最基本的利益，而得到认同和赞许的关键，则在于一个人是否有美德和具有社会责任感。社会责任感是培养人的道德品质和美德的一个重要途径，是满足人类生存和发展的客观需要。人类社会要存在和发展，就必须有共同的价值目标和行为规范，并要求全体社会成员共同去维护和遵守，这就要求人们做出正确的价值选择。肯尼迪留给美国人的至理名言是："不要问你的国家为你做了什么，而要问一问你为你的国家做了什么。"这也是美国志愿者的至理名言。我们必须强调和坚持我们民族、我们国家、我们社会固有的价值，重视确立和巩固这种价值，确立和巩固民族的精神支柱。我们也要努力使我们民族的核心价值与人类的共同价值相衔接，在个性中表现共性，展示人类文明。

志愿精神是人类基本关系的一种表达形式。人类需要参与社会并在与他人的交往中实现相互的需要。志愿服务体现了一种基本的社会关系，它无论对个人还是对社会福祉都至关重要。

党的十八大提出，倡导富强、民主、文明、和谐，倡导自由、平等、公正、法治，倡导爱国、敬业、诚信、友善，积极培育和践行社会主义核心价值观。富强、民主、文明、和谐是国家层面的价值目标，自由、平等、公正、法治是社会层面的价值取向，爱国、敬业、诚信、友善是公民个人层面的价值准则，这 24 个字是社会主义核心价值观的基本内容。

二 志愿精神是人类生活共同体的基本价值

改革开放以来，国际上的志愿服务精神和志愿服务活动与中国的社区生活和社会组织生活结合起来，尤其是在 2008 年的北京奥林匹克运动会中，志愿服务的国际合作进入一个新阶段，国际合作推动中国志愿服务得到迅速发展。中国的志愿服务通过与国际志愿服务有机结合，无论在项目拓展还是在理论研究中都有创新。历史和现实实践证明，交流和合作是志愿服务事业发展的重要推动力之一。另一方面也说明，尽管各国的国情不一样，但在服务于人类事业中都有着共同的价值取向。

一般来说，国际上把志愿服务理解为一种改善和促进人类生活品质的利他行为。人们普遍认为，若把更多的社会资源动员起来推动社会进步，除了发挥市场机制的作用，也还需要发挥志愿机制的作用。"如果没有普通人积极参与社区活动，为社区贡献时间和精力，政府仅凭制定规范和标准难有任何作为。这种参与不是政府能够要求、强迫，甚至劝诱的事情，而是专家和使用服务者之间的一系列互惠关系的一部分。"政府在社会事务中的作用越来越强大，这主要是因为社会事务越来越复杂，单靠社会和市场解决不了面临的社会问题，但这并不意味着政府可以取代志愿组织和市场单独来解决社会事务。政府行为是一种行政行为，不同于志愿服务。志愿机制是一种人类的互惠行为。互惠行为是人类共同体的基本特征之一。2009年，美国经济的阴霾并没有阻碍更多美国人参与志愿慈善活动。从2008年9月到2009年9月，有6340万美国人参加了志愿慈善活动，这一数字相当于美国人口的26.8%，同比增加了160万人。2015年度，美国24.9%的居民参与志愿服务，6260万志愿者，79亿小时，创造1840亿美元价值。2001年至2015年底，志愿服务总计1130亿小时，创造2.3万亿美元的经济价值。志愿服务经济价值逐年增长，由2001年的16.27美元/小时提升到2015年的23.56美元/小时。2007年，澳大利亚有520万人参与志愿服务，贡献了约7亿小时时间，约等于146亿澳元。加拿大1997年、2000年、2004年、2007年、2010年和2013年实施调查。2013年，127万居民或者说15岁以上人口中的44%的人群贡献了19.6亿小时，相当于100万劳动力的全职工作，经济价值达128亿美元。在人人自危的金融危机下，很多美国民众并没有"各人自扫门前雪"，而是更积极地投入到为他人服务的志愿工作中。许多失业者投身慈善志愿活动，他们希望在失业期间做一些有意义的事，也希望学习新的技能或更新现有的技能。从2007年起，美国人的慈善捐赠就出现了过去20年中从未有过的下降趋势，但是与此同时，美国人的志愿服务活动却持续增长。从历史上看，美国最初是慈善和志愿服务在社会领域承担着主要的救助责任，后来政府挺身而出，尤其是在20世纪建立起了庞大的福利体系。这个福利体系是美国政府在1929年到1933年应对世界经济危机的过程中对社会体制进行的一种设计，中间几经改革至今，依然在美国社会发展中发挥着重要作用，并得到历届美国总统的支持。20世纪60年代，时任美国总统约翰·费茨杰拉德·肯尼迪（John Fitzgerald Kennedy）倡导成立了和平队，把美国的志愿服务推向国际，发挥志愿服务在外交事务中的作用。和平队是由一些具有专业技能的志愿者组成的，其中有相当一批人是大学生。1961年，美国国会根据肯尼迪的建议通过的《和平队法》，基本目标是促进世界和平和友谊，帮助和平队开展志愿服务活动的国家满足对专业人才的需求，加深当地人民对美国人民的更好了解，与此同时也推动美国人民对所在国人民的认识。和平队志愿者通常要接受10—14周的训练，包括外语训练，到发展中国家或地区服务，每人大约服务两年。现在看来，这种志愿服务就是展示美国的软实力，推动美国文化在世界的传播。再到后来，老布什和奥巴马都积极倡导志愿服务活动。把国内的志愿服务拓展到国际，就把国家外交置于一个制高点上，在这个制高点上拓展自己的文化，不能不承认美国人对"软实力"的熟练使用水平。

不仅如此，各国政府在建立和完善福利体系的过程中，也把志愿服务纳入其中，英国著名经济学家威廉·贝弗里奇，毕生致力于社会保障体系的建设，他强调，在他构想的新福利国家里，志愿活动是不可或缺的组成部分，从而体现出社会资产也是新经济的核心要素。第二次世界大战之后，发达国家纷纷开始建立自己的福利体系，一开始是政府单打独斗，后来发现必须依靠社会组织和志愿者，如加拿大。福利体系是现代国家的重要制度安排，也是社会体制的基本内容之一，在人类对福利要求越来越高、政府提供的标准不断提升的情形下，若不动员类似志愿服务等非资本化资源，已经持续一个世纪的社会福利体制将面临严峻挑战。从案例分析6-6中对北京市志愿服务活动领域的调查也可以看出，中国志愿服务在社会保障体系中发挥着重要的作用。

案例分析6-6：北京志愿服务的主要服务领域

从表6-4可以看出，志愿服务的主要领域是社区服务，包括邻里互助，占36.53%，其次是关爱服务，占35.96%，再次是文化教育，占30.14%，绿色环保居第四位，占27.46%，赛会志愿服务居第五位，占24.94%。日常生活领域的志愿服务仍然是志愿服务的主要领域。2014年2月19日，中央精神文明建设指导委员会《关于推进志愿服务制度化的意见》特别强调了扶危济贫、应急救援、大型活动等领域的志愿服务活动。① 并对中国志愿服务发展的阶段性特征做出了一个判断："总体而言，我国的志愿服务还处在初始阶段，活动开展不够经常、体制机制不够完善、服务水平不够高等问题，在一些地方不同程度存在。"② 做出这样的判断还是比较符合中国实际的，如果把现有的状况开展国际比较的话。

社区志愿服务是这些年来，政府和各类社区组织力推的一个服务领域。这些年来，社区活动和社区建设迎来了扩张时期，各类社区活动逐年增加，不仅地方政府把社区建设作为社会治理的基础性工作，各级政府也加大了与社区的联系，包括签署共建协议，中央政府和地方政府的财政投入力度也逐年增加。现在看来，推动社区建设和社区志愿服务的主要还是政府和居委会组织，居民对于公共生活的热情还没有真正激发出来，许多人，甚至可以说大部分还没有真正发现自己与社区的关系：自己的个人利益与公共利益的关系、公共生活在个人和家庭生活中的价值、邻里之间的关系等等，甚至对于社区发展的信心还不足，还需要提高。

2013年12月3日，海淀区在全国文明城区创建办发布2014年《海淀社会环境秩序整治志愿服务行动方案》，围绕文明交通秩序、自然环境保护、市容市貌维护、诚信经营建设等社会管理的突出问题，2014年组织全区40多万名志愿者开展10项志愿服务行动。按照计划，海淀区在全区25个主要路口、120个重点路段配备文明交通志愿者，每个路口路段配备6—8人，配合交警劝导机动车驾驶员、行人遵守交通规则，不闯红灯，规范停放车辆。这些志愿者举着"礼让行人"等文明提示牌，提醒右转车辆礼让行人；用"请走斑马线"等文明牌提醒、引导行人遵守交通规则，不闯红灯。在人流较多的路口，志愿者会以身作则自觉站在人行道上等候绿灯，引导后面的行人自觉排队等候。

表6-4　　　　　　　　　　志愿服务领域分布

选项	小计	比例
1. 城市运行：义务指路、文明引导、交通疏导等	388	19.99%

---

① 中央精神文明建设指导委员会：《关于推进志愿服务制度化的意见》，《人民日报》2014年2月27日。
② 同上。

续表

选项	小计	比例
2. 社区服务：邻里互助类	709	36.53%
3. 文化教育：文化传播、法律及科普等	585	30.14%
4. 绿色环保：环保宣传及环保行动、环境污染的发现与改进治理	533	27.46%
5. 关爱服务：帮助残障、老人、流动人口等弱势群体	698	35.96%
6. 应急救援：防灾救灾知识宣传普及，灾后紧急救助、危险应急救援以及相关心理干预等	224	11.54%
7. 赛会服务：体育赛事、展览及博览会、国际及国内的会议服务、政府及公益庆典	484	24.94%
8. 医疗卫生：健康养生、禁毒防艾、医疗保健等	222	11.44%
9. 网络志愿服务，服务领域为：	33	1.7%
10. 国际志愿服务，服务领域为：	39	2.01%
11. 其他志愿服务，请注明：	181	9.33%
本题有效填写人次	1941	

面对社会进步中的各种挑战，我们需要重新审视资源的动员机制，以决定哪些是由市场机制动员，哪些是由志愿机制动员。否则，人类会把市场变成市场社会。在市场社会，市场经济将不再是实现人类福祉的手段，而成为人类生活的本身，那将是人类真正的悲哀。事实上，在历史发展的不同阶段，一些国家把市场机制变成了市场社会，中国在改革开放进程中也曾在市场和社会之间左右摇摆，甚至一度试图把教育和医疗产业化，究其原因，有的是因为对市场机制的认识程度存在问题，有的是因为受到利益集团的左右。

对于志愿机制的解释可以用利他主义和社会建设的理论。人类社会要健康发展，必须避免把社会建设成为市场社会，必须重申利他主义在志愿服务体系建设中的角色。利他主义作为人类的本能可以减缓财富的分配不公和社会分化，扩大公共领域的范围，引导社会资源在公共领域配置，也可以引导政府对非营利组织的规制。在这个互动的过程中，公共领域不断壮大，公共空间不断扩大，公共利益得到保护和实现。稻圣和夫（DDI电信创始人——笔者注）认为利他主义其实是资本主义发展初期的伦理规范，也正是它促进了资本主义的快速发展。而现在经济领域出现的诸多问题，正与利他主义这种资本传统被人们遗弃有关。利己主义发生在过去几百年间，资本主义被推到登峰造极的地步的时候。现在人们重拾利他主义，说明了资本主义伦理已经经历了一个否定之否定的过程。对于人类本性的误解使经济学的思考带有致命的缺陷，这是造成当代经济危机的深层次原因。一旦对这个问题有了清醒的认识，就必须摒弃对人类本质的单一尺度的解释，代之而起的是多尺度的视角，充分发挥人类的利己主义和利他主义的本性，创造一个推动社会进步的机制。一旦我们把利己主义和利他主义都视为人类的本质，我们在这个世界做事的方式就会发生根本的变化：一方面，激励人类通过获取自身的利益来创造财富，另一方面通过利他主义的激励来鼓励人类为他人服务。

三 志愿服务是日常社会生活的一部分

事实上，仅仅依靠利他主义还不足以解释志愿机制，志愿机制的形成还依赖于社会共同体。志愿机制的社会基础是社会共同体，诸如家庭。家庭是建立在个人相互亲密熟悉基础上的，感情、习惯、理解和传统习俗使人们可以成为生活共同体。

把志愿机制作为公众参与的核心问题不仅仅是为了激励更多的社会成员参与社会服务，因为志愿机制不仅仅是动员人们参与社会服务和各类活动，而且它也是善治的基础，试想即便是有了民主参与的环境，没有公民自愿参与社会的积极性，良治从何而来？这不是一个理论问题，而是一个非常现实的问题，中国某些地区试点基层社会治理曾经发生过村民因参与议事会过多而向乡政府索要误工费的事情就足以证明民主需要其价值基础，民主的价值基础不仅仅是一个简单的制度设计问题，而且也不仅仅是一个中国问题，它本身就具有世界意义。中国四十多年的发展是以建立市场经济为目标，把激发人们的经济活力摆在重要位置，充分发挥市场机制在配置资源中的作用。未来的新发展是要在继续发挥市场经济体制机制作用的同时，发挥与市场经济体制相适应的社会体制的作用，充分调动广大社会成员参与社会生活、解决社会问题、激发社会活力的作用。如何像四十多年前通过完善市场体制来激发经济发展的动力来激发全体社会成员参与社会决策、参与提供公共服务的积极性，是新的发展必须面对不能回避的问题。毫无疑问，激发社会活力非常复杂，涉及社会的公平公正机制的建立完善等。

人类具有志愿行为的本质或者叫作本质属性，如何让这种本质性的东西展现出来？需要制度和习惯。中华民族自古以来就有乐善好施的优秀传统，如何让这些优秀传统在新时代发扬光大，需要制度建设。志愿行为的制度环境至少应当包括公平的利益格局和社会公正的参与。合理的利益格局和公正的社会关系将调动大部分社会成员的积极性和创造性。在这个意义上，社会进步必须加强顶层设计。就现实意义而言，顶层设计已经不是理论问题，而是操作问题，不是个口号问题，而是必须面对各类现实问题。它需要打破现有的利益分割和权利分割，统一考虑一些全局性、宏观性和战略性问题。让志愿服务成为一种社会习惯，全社会的共同偏好成为一种个人的习惯，个体的人们的偏好，就是一个志愿服务制度化的过程。进一步说，培育志愿精神对抑制传统农业社会的"私"字和市场经济中的"市场社会"倾向都极其重要。如何通过志愿服务来弘扬志愿精神，发挥志愿精神的纠偏作用，提升人们的精神境界，在未来一个时期可能比志愿服务本身更重要。

培育志愿机制，需要进一步理顺政府与社会的关系，发挥志愿机制在社会动员中的作用。如果说，改革开放的前四十年是通过完善市场经济体制来释放市场主体活力的话，那么，进入21世纪以来，中国需要通过完善以市场为基础的经济所需要的制度来进一步提高生产效率，建立合理的利益格局，充分动员公众参与社会生活。一方面通过这种参与来实现民主决策和科学决策，使经济社会发展更加贴近人民群众的生活需要；另一方面，通过公众参与使居民承担起更多的社会事务，减少政府在公共领域和社会领域的投入和负担，实现社会发展方式的根本转变。在中国这样一个世界上人口最多的国家搞现代化，如何使每个人都从改革开放中受益，最根本的办法是鼓励支持和创造条件使每个人参与经济和社会生活，在这个过程中实现发展的可持续性。中国面临的环境资源问题使得中国的仁人志士们在思考和探索环境资源的可持续性，不久人们将感受到社会发展可持续的迫切性，而社会领域发展的可持续性必须是全体社会成员的广泛参与，以及具备现代国家所需要的文化价值和社会行为规范，只有解决了这些问题，社会才能进入健康轨道。这也应当是当代中国社会体制改革要建构的根本目标。

案例分析 6-7：影响志愿者参与的因素分析

表 6-5　　　　　　　有哪些因素妨碍了今后继续参加志愿服务？

选项	小计	比例
1. 没有时间	22	68.75%
2. 对自己没有明显的服务收益	6	18.75%
3. 家人不支持	3	9.38%
4. 没有经济回报	3	9.38%
5. 个人力量微薄，难以改变现状	11	34.38%
6. 志愿服务过于形式化，没有实效	20	62.5%
7. 其他	4	12.5%
本题有效填写人次	32	

表 6-5 中，"没有时间"，确实反映了当前中国社会生活的实际状况，对于那些在职人员，有工作压力，也有家庭和孩子教育的压力，没有时间是一种现实状况。现有的志愿组织，在草根层次缺乏资金、缺乏必要的培训和激励机制。而在官方北京的志愿组织，往往是过于流于形式，尤其是限于政府和上级交办的任务，不太考虑志愿者的发展和感受，与被服务的对象的关系有时不是十分密切。在很多地方发生的情况是，每年的重阳节，到老年服务机构的志愿者为老年人洗澡，经常是一天之内来了几批志愿者，都从事一样的服务项目，给老年人带来了痛苦，造成不良的社会反响，也就是"活动过于形式化、不注重实效"。

培育志愿机制，还需要提升思想界对这个问题的认识，当学者们把中等收入群体仅仅视为具有相当购买力水平的富裕群体，而无须承担一定社会责任和具备一定公共意义的社会分子，这至少说明，在学者的潜意识里，公共生活还没有提到议事日程，以利他主义为纽带的公共生活和社会秩序任重道远。在个人主义被无限放大的社会，背后隐藏着恐惧、焦虑、郁闷，社会固有的自重、自强、感恩、珍惜荡然无存，个体不属于任何地方、任何群体，这是怎样的内心世界和精神家园？要改善如此这般的内心世界，重建以社群意志作为和睦基础的精神家园。在现代社会，社群的意志通过行为准则、民主、公众舆论、法律、法规公正无误地表达出来。在这样的环境中，生机勃勃、真正持久的共同体生活才能建立起来。"伟大时代呼唤伟大精神，崇高事业需要榜样引领。"[①] 但一个社会仅仅依靠几个榜样是不够的，必须使每个社会成员都承担起社会的责任，建立起和谐的人际关系，创造友好的社会氛围，努力使志愿服务成为一种社会习惯，使志愿精神成为一种共同价值。

在公共空间和公共利益基础上的社会生活是全部社会体制的基本内容。人们的社会生活始于人们之间的社会关系。人类的社会关系模式是在社会空间中展开的，从家庭开始，逐步拓展，因个人的经历、家庭、社会地位、经济收入、职业特点等不同，其社会空间的大小也不一样。有的人终其一生，在一个小社区里度过一辈子，生活圈子有限，社会关系可数，社会空间狭小；有的人走遍天涯海角，足迹遍布全球，阅人无数，社会空间无限。人们在社会空间中的互动和沟通是这种社会关系模式的基本形式，这些基本形式因社会发展的阶段性特征和技术因素影响，也不一样，有面对面的，也有通过书信的，还有互联网上的。在线是当代社会关系模式的新趋势和新特点。社会关系模式是基于社会规范建立起来的，社会规范就是社会秩序，现实的社会关系模式则是活的社会秩序和社会规范。社会有秩序，人类才有稳定的生活和发展的机遇。社会要发展和进步，就必须有活力。社会的活力源自社会成员的积极参与，社会动员是实现社会参与的重要途径和基本手段。志愿服务是人类参与社会事务的一种重要方式和手段，也是一个社会文明程度的重要标志。志愿服务是一种体现了社会活力的精神和行为，也是一个社会公民精神。不同文化背景下的社会关系模式是不一样的。文化塑造行为。这些，构成了社会体制的核心和基本内容。当一个社会的成员通过正式和非正式的途径参与志愿服务成为社会的主流，我们还会怀疑这个社会的活力和动员吗？

在当代中国强调志愿精神的特殊意义在于：通过志愿精神的弘扬来淡化社会急速转型过程中过度"市场社会"内涵，提升社会建设的社会内涵，真正实现经济和社会齐头并进地发展，这也是建设常态现代国家所必需的社会体制的组成部分。

[①] 《习近平谈治国理政》，外文出版社2014年版，第159页。

第七章　社会体制的国际视角

　　我们在这部分中将探讨这样几个问题：一是从印度的历史发展看一个国家的历史地理、价值观念、社会规范是如何成为塑造社会体制的重要因素的，以及这个国家在经济发展过程中是如何受到经济发展影响并遵循人类社会普遍规律的；二是发达国家在工业化和现代化进程中是如何扩大公共空间和兼顾公共利益的，以及它们的社会空间又是如何扩展开来，形成自己的阶段性社会关系模式和社会组织形式的；三是发达国家和地区在公共空间拓展过程中，社会组织模式是如何建立和发展起来的以及它们的特点是什么；四是自20世纪后期以来各国是如何探索社会创新的，以及这种社会创新的体制机制及其已存在的问题；五是美国现任总统唐纳德·特朗普当选和任职以来的所作所为的社会背景是什么，它是不是蕴含了当代社会发展的新特点。从这样五个案例的分析来看公共利益的形成、社会组织和社会关系模式的建设、社会体制及创新探索、美国当代社会体制的趋势，以及文明古国在现代经济冲击下的社会体制变迁等。现代化常态国家的建设需要不断深化自己的社会体制改革，使之与经济体制相适应。各国发展的历史已经证明了这是一条人类社会发展的普遍规律。

　　各个国家在其历史、地理和人文生态环境中形成了各自的社会公共空间和利益格局，以及自己特有的社会关系模式。世界上没有一种体制机制是尽善尽美的。好的社会既能够也敢于改革创新，不断通过自我变革来适应环境的变化。就全球整体而言，人类福利改善是一个大的趋势，公共领域扩大也不可避免，但是，各国的贫富差距如何控制将是一个值得关注的问题，这直接关系到社会体制的制度安排。从目前的趋势看，极少数人控制越来越多的财富的趋势没有从根本上得到扭转，这是未来社会体制改革的核心问题，也是社会发展中的一个不确定因素。

第一节　内生环境下的文化与社会体制：
以印度社会发展为例

印度是正在崛起的大国，它有着悠久的历史和灿烂多彩的文化，我们试图通过深度剖析来看看那些在历史上形成的文化、习惯、种姓制度是怎样对这个国家产生影响的，进而深度把握社会体制改革的目标和政策。

一　印度社会的人文生态与印度社会的生成

（一）独具特色的文化

印度基本上是一个以内生文化为主体组成的社会。这里讲的内生文化是指在一定地区、一定历史条件下形成的具有自己特色的文化。印度和中国是两个不同的地区，在古代具有相同和相异的历史条件，而在文化上形成了不同的生活方式。内生文化具有自己的个性。人类学家正是依据这种差异进行比较，发现其共同点和不同点，进而进行比较研究，发现其异同，并提升到理论和宏观的视角去认识。

具体来说，印度文化的特点是充满神秘色彩的多元性和宗教性。由于对印度的研究和关注不多，研究印度的文献也寥寥无几，这在一定程度上增加了印度文化和印度人在人们心目中的神秘色彩。事实上，随着工业革命的开展，尤其是现代化进程的加速，印度从政治经济到社会文化，无一不在发生着深刻的变化。由于印度历史上经历过殖民主义的统治，在价值观上更接近西方，在未来的改革开放中，它可能更容易融入全球社会。印度在20世纪90年代开启了改革开放进程，尽管晚于中国十几年，但印度特有的文化，尤其是制度特点有可能使其在未来的发展中处于有利地位，特别是这个国家的人口结构赋予了它未来发展的长时段力量，这是我们不能不关注的。

比较中国，美国乔治城大学国际政治学教授阿纳托尔·利文指出，"如果说，美国充满沙文主义色彩的、既烦躁又充满仇恨的民族主义与中国牢记近代国耻之仇的民族主义情感发生碰撞，那对全人类的文明来说必定是巨大灾难"[①]。近一段时间由特朗普挑起的中美贸易战，已经将这种

---

① ［美］阿纳托尔·利文：《美国的正确与错误》，孙晓坤译，中信出版集团2017年版，第30页。

美国的"充满沙文主义色彩的、既烦躁又充满仇恨的民族主义"表现得淋漓尽致。面对这一复杂局面，在这一点上，在坚持文化自信的同时，我们必须有充分的文化自觉，这是保持中国现代化进程持续不断所要求的文化思维习惯。与印度不同，中国的民族复兴的心态是建立在过去一个多世纪以来中华民族遭受凌辱和探索民族出路的基础上的，自鸦片战争以来，探索中国的前途和命运是全体中国人的共同要求。不妨说，当前中美两国的贸易战争，会使印度进入一个重要的战略机遇期。最近有媒体说，中美贸易战争使中国失去了第三次战略机遇期，这不仅是因为美国对中国采取了强硬的态度和全面的围堵，更重要的是，在中美贸易战过程中，经过改革开放洗礼的印度会乘势而上，利用这一机遇，形成自己长期发展和国家崛起的战略机遇期。当前国人关注中美贸易战争是对的，貌似所有的智库和所有的关注点都指向了中美关系。但是，我们一定不能忘记"螳螂捕蝉，黄雀在后"这一中华民族的文化遗训。

印度文化的神秘性不仅仅是外部社会的印象和感觉，印度人自己也曾反思过，尼赫鲁就曾经扪心自问："神秘的东西是什么，我不知道。我不称之为上帝，因为关于上帝的说法有许多是我不相信的。我发现我自己不能够根据'神人同型说'来设想一个神或任何未知的至高权威。"[1] 但是在后来的论述中，尼赫鲁还是在哲学和宗教中寻找这种"神秘性"。这可能与他早期研究印度教教义有关。一方面，这种神秘性源自古代传说，远古的神话，有些似乎无从捉摸，使人恍惚，又似乎能够控制人们的心灵：既是神话又是想象，既像梦境又像幻觉；另一方面，在现实生活中，绝大部分印度人又信奉宗教，尤其是80%以上的印度人信奉印度教，将其奉为生活方式，赋予每一种生命灵魂，每个人都可以再生或转世，善有善报，恶有恶报，轮回复始，追求灵魂与神合一，这都增加了其神秘性，这就是印度。

印度由于地理位置的封闭性，在历史上的国际交流多是与西亚地区展开的，与中国交流都不多。对于东南亚则主要是一种文化输出，在这个意义上，印度文化就保存和保护得比较好，这也是中国人感觉印度文化神秘的原因之一吧。

---

[1] ［印度］贾瓦拉哈尔·尼赫鲁：《印度的发现》（上册），齐文译，世界知识出版社2018年版，第20页。

从古代到现代印度，多元化和宗教性是印度文化的两大基本特征。可以说，印度文化基本上是宗教文化，尤其是占主导地位的印度教文化是印度文化的基本内核。即便是在佛教鼎盛、穆斯林统治和英国殖民时期，印度教教徒也始终是这个国家教民的主体，占据大多数人群。对印度文化和印度人人性产生重大影响的两大因素是宗教和种姓制度；宗教之间的不相容和种姓之间的隔离是印度社会的基本特点。种姓制度产生于大多数印度人信奉的印度教。在这种由印度教规定的种姓制度下，人一生出来就被规定为不同的阶级，而无法通过后天的努力加以改变。印度教是印度社会体制和种姓制度的价值基础。近代以来，由于产业和职业的发展，印度的种姓制度被改变了不少，职业分层正在打破种姓分化。

尼赫鲁所说的印度地理与文化问题的时代，恰恰是英国殖民者在印度实施统治的年代，他认为，尽管英国殖民者统治了印度，但就印度本身来说，它的精神从来就没有被殖民者征服过，这种根植于人民内心的文化不屈不挠，不可战胜。尼赫鲁是一个政治家，他说的不一定是真正意义上的"从来就没有被殖民者征服过"，那么多人说英语，能不改变人们的生活方式和文化吗？尼赫鲁曾致力于改革不合时宜的传统习惯，针对印度教规定妻子的主要职责是服侍丈夫，丈夫死后，妻子则失去传统赋予的地位，失去继承权以及应有的尊重，尼赫鲁试图维护寡妇的继承权，从法律上取消种姓制度，确定男女在婚姻和财产继承问题上的平等权利，这是一个了不起的进步，对印度社会变革产生了深刻影响。

（二）宗教是各族人民的生活方式

1. 全民信教的国家

印度是一个全民族信教的国家。宗教不仅是印度人的信仰，也是印度各族人民的生活方式，甚至还可以说是印度文化中最根深蒂固的因素，源远流长，影响深远。根据美国中央情报局的研究报告，印度宗教五花八门，几乎全民族信教，大约有80%的人口信奉印度教，14.2%信奉伊斯兰教，2.3%信奉基督教，1.7%信奉锡克教，2%是未详细说明的。宗教对人们思想的禁锢，种姓对人群的区隔，男权对女性的歧视，构成了印度社会的特点。印度文明与宗教性和宗教多元性密不可分。源远流长的历史，深厚悠久的文明，多元文化的传承，使人们深深感受到了印度的神秘特色：眼花缭乱、目不暇接。

印度社会和政府对宗教采取了包容的态度，各类宗教并存，有自己发展的自由。不同的宗教有不同的活动场所，风格各异，颇有点百家争鸣的味道。这些宗教直接体现在人们的日常生活中，表现为不同的生活方式。这种渗透到日常生活的宗教精神，又成为人们的内心约束。在当今的国际交往中，民族的信仰是一个非常重要的条件，缺少信仰会被视为一个难以融入国际社会或者受到国际社会质疑、排斥的因素。有信仰的人会被认为对自己的内心有约束，其可信度和可依赖度较高。缺乏信仰的群体，会增加不少的不确定性，也容易随波逐流。这从另一个角度也揭示了印度人在一些跨国企业更容易被西方老板和同事接纳的原因。

2. 印度教

印度宗教的神秘主要来自印度教，印度教既是宗教信仰，也是绝大多数印度人民的行为规范和生活方式。

印度教即婆罗门教，印度的国教，也是世界主要宗教之一，在南亚诸国，包括巴基斯坦、斯里兰卡、孟加拉国、尼泊尔，东南亚的马来西亚、新加坡、印度尼西亚、菲律宾，以及英国、加拿大、新西兰、美国、澳大利亚、南非的印度裔人群中有众多信徒。根据1993年的统计数据，它拥有10.5亿信徒，仅次于拥有15亿信徒的基督教、11亿信徒的伊斯兰教。

"印度教"植根于印度文化，是印度宗教、哲学、文化和社会习俗的统称，集信仰、哲学、伦理等观点于一体，体系复杂多样，甚至相互矛盾。印度教崇拜三大主神，坚持世袭等级制度，视种姓制度为核心教义，要求教徒严格遵守种姓制度，婆罗门享有至上的权威，充分体现了印度教宗教生活社会化的特征，这也是印度教与佛教和基督教等其他宗教最大的差异。"印度教"囊括了一神论、多神论、泛神论和无神论。

在印度的政治领域，奉行世俗主义和教派主义的斗争一直在进行着。全国民主联盟1998年上台后，人们一直担心它会利用其执政地位推行教派主义，后来的实践证明，尽管它在个别领域中表现出了意识形态的色彩，但基本上是维护了现行的世俗主义政策。各个党派尽管意识形态不一样，或者奉行教派主义，或者信奉世俗主义，甚至有的党派内部也不统一，但在博弈过程中总能找到一个平衡点。总的看来，在印度，政党奉行教派主义会在政治上承担或多或少的风险，所以，各党派，包括印度人民党都学会了约束自己，适应新形势，这无疑能为印度社会的世俗化减少障碍。在一个日趋多元化的世界，过多强调意识形态色彩，会带来巨大的政治风险，经济不是解决问题的唯一方式，经济和政治都会受制于意识形态。

二 技术进步与印度社会变迁和转型

(一) 深刻变革中的印度文化和社会

在人们的印象中,印度是一个落后、脏乱的社会,事实上,与世界上其他转型国家一样,进入 20 世纪后期,印度通过改革开放,在经济发展的同时,社会也在不断进步。深入研究印度发现,这个国家并不像人们所说的、所感觉的那样落后和愚昧,它正随着技术进步和经济发展不断调整自己的社会结构和价值体系,生活方式正在发生深刻的变化。2016 年,印度国内生产总值为 22635 亿美元(现价美元),占全球国内生产总值的 2.19%,为中国的 21%,为美国的 12.19%,印度还是一个综合国力不强的国家。印度的发展也充分证明了马克思主义的基本原理,生产力决定生产关系,经济基础决定上层建筑,这是一个放之四海而皆准的基本规律,没有一个国家可以例外。印度并没有停留在历史的某一时点上,其整个社会也处在变革之中。数字化成为印度社会进步的重要推手。

2015 年 7 月,印度总理莫迪提出了"数字印度"作为国家战略加以推进。在 2012—2017 年的五年规划中,印度提出加大发展电信产业,为 13 亿人口提供通信服务,要求手机信号要覆盖所有农村,农村地区电话普及率达到 70%,宽带连接 1.75 亿人口,完成国家光纤网络工程,等等。2015 年印度网民数量已经达到 4 亿人以上,超过美国,成为仅次于中国的互联网第二大国。印度政府在努力缩小数字鸿沟。根据印度软件和服务业企业行业协会(NASSCCOM)的统计报告,2015 年,印度信息产业收入达 1470 亿美元,同比增长 13%,其中出口为 990 亿美元,占 67.3%,国内市场 480 亿美元,占 32.7%。据印度工业联合会报告预测,印度电商市场到 2020 年规模将超过 1000 亿美元。当然,与中国比较,印度的信息产业和信息化程度仍有较大差距。

与全世界各国一样,在过去十几年中,印度人的新闻消费和娱乐方式发生了根本变化,给传统媒体和传播方式带来了巨大挑战。00 后花费在新媒体上的时间多于看电视的时间,越来越多的人在移动设备上看节目。移动媒体改变了印度的社会结构,进而改变了商业模式,传统的商业模式遭遇巨大挑战。

(二) 改革开放与现代化计划的实施

发展中国家要追赶发达国家,实现自己的现代化,必须对自己现有的体制进行改革，以适应全球发展趋势，对接国际市场。一个国家既想发展，又不想对接国际市场是没有出路的，尤其像印度这样一个传统力量巨大的国家。20世纪90年代，国大党领袖 P. V. 纳拉辛哈·拉奥和曼·辛格把改革思路作为国家中长期规划的指导思想，制定了新工业政策、新的小型工业政策、新的进出口政策等。尽管这场改革有这样那样的不足，但总体上看是一场成功的改革，它使印度经济上了一个新的台阶，基本实现经济发展模式的转轨，奠定了继续深化改革的基础，对印度全面现代化具有里程碑式的意义，也对社会领域产生了深刻的影响：经济发展必然带来社会体制，包括利益格局、生产关系、社会关系的深刻变革。自此以后，无论哪个党为首组成的政府，都无一例外地沿着这个改革的方向继续深化，使印度在21世纪成为世界发展速度最快的国家之一。由此也说明，一个大国，在自己的崛起过程中，坚持改革开放政策的持续性至关重要。

（三）信息化和传媒发展

在世界各国的社交媒体使用方面，印度在脸书（Facebook）的活跃用户数量上居第一，这从另一个角度说明了这个国家的社会开放度是非常高的。印度文化中的人性与习俗会随着社会的进一步开放而不断发生新的变化。

信息技术的发展和广泛应用为印度民众的生活带来了越来越多的便利。印度中央银行在建立统一的移动支付接口。亚马逊、印度最大的电子零售商 Flipkart 和美国的 Uber 等新一代互联网平台迅速兴起，创造了大量的就业机会，给社会发展带来了深层次的影响。移动运营商，以及由移动技术形成的商业生态系统为印度提供了近220万个直接就业机会和180万个间接就业岗位。截至2016年7月，印度大约有4.3亿人使用移动互联网提供的服务，据估计，到2020年，这一数字将跃升为6.7亿人。2017年底，中国则有7.7亿人口使用移动互联网。网络金融在印度也获得了巨大的发展空间，大约65%的印度成年人建立了自己的金融账户。

互联网正在彻底改变印度人使用媒体的方式。传统的媒体使用是以家庭为主体或者可以叫作家庭导向：每个家庭都有自己的一个在线连接的电视，或者以家庭为单位订阅报纸，移动互联的个体化使每个人只要通过自己的移动电话就能够快速接入互联网，使传统意义上的家庭媒体消费越来越个体化，媒体消费成为一项个人活动。这对印度的大家庭制度不能不说是一个根本性的冲击。

在印度，人们已经普遍感到，"互联网将会成为一个重要的工具，在我想接触的那些观众中，越来越多的人几乎不看电视，而是整天泡在网上。我可以通过脸书和推特快速地接触到他们，这比我在电视上花600万卢比做广告要强得多"①。在印度，人们似乎感到，数字技术革命突然打开了一个新的领域，正如全球的人们在日常生活中感觉到的一样。这将给印度社会带来深刻的变革，并形成新的互联网文化和互联网消费习惯、社会习惯，以及形成互联网文化。

随着信息技术的应用，印度更深刻的社会变革还会相继到来，互联网、大数据、云计算会导致社会关系的深刻变革，形成扁平化的社会结构，服务的提供也会扁平化。平台化是指把传统的垂直链接变成扁平化平台，推动各种社会资源链接方式结构和制度创新；移动化是以移动电话为主体的传播体系日益成为传播主渠道，并在移动和应用中留下海量数据，大大提升对人类活动大数据的采集能力，形成个性化的精准传播方式；智能化是建立在大数据与云计算基础上的人工智能，它正在推动经济社会发展和生产消费升级。在这三"化"中，平台化是基础，因为结构和制度决定着生产、消费的规则。眼下，大型互联网平台正在成为产业发展和消费升级的主导者，成为大数据中心、云计算中心、资源汇聚中心。它通过满足用户多样化需求，形成强大的用户黏性，促成平台运营的整体价值变现。在线已经成为当代社会关系和社会结构的重要特征。互联网塑造了网上的在线行动。在线互动成为当代信息化的基本特征之一。按照阿里巴巴技术总监王坚的说法，我们原本处于一个离线的世界，在本质上，装置是离线的，物件是离线的，人也是离线的。传统的计算技术把物理的离线世界变成了数字化的离线世界。互联网技术把离线变成了在线，而后者给人类社会带来的变化说不定会超过人类第一次使用火。大数据不是建设一个更大的硬盘和服务器系统，而是把现有的数据平台互联起来，形成一个在线的巨型数据系统和运算体系。这其中涉及打破现有利益格局，建立各个部门、地区、行业、单位之间的信息共享机制，以及信息安全制度。把千千万万个社会组织通过在线连接起来，将产生巨大的社会服务能力。当然，这需要建设和发展组织各类社会力量的技术平台。

---

① ［印度］尼马尔·库玛、普丽缇·查图维迪：《勇敢的新宝莱坞：对话当代印度电影导演》，裴和平译，中国传媒大学出版社2017年版，第127页。

三　善良温和、机智聪慧、自信坚韧的人性特征

善良温和、机智聪慧、自信坚韧是印度人的基本人性特征，或者叫作印度人的性格。关于个人和民族性格，社会人类学家费孝通写道："社会的价值标准和个人的性格其实本是一回事，从两个角度上看过去而表现出来的两个方面罢了。要真真描写一个社会所有的文化，应该从这两个方面配合了看的。"[①] 费孝通教授在这里实际上是在说，个人的性格是社会价值标准和社会规范在个体行为中的体现，社会价值标准通过社会化内化为个人的性格。这里的社会化既是指个人家庭的社会影响，也是指个人的宏观环境和其生活的历史环境，也就是我们在前面定义的印度文化。

印度人给人的印象是有着"好脾气"，即便是遇到"冷脸"，也不会勃然大怒。

（一）印度人的性格

总体来看，印度是一个性格温和的民族。热情率真、坚韧自信、城府不深、善良厚道、智慧机敏、耍小聪明、善于妥协、心境平和、随遇而安、组织性差、相安无事，都可以用来概括这个民族的性格，或者说是这个民族的基本人性。这个基本人性凝聚了印度的历史、文化和基本社会规范。

1. 史诗《罗摩衍那》和《摩诃婆罗多》

每个民族都会有展示自己的民族习惯和性格的作品。有人说，在印度的历史上，曾经出现过史诗《罗摩衍那》和《摩诃婆罗多》，但不曾出现过《孙子兵法》，这是证明印度是一个温和民族的重要证据。诚然，《罗摩衍那》和《摩诃婆罗多》既是伟大的文学作品，又是印度的百科全书，两部史诗几乎涵盖了古印度的全部历史，是古印度的真实生活的写照。《罗摩衍那》以罗摩与妻子悉多悲欢离合的故事为主线，展示了印度古代宫廷的内部争斗和列国之间的战争，史诗中穿插了大量神话传说和感人的故事情节，并对大自然进行了细致的描述，在战斗场面上也用了不少笔墨，叙事宏大，震撼人心。规模宏大、内容庞杂的史诗《摩诃婆罗多》享誉世界，它的汉语全译本有五百万字，与《罗摩衍那》并列，《摩诃婆罗多》有长篇英雄史诗，作为插画的传说故事、宗教哲学、法典性质的史

---

① 费孝通：《美国与美国人》，生活·读书·新知三联书店1985年版，第208页。

诗，其篇幅为《罗摩衍那》的四倍，是一部百科全书式史诗。《摩诃婆罗多》展示了印度民族的"集体无意识"，又被称为"印度的灵魂"。

2. 贾瓦哈拉尔·尼赫鲁的乐观主义

贾瓦哈拉尔·尼赫鲁在谈到人性时说道，自己"起初对人生问题的理解多少是科学性的，带有些十九世纪和二十世纪初期科学的轻易的乐观主义。我所拥有的安定舒适的生活以及精力和自信，更增加了那乐观的情绪。一种模模糊糊的人道主义很合我的心意"①。尼赫鲁曾一度活跃于第二次世界大战之后的世界舞台上，被称为伟大学者和博学的人。少年时代，尼赫鲁就对印度哲学产生了浓厚兴趣，他的乐观主义生活态度产生于他的舒适家庭生活，也是他生活的那个社会的整体反映。尼赫鲁出生于显贵家庭，印度不是每个人都能有他那样的家世的，他的家庭有条件按照印度资产阶级的身份培养他，为他聘请家庭教师，送他到英国，进入著名的贵族学校哈罗公学学习，这不是印度一般家庭可以办到的。

(二) 时间年轮碾压下的民族性

性格体现了文化，文化孕育着性格。文化是一种人的性格特征、人与人之间的关系模式。梁漱溟先生说，"学习始于幼儿模仿成人，所以习惯之事既是个人的，又是社会的。"② 习惯是活的社会固定的行为方式，是人们不自觉地在使用前人的社会规范的行为。这也是一个社会继替过程。"任何习惯都必待身体实践得以落实巩固。习惯之为物，追源溯始，实成心神往复之间。"习惯不是静止的社会规范，而是一套日常生活的行为和行动，在不自觉行为中完成。"生活规制必须从身体实践养成习惯，乃得落实巩固。习惯是活的文化。所以群体生活中的礼俗制度和个体生活中的气质、习惯是同一样的东西，自始便有惰性（指其中预先规定下来）而到后来愈来惰性愈重。"③ 习惯是生活中的习以为常的不自觉行为。一切事物当被人们习以为常之后，就会形成惰性，不想变革，也不愿意变革。

国家性格凝聚特定的民族性。从人种学来看，美国人和英国人有着深厚的历史渊源，至少有着相同的语言。但是"在两个世纪时间年轮的碾压下，英国和美国开始形成不同的社会结构、不同的价值制度、不同的行为

---

① ［印度］贾瓦哈拉尔·尼赫鲁：《印度的发现》（上册），齐文译，世界知识出版社 2018 年版，第 17 页。
② 梁漱溟：《人心与人生》，（台湾）老古文化实业股份有限公司 2002 年版，第 262 页。
③ 同上书，第 296—297 页。

方式、不同的世界观等差异性，通俗地讲，就是形成了不同的极端强烈的民族性"①。英国人从欧洲来到北美大陆，在那里生活下来，新的人文区位和人文生态，养成这些英国人后裔的不同以往的生活方式和习惯。人们在应对不同的自然环境和历史文化过程中，形成了自己独特的生活方式和生产方式。

正如社会人类学家费孝通教授所指出的，"各地人民的生活方式，亦即是他们的文化，与其说是上帝安排下的模式，不如说是这民族在创造，试验，学习，修正的过程中积累下来应付他们地理环境和人文处境的办法。从这种立场上去看文化，每一项都有它的来历和作用；因此可以从他们的历史，地理和人文处境中加以说明的。这是说各种社会制度的形式都可以理解的"②。

行为规范只有抽象地存在于个人的观念，具体体现在个人的行为中。个人和身份不同，个人是可以活，有自觉，能行为的有机体，而身份是持续在各个具体人脑中的一种公式，是机体谋生的一种办法。社会身份是人与人之间的、比较坚定的社会关系，所以一个人不可能自由改变。印度的种姓制度是一种身份制度，不是可以任意改变的。社会组织就是人们的行为。固然这些行为是由一定制度、规范来约束的，但制度和规范并不是组织本身。

我们可以这样理解印度文化中的人性和习惯：需要从人们的社会价值观念和个人的性格去理解。人是社会的存在物，人要在社会中生活，就必须遵循社会组织为维持一定的社会秩序而建立的各种社会规范。印度古代的耆那教主张不杀生，这也造就了印度人的善良厚道、热情有礼，易于沟通和交往。由于人的行为是由特定的社会规范规定的，所以，对于个人的行为的解释必须从具体的文化分析入手，文化因地域和时代不同而不同。

英国人类学家约翰·高乐在其著作《国家的品格：看懂美国的第一本书》中对美国人的习惯作了自己的理解："我曾研究过典型关系中习惯的和有意的行为，如子女对父母、父母对子女、夫妇、爱人、朋友、邻里、

---

① [英]约翰·高乐：《国家的品格：看懂美国的第一本书》，高青山译，民主与建设出版社2016年版，序言第4页。
② 费孝通：《美国与美国人》，生活·读书·新知三联书店1985年版，第205—206页。

商业同行和竞争者、资方和劳方、多数对少数、美国对外国人等等，并设法一一讨论根本的、形成美国人行动的恰当的主题。"[1] 高乐的理解实质上与费孝通的所谓"性格"是一致的。在高乐的论述中，人性表现在各种社会关系中，只有在这些关系中得以培育。这个培育过程又培育了习惯。这与马克思主义关于人的本质理论是一致的。

人们的行为方式取决于他（或她）所生活的价值规范，社会学家将其称为社会制度。"价值标准是文化造下来指导个人行为，使其符合于社会制度所规定下的规范，它的功能就在配合个人和社会，维持社会的制度。"[2] 个人出生时本无社会规范，也不会自己带着社会规范来到这个世界。在其被抚育和成长的过程中，家长、亲戚、邻居等其生活其中的社会关系，在与其接触的过程中不断向其展示了社会规范，言传身教是教师教育的本质。这是一个人的社会化教化的过程。中国古人讲，文化为"文之教化"，深刻表达了这一层意思。了解印度人，首先要了解他们生活的地域环境，我们也称它为人文区位。"我们要了解一个地方的人民的生活就得先明白赋有指导作用的价值标准是怎样的，然后才可以进而从他们的历史和地理的特殊处境中去解释这些特具的价值内容是怎样发生的。"[3] 由于规范不同、文化不同，个体在文化中的地位也不一样。不同群体中的人对于社会关系的认识是不一样的，譬如，父子关系在印度人的认识中就和中国人、西方人的认识不同。

四 变化中的社会规范和习俗

在技术力量变革人们的社会关系的同时，市场力量也加入其中，成为另外一个变革因素。市场引入机制在印度已经很久了。20世纪90年代的市场化改革无疑加速了印度的市场化进程。有什么办法呢？到目前为止，市场机制是人们找到的最好的配置资源的方式。电影导演阿那班·奥尼尔说道："我们的整个社会已经变成了一个唯利是图的社会。现在，我们宁愿让我们的孩子学宝莱坞的舞蹈，也不愿他们去学印度的传统舞蹈，因为学会前者就可以去参加真人秀赚钱，而我们最好的老师却在德国教德国

---

[1] ［英］约翰·高乐：《国家的品格：看懂美国的第一本书》，高青山译，民主与建设出版社2016年版，序言第9页。
[2] 费孝通：《美国与美国人》，生活·读书·新知三联书店1985年版，第207页。
[3] 同上。

人印度音乐和舞蹈。同样，在文学上也是如此，我们更看重通俗作家，而不是像阿米塔夫·高什这样的作家。今天，一个电影评论家会骄傲地宣称，归根到底娱乐最重要。"① 娱乐反映了更加世俗的文化趋向，也反映了社会兴趣的变化。

今天的印度，除了受到殖民传统的塑造，还受到旧风俗习惯残余的吸引，以各种形式与现代多元性混合在一起，这是一个传统的印度和一个现代的印度，一个神圣的印度和一个世俗的印度。政治文化只是民族文化的一个方面。都市文明，不论是精英阶层，还是劳工阶层，都会不同于传统的农业文明。总之，发生在经济、政治和社会领域的进步，都意味着印度原有的社会关系、经济关系将发生深刻的变革，并改变着人们的生活方式，亦即文化。我们拭目以待。

互联网速度的提高使一系列有应用前景的 App 都可以充分发挥它们的作用，给人们生活带来便利。而这场移动应用的革命正在让印度农村地区快速地信息化，当地人们的生活水平由此得到了迅速的提高。

从某种意义上说，了解现代的印度及其社会变迁对于未来的价值远远大于对其历史的了解。习惯是对印度文化的历史记忆，温故知新。

就印度来说，最具特色的社会习惯应当包括其社会体制和社会规范。根据 2017 年的世界统计年鉴，2011 年，印度的基尼系数为 0.35，与世界上主要国家比较，印度不算高的，看不出种姓制度对社会分化的影响有多大。

印度政府高度重视分配制度设计，着力使人民分享发展成果。目前，印度人月均工资折合人民币 6650 元。孟买和班加罗尔人均工资最高，折合人民币 12700 元，与中国接壤的东北部首都地区较低，月均工资人民币 4200 元到 5360 元之间。

（一）体现了社会体制核心的种姓制度

印度宪法不承认种姓制度，但这种根深蒂固的社会结构和社会制度作为一种社会规范在印度具有深刻的社会影响。尤其在边远和农村地区，种姓制度对人们的社会地位、婚姻和就业都会产生一定的影响。在现代印度，种姓制度的地区差异和城乡差异还是比较大的。

---

① [印度] 尼马尔·库玛、普丽缇·查图维迪：《勇敢的新宝莱坞：对话当代印度电影导演》，裴和平译，中国传媒大学出版社 2017 年版，第 132 页。

可以这样说，印度种姓制度是印度社会体制的典型特征，它造成了社会分层和社会禁忌。在印度，定义社会阶级通常是根据成千上万同族间的遗传群体特征，通常被称之为"种姓"。1947年，印度颁布了反歧视法律和社会福利政策，但种姓制度依然存在。种姓制度在当代依然是影响印度教育和就业的重要因素之一。

当前人们看到的种姓制度，是莫卧儿帝国崩溃和印度作为英国殖民地发展的结果。莫卧儿帝国形成过程中，男性崛起。他们与国王、牧师和苦行僧联合，逐步确立了种姓形式，将社会全体塑造成有差别的种姓共同体。英国的统治促进了这一制度的巩固和发展，使僵化的种姓组织成为行政体制的核心。自1860年到1920年，英国人按照种姓制度安排，给上层种姓社会成员安排行政职位和高级职位。"在印度，种姓被固化为殖民政府的组成部分，并由后殖民政治形态所继承。尽管印度民族主义者在终结种姓制度方面是联合一致的，但在选举过程中，他们却只在种姓的现代化和民族化方面获得了成功。"[1] 20世纪20年代发生了一系列社会冲突，导致这一政策的改变。自那时起，印度殖民政府开始调整种族歧视政策，允许低等种姓在政府中工作，但数额是有限制的。英国人把种姓制度变成等级森严的社会体系，固化了印度的社会不平等体制机制，也缺乏人道主义，成为印度经济社会发展的桎梏，甚至发挥着重要的作用。

印度的种姓制度与宗教有着密切的关系。自古以来，宗教是印度人民生活的重要组成部分。祭师承担着祭祀仪式奉献供品，祈求神灵，获取恩宠，人们认为那位祭师能够彻悟宗教教义、智慧超人、地位崇高，自然他们就成了最高的社会阶级，婆罗门种姓也就应运而生。不过，在现代印度，种姓制度在淡化，尤其是在现代都市和现代企业。这从另一角度说明，现代化产业和经济模式需要新的社会结构与之相适应，这也是马克思主义的基本原理。在印度的农村，则另当别论，尤其在那些不流动的农村里，人们对于种姓还是记忆犹新的。

种姓制度和种姓意识并非印度教独有。在印度次大陆各种各样的宗教中，诸如尼泊尔佛教、基督教、伊斯兰教、犹太教和锡克教等以及其他地区和宗教，也存在以种姓为基础的社会差别。当然，它们也面临来自改革

---

[1] ［德］范笔德：《亚洲的精神性：印度与中国的灵性与世俗》，金泽译，社会科学文献出版社2016年版，第223页。

主义的挑战。"在印度教里,婆罗门是最重要的宗教专家,但反教权的观念在婆罗门教的思想自身中有深厚的根基。……在 19 世纪和 20 世纪,随着鲜明的世俗主义运动的兴起,婆罗门种姓作为一个整体一直遭受抨击,尤其在印度的南部和西部。"①

1950 年以来,印度颁布许多法律和社会政策保护和改善低等种姓社会群体的经济。根据印度最高法院的决定,大学录取配额、工作保护以及其他权利平等措施的种姓差异是基于遗传且不可改变。

> 不过,后来一个印度人告诉我,现在的印度对于种姓制度的遵守,也没有从前那么严格了。也许在你的故乡,由于你的家族世世代代住在这里,周围的人都会知道你是什么种姓。但如果你离开故土,去了新德里或者孟买,如果你说你是婆罗门,也没有人会去追究——毕竟不是写在脸上,也不会印在身份证上嘛。而且,现在的工作划分也不像以前那么苛刻了,基本上,只要有足够完备的技艺,你想从事什么工作都可以。②

美国历史学家墨菲写道:

> 事实上种姓的重要性正在降低,甚至在过去它也没有阻止各个种姓群体追求他们的经济利益,而且通过集体行动的力量积极阻止这种追求的力度。种姓并未妨碍跨越种姓界限的必要的经济交往,或者,比方说,也没有影响招募工业劳动力,或者对有很多不同种姓或亚种姓成员共同工作甚至使用共同饮食用具的工作场所进行有效管理。③

换句话说,种姓这种传统的制度要抵御现代经济力量和经济制度是有很大困难的,对于个体来说,经济是一个远远大于传统的动力。除此之外,现代政治、城市化进程,以及现代教育的普及,都对种姓制度的弱化

---

① [德] 范笔德:《亚洲的精神性:印度与中国的灵性与世俗》,金泽译,社会科学文献出版社 2016 年版,第 166 页。
② 殷若衿:《印度拾尘记》,上海文化出版社 2015 年版,第 51 页。
③ [美] 罗兹·墨菲:《亚洲史》,黄磷译,海南出版社、三环出版社 2005 年版,第 650 页。

产生了不可抵御的作用。现代经济发展，劳动力市场发育，雇佣关系改善，种姓制度和社会等级制度不是决定人们地位的唯一标准，劳动者的能力，以及雇员能够给雇主带来的收益对于社会结构产生的影响越来越大。

曾经在 20 世纪初期对中国文化界产生巨大影响的著名印度诗人泰戈尔在 1893 年写的诗篇《婆罗门》中描述了人们对低等种姓的蔑视态度：

> 这时候，苏陀伽摩
> 来到圣者身边，躬身向他摸足致敬，
> 默然不响睁大了一双真诚的眼睛。
> "愿你幸福，善良美丽的孩子，"
> 圣者乔达摩又重复昨天晚上的询问：
> "你属于哪个种姓？"孩子扬起头说：
> "师傅，我不知道我属于哪个种姓，
> 我问过母亲，母亲说：'苏陀伽摩'
> 你生在没有丈夫的婆罗门的膝下，
> 妈妈曾服侍过不少男人——不知道
> 谁是你的父亲。"
> 听了苏陀伽摩的话
> 乔达摩的弟子像受惊的群蜂立刻
> 张皇失措——营营不休纷纷议论着。
> 有的讪笑，有的替他害羞，有的
> 骂着："无耻的非雅利安贱种！"

泰戈尔的这首诗取自《歌赞奥义书》，历史上，人们对于低级种姓是充满歧视的。印度的很多文学和艺术作品都取材于印度古典文献。

> 人口总数约 2 亿的达利特人被排除在四大种姓外，被视为"肮脏"人、"不可接触者"，这个群体游走于社会边缘，在就业、教育、婚姻等方面备受歧视。尽管种姓制度在法律上被废除，种姓阶级观念依然深入人心，种姓冲突频发。2018 年初，西部的马哈拉施特拉邦（Maharashtra）首府孟买等若干大城市发生大规模"贱民"抗议，导致至少 2 人死亡，几十人受伤，数百人被捕。为庆祝英国东印度公司

征服印度马拉地帝国佩什瓦（Peshwa）政权200年，达利特人举行了纪念活动，该活动激怒了印度教民粹主义者，并视其为叛国行为，导致暴力冲突。达利特人举行抗议活动，活动规模不断扩大，迅速蔓延到孟买及附近多个城市，封堵交通干线，致使路面交通和地铁服务瘫痪，大量公交车被损毁。达利特人还呼吁在全国范围内发动抗议活动。

（二）多代家长式联合的家庭结构

在工业化进程中，印度城乡差距在拉大。传统的印度社会中，家庭发挥着很重要的作用，多代家长式联合是其家庭结构的常态。在农村地区，儿童婚姻普遍。按照印度社会的习惯，最年长的男性在家庭中具有至高无上的地位，照顾家庭是女性的责任。孩子们对长辈要表现出最大的尊重。

但是，在大都市和中产阶级以上的社会中，家庭结构正在发生着深刻的变化。阿努沙·里兹维是一位导演兼编剧，她说："在德里这样的大城市，只有两三个人的小家庭很普遍，这会不会让你产生断裂感？"[①] 由此可以判断，印度的城市和乡村之间在生活方式上还是有很大差别的，所以，分析整个印度社会，分城乡还是比较稳妥的，人类学有时愿意关注那些更原始的文化和行为，且乡村人口占据大多数。"我在德里已经生活了21年了，我见过许多大家庭，无论是这个地区的，还是别的地区的。现在许多人对大家庭生活很陌生，甚至根本不了解，在我的班上，许多学生甚至没有听说过数代同堂这个概念。"[②] 印度年轻的城市青年有着不同于乡村青年的特点。印度处于社会变迁进程中，并不是人们想象的那种静止不变的状态。从农业社会到城市社会的转变自然改变了原有的社会结构和社会规范。印度没有户籍制度，人口可以自由流动，所以印度的城乡关系没有那么复杂。这是我们研究印度需要走出的路径依赖。

（三）宗教制度和社会体制等原因

印度妇女的地位是比较低下的，尤其在19世纪之前。19世纪的改革是印度发展的分水岭。但在现代社会中，妇女遭遇种种不幸依然比比皆

[①] ［印度］尼马尔·库玛、普丽缇·查图维迪：《勇敢的新宝莱坞：对话当代印度电影导演》，裴和平译，中国传媒大学出版社2017年版，第102—103页。

[②] 同上书，第103页。

是。纵观印度的历史，19世纪以前的大部分时间里，妇女都是处于十分悲惨的境况之中，童婚、强制性寡居、深闺制、一夫多妻制、萨蒂、神妓就是19世纪前的大部分时间中，印度妇女悲惨境况的典型写照。

19世纪后半叶的宗教和社会改革，大大改变了印度妇女的地位。英国人的进入和引入"文明使命"，欧洲文明的传播，妇女悲惨的社会状况得以改善。经过激烈交锋，印度社会、知识分子和社会精英重新审视妇女的社会状况，创办女校、建立妇女庇护所、为妇女参与社会创造机会、推动立法等等，一些旧的观念在改变，陈规陋习被抵制，妇女有了更多的权利和地位。但是夫权思想依然左右着社会，直到现代社会。

1949年，印度制宪会议通过的宪法对男女的权利作了规定，男女权利平等，尤其是通过了《童婚限制法》《童婚限制法修正案》《特别婚姻法》《印度结婚和离婚法》《印度婚姻法》《印度继承法》《印度未成年人与监护法》《印度领养法》《穆斯林婚姻法》《基督教徒婚姻法》《拜火教结婚与离婚法》等一系列法律，对于"一夫多妻"、"童婚"、"重婚"等不良习俗及陋习进行了约束，在一定程度上改变了妇女的"依附性"和"屈从性"，使女性权利得到极大保障和改善，印度妇女的社会地位随着社会进步而不断提高。

据2018年初的"印度在线"报道，印度一名女子因付不起嫁妆，竟被丈夫偷卖一个肾换钱。丽塔·萨卡尔现年28岁，家住西孟加拉邦。她和丈夫比斯瓦吉特·萨卡尔结婚12年。多年来，丽塔因付不起男方要求的20万印度卢比（约合2万元人民币）嫁妆惨遭家庭暴力。

大约两年前，丽塔腹痛就医。比斯瓦吉特和他的兄弟希亚马尔趁机卖掉丽塔的肾。丽塔说："我那时急性腹痛。丈夫带我去了（西孟加拉邦首府）加尔各答一家私人医院。他和医务人员告诉我，我需要做手术，切掉发炎的阑尾。"

手术后，丽塔的腹痛没有缓解，反而加剧。她说："丈夫警告我不要告诉任何人做手术的事。我请求他再带我去看医生，他没有理睬。"去年晚些时候，丽塔的娘家人带她到其他医院就诊，发现她的右肾"失踪"。另一家医院也给出了相同的诊断结果。"我这才明白丈夫为什么让我对手术保密，"丽塔告诉《印度斯坦时报》记者，"因为我家无法满足嫁妆要求，他卖了我的肾'抵债'。"

丽塔随后向警方报案，控诉比斯瓦吉特和希亚马尔兄弟二人，指认婆婆与案件有关。检方说，比斯瓦吉特和希亚马尔 5 日已被正式批捕，面临人体器官交易、意图谋杀、恶意拘禁已婚妇女等多项罪名指控，丽塔的婆婆在逃。

根据印度传统习俗，新娘必须向新郎家提供珠宝等作为嫁妆。如果无法满足夫家要求，妻子"过门"后经常会遭殴打。针对这种情况，印度于1961年出台法令，禁止男方向女方索要嫁妆，否则将被视为犯罪。但印度因嫁妆引发的家庭暴力仍屡禁不止。[1] 印度传统重男轻女，女儿结婚时，父母须准备丰厚的嫁妆。尤其是在低收入家庭中，女性会被认为是家庭的负担，主要是要为她们准备结婚嫁妆。如果生下女儿时，会拍手示意，表示两手空空来到人世。但如果生儿子，家人会立刻敲锣庆祝，因为儿子娶老婆可带来丰厚的嫁妆。虽然这是一个古老的习俗，但在当今的印度社会依然如幽灵一般残留在一些家庭中，甚至有的家庭由于缺乏嫁妆而酿成惨剧。据说，每年因嫁妆产生的纠纷，致使数万妇女死亡。历史上，印度盛行寡妇陪葬制度，这项制度在英国人统治时期被废除了。即便是像甘地这样的开明政治家，也摆脱不了"男尊女卑"的思想羁绊：

但对甘地来说，虽然他有着不凡的精神追求，并且谦和待人，但他在家务中即便算不上暴君，至少也是个独裁者。他不仅掌管自己的生活，对身边亲近的人也横加干涉。[2]

其实，甘地是一个具有双重文化个性的印度思想领袖，一方面，他接受西方的思想和文化，另一方面又信奉和倡导印度的传统文化。

当然，在不同的地区和不同的社会阶层，女性的地位是不一样的，芮玛·卡葛缇是印度著名导演，她出生于典型的中产阶级家庭，父亲是化学工程师，母亲是教师，她说道："我父母都来自非常保守的家庭。我们家有三个女孩，没有男孩，很小的时候，父母就教导我们要成熟，要工作和独立，我们没得选择。"[3] 现代经济自然需要现代社会结构。她的父母并不喜欢看电影，但卡葛缇是一个电影爱好者，经常与女仆和家里的园丁一

---

[1] 《结婚多年付不起 2 万元嫁妆　印度女子被丈夫偷卖了个肾》，《印度在线》2018 年 2 月 9 日。

[2] [印度] 克里希纳·克里帕拉尼：《甘地传》，张罗等译，四川人民出版社 2017 年版，第 82—83 页。

[3] [印度] 尼马尔·库玛、普丽缇·查图维迪：《勇敢的新宝莱坞：对话当代印度电影导演》，裴和平译，中国传媒大学出版社 2017 年版，第 52 页。

起去看电影。她还说道:"现在,越来越多的女性加入了电影业,至少我所在的剧组是这样。"① 在印度,除神妓之外,还有一个职业舞女群体,她们自小就接受一定职业培训,参与寺庙或婚礼上的表演活动。这类舞女通常是被收养的女子,她们继续收养或收购女孩继承自己的职业。舞女可以自由行走,与男性也可以自由交往,有些舞女实际上是高级妓女或交际花。舞女的经济相对独立,生存状况也不差。女性的社会地位取决于经济地位,女性劳动参与率越高,她们的社会地位就会越高。总体来说,印度的女性地位在全世界是比较低的。

对于城市的中产阶级家庭来说,妇女的地位相对超脱一些,女子可以接受高等教育。但结婚后,有的需要按照婆家的要求,成为家庭主妇。更为重要的是,她们必须为家庭生育男孩,否则,后果是非常严重的。2006年,对于印度妇女具有里程碑意义,议会通过了一项法案,赋予遭受家庭暴力侵害的女性更多的权利,包括婚姻财产权利和持续的资金支持等。

印度学者查康·伊莱亚·夏普德描述道:

> 在印度教男神女神的故事里充斥着对性接触的描写。对印度教男女信徒来说,关于性的最重要的故事叙述是以男神女神的关系形式出现。②

台湾游客殷若衿在其《印度拾尘记》中描述道:

> 对于印度教来说,性和其他事物一样,是人类的本能,所以他们用雕像来直接歌颂"性的欢愉"。
>
> 世界上直接大胆歌颂性爱的美妙的宗教真的很少。这让我一直对印度教很好奇。③

印度由女方家庭置办嫁妆的习俗有两个原因,一个是因为妇女的地位

---

① [印度]尼马尔·库玛、普丽缇·查图维迪:《勇敢的新宝莱坞:对话当代印度电影导演》,裴和平译,中国传媒大学出版社2017年版,第58页。
② [印度]拉纳吉特·古哈:《少数人的恐惧》,任其然等译,商务印书馆2017年版,第139页。
③ 殷若衿:《印度拾尘记》,上海文化出版社2015年版,第35—36页。

低下，还有一个原因是，按照印度的习俗，女子无权继承家庭财产，女孩争取财产的方式是通过嫁妆。当然，印度妇女的社会地位处在变化之中，现代以来，印度出现了越来越多的女性政府官员，典型的代表是前总理英·甘地。

在现代社会，索取嫁妆是违法的，但在包办婚姻和保守的农村，嫁妆依然是双方父母见面和商榷的重要议题，现金、小汽车、计算机、冰箱、电视都在讨论的内容当中，为此债台高筑的也为数不少。

为了避免嫁妆问题，减少女性婴儿是很多家庭的做法。在印度，婴儿性别鉴定属于非法行为，但是一些私人诊所仍然可以为之，一旦鉴定为女性，很多家庭就把孩子打掉了。

阿努沙·里兹维也说："当我们还是孩子的时候，就被家人灌输了女孩子要有职业、要独立等观念。此外，我母亲和她的姐妹都是职业妇女，是经济独立的女性。"[①] 即便是在印度，女性的社会地位还是取决于她们的经济地位。这里应当是指城市中的职业家庭及其教育子女的方式，随着城市人口的增加和各类职业群体的扩大，人们的思想观念将会发生深刻变化。

在印度人家里吃饭，通常由男主人作陪，女主人一般不同桌吃饭。

2018年6月28日，英国广播公司（BBC）报道称，一项最新调查将印度列为世界上对女性最危险的国家，"危险程度"甚至排在了阿富汗、叙利亚和沙特阿拉伯之前。该调查结果在印度国内掀起了一场讨论，受到强烈质疑。这项由548名专家参与的调查，从医疗保障、社会歧视、文化传统、性暴力和非性暴力以及贩卖人口6个指标衡量联合国193个成员国，从中选出五个最危险的国家，再从这五个最危险的国家中选出最为危险的一个，结果，印度在文化传统、性暴力、非性暴力和贩卖人口3项指标中都排在了第一位。当然，印度全国妇女委员会坚决否认这一调查结果，一些民间机构和人士对这次调查的样本及方法表示质疑。英国广播公司随后援引了一组官方数据指出：2016年，印度每13分钟就有一名女性被强奸一次，每天有6名妇女遭到轮奸，每69分钟就有一位新娘因嫁妆纠纷被谋杀，每月有19名妇女遭受硫酸袭击，每年还有数千起性骚扰、

---

① ［印度］尼马尔·库玛、普丽缇·查图维迪：《勇敢的新宝莱坞：对话当代印度电影导演》，裴和平译，中国传媒大学出版社2017年版，第103—104页。

跟踪、偷窥和家庭暴力案件发生。

现任总理莫迪被民众称为"隐婚总理",在家庭包办下,1968年,莫迪与贾苏达本结婚,时年,莫迪18岁,贾苏达本17岁。婚后,莫迪告诉妻子自己是一个信奉禁欲理念的民间组织成员,尽管结婚几十年,他们相处不过三个月,在外界看来,莫迪一直是一个"单身汉"。2014年5月,《印度快报》在《生活在阴影下的女人》报道中披露了莫迪与妻子之间"不能说的秘密"。如今,贾苏达本生活在距离莫迪家乡35千米之外的一个村庄。之前,贾苏达本的职业是乡村教师,现已退休,生活俭朴,靠养老金生活。结婚后,莫迪几乎不回家,为自己的政治理想献身,贾苏达本对此也表示理解,并没有心生怨恨,也没有改嫁的念头,且一直是莫迪的"狂热粉丝",仍视莫迪为自己的丈夫。在中国现代史上曾有蒋介石、胡适由父母包办婚姻,蒋介石后来又离异了,娶了宋美龄,胡适则成为传统婚姻的典范。这是发生在100年前的事情了,现代印度依然存在这样的现象,说明印度社会落后中国不止几十年。

> 到了印度,才发现印度男人对东亚女性的热情不小!受印度教影响,印度女孩子礼教比较保守,很多印度男人因此比较寂寞,更喜欢缠着外国游客。[①]

尽管随着经济社会发展,"两情相悦"的恋爱婚姻在增多,尤其是在大城市,但是,大部分的印度婚姻还是由父母包办的。一般的办法是,父母在自己生活的小圈子里为子女物色对象,实在不行,就通过媒介,诸如媒人、报纸、互联网等,男女双方的星座要先经过占卜,之后,双方家庭见面。

结婚后,女方要随丈夫居住,婆媳关系就是一个非常重要的家庭关系,婆媳紧张也是常有的事情,这在很多印度电影中都反映出来了。

尽管离婚和再婚已成为平常事,但社会上对此还是有偏见的,例如,不为法律接受,人们对此也不抱好感,社会舆论环境并不好。

(四)颇受重视的教育

印度承袭英国教育体制。印度实行免费教育,所有适龄儿童必须入学接受教育,无须支付教育费用。从幼儿园到大学学校提供免费午餐,采取

---

① 殷若衿:《印度拾尘记》,上海文化出版社2015年版,第26页。

措施鼓励和支持外来移民和少数民族进入普通学校接受教育,尽快融入主流社会。印度理工学院居亚洲第一和世界第三。在美国和印度有"考不上印度理工,才到麻省理工来的"比喻。

印度是一个阶级分化明显的国家,教育是个体脱离社会底层迈向社会上层的敲门砖。所以,教育在印度非常受重视,人们甚至认为要想改变命运,只能靠教育。印度宪法规定免费义务教育是6—14岁儿童的基本权利。就小学和中学而言,印度有一个庞大的私立教育系统,成为公共教育的补充,大约有29%的6—14岁年龄组学生在私立学校接受教育。在印度,尽管是私立学校,但它们在教学方面必须接受严格监管。从各国经验看,主办教育的主体尽管重要,但是教育监管更加重要,严格的监管带来专业化和职业化。专业化和职业化是现代政府建设的方向。

印度女性识字率大大低于男性。从入学开始,女性的人数就大大少于男性,而且不少女性中间就辍学了。保守的文化态度和文化心理阻碍了一些女孩上学。近年来,印度政府启动了女性扫盲计划(Saakshar Bharat),旨在降低女性文盲比例。从1947年至今,印度政府一直试图通过提供免费午餐、免费书籍和免费制服鼓励女孩接受教育。这些激励机制大大提高了1951—1981年这一期间的小学入学率。1986年,国家制定教育政策,强调教育是民主的必要条件和改善妇女状况的关键。新政策通过修改学校课程,增加学校资金,扩大学校数量来推动社会变革,尤其是建设女童职业中心,发展小学、中等和高等教育,以及农村和城市教育机构。国家还往农村派送女性导师开展扫盲工作。尽管按照规定,印度女性的最低结婚年龄是18岁,但由于习俗,许多女孩结婚时间早,在中学阶段,女性辍学率还是很高的。由于女性获得了职业教育,她们在经济领域中与男子的收入是相同的,甚至更高。不过,在印度,不同地区的女性识字率有巨大差异。印度高等教育中存在性别不平衡,女性占理科学生的30%和工科学生的7%。

印度人对下一代的教育非常重视,不分城乡,小学生上学都穿统一服装,男女分校。农村地区的贫困孩子可以上免费小学,学校提供免费的午餐。在印度,教师是非常受尊重的职业,工作比较稳定。

关于教育理念,克里希那穆提写道:

> 老师如果将每一个学生都当作独立的个体看待,不拿学生彼此比来比去,他就不再关心制度或方法。他只关心怎样才能够"帮助"

学生了解自己内外制约的影响。①

（五）乡村口头朗读

在印度乡村有把印刷文本转为地方口头方言叙述的习惯。人们大声朗读报纸、小册子的内容，同时也可以做点评，让那些不识字的人也能够有机会理解报纸和小册子的内容。即便是在先进的文化社区，数学、书写需要文字，解读还是口语化的。那些有技术、有读写能力的人，也喜欢口语解读，这似乎是印度广大地区乡村居民喜欢朗读的原因之一吧。通过朗读，报纸和小册子的内容也能够口头流传，同时在这个过程中产生信任感。2016年，印度农村人口占总人口的66.9%，2015年，印度人口中15岁及以上成人识字率为72.2%，女性的识字率为63.0%，分别低于中国的96.4%和94.0%。当然，识字率是一回事，社会特征是另外一回事。口头流传是需要人际交往和面对面交流的，这从另一个角度说明印度社会的互动性比较强，尤其是农村社会，熟人社会的特征比较明显。

但在印度，即便是在农村，在21世纪里，甚至可以追溯到20世纪的下半叶，整个印度社会正在迅速发生变化，目前这种变化依然在进行中，甚至大有随着经济快速发展而不断加速的趋势。现代化猛烈冲击着印度的乡村社会，传统和现代化已经能够携手并进。印度的历史和发展告诉我们，社会体制是随着经济发展、技术进步而不断改革完善的。经济发展、技术进步必然带来社会进步和社会转型，任何国家都不能违背，也不可能违背这样的历史规律。

第二节　公共领域和公共空间：发达国家和地区的案例

从农业社会进入工业社会和城市化是人类社会形态的巨大飞跃。自工业革命开始，大量的人口离开农村进入城市，世界开启了一个人口的迁移过程，这个过程是在不同的国家、不同的历史阶段上完成的，这个过程同时也是一个公共利益格局重新塑造、公共空间重新建设、社会空间不断扩

---

① ［印度］克里希那穆提：《谋生之道》，廖世德译，九州出版社2010年版，第45页。

大、社会关系模式创新的过程。以最早开启工业革命的大英帝国为例,这场工业革命始于18世纪60年代到19世纪30—40年代完成。这个时期的英国,以伦敦为例,"伦敦的专业机构雇用了成千上万的职员,监管着世纪贸易的公正并掌管煤炭和羊毛等商品。……新的城市革命'震中'在兰开夏郡。长期以来是英国最贫困地区的兰开夏,到19世纪早期一跃成为世界最具活力的经济区域。其主要城市曼彻斯特的人口飞速增长,在19世纪的第一个30年,人口由原来的9.4万人上升到27万人。到19世纪末,曼彻斯特人口增长了两倍多"[①]。在这个过程中,英国的一些小城市也得到了快速发展。当然这也是一个以获得财富而牺牲生命的过程,因为工业革命带来的巨大污染,恩格斯曾经把这个过程描述为"人们到处可以看到堆积成山的废弃物、垃圾和污染物"。在这个过程中,首先是资本的积累带来资本的扩张,形成了著名的"圈地运动","圈地运动"把大量农民从农村驱赶到城市,进城的农民变成产业工人。这是一个财富被剥夺和财富加速增长的过程。随着财富的增长,人们终于有能力建设市政厅、图书馆、医院等公共建筑,原有的利益格局、公共空间、社会空间和社会关系模式全部都发生了深刻变化,一句话,现代的利益格局、公共空间、社会空间和社会关系模式取代了传统的利益格局、公共空间、社会空间和社会关系模式。工业革命造就了庞大的国内市场,对工场手工业和技术提出了新的要求,技术变革也就在英国发生了工业革命:大机器取代了手工业、机器工厂取代了手工场。技术变革带来了用工方式的变革,形成了新的就业方式,经济变革引发社会变革。这场革命大约持续了100多年,带来了英国社会结构、社会关系发生深刻变革。后来这场变革又扩展到西欧和北美,又传播到东欧和亚洲,引起了法国、英国、德国、美国、俄国、日本的工业革命,标志着全球化的浪潮高涨,新的世界格局就这样形成了。美国这个以乡村为主的移民社会在这场工业革命中也变成了大城市云集的地方。1850年,美国仅有六座人口超过1万人的城市,占总人口的5%,到1900年,美国超过1万人的城市已经达到了38座。由此可以理解中国改革开放以来的城市化进程,取得的成就,以及由此产生的社会问题和社会结构变迁。

---

① [美]乔尔·科特金:《全球城市史》,王旭等译,社会科学文献出版社2014年版,第144—145页。

进入城市的工人阶级需要社会保障和福利，需要基本的公共服务设施，这在以前是由家庭和社区提供的。政府被赋予了公共服务的责任，这既是一个利益格局调整的过程，也是一个公共空间形成的过程。政府需要公共资金来保障社会福利的提供，那就需要建立和改革税收制度，进行社会再分配，同时政府还要承担各类基本公共服务设施的建设任务。由进城农民变为产业工人的人们获得了基本公共服务，享受了城市的服务设施，生活在了一个不同于农业社会的新型公共空间，并在城市化环境中形成了新的社会空间和社会关系模式。

后来，进入20世纪30年代，全球经济危机导致政府宏观调控政策的广泛实施，通过公共财政刺激公共服务成为保持经济平稳增长的手段之一。这也是全球范围内的基本公共服务体系建设和扩张时期，加拿大从20世纪30年代开启了推进基本公共服务均等化的进程，这是一个漫长的过程，到20世纪80年代才正式写入联邦宪法。进入20世纪50年代，在第二次世界大战结束后，各国进入了一个发展和建设时期，20世纪60年代，约翰逊总统提出了建设伟大社会的构想，在扶贫、医疗卫生等领域开展了社会建设，公共服务的扩张几乎成为发达国家的普遍现象。

这就是利益格局、公共空间、社会空间和社会关系模式在过去几百年间的发展逻辑。

世界上很多国家是在地方公共消费和就业扩大基础上来推进公共服务发展的。也就是说，如果地方公共消费和就业不足，首先是因为地方提供公共服务的能力还不够强，发展水平还很低。我们不能说世界上每一个国家都是这样，但行政层级较多的国家基本是这样的。要脱离地方公共消费和公共就业发展公共服务是不可能的，因为，公共服务得以实现必须使人力资源、公共设施和公共设备有机结合起来，只有这样，才能形成现实的服务能力，而这种结合通常是在基层完成的。所以，地方公共消费和公共就业是我们分析问题的视角之一，也是需要关注的经验。

一　公共部门的扩张和新型公共空间建设

在这部分中，我们主要从公共消费和公共就业来看一些国家和地区的公共服务发展，进而探索公共利益的调整和公共空间的扩张。与人们的社会生活密切相关，发展地方的公共消费和公共就业是使基层人们的社会生活得到很好满足的过程。

(一) 北欧福利国家

北欧一度被视为典型的福利主义国家，拥有庞大的公共消费与就业。这与地方政府承担公共服务职能有关。"北欧劳动力总数中共有约 20% 受雇于当地政府部门。丹麦是世界上分权最典型的国家之一，2005 年地方政府创造的生产总值占国内生产总值的 33%，公共开支占全国总额的 60% 以上"[1]。

为了适应公共服务的需求，20 世纪 70 年代，丹麦对基层行政体制进行改革。"改革的思路是将新设立的郡县看作拥有很强的规划和专业能力的区域。郡县也应该承担起需要专门能力的服务和供给责任，例如医院和为特殊的残障人设立的机构。"[2] 这是通过公共设施建设推进公共利益形成的过程，也是公共空间的建设和拓展过程。在丹麦，"20 世纪 60 年代和 70 年代，公共部门的成长几乎就是地方（社区）行政管理的成长"[3]。通常，基本公共服务设施建设过程也是政府机构的发展过程，因为需要履行基本公共服务的政府拓展其职能。总的逻辑是，经济发展引起相关的基本公共服务体系的发展和完善，基本公共服务体系的完善需要相应的政府管理及其机构建设。"由于社区劳动力中的很大比例的人（大约 20%）被地方政府雇用，所以，在地方政府就业的人数比例极多，这也意味着在劳动力市场上有非常多的女性参与。"公共服务职能的完善是现代社区建设的重要内容，也是传统意义上的社区难以恢复和重建的原因之一。可以想象，由家庭提供公共服务和社会治理的社会组织形态与由政府通过社区来履行这些职能的社会组织方式自然是不一样的。研究发现，在 20 世纪 80 年代早中期的高峰期，丹麦全部劳动力的 1/3 以上在公共部门供职。

我们发现，从 1950 年起地方政府雇佣的数量增长了几乎五倍，在 1970 年之前的 15 年里，雇员的数量增长了两倍多。同期对比的国家雇员数量的增长则较为适度。当然，一些地方的增长是由于国家权力机构的责

---

[1] ［挪威］斯坦恩·库恩勒等：《北欧福利国家》，陈寅章等译，复旦大学出版社 2010 年版，第 236—237 页。
[2] ［丹麦］本特·格雷夫主编：《比较福利制度——变革时期的斯堪的纳维亚模式》，许耀桐译，重庆出版集团 2006 年版，第 139 页。
[3] 同上书，第 140 页。

任向地方权力机构的转移引起的。① 现代国家承担的社会职能越来越多，中央政府向地方职能转移公共服务和社会治理职能是现代国家建设的常态，或者向市场或社会组织转移，尤其是在 20 世纪的下半叶。从丹麦的经验我们可以看到，地方政府工作人员的增长是地方政府职能变化的结果。研究政府职能转变离开人事制度改革、公共服务供给以及公共部门的消费和就业就很难说得清楚。

我们也不能离开公共部门的就业与消费来谈政府职能转变。

> 在 1970—1990 年，整个芬兰雇员的平均年增长率是 0.8%，与此同时国家雇员每年的增长达到 0.9%。在这二十多年的时间里，地方政府雇员增长的数量每年多达 4.4%。国家和地方政府中雇员数量的长期增长一直到 1991 年才结束。②

在这个时期，推动芬兰地方公共部门消费和就业不断扩张的原因有两个：一是公共服务需求的扩大和公共服务的增长；二是中央政府权力机构的责任向地方政府转移，赋予地方政府更多的责任。

在西欧，地方政府承担当地各项公共服务任务，包括公共物品的供给，诸如街道维护、供水系统、环境保护以及公共卫生和医疗，以及一般的社会福利。在社会服务领域，包括儿童、家庭和老年人服务一般都由地方政府负责。整个欧洲的情况也基本类似。当然，福利国家的情况有点复杂，因为它涉及如何评价福利国家问题。退一步说，即便是适度发展福利就业，公共领域也有一个适度扩张的问题。

从西方走过的历程看，地方服务领域是吸引大量地方政府雇员的主要领域。我们仍以丹麦为例，"地方政府雇员中绝大多数并不在市镇或郡的市政厅里面工作，相反，他们实际上是在学校、托儿所、医院、养老院和图书馆等领域进行工作。在市政的行政管理中，医院体系是处于主导地位的部门，占郡政府雇员的比重超过 57%"③。这里已经不是公务员或行政

---

① ［丹麦］本特·格雷夫主编：《比较福利制度——变革时期的斯堪的纳维亚模式》，许耀桐译，重庆出版集团 2006 年版，第 290 页。
② 同上书，第 82 页。
③ ［丹麦］埃里克·阿尔贝克等：《北欧地方政府：战后发展趋势与改革》，常志霄等译，北京大学出版社 2005 年版，第 24 页。

人员，或相当于我国的事业单位工作人员。这个问题我们后面还要讨论，它涉及人事体制问题，也涉及我国人事体制的改革。各个国家的人事体制有巨大差别，劳动力市场也存在差异，不能一概而论。进一步说，进入到基层的公共服务和社会治理领域，会触及公务人员的人事体制，劳动力市场等复杂问题，需要专题研究。

（二）英国

历史上的英国也曾经历了公共消费与就业的扩张，以及由此带来的公共利益结构的调整，公共空间的形成和社会关系模式的建立。1952年英国地方政府大约有140万人，10年后达到180万，20年后达到250万人。在英国，"不管按什么标准，地方政府都是提供就业岗位的主要部门。……当今英国的劳动力超过2700万人，其中约有250万人在地方政府工作。换句话说，英国将近10%的全职或兼职工作由地方政府提供，支付这些人的费用多达350亿英镑"①。确定基层政府公务人员的福利待遇是各国基层发展中不能回避的问题，也是激励他们努力工作和激发基层活力的关键。"20世纪90年代英格兰和威尔士地方政府雇员减少了五分之一，但在各个服务领域内减少的幅度各不相同，如社会服务和计划的工作人员反而增加了。"② 这些地方政府雇员包括行政管理者、特别咨询专家、清洁工作人员、学校厨师和教师、社会服务人员。在议会中雇佣最多的服务项目是教育和社会服务，英国34个郡中，这两个服务领域的雇员几乎占地方政府全部雇员的三分之一。在英国，地方政府"是高度劳动密集型单位，它们用于支付工作人员的支出占到全部开支的一半以上"③。还有，如我们已经讨论过的，社会服务更加钟情于劳动密集型。老年人护理，一对一服务，或者一个人对几个人服务，这样更有人情味，还有利于护理人员熟悉被护理对象的情况，包括情感交流，例如，长期护理中通常一个人护理3—4个老年人，这样有利于提高服务质量。社会服务一方面取决于经济发展的阶段性，另一方面也取决于技术和项目的开发。社会服务领域的技术和项目开发，甚至创新都应当得到支持和鼓励。

在特殊时期，公共部门扩张更是突显。2009年，英国在第三季度公共

---

① [英]戴维·维尔逊、克里斯·盖姆：《英国地方政府》，张勇译，北京大学出版社2009年版，第294—295页。
② 同上书，第296页。
③ 同上书，第294页。

部门就业人数增加了 23000 人，达到了 6093000 人。其中，中央政府增加了 31000 人，地方政府减少了 3000 人，公共企业减少了 5000 人，公民服务部门（Civil Service）的就业人数增加了 4000 人。同期私人部门就业人数增加了 29000 人，少于公共部门。在经济危机下，公共部门的就业更多是政府公共投资使然。无论如何，社会服务是一个巨大的消费领域和就业领域。

关注英国的公共部门不能忽视非营利部门的角色，有时我们将其称为非政府公共部门，在英国人们通常将其称为志愿部门。总之，他们是公共领域的重要组成部分。英国的非营利组织在世界上算是最多元化、最积极的第三部门之一，包括慈善组织、社会企业、志愿/社区团体等在内大约超过 86.5 万家，它们以社会或环境目标为己任。据估计，这些非营利组织每年的贡献可占英国国民生产总值的 5%。英国政府对这些非营利组织表示认可，并在法律和政策上给予积极支持和扶助。英国政府强化非营利组织的使命，以便使其承担起协助政府提供公共服务、再造社区、提供创新的公共产品，以及培育企业家精神等方面的责任。例如，在英国，社区委员会与政府之间建立了日益密切的联系，在伦敦，政府的社会政策大都通过社区委员会得以贯彻。像我们中国一样，警察、社保、医疗等政府机构通过社区委员会的工作来满足居民的各种需求。依托社区这一平台，政府和各类非营利组织提供多层次的社会服务。

（三）加拿大

加拿大的地方公共服务供给与城市化密切相关，也与土地开放紧密联系。城市化进程也以公共服务供给为基础和己任。19 世纪末至 20 世纪初，加拿大城市化进程中曾经出现过城市和城市周边的土地投机现象，当时的情况是，服务的扩大以公众为代价，常常让冒险购买和持有土地的私人投机者大发横财。土地成本的攀升使房屋的价格越来越超出加拿大人的购买力。理查森是这样描述这个过程的："穷人住的破旧房子必须拆除，住户也应该驱逐；建起新住处并以高额租金租出；年轻男女、夫妇或富人搬进以前穷人住过的地方；穷人进而'消失'——很多情况下我们甚至没有费心去想他们去了哪里。"[①] 这种现象不仅出现在加拿大，恐怕世界上许多国家都会有过类似经历。美国历史学家文森特·奥斯特罗姆研究发现，美国南北战争以后，以城市化和工业化为标志，重要城市的地方政府

---

① Richardson, *The Future of Canadian Cities*, Toronto, New York Press, pp. 155-156.

开始被老板统治和支配。有人把地方政府说成是"傀儡",州立法机关中的政治分肥者开启了一个人所共知的"掠夺城市"的自肥时代。从1900年到1913年,加拿大城市的地价随着大范围的土地投机而飙升。"1913年,一位英国旅行者在写到维多利亚的土地暴涨时说,地价在半年的时间里增长了900%。"[①] 根本原因还是地价问题。这个时期的地价飙升与公共服务供给不无关系。进一步研究会发现,在城市化初期,工业及其他产业没有发展起来之前,地方政府会面临两难境地:一方面,大量人口由农村涌入城市,需要地方政府提供各类公共服务,诸如教育、卫生和医疗、社会保障和福利,甚至包括城市的基础设施;另一方面,地方产业还没有发展起来,缺乏税收来源,地方财政压力巨大。土地成了扩大地方财政收入的重要来源之一。这个过程若是衔接得好,产业随后发展,基本公共服务的可持续性才会有保障,整个城市的发展才会进入良性循环,整个发展进入可持续轨道。一个国家也是一样。

在公共服务供给的过程中,社会组织也就发展起来了,因为政府只能做有限的事情和专业的事情。在加拿大,在17世纪,随着学校和医院的建立,宗教组织最先建立了市民组织。在18世纪晚期和19世纪早期,合作组织是市民社团的推动力量——合作的牛奶公司、协会、保险公司和联合劝募相继出现。传统的社会组织服务重点在社会福利上,市民社会组织的作用是填充政府服务之间的空当(Gap)。到1998年,政府提供了将近60%的慈善部门收入,多半用于大机构。20世纪90年代,政府采取了削减赤字的措施,于是,对慈善机构的资金投入减少,但是对它们的要求却提高了。市民社会组织日益采取企业化的运作,与私有企业建立战略伙伴关系,与它们的捐赠人保持更加紧密的联系。同时,志愿活动也在发生变化。年轻人不仅要满足个人的需要,还希望有机会学习有用的工作技能。这与他们的父辈不同,后者的志愿工作受到具有中产阶级特点和家长统治特点的传统的影响。加拿大人愿意投身到那些使他们产生兴趣而不只是提供金钱的事业中。人们越来越关注非营利活动的结果和有效性。然而,市民社会组织被认为是社会资本(the forms of Social Capital)的表现形式,参与它们的工作不仅仅是"做好事"(doing good),而且是为了以行动表

[①] [加]理查德·廷德尔等:《加拿大地方政府》,于秀明等译,北京大学出版社2005年版,第45页。

达建设社区的意愿和自己的公民身份（Citizenship）。

在这个过程中，政府对社会组织的发展给予大力支持。如果社会组织的目的是非营利性的，是为了减少贫困或者促进宗教，是为了教育或者其他对社区有益的活动（包括图书馆、博物馆、动物保护和娱乐活动），加拿大税务局就会赋予它们慈善机构的地位（Charitable Status）。市民社会组织不缴税，发行的收据可以被个人捐助者用作申请联邦或州税贷的凭证。加拿大的社会组织管理在体制机制上与美国非常相似。

与此同时，私有企业受到了越来越大的压力，人们要求它们给社会福利做出贡献。1998年，慈善组织的收入中法人捐赠（corporate donations）只占不到2%的份额，大部分集中在教育和健康领域的大型组织。关爱运动公司（Caring Companies Campaign）是于1988年成立的，它在促进私有企业的捐助（现金或者人力）和志愿活动方面成为全世界的领导者。教会在社会组织和社会动员中发挥了非常重要的作用，人们参与教会活动，信教的人或不信教的人，在参与过程中人们相互认识，相互交往，相互帮助，客观上提高了社会凝聚力，这个参与过程也会使个体的心理得到舒缓，减轻精神压力。

加拿大的历史表明，公共领域的发展不仅仅是政府部门的单刀直入、单打独斗，而是各个部门共同参与了公共服务，齐头并进，一同造就了20世纪以来庞大的公共领域，包括企业的社会责任。

加拿大也是典型的福利国家之一。2008年加拿大就业人数为17125800人，其中有3490747人在公共部门就业，大约占总就业人口的20.8%，占其总人口的十分之一。而这些公共部门就业人口主要分布在政府的各类机构，其中联邦政府占11.48%，省级及其他政府占10.27%。从2004年至2008年，加拿大公共部门的就业人数逐年增加。另外，政府企业雇员占到公共部门就业人口的8.89%。在加拿大，地方教育、卫生和医疗以及社会服务是纳入政府公共服务统计的，而这三个部门按照加拿大宪法，也恰恰是法定的基本公共服务领域。这三个领域中，联邦政府确保加拿大居民拥有均等的权利。加拿大政府不仅在法律上明确基本公共服务均等化的原则，而且在行政和人事制度上确保这个原则得到落实。为了推进基本公共服务均等化，加拿大建立了非常严格的税收制度来平衡各个省之间的财政收入和财政支出。

(四) 美国

美国的公共部门是从社会领域生长出来的,这是因为美国先有社会,后有国家。美国有悠久的志愿活动和市民社会组织历史。自19世纪早期托克维尔(Alexis de Tocqueville)观察到市民社会组织的盛行以来,美国人对他们自己的志愿精神深为骄傲,并且将之详细地记录了下来。市民社会组织建立在地方的志愿群体(local voluntary groups)的基础上,志愿群体互相联合起来解决自己社区的问题和人们关注之事。"在美国包括民间捐赠、政府购买服务以及非营利组织的服务收入,年度支出大概在一万亿美元,占 GDP 总量的 8%,并能提供全国 10% 的工作岗位。"[1]

在联邦政府增加拨款时期,市民社会组织也经历了快速发展。在 20世纪 30 年代和 60 年代,为穷人、医院、孤儿院和其他社会计划提供服务的非营利组织非常繁荣。私人基金会也发挥了重要的作用。许多这样的组织成立于 20 世纪早期,当时,巨型的工业企业积聚了大量的财富。这些基金会的作用是支持各种各样范围广泛的活动,包括艺术、教育和研究等。现在我们在美国各地看到的卡耐基图书馆就是这个时期建立起来的,这个时期还有诸如洛克菲勒家族、福特家族的慈善事业。他们的慈善活动不仅遍及美国本土,也遍及世界各地。

在美国,"社会服务由 5 种组织提供:(1)公共机构;(2)私人非营利性组织;(3)私人营利性组织;(4)自助群体;(5)宗教组织。像日托这样的服务可能由以上所有的组织提供。其他服务,如儿童和成人的保护,可能只有公共机构或其他指定机构提供,因为这些机构有法律权力介入忽视或虐待的案件"。[2] 公共机构依据法律建立并由联邦、州或地方政府管理。非营利组织由理事会或托管人管理,其资金来源于基金会或募捐、会员费,有时也有政府的拨款,也可以收取服务费,服务费只能用于组织的自身发展。私人营利组织一般按市场价格收费,政府机构有时也购买它们的服务。大量的医疗补助资金用来购买私营护理服务,包括长期的护理服务,不过越来越多的私营社会服务组织接受公共资金来填补服务漏洞,维持其服务。

---

[1] 申剑丽:《非公募基金会:孵化中国民间组织》,《21 世纪经济报道》2010 年 2 月 4 日。
[2] [美]戴安娜·M.迪托尼:《社会福利:政治和公共政策》,何敬等译,中国人民大学出版社 2007 年版,第 322 页。

与其他国家一样，在美国，地方政府承担更多的公共服务和社会治理职能。"美国地方政府公务员人数与居民人数的比例一般在每1000个居民有公务员10个左右（不包括教师）。地方政府的财政，主要用于支付政府工作人员的工资、福利和保证地方政府的日常运转。一般人头费要占整个财政支出的70%—80%。"① "美国地方财政基本上是吃饭财政，人员的工资和福利占去了整个地方财政支出的70%—80%。那么，要指望依靠地方财政来进行基础设施建设和提供完备的公共产品和服务，就几乎是不可能的。"② 这样的结果可能与20世纪30年代罗斯福的治理政策有关，在胡佛时期，州政府的确缺乏对公共事业的投入能力，罗斯福改变着这种境况，这样的治理就要依赖于庞大的财政转移支付体系了。需要深入思考的是，各国的财政体制不一样，政府的事权就会有差别。国际比较切忌过于简单化，必须考虑其背后的各种制度环境因素。

我们研究美国的地方政府一定要注意到美国社会的特点，那就是多元化。美国不同的地方政府，包括社区，其组织形式和特点是千差万别的。有研究认为，"在美国，地方政府也有两套班子：一套主要由不拿报酬（或只有少量补贴）的市民志愿者组成的各种理事会和委员会，他们对政府决策起参谋和咨询作用。另一套是以市经理（市长——作者注）为首的行政机构，他们受雇于市政府，是全日制的政府雇员，是政府政策的执行者和政府日常事务的管理者"。③ 市民社会组织的资金来自个人和公司的捐助、联邦、州和地方政府。约有69%的美国家庭平均每户捐赠1017美元。公司一般也开展财政捐助，虽然它们也以提供实物产品和服务为手段来增强与社区的关系，并且提高它们的产品和服务的知名度。商业部门在它们的目的和目标中也日益注重提供捐助，这些捐助包括产品、用过的设备、员工租借、服务、雇员志愿者和现金礼物等。社会捐助构成了美国社会慈善的基础，正是有了这个基础，美国的各类非营利组织才得以发展。换句话说，这也是我们理解美国非营利组织发达的另外一个视角。

美国的非营利组织非常发达，这是众所周知的。还需要进一步明确的

---

① 高新军：《美国地方政府治理》，西北大学出版社2005年版，第16页。
② 同上书，第190页。
③ 同上书，第182页。

是，这些非营利组织，尤其是那些服务于民众的非营利组织更多是工作于基层。美国各级政府全职雇员2008年为17375928人，当年美国劳动力就业人数为129721512人，加上在军队服役（1152137人），劳动力就业人数为130873649人，其中政府全职雇员占13.28%。非营利组织的雇员占劳动力就业人数的7.25%，约9400000人。"尽管美国的非营利部门是一个重要的全国性现象，但它的根源在地方层次，散布于整个国家数千个城市、城镇和社区之中。"[1] 著名非营利组织专家萨拉蒙对美国的调查发现，从经济方面测量，美国非营利部门等于或超过了地方政府所起的作用。例如，在匹茨堡的大城市地区，私人非营利组织的支出大大超过了现政府的支出总额，为后者的六倍。[2] 在其他地区也是一样。为穷人服务是非营利组织的使命之一，但不是唯一的使命，大部分非营利组织还从事文化、艺术、教育、娱乐、研究和卫生等服务。换句话说，它不仅仅是服务于穷人，还服务于更广泛的人群，满足人类利益的多样性。"政府依赖于非营利组织提供公共出资的服务，在日托、老年人服务、法律服务和卫生服务领域尤其广泛，在这些领域，非营利组织提供了一半以上的由公共财政出资的服务。非营利组织还是家庭服务、残疾人服务、儿童福利服务、精神健康和防止药物滥用服务、就业和培训，以及艺术和文化等公共财政支持的服务的主要提供者。"[3] 在政府雇员中，教育部门的人数最多，占57.12%，其次是警察和消防，占10.78%，公用设施占8.93%，卫生和医疗占6.71%。詹姆斯·M. 珀特巴和金·S. 鲁宾（James M. Poterba 和 Kim S. Rueben）认为，20世纪70年代美国公共部门就业的增加主要是因为小学入学率、监狱人口的增加，以及儿童和老人服务的增加[4]。从各国的经验看，教育和卫生是地方公共消费和就业最大的部门。教育，是美国地方政府的责任，医疗卫生则是联邦政府的责任。

美国是个分权制国家，有些部门在联邦层级强大，在地方层次则相对小一些，例如社会保险管理在联邦层级上有65620人，在州政府层级

---

[1] ［美］莱斯特·M. 萨拉蒙：《公共服务中的伙伴——现代福利国家中的政府与非营利组织的关系》，田凯译，商务印书馆2008年版，第59页。

[2] 同上书，第60页。

[3] 同上书，第85页。

[4] J. M. Poterba, K. S. Rueben, "The Effect of Property-tax Limits on Wages and Employment in the Local Public Sector", *The American Economic Review*, 1995 – jstor. org.

上有75456人，在地方只有400多人，我们理解，这是因为社会保障主要是联邦政府的责任。在以信息技术和大部分人就业为基础的现代社会，社会保障的经办、领取等完全可以通过网络和银行实现，不需要面对面的服务。这与我们常见的社会服务是有所区别的。现代科学技术的发展，一方面可以节省劳动力，另一方面又可以创造出新的需求，如在社会服务领域，也创造出新的就业岗位。关键是，政策的制定者和研究者要有宽阔的视野和高度敏感性，具有创新的思维和政策。理查德·D.宾厄姆说："地方政府的职能运转需要工作人员承担巨大的义务——需要他们投入自己的时间、劳动、忠心、力量和才能。在管理市政厅和各个市政部门以及保证地方政府给民众以有效服务方面，或许人力资源显得比物力资源更为重要。四邻街道的安全，水的纯净，垃圾的处理等，最终要靠人而不是物来实现。"[1] "因此，地方政府拥有庞大的雇员数量就是自然的了。在美国近60%的公务员——差不多有900万人——是由地方政府雇用的。从1970年以来，地方政府的工作人员的数量增长了40%以上。"[2]

即便是这样，在美国，"我们通常是在地方政府完成的服务中发现最严重的社会不平衡。美国联邦调查局比城市警察局获得资金容易得多。农业部保持控制灾害的能力与扩张农业产量一致比一般城市健康服务维持扩张的工业人口的需求容易得多。这些造成的一个结果是：持续的压力迫使联邦政府使用它的优越税收地位来帮助地方政府纠正不平衡"[3]。这也就是我们常说的转移支付体制问题。对于行政层级较多的联邦制国家或单一制国家，财政转移支付体制建设并不是一件容易的事情。

（五）德国

德国的情况与英国有些相似，"多年以来，地方政府的人事规模已经达到了整个国家公共机构组成人员的1/3左右，而相比之下，联邦政府职员只占10%，州政府职员占45%，另一些数据显示，1960年至1990年地方政府职员增长了56%。这一增长反映了地方政府在这段时期责任的扩

---

[1] ［美］理查德·D. 宾厄姆：《美国地方政府的管理——实践中的公共行政》，北京大学出版社1997年版，第87—88页。
[2] 同上书，第88页。
[3] ［美］约翰·肯尼思·加尔布雷德：《富裕社会》，赵勇等译，凤凰出版传媒集团、江苏人民出版社2009年版，第189页。

大和功能的转变,尤其是地方政府在城区改造、公共交通、环境保护以及最近的反失业等方面所承担的新的或延伸了的角色"。① 一般来说,在欧洲大陆传统下,教育等公共领域的责任由州政府承担,属于个人的社会服务由非政府组织和慈善组织承担。德国的政府雇员在地方层面上,15%从事行政性工作,其他从事社会服务、教育、卫生健康、公共秩序(相当于我国的社会管理)、经济促进工作,城市和县政府雇用了40%的雇员,市大约35%,县大约20%。

(六)日本

日本的公共部门发展在不同的历史阶段呈现不同重点。日本经济从起飞到高速增长主要是发生在20世纪50年代至70年代,这个时期,政府的主要投入是教育等公共服务。这与经济起飞阶段的人力资源需求有关。其实这是一种非常值得关注的发展思路,现在人们经常讨论日本获得诺贝尔奖的人数不少,却很少思考日本在第二次世界大战以后优先投入教育的战略选择。从20世纪70年代开始,日本政府的财政支出结构发生变化,由对教育的大规模投入转向主要是对社会保障费用的投入。在社会保障费中,支出最多的是养老保险费、医疗保险费等。国民医疗费占国民所得的比重一直在上升。这其中原因之一是人口老龄化。在20世纪60年代,日本的老龄化还不高,进入21世纪,日本老龄化超过发达国家水平,居西方八国之首。这个过程是急剧的。教育和研究是日本非营利机构花费最多的领域。在那些起支持作用的社会服务领域,政府提供服务的方式是关注定义严格的一小部分人和他们的需求。商业和专业组织提供非营利机构全部花费的11%左右。

日本在提供公共服务的进程中很注意人力资源配置问题,以残疾人机构为例,"日本的残疾人机构主要有两种模式,一是政府性质的残疾人机构,二是民间组织的残疾人社团法人机构。政府性质的残疾人机构是政府的职能部门之一,他们直接参与国家有关残疾人政策和法律的制定,负责向国家通报、反映残疾人的情况和呼声,协调政府与地方残疾人服务机构的关系(工作人员全部为政府官员)"②。日本厚生省在1992

---

① [德]赫尔穆特·沃尔曼:《德国地方政府》,陈伟译,北京大学出版社2005年版,第123页。

② 吕学静:《日本残疾人福利事业蓬勃发展因素分析与启示》,中国社会科学院法学部《社会福利论坛》2009年8月28—29日。

年修订《社会福利事业法》和《社会福利设施职员退休法》，并制定了《福利人才确保法》，从法律上对福利人才的培养和人才应该享有的经济和社会地位予以保障。

与西方发达国家一样，日本也很注意非营利组织的作用。日本民法第34条规范了基金会和协会的建立程序。以此条款为基础，日本在1896年产生了现代的慈善组织。事实上，因为政府负责促进社会服务，它一直在管理着非营利组织的运作。这些组织被称为"公益公司"（Public Interest Corporation）。私有慈善机构在20世纪60年代和70年代大量出现，当时的日本正处于经济繁荣期，各个公司创办了无数的基金会。

目前显而易见的是，政府无法完全满足日本社会千差万别的需求，所以，发展中的市民社会组织作用显得越来越重要。在1998年，议会通过法案来促进各个志愿者和公民群体的活动，措施是，如果它们的活动与健康、福利、教育、文化、艺术、运动、环境保护、减灾、提倡人权和倡导和平、国际合作和性别平等有关，就赋予它们正式的非营利机构地位。经过官方认可之后，这些组织就可以开展操作性的活动了，例如租借办公地点、在银行开户和签订其他的契约。日本还有具体的法律来规范非营利组织在如下领域中的活动：私立学校、宗教、社会福利服务、罪犯改造、志愿者和公民群体。

基层社会也是日本公共领域的重要组成部分。在东京，社区组织成为整合基层社会、维系社会平稳运行的重要力量。日本的基层自治组织町内会是设置在地方的自治体，它将所辖区域的所有居民、企业等组织起来，共同解决社区范围内的问题，居民以户为单位自由加入参与，政府对于他们的活动给予资金支持，另外也会得到社会捐助。通过町内会组织的各项活动，增进邻里团结、满足居民的需求，建立应急管理机制，应对各种突发事件，改善社区环境，协助政府工作，发挥辅助功能，培育共同体意识，等等。

（七）中国香港地区的法定机构

在中国香港地区，承担公共服务和社会服务的组织叫法定机构，法定机构又叫公营机构，它由特别行政区政府出资依法成立，其职能虽和政府部门相似，但不纳入政府体系，工作人员不属于公务员。例如，香港义工局听起来像个政府部门，实则是法定机构，专门负责香港地区的义工的组织活动。

1. 香港法定机构的治理结构和主要特点
(1) 基于专门法律，依法履职

依据专门法律成立。香港机场管理局（以下简称机管局）1995年根据香港法例第483章《机场管理局条例》成立。依据《条例》，机管局可在机场岛上任何地点，从事与机场有关的商贸活动，并可从事香港法例第483E章《机场管理局"关于机场的获准活动"令》所准许的相关活动。消费者委员会（简称消委）根据1977年7月15日颁布施行的《消费者委员会条例》正式成为法定团体。制衣业训练局于1975年9月5日依据《工业训练（制衣业）条例》成立。

依法履行使命。根据《机场管理局条例》，机管局可批出土地租契，签订合同和其他协议，经营与机场有关的业务，雇用代理人和承包人，开展工程建设，但须按照审慎的商业原则进行。医院管理局（简称医管局）于1990年12月1日根据香港法例第113章《医院管理局条例》成立，1991年12月1日起正式接管全港公立医院。香港职业训练局（简称职训局）成立于1982年，由《职业训练局条例》监管，目的是提供一套全面和具体的职业教育培训制度。

依法向政府和立法会报告。根据《香港出口信用保险条例》，香港出口信用保险局（简称信保局）成立于1966年，须定期向商务及经济发展局和咨询委员会及审计委员会汇报财务运行状况，年报须上报立法会。医院管理局运作独立，同时向卫生福利及食物局负责。

(2) 承担政府职能，维护公共利益

确保某些行业的竞争力。贸易发展局（简称贸发局）成立于1966年，负责联系世界各地业务伙伴，提供多元化的业务推广及营销支持服务，巩固香港作为亚洲首选服务枢纽地位。贸发局在全球设立40多个办事处，其中中国内地有13个。机管局通过确保机场安全，保安严密，维持高效率运作，注重保护环境，实行审慎的商业原则，力求超越顾客期望，与各业务伙伴紧密合作，重视人力资源，发扬创新精神等，巩固香港作为国际及地区航空中心地位。生产力促进局（生产力局）每年为超过3000家公司提供生产技术及管理顾问、产品检测和人力培训服务，协助香港工业发展高附加值产品和服务，提升国际竞争力。

为企业提供专门服务。信保局为香港出口商提供出口信用保险服务，担保出口商因商业性或政治性事故未能收到款项的风险，鼓励并支持出口贸易。

解决行业特殊社会问题。建造业议会（简称建业会）主要强化健康和安全意识，提升劳动者技能，并力求行业不断完善，特别针对行业存在的问题：肮脏、危险、歧视和严苛等，追求行业的美观、安全、抱负、互助等，加强从业人员与业界和居民之间的沟通。

在政府和机构之间承担"缓冲角色"。大学教育资助委员会（简称教资会）负责资助院校的战略发展和所需要的经费，向政府提供意见和建议，在所资助的八所院校之间承担"缓冲角色"：一方面确保院校的学术自由和自主权，另一方面保障公共资金合理使用，在制度层面监督院校运作。教资会的决策权在理事会，理事会成员由全球著名的专家学者、社会名流担任，对香港公立大学的重要事务，诸如大学拨款做出决策。

执行政府政策，向政府提供政策建议。医管局管理公立医院及诊所，负责执行香港政府的公共医疗政策，向政府提出包括医院收费、所需资源等相关政策建议，以及培训医管局员工，进行医院服务相关研究等。

应对公共危机。医管局针对医院中的医疗事件及时沟通媒体，妥善进行危机管理。它巧妙地与香港4家电视台、5家电台、20家以上的报刊和超过40家网上电台以及时事网站，还有数不清的国际及内地驻港传媒打交道。香港的医疗安全网基本在医管局管辖之下，包括90%的住院治疗、每天超过8万人次的病人诊疗。在处理严重医疗事故过程中，医管局在目标上坚持专业、问责，在态度上公开透明，在行动上主动迅速，在手段上科学评估信誉风险，减少议题转化。

（3）举办各种活动，搭建服务平台

为企业牵线搭桥。贸发局举办各类活动，扩大香港的营销平台及服务。贸发局举办各类研讨会及建立经贸研究网站，发布全面的商贸信息，协助中小企业提高竞争力。建造业议会的主要活动包括传媒广告、研讨会期刊、新闻发布会等。

提供便民利民服务。机管局完善客运大楼，提供无障碍服务设施，充分利用科技提升服务质量，提供更好的餐饮服务和购物体验，注重安全保障，提高能源效率。经过多年努力，香港机场已经成为全球最佳机场、卓越机场、中国最佳机场，进入旅游名人堂。信保局的主要业务包括出口信用保险、信贷风险保险、应收账管理、讲座和研讨会以及免费信用评估等。

提供技术支持。生产力局总部设有工业技术支持中心、实验室、展览厅及培训设施。它在深圳、东莞和广州市设有附属的顾问公司,为内地港资企业提供支持服务。

(4) 不以营利为目的,接受政府拨款,自负盈亏

接受政府拨款。机场管理局的最初资金来自政府366亿港元注资,后退还66亿港元,剩余300亿港元作为政府股份。医院管理局每年接受政府拨款。信保局是一家非营利机构,实行自负盈亏,由香港特别行政区政府全资拥有,它所签发的保单数额,全部由政府保证承担。目前,法定最高负债额为港币400亿元。

收取一定服务费用。职训局每年学生超过25万人,其中各类全日制学生约5万人。职训局经费部分来自整部拨款,也可以根据政府批准的标准收取一定学费,还可接受捐款。信保局成立之初,政府曾注资2000万港币,2012年信保局退回注资,现在有保费收入2.85亿港币,保单收入520万港币,投资收入660万元港币。贸发局1000多位员工每年的推广活动800余项,经费达28亿港元。

(5) 自我管理,政府参与

建立由各方参与的理事会或董事会。机管局有董事会成员17名,除总裁外,其余都是非执行董事,其中13人为独立董事。政府派出财经事务及库务局局长、运输及房屋局局长和民航处处长出任董事会成员,非执行董事以顾问身份为机场发展提供决策咨询,监督机场运作。香港职业训练局由17名委员组成,14位来自业界代表,2位来自政府,12位来自业外。全体委员每年最少开两次会。

政府任命有关负责人。根据《医院管理局条例》,医管局大会成员由特别行政区行政长官任命。眼下,大会有成员28名(包括主席),除该行政人员外,其他成员均不会因其成员身份领取薪酬。训练局实行理事会领导下的执行干事负责制。理事会包括22名委员,来自工商、服务、劳工和教育界别的非政府人士,以及政府官员(不超过4人),全部由行政长官任命。

2. 如何认识香港法定机构的性质与特点

(1) 法定机构是工业革命和政府职能演变的结果。香港法定机构可以追溯到英国工业革命初期。早在16世纪,英国政府通过立法建立类似机构,到20世纪初期,英国政府更是将大量的公共服务授权给一些独立

的机构运作，此后，法定机构逐步扩展到世界其他国家和地区。第二次世界大战以后，香港居民对公共服务的需求激增，法定机构在香港应运而生。目前香港有270家法定机构。消费者委员会（消委会）成立于1974年4月。当时适值物价上涨，市民一致要求对商人牟取暴利加以遏制。20世纪70年代，消委会主要是提供主要食品价格信息，接受消费咨询，研究备受关注的消费议题，到80年代，其职能进一步扩展，到90年代，进一步深化，到21世纪，消委会承担起促进市场公平，加强消费者理财信息，以及加强消费者教育等职能。

法定机构（Statutory Board）是立法机构通过法律认可、专门为处理某些属于政府职能或与公共利益密切相关问题的机构。每个机构依据专门的法律建立，并按照相关法律履行职责，不能随意更改，且不以营利为最终目的。大部分法定机构的资金源于政府，部分法定机构可以实现自负盈亏，少数机构，例如证券及期货事务监察委员会可以实现长期盈余。还有的机构按照商业规则运营，如九广铁路公司。部分机构，如香港铁路有限公司和香港交易及结算所有限公司虽由政府发起成立，但已经上市，政府只能依法持股份分红，不能以公共利益的名义干预企业运行，所以，也有人认为这类公司不能再被视为法定机构。

（2）法定机构与政府都承担公共使命，运作方式不同。与政府比较，法定机构和政府一样，也承担公共使命，提供公共服务。与政府不同的是，法定机构可以更加灵活地运用公共资源，有较大弹性吸引各种专业人才，更好地提升服务质量，可以运用较为灵活的资金筹措方法和运营模式实现公共目标，更加独立于政治之外，受政治的影响小于政府，也正是在这个意义上，有人认为，法定机构的出现是民主国家和地区为了保持公共服务供给的稳定性和持续性、应对政党轮换的一种治理模式。还有，法定机构不具备政府所具有的政策制定职能，在日常运行过程中享有高度的自主权，接受公众问责，高度透明、公开。

法定机构须向政府提供年度计划和预算报告，政府也专门制定法律防止法定机构成为不受约束的组织。通常，法定机构的主要负责人由政府或行政长官任命，大部分法定机构理事会成员由政府委任。政府成立法定机构要考虑确实需要，并在能履行公共职能和节省成本时，才会考虑批准成立。

香港的法定机构在香港的运作效果还是值得肯定的。这种法定机构在某种意义上类似于中国内地的事业单位。曾有一段时间，有学者专家建议内地的事业单位改革可以参照香港的法定机构，确实也有的省市参照香港经验进行了试点，后来发现：内地的省市进行试点必须有上位法支持，及全国人大必须立法，内地是一个拥有五级政府的行政体系，而香港特别行政区只有一级行政体系，因此，内地的省市在试点过程中很难突破行政体系的制约，效果自然也不如在香港那么明显。这从另外一个角度说明制度环境差异带来的不同治理模式的选择。

（八）韩国的社区服务体系建设

在这里，我们分析韩国的公共服务体系是如何延伸到社区组织以及社区组织是如何运作的。

（1）完善法律法规，把公共服务体系延伸到社区

社区服务体系建设与一个国家的公共服务体系建设密切相关。20世纪60年代，韩国福利服务从"紧急救济"和"设施收容"等救济方式发展为社会福利服务。进入20世纪80年代，韩国实施"先增长后分配"的发展政策，造成了严重的分配不公，社会过度分化成为韩国的严重社会问题之一，引起了政府的高度重视。为此，政府全面修改《生活保护法》（1982年）、《儿童福利法》和《社会福祉事业法》，制定了《身心残疾人福祉法》和《老人福祉法》，为福利服务事业奠定了法律基础。20世纪80年代后期，韩国政府更加重视社会福利，制定了《母子福祉法》（1989年）、《婴幼儿保育法》（1991年），修改了《残疾人福祉法》（1989年）、《老人福祉法》（1989年）、《医疗保护法》（1991年）和《社会福祉事业法》（1992年）等。按照有关法律规定，社会福祉协议会成为专门提供福利服务的法定团体。1987年，政府在邑、面、洞配备专人管理社会福利，把社会福利馆和在家福利服务中心并为社区福利中心，服务对象扩大到一般社区居民。

韩国的教育和文化服务由政府负责，社区参与提供。洞和邑居民服务中心内设各类服务设施，如老年书画室、健美操活动室、音乐室、健身房等。居民服务中心有一站式服务，为社区居民提供社会福利、户籍管理、身份证办理等服务。社区居委会协助政府举办一些居民喜闻乐见的活动，如各种形式的讲座——语言、书法等。为支持社区活动的开展和调动居民参与的积极性，社区活动适当收费。当然对低收入阶层免费。五浦邑居民中心办得有声有色，吸引了许多居民。该中心有老人活动室、居民健身

房、电脑室、居民图书馆、居民特色艺术展览馆。格外引人注目的是居民艺术展览室,室内陈设着各种各样的艺术品,有雕塑、绘画、书法等,这些艺术品都是居民自己创作的。政府制定政策鼓励社区开展各种活动,并对活动突出的社区给予奖励。五浦邑就曾因为在保护环境和文化活动方面业绩突出得到中央政府的奖励。

(2)以基层政府为依托,推动社区服务体系建设

韩国社区服务体系建设与韩国地方行政体系、地方自治制度密切联系。韩国宪法第117条规定,"地方政府应负责处理当地居民的福利事务,管理财产,并可在法律和法规的范围内制订有关当地自治的规章制度"。根据宪法,地方政府行政职能包括中央政府委托的职能,例如管理公共财产、公共设施,评估公共服务,征收地方税和其他服务费用。地方政府设立教育委员会来处理与社区有关的教育和文化事务。

在城市,"洞"向居民提供日常服务。"洞居民中心"综合福利、文化、就业、生活和体育等便民利民职能,面向居民,提供日常服务。在韩国政府英文文件中,"洞"被翻译成neighborhood(邻里),相当于美国社会一般意义上的社区,不同之处在于"洞"是一级行政,但在功能上与美国的社区和中国的居委会接近。"洞居民中心"之下有若干"统","统"之下有若干"班"。"统"和"班"不具行政性质,负责人没有专门的办公场所。他们自己在家处理有关社区事务,组织居民参与社区活动,是社区建设和社区服务体系的重要组成部分。

在乡村,"邑"向居民提供日常服务。举个例子,五浦邑是一个发展中的、有5万人口的乡镇。邑政府有38位公务员,管辖630个中小企业、25个里(相当于我国的村)。邑长由市长任命。居民代表组成五浦邑居委会参与邑事务管理,居委会的主要工作是:举办各种讲座,如外国语、初中级电脑技术等,丰富居民的业余文化生活。社区活动有自己的财政,一部分来自市政府,另外一部分来自会员费(每人1万—2万元),实行统一管理。社区的基本公共服务,如社会福利、教育、卫生等费用由政府支出,其他活动自己解决,如办培训班、办讲座收费等。五浦邑目前是光州市最优秀的乡镇社区,在韩国也名列前茅。

(3)理顺各种关系,完善社区服务项目建设与项目运营机制

韩国社会福利服务由保健福祉部主管,由内务部地方组织——各市、道—市、区、郡—邑、面、洞管理。经费由中央财政和地方政府财政共同

解决。"洞"和邑有自己的委员会，提出预算，提出规划。"洞"和邑之下的社区组织主要执行中央和地方政府的规划，没有自己单独的财政预算。与"洞"政府相匹配的居民委员会以自治方式安排自己的活动。五浦邑社区养老机构"高山老人社区日托中心"目前住着10位老人，有3名全职工作人员、7名志愿者。高山老人社区日托中心的服务设施由政府出资建设：道政府和市政府各出50%，工作人员费用由市政府出70%、道政府出30%，老年人的医疗和护理费用从他们的养老保险金中支出。政府优先考虑把那些家境贫困、缺乏家庭护理的老年人吸纳到养老机构。

（4）建立社区组织，调动居民参与的积极性

韩国有较好的社区自治组织。为了提高社区生活质量，居民积极参与社区活动和社区事务。五浦邑居委会主任是一位加油站经理，收入丰厚。他一直在为本地居民关心的环保问题奔波，在社区居民中很有影响。他认为与居民接触，与居民交流，是收集居民需求信息、做好社区工作的最好方法。多年来，他和他的同事们致力于发展社区经济，改善居民生活环境，创建当地居民喜欢的社区文化活动氛围，解决居民工作、生活中遇到的问题，为居民做了不少实事、善事。他说："我自己经营加油站，我的职位是由居民选出的，没有任何报酬。我大部分时间和精力用于企业。没有企业就没有自己的影响力。我每月大约拿出2—3天参加社区工作。"针对社区存在的问题，居民委员会把居民的意见和想法集中起来，向"洞"和邑提出，表达民意，寻求问题的解决办法。

韩国社区居民参与社区活动的基本形式之一是提供志愿服务。社会服务与志愿服务是韩国社区服务的重要力量和重要组成部分。韩国政府把2%—3%的免兵役者，纳入各种形态的"社会服务体制"中，并通过此举把服役体系区分为现役军人和社会服务。韩国政府和社会各界支持志愿服务活动。国家保健福祉部每年安排志愿服务专项预算，开设社会福利志愿指导中心和志愿服务介绍中心。地方政府向志愿服务团体提供支援，包括女性特别委员会向女性志愿团体提供资助，韩国文化观光部"青少年志愿服务中心"向青少年志愿服务活动提供支持。所有这些，都为韩国社区服务体系建设提供了强大的人力资源支持。五浦邑社区居民负责人大多是志愿者。他们除了主动承担社区居民的服务工作外，还积极动员社区居民参加社区组织的各项活动，不收取任何报酬，甚至每年还要从自己的囊中拿出钱来捐助社区活动。

二 公共领域的人力资源布局

(一) 地方政府是劳动密集型部门？

通常，提供基本公共服务的是地方政府，中央政府只是这种制度的安排者，地方政府是直接提供者。这也是为什么主要国家或地区的地方政府的公共就业规模大、人数众多的原因。那么，他们的人事制度是如何建构的呢？

我国台湾学者李衍儒认为，"政府乃是一个劳力密集型的产业，行政机关所有活动皆赖公务人员推展，故公务人力资源如能有效管理，则政府各项使命则可顺利达成"。[①] 说政府是一个产业，倒是有点不那么恰如其分，可能叫部门更加准确一些。劳动密集型就值得思考了。因为如果我们承认政府是劳动密集型的部门，那么我们就需要反思过去以往我们一直倡导的"小政府、大社会"的理念。这个理念是基于市场主义还是福利主义？这都需要深入研究。

(二) 地方政府的劳动密集型如何实现？

让我们先看看国外的涉及公共部门的人事制度。通常，国际上把创造地方政府的就业环境放在一个非常突出的位置。根据《世界地方政府自治宣言》第五条"地方政府雇员的雇佣和培训机会，应当确保地方政府的职位是具有吸引力前景的职业。中央政府或上级政府应鼓励和促进地方政府实行功绩制。《欧洲地方自治宪章》第六条要求，'地方政府雇员的任职资格条件，应确保根据品行和能力录用到高素质的人员；为实现这一目的，应提供充分的培训机会、报酬和职业前景'"。[②] 这就是说，要把地方公务人员的素质放在首位，使他们的能力、素质能够服务于地方行政和公共服务的需要，为此要充分考虑他们的培训、报酬和职业前景，使他们有信心来从事这项工作。基层工作人员的报酬问题是关键，因为报酬少，工作负担重，导致地方工作人员匮乏是常见现象。

就世界范围看，没有一个统一的地方政府人事制度。各个国家根据自己的历史和政治条件建立了不同类型的地方政府人事制度。美国有自

[①] 李衍儒：《中央与地方政府人事制度的视框冲突》，《文官制度》，台湾考试院，2009年12月。

[②] 任进：《比较地方政府与制度》，北京大学出版社2008年版，第323页。

己的人事体制，美国国会于1923年通过职务分类法，1949年修正为新的职位分类法，简化公务职位，由七大类削减合并为两大类，教育和医务人员也被纳入公务职位范畴，其待遇和分级另行规定。[①] 在英国，地方政府一般行政人员由地方政府自行决定录用，他们的薪酬和服务条件也由地方政府与代表雇员的工会谈判协商决定，不属于公务员系列。法国则相反，地方政府雇员属于公务员系列，进一步可以分为公务员和合同制或临时雇员，按活动部门又分为行政职界、技术职界、文化职界、体育职界和安全职界等。德国则分成公务员、雇员和工勤人员三类。日本地方政府的所有职员均称为公务员，包括在地方政府机关、地方立法机关、地方法院和地方政府经营的企业、事业单位工作的人员。新加坡把医生、教师、工程师、律师等纳入专业公务员进行管理。"分权化的另一个指标是公务员在各级政府间的分配。……从地方和地区政府的工资总额中可以明显地看出中央政府和地方政府在人员数量上的转换。中央政府供职的公务员人数在下降，而地方和地区政府的公务员人数在上升。北欧国家（芬兰23.4%，瑞典17.3%）和大部分联邦制国家（澳大利亚12.1%，德国11.5%，加拿大7.1%和美国13.5%）的中央政府都很小。可比利时是一个例外，占34.3%。而像法国（51.6%）、荷兰（74.2%）和意大利（57.9%）这样的单一制国家中中央政府供职的公务员比例也相对比较高。2000年，新西兰约有90.9%的公务员在中央政府各部门任职。"[②]

总之，过去几百年里，随着工业化和城市化加速，大量乡村人口转移出农村，尤其是在第二次世界大战以后，在各国产生了一个庞大的公共领域，包括公共部门、市民社会组织、企业的社会活动等，带来了社会形态的巨大变革。在这些部门中活跃着越来越庞大的公务员、社会服务人员，成为整个劳动力市场的重要组成部分。目前来看，这个过程越来越复杂，规模越来越大，反映了越来越复杂的社会结构，在一定程度上正在对传统的经济学理论和公共管理理论，以及社会学理论产生影响。

---

① 李和中：《比较公务员制度》，中共中央党校出版社2003年版，第115页。
② 陈福今、袁曙宏等：《欧洲公共部门绩效评估》，国家行政学院出版社2005年版，第218页。

第三节　社会关系模式：不同国家和地区的案例

一　社会组织与公共领域

(一) 公共服务与社会组织发展

如果说在第一节中，我们主要是讨论政府如何去安排基本公共服务制度的话，这一节中我们主要探讨社会组织是如何参与公共服务的。

社会组织在国际上又称非营利组织、志愿组织、第三部门，等等，不同的国家有着不同的叫法，不同叫法反映着这个国家的历史和文化，或者特定的政治背景和社会背景，也可能是偶然事件。不同国家和地区的社会组织在内涵和外延上存在差别，不能简单进行类比，严格意义上的比较需要深入分析和严格定义。

在这里，我们专门讨论国外从事公共服务的非营利组织问题，一是因为它们是整个公共服务体系非常重要的一部分。根据我们的理解，探索公共服务类非营利组织，一方面要寻求公共服务不仅仅由居民提出需求和由政府来满足的途径，另一方面要弄清楚公共服务的供给和生产取决于消费者和生产者之间的复杂的制度安排，这些复杂的制度安排决定着公共服务的需求和供给，公共服务类非营利组织的发展取决于这种制度安排。二是因为通过这些活动活跃在公共领域的社会组织我们来重新审视社会关系模式在公共领域的构成和发展。

我们把公共服务界定为政府在市场失灵的领域发挥作用，并实现社会公平的重要手段，它具有公共服务或公共物品的基本特性，包括非排他性和非竞争性。对于公共服务，每个社会或社会成员都会根据自己的经济发展水平或经济实力、市场发展程度和制度环境，以及实际的公共需求，做出合理的选择。因此，各国的情况不一样，公共服务的内涵和外延也不一样，每个国家都会面临不同的情况和问题，在研究国（境）外公共服务类非营利组织发展经验时，我们要特别注意这一点，不可千篇一律。例如，在我国的香港地区，人们通常讲社会服务是指政府或非营利组织在帮贫、社区领域、助残、教育、住房、卫生和医疗等领域提供的各种形式的服务。通常在美国，人们将其称为公共服务或人类服务。要区分公共服务和社会服务，以便看到公共服务的文化差异。文化差异始终是需要加以关注的问题，因为它会造成制度差异的价值基础，通常人们会忽略了这种机制的作用。

一般说来，公共服务具有四个基本特征：外部性，即每个人都可以不付费而从公共服务中受益，而不仅仅是特定人群获得的福利，而是所有的人群；财政资金，公共服务的资金一般来源于税收，即政府财政；公共服务设施通常是公共所有（在有些国家，私人公司或个体也提供公共服务，但要接受政府管制）；政府提供，服务的提供者一般是政府组织或非营利组织，原则上是政府机构；在支付能力和享受服务之间没有直接的联系。

基于以上对公共服务基本特征的讨论，我们将公共服务类非营利组织界定为从事或承担公共服务供给活动的非营利组织。由于各国在20世纪普遍对地方政府的公共服务供给进行了大规模投入和深刻改革，其目标是提高效率和直接为公众服务，政府合同外包等公共服务制度安排造就了政府和非营利组织之间的新型关系：一些非营利组织专门从事公共服务供给，一些部分或偶尔从事公共服务供给。现实生活中，不是理论意义上，会有纯粹的公共服务类非营利组织，也会有非纯粹的公共服务类非营利组织，这是由于政府的公共服务制度安排的多样性以及非营利组织自身的特点决定的。按照戴维·E. 麦克纳博的理论，非营利组织也可以涉足公用事业，"所有的公民对基本的公用事业服务都享有基本的权利，而不论他们的收入如何。根据这一方式，政策、非营利组织和私人捐助可以一起来为贫困客户支付最低限度的服务提供补充收入"。[①] 煤、电、气在某种意义上也是生活必需品，但通常并不划入基本公共服务范畴，例如，它们并不在中国国家基本公共服务体系中，而是划入公用事业，通常由国家实行特许经营，也有一些已经私营化。公用事业私营化带来的价格波动是个大问题，因为它直接影响居民的日常生活。例如，2018年底，某市一个体经营的煤气站擅自对取暖用的煤气进行调价，甚至为了实现调价的目标（借此要挟政府对其进行价格补贴），擅自暂停煤气供应，在居民中造成很大波动。因此，除了要研究从事公共服务的非营利组织外，还要研究政府的有关制度安排。这些制度安排包括，"非政府组织和志愿性团体形成的网络，来处理社区发展、土地和住房、文化认同、社会服务的提供和人

---

① ［美］戴维·E. 麦克纳博：《公用事业管理：面对21世纪的挑战》，常健等译，中国人民大学出版社2010年版，第4页。

权保护等城市事务"。① 这里讲的制度安排不是指登记注册、财政资金、服务领域、服务标准等要求，而是指非营利自组织之间如何形成自己的自组织网络，参与社区建设、基本设施配备、组织文化以及服务者和被服务者的权利等问题。以"人权保护"为例，在参与养老服务活动中，老年人的保护是关键问题，给老年人洗澡如何不摔跤伤害，与老年人谈话如何不造成其身心疲惫，为高龄老人服务如何确保其不因长期与外界接触少而造成的免疫力低等；另外，参与服务的社会工作者或志愿者自己的人身保险和意外伤害保险如何得到保障，这都涉及人权保护等问题，也都需要政府通过立法等方式加以规定，作出制度安排。

(二) 公共空间布局的制度安排

对许多公共物品来说，政府基本上是安排者或提供者。在这种制度框架内，政府如何安排服务的生产是界定政府角色的核心问题。从现代社会发展趋势看，在公共服务领域，政府越来越多地扮演着制度的安排者角色。

政府干预市场和社会的方式很多，在公共领域直接供给服务和物品、强制、禁止、外包，等等。如前所述，在国外，公共服务通常是由地方政府负责的，或者说，是由地方政府直接提供的。"当一个地方政府决定提供一种公共物品或服务时，它必须考虑怎样生产或者提供这种公共物品或服务，例如，这些服务或物品是由政府职员来提供还是通过订立合同由其他的生产者来提供。"② 地方政府或者自己直接提供，或者通过合同来安排其他组织提供。至于采取何种方式主要取决于是否节约成本，是否专业化和是否使服务对象满意。人们越来越关注如何让被服务对象满意的问题，这就会涉及服务者的专业化水平、服务态度等一系列技术和非技术因素。因此也就出现了除了政府自己提供公共服务之外的其他制度安排形式，包括联合生产、公私伙伴关系、订立合同生产、赋予特许经营权、代金券、志愿生产等。需要指出的是，"在讨论服务提供方式时往往容易忽视的一种方式是由公民志愿者提供产品或者服务。这种生产方式最典型的例子是消防部门的志愿者，这种消防志愿者在不列颠哥伦比亚省有很多。

---

① Scott A. Bollens, "Managing Urban Ethnic Conflict", in the Robin Hambleton, Hank V. Savitch, and Murray Steward, *Globalism and Local Democracy*, Houndmills, Palgrave Macmillan, 2002, p. 118.

② ［加］罗伯特·L. 比什等：《加拿大不列颠哥伦比亚省地方政府》，孙广厦、皇娟译，北京大学出版社2006年版，第108页。

志愿者也在娱乐生产服务和地方政府发起或者由地方政府提供部分资金资助的社区项目服务中发挥作用。如果志愿者所提供的服务水平和质量对于社区来说都是可以接受的，那么志愿者生产是所有可能的服务提供方式中最有效的方式"。[1] 对加拿大来说，这也许是历史传统造成的，在美国也存在类似情况，消防志愿者产生于早期的美国社会并延续至今，成为美国志愿服务文化的一部分。无论是谁来提供服务，服务效果都是最关键的。

研究公共服务类非营利组织必须考虑每一类服务特征、供给框架和生产安排。例如，教育服务是实现个体社会化和提升个体社会能力的过程，其服务特征是师生之间面对面的交流，这是一个传输的过程，也是教书育人的过程，而且最重要的是一个立德树人的过程，面对面的交流和教师的身体力行最为关键。教育服务的供给框架是分散的学校，其生产安排是政府承担基础教育或义务教育等等，我们需要通过服务特征、供给框架和生产安排等来了解公共服务类非营利组织的特征。对于失智失能老人的照料几乎是完全劳动密集型的，一个长期护理人员只能为为数不多的失智失能老人服务，通常是1∶3。

各国的历史、文化、政治等背景不一样，公共服务生产的制度安排差别也很大。在美国公共服务和公共物品的生产和供给主要是由地方政府提供的，而这类公共服务基本上是由社区居民消费的，我们也可以将其称为地方公共消费。组织这种消费的方式通常有直接生产、签约外包、特许经营、代金券、混合策略。

直接生产是政府自己的事情，不涉及非营利组织和其他生产组织。现代社会中，这种生产大多涉及非常特殊的领域，如外交、军事等。

签约外包，是指政府同一家组织，营利组织或非营利组织签订供给合同，它是政府提供公共服务的常用模式，并随着财政情况变化，签约的范围包括公共工程、卫生和社会福利，甚至还有法律服务、文书工程和计算机服务等。在签约外包中，政府作为公共服务的提供者，将具体管理运营权交给受托方执行，由政府向非营利组织付费购买其生产的公共物品和服务。签约外包可以节省政府的财政支出，更可以提供服务的专业化水平，提高服务效率。签约外包常用于一些直接面向社会的公共服务，诸如街道

---

[1] [加] 罗伯特·L. 比什等：《加拿大不列颠哥伦比亚省地方政府》，孙广厦、皇娟译，北京大学出版社2006年版，第118页。

清洁、树木维护、公共交通、交通信息服务、公共图书馆、医疗卫生等。

特许经营，通常用于公共服务使用收费的地方。特许经营是政府赋予某一或某些组织垄断经营权，使这一或这些组织通过向消费者收取使用费来为生产服务提供资金，政府并不直接为公共服务付费，而是特定经营组织在一定时间内享受特许经营权（通常是排他性的权利）直接向公众有偿提供其生产的物品或服务。特许经营把地方政府从直接的监管中解放出来，同时也提高了公共服务的供给效率。选择特许经营的最佳条件是，一个或几个生产者可以最大限度节省成本，收取费用又是提供资金的适当方式。签约外包可以与非营利组织签约，也可以与企业签约，根本是服务质量和效率。质量管理是政府在公共领域中常用的控制方式之一。

代金券，是政府发给居民的公共服务消费凭证，居民可以用来替代现金从私营机构或非营利组织购买一定的公共服务或公共物品，在美国的联邦层次，代金券主要用于食物、医疗补助或医疗保险以及教育津贴等。在地方层次，代金券广泛应用于社会服务，包括幼托、老人项目、戒毒等。我国不少地区近年来也开始在一些公共服务领域采取代金券方式提供公共服务。

政府补助，是指政府通过给非营利组织补助，确保其向公众提供优质公共产品。政府补助的形式包括直接拨款、免税、税收优惠、低息贷款、贷款担保等。居民可以通过接受补贴的社会组织获得更多的公共服务和公共产品，非营利组织则通过接受政府补助得到成本补偿。政府补助的领域主要包括公共教育和医疗、某些科研项目、社会福利、基础设施等。

这些不同类型的制度安排派生了不同类型的公共服务类非营利组织。探索永无止境，在政府管制领域仍有更多的方式和方法需要探索，这也是政府改革和创新的基本要求。中共十七届五中全会提出行政体制改革这一新命题包含了丰富的内容，需要通过各种具体领域的探索来丰富和实践。

二 国（境）外公共服务类的社会组织模式

（一）历史回眸

许多公共服务起源于社会事务。如前所述，人类早期的很多社会事务是由社区和家庭承担的。公共服务类非营利组织的起源可以追溯到承担社会责任的早期社会组织活动。这个阶段的所谓公共服务实际上是由社会而不是由政府承担的。美国社会发育先于政府形成。美国的历史造成了美国文化的特点，就是美国人不太愿意依赖政府来解决社会问题，他们情愿通过志愿活动来提供公共服务。很多早期的诸如卫生保健、教育和社会服务等领域的非营利组织是作为宗教机构的附属开始活动的。其他国家和地区也有类似情况。

回顾历史，政府承担起公共服务的责任时间并不长，主要是近百年以来的事情。政府介入公共事务并不意味着非营利组织的退出。这一点可以从我国香港地区看到。香港早期民间社会承担了大部分社会服务的责任。当时，"在政府体制之外，存在一个无论在服务类型又或服务团体背景，都颇为多元化的民间社会福利系统"。[1] 历史上与世界上大部分国家或地区一样，香港的宗教组织和民间团体参与社会服务非常普遍。早期港英政府初来乍到，面对的主要问题是军事和经济利益，无暇顾及社会服务也是可以理解的。政府以外的宗教和社会团体推动社会服务成为了香港的社会传统。进入20世纪，港英政府开始介入社会福利服务，为民间的社会服务组织提供资助，这些资助"由1912年占政府支出的0.3%上升至1939年的3.1%"。[2] 如前所述，这些民间福利工作构成了香港社会服务的基础，尤其是这些团体在提供社会服务中表现出的敬业精神和职业态度，是香港社会服务传统的重要内涵，延续至今，依然是内地在推进公共服务或社会服务过程中需要学习和借鉴的。20世纪的两次世界大战之间，香港社会矛盾和社会问题凸显，港英政府开始关注社会发展问题，并介入市政、医疗、卫生、住宅、环境、帮贫等工作。但是，政府提供的社会服务不能满足社会需求，民间社会服务继续发展。在民间社会组织发展的基础上，香港社会服务联会成立并扮演着民间组织的协调和推动角色。香港社会服务联会在发展过程中开启了民间与政府的合作。1947年，港英政府首次任命社会福利官员专司社会事务，后又成立社会局，其重要工作之一是联络社会服务组织。1951年香港社会服务联会正式注册为法人团体，实行会员制，邀请民间社会服务组织参加并成为会员，同时又邀请政府官员以观察员身份列席社联会议，搭建了政府与民间组织之间的桥梁。"由志愿社会服务组织所构成的慈善福利系统，是日后政府发展起社会福利服

---

[1] 吕大乐：《凝聚力量——香港非政府机构发展轨迹》，（香港）三联书店有限公司2010年版，第19页。

[2] 同上书，第35页。

务的重要基础。"① 20 世纪后期香港社会的变化是，民间福利机构与政府在社会服务领域逐步建立起合作伙伴关系，政府社会服务职能得到扩充，居民从被动接受服务到自觉争取权益等等，这些，使政府社会福利和服务职能进一步强化，相关机构相继建立，政府社会福利支出不断扩大，香港社会福利服务逐步走向制度化。改革开放之初，不少香港社工组织与内地社区组织合作，引入了社区工作和社区志愿服务（义工），推动了内地的社会工作事业发展，这一方面说明香港经验的可移植性，另一方面也说明了公共领域的发展的确有阶段性。

在日本，根据《特定非营利活动促进法》，非营利组织一般会在如下领域扮演公共服务提供者的角色：医疗保健及公共福利，社会教育，救灾救援，城镇建设，心理辅导，环境保护，地区安全，儿童健康教育，科技振兴，职业能力培养和就业，消费者权益保护，学术、文化、体育等。通过一系列种类多样、内容丰富的活动，非营利组织弥补了政府部门在满足民众多样化需求和提供公共服务方面的缺陷，发挥了日益重要的作用。

日本的社会体制以家族为核心，不论家庭成员发生什么变化，家的主导地位是相对稳定的。"家"的利益高于一切。这些也表现在企业制度上，在日本的"家"中，长子具有至高无上的继承权，家族集团在日本社会结构中具有重要的地位，久而久之，在日本"'下级'对'上级'的忠诚自然而然地也就形成了"②。这样的社会结构不仅影响到日本企业管理，也影响到日本的社会保障制度的建设，"日本企业对员工负有责任和义务，也使得企业一旦需要裁员和减轻负担、增加竞争力的时候，却压根无法操作，它必须负重前行。这种情况使得日本企业只能通过重组的方式，而不能通过裁员来转型。美国的企业没有这个负担，不能赚钱就裁人，随时随地裁，一夜之间裁几千人，很正常。大家好聚好散，各找出路，反而能找到机会。家长制的模式带来的问题就是太依赖家长的能力，如果他迷失了，大家都迷失了"③。反之亦然，如果大家长找到了方向，大家的方向也就明了了。

在菲律宾，非营利组织初始与西方国家一样，大多数是教会的延续，

---

① 吕大乐：《凝聚力量——香港非政府机构发展轨迹》，（香港）三联书店有限公司 2010 年版，第 65 页。
② ［日］岩井克人：《未来的公司》，张永亮等译，东方出版社 2018 年版，序言第 8 页。
③ 同上书，序言第 11 页。

其行为主要出于慈善动机。20世纪80年代，菲律宾非营利组织发展迅猛，为后来的发展奠定了基础。

公共空间的基本的历史逻辑是，先是由社会提供自己需要的公共服务，宗教组织和其他社会组织在这个过程中发挥了积极的作用，后来政府介入公共事务和社会事务。随着社会需求的增加和要求的提高，以及政府受自身效率和能力的限制，市场和社会与政府改革创新有机结合，促进公共服务的供给。目前可以断定，中国正处在这样一个发展阶段上。在这个问题上，政府需要有现实的眼光，也需要借鉴历史上的经验，尤其是发达国家和地区历史上的经验。

(二) 新公共服务革命与非营利组织发展

理解公共服务非营利组织的发展必须理解20世纪公共服务供给制度的变革。"20世纪70年代，在玛格丽特·撒切尔首相的领导下，这种新的治理方式在英国被采纳；此后不久，在罗纳德·里根总统的领导下，美国也采取了这种方式。在20世纪的最后20年，市场取向的管理体制替代了原有的命令式的行政管理体制，其特点是私有化，对公共服务实行用户付费制、公共和私人部门的伙伴合作关系、战略规划、项目评估和问责以及行政结构的扁平化。"[①] 行政结构的扁平化是由于公共服务需要与供给特点使然。

1998年，英国首相布莱尔签署发布了《政府与志愿及社区部门关系协定》，协定在政府采购、咨询、志愿活动、社区、黑人与少数民族等多方面确立了政府和非营利组织的合作原则。英国的政府采购有五方面的协定，即包括资金与政府采购协定、咨询和政策评估协定、志愿协定、黑人与少数民族志愿和社区部门协定和社区协定。协定的原则是，在每一方面的协定里面都包括一些基本原则，以及为了实现这些原则，政府和志愿部门分别应做出的承诺，它是一种双向的、互为承诺的协定，其中资金是基础。在"小政府、大社会"的方针下，英国政府把越来越多的公共服务职能下移到民间，包括教育、医疗、交通、安全、信息技术、环境保护以及其他社会服务。例如，1990年的《国民健康服务和社区照顾法案》把市场机制引入国民健康服务中，区分了服务购买者和服务提供者的不同之

---

① [美] 戴维·E. 麦克纳博：《公用事业管理：面对21世纪的挑战》，常健译，中国人民大学出版社2010年版，第4页。

处，鼓励地区政府与非营利组织签订合同，以获得更好的社会服务。根据服务项目和竞争程度的不同，公共服务的提供模式有直接外包、内部交易、有限的供应者选择、服务项目招标、消费者自由选择等模式。非营利组织和商业企业都参与公共服务的提供，无论是为有残疾的儿童提供教育的慈善组织，为智障成年人服务的社会企业，还是为吸毒人员建立的理疗中心，它们服务的群体大多是弱势群体或边缘群体，是一个夹缝中的服务领域，是政府单一性的服务或单纯追求市场价值的企业所难以触及的，非营利组织的服务体现了平等和志愿精神。他们的服务不仅高效，而且其运作成本远远低于同类的政府机构。

美国前总统里根称慈善和志愿组织是美国的社会安全网。克林顿当政期间，美国政府就批准支持以信仰为基础的组织或社区组织参与社会服务，批准支持信仰为基础组织的法规，并给予资金支持。小布什在2000年竞选纲领中，把支持信仰为基础的组织和社区组织提供社会服务作为任期目标之一。2000年当选后，布什立即成立白宫信仰为基础和社区发展办公室，拨款支持社会弱势群体。2001年的"9·11"事件，美国政府投入了几十亿的资金，主要用于基础设施重建和基本服务的提供，而美国非营利组织提供的资金主要用于食品和住宿等急需服务，仅美国红十字会就筹集10亿美元善款。美国政府参与社会管理的方式之一是通过各种渠道支持慈善和志愿组织参与社会服务。在美国，慈善和志愿组织收入的20%来自个人、基金会和法人捐赠，31%来自政府基金或政府合同，49%来自缴款、收费、投资收入和其他所得。美国政府和非营利组织之间的关系根植于很深的伙伴战略关系。美国政府依赖于慈善和志愿组织去执行人类服务项目，特别是卫生、教育和福利服务。政府大约一半的卫生、教育、福利服务基金通过社区为基础的慈善和志愿组织来执行。政府对慈善和志愿组织的直接支持表现为为他们提供基金支持和与慈善和志愿组织签署合同；直接为那些参与低收入阶层服务的慈善和志愿组织付费。政府对慈善和志愿组织的间接支持包括免税、减税；为从事儿童照顾、老人照顾、住宅补贴的慈善和志愿组织提供税收信用（政府为那些给这类服务付费的个人买单）；税收减免国债保险。

战后日本政府曾包揽了医疗、福利、教育等公共服务。但20世纪70年代之后，这种体制逐渐暴露出财源问题、效率问题和难以满足多样化的国民需求问题，在这样的形势下，非营利组织此时成为应对政府公共服务改革要求和解决公共领域诸多问题不可或缺的一支重要民间力量,许多地方政府日益认识到,通过非营利组织的活动可以快速地提供公共服务,灵活地满足民众多样化需求,为此,日本提出了"非营利组织分担公益事业"的观点。各级政府也从此更加愿意与非营利组织建立伙伴关系,让其参与分担社会公益事业的责任,弥补政府提供公共服务力量不足的缺陷。日本内阁政府国民生活局专门设立"市民活动促进课",在进行非营利组织认证的同时,将增强非营利组织在公共服务方面的积极作用,增进政府与非营利组织合作伙伴关系作为推动非营利组织发展的重要内容。近年来,该课与非营利组织和各界有识之士一道积极推动了非营利组织活动的税务措施,引导、鼓励市民去了解非营利组织,参加市民活动,推动了非营利组织的发展。在日本,政府无法完全满足社会千差万别的需求,发展中的非营利组织作用显得越来越重要。在1998年,议会通过法案来促进各个志愿者和公民群体的活动,措施是,如果它们的活动与健康、福利、教育、文化、艺术、运动、环境保护、减灾、提倡人权和倡导和平、国际合作和性别平等有关,就赋予它们以正式的非营利机构地位。经过官方认可之后,这些组织就可以实施操作性的活动,例如租借办公地点、在银行开户和签订其他的契约。日本还有具体的法律来规范非营利组织在如下领域中的活动:私立学校、宗教、社会福利服务、罪犯改造,志愿者和公民群体。

菲律宾非营利组织自觉承担发展经济的责任,致力于帮助穷人增加财富。他们在全国范围内,深入基层,接触民众,开展了扶贫助困的工作,有的向农民传授技术;有的帮助贫困户寻找市场;有的游说政府,制定有利于贫困群体的政策。小到一个村庄,大到跨省区。可以说,菲律宾几乎所有的扶贫项目都是由非营利组织实施的,有的扶贫项目资金超过上千万元。菲律宾非营利组织在政府之外扮演着为社会服务的角色。

在我国香港地区,政府与民间组织制定"资助及服务协议"。政府与民间组织(在香港叫非政府组织)的合作关系也由过去的所谓"伙伴关系"转变为"合约关系"。"伙伴关系"突出民间组织为策划及提供社会服务的角色,例如过去的"五年计划",政府和民间组织共同合作研究居民的服务需求并制定规划;但是在合约关系中政府与民间组织的关系就变为"购买者"及"提供者"之间的关系,政府转变为"购买者"。购买者的角色使之不同于民间组织,后者为服务"提供者"。这样,政府可以在不同的提供者中选择合适的服务"购买",并订下合约。

为此,政府建立了实行自我评审和外审制度。每个接受资助的民间组织必须每年提交自我评审报告,每三年则要接受外部评审。社署的津助科专门成立了"服务表现评估组",推行对各个提供服务的民间组织开展评审工作。

为此,香港特区政府制定了质量标准和资助模式,并与民间组织协商,于2000年正式确定。政府采用"整笔过拨款"的方式作为计算各机构资助金额方法。政府以2000年4月1日民间组织的员工人数作为基数,员工薪金以中位数计算。原有的旧职员公积金会实报实销,之后新聘用的员工会以6.8%计算,如果在过渡期中机构遇到财政困难,可向政府申请补助金,最长为5年。不过在这段时间民间组织机构须进行改组或重整工作以控制开支。

香港特区政府对于项目策划也非常重视,除了各民间组织必须有长期的"策略计划"和每年的"年度计划"之外,政府也提出考虑到五年的计划周期,作为中期计划。进入21世纪以来,香港的福利服务及行政管理体系确实有了巨大的转变。

三 国(境)外公共服务类非营利组织的主要职能

在发达国家和地区中,非营利组织主要关心的事情是健康、教育、社会服务、文化事务和娱乐,由于国家或地区不同,强调的重点也有很大差异(要看政府在这些事情中发挥的作用)。在法国,许多非营利组织2/3的花费用在了教育、社会服务和娱乐上。在德国,健康、社区发展和住房是非营利组织活动的主要领域。在日本,用在教育、研究和健康上面的花费占了很大一部分。而在英国,只有4%的费用花在了健康上,因为健康服务在很大程度上已经被纳入了全国健康服务计划。在美国,几乎所有的交响乐团都是非营利性的,而在日本,国家在文化活动方面发挥着主导性作用。教育和研究是日本非营利机构花费最多的领域。从以色列的历史看,非营利组织在全世界的犹太社区中提供社会和教育服务。在发展的整个过程中,这个部门在服务范围方面一直都非常分散,包括迁移、健康、教育、福利服务、宗教、机构发展、助残、文化、艺术、运动、环境、公民权利、和平、宽容(Tolerance)和妇女的进步(Advancement of Women),等等。菲律宾的福利团体已从慈善领域延伸到社会发展领域,如在穷人中搞宣传，让人们认识到为什么贫困，怎样解困脱贫。菲律宾的福利团体是典型的公益性社会组织。非股份制非营利组织属非营利组织的一种，其范围涉及慈善、宗教、教育、文化、社区服务等领域。根据法律规定，非股份制非营利组织的收入不得作为奖金在成员中私分，其盈利所得必须用于与宗旨相关的活动。

在公共服务体系建设过程中得到快速发展的社会组织是现代社会发展的另一个特征。尽管社会组织随着人类社会的出现就已经存在，但是在人类开启工业化和城市化后，原先承担公共服务职能的家庭和社区面对大量的城市人口和职业化的人群已经束手无策，爱莫能助，代之而起的现代社会组织既延伸了政府的公共服务职能，也替代了传统家庭和社区的某些职能，成为现代社会的重要组成部分。

第四节　社会领域创新

进入 20 世纪后期，面对更加复杂的社会问题，传统意义上的慈善组织、公益组织、非营利组织走上创新之路。在社会领域，与经济转型升级和技术进步相对应的是社会创新。社会创新，无论在国际还是在国内，已经成为一个热词。经济和技术的创新必然会带动人们生活的革命，事实上，通信技术已经引发了生活领域的一系列变革。生活方式的变革必然会引发社会交往、社会关系的变革。杰里米·里夫金的《第三次工业革命》的出版在世界范围内引起了不小反响。《经济学人》评论道，人类已经进入第三次工业革命。里夫金把 21 世纪的两种新技术——互联网和再生能源结合起来，探索人类未来新的经济发展模式。《第三次工业革命》的过人之处就在于它不仅仅就经济来谈经济，而是把适应新经济模式所需要的社会发展模式也给描绘出来了。在里夫金看来，第三次工业革命本身就已经包含了正在全球蓬勃发展的社会企业家精神、法人意识和合作精神。这些非经济要素与经济要素密切结合将治理 20 世纪经济社会发展中形成的种种弊端，尤其是即将打破营利组织和非营利组织各走各的阳关道、营利组织过于强势以至使非营利组织步履维艰的局面。社会创新与新产业革命将结伴而来。目前，全球范围内的社会发展正处在一个新的探索阶段，主要在两个方面酝酿突破，一是针对社会问题，通过各种途径和平台，在交流和碰撞中形成新的理念和方法，参加交流和碰撞的部门包括非营利组织、企业、政府、专家学者、职业服务供给商、创效评估人员等。二是在传统的金融体制内，植入社会和环境效果评价，引导私人资本进入社会和环境领域，产生了诸如社会创效证券、小额贷款、小额保险等新的金融产品和组织形式。社会创新就其实质来说，就是如何动员更多的社会资源，甚至包括市场资源来推动社会的进步，是社会动员的另外一种组织方式，也是激发社会活力的新探索。

一 社会创新及其兴起

（一）社会创新的内涵与外延

社会创新（social innovation）是指与人类新的社会需求有关的新概念、新思想、新战略和新举措等，其范围从工作条件改善、教育变革，到社区发展、公共卫生，甚至拓展到非营利组织领域。社会创新具有交叉意义，它既可以指创新的社会过程，诸如技术方法等，也可以指创新的目的。面对国际国内的复杂形势，关注跨部门的社会创新尤为重要。在这个领域，多学科、多部门的合作更使社会创新成为可能。

社会创新在继承与发展中实现，它通过跨学科和跨部门形成新的组合与组织结构，在新的组织和结构中产生新的功能，形成新的理论。[1] 社会创新理论，尤其是关于社会机制体制理论可以被视为社会学理论中的"工程学"。它不是关注和研究现有的社会机制体制产生的社会目标，预测和解释这些体制机制的预期结果，而是设定出适当的体制机制来实现设定的目标。"'创新'是指有完全计划的、有确定目标的革新活动，也指新出现和形成的部分领域、机制要素或者在一个已经存在的机制关系框架范围内的（社会的或者经济的组织）行为方式，其目标或者是使已经存在的各种方法、程序实现最优化，或者是更好地满足新出现的和发生变化了的功能要求。"[2] 社会创新通过新的方式解决社会问题。解决的方式可以是商业模式，也可以是非商业模式，但必须是有效的、可复制的、创新性的。从国际经验来看，社会创新已经覆盖了就业、扶贫、社区服务、医疗卫生、教育等部门。未来它还将覆盖互联网发展而导致的社会关系的变革

---

[1] http://en.wikipedia.org/wiki/Social_innovation.
[2] ［德］康保锐：《市场与国家之间的发展政策：市民社会组织的可能性与界限》，隋学礼译，中国人民大学出版社2009年版，第21页。

和社会结构的调整。

区域性社会创新是通过团结、合作和文化多元化加快地区社会发展的过程。各国都非常关注如何探索和形成新的治理方法。20世纪80年代,加拿大等国进行了一系列的实验,重点放在社区合作和治理,以及地方和区域层面经济生活的社会角色定位。欧洲一些基金组织在城市规划中考虑社会因素,在建设城市网络和减少不利群体或邻里关系紧张等方面开展实验,并对实验结果进行分析论证,纳入地方规划,推动地区社会健康发展。

(二) 全球范围内社会创新的背景分析

社会创新的概念始于20世纪60年代的实践探索。社会创新在文字上出现在20世纪70年代法国学者的文献中。[①] 当然,如果作为一个思想去追溯,可以延伸到19世纪的思想家的思考和探索,马克思、韦伯、欧文是这类探索的先驱。进入21世纪以来,社会创新如雨后春笋,出现了所谓的斯堪的纳维亚国家,以及亚洲国家政府在教育、卫生等公共服务的创新等。

1. 现代化进程中的矛盾与困境

在经济领域,"现代化带来了无数的制度安排,如扩大的产权、公司法以及金融制度等。这就为个体从事与新产品和新方法的融资、开发以及营销相关的创新活动,亦即商业创新,开辟了阳光大道"[②]。事实上,现代化也给社会带来了大量的制度创新机会,只是不像在经济领域,人们还没有放开视野来仔细透视和分析它给现代社会带来了什么,还仅仅局限于从传统的农业社会到工业社会,从乡村社会到城市社会的转变等问题的理解和解释上。实际上,眼下需要考虑的现代社会制度安排至少应当包括社会保险及其辅助要素、社会组织以及慈善制度改革创新等。如同在经济领域,社会领域中的机制和体制在严格意义上也不是一个东西。"要记住机制设计的基本思想就是给个体提供激励,以使他能够以确保最优结果的方式行事。"[③] 市场机制是迄今为止最能给个体提供激励的机制,因为它很

[①] http://en.wikipedia.org/wiki/Social_innovation.

[②] [美] 埃德蒙·菲尔普斯:《现代经济的宏观经济学》,载中信《比较》编辑室编《建立现实世界的经济学:诺贝尔经济学奖得主颁奖演说选集》,中信出版社2012年版,第187页。

[③] [美] 埃里克·马斯金:《机制设计:如何实现社会目标》,载中信《比较》编辑室编《建立现实世界的经济学:诺贝尔经济学奖得主颁奖演说选集》,中信出版社2012年版,第232页。

好地解决了价格与产权和竞争之间的关系。如何设计一个在社会领域中能够激励个体的机制还需要深入分析各种社会条件。目前，现代社会学对于现代社会的研究和认识还达不到现代经济学对于现代经济的认识水平，这也是社会学不能像经济学一样成为一门显学的原因之一。不过，这也为社会学的进一步发展预留了空间。

2. 当代的社会差距与社会冲突

值得关注的是，不论在发达国家还是在欠发达国家都存在着社会差距和贫困问题，这是一个世界性问题。截至2008年，世界上全部人口中营养不良发生率为12.9%。2011年，婴儿死亡率36.9‰。2010年，12—23个月儿童麻疹免疫接种率为85.3%。2010年，日均收入不足2美元的贫困人口比重在一些国家达到40%以上，诸如中非、利比里亚、莫桑比克、坦桑尼亚等。在发达国家内部，收入分配问题也十分突出，2000年，美国的基尼系数达到0.41，最高收入的20%占全部收入或消费的比重只有45.82%，而最低收入的20%占全部收入或消费的比重只有5.44%。[1] 这些都是传统产业和传统经济的结果，需要通过新的产业革命和社会创新加以解决。

3. 反反复复的公共服务创新及其问题

在经历传统的行政管理和新公共管理之后，新公共服务出现了。"新公共服务通过广泛的对话和公民参与来追求共同的价值和共同的利益。公共服务本身被视为公民权利的拓展部分，它是由为他人服务和实现公共目标的愿望所促动的。"[2] 它"主张用一种基于公民权、民主和为公共利益服务的新公共服务模式来替代当前那些基于经济理论和自我利益的主导模式"[3]。这实质上是对里根和撒切尔倡导的基于新自由主义的新公共管理的否定，如果把传统的公共行政算在一起，就是一个否定之否定过程。把居民满意的程度和投入产出共同作为公共物品的绩效指标比使用其中的任何单一指标都更能体现公共物品绩效的公共性和经济性。"当评价有关公共物品的决策时，我们通常用'社会净剩余'最大化作为标准：有关公共物品的决策是否使社会总收益与提供公共物品的总成本之间的差值达到

---

[1] 国家统计局：《2013年国际统计年鉴》，中国统计出版社2013年版，第242页。

[2] ［美］珍妮特·V. 登哈特、罗伯特·B. 登哈特：《新公共服务：服务，而不是掌舵》，丁煌译，中国人民大学出版社2010年版，第124页。

[3] 同上。

最大化?"① 通常，在这样的决策面前，政府是一筹莫展。"净剩余最大化的公共物品决策依赖于公众对这些物品的偏好，而无论如何政府也未必清楚这些偏好。"② 最好的办法是，政府通过合同外包等方式交给营利组织或非营利组织去提供，政府负责推动社会体制改革和社会机制创新。

二　社会创新的主要内容和方式

（一）现代社会创新智库

1. 社会创新园区

位于西班牙和法国之间的社会创新园区（The Social Innovation Park）又被称作社会硅谷（social silicon valley）。西班牙政府和地方政府出资600万欧元启动这个项目，旨在为社会企业和社会合作创造经营和发展环境。作为欧洲的一项新尝试，社会创新园区根据社会需求提出新的解决方案，吸纳初创企业、区域和政府组织，以及慈善基金会参与，一道工作。园区的研究和开发需求由社会创新学校来完成。培育社会创新模式、开发社会创新方法和工具、吸引社会创新人才。慈善组织、非营利组织以及致力于社会创新的企业聚集在一起，一道工作，互相学习，在创新的环境中开发合作。为了促进思想领袖的成长，园区着力培育社会和环境领域的社会企业家精神。企业家精神是社会创新园区的灵魂。社会企业精神意味着要结合独特的市场和经营模式探索有新意的思想、有特色的产品和服务。在园区中，公共部门和私人部门一道评估现有的服务供给模式的得与失，以便使创新方案更加贴近实际。园区也对新出现的创新企业展开培训、提供咨询和进行评估。

新加坡社会创新园区（Social Innovation Park Ltd，SIP）是一个孵化社会企业家和创新者的非营利组织，旨在在全球范围内为建设一个美好社会培育社会创新者。它的动议和项目瞄准教育、授权和提高。作为社会企业家和创新者的孵化器，它努力在全球和地区范围内为充满活力的社会企业发展创造条件。PaTH（Pop and Talent Hub）是新加坡社会创新园区的启动项目，也是新加坡第一个社会企业发展平台。PaTH通过开发性创新艺

---

① [美] 埃里克·马斯金:《机制设计：如何实现社会目标》，载中信《比较》编辑室编《建立现实世界的经济学：诺贝尔经济学奖得主颁奖演说选集》，中信出版社2012年版，第223页。

② 同上书，第224页。

术倡导企业家精神，使一些非营利组织从传统管理走向现代管理。通过各种倡导和创新，PaTH 帮助一些组织接触有经验的顾问、网络和商业销售平台，给他们机会去创造可持续的合作经营。与此同时，PaTH 通过推动每个人积极贡献力量给社会来激活人们的心态。PaTH 模式的可持续和成功之处就在于它使受益者和天才的参与者把扩大就业、增加收入等与社区发展联系起来，与企业界联系起来，促进各种各样社会组织的提升。新加坡社会创新园区是全球社会创新者论坛（The Global Social Innovators Forum，GSIF）的发起者。自 2006 年启动以来，全球社会创新者论坛为全球社会企业家、私人部门领导人、公共部门领导人搭建了一个可以与来自世界各地的听众分享创新理念和社会企业精神，探索如何提高收入和如何增加就业机会等社会创新问题的平台。全球社会创新者论坛的目标是，在教育领域，引领社会企业家精神和社会创新，为变革建立知识储备和思想库；在授权领域，引导领导人支持企业形成可持续的社会影响，形成跨部门的能力以引领社会企业发展；在提高领域，形成对于引领建设一个美好社会的领导者们的认同。卓越人物对话（Giants In Conversation，GIC）是一个来自世界各地的杰出人物的系列活动，它旨在教育和鼓励来自世界各地的、不同背景的个人，培育社会企业精神和社会创新精神。对话的话题囊括全球趋势、全球问题、有争议的创新以及演讲者个人的故事。谈话系列（Chatter box）聚焦地方社会企业家和社会创新者，邀请对专门话题有兴趣的参与者参与讨论，他们来自非营利组织、大学、社区组织等。任何对特定话题有兴趣的人都可以被邀请参与。谈话过程中，提出问题和解决问题并行。置身于社会创新的前沿，新加坡社会创新园区拥有一个关系密切、来自地方和全球的私人部门、公共部门、非营利组织的领导人和决策者组成网络，拥有雄厚的社会创新知识和资源。

2. 社会创新中心

作为社会企业，多伦多社会创新中心（Centre for Social Innovation，CSI）的使命是在多伦多和全球各地催化社会创新。创建伊始，该中心精心发展自己的社会变迁理论，并以这些理论支撑了它的大部分工作。中心的理论建立在有三个层次的金字塔之上：空间、社区和创新。金字塔底部是一个物理空间。创新中心对物理空间的设计非常仔细，确保其功能诱人，富于想象力和活力。第二个层次是社区，它是通过一群人有意识地聚集在一起成为项目共同体。第三个层次是组织起来创新——相互认同的人群、共同的价值和宽松的环境组合起来就会产生意外发现、设计和思想。在这个过程中,制度创新非常重要。没有制度创新就不会产生有成效的成果。制度在激发活力和精心策划中发挥着核心作用,尤其是在应对气候变化和社会福利挑战上如何让小型社会企业和项目参与其中,制度、法律和规制不可或缺。

(二)社会发展与资金可持续性

1. 社会金融

2007年在英国出现了社会金融,它把拥有金融知识、战略思想和社会经验的专家们聚集在一起,去探索具有创新性、可持续和不断发展的投资议题,建立社会投资市场。这一年,英国建立了社会投资银行。社会金融把深刻了解社会问题的专家融入金融框架、金融活动和投资结构中,它的第一个目标是更加具体地探索社会投资银行的细节以及在英国发展社会投资市场的需求目标,为帮助建立社会投资市场提供金融咨询,也为优秀的社会项目寻求资金。它承诺通过设计社会产品推动金融领域的社会创新。社会金融具有双重目的,一方面实现投资回报,另一方面实现社会目标。迄今为止,社会金融已经衍生出了社区投资、小额贷款、社会创效证券、具有可持续性的社会经营和社会企业贷款、以绩效为基础的慈善筹资和与慈善项目相关的投资。澳大利亚社会风险投资项下的社会创效基金由澳大利亚政府资助(大约400万美元),其他来自私人投资者。来自澳大利亚政府的资助放在社会企业发展和投资基金项目名下。以绩效为导向的慈善筹资和与项目有关的投资,有时指的是风险慈善,都可以囊括在社会金融之下。在加拿大,促进社会金融的发展,一是靠社会企业家精神,二是靠更加灵活的国家和地方政策发挥创新作用。

2. 社会责任投资

社会责任投资(Socially responsible investing,SRI)是指可持续的,具有社会良知的、"绿色"的、道德意义上的投资。一般说来,社会责任投资鼓励投资者关注环境改善、保护消费者权益和生物多样性等,避免介入酒精、烟草、博彩、色情、武器等经营活动。社会责任投资关注的领域大致可以归结为环境、社会公正、共同治理等。

3. 社会创效证券

社会创效证券是基于绩效支付的一种社会金融模式,或者叫作根据结果支付。根据结果支付(Payment by Results)是指在公共服务供给过程中，合同文本要求根据服务供给者提供的服务效果支付资金，若是达不到预定效果，可以拒绝支付。这里的结果是指客户的感受和服务效果，诸如减少在犯罪、促进教育发展、增加就业等领域开展效果评价。这就需要委托者、服务提供者和投资者之间达成共识，在合同的基础上规划产出，不仅仅是直接产出，也包括间接产出。社会创效证券也被称作胜者奖励证券，是近年来兴起的一种旨在支持私人部门、非营利服务提供者和政府有关部门一道合作致力于促进满足个人和社区发展需要的金融工具。波士顿的社会金融公司是一家非营利创效投资组织，其工作室把高效的非营利组织与资本市场有机结合起来，推动社会发展。作为一个独立投资和管理机构，波士顿社会金融公司推动它在英国的分支机构，社会金融有限公司（Social Finance, Ltd.）利用社会影响证券探索减少刑释解教人员的再犯罪。社会创效证券是福利体系的重要补充，一方面，它为福利机构解决了资金不足问题，另一方面满足了不断增长的社会福利需求。

社会创效证券从私人和基金会筹措资金支持促进社会进步的非营利预防项目，节省政府支出。如果独立的评估部门和专家证明非营利组织获得预期的社会效益，政府将再支付给投资者一定的资金。世界上第一只社会创效证券由英国社会金融有限公司于2010年秋季发行，17名投资者参与这只证券，该证券的目的是通过资助有经验的社会组织，诸如基督教青年会等，降低离开监狱后的刑释解教人员的重新犯罪率。项目规定，6年内这些社会组织帮助大约3000名刑释解教人员重归社会。如果这种主动干预达到预期目标，投资者可以得到政府的补偿。干预的效果越好，得到的补偿也就越高。补偿的范围为2.5%—13%。自从第一只社会创效证券发行以来，人们对其兴趣与日俱增，澳大利亚、加拿大、爱尔兰等国家也开展有关探索。社会创效证券的目标是，提高社会效益，减轻纳税人的负担，把绩效风险从政府转向投资者———一个更乐于冒险和善于冒险的群体，同时，用长期资金供给来鼓励绩效明显的非营利组织探索社会问题的解决方式。

伦敦的一项社会创效证券出资500万欧元支持St Mungo's和Thames Reach两个组织安置无家可归者，规定如果它们在3年内达到预期目标，大伦敦机构（Greater London Authority, GLA），社会创效证券的委托方，将支付投资者500万欧元的投入。这是一个适应各个方面的制度安排。

大量无家可归者露宿街头，通常占用政府的公共设施，诸如应急避难所等，需要政府管理。如果社会创效证券能够支持社会组织解决无家可归者问题，政府就可以节省大笔开支。与此同时，把公共支出置于社会和市场压力下，只有达到预期目标，纳税人方可罢休，投资者也有法定的回报。对服务提供组织来说，诸如 St Mungo's，他们得到的资助，与政府购买公共服务或合同外包比较起来，数量大、周期长。这类投资方式比较适合一些特定服务和社会问题，比如，无家可归者、吸毒者或刑释解教人员，对于这类人群的帮助或者改造非一日之功，需要时间，需要方法，需要耐心，这些，都需要探索长周期下的资助方式。对无家可归者采取社会创效证券方式支持，是自 2010 年秋季发行减少离开监狱后的刑释解教人员的重新犯罪项目之后在英国已经发行的 14 个社会创效证券之一。它已经在世界各地赢得了不少的追捧者，目前，美国有三只社会创效证券，一只在纽约，2012 年纽约用于监狱问题，两只在波士顿，还有 28 个申请项目在待批中。

　　在"发展创效证券"名义下，社会创效证券正在成为一个新兴市场。研究者也在探讨社会创效证券在发展中国家的应用问题，他们指出，由于社会安全网比较脆弱，与发达国家比较，发展中国家的政府偿还投资者的能力有限。所以，由国际开发机构担任担保者来开展实验会更合适一些。随着推动社会创投证券呼声的提高，相关问题的研究也需要深入：一些实施多年也有效果的项目并不能引起投资者的兴趣。在发展中国家，计量产出的数据很关键。除此之外，投资者更加关注是不是有更多的经济回报。英国彼得堡的社会创效证券把人们的胃口吊得很高，一旦实现再犯罪率每年下降到足够程度，投资者就可以得到高于 13% 的回报，但是若再犯罪率达不到预期的话，投资者将失去所有资金。这样的股市风险不能吸引更多的人参与。也有人建议把社会创效证券改造成一个债务工具会更好一些。不过，在美国，特别是在波士顿，社会创投证券还在试验阶段，有人将其称为一项"伟大的实验"。

　　4. 社会创效企业

　　成立于 2010 年的"香港有光社会地产有限公司"是一家创效企业，它利用市场方法，通过房地产业开发创造经济效益和社会效益，在实现企业营利和持续发展的同时，解决贫困问题。该公司的创效项目——"光房计划"，把福利组织、物业组织、学者和志愿者组织起来，联合生产，开展社会创新。"光房计划"的主要做法是：物业投资公司把私人房产以合租方式租给住房困难的单亲家庭，单亲家庭视自己支付能力交纳房租，租金一般会低于市场价格。"光房计划"是香港社会创效投资基金的品牌项目。项目不仅解决了单亲家庭的住房问题，还使这些家庭建立了和谐的、守望相助的邻里关系。在"光房计划"的平台上，福利组织、物业组织、学者和志愿者组织设计各种扶贫项目——食物银行、日用品超市、就业培训和职业介绍等。

5. 社会投资基金

社会投资基金（The RSF Social Investment Fund）代表了一种新的社会金融方式：取得社会和环境目标的同时获得利润回报。社会投资基金为社会企业借贷项目提供抵押贷款、专门为促进社会福利和环境改善设立金融、信贷资金在线服务。自1984年以来，社会金融（RSF）一直对其社区投资者保持100%的回报率。通过这个项目，社会投资基金已经向社会企业投入2亿5000万美元。为促进社会公正，国际劳工组织社会金融项目支持把金融服务拓展到被排斥人群，主要强调两个目标，一是促进更高质量的就业，二是关注贫困工作人群，减少其弱势特征。所谓更高质量的就业是指创造更多的工作岗位，通过创新型金融服务以及有利的政策措施提升就业质量。所谓减少弱势特征是指为贫困工作人群提供适当的风险金融管理服务，包括小额保险等，提升其发展能力。

6. 参与型非营利组织

参与型非营利组织是一种"全新的组织"，"这种组织首先为公共事业服务的，比如运营一所医院，并且不以营利为目的，但是又与传统的非营利组织稍有不同。参与型营利组织可以发行股票，购买这类股票等于向慈善事业捐款，也可以由此享受税收方面的优惠。出售此类股票不用交税，前提是将出售所得全部捐赠给其他慈善事业，比如再次买入其他参与型非营利组织的股票"。"对于做善事的人而言，如果是以传统方式给非营利医院或大学捐款，那么钱捐出去之后就和自己没有关系了，但是如果以购买参与型非营利组织股票的形式捐出资金，那么这个善举和捐赠人之间还会一直维系着关系。购买此类股票的人会对这个组织产生一种心理上的期望，就像普通股东一样。"[①] 参与型非营利组织是对当前非营利组织

---

① ［美］罗伯特·希勒：《金融与好的社会》，束宇译，中信出版社2012年版，第299页。

概念的进一步拓展。

7. 社会经营

社会经营（social business）这一概念由诺贝尔和平奖获得者默罕默德·瑜奴斯（Muhammad Yunus）首创。瑜奴斯将社会经营定义为"经营者的经营活动以造福他人为目的，而不为自己谋利为目的，企业能够自我维持，以其经营收入抵消支出"[①]。他解释道，"社会经营理念的产生其实非常简单：不管我处理经济问题还是社会问题，都试图采用经济的手段。因为我一直坚信：这是解决经济和社会问题的基本途径。遗憾的是，经济学理论中却没有这样的分析视角。但我坚信，经济学应当也将会包含这样的内容"。[②]

瑜奴斯将社会经营视为资本主义的一种新的组织形式。根据我们的理解，瑜奴斯的社会经营理论实际上是当代思想家和实践者在事关人类发展重大问题上的一种有操作意义的探索。即便是社会经营在一定条件下允许营利也获得收益，除了最初的投入部分，经营者是不允许拿走任何利润的。所以，社会经营是一种新型经营。它并不是想终结传统的市场经营活动，而只是想拓宽现有的市场和消费模式，为市场经济增加一个新的尺度，一个新的社会理念而已，也仅仅是对市场机制的一种改良，还不能视为一种市场体制的革命。

自 20 世纪末以来出现的社会创新，就其本质来说，是那些公益领域的拓荒者们为了更好地解决社会问题，使社会组织能够持续、独立发展而引入市场手段的探索和尝试，并在此基础上建立一个理想的"第三部门"或者几十年前的一些美国公益界人士试图建立的"独立部门"。在现实中，他们确实取得了一定的成效，在不同的国别形成了不同的特点和自己的工作模式，创立了一些成功的模式。但就其影响而言还是有限的，还没有出现真正的一些大型企业，例如互联网企业，浸透到人们的日常生活，影响着人们的日常行为，成为人们日常生活的一部分。从理论上看，社会创新还没有真正解决自己创新的理论基础，没有找到用社会的方法来解决社会问题的路径，也就是说，对于社会发展的规律性认识还不够清晰。借

[①] Muhammad Yunus with Karl Weber, *Building Social Business: The New Kind of Capitalism that Serves Humanity's Most Pressing Needs*, Published by Public Affairs, 2011, p. xvii.

[②] Ibid., p. 17.

用市场的方法意味着承认社会发展与经济遵循同样的规律，实际上这是有问题的。既然我们承认市场机制不是与人类社会与生俱来的，是人类社会发展到一定阶段上的产物，那我们就必须承认还会有比社会创新更好的社会发展模式。

第五节　互联网环境下的社会体制：特朗普治下的美国社会体制分析

互联网的出现不仅提升了公共服务效率和社会组织的服务能力，也带来了社会结构的深刻变化。这种深刻变化的社会结构已经触及了行政系统，带来了行政系统的深刻变革。不理解这点也很难理解当前的社会发展和整个世界的趋势。2018年发生的一系列事件，尤其是特朗普发起贸易战成为最大的"黑天鹅"事件。中美贸易冲突引发的问题不仅涉及经济本身，已经蔓延到社会领域，造成了就业、收入等一系列问题。未来，经济问题还会继续向民生领域延伸，对中国的社会政策将产生重大影响。尽管如此，人们对特朗普这个人还缺乏深刻认识，甚至很多人还不理解特朗普在2106年大选中获胜的原因之一是他得到了互联网的支持。

必须深刻认识到，特朗普当选并在美国获得一定数量选民的支持，其背后一定有其社会基础。有人把唐纳德·特朗普视为一只"黑天鹅"，具有不可预见性，也有人用民粹主义来分析他的当选背景。若是仅用传统的认知模式来理解和预测并应对当前的"特朗普"现象，必定还会出现一系列的"黑天鹅"。时代正在发生深刻变化，"黑天鹅"现象的出现并非偶然。事实上，自特朗普上台以来，不论是在美国还是在国际上，"黑天鹅"事件频频出现。

一　特朗普的个体偏好及其特点分析

特朗普的行事风格适应了当代的新媒体趋势。特朗普是一个对新媒体有特殊偏好的人。用他自己的话来描述，是一个"善用媒体，巧妙营销"的人，也是一个在传统治理视野中极不专业的政治家。他在自传中对自己的特点的总结是，善用媒体，还要学会虚张声势，我会想办法激起别人的好奇心。由此可以理解他为什么不时发出自己的"推特"，对一些敏感问题发表评论,即便是当选总统也还是旧习不改。甚至他打破传统的行政规矩,自己直接通过"推特"来宣布人事任命。特朗普作为一名商人,从经商经历中悟出一个道理:好名声比坏名声强,坏名声比没名声强。说白了,争议也能促进销售。他把这个信条运用到总统竞选和执政中来,这纯粹是一种市场媒体的做法。作为一个商人,这似乎可以理解。但作为一个政治家,他的哲学往往是那些中规中矩的公共人物难以做到和不可理喻的。由此可以对特朗普这个人略见一斑。现在人们似乎已经部分地看清了这个人的特点,但面对这只巨大的"灰犀牛",人们似乎束手无策。从传统的历史发展和政治轨迹,特朗普是当今世界最大的"灰犀牛"。

从特朗普的自传中可以看出,他在媒体发展的每个阶段几乎都是那个阶段的弄潮儿。唐纳德·特朗普不仅是一个强悍的商人,也是一个在媒体世界中打拼出来的媒体人,更是一个熟悉互联网和新媒体的商人和政治家,纵观他的个人经历,特朗普参与了电视节目主持,出版了畅销书。他曾因《学徒》节目成为一名红得发紫的电视明星,他的节目成为收视冠军,正如他自己所说的:你能相信吗?像我这样一个房地产界人士竟然变成了一个明星?我永远都不会忘记,我到专为演艺明星们设置的林肯中心去参加杀青晚会。得意之中又露出狂妄。

在现阶段,唐纳德·特朗普是移动媒体、全媒体、多样化媒体和分发渠道多端化媒体这一大格局中的大V和网红。他善于使用互联网,他熟悉社会媒体的客户关系管理(Social Media Customer Relationship Management,CRM)。社交媒体客户关系管理是当今世界发展中的一个较新的经济管理议题,与社交媒体密切相关,也是新商业模式的基础。实事求是地说,新媒体以及社会媒体的客户关系管理是目前众多专家都非常茫然的一个领域。理解了这一点,就会更加接近特朗普这只最初的"黑天鹅"和现在的"灰犀牛"。

唐纳德·特朗普熟知新媒体与当代社会发展的关系,很早就认识到以自我为中心的年青一代的心态。他曾出版过若干本畅销书,在谈到自己的畅销书时,他写道,"在其中一本书的写作过程中,我开始对所谓的'秀出自己'的新态度感兴趣,而这本书似乎已经席卷全国。我认为这种思潮开始于20世纪80年代后期,是和'自我中心'一代的即时满足价值观一起出现的。刚走出大学校门的年轻人就希望能够立刻成功,这种思潮一直持续到90年代,加上科技泡沫和股市繁荣的刺激,它变得更加强大"。作为一个商人、畅销书作家、媒体人，特朗普熟悉现代社会的新思潮，熟悉年轻人，他一直坚持通过参与不同类型的事务，力争能够永远面向新观念、新信息和新机会。"我之所以能够成功，主要是因为我对新观念和潜在的机遇十分敏感。"从这一点可以看出，他拉开了与希拉里之间的距离。

二 美国群体的媒体偏好及其特点分析

有人认为，特朗普的当选不是因为他懂政治，而是他善于使用互联网，话又说回来了，他为什么能够利用互联网，互联网为什么又能够被他利用？互联网的社会基础是什么？是不是互联网已经颠覆了传统意义上的公共选择？或者它是公共传播中最具颠覆性的媒体？这些都是当下需要进一步考虑和研究的问题。

互联网着实改变了传统的公共生态：受众越来越多地转向新媒体，无处不在无时不在的互联网传媒和由其造成的"朋友圈"，加速了在一些重大问题上预期一致性的形成，而这种预期一致性有时偏离了主流媒体的预测，由此可以理解，为什么希拉里对自己的落选耿耿于怀。当然，希拉里意外失利和特朗普意外当选的原因非常复杂，但绝对不能排除人们对于社会媒体认识不足方面的原因。特朗普更关注市场化的媒体运作，而希拉里则热衷于传统公共媒体模式。在总统大选期间，特朗普在"脸书"上的粉丝是1459万人，"推特"为1500万人，希拉里分别占得940万人和110万人，与特朗普完全不在一个层级上。市场化的媒体运作是一种自下而上的模式，传统公共媒体模式是一种自上而下的模式。前者以客户为中心，后者以媒体为中心。而传统媒体与新媒体之间的博弈背后可能还隐含着更深刻的东西，那就是政府治理模式的创新问题。

互联网环境下的市场化媒体运作是一个全新的领域。互联网连接起来的市场、社会是一片全球公地，它将个人、市场、社会生活置于一个新兴的环境生态之中。世界知名博主之一、《Linux》杂志高级主编多克·希尔斯说道，网络作为第二世界，从一开始就在我们所居住的这个物理世界之内、之旁边，然而网络仍然非常年轻。我们需要去理解它，尽管我们也同时在持续打造它，并在它的基础上去建设其他。不管我们对它的理解如何加深，我们都清楚，网络比限制它的任何人、任何事都更大，更加重要。若是我们在这样一个场景中去审视唐纳德·特朗普：

他不时利用自己的"推特"发表言论，视其超出常规也就不足为奇。全球最大、最权威的采购管理、供应管理、物流管理等领域的专业组织，美国供应管理协会（the Institute for Supply Management，ISM）创始人和现任总裁巴顿·高登博格研究发现，2013 年，70% 的美国中年人使用社会网络平台——"脸书"、"领英"，或者"推特"。美国的从业者平均每天用于与社交媒体相关的平台上的时间是 1.2 个小时，其中 61% 的人年龄在 30 岁以下。可以说，社交网络已经成为当代媒体的重要组成部分。另外，网民在网上的浏览痕迹，是可以被大数据进行分析的。一个网民经常访问的网络内容，实际上是他（或她）最关心的问题，对于他（或她）最关心的问题进行精准分析，就可以掌握他们的选择和意愿。据说，在 2016 年的总统大选中，特朗普使用了这种方法来了解民意，并进行精准动员，甚至可以进行网络操纵。在这个意义上，大数据正在成为一种政治工具和社会工具。

哈佛大学博客曼媒体研究中心也从新媒体角度讨论特朗普的当选。有人说特朗普发出的信息非常偏狭、充满固执，也有人指责"脸书"帮助了特朗普的当选。但大家都承认，特朗普在社交媒体上的夸张和极端言辞更具有杀伤力和鲜明的个性特征，更容易引起人们的共鸣。可以想象这样的场景：唐纳德·特朗普早上起床写下自己想要说的话，这个时间大约是全球数亿甚至更多的人陆续起床或者下班后查看自己信息的时间，人们在起床或下班后的第一时间看到了唐纳德·特朗普的言论，有人惊奇，有人赞同，有人反对，不管对与错，总之他的言论的影响产生了，这种影响往往是巨大的，正如他自己说过的，有利于对自己的"营销"。我们还可以想象另外的场景：传统的公共传播——公共部门的工作人员宣布在某个时点举行新闻发布会，这个时间大部分人都在上班或休息，只有等新闻在页面、报纸、电台、电视或朋友圈中传播时人们才能得知，而且只有那些关注新闻的人才会去查看，这是何等不一样的效果！由此就可以更进一步深入理解特朗普这只"黑天鹅"了：他的行为和传统中预期的行为不是处在同样的场景中，人们获得的体验也大大不同。研究唐纳德·特朗普，不仅要研究他本人，更要研究这个世界的互联网效应和这个世界因为互联网而发生的深刻变化。如果我们把当今社会分为线下社会和线上社会的话，特朗普占据了线上和线下两个社会，尤其是线上社会，占据了线上社会，就会影响大多数社会成员。人们也看到，2018 年，有线电视的收视率继续下行。

当个体，尤其是一个对于社会发展有着巨大影响的个体偏好被不断强化时，它对社会产生的影响是必须进行深度分析的。必须从深刻的社会变革入手来理解社会化媒体和媒体社会化，尤其是大数据的广泛应用带来的深刻社会变革。我们将之称为千年未有之大变局并不为过。理解这个千年未有之大变局不仅需要智慧，也需要知识，尤其是互联网和大数据分析的技术，或者相关的思维方式，我们将其称为数据思维。数据思维将是新时代认识社会和经济发展的基本思维方式，缺乏这样的思维方式我们将无法准确把握世界。事实上，隐藏在互联网背后的数据基本上非干预数据，具有更大的真实性，这是相对问卷调查来说的。面对复杂的、海量的在线数据，通过统计物理、人工智能、数理统计、机器学习来获取和分析这些数据，会使社会行为的分析更加量化和客观。这种分析范式会成为个案分析、问卷调查之后的新的研究范式。在在线数据背后观察人类行为无疑是会更加准确的，只是我们将面临着研究伦理问题。

唐纳德·特朗普的各种"不规范"行为是不是个性使然，现在作出判断还为时过早。他本人的行为能够得到美国社会相当一部分人的认可，这就需要进一步分析互联网社会的变化及其带来的影响，等等，将这些因素联系起来的话，可能是一幅社会变迁的新画卷。面对这只"黑天鹅"，面对这头"灰犀牛"，传统意义上的社会学、政治学需要穿越传统意义上的面纱，与互联网、大数据等实验科学联手进行深度研究。在这个意义上我们可以说，社会学和人类学同样面临百年未有之大变局。

从发达国家和地区在一定的经济发展阶段开始把发展成果由经济和市场领域溢出，进入公共领域来满足人们对公共服务的需求，到随着公共服务需求的扩张带来的社会组织扩张，我们看到了这类国家和地区社会关系模式的基础。在这部分中，我们通过印度展现了被梁漱溟先生称之为历史上最早的三个文明古国之一的社会关系模式，尽管历史悠久，某些因素根深蒂固，在现代经济冲击下，印度社会正在发生着深刻变化：生产力决定生产关系，经济基础决定上层建筑这个马克思主义的基本原理揭示了人类社会发展的普遍规律。工业化和城市化带来基本公共服务体系的建设和社会组织的发展，构成现代社会的基本构架。从整个人类社会来说，工业化和城市化已经有数百年历史，这数百年，人口剧增、技术进步、生活品质提升等制度环境发生了深刻变化，创新公共服务供给方式和社会组织的组织方式成为新趋势。互联网的出现，尤其是移动互联网的出现，带来了社会结构的深刻变革，已经影响到行政系统的运行。这些国家的历史和经验告诉我们，社会体制通过经济发展的阶段性特征、利益格局、公共空间、社会空间、人文生态、文化传统、价值取向表现出来。社会关系模式是形形色色和显而易见的，社会体制则是其背后的东西。

第八章 社会体制的创新环境

研究社会体制改革创新不仅要着眼于历史和国际，还要分析当前正在发生变化的经济技术、社会和行政体制等环境因素，否则，就难以分析与之相适应的配套政策和整体规划。因为影响社会体制改革创新的不仅仅是那些在历史上形成的长时段的因素，正如我们在上一章中阐述的，还有一些新形成的因素，诸如技术革命带来的深刻变化。尤其研究社会体制改革创新在当代一点都不能摆脱技术进步，特别是互联网、大数据和人工智能的深刻影响。

当前，要深刻认识中国及全球经济社会发展的历史阶段及其特点，尤其是技术创新带来的社会结构变化、人类行为方式改变以及社会互动模式转型。只有把握住这些，才能抓住社会发展的趋势。为深入研究社会体制改革的配套设计，必须研究与社会体制相关的技术环境、政府创新、政府决策模式等新情况新问题。技术环境变化带来了社会结构的变化，政府创新改变了民生和社会治理方式，改变了人们的生活方式，政府决策模式改变导致社会政策制定过程的创新，为此，我们在本章中专门对互联网给社会带来的影响、政府在互联网环境下的创新等问题进行深入分析研究，这是我们研究社会体制改革配套设计的基本环节。

第一节 互联网环境下的当代社会结构变迁

一 技术创新与社会组织发展

（一）社会媒体化和媒体社会化

社会媒体化和媒体社会化是当代社会发展的基本特点之一。社会成员之间产生的信息及其信息网络已经成为经济活动的脉络。借助网络，社会成员从来没有像现在这样拥有对问题解决的参与热情和治理能力，政府有责任视这些信息和网络为国家财富和社会财富，并因势利导，充分动员，合理使用。互联网的媒体化特征主要表现在，"互联网是一种内在的主动参与媒体（而不是像电视那样的被动参与媒体），它能为很多人提供社交化体验。交互性娱乐本身就是一个矛盾修饰的表达，人们在网络活动中获得的价值正是源自积极的沟通、交流和组成人际关系圈子等行为"。[①] 截至 2017 年底，全球 50 多亿人口被移动互联服务覆盖，未来几年内这个规模将不断发展，达到新的水平。预计到 2025 年，全球独立的移动用户数量将达到 59 亿，达到全球人口的 71%。当然，移动互联网在发达国家正在趋于饱和，增速在逐步放缓。未来，引动互联的增长机会多形成于发展中国家，诸如中国、印度、巴基斯坦、东南亚等国家，以及非洲地区。

社会媒体正在跨越式发展并不断突破现有的界限。例如，短视频激烈参与并争夺在线视频市场，已经迅速发展成为仅次于即时通信的第二大行业。移动购物行业借助用户下沉的机会和通过社交媒体来推动新一轮增长。2018 年，中国金融支付行业用户人数已经突破了 8 亿人，仅次于移动视频、移动购物、移动社交、系统工具行业。社交裂变正在不断扩大用户规模，微信小程序创新了社交裂变的方式。2018 年，拼多多、趣头条作为社交裂变增长的典型代表引起互联网业内的空前关注。诞生于微信生态环境中的微信小程序，内含与生俱来的社交裂变"基因"，既裂变出新的营销载体，也拓展出一系列新玩法，吸引了更多的人参与其中。

中国的互联网用户已经超过了人口的 50%，必须研究这个 50% 以上的人口结构和社会结构以及它对社会组织的影响。2017 年春节，国人在除夕夜发放了 142 亿个红包，抢红包成了春节的一个重要活动，比猴年增长了 76%，大大改变了习俗与习惯，以及人与人关系的模式。技术和文化进步必然会带来社会组织自身的革命，不管人们是否认识到，这都是个不可逆转的过程。还有，过去几年里，抖音成为人们最为关注的手机软件，也是青年人的最爱，日活跃量已经达到两亿多人。它也成为各级政府部门传播政策的重要手段之一，2019 年春节前后，中央国家机关的一些部门利用"抖音"拜年，宣传部门政策，介绍部门职能，等等，尽管一些领导干部的表达方式还有待进一步提高，但他们的做法已经向人们展

[①] [美] B. 约瑟夫·派恩、詹姆斯·H. 吉尔摩：《体验经济》，毕崇毅译，机械工业出版社 2016 年版，第 41 页。

示，社交媒体不仅推动了媒体社会化，而且大大推动了政府社会治理的社会化、智能化、扁平化、生活化。碎片化阅读是网络时代养成的习惯，抖音的"短小化"迎合了网络环境下网民们的这种习惯。当然，就抖音这项文化形式本身而言，也存在争议和有待进一步探索的地方。

（二）"在线"：一种基本的社会互动方式

在线互动成为当代信息化的基本特征之一。"在线"已经成为当代社会关系和社会结构的重要特征，它创造了一种新的社会组织形态。互联网塑造了网上的在线行动。正如阿里巴巴的首席技术官王坚说的，"我们原本处于一个离线的世界，在本质上，装置是离线的，物件是离线的，人也是离线的。传统的计算技术把物理的离线世界变成了数字化的离线世界。互联网技术把离线变成了在线，而后者给人类社会带来的变化说不定会超过人类第一次使用火。"[①] 能不能把在线与人类第一次使用火等同还不敢说，但在线肯定是人类技术史上和社会发展史上的一场深刻革命。大数据不是一个更大的硬盘和服务器系统，而是把现有的数据平台互联起来，形成一个在线的巨型数据系统和运算体系。这其中涉及打破现有利益格局，建立各个部门、地区、行业、单位之间的信息共享的机制，以及信息安全制度。把千千万万个社会组织通过在线联合起来，将产生巨大的社会服务能力。当然，这需要建设和发展组织各类社会力量的平台。不同的平台产生不同的公共空间和社会空间。就知识界来说，改革开放四十多年，不同的平台造就了不同的公共空间，形成了不同类型的知识分子群体：第一阶段是纸质媒体和BBS造就的知识分子；第二阶段则是由微博培育的知识分子或者叫作公共知识分子；第三阶段是自媒体造就的一批人。他们活跃在不同的知识空间。这三个阶段都是由于技术平台的变化造成的不同的公共空间。公共利益通过这些公共空间得以表达。这是一种新型的公共空间和社会空间，忽视了这一点，就不容易理解我们所处时代的基本特征。

二 技术进步中生成新型社会组织

（一）虚拟现实与社会分享

互联网对不同的年龄段的人群会有不同的意义，年青一代更喜欢虚拟

[①] 王坚：《在线：数据改变商业本质，计算重塑经济未来》，中信出版集团2016年版，第40页。

现实。研究发现，城乡网民中各个年龄段的网民使用互联网主要分布在10—49岁的人群之间，尤其是10—19岁、20—29岁和30—39岁这几个年龄段。在互联网环境中成长起来的年青一代，对现实世界有虚拟感，对虚拟世界有现实感。两个在网上聊天聊得很好的人，见了面反而无话可说，反之亦然，因为他们自出生就生活在互联网世界，形成了新的接触和交流习惯。

人们通过网络环境进行各种分享——信息、服务，乃至物品，网络环境将成为人们社会交往的最主要的形式之一，甚至对年青一代来说，网络环境会成为真正的现实，因为他们感知的习惯改变了。"作为一款炫酷的娱乐设备进入人们的视野后，VR将大大改革世界人民交互的方式，它对人类的多种体验所带来的影响怎么夸张都不为过。为什么？因为虚拟现实在接下来的几年将成为'现实生活'有趣且实用的补充，但随着大量的资本和注意力倾入这个产业，与之相关的技术也将继续发展。"[1] 据有关统计，到2016年底，全球有47%的人口接入互联网，到2018年全球互联网普及率将达到51%。2016年，我国网民已经突破7亿人。随着互联网技术的进步和智能社会的发展，社会组织面对的社会人群及其交往方式将会和正在发生巨大变化。网民接入互联网的主要场所是在家里，2014年12月和2015年6月分别占90.7%和90.4%，其次是在单位，分别是31.1%和33.7%，再次是公共场所，分别是18.0%和18.8%。网民们接入Wi-Fi的情况也大致如此。截至2018年底，中国拥有移动手机的人口接近10亿，由此形成的大数据也将是世界上最多的。随着宽带和移动互联的普及，人们接入互联网的方式将发生变化。就目前而言，大部分网民是利用闲暇时间使用互联网的，更多的是用于社交活动，获取信息，阅读新闻，互联网的社交媒体性质和作用也由此窥见一斑。也有一些机构，通过微信系统基本实现了互联网办公，各地各部门的情况也不平衡。

（二）"朋友圈"：一种非正式的社会组织

由于社交媒体的发展，社会和经济之间的交融从来没有像今天这样密切。"微信"的发展已经超出社交应用，进入平台级别的入口，成为新媒体中的佼佼者。"微信"成为人们了解时事，掌握新知识、新思想和学术

---

[1] ［美］斯凯·奈特：《虚拟现实：下一个产业浪潮之巅》，仙颜信息技术译，中国人民大学出版社2016年版，第127页。

动态的重要渠道，也是思想交流和碰撞的平台。2016年"微信"公众平台文章每天阅读超过30亿人次，25%的"微信"用户每天打开30次，55.2%的用户每天打开10次。我国媒体经历了初期的天涯社区到方兴未艾的移动社交应用的发展，短短10年已经发生了天翻地覆的变化。2018年，中国四线及以下城市中的城镇年轻人的规模达2.56亿，他们的线上消费能力在整体上远远高于其他网民。

无处不在无时不在的互联网传媒和由其组成的"朋友圈"，加速了在一些重大问题上的预期一致性。不过，"社交媒体属于短形式的介质，其共振信息被放大许多倍。最好的时候，它可关注信息，并向人们展示不同的观点。而在最糟糕的时候，它会过度的简化重要主题，并将我们推向极端"。[1] 要关注媒体的定向推介，它会对人们的思想观念产生重大影响。对于社交媒体的正面作用要肯定，但其负面影响也要考虑，如对自媒体中的虚假事实和谣言的管控，必须建立起监督机制和追责机制，及早加以规范，这种规范来自国家的法律法规，也来自全体人民的自律。

（三）新生代典型的社会特征影响其行为

新生代是数字原居民，专心与社交媒体打交道，是社交媒体的爱好者。只有对这类人的群体特征通过其在线数据进行分析，才能详细把握他们的特点，或者是在线分析和线下分析有机结合起来，探索一种新的分析方法。当前，这会涉及个人的隐私等有关法律问题，必须完善相关法律法规。"我们可以连续数年监测整个社会组织——小群体、公司和整个社区。方法很简单：通过收集手机、社交媒体上的帖子和信用卡交易记录等数字痕迹来进行检测。"[2] 借助互联网环境，跟踪会成为未来的重要趋势。公司、政府、社会组织可以通过用户服务的大数据对用户进行跟踪。一个硬币有两面：一方面带来了个人隐私问题，另一方面也带来了服务的便利性问题。

在互联网和智能手机的广泛应用过程中，居民对公共服务的个性化需求越来越凸显和越来越迫切，传统的公共服务供给模式将难以为继，必须借助数字技术来满足日益增长的个性化的居民公共服务需求。所以，社会

---

[1] Lizyjieshu：《扎克伯格发6千字长文，谈Facebook未来愿景和世界该有的样子》，《大数据文摘》2017年2月18日。

[2] [美]阿莱克斯·彭特兰：《智慧社会：大数据与社会物理学》，汪小帆等译，浙江人民出版社2015年版，第12页。

组织创新意味着使用数字技术来提升服务效率,通过数字和网络把个性化服务需求计算出来,借助网络化和数字化来生产多种多样的产品,产生全新的服务体验。

这里还要特别提到智能空间问题,由于互联技术的不断进步,越来越多的单个技术和单个个体从孤岛中走出来,以协作的方式创建交互空间,例如智能城市、智能社区、智能组织,在这些自组织形式内部,单个个体是可以形成便利的社区、社会、组织内部的协作关系的。因此智能空间,在其组织内部具有开放性、连通性、协调性、智能性。智能社区会通过其成员的互动再造社区组织方式,人们可以通过社区在线活动讨论有关社区活动和解决社区问题,进而开展面对面的交流和互动,进一步加深社区成员之间的交流与互动。

三 社会组织服务方式创新

(一)丰富体验色彩的服务项目

社会服务如何适应新时代和新生代对于"体验"的要求是一个不能忽视的问题,它要求社会服务组织和个人熟悉网络环境,并具备线上分析问题的能力。经济社会越来越朝着体验方向升级,"随着世界越来越融入体验经济时代,原来可以通过非经济活动获得的很多体验将会逐渐出现在商业领域中,这就必然带来巨大的改变。换句话说,以前我们可以免费获得的东西,现在要付费才能体验到了"[①]。在这里,经济与社会的界限变得越来越模糊。例如,家庭内部是人类精神的"避风港",但是家庭也会出现成员关系紧张等问题,也会给人们带来巨大的心理压力,造成一系列的心理问题,甚至矛盾和冲突。历史上,家族和社区会对家庭关系有调节作用,在当代,社会中出现了精神导师,诸如社工师等,正如有人所说的是"灵魂的个人培训师",他们可以对家庭关系进行调节,这些"灵魂的个人培训师"可以通过社会组织进行,也可以通过企业提供,关键是视服务对象而定。我国正在积极推进群团组织改革,试图发挥类似妇联等组织在家庭结构调节中的作用,甚至"共青团+社工+志愿者"正在作为一种工作模式,还有社区的以及社区社会组织的作用,等等。未来,商业化

---

① [美] B. 约瑟夫·派恩、詹姆斯·H. 吉尔摩:《体验经济》,毕崇毅译,机械工业出版社 2016 年版,第 194 页。

的"灵魂的个人培训师"也许会与群团、社区和社区社会组织一道在一个领域中工作。这实际上是通过组织方式来弥补家庭和社区的社会性缺失带来的问题的一种方式。未来，体验会通过各种各样的方式出现在人们的生活中。在组织方式和治理模式上，如何通过这类服务和服务组织来实现对社会的治理，需要深入研究和积极探索。

（二）数字鸿沟

数字鸿沟是指由于年龄、收入、地域分布等原因造成的不同群体之间接触和使用互联网的能力差异。互联网普及、社交和移动媒体在世界范围内快速扩张。从全球来看，我国的互联网的应用是走在前列的。我国属于后发国家，后发优势在互联网领域得到了很好的体现。我国有条件在新经济业态、政府改革创新、社会组织服务方式创新等方面有自己的后发优势，在经济结构调整和社会结构变迁方面有所创新。当然，这也需要政府和全体人民有深刻的认识。消除数字鸿沟是其中一项十分重要的任务。社会上有一部分人，尤其是老年人，不能适应数字技术的发展，有些人被甩到了数字群体之外，社会上正在形成巨大的数字鸿沟，需要社会组织和志愿者参与到这个领域中来，消除数字鸿沟，推动社会协调发展。人们经常讨论的一个例子就是网银等支付手段的使用，网银和微信支付是绝大多数年轻人的消费习惯，但是一部分老年人使用起来有一定困难，尤其是银行储蓄。

我国手机网络即时通信、手机网络搜索、手机网络新闻、手机网络音乐和手机网络视频都达到了手机网民用户的 91.0%。可能是操作技术的原因，手机网络炒股或炒基金、手机网络论坛（BBS）、手机网购和手机网络邮件的占比还不高。手机网络游戏、手机网络文学会受到个人偏好的影响。手机网络支付与年龄和操作能力有关。就像 20 世纪 60 年代，电视成为公民交流的主要媒介，那个时候，电视机是稀缺物品，一台电视机下可能围坐着社区、单位、组织机构的数十人甚至更多的人，人们在收看电视的同时，也满足了社交的需求。社交媒体正在 21 世纪承担起同样的角色。在支付等商业活动上开展数字鸿沟填平运动，就应当像 20世纪 50 年代开展的扫盲运动一样，成为一场社会运动。数字社会一个都不能少。

（三）社会组织新阶段

就经济社会发展和互联网应用来说，我国社会组织处于一个全新的发展阶段，已具备了在更大范围内推动社会组织创新的可能性，就像阿里巴巴在互联网应用方面的努力一样。与其他国家比较，我国是互联网应用发展较快的国家。2018年，中国的移动互联网月度活跃智能设备增至11.3亿，规模巨大，全年净增4600万。引动互联确实是一个快速发展的领域。早在2016年，根据《2016年我国互联网络发展状况统计报告》，我国居民在线通信人数达到60626万人，网民使用率达到90.8%，其他在线交流的形式包括"网络新闻"、"搜索引擎"、"网络音乐"、"博客/个人空间"、"网络视频"、"网络游戏"、"网络购物"、"网络支付"等网民的使用率都超过50%，从另外一个角度看，"论坛BBS"、"电子邮件"和"微博客"网民则呈下降趋势，说明"离线"的人在减少，"在线"的人在增加，"在线"成为未来互联网发展的趋势，这意味着大数据将越来越成为可能。当然，"在线"互动程度和水平，取决于人们对各类交流方式使用的熟练程度。在互联网应用上，我国涌现出了一批世界级企业，诸如阿里巴巴、腾讯公司等，我国也有条件推动产生一批世界性的社会组织，在推动公益事业、开展扶贫济困等方面发挥着独特作用。在这个跨界发展的时代，要永远保持对新事物的兴趣和想象力才能发现新兴部门的兴起。

第二节　互联网环境下的公共部门

一　政府治理与国家治理的新阶段

（一）政府治理现代化

政府治理环境的变化必然会推动社会领域的发展和创新，这里也包括理论创新。政府治理理论的创新取决于对政府治理现代化的理解和认识。本书中把政府治理现代化定义为政府履行职责的能力不断提升、效率不断提高、成本不断降低和官员公共精神不断得到培育的过程；在这个过程中，政府的履职能力在数据化、精准化的基础上适应现代经济社会发展的要求，满足人民群众的获得感；通过使用新技术、新型服务模式、新型治理模式满足人民群众日益多样化的发展需求，并获得全新的体验。与传统的政府治理不同，政府治理现代化利用互联网技术与居民、企业连接和媒合成一个双向互动模式，并使社会资源动员方式发生质的变化。"随着我们从部落、城市到国家的巨大飞跃，我们总是需要建立社会基础设施，比如社区、媒体以及政府等,以支持我们茁壮成长,并进入下个层次。"①在当代互联网已成为人们生活的重要组成部分,就像教育、医疗成为日常生活不可或缺的内容一样,甚至也可将其视为基本公共服务体系的一部分。

在社会主义现代化总体布局中,经济建设的水平与质量有赖于政府与市场关系的明确界定和政府的宏观调控能力的提升;在政治建设中,政府履职能力和效率极为关键;文化建设离不开政府的公共财政投入和政府对文化产业的布局,而且政府本身就是一种文化,其公共精神和公务员的行为直接影响社会价值体系;社会建设,无论是完善公共服务体系,还是创新社会治理,都是政府的重要职能;环境保护必须有市场的参与。

全面建成小康社会和建设社会主义现代化国家必须完善现代国家制度,提升国家治理能力和水平。在现代国家制度建设过程中,政府自身改革和建设十分重要。经济社会持续稳定发展离不开政府的改革创新。推进政府治理现代化是当前全面深化改革进程中一项重要的工作。这几年,各级政府的信息化水平不断提高,截至2016年,全国政务微信公众号数量已经达到十多万个,各级政府的政务微信普及率在30%—60%之间,发展态势呈大范围、多层级趋势,且必将随着中央政府的统一部署和国家统一数据平台的建设得到更加快速的发展。2017年,中国电子政务市场规模2722亿元,同比增长16%,电子政务在中国未来有着广阔的发展前景。这些,都在呼唤政府治理理论的创新。

(二) 互联网的广泛运用推动政府变革

提高政府机构工作效率、服务水平和履行职责的能力,解决个别官员不作为、乱作为和提升基层居民的获得感等问题,政府要学习和借鉴商业平台的成功经验,适应社会媒体化和媒体社会化这一新趋势,在互联网、大数据和云计算的基础上建立和完善政府组织与企业组织和社会组织、官员和居民的互动机制,探索建设网络政府、平台型政府和"政府—公众朋友圈"等新的组织形态,实现政府流程再造,提升政府服务和治理现代化水平,让处于互联网环境中的居民和企业在一种全新体验中享受基本公共服务和其他服务,让公务人员与人民群众在新型关系中享受全新体验。互

---

① Lizyjieshu:《扎克伯格发6千字长文,谈Facebook未来愿景和世界该有的样子》,《大数据文摘》2017年2月18日。

联网，尤其是社交网络的迅速发展和广泛应用，当代社会语境里在相当大的程度上重新定义了媒体的自主性这一重大时代课题。网络的便利性可以使公共问题提出者无须花费很多时间，就能够掌握反应迅速的沟通渠道。政府可以通过互联网发现公共议题，通过网络环境与社会沟通解决问题，这在当下已经不是什么问题。

党中央、国务院高度重视互联网在资源配置中的作用，2017年，中办、国办印发了《关于创新政府配置资源方式的指导意见》（以下简称《意见》），其中要求，"整合分散设立的各类公共资源交易平台，立足公共服务职能定位，完善管理规则，优化市场环境，着力构建规则统一、公开透明、服务高效、监督规范的公共资源交易平台体系。依托大数据、云计算等信息技术，加快推进交易全过程电子化，实现交易全流程公开透明和信息共享"[①]。这样的交易平台，一方面要求政府加强监管，另一方面又需要优化市场机制。《意见》提出的要求，既抓住了当代信息技术发展的趋势，也指出了当前我国信息技术发展进程中存在的问题的解决方向。按照中办、国办的要求，必须加速完善全国统一的市场体系，提高资源的配置效率，强化全国范围内的市场监管和基本公共服务配置，使政府的职能得到更加完美的履行，市场的效率不断提高，人民群众多样化、高水平的要求不断得到满足。政府治理理论的现代化就是要对政府治理现代化进程及其问题进行诠释和分析，并期待对政府未来的建设提出预见性的学说，充分发挥理论穿透力和解释力的优势。但是我们也看到，由于部门分割、财政体制、技术门槛等原因，党中央、国务院提出的"整合分散设立的各类公共资源交易平台"的任务与预期还有一定的距离，即便有些地区探索的"多网融合"也仅仅是几个或若干平台的链接，还谈不上与整个互联网环境的在线整合，尤其是在大数据和云计算的基础上来推进工作。

二　政府治理的新理论

（一）互联网赋予公共服务外部性和政府治理理论以新的内涵

1. 外部性的新解释

公共服务理论认为，提供公共服务是政府的基本责任和职能，因为公

---

① 中办、国办印发《关于创新政府配置资源方式的指导意见》新华社，2017年1月12日，http://www.gov.cn/zhengce/2017-01/11/content_5159007.htm。

共物品具有外部性（如路灯、灯塔，任何人都是可以使用的）。这是公共服务理论的基本观点，也是政府基本公共服务体系建设和税收理论的基础。以往，人们利用这些理论成功地解释了公共物品的提供，为基本公共服务体系建设提供了理论支持。

在互联网发展过程中，一些网络平台，诸如百度、谷歌尽管是私人公司创办的，但任何人都可以到网上免费搜索。拥有数亿用户的"微信"也是免费提供的，在中国甚至成为人们交流的主要方式。由此要问，在这些领域，公共与私人公共服务的边界在哪里？谷歌、百度以及"微信"为什么可以具有外部性？当然，谷歌和百度赖以定位的 GPS 系统是由政府提供的，它最早由美国军方开发和军方自己使用，后来对民间开放。互联网最初也是美国军方内部的通信和计算系统，政府和军方的外部性溢出成就了谷歌的定位功能。"微信"中形成的社交群体，人们通常视为社会组织形态。通过它，人们之间互换信息，提供服务，也呈现出了外部性。互联网的某些领域，政府、企业和社会的边界不是变得清晰了，而是模糊了。在这种模糊事实基础上，重新界定它们之间的职能和关系预示着公共服务理论将发生革命性的创新。

"羊毛出在猪身上"是人们对谷歌、百度等平台外部性的一种解释，也就是说，网络平台免费点击的最终付费者是相关公司，相关公司根据自己相关广告项目点击的次数付费。是修正传统的外部性理论还是重新界定外部性？这是一个重大的理论问题。百度搜索等是一种新的商业模式，也是一种新的公共服务的交易模式。现实中也曾发生这样的情况，个别网络公司为了提高自己的利润不惜暗设软件，实现自动点击，让广告客户付出巨额利润，对此，必须加强政府监管，加快建设全社会的信誉体系。互联网的出现不是削弱了政府职能，而是要在监管领域加强政府职能，加强全社会的责任意识和诚信意识。国家治理体系和治理能力现代化呼唤着政府治理理论现代化。

2. 基本公共服务的新内容

利用现代技术推动社会变革与创新，公共服务的供给方式要更能适应居民的需求，有研究发现，近年来大学生村官深入基层，把自己掌握的互联网技术带到农村，带动了农村网络交易这一新的商业模式的发展，网络商业盘活农民生产的产品，带动了农民致富。这项研究说明，有村官的村庄的电商人数高出无村官村庄 7.6%。由此可以联想到 20 世纪 80 年代和

90年代，小城镇的星罗棋布，带动了农村经济的发展，农民生产出来的产品，通过小城镇转销了出去，实现了农村经济的繁荣。互联网的出现，使农村发展、农民致富站在一个新的历史起点上，它甚至挑战传统的城镇体系，从另一个角度表明，把互联网作为一种基本公共服务和社会基础设施提供已经成为当代政府建设的重要内容之一，这将大大提升基本公共服务和公共服务的效率和效益，改变政府公共服务的供给方式，推动政府变革。从简单有限和单一的公共服务供给制度到复杂多元的公共服务供给制度将是公共服务供给理论的重大突破。

3. 从售货机式政府到平台型政府

在我国，各地积极探索使用互联网来提升政府公共服务的效率和创新公共服务的供给方式。杭州市区域卫生信息平台既包括原先的信息平台，也将其他信息平台整合进来，还考虑了各级行政系统的特点，把各区的系统也整合进来，形成一个本系统的统一平台，同时把市民卡接口媒合进来，在技术和体制上实现了突破。

北京市作为首都，网络基础设施建设在全国范围内都处于领先地位，根据工信部数据，截至2017年9月末，北京市光纤接入（FTTH/O）用户占比92.6%，排名全国第二；4G基站数量4.1万个，3G基站数量2.7万个；无线接入点：23.5万个，TD-LTE专网：5环覆盖；互联网普及率：76.5%，全国第一，2016年末，移动电话普及率178.3%，高出全国水平82.1%，固定电话普及率32.0%，高出全国水平17个百分点。另外，北京市拥有庞大的互联网用户群体：截至2016年末，互联网宽带接入用户525.4万户，4G用户数2646.9万，3G用户数408.2万，互联网上网人数：1690万，手机网民数：1412万。

目前北京市政府有两条政务专网，一条有线专网，一条无线专网。

有线专网，采用"BOT"模式建设运维，目前已接入市级政务部门和相关企事业单位近700家，区县级政务部门近8000家，城域光缆网总规模超过2700千米。目前，北京市电子政务网根据业务需求分为政务内网和政务外网。政务内网主要满足党委、人大、政府、政协、法院、检察院在管理、协调、监督、决策及内部办公过程中的信息传输需要，目前已接入11套业务虚拟网，736家接入单位。政务外网是相对开放的多种政务应用系统的支撑平台，主要满足各级政务部门内部办公、经济调节、市场监管、社会管理、公共服务等业务的需要。目前已接入132套业务虚拟专网、8160家单位横向纵向业务系统。其中横向系统如市党政机关、无纸化办公互联审批传输系统和北京市应急视频系统。纵向系统如劳社部门、质监部门的办公系统等。

无线专网（800M），实行由市政府控制、企业运作，政府集中购买服务的运行模式。其中包含8部交换机，370个基站，251套室内分布系统，利用应急卫星网络构建移动基站11套，百兆宽带用户占比超过50%，可接纳用户容量99040个。已覆盖城区、郊区平原、重要旅游景区、地铁内，重要建筑物室内（机场、火车站、大型竞赛场馆等），能够在900多个公共场所实现免费无线上网，是目前全球最大的城市级集群通信网。

国外的一些学者把政府治理比作一个自动售货机（vending machine）：公众纳税（投币），政府提供公共服务（出货），若是公众得不到满意的服务，一些居民就会对此抱怨，甚至发起抗议——"摇晃自动售货机"，这或许就是人们称之为传统意义上的服务型政府。网络技术的出现把政府单向提公共服务变成双向，甚至N向互动——集体合作和共同参与取代集体抱怨。在自动售货模式中，一切服务清单是事先确定的——政府把有限的服务放进售货机，居民对服务选择也是有限的。传统的公共服务通常是居民在自己生活的社区内获得或得到提供的，平台型政府建设将改变这一供需模式。自2009年至今，政府已经投入数万亿人民币于医疗卫生体制改革，这也是纳税人投入的货币，但是人民群众依然得不到满意的医疗卫生服务，这其中的原因很多，也很复杂，其中包括医疗资源配置不合理等，不可忽视的是，技术因素在一定意义上影响了医疗卫生体制的改革。眼下很多医疗机构内部的信息系统建设得非常全面、系统、精确，但各个医院、各个部门、各个地区之间的信息是封闭的，形成了各自的信息孤岛，医疗资源不能最佳地得到配置和使用。"在一定程度上，政府是自愿协作的一种形式，是人们选择的用来实现某些目标的一种途径；之所以选择政府，是因为他们认为政府是实现那些目标最有效的途径。"[1] 平台型政府就是要推动这些部门和机构之间的协同发展。随着经济社会环境的变化，绝大多数社会中的政府都会发生相应的变化。

互联网改变了基本公共服务的内容以及政府提供公共服务的模式，这是社会发展的必然结果。社会是人类创造出来的，互联网也是人类创造出

---

[1] [美]米尔顿·弗里德曼：《自由选择》，张琦译，机械工业出版社2008年版，第26页。

来的。只要愿意，人们完全可以按照自己的意愿和协作的原则在互联网、在线数据和计算的基础上组织政府公共服务和社会治理以及其他活动，去建设一个在更大程度上满足人们需求的社会，一个使政府更有效率的社会，在这样的社会中，政府更容易去实现现代化目标。

人类已经进入了一个新的时代，这就是信息时代。信息时代需要对新的基本公共服务体系给予考量。历史上的农业社会里几乎没有什么完整的社会保障体系，家庭在各类保障中发挥了主要作用；到了工业社会才有现代意义上的社会保障体系建设。在信息时代必须用全新的视角来考虑基本公共服务问题。工业时代，政府把基本公共服务，包括养老、医疗、失业、生育、工伤等纳入社会保障体系，并把教育等纳入公共服务体系中，承担起政府责任。在信息社会，政府应当把互联网作为一种基本公共服务向全民提供。因为工业社会改变了人们的家庭结构，改变了人们的生活方式，改变了人们的居住方式，把社会保障赖以存在的社会结构打破了，所以才出现了现代意义上的社会保障。信息社会也改变了生产方式、生活方式、交流方式，信息和互联网成为人们的生存手段，甚至是基本的生存手段。所以，必须把它们作为一种基本人权和社会权利来加以保护。

把互联网纳入基本公共服务体系极具战略意义，尤其在当前，各个国家围绕着未来的工业布局，特别是像德国的工业4.0，或者是我们中国的2025制造来布局，这样，互联网就极有必要成为一种发展性的基本公共服务面向全体居民。把互联网作为一种基本公共服务，向居民提供，对提升国家的竞争力至关重要，它是一种战略性基本公共服务。所有的基本公共服务都在链接互联网，诸如教育、医疗、社会保障、社会服务、残疾人服务、住房等，为什么使用它的人不能对其享有基本权利呢？还有，从传统意义上的基本矛盾，即满足人民对物质文化的需要与落后的生产力之间的矛盾，到人民群众对美好生活的需要与发展的不平衡不充分之间的矛盾这一历史转变意味着必须从提升民生品质考虑基本的内涵提升问题。

从这个意义上考虑互联网基本公共服务的主要内容，那么什么样的内容应该纳入基本公共服务？目前来看，包括所有人使用的移动宽带、老年人培训，或者是那些没有能力使用移动互联网的人群的培训，以及专门为老年人服务的移动设备，这些都应该纳入基本公共服务的领域中来。移动宽带和培训使用作为基本公共品向那些需要的人提供；把适应老年人群需要的仪器设备作为一种制度安排，制定相应的标准和政策。要根据信息时代技术的发展，以及未来生物技术发展来重新设计一个基本公共服务的图谱，这个图谱既包括工业社会遗留下来的基本公共服务的内容，也要考虑在信息化环境下，人们的社会权利、基本权利的实现所需要的技术支持，这样才能够把基本公共服务体系完善起来，使其面向未来。

(二) 国家能力数据化和市场机制优化

1. 数字成为国家能力

国家治理能力受制于政府的履职能力和工作效率，而政府的履职效率在当代取决于它对技术的使用能力和水平。推进国家治理体系和治理能力现代化只有借助于新技术，满足新技术环境下的社会需求才能实现。政府适应经济社会变革的能力，是国家能力的重要体现。"灵活行动的能力，即介入、撤出、改革或放弃的能力，是国家能力的核心。"[1] 如何使政府更加灵活？就是要它能够适时介入、撤出、改革和放弃，要实现这些目标，必须建立灵敏的互动和反馈系统。将互联网、在线数据和云计算引入国家决策和政策执行，对政府介入公共服务和社会治理非常重要。互联网、在线数据和云计算是重要的权力源，"当国家与其他独立的权力源协同运转时，理性行动的国家能力会被增强而不是削弱"[2]。国家制度与互联网技术的有机结合将大大提升国家能力。

案例分析 8-1：大数据视野中的养老资源分布不均衡

关键词：养老院　公办养老院　民办养老院

在养老资源分布上，对于民众来说，"公立住不上，民营住不起"。是民众反映比较普遍的问题，而根据实际的调研，在北京，养老机构的床位空置率在40%左右，资源并没有那么紧缺，但同时存在"一床难求"的情况。当前，政府应该更加注重平衡公立养老院与私立养老院的资源，真正做到老有所养。

痛点问题：养老专业护理人员短缺

关键词：虐待　护理人员　孤老院　心理慰藉

养老机构工作的人员结构，普遍的问题是工作人员少，且缺乏专业知

---

[1] [美] 约翰·A. 霍尔、G. 约翰·艾坎伯雷：《国家》，施雪华译，吉林人民出版社2007年版，第141页。

[2] 同上书，第140页。

识，工资水平低，护理专业技术培训仅仅局限于初级培训。同时，受我国传统思维的影响，养老院在人们的观念当中一直被认为是"孤老院"或"老年收容所"，特别是一些城乡地区，其护理人员的专业素养相对比较低，同时也更易出现虐老事件。再有一点近年来比较多的老人自杀事件的发生，主要是老年人在心理层面没有得到及时慰藉，导致悲剧的酿成，也是我国的养老机构未来需要增加的服务事项。

痛点问题：监管缺失

关键词：监管　民政部　养老市场

在我国的养老机构准入程序中，只规定对新办的养老机构进行现场调查核实和对材料齐全的新办机构由民政局将相关材料交税务部门审查和经民政厅、国家税务局和地方税务局审批，并没有做出审批之后如何对其日常经营做出监管。再有，民政部门作为养老机构的监管单位，其监管力量比较单薄，且目前也只能给予其业务指导，并没有法律效应。而且，我国的养老市场缺乏一套完善的评估体系及监管机制，因此，整个养老市场乱象丛生，服务质量参差不齐。未来，不能再把养老的重点放在提供物质帮助上，而是应该在养老服务和机制上创新，让每个老年人都能及时得到医疗及养护服务。

目前，在互联网平台整个决策过程中，有关互联网平台信息，平台与政府决策部门之间的信息是不对称的，政府并不掌握有关信息，这大大影响了决策水平。在问题没有搞清楚之前，决策科学化是谈不上的。美国哲学家约翰·杜威曾经说过，把问题解释清楚，就如同问题解决了一半。政府决策部门目前主要还是通过座谈会、实地考察和基于媒体数据以及各种专家评论等方式来分析问题，缺乏即时认知，也缺乏大数据分析。通常，这样的决策难以达到精准目标。实现城市治理和社会治理的精准化必须把治理的智慧化落实到位。

2. 数字使市场供需关系精确化和提升资源配置效率

互联网在经济领域的运用正在推动市场运行方式发生变化，也就是我们通常所说的新商业模式，共享经济就是一个重要的例证。在没有滴滴出行之前，人们乘搭出租车的方式是到大街上扬招，通常的情况是，立马搭上车或者需要等待，很多情况下都是不可预测的，滴滴出行平台通过自己的精算系统可以告知乘客附近车辆的情况，并帮助寻找到合适的车辆，出行平台是个人感知能力的延伸。大数据使供求关系朝着精细化方向迈进，使资源配置更加精准。推动经济健康发展，保障和改善民生是现代国家的基本职责和基本能力。现代国家如何推动经济发展和保障改善民生？尤其是在新技术环境下，保障和改善民生需要引进新技术。一方面，供给方拥有自己的计算平台，另一方面，社会成员越来越依赖自己的 App。新技术的应用必须建立自己的社会基础设施。

案例分析 8-2：北京市各部门平台情况分析

（一）各部门平台建设情况

1. 市民政局

北京市民政局官方网站中共提供 65 项网上办事服务事项，其中能够直接在线办理的服务事项为 7 项，其他须知、告知、查询、便民指南类服务为 58 项。

目前，民政局共有一套网上预约婚姻登记系统和北京市社会组织公共服务平台。网上预约婚姻登记系统提供结婚登记、离婚登记、预约查询、补领结婚、补领离婚、出具证明、查询档案、预约撤销等登记预约服务。北京市社会组织公共服务平台为社会组织提供登记、核准、证书、年检、资格申请、项目管理、信息报送等服务。

2. 市人力资源和社会保障局

北京市人力社保局网站提供 19 项在线服务事项，共包括北京市公务员考试报名、引进人才系统、工作居住证系统、职称评审专家系统、专项审计业务系统、全国计算机考试报名、委托考试报名、职称评审申报、资格考试报名、技能鉴定全国统考、人力资源服务机构管理、毕业生管理、受灾企业优惠政策、促进就业优惠政策网上申报、失业动态监测、企业职工培训统计报表系统、留学人员引进与服务、综合计划统计系统、干部调京工作信息管理系统 19 套独立的服务系统。

3. 市卫生和计划生育委员会

北京市卫生和计划生育委员会在线服务"北京市预约挂号统一平台"，公众可通过统一平台预约挂号服务；同时提供执业医师与医疗机构、新生儿耳聋基因筛查查询、新生儿疾病筛查结果、护士信息、化验单、医药价格、医院等级等查询服务。另外，在便民服务方面，北京市卫生计生局还提供生育服务证办理、孕前优生检查、药具管理站查询、计生政策、药具服务。除以上服务事项之外，北京市卫生和计划生育委员会还拥有医疗广告信息、放射诊疗系统、救护车审查系统3套独立系统。

4. 市住房和城乡建设委员会

北京市住房和城乡建设委员会网站共提供73项各类查询服务，其中包括工程建设类查询30项，房屋管理类查询服务45项，诚信档案类查询11项，以及其他查询8项。除此之外还拥有办事大厅系统和房产交易系统两大独立系统。

5. 市公安局

北京市公安局网站的民生服务板块中，提供办理出入境业务、登录办理团体签证系统、交通安全综合服务管理平台、律师预约见系统、办理消防设计备案、办理户口迁移信息查询、办理消防竣工验收消防备案系统、登录建设工程消防设计施工质量系统以及驾驶员计分、车辆违法、报废车辆、使领馆地址、走失人口、失物招领、挂失等在线查询服务。

北京市公安局共包括民生服务平台、网上办事平台、出入境管理办事大厅、北京市居住证服务平台等四大在线服务。

（二）大数据技术使用情况

1. 电子政务大数据技术使用现状

（1）数据采集

采集内容以非结构化数据为主。电子政务信息主要为已经设计好的有关联关系的结构化数据，但是近几年互联网的发展，数据趋于向半结构化数据转化，而且随着社交媒体的不断发展，非结构化的数据还将不断增加。根据有关部门的统计发现，现在的政务系统中，有80%以上的信息资源已经是非结构化的数据，未来还将更多。

数据来源向移动端转移。传统的政务系统中，信息的主要来源有个人、机构、文献、新闻媒体以及数据库资源。但是，在大数据时代，各种新兴技术使得信息传播的途径更加地多元化，全球定位系统以及移动端技术使得公众更易在社交网络中表达自己的诉求，因此政务系统的信息采集就从PC端开始向移动端转移，并且移动端已经成为最重要的来源及途径。

采集方式趋于智能化。传统的政务信息采集中，人工采集是主要的采集方式，随着大数据时代的到来，智能终端也已经应用于政务信息的采集中，社区治理当中指纹、人脸识别终端、GPS定位响应已经试点成功。同时，由于互联网的不断发展，人工采集的方式已经不能适应日益剧增的信息量。

（2）数据挖掘技术

需求导向推送个性化服务。通过对服务器终端用户访问日志进行深度挖掘分析，提取用户浏览的模式信息，进而对用户的具体行为进行预测分析。目前该技术应用比较有效的地方在政府电子贸易中，通过分析用户访问时间、对相关页面的停留时间，进而推送用户感兴趣的事项。明确政务服务供给方与需求方之间的差距，需要广泛收集社会群体中分散的信息，借助在线政务系统监测、分析用户需求，提供个性化需求，与公众共享数据，提高公众满意度。

聚类分析与数据规划。在政务系统中，庞大的政务信息资源利用数据聚类分析技术一方面将数据进行层层分割，根据具体的指标口径自动聚类，可以得到各个指标的特点及趋势，为决策提供辅助支持。同时，政务系统庞大的面向应用的信息资源，可以根据各个应用的主体进行层层抽取和转化，面向数据主体进行重新规划，合理利用，避免政务信息数据的组合爆炸。

2. 基层基本公共服务大数据技术使用现状

街道办作为基层政府最贴近公众的窗口，是基本公共服务的服务主体，是了解基层基本公共线下服务最有效的途径。西长安街具有"京城第一街"的美誉，不仅仅因为其地理位置的特殊性，更因为其基层服务标准、模式都具有模范作用。

（1）街道公共服务大厅

西长安街街道公共服务大厅共设有13个窗口，分别为失业服务、就业服务、医疗报销、社会保障卡、一老一小·退休社会化、住房保障、计划生育、便民咨询及两个综合受理窗口、3个机动窗口，其中综合受理窗口是统一面向群众的交互窗口，负责业务收件和受理，将业务数据流转给具体的科室进行协同办理，待各科室业务办理完成后，由该窗口将办理结果统一反馈给群众。大厅内安排负责指引的同志为办事群众提供咨询、导引服务。大厅内设有座椅便于办事人员休息与等待，还设有医疗急救箱及伞具以应对突发事件。大厅两端设有两台社保自助查询打印终端，可供群众自助查询、办理社会保险相关事宜。大厅内摆放着由47个二维码组成的"扫码查攻略"海报，可导引群众通过手机"扫一扫"直接链接到具体要办理的事项或所归属的街道服务大厅。

服务大厅主要依托一站式综合业务受理平台来办理服务事项。其平台办理流程为：登录平台—个人中心—业务受理—业务办理；平台业务包含五大类：就业服务类（3项）、社会保障服务类（11项）、为老服务类（6项）、爱心助残服务类（9项）、人口计生服务类（12项）；平台数据流向是社区工作人员受理—数据录入并提交—街道审批人员登录平台审批—数据同步更新到原系统。

（2）街道社会治理创新大数据分析与应用平台

目前街道的社会治理平台主要由以下几个方面构成：

第一，"数字红墙"社会服务管理平台。该平台有两个特点，一是明确划分辖区内人口类型，从以房管人到依托属地管理实有人口，定时更新地理、人口等数据库。二是平台依托街道的"四级网格"管理机制，采取"一格五员"的人员配置方式，实现网格化社会服务管理。

第二，一窗式综合业务受理平台。该平台主要包括一窗式政务服务平台、电子证照库、接口服务平台、数据共享平台互通、一事一评五部分。平台已经与上级部门对应的垂直应用系统实现部分对接，试图打通原有市、区级垂直系统，从粗放式、离散化的建设模式，向集约化、整体化的可持续发展模式转变。

第三，"智慧西城"时空云信息平台。该平台是由区规划局牵头，联合区房管局、区市政市容委、市商委、区体育局、区旅游局、区促进局、区民防局、区城管监督指挥中心建立。街道可以从"数字红墙"平台向"智慧西城"的共享交换平台推送各类数据，同时可以获取该平台人口、法人、电子证照、业务工作等数据，以便后期办事调用及数据分析。

第四，VITO大数据系统。以街道前期采集的人口信息和数据红墙平台沉淀的业务数据为基础，通过北京北科维拓科技有限公司开发的VITO大数据系统开展数据的可视化分析，以做好辅助决策和预测预警工作。其中典型的应用是人口热力图，根据所勾选的区域云图颜色深浅来判断人口的密集程度，直观呈现户籍人口、实有人口的结构，以此判断人群需求，辅助决策的制定。如呈现适龄儿童的数量与分布情况，以此判断是否需要增加公立幼儿园；呈现实有人口与机动车的情况，来判断是否需要新建停车位；呈现实有人口与出租房的情况，来判断如何加强社区出租房管理等等。

第五，视频监控系统。视频监控系统由公安系统内的高清探头及瑞安空中卫视——地幔小目标跟踪视频系统组成。街道与四个派出所合作,可以实时将不同位置的摄像头画面切换到街道的数据红墙平台上,便于加强对公众安全的管理及预警,减少公共安全事件发生。地幔小目标跟踪视频系统是基于西长安街特殊的地理位置设置的,对监控辖区内的危险飞行物体进行识别、判断、预警。

西城区西长安街街道积极应用大数据等新技术,在辖区内推行网格化管理,采取"一格五员"等管理措施,积极推进社会共治。街道相关负责人详细讲解了全响应网格化社会服务管理指挥分中心的各项功能及目前的应用现状。其中的"西长安街数字红墙社会服务管理平台"是大数据在政务系统应用的先进案例。在参观并提问的过程中了解到,第一,数据孤岛依然存在。平台中展示数据基本为街道自身采集,其他部门开放交流的数据较少,如公安部门户籍数据、民政系统数据等。但街道一直在积极尝试对接更多部门、数据。第二,目前该平台在街道的日常管理中发挥了较大作用,应用大数据技术解决了很多实际工作中原来不好解决或无法解决的问题,如人群聚集区域的疏解、公共服务供应总量的预测等。第三,平台仍然处于建设的初级阶段,受成本、行政职能等因素限制,功能还有一些欠缺,特别是针对个人服务的功能尚未完全开发。第四,该全响应中心及其平台,在推进服务的过程中,更多的是基于管理思维,而不是服务思维。目前面对用户、企业的接口较少。

3. 基层基本公共服务需求难题

从西长安街的调研结果及与工作人员的座谈结果中,可以发现,目前北京市基层工作人员在工作当中遇到的难题主要体现在以下几个方面:

第一,各系统之间存在数据壁垒。数据信息壁垒造成工作流的延长,需要部门之间的合作,是否可以根据工作职能、内容打开部门之间的有限数据权限,减少不必要的资源周转。数据交互的主导权掌握在市、区级,推广需要上级支持。

第二,线上服务范围窄。目前基层的电子化服务只能覆盖20%左右的基础服务,相当一部分服务还是需要到访办理,工作人员只能从减少群众少跑腿的角度出发,自己多跑腿、多服务。但没有从根本上解决问题,还需要相关技术手段提高工作效率。例如,目前各种能力鉴定事项还需社区工作人员上门服务,是否考虑可以委托第三方鉴定。

第三,居民、企业入口还需拓展。目前平台主要定位在政府的社会管理，因而居民、企业等用户可以主动提出需求、反馈问题的入口设计还有待拓展。对于居民、企业的需求，工作人员只能根据工作职能指导相关工作，对工作职能之外的内容，只能尽力为之。民众在基本公共服务需求反馈的接口少，且线上交互（基于业务），局限于小范围试点，跨部门数据流通少。

在国家提出让"信息多跑路，群众少跑腿"的号召下，各级政府机关投入巨资采购了大量硬件设备，建设了多个应用系统，但普遍出现了设备资源利用率低、重复建设严重、信息系统运维难、人工成本和能源消耗巨大等问题，提高设备利用率、避免重复建设、降低维护成本成为各级政府机关迫在眉睫的需求。

我国基层公共服务目前出现的问题是各方因素共同作用的结果，需要各方协同去解决，从上到下，从下到上。下——基层工作人员负责解决居民基本需求（具体的工作），上——政府研究人员负责从顶层设计探讨如何理顺整个服务机制（机制设计、内容设定、协调互通、数据交互）。同时，利用政府鼓励第三方进入提供产品或服务，提高效益。

综上，基层已积极开展应用大数据、云计算、移动互联网等新技术创新社会治理模式的探索及尝试，且取得了比较好的效果。但受行政级别、职能、经费等因素限制，这些探索和尝试所能产生的成果与较为理想的状态仍有距离。若要建成北京市基本公共服务供需平台，应从更高的层级、站在更全面的角度进行规划设计。

（三）供需双方在线互动情况

随着大数据、互联网科技的不断发展，社交网络作为当今社会信息传递的一个重要渠道，如今已经广泛应用于政务系统当中，为提高政府与公众沟通的便捷性、有效性提供重要支撑。2009年之前，我国电子政务一直以政府部门的网站为主，随着以新浪微博、微信为主的社交平台的火速发展以及智能终端设备的快速普及，政府作为提供政务系统服务的供给方，为寻求嫁接好与民众之间沟通的友好桥梁，政务微博、移动政务开始成为政务系统的主要组成部分。北京市各部门政府机构与民众在线互动的方式主要包括网站互动、微博及部门App互动。

1. 网站互动

政府部门网站是政府宣传政务信息、为民众提供互动交流的主要平台。随着社交互动工具的发展，政务系统的互动方式也呈现出更加丰富、多元的形态。目前北京市政府网站政务互动的方式主要包括以领导信箱、在线咨询，民意征集、在线调查，监督投诉、投诉建议等板块，常见问题解答以及近两年比较流行的互动访谈直播。

在领导邮箱、在线咨询方面，各部门网站都公布了用于民众建议、咨询的渠道，政民互动的通道已打开，且多数部门对已回复的内容予以公开，保证了信息的真实性。在45个机构网站中，咨询回复信息及领导信箱内容共计32.8万条，平均每个部门7287.6条，回复信息内容数量排名前三的部门为与居民教育、住房及政府财政相关的市教委（89630条）、市住房城乡建设委（67245条）、市财政局（50447条）。市环保局、市政府外办、市国资委等部门暂时未公开相关回复信息结果。

在监督投诉方面，有16个部门暂时未设比较明显的投诉渠道，29个部门投诉渠道畅通。在监督投诉渠道畅通的部门中，有8个部门公示了监督投诉处置结果。在公布的投诉处置结果中，民众对部分处置结果表示不满，主要表现在两个方面：第一，鉴于民众对部门责任认识不清，投诉之后，被告知不属于职责范畴，投诉无果；第二，告知民众反馈结果已知悉，感谢支持，但并无后续进展；第三，投诉反馈时间较长，有的甚至不反馈。

在民意征集、网上调查方面，市旅游委、市政府外办、市文资办、市文物局、市政府法制办等5个部门暂时未设民意征集板块。其余40个部门机构均有响应信息，所有民意调查信息共计2608条，平均每个部门65条左右，其中市质监局、市科委、市住房和城乡保障委的民意调查事项较多，分别为921、467、322条，占所有民意调查事项的65.6%，其余部门民意调查事项较少，整体上，民众参与政府政策建议的机会较少。

在互动形式方面，一半以上的部门尝试直播形式互动，直播形式分为图文实时互动和图像实时互动两种。总计直播互动1018次，平均每个部门不到50次。直播互动的内容主要涵盖发布会、工作通报、政策解读、重要活动。直播采访的对象包括行业专家、部门领导、模范人物等。实时图像直播虽说对政府机构来说已经是一次跨越式发展，但是其在民众互动形式上还有所欠缺，多数在线采访的信息属于录播、编辑之后的内容，不存在实时性，还有一部分直播的内容没有开通民众实时参与的通道，人为地关闭了民众参与的通道。

综上所述，网站互动在内容方面加大了政策宣传力度，形式、方法、工具、通道寻求多样化，紧跟科技步伐。部门主动作为的能力、服务意识也有显著提升。在一些细节方面，还有待作出进一步优化，例如，多数部门的互动形式较为严肃，语言比较官方，将政府形象仍然定位于牢牢掌控一切的地位，高高在上的语气让民众有距离感，很难达到公平对话，带来的只有怨言。在互动内容方面，除了民众自己反映的生活实际问题之外，政府提供的多为政策信息的解读、热门事件的专家观点等，在民众与政府之间提供公平对话的机会较少。

2. 微博互动

微博作为新时期方便、快捷的在线社交、互动平台，在政务系统中也受到青睐。北京市政府机构微博中已有41个官方账号主体，覆盖4106.0万人次，其中，账号粉丝超过1000万的账号1个，粉丝数量在100万—1000万的账号10个，在10万—100万的账号25个，10万以下的账号6个（见图8-1）。总计发布微博数量38.9万条，其中发布微博数量超过2万、5万、7万的部门各1个，发布微博数量在1万—2万之间的部门12个，其余部门发布微博数量均小于1万（见图8-2）。

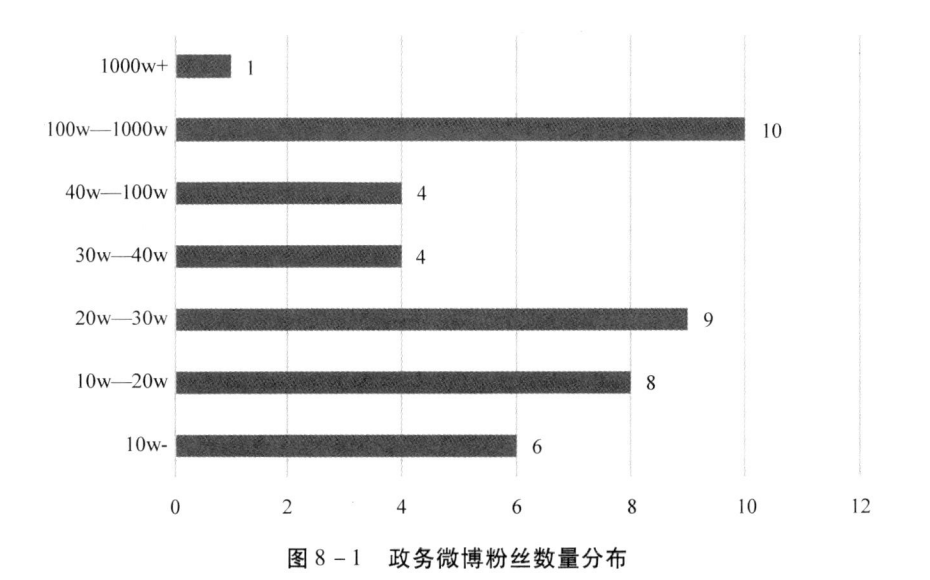

图8-1 政务微博粉丝数量分布

2016年1月—2017年9月（见图8-3），41个政务微博的月度每条微博转发、评论、点赞数量基本保持在0—10.0之间，每条微博的平均传播范围为10人。2017年2月，微博转发量达到25次，主要原因是"平

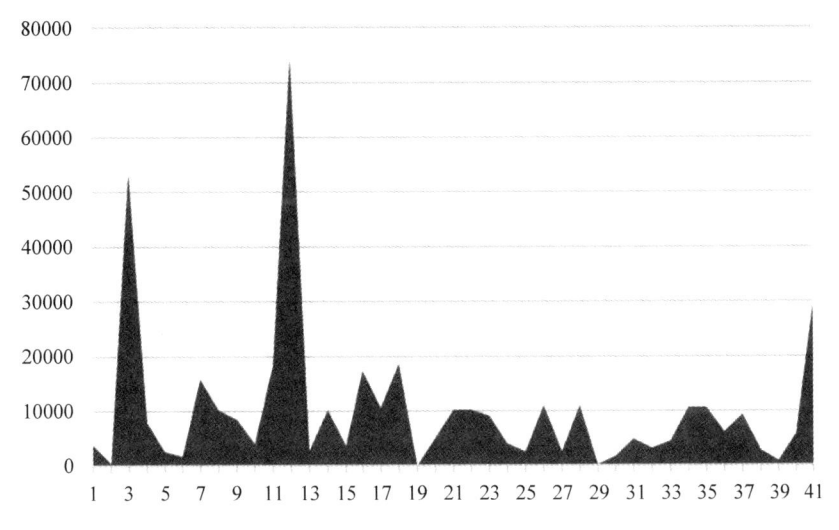

图 8-2 政务微博数量分布

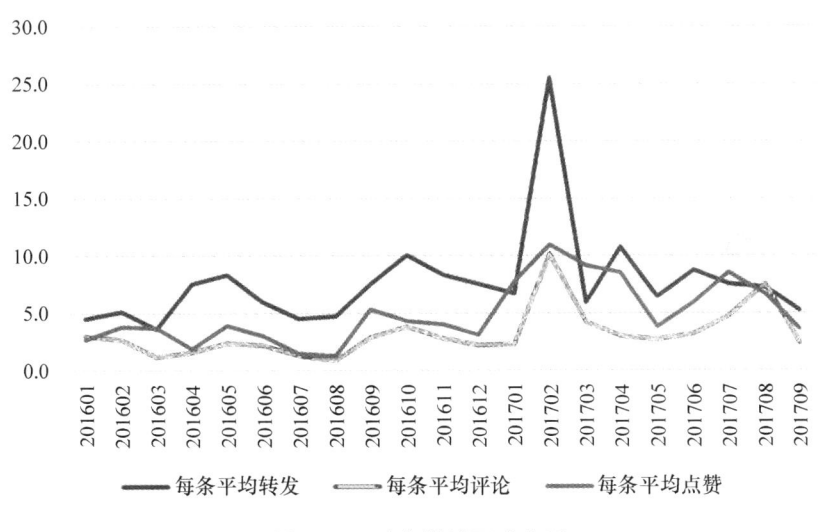

图 8-3 政务微博互动水平

安北京"账号发布一篇实习警察的日志备受民众关注,转发超过1万次,评论及点赞数量均超过4000次,当政务工作贴近民心、接地气时,民众的参与热情就会增加,因此,政务工作应该改变高高在上的姿态,需要在贴近民心、接地气上下功夫。

从各部门微博的转发量(见图8-4)可以看出,微博平均转发量大

机构	转发量
平安北京	117.2
北京地税	51.0
安居北京	33.9
北京市教委	26.7
民防小卫士	19.6
北京市旅游发展委员会	9.2
水润京华	8.4
北京规划国土	8.2
首都工商	5.0
首都健康	4.8
交通北京	4.8
北京市民政局	3.9
北京12345	3.4
首都新闻出版广电	2.8
北京经信委	2.7
文化北京	2.6
北京司法	2.5
北京12333	2.4
北京安监	2.0
首都园林绿化	1.9
北京文博	1.8
北京民宗	1.7
北京文资办	1.6
北京知识产权	1.6
北京统计	1.6
北京质监	1.4
北京财政	1.4
北京残联	1.3
北京农业	1.2
首都食药	1.2
北京市社会办	1.1
体育北京	1.1
发展北京	1.0
北京市商务委	1.0
北京审计	0.6
北京市城市管理委员会	0.5
北京美丽乡村	0.5
科技北京	0.4
首都金融	0.3
北京中医局	0.3

图 8-4 政务微博转发量

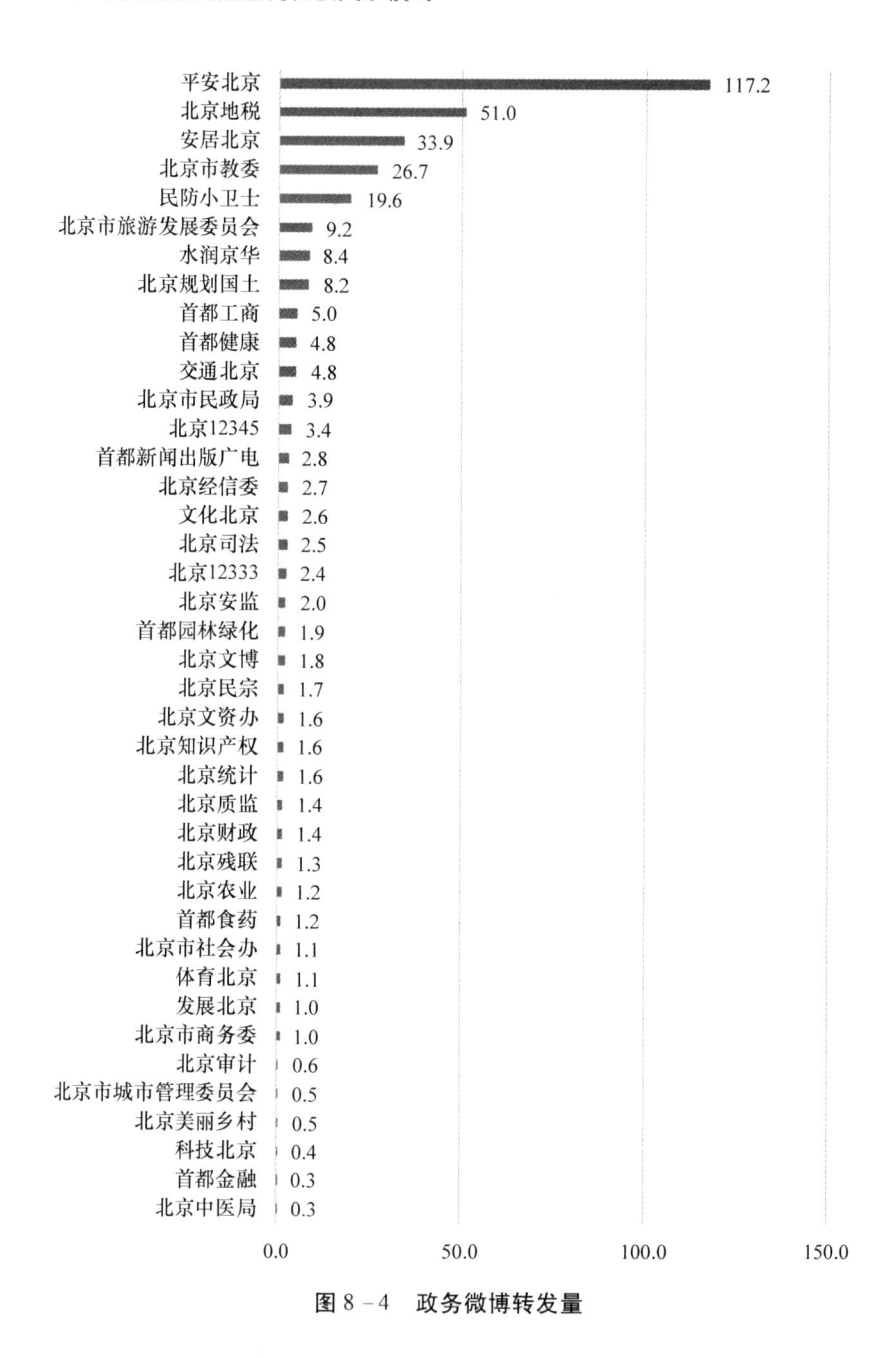

于 10 的部门主要集中在与居民生活、工作、住房、教育及安全息息相关的北京市公安局、北京市地税局、北京市住房和保障局、北京市教委及北京市民防局。北京市中医局、北京市金融局、北京市科委、北京市农委、

北京市城市管理委员会、北京市审计局等部门微博转发量较小，平均转发量小于1条。

从总体上来说，政务微博与公众的互动度较低，政务微博每条最大的转发量为117.2，平均最大的传播范围为100人左右，效果较差。结合每条微博的转发量与评论量之间的关系（见图8-5），微博的转发量要远远高于评论量（北京民族和宗教委员会例外），因此，民众更倾向于做政务信息的接收者、传播者而不是反馈者，政民之间的互动水平仍然较低。

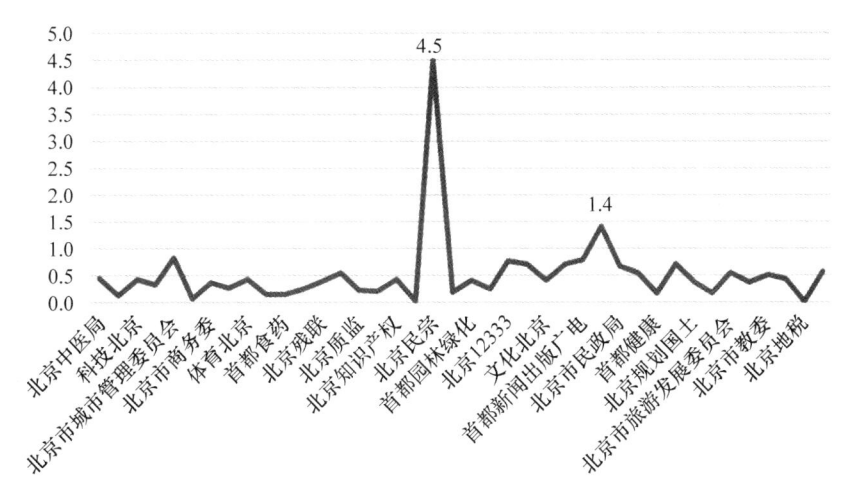

图8-5 政务微博评论量与转发量之比

3. 部门App互动

伴随着智能终端设备的发展，手机App也得到了快速发展，App改变了人们的生活方式，使得生活水平得到提高，市场上的各种App为卖家和买家搭建了一个桥梁。北京市的45个政府机构中，有10个机构官网公开有部门App，但是具有实际应用功能的App却是凤毛麟角，从用户的反馈评论来看，政府App的开发水平、应用功能实在是差强人意。

公开的10个App下载二维码中，有7个都存在不同程度的问题，北京市公安系统的民生服务平台、北京市农委等不能下载；北京市工商行政管理局北京消费投诉App，只有安卓市场的下载链接，没有提供iOS系统的下载；人力社保局"北京12333"只有3个功能，首页、政务咨询和查询服务，没有政民互动的专属模块，首页主要是公示公告、学习党的十九大、政策解读、工作动态、最新法规、新闻播报等内容，政务咨询与网站的咨询回复信息相同，没有个性化服务，整个 App 的便捷性功能没有体现，同时，在应用商店中显示下载使用的用户较少。最后是北京市住建网 App，用户评论史上最差，总分 5 分，得分 1.2 分，总共用户评论 23 个，只有 1 个用户评论"还可以"，其他用户均为负面评论，纷纷表示该 App 属于部门为完成政绩虚设的 App、"僵尸软件"，"面子工程"，纯粹"糊弄"上级审查，给挪用资金找由头等等，更有甚者提出应该投诉至纪检部门，需要查办负责此项目的相关工作人员。在从整个 App 的实际情况来看，整个 App 只有一张屏保图片，图片显示一个搜索图表和一个设置图表，没有任何功能，也不难理解为何用户这么气愤了。唯独北京交通，在这些 App 中评分较高，3.8 分，而且启用时间已有 4 年以上，用户数量也相对较多，App 共分为实时公交、公共自行车、综合换乘、实时路况四大功能，用户普遍反映非常方便，能够根据实时路况随时调整路线，有一定用户已经形成依赖，而且"实时公交最好用"！但也有用户提出 App 存在早晚高峰时期加载时间过长、经常刷新不出结果等问题。

从以上用户的反馈信息可以看出，首先，部门 App 的用户较少，在政民互动上首先不具备用户流量条件。其次，在提高与公众沟通效率方面，部分 App 还远未达到应有的及格水准，反倒是增加了用户对政府部门工作态度的不信任，普遍认为相关部门的工作人员仅在做面子工程，未从真正提高工作效率、为人民服务的立场出发。

通常，企业往往会在政府之前选择和使用有用的技术，包括决策技术，企业创新是整个社会创新的引擎。这个时代少了数据，就没法决策，尤其涉及以数据为基础的互联网各类商业模式，没有精确的数据，就难以决策。从这个意义上说，个体人类的认知能力已经不是亚当·斯密思考市场机制时的潜意识里的那种个体的认知能力。由于互联网，亚当·斯密所谓的"看不见的手"，现在或隐或显，比以前更加清晰了。在这个过程中，市场机制的设计就自觉不自觉地得到了优化，比以前更有自觉性，因为后台可以对消费者的消费动机和消费偏好有更全面的把握，也可以对居民的行为偏好有更好的理解，这都为国家治理能力提升提供了技术支撑。当然，无论是企业还是政府都要把握好。

3. 数字提升了政府购买公共服务过程中的匹配能力

平台化将推进政府购买公共服务体制机制创新。如果仔细分析政府、市场、社会和公共服务类型、性质的具体过程和特点，政府购买公共服务这一命题还需要进一步深化。举个例子，加快推进政府机构改革和转变政府职能，把该下放给市场的权力下放给市场，把该下放给社会的下放给社会，把该下放给地方政府的下放给地方政府。实际情况却不是这样，例如，下放给市场，首先，现实的市场都不是理论意义的市场，它存在很多缺陷甚至失灵的方面，政府下放给市场权力后，如何确保绩效？这就涉及政府如何监督和评估。一般说来，"政府常常不能准确地知道自己到底要买什么，从哪里买，或者买到的是什么"[①]。权力下放给市场，政府减少了提供服务的专业压力，却增加了监管和评估的压力，两者的专业化要求虽不一样，但是工作量可能不相上下，政府投入的资金也不相上下，甚至可能监督评估比提供的压力和工作量更大。还有，现实中社会组织也不是纯粹意义上的社会组织，人们经常讲到的志愿性、非营利性等，事实上，一旦进入市场和社会领域运作，社会组织，"在出现极坏的情况，商业化经营有可能葬送组织的社会服务宗旨"[②]。现实中，这类情况已经屡见不鲜，社会舆论多多，从"9·11"之后的美国红十字会，到最近几年间的中国红十字会，都曾绯闻缠身，莫不如此。这些，都需要在政府购买公共服务中深入研究。

政府作为委托方和社会组织或企业作为代理人之间的关系非常复杂，主要表现在利益冲突和监控管理，"利益冲突和监控问题是委托人和代理人之间各种交易的通病"[③]。对政府购买公共服务过于简单理解和设计，可能会为错误诊断的疾病开出错误的药方。在这个问题上，不仅要研究发达国家成功的经验，也要研究它们在实践过程中碰到的问题，尤其是挑战，要吸取它们的教训。尤其是，要考虑中国当下的围绕着维护和实现公共利益来探索完善政府购买公共服务的体制机制，以及加快政府自身改革

---

① [美]唐纳德·凯特尔：《权利共享：公共治理与私人市场》，孙迎春译，北京大学出版社2009年版，第159—160页。
② [美]里贾纳·E.赫兹琳杰：《非营利组织管理》，中国人民大学出版社2000年版，第131页。
③ [美]唐纳德·凯特尔：《权利共享：公共治理与私人市场》，孙迎春译，北京大学出版社2009年版，第161页。

和建设，这些是不可逾越的环节。

互联网技术的广泛应用改变了社会结构、社会发展模式、社会价值观念，政府公共服务和社会治理模式也必然发生变革。例如，大学生村官进入农村，促进了农村网络商业的发展，带动了农民的家庭创业创新，激发了农村的发展活力，增加了农民的收入，改变了农村的社会结构和经济发展方式，使政府推动公共服务供给的水平大大提高。按照《关于促进移动互联网健康有序发展的意见》的要求，要"依托移动互联网加强电子政务建设，完善国家电子政务顶层设计，加快推进'互联网+政务服务'。在保障数据安全和个人隐私的前提下，推动公共信息资源开放利用，优先推进民生保障服务领域政府数据集向社会开放。加快实施信息惠民工程，构建一体化在线服务平台，分级分类推进新型智慧城市建设，促进移动互联网与公共服务深度融合，重点推动基于移动互联网的交通、旅游、教育、医疗、就业、社保、养老、公安、司法等便民服务，依托移动互联网广泛覆盖和精准定位等优势加快向街道、社区、农村等延伸，促进基本公共服务均等化。推动各级党政机关积极运用移动新媒体发布政务信息，提高信息公开、公共服务和社会治理水平"[①]。党中央、国务院对政府改革和创新提出了新的具体的要求，及早认识这一发展战略的意义，并开展相关研究，提出相应的创新和改革路径，是当前政府治理理论创新的一项重要任务。

（三）平台化社会治理形成多元到N元互动机制

1. 从多元治理到N元治理

社会治理经历了一个认识上不断深化的过程，从单一治理到多元治理是一个历史性飞跃，在互联网基础上的N元治理更是一个历史性飞跃。原来意义上的多元互动显示的是政府、市场和社会组织之间的互动，互联网和在线互动的"朋友圈"使成百上千的人可以同时互动，突破了传统意义上的社会互动。一般人们说的多元互动也不过是在街头、会议上的议题讨论，而且这种互动通常需要一定时间的准备，但是，借助互联网平台，人们可以即时互动和N元互动，这是一种虚拟现实中的互动。在进一步使用新科技的基础上，这种虚拟互动会进一步现实化，成为虚拟现实。

---

① 中办、国办：《关于促进移动互联网健康有序发展的意见》，中华人民共和国中央人民政府网站（www.gov.cn）。

案例分析8-3：社会治理现代化大数据的解读

1. 专家解读（见图8-6）

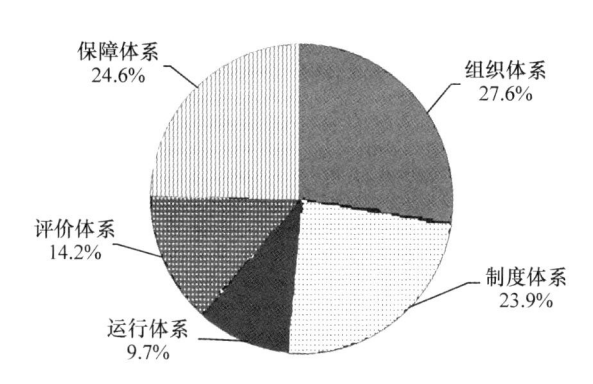

图8-6 专家解读社会治理五大体系分布

- 保障体系 24.6%
- 组织体系 27.6%
- 评价体系 14.2%
- 制度体系 23.9%
- 运行体系 9.7%

从研究期内的互联网数据来看，各领域专家对社会治理的关注中，主要集中在对组织体系的解读，占比约为27.6%；其次是保障体系和制度体系，占比约为24.6%和23.9%，而同为社会治理五大体系的评价体系、运行体系则被专家学者聚焦得相对较少。（这只是学者们的理论探索，就政府而言，社会治理是问题导向的，诸如公共安全、社会组织、社区组织、突发事件等。）

2. 媒体解读（见图8-7）

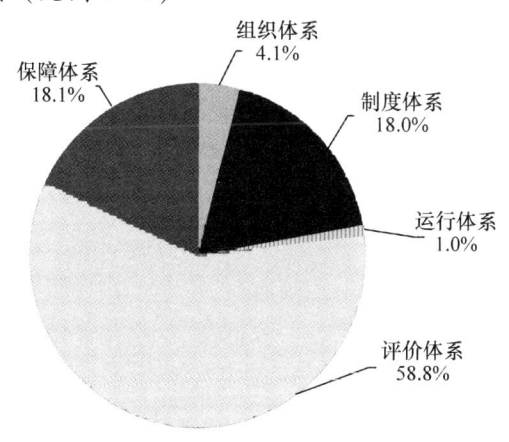

图8-7 媒体解读社会治理五大体系分布

- 组织体系 4.1%
- 保障体系 18.1%
- 制度体系 18.0%
- 运行体系 1.0%
- 评价体系 58.8%

从采集到的媒体评论文章来看，各类媒体对社会治理的解读与专家的关注点略有偏差，媒体主要集中在对社会治理评价体系方面的解读，占比约为58.8%；其次是对保障体系和制度体系的解读，二者占比均在18%左右，组织体系和运行体系的相关文章的占比较小，均在5%以下。

3. 社会共治的现状

通过对各省政府官网，政务服务大厅等官方网站上相关信息的查询发现，全国各省基本上都可以在网上查询到教育培训服务、就业服务、电子医疗服务、社会保险网络服务、公民信息服务、交通管理服务、公民电子税务、电子证件服务的相关信息。通过这些信息，公民可以提前了解办理途径、条件和注意事项（见图8-8）。

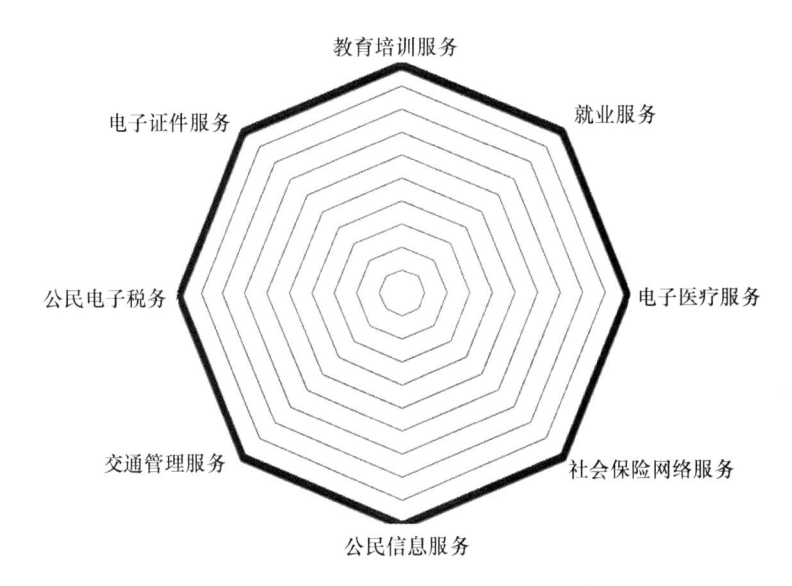

图8-8　中国各省政府网站信息公布情况

20世纪90年代，曼纽尔·卡斯特预见到了网络社会的兴起及其对未来世界的影响，他当时写道，"新信息技术正在以全球的工具性网络整合世界。以电脑为中介的沟通，产生了庞大多样的虚拟群体"[1]。他预见到了"虚拟社会"的出现，这是一个被社会学长期视为与社会组织、

---

[1] ［美］曼纽尔·卡斯特：《网络社会的崛起》，夏铸九等译，社会科学文献出版社2006年版，第19页。

社区不一样的新的社会形态。互联网出现之初，在我国学界和政策制定部门也都将其称为"虚拟社会"。随着"微博"、"微信"等通信、传播和沟通工具的出现，人们不再简单地将网络社会视为虚拟社会，就像人们在慢慢改变对网络平台的非实体性看法一样，也在改变着对由网络形成的社会组织形态的看法。曼纽尔·卡斯特还写道，"网络建构了我们社会的新社会形态，而网络化逻辑的扩散实质性地改变了生产、经验、权力与文化过程中的操作和结果"。[1] 他在这里讲的"权力"就是指治理机制。未来"网络政府"的出现也不是没有可能，在社交网络基础上的政府也需要建立自己的"朋友圈"来创新治理模式和服务供给方式。政府将主动公开信息和市场社会分享信息，激发企业和居民的积极参与，努力建设"开放和分享型政府"。"开放和分享型政府"将大大推动政府市场和社会之间关系的变革与创新，最终引导社会活力的迸发。有时人们对这种变化看得不清楚，但是只要社会发生了深刻变化，政府治理方式变化是一个迟早的问题。当然，政府及时适应这种变化会使自己的治理更加主动一些。

2. 没有"一致同意"的共识

互联网时代要使全体网民达成一致也是非常困难的，N元主体会产生无数的观点，他们在一个扁平化平台上沟通，缺乏统一的协调机制。例如，在一个大"群"中，"群主"可以成为协调者，关键是他（或她）是否愿意。通常我们看到的是，在自愿组成的"群"中，人们采取的是"接龙"方式来进行表决，基本上是一种"自决"机制。在单位的工作"群"中，通常是由领导来最终决策的，尽管单位中的工作"群"进入了互联网，但是运行机制依然是单位制，并没有因为在网上运行就改变了它的治理机制，互联网只是为单位工作提供了便利而已。

在这样的网络环境下必须重新认识"共识"问题。多元互动的机理之一是，各类群体之间达成共识，也就是社会治理主体，诸如政府、市场和社会需要通过参与方式在具体的社会事务、社会问题、社会矛盾和社会冲突等问题上达成一致。这包括，意见和看法的一致。平台互动理论挑战了传统意义上的社会学的互动理论。随着平台化趋势，互联网时代不太可

---

[1] [美] 曼纽尔·卡斯特：《网络社会的崛起》，夏铸九等译，社会科学文献出版社2006年版，第434页。

能产生这样的"共识",即"人人都满意"、"人人都同意",因为这是一个主体多元的时代。从本质上,"共识"没有"一致同意"的内涵,共识并不意味着"人人都满意"和"人人都同意",也不是指全体社会成员都必须同意,而是指各个利益相关者共同达成对国家、公司、员工和消费者都最大便利化的决策,并围绕着这样一个决策共同努力。在利益多元化和社会信息化时代,必须以一种开放的心态看待"共识"问题。互联网将大大提升政府、市场和社会之间的协同效率,各级政府及其领导干部对此必须有深刻的认识和长远的预见性,并积极拥抱互联网。

包括治理理论在内的有关理论引入国内已经多年,遇到了中国社会和政府的剧烈变革,在这个变革过程中,对这些理论进行本土化改造和提升就是构建中国特色理论和中国理论国际话语权的过程。现行政府治理理论是建立在公共管理理论、宏观调控理论、公共服务理论、国家能力理论以及社会管理等理论的基础上的,并在工业化的进程中发挥了重要作用。必须看到,这些理论几乎都是工业革命时代的产物。互联网技术的应用带来的经济平台化、商业模式数据化、社会媒体化和媒体社会化,对政府治理和政府流程提出了新要求,也触动了现行的政府治理理论。实现经济结构的升级和社会的转型,必须升级政府治理理论。

案例分析 8－4:

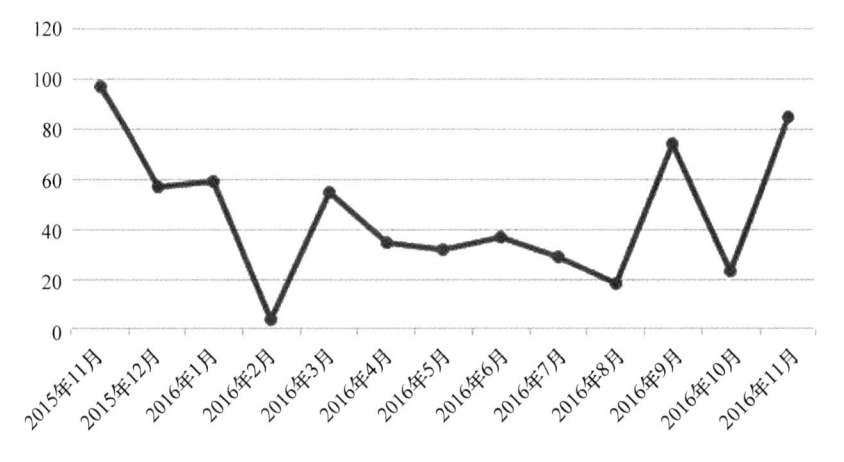

图 8－9　民意关注热度趋势

通过百度搜索指数、360搜索指数以及微博搜索指数综合分析，观察自2015年11月至2016年11月的相关数据发现，民众通过互联网对"社会共治"相关话题的关注热度一直处于波动状态。其中，2015年11月，国务院发布公告，出台《关于"先照后证"改革后加强事中事后监管的意见》，《意见》中要求"推进以法治为基础的社会多元治理，健全社会监督机制，切实保障市场主体和社会公众的知情权、参与权、监督权，构建市场主体自治、行业自律、社会监督、政府监管的社会共治格局"。《意见》刚一发出就吸引了众多政府网站与主流门户网站的转载转发。加之受新《食品安全法》正式施行的影响，食品安全多元共治在11月也成为备受各界关注与热议的话题，使得当月的话题搜索热度达到了近一年来的最高峰。

2016年3月，食品安全事故、网络假货、消费维权等现象在全国"两会"上被集中聚焦，代表委员们畅谈构建社会共治格局，寄希望于政府部门创新监管方式推进社会共治，得到媒体的普遍关注。受此影响，"社会共治"再一次引发民众关注，形成又一次高峰。4月以后，民众对话题的关注热度呈现出缓慢下降的态势，8月以后止跌回升。

2016年9月，新《食品安全法》实施临近一周年，食品安全的共享共治再次被大面积提及，一些媒体的评论文章应运而生。除此之外，养生市场共治、城市管理共治、信用监管共治、污染共治等话题也颇受关注。民众对"社会共治"的关注热度在9月形成又一次的小高峰。

2016年11月，民众对"社会共治"的关注仍旧围绕食品安全、污染治理、电商打假等内容展开，热度也与9月相当。

(1) 居民关注社会问题画像（见图8-10）

将各地民众关注社会问题的相关评论内容进行汇总分析，并进行观点聚类发现，食品安全、校园安全、电商消费、交通治理、生态环境、城市发展、社会治安是民众对社会问题最为关注的七个方面。其中，居民对电商消费中的假货现象、欺诈现象、刷单现象等内容极为不满；交通治理成为居民最为关注的第二个社会问题，大量网民呼吁组织发动社会各方面参与，协同共治共建共享推进道路交通治理能力。排名第三位的问题是食品安全，食品安全问题一直是重点民生话题，随着监管部门近几年创新模式加强监管，严把食品安全关，民众对食品安全的担忧已弱于前几年，但是大部分谈及食品安全的网民普遍认可"食品安全具有最广泛的命运共同

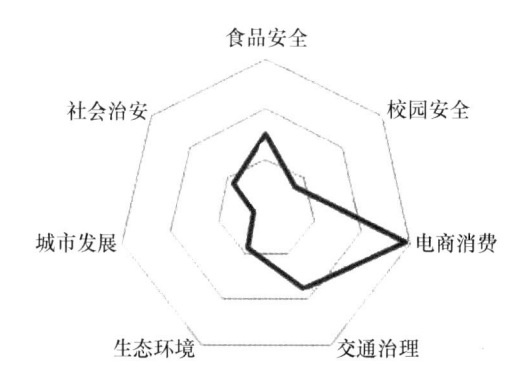

370 | 以交流和沟通重构社会关系模式

图 8-10 居民关注的社会问题画像

体,必须动员全社会的力量来维护"的观点。社会治安、校园安全、生态环境以及城市发展几类问题受关注度相对略低。

(2) 人群画像

从人群样本的具体数据来看,关注人群中男女占比相当。由此也可见,在中国现今社会,女性的地位得到明显提升,女性的关注热点不再仅局限于家庭、生活、消费类话题,对国家发展、社会问题相关的话题也表现出一定的关注度。从年龄段来看,19—34 岁的青壮年人群体对"社会共治"的话题更为关注,35 岁以上人群、18 岁以下人群对此类话题的关注度较低(见图 8-11)。

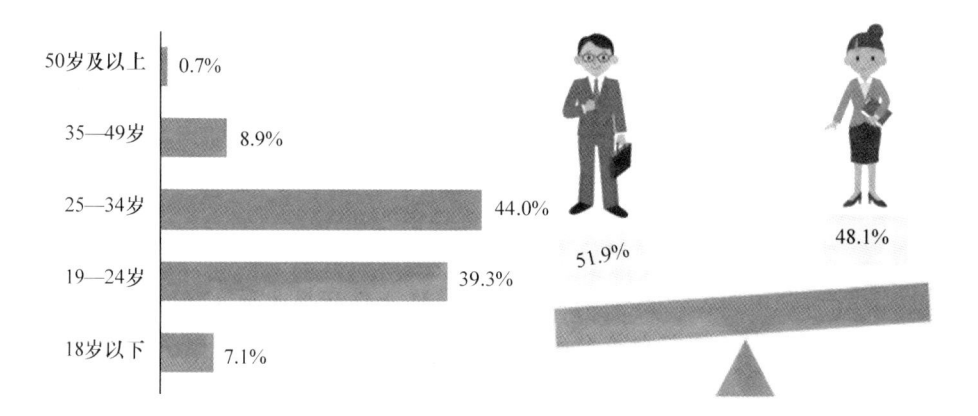

年龄段	比例
50岁及以上	0.7%
35—49岁	8.9%
25—34岁	44.0%
19—24岁	39.3%
18岁以下	7.1%

男性 51.9%　女性 48.1%

图 8-11 关注人群性别、年龄情况

从关注人群样本的所属地域来看，山东、湖北、广东三地民众对"社会共治"相关话题的关注度要高于其他省区市，搜索行为更为主动。从整体来看，经济发达的东部沿海地区民众相较于西北、西南部地区对于该话题关注兴趣更为浓厚（见图8-12）。

图8-12 关注人群地域分布

"互联网+政务"已经不单是政府服务能力和方式的提升，也是政府治理现代化和社会化过程的推进，因为"政府+互联网"加的不仅仅是公共服务，也加上了整个社会的各类在线群体，链接了整个社会，同时就进入了社会治理的领域。

第三节 信息化环境下基本公共服务供给体制

数字化已经渗透到社会生活的方方面面，给经济、贸易、社会、文化带来巨大变化，社会变迁前所未有。它已经改变了人们的生活方式、生产方式，也就是改变了原有的人类学意义上的文化。完善新时代基本公共服务应着眼于制度完善、资源布局、体系建设、便民利民、智能服务能力提升、供给方式多元化。为此，必须坚持体制改革和技术融合的原则，在加快体制改革的同时，通过基本公共服务与新技术的融合，构建基本公共服务供需平台，实现基本公共服务智能化和智慧化，使居民更加便捷、智能、公平地获得基本公共服务。

一 信息化环境下的基本公共服务理论反思

（一）信息化环境下的基本公共服务的特性变异：公共服务的外部性与私人服务的外部性

按照传统公共管理理论，由于基本公共服务的外部性，安排基本公共服务是政府的基本职责与职能，换句话说，政府是基本公共服务制度的安排者，具体的基本公共服务供给可以通过公共生产、私人生产、混合生产等多种方式来完成，这样可以降低服务成本、提升服务效率。

但随着共享经济的出现，许多大型私人企业，诸如谷歌、百度、腾讯、新浪微博、滴滴出行、摩拜单车等都在提供无须付费或是少量付费的服务，就其使用方式来说，已与传统的基本公共服务没有区别。公共服务的外部性与私人服务的外部性、定价模式与供给方式正在发生深刻变化。基本公共服务供给层面正在通过构建在线的公共服务供需平台，推动各类供给主体参与平台上的基本公共服务供给项目的竞标，探索政府和社会资本合作（PPP），政府与社会组织合作，政府与个人互动的新模式，逐步形成基本公共服务供给方式多元化的格局。未来，实现基本公共服务供需两端的精准匹配不是没有可能。信息技术的广泛应用正打破传统工业社会的需求与模式，打破传统意义上的纯私人物品和公共物品的界限。

首先，数字时代的公共服务完全不同于工业社会时代的公共服务，一个重要区别是，与传统的标准化大生产并行的是零工经济。数字化的基础是互联网和互联网终端的链接，换句话说，互联网把具有延伸个人感知能力的移动终端设备链接起来，带来了人与人之间和社会结构的深刻变革。零工经济不仅挑战传统的商业模式，也给社会保障制度带来新的选择。据统计，美国"整个零工经济中有4400万独立工作者。另有2900万人考虑在近期成为独立工作者。让皮尤的研究人员有些好奇的是，这一超过7000万人的群体代表的是21%的美国经济"[①]。零工经济的另外一个含义是生产的私人性和服务的私人定制。其次，另外一个重要区别是，私人定

[①] ［美］玛丽昂·麦戈文：《零工经济：在新工作时代学会积累财富和参与竞争》，邱墨楠译，中信出版社2017年版，第28页。

制正取代传统的标准化产品和服务。移动互联使产品个性化需求得到了更大满足。由于移动传感系统的使用，智能手机成为人们感知系统的延伸。在这样的环境下，基本公共服务的本质是，它是一种服务，更是一种体验。所以，要关注"用户体验"。以医疗为例，长长排队、久时等待、医患关系紧张、显然不是一种很好的"用户体验"。互联网在医疗中的应用可以分为三类：医生为患者提供的医疗服务、远程会诊和第三方服务平台。第三方服务平台类似"滴滴"，是不受医院框架限制的互联网医患服务平台，只是它目前还受制于各种相关法规法律的完善程度。智能化的提升会大大提高病人的体验。再次，基本服务如何适应新生代对于"体验"的要求是一个关键问题。经济社会越来越朝着体验方向升级，原本需要付费的现在却不需要付费了。世界正在发生着深刻变化。政府治理模式将发生深刻变革。

（二）基本公共服务的最终产品和消费：不一定必须联合生产，也不一定是公共消费

通常，在工业社会里，机械化和大生产可以使物品乃至公共物品联合生产，这样可以提高生产效率，降低生产成本。公共物品由于其类型不同可以是联合消费，如路灯、统一规格的药品、同一类型的医疗方案等，单独生产一般很少，所以，布坎南说道，"与纯私人物品相比，公共物品的独特之处在于它蕴含着对于联合供给单位（a jointly supplied unit）的公共消费，一旦意识到这一点，我们就能够回到新古典经济理论，看一看当代公共物品理论在哪些方面与之类似"[①]。"马歇尔针对那些可以个人单独消费的有形物品来构思自己的理论，其中没有提及最终消费单位的公共分享。在他的理论中，物品的联合供给性是由生产的技术条件决定的，而不像在公共物品理论中那样，是消费的技术条件决定了联合供给。"[②] 传统意义上的公共物品基本上是公共消费的，如我国法定意义上的基本公共服务，即那些保障基本民生需求的教育、就业、社会保障、医疗卫生、计划生育、住房保障、文化体育等。公共消费背后隐含着政府的一套制度安排，包括统一的标准、社会共识、供给主体、

[①] ［美］詹姆斯·M. 布坎南：《公共物品的需求与供给》，马珺译，上海人民出版社2017年版，第32页。

[②] 同上书，第33页。

财政体制、公民权利、服务范围、基本公共服务均等化等构成基本公共服务体系。

互联网，尤其是移动互联的出现打破了马歇尔曾经假定的每一供给单位所含不同最终产品的相对比例是固定的这一假设，最终产品的生产和消费，包括基本公共服务的最终产品和消费都不一定必须被联合生产，也不一定是公共消费。个体健康和医疗大数据可以为病人提供更有针对性的治疗方案和药物配制。在信息技术基础上的共享经济能够使联合供给单位成为纯公共物品，因为它能够由于信息对称性的进一步提升使任何人都可以将自己用不着的东西称为最终消费产品。

（三）传统的官僚体制与信息管理：体制滞后与技术进步的悖论

传统官僚体制下，官员接受和处理信息管理的能力是有限的。"每个官员的时间都是有限的，他在搜索或沟通上的时间投入越多，他在其他行为上的时间投入就越少。他在吸收与使用信息上的能力同样是有限的。因此，每个个体在一个特定时期内，可以有效掌握的信息总量总有一个饱和点。"[①] 这就是说，传统政府治理模式下的信息处理受限于技术，官员处理信息只能在有限时间内选择，不可能进行大规模数据处理。互联网、大数据、云计算和人工智能为改变这一现象提供了可能性。到目前为止，包括发达国家在内的政府官员还是采用传统的方式处理日常信息，这一方面是，官员们受制于政府自身的信息化水平：政府不能像企业那样迅速适应市场变化来及时改进自己的信息管理系统，例如像荣事达、阿里巴巴、腾讯等；另一方面是，官僚体制中的官员使用数据的能力和水平有限，大部分人不会使用大数据、云计算和人工智能技术，这是普遍现象。即便是在信息技术迅速发展的美国，情况也是如此。在美国，"人们普遍相信，由于大型组织在美国生活中的重要性逐渐上升，美国社会正在被官僚所支配。人们普遍不希望出现这种趋势。强烈的批评家认为，每个个体都将陷入一个充满各种由那个巨大的、'没有个性的'组织所制定的规则与规章的紧张网络之中。他们也担心，社会将由高大的办公大楼、浪费的支出、惊人的失误、不计其数的官样文章、令人心灰意冷的拖延、推诿责任以及他们将之归因于官僚主义的其他的令人厌恶之

[①] ［美］安东尼·唐斯：《官僚制内幕》，郭小聪译，中国人民大学出版社2017年版，第112页。

事所支配"①。所以，传统的官僚体制与信息社会发展出现了脱节现象。这是当今世界政府创新面临的一个重大问题，即体制滞后与技术进步之间的矛盾。

要解决好这一矛盾，不能回避矛盾。必须深刻认识到，信息社会改变了工业社会中政府组织的层级结构、决策方式与服务模式，原来金字塔式的科层制管理逐渐走向部门协同的散布开放式的平台构架，逐步走向部门协同与数字治理。实现不同公共服务部门之间的"互联"问题，必须建立顶层框架体系，使不同公共服务部门通过接口在"松耦合"的情况下相互连接，通过大型公共服务组织与中小社会组织的共同参与合作，营造新的基本公共服务生态格局。

案例分析 8-5："首都之窗"

北京市网上政务服务大厅——"首都之窗"，始建于1998年，由北京市人民政府主办，北京市经济和信息化委员会承办，是市政府各部门面向社会的窗口，发布政府信息及在线服务的综合平台。经过近20年的发展，"首都之窗"已基本涵盖政务服务的所有内容，同时引进互联网、大数据技术，简化民众办理各种政务服务，力求做到让"数据多跑路，群众少跑腿"。

"首都之窗"致力于为公众提供一站式平台服务，让民众享受一站到底的优质在线服务。目前北京市共43个政府机构，除去市政府办公厅、市社会办、市信访办之外，有40个部门在"首都之窗"有具体的政务服务事项。事项性质包括行政许可、行政征收、行政给付、行政确认、行政奖励、行政裁决、政策内部审批事项、其他职权等共计8项；主题包括设立变更、资质认证、年检年审、社会保障、投资审批、检验检疫、安全生产等共计33项；服务对象包括中小企业、民营企业、私营企业、社会组织、困难企业、重点企业、高新技术企业等共计7项法人服务。由此可以看出，"首都之窗"基本上涵盖了所有政务服务事项当中的内容、所涉及的部门。但在基本公共服务领域，"首都之窗"目前还存在一些问题。

---

① ［美］安东尼·唐斯：《官僚制内幕》，郭小聪译，中国人民大学出版社2017年版，第253页。

(1) 在线基本公共服务事项仅占2%

"首都之窗"政务服务板块当中能够提供的在线服务事项共计2151项,其中涉及基本公共服务的内容仅43项,占所有在线审批事项的2.0%,其中社会保障类40项,医疗卫生、住房保障、劳动就业类服务各1项(见图8-13)。

社会保障(40)
- 为老年人发放津贴补贴及补助
- 对养老机构服务质量星级的确认
- 对因见义勇为致残人员进行残疾等级评定
- 对救灾捐赠款物的调拨和调剂分配
- 对救助人员是否属于救助对象进行确认
- 对野生动物造成人身伤亡的补偿
- ……
- ……
- 户口登记及迁移审批
- 残疾等级评定
- 法律援助

医疗卫生(1)
- 残疾儿医学鉴定

住房保障(1)
- 对居民家庭在本市购买住房资格进行审核

劳动就业(1)
- 劳动能力鉴定

图8-13 "首都之窗"基本公共服务在线服务事项

(2) 在线服务事项多为法人服务

在所有政务服务事项中,政务服务的对象多为法人,单独对法人占比29.6%,个人、法人服务都有的占比59.6%,个人服务仅占10.8%。当前的"首都之窗"的定位多为法人对象服务,更加趋向于为政企之间的互动平台,对普通民众服务的项目较少(见图8-14)。

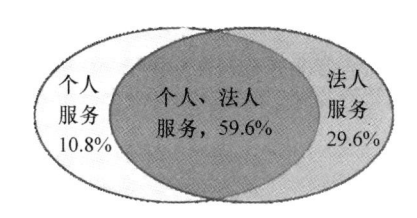

图 8-14　服务事项的个体属性

在政务服务事项中，服务事项排名前五的部门分别为市交通委、市卫生计生委、市住房城乡建设委、市新闻出版广电局、市食品药品监管局。占所有政务服务系统的 38.2%。其中，市交通委员会的服务事项最多，占比 10.7%，市卫生计生委次之，占比 7.9%，市住房城乡建设委、市新闻出版广电局、市食品药品监管局占比依次为 7.0%、6.6%、6.5%（见图 8-15）。

(3) 近六成服务事项为行政许可事项

在政务服务事项中，根据事项性质来分类，行政许可事项占比 59.1%，其他事项占比 28.8%，行政确认事项占比 8.7%，政府内部审批事项占比 1.4%。行政征收、行政奖励、行政给付、行政裁决事项占比均低于 1%（见图 8-16）。

(4) 资质认证、设立变更事项超过一半（见图 8-17）

在政务服务事项中，关于资质认证、设立变更的服务事项较多，占了所有政务服务事项的 64%，其次为国土规划、医疗卫生服务事项。而关于抵押质押、检验检疫、财政税务等服务事项较少。

(5) 部门平台与"首都之窗"相互独立

"首都之窗"提供的 2151 项具体服务事项中，根据其服务功能，共分为三类：

第一类：仅提供办事指南服务的事项，此类事项占所有在线服务事项的 15.9%（见图 8-18）。

第二类：可以提供网上预约功能，但需前往具体的办事大厅，此类事项占比 51.7%（见图 8-19）。

第三类：能够实现网上办理，但需要链接至具体的办事机构的平台，此部分事项占比 31.5%（见图 8-20）。

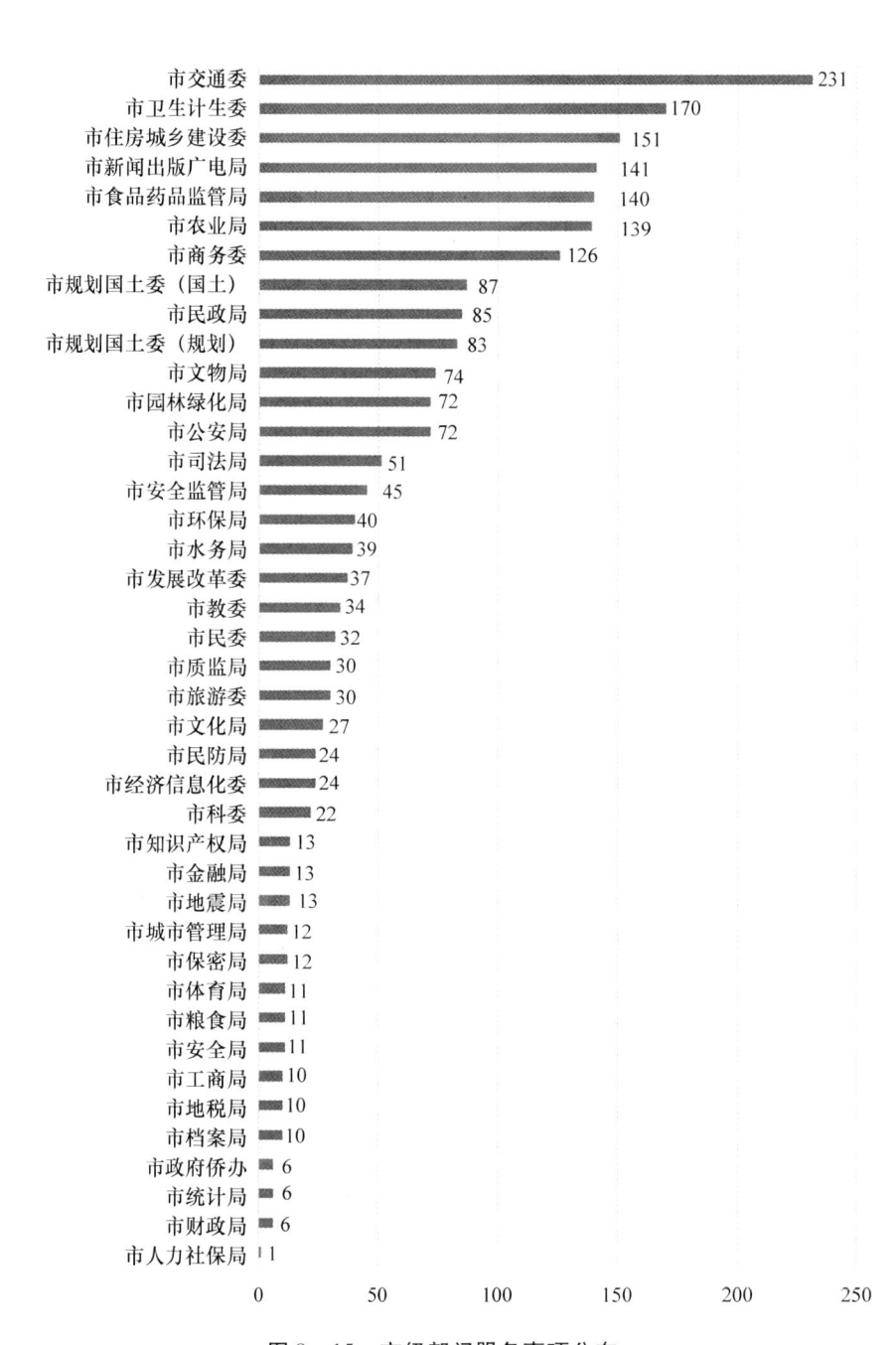

部门	数量
市交通委	231
市卫生计生委	170
市住房城乡建设委	151
市新闻出版广电局	141
市食品药品监管局	140
市农业局	139
市商务委	126
市规划国土委（国土）	87
市民政局	85
市规划国土委（规划）	83
市文物局	74
市园林绿化局	72
市公安局	72
市司法局	51
市安全监管局	45
市环保局	40
市水务局	39
市发展改革委	37
市教委	34
市民委	32
市质监局	30
市旅游委	30
市文化局	27
市民防局	24
市经济信息化委	24
市科委	22
市知识产权局	13
市金融局	13
市地震局	13
市城市管理局	12
市保密局	12
市体育局	11
市粮食局	11
市安全局	11
市工商局	10
市地税局	10
市档案局	10
市政府侨办	6
市统计局	6
市财政局	6
市人力社保局	1

图 8–15 市级部门服务事项分布

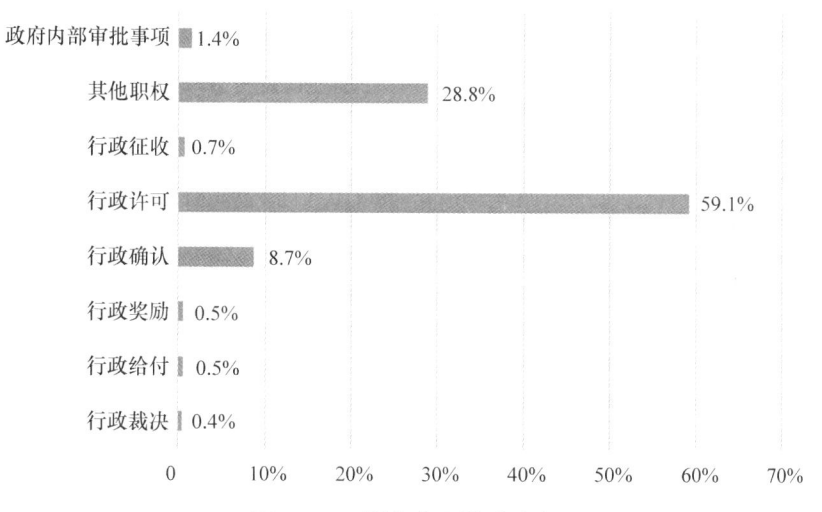

政府内部审批事项 1.4%
其他职权 28.8%
行政征收 0.7%
行政许可 59.1%
行政确认 8.7%
行政奖励 0.5%
行政给付 0.5%
行政裁决 0.4%

图 8-16　服务事项性质分布

图 8-17　政务服务事项主题分类

5、《船舶营业运输证》延期、变更、补发

办事指南　网上申办　网上预约　收藏

图 8-18　船舶营业证办理流程

1、《医疗机构执业许可证》核发(共4项)

1.1、医疗机构变更登记注册

［办事指南］　［网上申办］　［网上预约］　［♡收藏］

图8-19　医疗机构变更登记流程

12、一级建造师执业资格注册初审(共13项)

12.1、一级建造师个人信息变更

［办事指南］　［网上申办］　［网上预约］　［♡收藏］

图8-20　一级建造师信息变更流程

综上所述,"首都之窗"的在线服务在对象定位上主要倾向于企业对象,针对个人、民众的服务事项较少;第二,在线服务审批事项多是行政审批类服务,偏向于商务贸易性质,在基本公共服务领域中,目前"首都之窗"鲜有涉及,特别是民众生活类、工作、就学、医疗服务类服务事项;第三,当前"首都之窗"的定位更加偏向于提供查询指南、预约功能的性质,目前还不能提供网上申办的功能,与各部门系统平台之间相互独立。

二　基本公共服务供需平台的理论建构

本书将基本公共服务供需平台定义为基于移动互联网、物联网、云计算、大数据精算以及政府流程再造的基本公共服务的供需匹配平台,它强调数据互联和数据在线,使需求侧用户、供给侧供给者通过该平台建立起"服务众筹"、"服务互评"、"协同治理"的互动机制,实现分布式、点对点的数据治理和服务匹配,实现基于大数据的基本公共服务生产、供给、交换、消费的优化。"随着我们变得更加'群体化',城市政府将努力变得更加'分享化'。随着时间的推移,政府很可能会意识到要解锁共享经济的真正潜力需要从根本上重新思考规划、管理以及对住宅分区和监管机构功能的激进改革。"①

互联网与基本公共服务的结合点是基本公共服务云平台。借助云平台，传统的社会组织、事业单位、相关企业能够纵向整合基本公共服务链资源，实现横向激发跨界创新的可能，推动基本公共服务供给过程的共享、重组和更新。企业组织、事业单位和社会组织可通过云平台，向社会各类服务组织开放入口，提供数据和提升计算能力，推动社会组织与事业单位和企业组织的协同创新，共同实现基本公共服务的数字化升级。

公共服务部门互联需要预先定义若干通信平台、知识共享标准和数据模型。"宽松定义标准"有利于弹性开发和满足不可预测的未来需求。建立基本公共服务部门易于合作的"宽接口"可以使各个公共服务部门保持自己的优势。在设计基本公共服务供需平台中须淡化所有权，强调使用权，注意网络与数据安全问题。

基本公共服务平台具有"三重性"：一是它是一种企业形式；二是它具有市场性质；三是它具有社会福利性。这"三重性"会给深入分析和处理问题带来困难，这些困难既有观念上的、技术上的，也有社会的。如何在新的条件下，制定适合于平台的竞争政策，这需要思考，更需要慎重的研究。在我们看来，在思考这些问题时，应该更多地从最终社会福利角度出发去看，而不应该仅仅看竞争者的多少；应该更多地看行为，看绩效，而不是仅仅看结构。

三 基本公共服务平台的价值分析

平台化将赋予政府"以人民为中心"的服务能力，并及时反馈和回应人民群众的需求，也因此推动政府与时俱进，不断提升自己的服务水平和服务能力。在网络环境下，政府能否实现以人民为中心，直接关系政府的履职。基本公共服务平台化顺应互联网为社会基础链接的整体形势，采用符合互联网规律的组织方式和技术手段重构基本公共服务供给体系和技术设施，通过"互联网+"和"人工智能+"实现基本公共服务供给的快速化、多样化、便利化。平台化的核心目标是推动政府在基本公共服务

---

① ［印度］阿鲁·萨丹拉彻：《分享经济的爆发》，周恂译，文汇出版社2017年版，第277页。

领域快速有效地建立起与居民的需求及事业单位、社会组织和企业之间基于互联网的全面链接，使各类基本公共服务机构在网络环境下，有效地履行服务职能，优化运行模式，升级供给方式。

通过构建在线的基本公共服务供需平台，在线发布政府购买服务目录以及实施方案，吸引企业、社会组织、个人等社会力量参与服务的生产供给，不断拓展政府购买服务的选择范围和空间。在操作流程上，在购买服务前通过严格的信息公开、公平竞争、资质审核等程序，优选承接服务的社会主体，确保购买过程阳光透明；在购买服务后，构建购买主体、服务对象和第三方共同参与的基本公共服务综合绩效评价制度，建立优胜劣汰的奖惩机制。通过基本公共服务供需平台建设，扩大市场准入，鼓励社会力量对接公众基本公共服务的供给和需求，形成在线、公平、透明、高效的政府购买服务流程，对政府购买服务行为实现动态管理。

通过基本公共服务供需平台，完善基本公共服务信息收集和动态跟踪监测。例如，整合社区服务平台收集的人口信息，加强对特定区域内高危人群早期干预和监测评价可以加强对流行性疾病的监测与防控；连接社区平台收集的健康数据与大医院的诊疗信息，参与慢性病综合管理和健康干预服务，改善慢性病人群身体状况。基本公共服务供需平台实际上是一个面向政府、企业、社会组织、个人等多主体的开放性平台，在该平台上政府与个人、政府与企业、政府与社会组织、企业与个人、社会组织与个人、企业与社会组织之间都能就其提供的服务进行在线反馈、评价、打分，形成在线互动机制。通过多主体的参与，其他供需主体能对政府行为进行绩效评估与全程监督，政府能够对用户实施信息收集与动态监测，共同提升服务质量。

1. 所有权与使用权

越来越多的中青年人通过移动网络与社交媒体表达自己时髦的消费态度，人们更多地关注获得各种服务或物品的使用权而不是占有其所有权。而另一方面，"一些互联网商业平台乐意放弃一些所有权（smart enough not to own）、渴望沟通、乐于分享，整个社会变得更具开放性、包容性和连通性"[①]。例如，拥有数亿用户的腾讯微信、新浪微博、百度搜索等，

---

① 廖建文、崔之瑜：《共享经济开启商业民主化时代》，《财经》2016年2月22日。

都是私人企业，免费向用户开放其基本服务，如今该网络平台已经成为人们交流互动、获取信息的重要渠道。公共图书馆的借书电子版可以由读者点击，政府付费，通过这种方式来解决当前存在的版权问题，只是需要政府的制度安排来完成。

2. 中心化与去中心化

适应互联网的发展趋势，更加关注去中心化。从迈克尔·博兰尼1951年在《自由的逻辑》中提出关于社会秩序特征的"多中心"概念，经过奥斯特洛姆等人的进一步研究发展，"多中心"已成为公共品生产与公共事务的重要治理模式之一。与此同时，关于重新分配或分散政府的功能、权力或资源的思考从未停息。斯文·里米尔（1948）认为"去中心化"在社会科学领域主要内涵之一是社会管制方式与在社会组织高度集中时代的民主进程[1]的变化。在"去中心化"理论框架下，必须推进行政资源、基本公共服务的均衡分布，鼓励相关主体积极参与公共事务的决策。随着信息技术在公共部门的应用，尤其是Web 2.0技术在电子政府中的融合应用，将改变原来以政府或用户为中心的政府网站的"菜单式"服务模式。在基于Web 2.0技术开放的基本公共服务供需平台上，各相关主体，如发展改革委、其他业务部门、企业、社会组织、用户都能够公平、有序地参与到基本公共服务的生产供给与公共事务的决策之中。随着公共服务供需平台的推进，政府组织结构、社会治理模式、政民互动机制、公共资源分布格局正逐渐发生变化，未来世界会不断从科层制中去中心化，分享和移动化将是趋势。

3. 成本与价格结构

根据公共产品理论，基本公共服务的外部性特征决定了政府是公共服务的主要提供者，但是，公共服务的生产供给方式可以多元化，如政府生产、私人生产、公私合作等，这也为政府购买公共服务提供了重要的理论支持。随着政府网络供需平台的建设，政府在线购买服务的范围和规模不断扩大，要优选公共服务供给者、提升购买服务效率，就必须充分重视公共服务成本的测算工作、创新政府购买公共服务的定价方法与财政补偿机制。基本公共服务的成本因地区间自然环境、人口结构特征、投入价格要

---

[1] 蒋尉：《德国"去中心化"城镇化模式及借鉴》，《国家行政学院学报》2015年第5期，第113—116页。

素等因素而异①。共享经济时代，许多私人企业开始免费提供便民服务，把服务成本内化在其他增值业务中。商业模式的变化也会影响政府公共服务的成本核算与价格结构；另一方面，要考虑实际情况，根据公共服务特性、物价水平、居民收入、财政支付能力等因素确定各方满意的公共服务价格，使供给主体以不低于成本价的价格水平供给公共服务或产品，保证其持续运营能力。

4. 边界划定

人们看到，在互联网的发展过程中，一些网络平台，诸如百度、谷歌尽管是私人公司创办的，但任何人都可以上网搜索和使用，并不必为此付费。拥有数亿用户的"微信"、"微博"也在免费提供服务，它们甚至已成为当今人们互动交流的主要方式和政府发布服务信息的重要渠道。由此要问，在这些领域，公共与私人公共服务的边界在哪里？人们通常把在网络中形成的社交群体、兴趣小组，如"贴吧"、"知乎"视为新社会组织形态，人们之间互换信息，提供服务，也呈现出了外部性。② 在这里，政府、市场和社会的边界在哪里？网络的开放性特质使得各类供给主体与服务内容的边界不再泾渭分明，出现了互相渗透甚至融合的趋势，边界变得模糊了。在模糊的基础上，重新界定政府、市场、社会之间，平行业务部门之间，综合部门和专业部门之间甚至公私服务之间的作用和关系预示着公共管理、市场管理、组织结构以及社会治理工具及其理论都将发生革命性的进步。

5. 权力与责任

移动互联网与云计算技术在社会领域的融合，重塑了政府、市场、社会之间的关系，强调了各行政部门权力与责任的划分，推动了政府行为透明化。在网络服务平台上，各业务部门要在平台上做好政务信息公开，梳理规范权力事项与权力责任运行清单，实现权责一致，持续推进简政放权；发展改革委通过云平台协同各业务部门，参与拟订科学技术、人口、教育、文化、卫生、体育、民政等基本公共服务领域的发展规划，优化配置公共服务资源，推进社会建设；企业、社会组织、个人通过网络工具参

---

① 鲍曙光、姜永华：《我国基本公共服务成本地区差异分析》，《财政研究》2016年第1期，第75—82、103页。

② 丁元竹：《治理现代化呼唤政府治理理论创新》，《国家行政学院学报》2017年第3期，第37—42、129页。

与公共决策互动、对政府行政行为实现全程监督。新技术的兴起使得"公民与政府之间的权力对比越来越呈现相对均衡"[1]，行政部门持续推进简政放权，完善权责事项与清单，更高效地为公众服务。

第四节　技术创新与公共域的扩张

便宜的处理器、快速的互联网和移动手机的日益普及推动了前所未有的创新。云计算是这个创新过程中的典型表现，也是当前转型和创新的核心动力，就像 20 年前互联网改变了商业模式一样，云计算将会始料不及地摧毁和改变整个产业模式和公益慈善模式，云计算将在政府提供公共服务和社会治理的变革中发挥核心作用。人工智能不仅是一种技术，也是一种"服务"和"资源"，甚至成为现代社会发展和政府治理的基础设施，把人工智能运用到各个领域的直接结果是智能化，诸如，产品智能化、服务智能化、治理智能化等。网络的高速率将使 VR、AR、云技术实现与生活无缝对接；网络的高可靠低时延将使无人驾驶、远程手术成为现实；网络的超大数量终端奠定了物联网广阔、开放的基础，使智慧家居、智慧城市不再遥远。

技术进步与体制变革还没有有机结合起来，更没有把人们的理念，尤其是年青一代的理念考虑进来，这使得许多政策难以落地。例如，医疗卫生改革对于履行政府的公共职能非常重要，但政府需要企业、社会组织乃至个人的合作来确保医疗卫生改革目标的实现，即人们通常意义上说的多元治理。医疗改革的目标之一是，通过降低药物加成比例提高治疗费用的比重，医生对病人实施高端技术加大了治疗的投入，提升了医疗成本，有些纯属没有必要，而且偏离了医疗改革的方向，所以多元治理，既要包括各方面的互动，又要包括制度和价值以及技术的监督，甚至在医疗卫生领域引入终身追究制度。在数字基础上实现医疗卫生改革目标，就必须深入研究医疗卫生大数据的结构特征，发挥医疗卫生大数据的重要作用。医疗卫生信息不仅包括医院的诊疗及医院管理信息，也包括相关企业和研究机构的信息，还包括全国和各个区域的信息，以及公共卫生信息，只有把各类信息互联起来，形成统一的平台，才能使医疗健康大数据充分发挥作

---

[1] 马建堂：《"互联网+"干部读本》，国家行政学院出版社 2017 年版，第 168 页。

用。在这里，大数据就是"互联"和"在线"的意思。政府推动的医疗卫生体制改革必须充分基于现代技术的发展，充分发挥互联网思维的组合优势，把各部门、各地区、各行业的资源充分调动起来，包括区域间、部门间，以及医疗机构之间的各种信息资源，实现合理配置和全面深化医药卫生体制改革的目标。回首屈指，医疗卫生改革已经进入了第八个年头，基层人民的看病难、看病贵等问题确实得到了很大的缓解，在其中，医疗卫生系统的信息化真真切切发挥了功不可没的作用，但是，进一步扩大信息技术在医疗卫生改革中的重用的空间依然很大。这里，关键是把社交媒体引入到这个改革中来。另外，要通过各种方式，确保电子病历、检查信息等信息的准确性。

通常，技术创新是由大学或企业来推动的，然后在市场领域中持续推广，引发连锁反应，导致产业变革或者商业模式的创新，进而引发社会发展和人们生活方式的调适，最终不可避免地推动政府的治理模式的改革和创新，实现国家、市场和社会之间的和谐发展，在这个过程中，相应的文化也就形成了。

社会要适应技术变革。得益于信息获取的便利性——快速、便利、互动，社会主体结构越来越复杂和多元化，因此，社会价值多元化问题越来越突出，治理问题变得更加复杂。互联网的广泛使用正在成为时代潮流，改变着人们的经济活动和生活方式，政府变革必须适应这一新趋势。

案例分析 8-6：美国政府的农村网络振兴计划分析

跨部门特设工作组提出从五个行动领域繁荣农村

特设工作组成立后，在调研基础上提出了超过 100 项建议，试图帮助改善美国农村的生活，这些建议围绕以下五个方面展开（见图 8-21）。

行动领域 1：实现农村信息化

在以信息化为基础的全球经济发展中，互联网不仅为人们提供了舒适和便利，也对经济和社会发展至关重要。互联网将家庭、学校、医疗服务中心相互连接，也与世界各地相互连接，也是提高农场、工厂、森林业、矿业和小型企业劳动生产率的工具。互联网已经成为经济发展、创新、技术进步、劳动力培养和生活品质提升的基本手段。可靠和高速的互联网体系将是美国农村繁荣的催化剂。

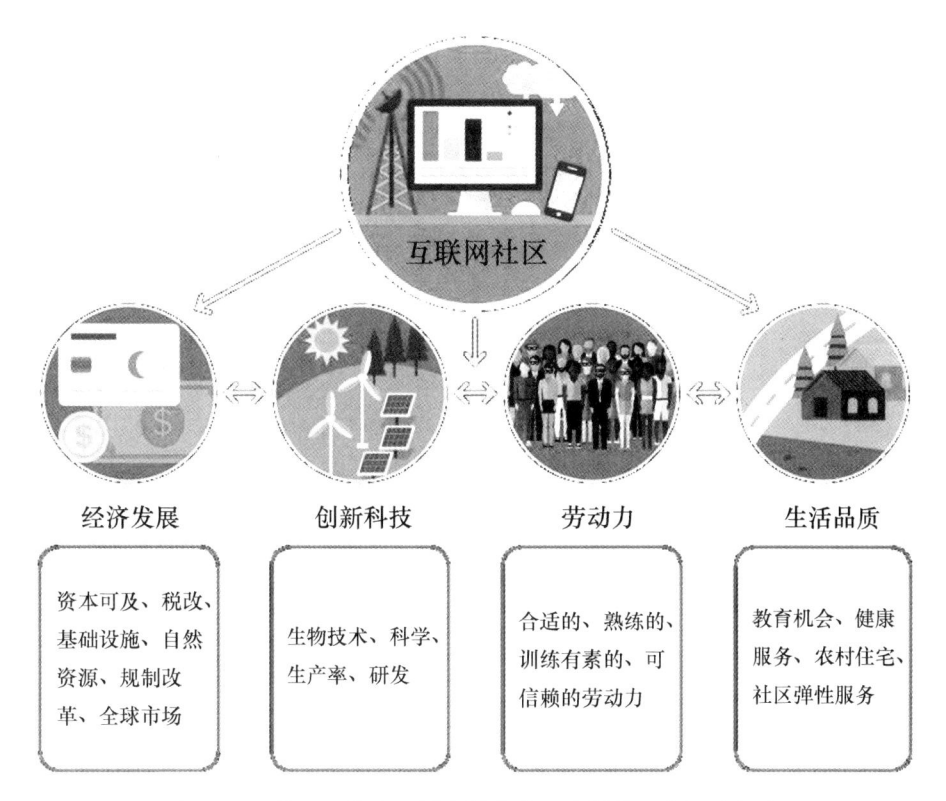

图 8-21　特设工作小组提出繁荣美国农村的五个行动领域

行动领域 2：提高生活品质

确保美国农民能够有高品质的生活是农村繁荣的前提。生活品质是测量人类福祉的重要指标，包含了一系列的经济和社会指标，诸如公用设施、自由式住宅、有效交通工具、可靠的就业等经济指标。经济指标只有与社会指标结合起来才能构成完整的生活品质指标，社会指标包括可及的医疗服务、公共安全、教育和社区抵御风险的能力等。只有经济和社会协调发展才能使农村社区蓬勃发展和实现繁荣。

行动领域 3：支持农村劳动力

为了实现美国农村的繁荣，农村社区要为居民提供就业机会，雇主也需要合格的劳动力来实现自己的经营目标。这就要求明确就业需求，倡导城市和农村服务中心的工作人员为劳动力提供培训，帮助当地企业和组织找出劳动力方面存在的问题，然后与各级教育培训机构合作，开展职业培训，提供学徒机会，培养农村发展所需要的人才。只有为农村社区、各类组织和企业提供熟练的劳动力，才能实现农村地区的繁荣发展，建设繁荣的农村社区。

行动领域 4：利用技术创新

制造业、采矿业和其他非农产业的创新可以提高企业效率和安全性。农村经济进一步发展需要教育，开展相关研究，加强监管，完善基础设施。在大数据日益发挥作用的现代经济中，还需要加强农村大数据开发，提高农村地区大数据的管理能力。

行动领域 5：发展农村经济

要向农村地区注入更强大的商业资源，给农业经济赋权。通过扩大资金选择渠道提高农民和牧场主的生产力，进一步提升农村地区的生存能力和竞争能力。通过创新和推广农业技术、能源安全、娱乐、农业旅游和可持续的森林管理，赋权给社区充分利用美国农村发展基金的机会。要加强农村交通基础设施建设，把更多"美国制造"农产品运送到国内外市场，提高美国农业的全球竞争力。

技术进步已经和正在为实现多元治理和基本公共服务供给创造无限的空间，网络和交流，包括社交网络已经成为相关治理和基本公共服务供给的基础。日益增长的手机和指尖互联不仅改变了商业模式，也为治理者创新治理模式提供了无限想象的空间，更改变了人们的生活方式。2017 年春节，中国铁路总公司和滴滴出行依据自己的数据系统对乘客的年龄结构、消费行为进行分析，这对运输服务行业改善服务工作大有裨益。进一步发展的趋势将是，用户将从数量追求转向质量提升，这将对社会结构带来更加深刻的影响。联想到早期春运，人们要拿着板凳、穿着厚厚的棉衣，半夜到火车站排队，或者通过各种关系，来购买火车票的那个年代，社会确实发生了深刻变革。2017 年手机端购票成为主流，占到了网购火车票人数的 73.1%，几年前还是遍地皆是的火车票预售点已经消失了。互联网不仅改变了人们，也消除了购票过程中的权力介入，实现了更加公平。

截至 2017 年 1 月 20 日，全国有超过 4 亿人次通过铁路、航空和水运方式出行，新技术的应用是 2017 年春运的一大特点之一，这些新技术大大缩短了乘客的购票、取票、通行等环节的时间，同时也对客流量进行了准确及时的监测。北京、广州、长沙等地使用了"刷脸"进站技术，整个通行过程只需要几分钟。网络购票的另外一个优势是，车站可以根据平台上的车票销售情况及时调整运力。在这个过程中，政府、企业、市场之间的关系更加密切，可预测性更强。精准化在这个过程中的体现是，运用大数据和云计算技术，精确定位各类主体之间的关系。

对于移动消费，年轻人或许对此不以为然，但年长的人们却记忆犹新，这就是社会变迁。从火车站售票处，到单位专人负责购票，再到火车、飞机票售票处到处布点和 PC 机上订票，信用卡付款，到移动订票支付，短短 30 年，发生了如此巨大的变革。还有，2017 年，除了火车、飞机之外，私家车的出现以及应运而生的滴滴出行，在 2017 年春节期间的顺风车接送乘客达到 840 万人次，接近春节期间全国铁路运输的 12%，这是新的承运模式，也是互联网发展的结果，有人将其称为共享经济。不深刻认识这种社会变革，就难以把握政府自身改革和创新的迫切性。还有，随着电子商务平台的进一步金融化，年长一代会觉得越来越难以适应和越来越不便利。当然，发展更为个性化的平台功能就显得十分必要。

互联网时代的发展，尤其是创新会是颠覆性的，这是当前发展与创新不同于以往任何时代的一个特点。在这样的时代，人们无法预测未来可能发生什么，只能采取包容开放的态度对待未来，密切关注市场、社会的变化，必须以时刻准备着的心态迎接"黑天鹅"的到来，包括采取包容性态度对待平台经济的发展。

互联网在中国发展迅速，尤其在应用方面走在世界前列。根据国家统计局的数据，2017 年末全国移动电话用户 141749 万户。移动电话普及率上升至 102.5 部/百人。固定互联网宽带接入用户 34854 万户，移动宽带用户 113152 万户，增加 19077 万户。移动互联网接入流量 246 亿 G。互联网上网人数 7.72 亿人，其中手机上网人数 7.53 亿人。互联网普及率达到 55.8%，其中农村地区互联网普及率达到 35.4%（见图 8-22）。网络直播将不再简单是娱乐产业，它将成为一种重要的社交形式。微信是眼下中国人开展社会互动的最大众化的方式，且其发展速度惊人。微信的广泛使用，也招致来自各个方面的批评，诸如冲淡了社会生活，诸如此类，历史上每一种技术进步几乎都面临同样的命运。当然，中国若走得更远，就必须把自主创新，尤其是核心技术的创新摆在重要位置。

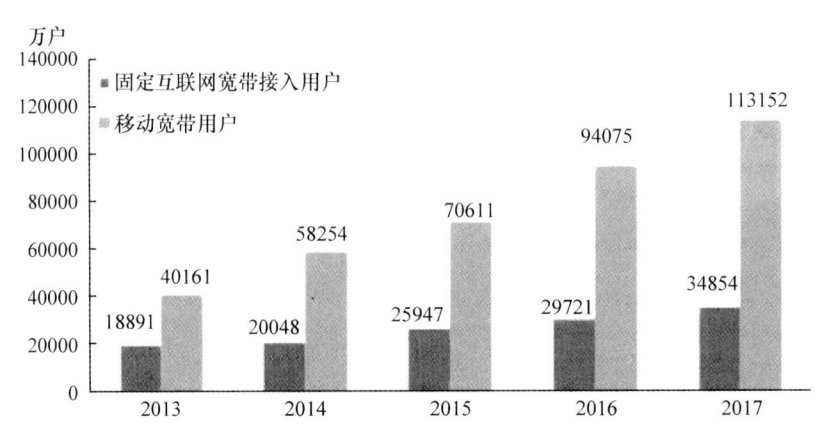

图 8-22 2013—2017 年末固定互联网宽带接入用户和移动宽带用户数

资料来源：《2017 年国民经济和社会发展统计公报》，国家统计局网站。

要高度关注创新的颠覆性特征，并有足够的心理准备。整个社会要对"黑天鹅"现象趋于淡定、冷静、理性、平和。在线、社会化将对创新带来更加有力的推动，集群行为更为突出，社交内容将随着技术进步更加完善，社会结构趋于更加复杂化，更为高级，这将包括智能手机技术进一步改进。

总之，"网络通信技术与产业正在经历一个前所未有的发展时期，在通信流量保持快速增长的同时，业务应用将呈现更为丰富的多样性。依靠单项技术的进一步突破愈来愈难满足上述发展的需求，技术深度融合将是今后 5—10 年的主要发展趋势。另一方面，网络通信系统正日益发展成为一个复杂巨系统，传统的设计理念与方法正遭遇巨大的挑战，必须在基础理论与方法、基础器件、支撑软件、终端形态、网络构建方法寻求新的基础性和革命性的突破，才能使未来的网络通信技术满足人类社会更为长远的发展需求"。[1]

社会学家们依然坚持由于社交网络缺乏面对面的交流而成为不是完整意义上的社会，并且，缺乏面对面的交流会带来一系列的心理和社会问题。最近，国外的社会学家们对社交媒体带来的社会问题进行了定量分析，得出了他们想要的结果。这样的结果在很多社会学家的以往研究中已经体现出来了。未来会怎么样？还需要更加深刻的理论分析和另外不同的

---

[1] 尤肖虎：《网络通信融合发展与技术革命》，5G 微信公众平台（ID：angmobile）。

研究方法。人们面对面是一种习惯——社会学家习惯于家庭、家族、社区等带来的社会化过程，而对于网络的社会影响及其原理还缺乏深刻的认识，说不准这将带来社会学理论的革命性变革。面对面是视觉、听觉、触觉的总和，通过技术照样延伸了这些感觉。

从北京市朝阳区处理网上直播的例子可以看出，政府需要学习新技术和利用新技术来创新政府治理模式。朝阳区出现了大量直播平台，对于直播平台的商业运营模式，税务部门起初也搞不懂。2016年利用大数据辅助税收征管——进入企业调研核实前，有关部门人员下载该公司应用程序，紧急恶补相关知识，熟悉企业的运营特点。慢慢地他们明了：直播公司主播获得各种礼物的打赏后，兑换成虚拟货币，再通过支付宝提现，兑换过程中，公司按一定比例提成。有家企业自成立以来确认的所有收入，都不包括支付给网络主播的个人分成收入，也未给主播代扣代缴个人所得税。目前，我国国内有200多家直播公司，且大量资本纷纷涌入，用户数量已达2亿人，大型直播平台每日高峰时段同时在线人数接近400万，同时进行直播的房间数量超过3000个。我国直播平台已进入爆发式增长期，但这个新兴行业在税收方面还存在一定的漏洞。[①] 对于在线服务和在线活动的管理是完善国家治理体系和提高国家治理能力的重要内容。

第五节　社会政策的综合决策

社会体制改革目标的确定，社会体制整体规划和配套政策的完善需要各个部门一道综合施策，即综合决策。综合决策理论是指这样一种理论，人们在标准化和经验性决策时，可以采用综合决策。一是决策者面临的问题可以从其他问题中剥离出来，或者在最低程度上与其他问题进行比较。二是以目标、价值、目的驱动的决策者思路清晰，能够根据重要性对问题进行排列。三是处理问题的变通方法可以被直接观察和检验。四是每一个变通方法可以被验证、评估。五是变通方法与其预期产出是可以比较的。决策者在变通方法之间有选择的余地：它们的产出、最大目标值、价值，等等。建立全面深化改革的综合决策机制，究其实质来说，就是进一步探

---

① 赵鹏：《主播收入3.9亿补税6000万，税务部门说新业态不是法外之地》，《北京日报》2016年3月10日。

索改革开放的方法论。

一 社会政策的决策机制

全面深化改革的顶层设计依赖于综合决策机制和法制建设。党的十八届三中全会把发展和完善中国特色社会主义制度和推进国家治理体系与治理能力现代化作为全面深化改革的总目标,是基于对中国现阶段发展改革开放面临问题的全面考量,也是基于国际经验、历史发展的深刻反思,更是对中国特色社会主义道路的坚决遵循。习近平同志指出,改革进行到这一步以后,好改的都改了,剩下的都是不好改的,我们把其叫作啃硬骨头,好吃的肉都吃过去了,所以现在需要我们要有顶层设计,要进行综合改革。[①] 综合改革要求,一方面,在时间上,"该中央统一部署的不要抢跑";另一方面,在空间上,"必须跳出一时一地、一部门一行业的局限"。由此可见,综合改革必须综合决策。党的十八届三中全会确定的全面深化改革,除了以往谈到的,被称为中国特色社会主义总体布局的五个方面,经济体制改革、政治体制改革、文化体制改革、社会体制改革、生态文明体制机制改革外,还包括党的建设制度方面的改革、军队和国防改革,堪称全面综合改革。实现这个总目标,首先要加强法制,依法治国,建设法治中国。要把推进法治中国建设作为全面深化改革的突破口。目前,中央全面深化改革领导小组下设六个专门小组,并把办公室设在中央政研室的办公室,眼下,中央全面深化改革领导小组正在汇总梳理各方面的意见,全国各个省市自治区也相继成立深改组,并根据自己的不同情况,设置符合本地实际的专门小组,开展调研,梳理适合本地情况的意见和建议。协调经济体制、政治体制、文化体制、社会体制、生态文明体制、党的建设制度改革以及军队和国防改革,以及协调利益关系,都必须依法进行,通过制定相关法律,使各项改革在法制框架内进行,只有这样,才能使全面深化改革的总目标通过制度完善和治理体系完善的制度化得以实现,最终实现法治市场、依法行政、依法治理社会,依法管理环境生态。

从 2015 年开始,中共上海市委围绕着基层社会治理创新进行了综合

---

① 《国家主席习近平接受俄罗斯电视台专访(全文)》,2014 年 2 月 9 日,中央政府门户网站(www.gov.cn)。

决策的体制机制创新，这个创新过程中，先是由中共上海市委主要负责人牵头成立领导小组，组织动员数千人，包括领导干部、专家学者、基层工作人员参与的调查研究队伍，进行了为期一年的调查研究、理论研究和问题研讨，在此基础上，由市委统一领导和部署起草有关文件，内容涉及基层治理、居委会和村委会改革、基层资源管理、基层人员管理、基层公共服务体系建设等内容，文件起草后，对领导干部进行培训，推动政策实施和落地生根（见案例分析8-7）。

案例分析8-7：上海市社区治理"1+6"文件的形成过程

（一）问题提出的背景

2014年"两会"期间，习近平总书记在参加十二届全国人大二次会议上海代表团审议政府工作报告时谈到加强和创新社会治理问题。习近平总书记提出，加强和创新社会治理，关键在体制创新，核心是人，只有人与人和谐相处，社会才会安定有序。社会治理的重心必须落到城乡社区，加强城市常态化管理，狠抓城市管理顽症治理。现代城市建设，还要加强人口服务管理，更多运用市场化、法治化手段，促进人口有序流动，控制人口总量。要把培养一批专家型的城市管理干部作为重要任务，用科学态度、先进理念、专业知识去建设和管理城市。

为贯彻落实习近平总书记的重要指示，2014年初，中共上海市委、市政府决定把创新社会治理加强基层建设列为该年度市委"一号课题"，由中共中央政治局委员、中共上海市委书记韩正同志担任课题组组长，市委副书记、市委常委组织部长，市委常委、政法委书记和市政府分管副市长担任副组长。

"一号课题"立项后，有人认为，这实际上是20年前关于"加强社区管理和基层政权建设"改革的延续。当时，上海社会发展面临诸多问题，有人说，"上海最熟悉的是行政管理一元化、一统到底、垂直行政领导，最不熟悉的是社会"。关于这个问题，2000年，著名社会学家费孝通在考察上海社区时写道："邓小平同志'南方谈话'发表后，我国沿海地区大城市对外开放和经济体制改革开始以快步走向深入，社会结构和人们的生活方式因此发生了急剧变化，结果使传统计划经济体制下形成的城市基层行政管理系统与新形势下的新城市社会管理的要求不相适应的问题首先提了出来。这个问题在上海表现得尤为突出，上海因此加大了行政管理体制的改革力度，先后试行了'两级政府，两级管理'和'两级政府，三级管理'的新体制，以对付快速而深入的改革开放、大规模市政建设带来的城区管理任务日益加重的局面。"① 如今，20年后的现在，国际国内形势发生了巨大变化，上海在行政体制改革和基层社会治理方面，也出现了许多新情况新问题新挑战。正如市委韩正书记所说的，"基层出现的新变化、新情况、新问题，我们有些掌握、有些只掌握部分、有些根本不掌握"。上海是我国的工业基地，也是国有企业集中的地方。20年前，上海国有企业改革使单位人逐步变成社会人，社区必须承担起解决居民生活的任务，由此带来的这些离开单位进入社区的人们的原有的生活主要由"条"来负责，变为由"块"来承担。在这样的背景下，"社区的责任在无限扩大，而社区的权力却还不明确。事实上，无论是领导社区工作的人，还是社区里具体管理的人，他们对社区本身的内涵、任务和目标都不太清楚，因此也就不清楚社区与街道之间的区别"②。这里，街道体制机制中的内在矛盾和问题、条块之间的责、权、利关系不清晰，使街道在社会治理体系中的作用发挥不出来，居委会定位左右摇摆，居民区治理体系也难以完善、举棋不定。2002年春天，费孝通写道，"我们研究的社区建设，实际上是要把上海这样一个正在迅猛发展、流动性很强的国际大都市里的各种各样的人组合起来，组成一个个邻里合作、安居乐业的新社区，建立起一个地方群众自我管理的基础"③。"一号课题"调研紧紧扣住这样几个问题，诸如基层体制机制、基层队伍、基层综合治理、基层服务保障，分析解决上海基层社区建设中的重要问题。基层体制机制问题，说到底就是长期以来困扰基层发展的街道与居委会之间关系的定位，换句话说，就是政府与社会的关系，以及社区中的各类组织之间的关系，包括社区党组织、居委会、业主委员会、物业公司，各类与社区密切相关的社区社会组织，以及驻区单位之间的关系等。基层队伍问题，主要是如何稳定在基层工作的各类人员，进一步明确和提高他们的工资福利待遇，使他们有一个光明的职业前景；基层综合治理问题，主要是社区治理，包括物业、治安、环境生态，等等；基层服务保障问题，就是如何建设基层公共

---

① 费孝通：《费孝通文集》第15卷，群言出版社2001年版，第244页。
② 同上书，第246页。
③ 费孝通：《费孝通文集》第16卷，群言出版社2001年版，第9页。

服务体系和社会服务体系,实现便民利民的目标。"一号课题"从问题出发,紧紧围绕上述问题开展调研。

(二)课题组织与调研

根据"一号课题"研究需要,中共上海市委、市政府从各部门抽调41人,组成4个调研组,提出12个重点问题,开展了为期一年的调研。调研工作深入细致,调研组足迹遍布17个区县和街镇、居村。调研的第一阶段,深入实地调查情况,发现问题分析问题,调研组一共走访了152个街道乡镇、228个居村,座谈访谈4745人。与此同时,社区居民、党员干部也可以通过"12345"热线、市长信箱、新闻媒体,建言献策。第二阶段以调研组为平台,组织职能部门领导、专家学者、实务工作者参加研讨,对发现的问题深入研究,拟定初步政策方案。来自基层一线、学术界和区县政府部门的同志从各自的角度,对"1+6"文件提出了修改意见。他们特别关注的问题包括基层队伍建设的表述、新的体制机制如何更好促进为群众服务。文件形成后,向广大干部群众征求意见,一共征求到意见762条,采纳402条。第三阶段成果汇总,形成《调研总报告》《关于进一步创新社会治理加强基层建设的意见》以及《关于深化本市街道体制改革的实施意见》等六个配套文件。

政策实施与落实。2014年12月27日,上海市委举行电视电话会议,由市委副书记、市长杨雄主持,应勇对"1+6"文件要点和相关政策举措作说明。2015年1月13日上午,宝山区委书记汪泓主持召开区委中心组(扩大)学习会,专题学习市委创新社会治理加强基层建设"1+6"文件精神。2月份,市委举办各种专题研讨班,布置落实"1+6"文件。

(三)"1+6"文件的亮点和特点

取消街道招商引资职能。深化街道体制改革是"1+6"文件的重要组成部分。深化街道体制改革首先要明确街道职能定位。根据"1+6"文件,街道的主要职能是加强党的领导,统筹社区发展,组织公共服务,实施综合治理,动员社会参与,指导基层自治和维护社区平安。在此基础上,优化街道党政机构设置,加强街道各中心建设,合理核定人员编制,完善政策保障制度。街道党工委和办事处是上级党委和政府的派出机构,这是其基本定位。街道的基本职能是"公共服务、公共管理、公共安全"。在当前,这些基本职能主要体现在促进社区自治和居民自治。

早在2008年,上海市委、市政府就发文,明确中心城区"街道不得招商",并在一些街道试点,包括老的卢湾区、静安区、长宁区等,但当时政策的具体落实情况并不尽如人意。一些区县继续向街道下达招商任务,进行税收排名,甚至对于招商有成绩的街道给予奖励,导致街道应有的职能不能发挥。取消街道招商引资职能及其相应的考核和奖励指标,区县政府对街道财政支出全额拨款,能够使街道充分发挥公共服务和社会治理的职能,为社区治理创造良好的宏观氛围,使街道腾出精力来狠抓违法建筑、违法用地、违规种养、非法营运、无序设摊、群租、环境污染等严重影响群众生产生活的顽症问题。只有改革考核指标体系和完善激励机制,才能实现街道职能的根本转变。在考核过程中,把居民的满意度提上议程,让居民打分,把群众评议作为重要的一票。2002 年,在对上海社区建设进行考察后,社会学家费孝通说:"街道地位的变化,意味着一个地区的居民被紧紧地组织到了区域行政体系之中,而不是像过去那样作为从业人员被单位组织起来。"[1]

目前,很多街道已经开始实施居民满意度评价,比如,普陀区长寿街道。采取群众评分的方式,原本一些排名靠后的居委会反倒排到前面去了。说明,考核指标确实是指挥棒,必须高度重视。

提高居委会自治能力。居委会根据自治章程开展自治,围绕社区居民公共事务,关注居民提出的公共议题,开展协商讨论,进行民主决策。"1+6"文件要求,充分发挥居委会的主导作用,减轻居委会的行政负担,加强居民自治专业化支撑,合理设置居委会。加强居民自治专业化支撑主要是指,鼓励支持居民引入专业化社会组织,提供法律援助、文化建设、物业管理、社会工作、科学健身等专业服务,满足居民的多样化需求。要激发居民参与的积极性和热情,必须推动居民参与制度化,创新自治内容和方式,支持社区骨干发挥积极作用。发挥村民主体作用,必须规范村民(代表)会议制度,完善村民委员会职能。推进农村社区建设,必须构建农村社区生活共同体,加强农村社区公共服务,强化农村社区综合治理。

组织引导社会力量参与社区治理,首先,必须明确参与主体和参与重点。"1+6"文件明确要求,推动驻区单位参与,促进社会组织参与,支持社会工作者参与,鼓励社区骨干参与,引导志愿者参与,组织"两代表

---

[1] 费孝通:《费孝通文集》第 16 卷,群言出版社 2001 年版,第 11 页。

一委员"参与。其次,"1+6"文件要求,完善参与平台和载体,健全区域化党建平台,优化社区协商共治平台,拓展枢纽性组织平台,用好城市网格化的综合管理平台,开放社区资源平台。再次,"1+6"文件要求,健全参与机制和扶植政策,建立健全驻区单位参与社区治理责任约束和评价激励机制,明确政府购买服务范围,规范政府购买服务流程,健全政府购买服务体系,强化政府购买服务绩效评价,完善社会组织发展政策体系。

让居民对社区形成归属感、认同感。社区治理和社区自治,都不是社区建设的目的和根本目标,而是把社区建设成为人民生活的共同体和具有归属感和认同感的社会单位。"1+6"文件提出,把目前的"社区(街道)党工委"更名为"街道党工委",尽管是两字之差,但使得街道党工委作为区委派出机关的性质更为明确,更加凸显居民区的自治功能和自治角色,对于提高居民社区生活的归属感和认同感具有重要意义。文件要求,"建立健全以居民区党组织为领导核心,居委会为主导,居民为主体,业委会、物业公司、驻区单位、群众团体、社会组织、群众活动团队等共同参与的居民区治理架构"。并明确提出,通过协商民主、联席会议、听证会、协调会议以及评议会等方式来研讨和解决居民关心的切身利益问题。文件还要求,创造条件帮助居委会筹集各种资金发展社区事业。徐汇区梅陇三村在开展绿色环保活动中积极与企业和社会组织合作,寻求支持,例如,他们得到万通基金会和北京地球村的支持,推动了事业的发展。另外,他们还积极与 NPI 等民间组织孵化器合作,提高技术和管理水平。

各种社区活动激发了人们的热情,提高了对社区的归属感和认同感。一位退休工程师写道:"自从加入了'家庭一平米小菜园'培训沙龙,我渐渐'走火入魔',还见识了许多和我一样'疯'了的都市种菜人。……我加入了QQ群:菜友帮,认识了全国各地五百余位都市种菜人,一同在网络平台分享都市种菜的点点滴滴。"[1] "在这个沙龙小组里,我认识了很多喜爱阳台种菜的菜友们,我们在课间业余时也会一起交流、分享种植体会,每次兴致上来时都会有聊不完的话题。"[2]

---

[1] 上海市学习型社会建设与终身教育促进委员会办公室:《家庭一平米小菜园》,中西书局2013年版,第126—127页。
[2] 同上书,第162页。

谈到上海的社区，费孝通写道："社区实际能力有多少呢？根据社区目前的综合实力，我觉得社区服务制的首要任务是要动员更多的社会力量，进而组织广大社区居民学习并参与社区生活的自理。社区生活自理就是让越来越多的居民自己来协调和管理他们在社区里的各种关系，而在社区内创建一个适应于我国当前市场经济的、贴近居民具体生活的、满足居民日常需求的服务系统。"① 在梅陇三村和杨浦区延吉新村街道就发生了各类社会组织参与社区建设的生动故事，包括上海知行社工事务行深入社区，组织居民开展各种各样的学习活动。社区服务系统，则是由政府提供的基本公共服务和社会组织提供的各种社会服务的统称。费孝通当时考虑，这个过程需要许多社区居民的积极参与。20年后的今天，人们的思想确实大大解放了，参与热情也在逐步提高。

杨浦区延吉新村街道的睦邻家园建设了图书馆、儿童活动房等，各种服务窗口和娱乐中心，硬件设施周到细致，软件配套考虑人性特征，夯实了基层治理和基层和谐的坚实基础。退了休的老年人可以常常与老邻居一起聊天，很开心、很愉快，小区生活很方便，生活气息浓厚，人情味十足。睦邻家园还建设了各种各样的店铺，供应水果蔬菜、油盐酱醋、日用小百货，家常便饭的小餐厅也比比皆是，日常生活的各个服务门类样样齐全。

为居民自治提供专项活动经费。"一号课题"要求，"居委会工作经费一般每年不低于10万元，主要用于办公、社区服务、自治项目、社区活动、临时应急、临时帮困、访贫问苦、骑楼组建设等工作事项"。文件要求简化居委会经费使用手续，在资金使用上给居委会更大的自主权，使居委会腾出手来，作为一个自治组织发挥作用，而不是变成街道的派出机构。过去，居委会花几百元都要给街道打报告，找街道分管领导签字，这样既影响了居委会的积极性，也使街道工作显得琐碎零乱。居委会自己有了可以支配的资金，办什么事情，自己就可以决定，腾出更多的精力设计项目，动员居民，推动社区居民自治。在简化审批手续的同时，文件要求经费使用必须及时向居民公开，接受社会监督，增强群众在评价中的话语权，提高群众评价在整个评价中的权重。

提高居委会工作人员待遇。"一号文件"坚持，对社区工作人员实行

---

① 费孝通：《费孝通文集》第15卷，群言出版社2001年版，第246页。

社会化招聘、契约化管理、专业化培训、职业化运作，推动居委会工作人员队伍建设。在待遇方面，按照"人均收入高于上年度全市职工平均工资水平，低于事业编制相应人员收入水平、实行动态调整"。根据各个区县经济水平、财政收入状况，制定社区工作人员的薪酬标准，以实际收入为标准，缴纳"五险一金"。建立薪酬体系，设置岗位职级，把职级晋升与工资增长有机结合起来。在调研中也看到，他们还计划进一步考虑把事业编制、公务员、社区工作人员等各个通道打开。

明确参与主体，搭建参与平台。"一号文件"明确，社区治理的参与主体包括，社区范围内的党政机构、企事业单位、自治组织、社会组织、社区工作者、社区骨干、志愿者、"两代表一委员"和社区居民等，并指出，"居民区是社会治理的基本单元，是党和政府团结、引领、组织和服务群众的基础平台"。这些参与主体如何实现社会参与自治？文件提出重点推进五大平台：区域化党建平台、社区协商共治平台、枢纽型组织平台、网格化管理平台、社区资源平台。对于居民关心的物业公司管理问题，文件要求，居委会下设物业管理委员会，把好业委会人员选举关，督促物业公司履行职能，化解由于物业问题引发的矛盾和冲突，监督和督促业委会和物业公司依法履行职能，加强信用管理。

明确政府角色定位。"一号文件"明确，政府在社区建设的角色定位，一是编制政府购买服务目录，引导社会力量参与社区自治。二是完善社会组织服务支撑体系，包括加强资金扶持，把政府购买公共服务资金列入同级财政预算，并随着经济社会发展和财政收入增长逐步增加购买比例。支持居民社区建立社区自治基金，街镇设立社区发展基金（会），吸引社会资金参与社区建设，支持社会力量参与治理。

建立社区工作者职业化体系。"一号文件"明确规定："社区工作者，是指在本市居民区和街道、乡镇公共事务岗位直接从事社区服务和管理，由街道、乡镇承担全部经费保障和统一管理使用的就业年龄段全日制工作人员。"（《上海市社区工作者管理办法》）具体包括，居委会的全日制工作人员，街道、乡镇中心聘用人员，街道、乡镇聘用的社区专职工作人员，以及其他经过区县党委、政府批准纳入的人员构成。职能部门下派到社区，但在执行职能部门任务，本身不属于社区的工作人员，不能被称为社区工作者。各区县可以根据自己的实际情况制定符合区县实际需要的社区工作者详细规定。凡是正式纳入聘用管理范围的社区工作者，享受相应的薪酬福利待遇。

当前,在社区建设中,基层骨干力量职业前景不明确,工资福利待遇不高,难以留住人才,尤其是年轻人,如何通过机制创新、制度设计,实现制度引人、留人,是社区建设的关键。但是,从整个改革,包括事业单位改革方向来看,这种人事体制机制还是有很多值得商榷的地方,需要在实践中进一步完善。"1+6"文件的实施,为社区工作者职业化创造了良好的政策环境。

上海市的经验告诉我们,全面深化改革政策的制定和实施依赖于各个利益相关者的参与协调。综合决策过程必须计算每个部门利用资源的数量及其对整体平衡的影响,要研究各部门是如何对待经济体制改革、政治体制改革、文化体制改革、社会体制改革、生态环境体制改革的相互关系,梳理清楚每一个部门的目标是什么?他们如何达到这些目标?各部门的影响是什么?跨部门分析要求检验主要部门之间的关系,分析部门与部门之间的影响。要加强对于被各部门和各利益集团支配的资源可持续性的评估。全面深化改革,紧紧依靠单兵突进已经不太可能。例如,中央文化体制改革和发展工作领导小组 2014 年启动了 80 多项改革,体现了协同推进的要求,在改革目标上,要求注重与其他领域改革的协调,如加强文化市场体制改革要与经济体制改革相衔接,加强文化管理体制改革要与行政体制改革相衔接,公益文化的发展与社会体制改革衔接,等等。基于文化的既具有意识形态又具有商品属性,既具有文化事业又具有文化产业,既具有社会效益又具有经济效益,既具有文化传承又具有文化创新等特点,要把文化体制改革创新与全面深化改革的总目标有机结合起来,使文化在提升国家软实力的过程中发挥更大作用,又要与基本经济制度改革、行政体制改革和社会体制改革有机结合起来。再如,雾霾问题已经成为当前社会高度关注的问题,中共北京市委全面深化改革领导小组建立与雾霾治理有关的专门小组,这个小组工作的顺利开展取决于与其他部门的合作与协商。从历史的经验看,20 世纪 50 年代,美国经济在快速发展的同时也给生态环境带来巨大压力,1974 年,亚利桑那特区的雾霾天气持续 3 个月,创下 153 天无降雨的历史纪录。针对这种情况,美国联邦政府和各州政府采取双重治理体系来应对:以联邦法律为基本框架,各州因地制宜治理雾霾,同时针对雾霾的区域性特征，打破州界，依据经济地理情况实施统一规划，统一管理，同时把排污交易等市场方法与公众参与有机结合起来，终于在20世纪80年代解决了洛杉矶的"光化学污染问题"。雾霾背后是一系列的问题，诸如生产方式、产业结构、生活方式、消费模式、自然禀赋等，必须对各类因素整合优化，才能得以治理。美国治理雾霾的启示是，各级政府、各种手段必须有机结合起来才能实现预期的目标。还有，持续5年的医药卫生体制改革，取得了巨大成就，但是问题很多，有目共睹，今年不断增多的医患矛盾就是例证。以公立医院改革为例，尽管在改革初期就确定了公立医院改革的公益化方向，但是，依然存在诸如财政补偿机制不完善、基层医疗卫生机构人才短缺以及医疗卫生服务体制不能调动医生的积极性等问题，这些问题的解决不仅依赖医院体制机制本身的改革，也需要政府的财政部门、人事部门，甚至编制部门一起努力，以及医生个人的积极参与，大家一道找到解决问题的办法。医疗卫生作为一种公共服务，其本质是医生对患者的关系，医药卫生体制改革理应吸收医生参与，实现医疗、医保和医药的"三医联动"，而不仅仅是依靠管理部门和专家制定决策，这个教训必须吸取。

综合决策要求有关部门和利益群体参与决策的所有过程。通过沟通，使决策各部门和决策涉及的各利益群体达成共识。中国的改革历经先易后难，从最能形成共识的地方启程，实行渐进改革。目前进入攻坚阶段，利益格局多元，认识有差异且差异巨大，必须从全局式展开改革，敢于迎着难题走。深化改革面临的最大难题是利益调整，几乎每一项改革背后都是利益关系。建立深改组的最大目的就是在协调利益关系，跳出过去相当时期，各个部门"自己改自己"的路径依赖，借助外部的力量，对自己的症结动手术，以刮骨疗毒、壮士断腕的勇气，把改革推向深入。根据综合决策的原则，深化改革的所有部门政策和立法都必须通过深改组的研究、讨论、评估、试点，方能推动实施。在一个国家社会结构单一的时候，决策者可以像指挥军队一样引领社会前进。当利益格局复杂、社会诉求多元以后，未来的前途在何方就变得不够明确，应当把更多的决策交给社会去博弈，交给社会组织去负责。在这个意义上，综合决策又是一个提出政策和执行政策的行动过程，必须把综合决策的制定和执行纳入整个政策体系中去。另外，综合决策既是一个探索过程，又是一个参与过程。所谓探索是指在制定综合决策之前，决策者应当会同专家对决策的目标和实际状况进行研究和评估,提出发展目标和具体运作手段,并随着政策实施进行监督和修正。所谓参与过程是指被实施政策的地区和部门的利益群体和个人都要参与政策的讨论和政策制定,并参与政策实施,这些参与者或者在实施综合决策的过程中获得利益,或者在政策的实施过程中失去利益。综合决策就是要在对各种利益群体冲突目标的协调中达到全面深化改革的总目标。中央全面深化改革领导小组是一个综合决策机构。中央把全面深化改革领导小组办公室设在中央政策研究室,在这样的机构设置基础上存量优化,再增添两个直接服务于中央深化改革领导小组的内设机构,成为中央深改革的一个办事机构、咨询机构和信息汇总机构。中央深化改革领导小组负责改革总体设计、统筹协调、整体推进、督促落实。中央全面深化改革领导小组根据党的十八届三中全会列出的336项改革举措,明确了各项改革举措的牵头单位、参加单位和成员单位。改革任务多,工作任务繁重。

二 以现代技术和体制机制创新支撑社会政策决策

谈到社会治理的效果,美国学者塞缪尔·鲍尔斯写道:"若要实现良好的治理,政府必须了解人民对治理体系的看法,如法律、经济刺激措施或道德诉求等。民众将根据自身意愿、目标、习惯、信仰,以及可能对行为产生促进或制约作用的道德因素来对政府的政策措施作出回应。"[1] 这句话道出了两层意思,一层是政府的治理政策若是有效的,必须建立在广泛的民意基础之上,必须坚持群众路线,这就要求政府在出台相关治理法律、法规和政策之前,必须广泛听取公众的意见和建议,以及居民对基本的社会规范的要求,而不是仅仅依靠政策制定者们的感觉和专家们的决策咨询建议。第二层是在政府出台相关的治理法律法规政策之前,在社会中已经存在着一套或数套(多元文化的国家或民族一定是多元规范的)社会规范,这些社会规范经过历史的潜移默化已经深入人心,他们会根据自己的愿望喜好、生活目标、习俗习惯、人生信仰等决定对相关治理制度的取舍和作出行为选择。很多情况下,社会治理的实施者与公众之间的预期是存在巨大差距的。社会体制的目标模式、

---

[1] [美]塞缪尔·鲍尔斯:《经济动物:自利的人类如何演化出利他道德?》,刘少阳译,浙江教育出版社2018年版,第2页。

整体规划和配套政策的研究也不能离开特定文化环境下的社会规范特点。良好的社会体制如果缺乏其所需要的伦理和其他社会动机，无疑会大大削弱其实施效果。各种社会治理措施与人们已有价值观和行为习惯需要协调，但有时候会相互削弱，有时候会相互促进，关键是政策制定者如何把握好火候。如果治理政策妨碍了人们的价值观的实现和与人们已经形成的习惯相悖，而治理政策和价值观与习惯都是必需的话，在此排挤效应下，人们响应治理政策的积极性就会大打折扣。事实上，一个社会的公民美德不仅是对历史的继承，更是特定社会中的政府良好治理的体现，也是其重要的基础。"正如良好的风俗习惯需要仰仗法律来维持一样，法律本身也需要良好的风俗习惯来促使其能得以遵循。"[①] 当然，法律与习俗习惯是相互作用的，严格和好的法律会逐步养成人类良好的习惯，而良好的风俗习惯也会促进法律的有效执行。当然，二者不是问题的全部，这点就可以从印度种姓制度的历史发展中看到：尽管在法律上种姓制度被废黜了，但在现实中，种姓制度依然大行其道，这里面还有宗教的因素，印度是一个宗教色彩浓厚的国家。从某种意义上说，种姓制度是印度面临的最大挑战，占印度人口14%的穆斯林少数派与占其人口大多数的印度教徒也存在身份冲突风险。由于历史、宗教和种姓等原因，使社会关系的紧张冲突风险是存在的，这是印度社会关系模式的特征之一。这些大大影响了印度的政治运作，各党派在选举中都不能不考虑宗教问题和种姓问题。

（一）积极发挥大数据的作用

庞大而复杂的决策系统，必须依赖数据治理国家。要把大数据发展作为推进国家治理体系和治理能力现代化的重要内容和基础性工作。在当今，"作为一个领导者，毫无疑问，必须接触和捕捉各种有关产业、竞争者和政府的信息"[②]。当今世界，传感器、微处理器无处不在，甚至无时不在，世界和我们国家几乎都处在这样一个时代。环视周围，办公室、公共场所、作为私人场所的家庭都留下了数据痕迹。这些痕迹表明了数据的性质、状态和位置。使用传感器的人们通过互联网相互交流，又形成了一

---

① [美]塞缪尔·鲍尔斯：《经济动物：自利的人类如何演化出利他道德？》，刘少阳译，浙江教育出版社2018年版，第13页。

② Ram Charam, *Leadership in the Era of Economic Uncertainty, the New Rules for Getting the Right Done in the Difficult Times*, Mc Graw Hill, 2009, p.123.

个巨大的世界和庞大的数据库,来自媒体、来自无线或有线电话、有线电视、卫星组成这个庞大的数据库,这个数据库拥有海量的信息,对于这些信息的分析和把握是把握时代特点、历史进步、社会发展、经济运行的基本途径。世界各国,包括亚洲国家,对于大数据战略日益重视,并试图通过数据分析引领政府决策和社会进步。

全面深化改革综合决策的数据支持一方面依靠各个部门的专业数据,也可以通过"云数据"来扩充自己的数据来源,最重要的是作为全面深化改革领导小组办公室,必须拥有自己的"数据科学家",这是当代科学决策、综合决策的基础。作为一个协调结构,只是接收数据是远远不够的,还需要走出去,主动收集数据,了解社会对于全面深化改革的评价,单个社会成员对于某个具体问题的看法,这就是所谓的民意调查,世界各国对于民意调查都是非常重视的,从历史上就是这样。近年来,美国政府尝试建立"数据驱动的决策方法",就是试图通过数据来改变目前的决策过程,从而使政府更加有效率、更加开放、更加负责,引导经济社会发展的将是"基于实证的事实",而不是"差不多"的判断。准确地判断可以在更大程度上避免利益集团对于决策影响和左右,实现决策科学化、民主化和法制化。在竞选美国总统之前,奥巴马说,为了确保每一个政府机构都能跟上21世纪的标准,必须任命国家的首席技术官。奥巴马实现了自己的诺言,2009年3月5日,奥巴马上任不到两个月,就认命了联邦的首位首席信息官,4月18日,他又任命了联邦的首位首席技术官。2011年12月,美国联邦政府宣布了"云优先"政策,要求所有政府机构的信息系统,必须优先考虑建立云平台。2011年2月,白宫发布了《联邦政府云战略》,要求联邦政府机构必须在三个月确定3个可以推向云平台的系统,年内完成一个。2011年,联邦政府的2094所数据中心,通过云计算,在2011年合并完成了137所,未来五年再精简800所。2012年,奥巴马政府宣布大数据研究和开发倡议(the Big Data Research and Development Initiative),以探索如何使用大数据处理政府面对的问题,该倡议跨越6个部门,共有项目84个。①

完成全面深化改革的任务,至少必须考虑完成三个数据来源的建设,一是业务管理数据,诸如医疗卫生、社会保障、就业、经济运行、

---

① Executive Office of the President (March 2012), White House, Retrieved 26 September 2012.

金融财政等。二是社情民意数据，坚持群众路线，一方面，要求我们的决策人员和决策咨询人员，必须深入实际，调查研究；另一方面，还要求政府支持建立第三方的社会调查系统，通过科学抽样，问卷调查，及时了解民意，使社情民意数据成为我们改革的"晴雨表"。三是物理环境的数据。所以，在中央全面深化改革领导小组办公室下设一个信息局是十分必要的。这样，就可以实现各地区、各部门互联互通、资源共享，为把握改革的复杂性、关联性、系统性提供巨大的技术支持。建立信息系统的含义是指必须建立一个信息系统来支持综合决策。综合决策政策分析的核心是信息分析。综合决策信息分析的内容包括，正如习近平同志要求的，整体政策安排与某一具体政策的关系、系统政策链条与某一政策环节的关系、政策顶层设计与政策分层对接的关系、政策统一性与政策差异性的关系、长期性政策与阶段性政策的关系。全面深化改革的大数据系统要具备把这五个关系的内容数量化的能力，这样才能够真正使其成为综合决策的技术支撑。

当前，就全面深化改革需要进行的综合决策而言，建立信息收集和分析的步骤包括：一是在利用已经建立起来的全面深化改革信息系统和数据库的基础上，确定全面深化改革的具体方案，确定调查的范围、对象和时间。正如习近平同志要求的，从问题开始，就必须坚持调查研究。调查研究是谋事之基、成事之道。二是仅仅利用指标体系所建立的调查表格并不能说明所有问题，应当使用全面深化改革数据分析之外的其他研究方法，诸如利用政府文件、会议、对于参与者和当地人民的访问，等等。三是建立信息分析的系统（数据库），充分利用大数据。四是建立分析模型——包括全面深化改革统计资料分析模型、全面深化改革现状评估模型、综合决策最优化规划模型，等等，这些模型可用于诊断预警、决策问题分析和决策问题求解。总之，大数据在全面深化改革中的科学广泛应用，将使深化改革领导机构如虎添翼，不断把改革推向深入。

（二）充分借鉴现代智库的方法

一个政策越综合，它的制定过程和实施过程就越复杂。因此，综合决策除了需要一个巨大的数据库支持外，还必须有范围广泛的专家参与，我们通常将其称为"外脑"。"从全球趋势看，随着信息技术的发展，全球化进程的不断加速，世界各国面临的内政、外交问题越来越复杂，从而促使政策制定者寻求政府体系以外的思想库的政策支持。"[1] 里根的变革有两个重要前提，一是彻底的税收和政府管制改革，二是与苏联社会主义的激烈的军备竞赛，后者导致了美国国防开支大幅增长，强硬的外交政策暴露无遗。里根的这些政策得到了兰德公司分析报告的有力支持。[2] 利用智库决策已经成为世界各国的普遍做法。就世界范围内而言，各个国家的大部分智库属于非营利组织，在美国和加拿大一般是免税组织。

全面深化改革，还必须有一个在改革方面有丰富经验的专家队伍作为智库的人力资源支持。中国改革开放 40 多年，参与这场改革的老中青专家依然活跃在发展改革的不同领域，发挥他们的聪明才智是把改革推向深入的重要条件。从国际经验看，在综合决策过程中，专家队伍发挥着重要作用，尤其在技术分析和信息处理方面，专家发挥着关键性作用。专家提供的技术和信息将影响到综合决策的决策可行性，决策的执行、监督和评估。召集一批能够将专业特长运用于综合决策的出色经济学家、政治学者、文化学者、社会学者、环境学者以及历史专家建立某种研讨机制非常重要，这些人必须熟悉经济、政治、社会、文化等领域的工作，既有理论，又有实践经验，又不具体执行政策、没有实权，会比较超脱独立地进行政策设计。当前，在全面深化改革领导小组下建立这样一个机构非常有必要，在一定时期，让优秀学者能够集中精力研究与公共政策相关的问题，在全面深化改革进程中发挥作用，提供真知灼见。以加拿大咨询局为例，该局本着"促进在不同思维方式下事实和观点的交流，及早发现和解决问题，并深化公众对这些问题的理解"[3] 的宗旨，在为加拿大政府决策咨询中发挥了重要作用，这个群体在政策制定的共同体中找到了一个清晰的服务领域。他们通过发表各种各样的研究成果，与政策制定者和新闻记者交流来影响政策。智库通常通过举办会议论坛讨论各种内政外交问题，鼓励成员发表内部演讲，出版书籍、咨询报告、形势分析、政策简报等影响社会和决策。"系统分析是兰德公司对国家

---

[1] 王莉丽：《旋转门：美国思想库研究》，国家行政学院出版社 2010 年版，第 4 页。
[2] ［美］亚利克斯·阿贝拉：《白宫第一智囊：兰德公司与美国的崛起》，梁筱芸等译，新华出版社 2009 年版，第 185 页。
[3] ［加］唐纳德·E. 埃布尔森：《智库能发挥作用吗？》，扈喜林译，上海社会科学院出版社 2010 年版，第 38 页。

决策机构最引人注目和最具争议的贡献之一。得益于系统分析的先进性，兰德公司领先开创了核领域分析——换句话说就是拓宽了核武器的应用范围。"①

（三）紧紧依靠人民群众推动改革

人民是改革的主体，必须紧紧依靠人民推动改革。"共同的战略是一个组织过程，在许多方面与其结构、行为和机构的文化不可分隔。"② 只有实现好、维护好最广大人民的根本利益，推动人民群众的广泛参与，才能激发人民群众的改革热情，使全面深化改革获得不竭的力量源泉。当前改革进入深水区，遇到的复杂利益关系问题，往往都难以决策和权衡，只有深入群众，倾听群众的呼声，让人民群众参与到事关他们自身的重大决策中，才能面对严峻挑战不动摇。

在中国这样幅员辽阔、人口众多、城乡差别、地区差别、群体差别都比较巨大的国家，推动全面深化改革，必须特别考虑社区人民的态度和社区自身的传统文化及生活方式。广泛有效的公众参与是实现信息对称和决策科学的坚实基础。每一个社区会拥有自己独特的自然资源，按照其文化背景来综合考量全面深化改革的各个方面。实施综合决策战略，意味着更多地了解人民群众的需求和文化，这要在法律和制度中逐步形成标准，需要承认社区人民的综合权利（他们对于自己的生存环境、土地和资源的所有权、智力和文化产权以及管理环境和自然资源的权利）。公众参与意味着对于特定社区实施的政策和工程项目必须由当地的人民参与和表决。在社区人民参与过程中，前提是承认社区人民对于自己的发展环境有选择和管理的权利。但是，这种权利应当不与全面深化改革总体布局和总体目标发生冲突。

三 能力提升和绩效评估

（一）提升综合思维能力

仔细审视全面深化改革，"全面"，意味着两个或多个部门从事共同的改革，通过一道工作而不是独立行事来实现改革的总目标，至少包括，

---

① ［美］亚利克斯·阿贝拉：《白宫第一智囊：兰德公司与美国的崛起》，梁筱芸等译，新华出版社 2009 年版，第 7 页。

② Henry Mintzberg, etc, *The Strategy Process*, *Concepts*, *Contexts*, *Cases*, Pearson Education Inc, 2003, p. 73.

"为合作调配人力和财力资源;设计良好的运作系统并实施有效管理;在追求的主要目标和多种次级目标间的平衡上达成共识并保持共识;创造有效的合作文化或良好的人际工作关系准则;获得政治家的认可和支持等"[1]。这也是为什么习近平同志要求对全面深化改革的复杂性、关联性、系统性要有充分估计的原因。实际上,这是要求进一步解放思想。进一步解放思想,就要求建立综合思维,通过综合思维,来认识当前的重大改革举措牵一发而动全身,在行动过程中,必须稳妥审慎。对于各项改革举措出台,在领导方式上,必须强化集中统一领导,在重大决策上必须搞好总体设计、统筹协调,在具体实施中,必须整体推进、督导落实,以实现各项改革工作统一谋划、统一部署、统一推进、统一实施。全面深化改革要求建立共同工作的文化和行为规范,共同工作需要人与人之间的相互信任,"为合作意图构建一个高效的运作系统需要一系列的前提条件,包括以信任和务实为特征的人际文化,一套能够促使决策层形成并保持共识的有效机制"[2]。还要提倡调查研究的作风,没有调查就没有发言权,要从人民的实践创造和发展要求中完善政策主张。要创造条件,建立独立思考、热烈讨论、大胆争论、深入探索的人文环境,突破各种禁区,把各种有待于厘清的问题厘清楚,提出正确的对策措施。只有这样,才能达到发展永无止境、改革永无止境的境界。

(二)提高协调执行能力

任何政策只有付诸于行动才能变成亿万人民的实践和创造。政策的行动框架包括在各级政府、各类部门和相关利益群体的参与者之间进行综合决策问题的培训、教育和沟通。要通过干部培训,使各级领导干部,了解中央全面深化改革的整体政策安排与本部门本地区具体政策的关系,例如就全面深化改革的总目标而言,国有企业改革必须紧紧围绕发展和完善中国特色社会主义制度与推进国家治理体系和治理能力现代化进行,正确处理完善混合所有制与建立现代企业制度的关系;了解中央的系统政策链条与某一政策环节的关系,例如,就民政部门贯彻落实中央关于政府购买公共服务的政策而言,必须明了社会组织、企业和机

---

[1] [美]尤金·巴达赫:《跨部门合作——管理"巧匠"的理论与实践》,周志忍等译,北京大学出版社2011年版,第13页。

[2] 同上书,第3页。

构都是购买服务的主体，而不仅仅是社会组织，必须把社会组织作为市场主体来培育，以实现其购买服务的目标和能力，当然，鼓励社会组织参与公共服务供给，就需要一定的优惠政策；了解政策顶层设计与政策分层对接的关系，例如，就人力资源和社会保障部门扩大社会保障覆盖面来说，加快推进基层社会保险经办机构建设必须与发挥市场在配置资源中的决定作用的制度安排衔接，更多地发挥银行、保险机构在资金收缴发放中的作用；了解政策统一性与政策差异性的关系，例如，地方政府的改革政策与中央政府的统一安排要衔接，北京市在成立中共北京市全面深化改革领导小组后，下设14个小组，在与中央的六个小组一致的同时，考虑北京"大城市病"和雾霾等特点，专门设立小组就是一例；了解长期性政策与阶段性政策的关系，例如，教育体制改革的长期目标是培养德才兼备的创新型人才，阶段性的改革要致力于逐步取消教育机构的行政级别，取消文理分科，实行多次高考制度，实现教育公平等。努力提高多元改革目标的互补性，两个以上的政策一道实施，必须提高它们之间的互补性。例如，高等教育改革与扩大就业有机结合起来，这些都是新时期各级领导干部素质能力提升的重要内容。

（三）加强对全面深化改革措施的综合评估

苏联改革失败，导致国家解体的历史教训值得吸取。在谈到苏联20世纪后期改革的教训时，苏联部长会议主席尼·伊·雷日科夫写道，"我国在着手改革的时候，它的领导并没有以应有的方式深入评估进行改革应采取哪些相互联系的必要步骤，以及由此产生的长期后果"。[①] 在当前，推进全面深化改革，要对于介入综合决策的各个利益集团，不论是政府管理部门还是地方社区，都要考虑到他们在综合决策过程中的实际关系和实际利益，这是他们作为参与者的激励机制所在，考虑到所有权关系和对整个综合决策的全面理解在实行计划的初期是十分重要的。一旦执行综合决策的行动开始，就会出现既得利益者和受损失者，如果一部分人拒不接受改变这一现实，那就要与其进行协商。在国内外形势瞬息万变的状态下，必须考虑到综合决策计划的变通问题。一旦条件发生变化，如果计划不改变现实，就会被现实改变计划。综合决策一旦进

---

① ［苏］尼·伊·雷日科夫：《大国悲剧——苏联解体的前因后果》，徐昌翰等译，新华出版社2008年版，第4页。

入实施阶段，可能会涉及社会的方方面面，不同层次，诸如个人、家庭、企业、部门、地区和国家，甚至涉及有关的利益群体，综合决策的目的就是要协调这些利益群体的相互冲突，推动他们共同去实现全面深化改革的目标。

为了保证综合决策按既定的目标实施，必须对综合决策的实施不断进行评估。评估是综合决策的一部分，它贯穿决策的始终并寓于决策因素的每一个方面：目标、参与、沟通、决策体系中的角色规定、规划、执行和效果。在综合决策过程中，评估的频率取决于条件的变化速度和变化的方向，以及全面深化改革遇到的问题。在成功的综合决策的设计和执行过程中，评估往往是以隐含的形式出现的。例如，在实施综合决策战略中，评估贯穿于决策的目标的制定、决策的制定和决策的执行。在评估的过程中，要不断根据实际情况，修正目标和调整措施。

综合决策评估人员由两部分人组成，一是由实施综合决策而涉及其利益的群体，即局内人，另外是那些与改革无直接关系的人，即局外人。局内人和局外人是不一样的。局内人评估是最基本的，局外人评估对于综合决策有积极促进作用。直接参与综合决策的人们将从这种决策中获得利益，所以，应当鼓励他们积极地参与，并充当中心角色。作为参与者，他们会在评估中获得更多的信息并知道如何达到既定的目标。对于各级决策者来说，每一具体的问题都与当地的实际情况有关，政策的有效性取决于政策对当地情况的把握。所以，由地方和部门参与评估是综合决策评估的基本要素之一。局外人的观点，非基本的和独立的观点对于理解综合决策也是不可缺少的。一个局外人的评估会给决策者一个新的视角，使他们避免由于自身的利益而产生偏见。

总之，当前，我国经济增长进入转型升级和建设现代经济体系新时期，经济结构进入调整期，体制改革进入攻坚期，遇到的矛盾和问题空前复杂，这些，都需要各级领导干部和全社会在战略上以巨大的勇气面对形势，在战术上以科学与细致的方法面对问题，攻坚克难，扎实推进，取得全面深化改革的决定性胜利。要把社会体制改革与经济体制、行政管理体制、文化体制和生态文明体制改革密切结合起来，全面推进深化改革。

当代社会体制改革面临着前所未有的环境，中国面临千年未有之大变局，世界面临百年未有之大变化，经济技术进入一个新阶段，政府改革和治理也面临前所未有的变革，社会发展面临前所未有的形势。互联网带来的变化是革命性的。它改变了人与人之间的互动方式、社会结构，甚至形成了新的代际关系，由于互联网在公共服务领域的广泛应用，改变了政府的治理模式，进而改变了公共服务供给方式和公共领域，带来了新的公共空间，形成了新的社会空间。人们在新的社会空间中形成了新的社会关系模式，这又是我们在考量社会体制改革时不能忽视的因素，必须对社会体制改革进行综合决策，建立和完善相应的综合决策机制。

第九章　改革和创新社会体制

　　社会体制改革的总目标就是要通过推动各项制度的改革和完善来建设一个适应中国特色社会主义现代化"五位一体"布局要求的现代社会。中华人民共和国成立，中国从一个半殖民地半封建的社会进入社会主义社会；改革开放，中国从一个农业社会进入一个城市化程度较高的社会。在迈向第二个百年目标的进程中，要在继续深化经济体制改革和加强经济建设的基础上，不断深化行政体制、文化体制、生态文明体制的改革和大力推进文化建设、政治建设、生态文明体制建设，建设一个人民群众生活品质更高、人类发展指数居世界前列、社会更加稳定有序、社会动员机制完善、社会活力充分激发、开放包容奋发向上的现代社会。社会是一个有机体，具有连续性，它走向哪里，既取决于当前的环境，也取决于它从哪里来。一个以内生文化为基础的社会，其连续性更强。社会连续性的基因是文化。

　　党的十八大以来，以习近平同志为核心的党中央紧紧抓住新时代中国社会的主要矛盾，站在国家发展全局思考我国的社会发展，高度重视保障和改善民生、激发社会活力和维护社会秩序等社会建设中事关全局的重大问题。基于党的十六届六中全会以来我们党在"社会建设"领域的思想理论创新和政策创新成果以及各地社会建设的创新探索，在一系列讲话和谈话中，逐步形成了习近平新时代中国特色社会主义社会建设的重要思路，成为习近平新时代中国特色社会主义思想的重要组成部分。这是我们设计社会体制改革总体目标、进行整体规划和配套设计的坚定遵循。

　　深化社会体制改革是以习近平同志为核心的党中央推进以民生为重点的社会建设的重要举措，是以民生为重点的社会领域中的制度建设。2013年11月，在党的十八届三中全会上，习近平总书记明确提出了社会体制改革的任务，要求"紧紧围绕更好保障和改善民生、促进社会公平正义深化社会体制改革，改革收入分配制度，促进共同富裕，推进社会领域制度创新，推进基本公共服务均等化，加快形成科学有效的社会治理体制，确保社会既充满活力又和谐有序"。按照习近平总书记的要求，深化社会体制改革，必须紧紧围绕着保障和改善民生，以收入分配和走共同富裕道路这条主线，激发全体社会成员的内生动力，参与国家事务、经济社会事务和解决自身问题，使社会运行成本最低化，社会整体稳步向前，社会成员信心满满，社会充满动力和活力。这为新时期社会体制改革指明了方向，也是我们研究中国社会体制改革的基本目标和配套政策必须坚守的基本原则。

从中国的国情和历史发展看，中国特色社会体制是中国特色社会主义制度的具体制度。党的十八大报告指出："中国特色社会主义制度，就是人民代表大会制度的根本政治制度，中国共产党领导的多党合作和政治协商制度、民族区域自治制度以及基层群众自治制度等基本政治制度，中国特色社会主义法律体系，公有制为主体、多种所有制经济共同发展的基本经济制度，以及建立在这些制度基础上的经济体制、政治体制、文化体制、社会体制等各项具体制度。"[①] 这段重要论述在坚持中国特色社会主义基本政治制度的同时，对中国特色的利益格局作出了基本的描述：公有制为主体、多种所有制经济共同发展的基本经济制度，社会体制是建立在基本经济制度之上的。结合习近平总书记在党的十八届三中全会上的讲话，社会体制改革，在中国的语境下就是，合理布局公共空间："推进基本公共服务均等化"；形成安全有序的社会空间："加快形成科学有效的社会治理体制"；建立符合中国国情的社会关系模式："确保社会既充满活力又和谐有序"。发展和完善中国特色社会主义制度不是抽象的，而是具体的，它具体到各个领域的体制改革、完善和创新。不断深化各项具体领域的制度改革就是不断完善中国特色社会主义制度的过程。社会体制是中国特色社会主义制度的具体体现，也是中国具体国情的体现。

第一节 社会体制改革的核心目标

在当下中国和在中国完成第一个百年目标并迈进第二个百年目标的进

[①] 胡锦涛：《坚定不移沿着中国特色社会主义道路前进，为全面建成小康社会而奋斗》，人民出版社 2012 年版，第 10 页。

程中，社会体制改革的核心目标是坚持在发展中保障和改善民生，率领全体人民走向共同富裕。始终坚持发展是第一要务的思想不动摇。习近平总书记指出，"让老百姓过上好日子是我们一切工作的出发点和落脚点"。中国共产党坚持立党为公、执政为民的本质要求就是增进民生福祉。民生就是人民生活。保障和改善民生就是动员全体人民为自己的生活奋斗，鼓励和帮助人民实现美好生活的愿望，不断提升人民的幸福感和获得感。就业是民生之本，社会保障是民生之盾，有就业才能有稳定的收入和可靠的社会保障，良好医疗卫生及教育，才能改善居住条件。必须发挥社会政策的兜底作用。

让老百姓过上好日子必须千方百计推动经济健康持续稳定发展。民生目标需要通过稳步推进经济发展来实现。改革开放四十多年的经验证明，只有紧紧抓住经济建设这个"牛鼻子"，才能有扩大的就业、高质量的教育，才能不断改善人民群众的医疗卫生状况，才能确保社会保障体系不断完善，社会福利的大大提升，公共文化日益繁荣。

只有民生需求得到了满足，人民才会有更多的获得感、幸福感和安全感。发展的目的就是要使人民群众在实际中得到实惠，在生活上得到改善，在权益上得到保障。不断满足人民日益增长的物质和文化需要，实现人的全面发展是中国共产党的根本宗旨。现代国家发展经济，创造财富，推动社会进步的目的就是让人民获得幸福。如果发展就不能回应人民对幸福的期待，不能让群众得到实际利益，这样的发展就会失去意义，因此，一切工作必须时刻心系百姓，努力让老百姓过上好日子，让所有的老百姓都过上好日子，真正实现共同富裕和社会公平正义的目标。

一 始终坚持民生是人民幸福之基和努力实现社会和谐这一根本宗旨

保障和改善民生必须把脱贫攻坚作为"十三五"期间的头等大事和第一民生工程来抓，坚持以脱贫攻坚统揽经济社会发展全局。重视扶贫工作是习近平同志的一贯思想和工作作风。早在浙江工作期间，习近平同志就高度重视扶贫工作，要求把帮扶困难群众放在更加突出的位置。

根据国家统计局的数据，2018年末，全国农村贫困人口1660万人，从2012年末的9899万人减少至1660万人，累计减少8239万人；贫困发生率从2012年的10.2%下降至1.7%。扶贫工作摆在了"十三五"规划和全面建成小康社会的中心位置，习近平总书记要求把农村贫困人口脱贫作为全面建成小康社会的基本标志，强调实施精准扶贫、精准脱贫，确保我国现行标准下农村贫困人口实现脱贫、贫困县全部摘帽、解决区域性整体贫困。同时，他还要求关心城镇低保人口、65 岁以上的老年人、城镇务工的农民工、上千万在特大城市就业的大学毕业生和城镇登记失业人员等特定人群的生活，努力践行邓小平同志在改革开放初期提出来的、后来不断强调的走共同富裕道路的制度设计，完善和发展中国特色的社会主义制度。

保障和改善民生必须坚持公平正义，不断完善收入分配制度。这是完善利益格局的关键。我国经济发展的"蛋糕"在不断做大，但分配领域存在的问题仍然比较突出。在共享改革发展成果上，无论是现实情况还是制度设计，都还有亟待完善的方面。习近平总书记指出，"公平正义是中国特色社会主义的内在要求，所以必须在全体人民共同奋斗、经济发展的基础上，加紧建设对保障社会公平正义具有重大作用的制度，逐步建立社会公平保障体系"。建立社会公平保障体系，就是要不失时机地推进机会公平、权利公平和规则公平。让每一个人都有机会、权利参与到经济建设中来，享受改革开放带来的成果。社会公平保障体系是社会体制的核心价值。完善社会公平保障体系还要积极扩大中等收入群体。2016 年 5 月 16 日，在中央财经领导小组第十三次会议上，习近平总书记强调，扩大中等收入群体，关系全面建成小康社会目标的实现。必须坚持有质量有效益的发展，为人民群众生活改善打下更为雄厚的基础。建设社会公平保障体系、扩大中等收入群体、实现全体人民的共同富裕是社会体制改革创新的基本要求，也是国家和民族长治久安、长期繁荣的基础。

保障和改善民生必须推动公共服务体系更加健全。一是坚持积极的就业政策，以稳定增长促进就业，以创新扩大就业，帮助经济困难地区解决就业问题。我国进入一个新时代，面临各种各样的风险和挑战，尤其是 2018 年以来的经济下行压力较大，面对国际国内的各种不确定因素，在经济下行压力加大的情况下，要防止出现较大范围失业风险，确保基本民生不受影响。当前，面对经济转型升级和科技革命不断加速，更要通过教育改革和加强培训提升劳动力技能。二是完善和改革社会保障体系，构筑人民生活的安全线。完善社会保障体系，既要学习发达国家的经验，更要基于中国国情，建设符合中国国情的社会保障体系，尤其要基于对今后相当长的一个时期经济社会发展，尤其是人口结构变化来推进社会保险体制改革。在当前，要深入研究与建设高质量经济体系所适应的社会保障体系问题，以及在2020年中国特色社会主义制度基本定型所要求的社会保障体系和社会保障政策基本定型问题。"十三五"规划的落实，要在保基本、全覆盖、可持续的基础上，通过深化改革和创新驱动，推动社会保障体制的进一步完善，为在2020年建成制度更加完善的社会保障体制奠定基础。三是继续深化医疗卫生体制改革，努力解决人民群众看病难、看病贵等最基本、最现实、最直接的问题。四是努力办好人民满意的教育，教育是人民群众最关心、最直接、最现实的问题之一。随着科技革命的蓬勃兴起，努力探索适应建设创新型世界科技强国目标的教育体制正在成为教育体制改革创新的核心和重点。五是努力提供宜居的生态环境。习近平总书记说，青山就是美丽，蓝天也是幸福，绿水青山就是金山银山。要进一步发展和完善实现绿水青山就是金山银山的体制机制，以及如何通过绿水青山来实现金山银山的体制机制。通过基本公共服务体系和社会保障体系的完善来进一步完善利益格局，协调好公共利益，为人民群众创造更好更完善的公共空间。

  新时代改革社会体制必须探索把基本公共服务体系建设与社会治理体制机制完善有机结合起来的实现路径。保障和改善民生必须在完善和发展共享共建的社会治理格局和加强基本公共服务体系之间建立起有机联系。一是加强基层建设对提升公共服务质量至关重要。在基层基本公共服务体系建设是通过社会组织、社区组织的努力实现的，基本公共服务（或社会事业）必须通过社会组织和社区组织来实现社会力量的动员，这就是基层社会体制。二是推动基层人民生活的改善。要把社会治理和基本公共服务结合起来，"十三五"时期社会治理和公共服务之间的联系一定要比"十二五"时期更加密切。为什么要这样？以老龄事业发展为例，"十二五"时期老龄服务事业发展迅速，养老服务机构和养老服务床位基本可以实现预期目标，但是护理人员的问题成为短板，成为"十二五"时期养老服务事业发展的突出难题。在公共服务体系建设中，若是没有人力资源的合理配置，床位和机构这些硬件就难以形成现实的服务效果。对于其他公共服务，诸如就业服务、卫生医疗、教育等，也是如此。无论是教育还是医疗，没有人才，发展教育和完善医疗都是空话。必须紧紧围绕着人才建设和人才培养来推动基本公共服务体系建设，那种用经济建设的方式来搞社会建设的思路必须摒弃。例如，国家实行了基本医疗制度，确保每个公民都有机会获得基本的公共卫生和基本医疗资源,但是在政策实施过程中,不时被披露出来的骗保问题、医患关系紧张问题,甚至出现患者家属杀死医生的事件,这背后就有社会结构的原因。只有不断提升社会治理的水平,才能提供高质量的基本公共服务。三是"最后一公里"不仅是指基层,也包括公共服务体系建设中的人力资源配置。社会建设不仅仅是硬件建设,更是一个软件如何配置,服务效果如何实现的问题。解决好这个问题,要从根本上转变理念,从用大规模基础设施建设、高端设施设备的配备等投资手段建设社会转向按照社会发展的规律来建设社会,回归以人为中心的社会建设。历史经验证明,不能仅仅依靠投资方式和大规模的设施设备建设来刺激民生改善。公共服务是一种资金投入与人力资源和体制机制有机结合的过程。人力资源配置既涉及人事制度体制,也涉及整个社会对于人力资源本身的认识,尤其是像那些在养老服务业中从业的服务人员,更涉及全社会如何看待养老服务业,如何评价为老年人服务的各类养老护理人员,给他们什么样的社会地位和社会评价。老年人进入养老机构后主要面对的人已经不再是家庭成员、子女及其他,他们每天面对最多的是医护人员,尤其是专门负责的护理人员,他们与护理人员的交流、认同是他们精神生活的重要一环。护理人员的素质、服务、待人处事就显得非常重要。社会治理的核心是人,这不是一句空话,它包含了丰富的内容。社会治理恰恰是要去维护社会秩序,激发社会活力,动员家庭、社区社会组织参与社会公共事务,解决社会问题,化解社会矛盾。在这个意义上,社会治理与公共服务是可以打通的,在深层次实现融合,尤其是在人们的日常生活中推动人民生活的改善,这需要社会治理的管理机构、实施机构从自己和自己周围的人们的生活中去感悟、理解、体会,并努力践行,这样社会治理就接地气了,也会有意想不到的效果。四是"十三五"时期,如何把"十二五"时期在社会领域中投入形成的巨大产能(各类服务设施、设备等)变成现实的公共消费,用来改善民生。要在设施设备建设的基础上,有效地配置人力资源,实现设施、设备与人力资源的有机结合,形成现实的公共服务,让人民群众真正有获得感和幸福感。把基本公共服务规划和社会治理规划有机结合起来是推动民生事业发展的关键一着,不能回避,也是经济社会发展到当前这个阶段的必然选择。这需要有全新的理念,党的十八届五中全会提出的"创新是引领发展的第一动力"的理念同样适用于保障和改善民生这一重要任务。在这一点上,应当借鉴国际上已经成熟的社会创新的经验和做法，来推动中国当前的社会事业、基本公共服务体系建设，在保障和改善民生的基础上创新社会治理体制，就是在合理利益格局、公共利益完善和扩大公共空间的基础上，建立更加合理的社会关系模式，实现社会稳定有序和社会和谐发展。

二 把提高人民的幸福感作为推动社会体制改革的抓手

人民群众的幸福感、安全感和获得感是衡量利益格局是否合理、公共利益是否充分得到关注的重要指标。在浙江工作期间，习近平同志就要求，一切工作要让人民群众受益、让人民群众满意，真正使群众成为利益的主体。只有让人民群众受益了，满意了，才能谈得上人民群众的幸福。幸福是人们享受物质和文化发展成果的过程以及在这个过程中的主观感受与满意程度。幸福感直接产生于客观的生活品质和主观的生活品质。客观的生活品质是指经济社会发展给人们带来的工作岗位和收入的不断提高以及在工作生活基础上获得的包括基本公共服务在内的各类服务，具体来说包括完善的教育体系、充足的就业机会、合理的收入分配体制、公平和可持续的社会保障体系、便利的健康医疗卫生，以及安定祥和的社会环境和均衡的人口发展与布局，等等。主观的生活品质是指人们对于经济发展给自己带来的工作岗位和收入的不断提高以及对在工作生活基础上获得的包括基本公共服务在内的各类服务的主观感受和满意程度，满意的教育服务，令人愉悦的工作岗位，舒心的收入分配体制，便利的社会保障和福利体系，便捷的公共卫生和医疗服务，清新的生态环境，和睦的邻里关系等会使人们心情愉悦、对生活充满信心。客观的生活品质和主观的生活品质共同构成完整意义上的美好生活。它们支撑着人民的生活，也是民生工作的重点和主要任务。由此也可以理解，为什么习近平总书记一再要求民生工作"必须让群众看到变化，得到实惠"。人民群众的主观感受不仅是对获得物质资源的感受，也是对社会关系的感受。有就业有收入，还有社会保障，这是基本的物质条件，这些满足了，物质生活的质量就有了保障，人们会有一定程度的安全感、满足感；但是，假如社会成员之间在获得这些物质资源的过程中存在不公平、不公正，那会大大降低人们的幸福感，幸福感不仅仅产生于物质资源的获得和保障，更产生于人与人之间的公平与公正。从这个意义上看，获得感、安全感和幸福感内含了人们的物质关系和社会关系，内含了基本公共服务和社会治理。这三"感"中任何一

"感"不能得到满足,都会影响个体的行为,进而影响人与人之间的关系,影响社会秩序。社会秩序是个体行为相互作用的结果,必须从个体行为入手探索社会治理的微观机制,即从人民群众的社会生活、日常生活入手。宏观社会秩序寓于微观社会秩序之中。这应当是社会治理精细化的基本要义之一。

提升社会治理精细化水平必须在"最后一公里"上做文章。2015年2月27日,习近平总书记在中央全面深化改革领导小组第十次会议上强调,要处理好改革"最先一公里"和"最后一公里"的关系,突破"中梗阻",防止不作为,把改革方案的含金量充分展示出来,让人民群众有更多获得感。人民的幸福感和获得感是在他们日常生活中实现的。让人民群众真正有获得感就必须建设好"最后一公里"。幸福感和获得感所包含的物质生活水平及其主观满意程度,每一方面都只能构成反映人民幸福程度的必要条件,而不是充分条件。只有把二者有机结合起来,才能反映人民获得感和幸福感的程度。个人幸福是个体对自己身心健康状况的感觉,对自己生活的满意感和对社会的反馈性行为。在人民生活中,影响个人层面幸福的主要因素有收入、健康、家庭关系、邻里关系、工作、娱乐、休闲等。由于每个个体生活目标、价值观念、文化背景以及对同一事物的心理感受不一样,个体对幸福的追求也各不相同。但人民幸福也具有共性的一面,例如,每个人都普遍追求更舒适的生活条件、更高的收入水平和更大的自我发展空间等。个体幸福的改善受社会环境的影响。人民幸福的改善是个体、政府和社会共同努力的结果。让每个个体获得更多幸福,需要党和政府与全体人民共同努力,也是中国改革开放事业获得久久为功的原动力。这一方面要求深化第一次分配领域的改革,另一方面又要加强基层的公共服务体系建设和构建共享共建的社会治理格局。换句话说,各级党组织和各级政府部门,尤其是基层党组织和政府部门,必须在充分、深入调查研究人民要求的基础上,制定经济社会发展战略、发展规划和发展政策,充分发扬民主,通过人民群众广泛参与政治、经济、社会和文化管理来实现包括经济参与、公共物品和公共服务在内的各类物质和精神产品的供给,实现人民幸福的目标。最近,一些地区就本地区发展质量开展全域大讨论,倾听居民对本地区发展的要求和愿望,就是践行五大发展理念,从人民群众的生活出发,建设本地人民的美好生活,让人民群众随着经济发展不断享受发展成果,获得幸福感。正如习近平总书记所说的,基础不牢，地动山摇。民生就是基层人民的生活，民心就是力量。

党的十八大以来，面对复杂多变的国际国内形势，以习近平同志为核心的党中央紧紧围绕经济建设和保障改善民生这个中心不动摇，努力践行"人民对美好生活的向往，就是我们的奋斗目标"这一庄严承诺，领导国家稳步前进，实现了国内生产总值稳步健康增长。公共服务体系基本建成，教育公平得到更好落实，全民健康状况明显改善，互联网为公民享受文化权利提供了更加便捷的条件。

三 实现社会公平正义是社会体制的落脚点

如果说经济发展要讲效率，那么社会发展必须讲公平，从效率优先、兼顾公平到效率和公平兼顾是对社会发展规律认识不断深化和经济社会体制改革不断推进的过程，也是经济社会发展不同阶段上的不同要求。社会体制改革目标的确定要随经济社会发展不断调整。

（一）建立和谐劳动关系

通过构建和谐劳动关系奠定社会和谐的基础，这是人们社会关系模式的核心，也是重要的利益关系。习近平总书记指出，"劳动关系是最基本的社会关系之一。要最大限度增加和谐因素、最大限度减少不和谐因素，构建和发展和谐劳动关系，促进社会和谐"[1]。按照马克思主义的基本原理，人是一切社会关系的总和，在人的所有关系中，生产关系是一切社会关系的基础。最大限度地改善生产关系，就是要处理好生产过程中的资本与人力资源、管理者与劳动者之间的关系，处理好劳动生产率和工资报酬、收入分配和生产发展之间的关系。这是社会体制的核心，也是中国特色社会主义制度的重要内容之一。

（二）依法保障职工的基本权益

构建和谐劳动关系必须依法保障职工的基本权益，习近平总书记要求，"要依法保障职工基本权益，健全劳动关系协调机制，及时正确处理劳动关系矛盾纠纷"[2]。解决好人与人之间的关系首要从解决好社会公平问题入手，实现全体人民权利公平。当前社会治理创新，首先要缩小收

---

[1] 《习近平在庆祝"五一"国际劳动节暨表彰全国劳动模范和先进工作者大会上的讲话》，《人民日报》2015年4月29日。

[2] 同上。

入差距，完善分配体制。设计收入分配体制，既要超越既得利益，又要考虑既得利益，既要考虑中国的现实实践，又要借鉴国际经验，这的确需要大智慧。要深入研究贫富差距和分配体制问题，必然会碰到诸如所有制、市场机制、社会保障、政府职能以及社会参与等问题。要积极稳妥地推进分配制度改革，构建效率与公平相协调的社会分配机制，处理好各阶层间的利益关系，既使资源在市场调节作用下实现优化配置，又兼顾社会公平，使收入差距控制在合理的范围内。效率优先是鼓励一部分人先富，兼顾公平是促进共同富裕，二者要并举，不可顾此失彼。要加强国家对分配机制的宏观调控，逐步理顺收入分配关系。在市场条件下充分实现资源优化配置，合理控制收入差距。在实现这个目标的过程中，要充分发挥政府的作用，特别是政府在理顺收入分配关系中的作用。政府理顺收入分配关系的手段很多，包括建立公平的竞争机制、完善社会保障体制等。只有当全体社会成员普遍认为他们具有平等的发展机会，并生活于社会安全网之内，他们才会普遍认同他们所处的社会。

在现阶段，在发展中保障和改善民生就是确保最大的公共利益，基本公共服务体系建设就是建设最大的公共空间，在以上基础上将延伸出不断扩大的社会空间，并在打造共建共治共享的社会治理格局中形成新的社会关系模式。

第二节 打造共建共治共享的社会治理格局

一 深刻把握社会治理的规律性

社会治理的目标是维护社会秩序，保证社会稳定有序和人民群众最大限度地参与到社会治理的全部过程。社会秩序是一个社会中的成员遵守既定的社会规范而形成的社会关系模式，这种社会关系模式在一定阶段上是相对稳定的，但会随着经济社会发展不断得到调整。社会在社会秩序的不断调整和社会关系模式不断变迁的过程中走向进步。正是有了这种社会秩序和社会关系模式，社会才会相对稳定，人们才会安居乐业。这是社会治理的基本规律之一。

（一）人间真情是社会关系模式的黏合剂

人们社会关系模式的黏合剂是情感。情感是文化，也是社会心态。人与人之间的沟通和交往是感性和理性的有机统一，情感交流是深度交流的前提。社会人类学家费孝通在20世纪30年代的大瑶山调查活动中强调，通过喝酒和交友，是深度访谈的基础，也是人与人深度交流和交往的基础。酒文化是文化的重要内容。特定的人类群体在一定人文生态中必定会形成特定的人性和社会性格。这些人性和社会性格通过不同形式表现出来，其中包括人们的情感。习近平总书记指出，在工作和生活中要重视人间真情。他说，"不能忘了人间真情，不要在遥远的距离中割断了真情，不要在日常的忙碌中遗忘了真情，不要在日夜的拼搏中忽略了真情"[1]。这就要求，任何一个社会成员都要正确处理好工作与生活之间的关系，努力创造一个良好的社会环境。在理想的社会环境中，人与人之间能够形成温暖、亲切、亲密的关系，感受到满足与安全。人间真情，可以理解为社会成员、家庭成员之间的相互信任、相互理解、相互交流、相互关心、相互体贴、互相帮助，社会成员和社会组织之间的责任，社会成员和社会组织的诚信等。一个健康的社会，应杜绝人与人之间的冷漠和基本相互信任的匮乏，要对丑陋事物绝不宽容，杜绝庸俗的实用主义和物欲主义横流。人间真情是一种重要的社会资本。社会资本是时下需要高度重视和着力培育的道德资源。要培育社会责任意识、社会规范意识和奉献精神。必须解决好社会缺乏信仰、公民和企业缺乏社会责任感、人与人之间缺乏诚信和真情等困扰社会发展的道德问题。包括人间真情在内的社会资本对社会发展会产生深远影响，会影响到数代人的行为模式和思想模式。

（二）人间真情源自于人的社会化和社会关系的形成过程

如何培育真情？习近平总书记说道，"真情，需要用社会主义核心价值观来引领，需要用中华民族传统美德来滋养。真情，是不虚、不私、不妄之情。……"[2]。真情是健康的感情，不是虚情假意。人间真情就让我们回到了一个老问题：人最需要、最看重、最认同、最容易吸引人、最崇敬的东西永远不是钱和物，而是思想、情感、道德、信仰、信念、价值。一个社会只有重视人间真情了，社会才能回归秩序、活力、尊重、和谐。必须用社会主义核心价值观引领真情。社会主义核心价值观是社会主义核心价值体系的内核，它体现了社会主义核心价值体系的本质属性，是中华民族优秀文化的继承和发展，反映了社会主义核心价值体系的丰富内涵和

---

[1] 习近平：《在2017年春节团拜会上的讲话》，《新华社》2017年1月26日。
[2] 同上。

实践要求，是社会主义核心价值体系的高度凝练和集中表达。

习近平总书记提出，不要忘了人间真情，不要在遥远的距离中割断了真情，不要在日常的忙碌中遗忘了真情，不要在日夜的拼搏中忽略了真情。这就是紧紧抓住了社会发展的规律。人类社会最重要的是什么东西，就是人与人之间的关系和人与人之间的情感，这也是社会治理的细微之处，符合马克思主义关于人全面发展的理论。马克思说人是一切社会关系的总和，在所有的社会关系里面，生产关系是最根本的关系，人们在生产关系之外还会发生一系列其他的社会关系，包括家庭、朋友、同事等关系，他们之间需要沟通、互动。沟通、互动自然要有情感的表达。习近平总书记要求不要忘记人间真情，既符合马克思主义的基本原理，也符合中国传统文化的基本要求。北京大学教授张岱年在讲到中国文化的时候认为，中国文化有三个层次，第一个层次是人和自然的关系，第二个层次是人和人之间的关系，第三个层次是心和心之间的关系。那么心和心之间的关系，实际上就是人间真情。记得1991年，我跟社会学家费孝通先生到山东去参观孔庙、孔林、孔府，回来的路上，费孝通先生就说，他在想一个关于心与心之间的关系问题，为什么要想这个问题？1991年是邓小平同志提出社会主义现代化分三步走的第一步实现之年，就是从1981年到1990年解决温饱问题，1991年到2000年实现小康。在这样的一个背景下，费孝通教授就说，看了孔林、孔庙，他就想小康社会建成以后，社会中人和人之间的关系会是怎么样的，他认为，小康社会后的人与人之间的关系会从利益关系转向心和心之间的关系。由于工作繁忙不能参加父亲的祝寿活动，习近平同志在福建省任省长的时候，正好是习仲勋同志88岁生日，习近平同志给父亲写了封信，说："今天是您88岁生日，中国人将之称之为米寿，若是按旧历虚岁两岁的话就是90大寿，这是一个值得庆贺的大喜日子，为了庆祝您的生日而激动，又为不能亲自前往住处而感到遗憾和自责。"[1] 字里行间都体现了人间亲情。人间真情不仅表现在家庭之中，还表现为同志情、同学情、师生情、乡情，人和人之间最终能够联系起来得靠亲情。习近平总书记的书里面有一篇《忆大山》的文章，习近平同志到正定工作时，贾大山是该县的一个普通作家，没有行政职务。

---

[1]《习近平给父亲习仲勋八十八岁生日的贺信》，《习仲勋革命生涯》，中共党史出版社、中国文史出版社2005年版，第668—669页。

习近平同志到正定后，想动员贾大山出任文化局局长，一开始贾大山不愿意担任行政职务，希望专心创作，习近平同志做工作说服了他，贾大山在文化局局长位置上干得很出色，与习近平同志成了好朋友。后来，贾大山得了肝癌，已经到福建工作的习近平同志出差到北京，专程到医院去看他。他们在医院的合影很感人。贾大山去世后，习近平同志满怀深情地写下了《忆大山》，其中写道，"此后的几年里，我们交往得更加频繁了，有时候他邀我到家里，有时候我邀他到机关，促膝交谈，常常到午夜时分，记得有好几次，我们收住话锋时，已经是次日凌晨两三点了。每遇到这种情况，不是他送我，就是我送他"①。习近平总书记还有一篇文章叫《高风昭日月亮节启后人——深切怀念吕玉兰同志》，记述的是当时的正定县县委副书记吕玉兰。习近平同志做县委书记的时候她是副书记，吕玉兰做过中央委员，做过省委副书记，因为"文革"中的问题就做了正定县委副书记。这个女同志很有正气，对吕玉兰的人品和工作给予肯定。这都是习近平总书记说的人间真情。要用社会主义核心价值观来引领真情。习近平总书记说，人间真情要用中华民族的传统美德来滋养。

（三）心与心的关系是社会关系的核心

人与人的交流实际上是心与心的交流，心态决定行为。推动社会发展，搞好社会治理，必须首先做好人的工作，抓住人心做工作。2015年3月5日，习近平总书记在参加他所在的十二届全国人大二次会议上海代表团审议时强调，加强和创新社会治理，"核心是人，只有人与人和谐相处，社会才会安定有序"②。人心本身就是一种社会秩序，人心安，则社会安。这就指出了社会治理的核心问题。社会治理是指在一定共同价值基础上，一定的规章制度下，为实现社会秩序和激发社会活力，政府、社会，甚至包括企业共同处理社会事务、解决社会问题、化解社会矛盾和消除社会冲突的活动。社会治理的目标是维护社会秩序和激发社会活力，实现这些目标离不开现实生活中每一个个体的人和人与人之间的关系。社会和谐之所以能够成为人类孜孜以求的理想，是因为处理人与人之间的和平相处始终是人类文化的核心。正如社会人类学家费孝通说的，"中国人最宝贵的东

---

① 习近平：《知之深 爱之切》，河北人民出版社2015年版，第226—227页。
② 《习近平到上海代表团参加审议 经济发展不能任性了》（http：//news.china.com.cn/2015lianghui/2015-03/05/content_ 34966443.htm）。

西，这就是中国人关心人与人之间如何共处的问题"①。习近平总书记把人放在社会治理的核心，源于对中华民族优秀文化的深刻理解和高度重视。在这个全球化的时代，不仅要处理好国家内部的人与人、心与心之间的关系，还要处理好不同国家的人与人、心与心之间的关系，这就涉及跨文化的认同和交流，也涉及文化自觉问题。一个民族必须坚持文化自信，但在文化自觉基础上的文化自信更能够实现不同文化沟通与交流的目标。

人与人之间的相处，就其本质来说是心与心之间的沟通。习近平总书记高度重视人心工作，指出"人心是最大的政治。推进党和国家各项工作，必须坚持问题导向，倾听人民呼声"②。人心，就是要求每一个社会成员能够设身处地地为别人着想，文明地与他人相处，推己及人，这是中华民族优秀文化的核心。为他人着想就是承担起个人的社会责任和奉献精神，和谐社会是一个有责任的社会，一个诚信友爱的社会。

随着我国进入新时代和社会主要矛盾的深刻变化，人与自然关系的变化不可避免地要引起人与人的关系的变化，进到人与人之间怎样相处的问题，人与人之间的和谐相处，说到底，就是人的心态关系。习近平总书记在十九大报告中要求，"加强社会心理服务体系建设，培育自尊自信、理性平和、积极向上的社会心态"③。社会心理说到底，是人们之间如何彼此看待，互相影响，互相联系，人们的直觉如何引导个体行为，以及自己的行为如何影响别人。只有培育健康的社会心态，才能理性平和地看待个人与个人、个人与群体、群体与群体之间的关系，才能实现人们之间的友好相处。新时代的社会治理，就是要通过培育健康的社会心理来化解社会矛盾和社会冲突，培育利他主义的价值观，形成人们之间的相互吸引和亲密关系。

二 完善社会治理体制

（一）人的社会关系模式始于家庭教化和家庭环境

社会治理体制的完善涉及各类社会组织，包括在民政部门社团管理机

---

① 费孝通：《费孝通文集》第 12 卷，群言出版社 1999 年版，第 295 页。
② 《习近平在全国政协新年茶话会上的讲话》，《人民日报》2015 年 1 月 1 日。
③ 习近平：《决胜全面建成小康社会　夺取新时代中国特色社会主义伟大胜利——在中国共产党第十九次全国代表大会上的报告》，《习近平谈治国理政》第三卷，外文出版社 2020 年版，第 38 页。

构登记注册的社会组织,也包括那些没有注册的非正式的社会组织,还包括家庭组织、社区组织。

家庭是社会最基本的组织形式和生活单位,也是人类最古老的社会组织形态。婚姻、家庭、生育等都是维系社会继替的重要制度,是社会体制的基础。习近平总书记说道,"要重视家庭文明建设,努力使千千万万个家庭成为国家发展、民族进步、社会和谐的重要基点,成为人们梦想启航的地方"[①]。人生始于家庭。家庭在孩子的成长过程中的作用是不可低估的。人的社会化过程在人出生不久就开始了,新生儿通过自己的听觉、视觉、嗅觉、味觉以及感觉感知到周围的环境,喜怒哀乐,悲欢离合,并尝试着适应和熟悉周围的环境,形成自己的认知世界和情感世界。家庭成员以喂食、抚抱、安慰满足婴儿的需要,在这个过程中,孩童接受了社会规范和实现了社会化过程,培育了自己的感情世界,养成了他(或她)未来对自己、对别人的态度和情感。众所周知,比尔·克林顿成年时期的偏差行为是与他早年父母离异有很大关系的,至少他的夫人希拉里是这样认为的。家庭是儿童社会化的主要媒介,他们在家庭生活中通过自己的行为、言语、表情等引导儿童成为社会所期望的角色。孩子的性格气质深深地打上父母的婚姻状况和家庭氛围的烙印。所以,习近平总书记指出,"家庭是人生的第一个课堂,父母是孩子的第一任老师"[②]。一般来说,父母对孩子的社会化是具有正面作用的,但也不尽然,一个家庭必须培育良好的家风,正如习近平总书记所说的,"家风是社会风气的重要组成部分。家庭不只是人们身体的住处,更是人们心灵的归宿"[③]。社会建设的主体是家庭、社区组织。这些共同体通过成员的参与和治理来处理公共事务。家庭可以维系着一切制度。"家庭和睦则社会安定,家庭幸福则社会祥和,家庭文明则社会文明。"[④] 在现实生活中,除了家庭、社区,其他场所和社会事件也会对人的社会化产生决定性影响。个人经历的历史性、对个人乃至家庭产生重大影响的事件,往往会使社会化经历在生命历程中中断,或在一个时期内中断,重新定义人生的轨迹和生活的意义。从这个意义上说,社会化贯穿人的一生,没有终点。当然,年轻时代所经历的事件会对个人

[①] 习近平:《在会见第一届全国文明家庭代表时的讲话》,《人民日报》2016年12月16日。
[②] 同上。
[③] 同上。
[④] 同上。

成长产生更加深刻的影响。尤其是处于变革时代的中老年人，会在自己进入这个社会的中后期遇到新的社会变革、技术变革，例如，互联网给老年人带来的数字鸿沟和生活的不便，以致在某种程度上将他们置身于社会的边缘，若是忽视这些，不管是个人还是社会，都将付出沉重的代价。

（二）在社区互动中拓展形成相互认知和熟悉的社会关系模式

社会组织形式从家庭就自然延伸到了社区和邻里，这是人们的生活空间决定的。人类的整个社会空间和社会关系模式是从基层铺开的。基层治理是社会治理的核心和重点，在党的十九大报告中，习近平总书记要求，"加强社区治理体系建设，推动社会治理重心向基层下移，发挥社会组织作用，实现政府治理和社会调节、居民自治良性互动"①。社区组织的原则要考虑社会效益最大化和居民自身利益最大化的有机统一，坚持以人为本、互助互利、民主自治、安居乐业。生活在社区里的人追求生活环境、生活质量的不断提高和人的素质的不断提高。生活是具体的、精致的，因此要对基层社会建设精心设计。当前和今后一个时期，必须把很好地解决基层体制缺乏活力和灵活性、居委会自治功能不能有效发挥，居民积极性得不到充分调动、居民参与经济社会发展和解决自身问题的能力得不到提升、基层工作人员待遇不高和职业前景不乐观等问题摆在社区建设的重要位置。

基层治理是社会治理的核心和重点还在于，"基层是一切工作的落脚点，社会治理的重心必须落实到城乡、社区"②，推动基层社会治理，必须坚持党的领导。早在浙江工作期间，习近平同志就高度重视基层的党建工作，并指出，加强基层党的建设是毛泽东同志在1927年秋收起义之后确立的一个重要工作方法：把支部建在连队上。2015年3月在参加全国人大上海代表团分组讨论时，习近平总书记又一次强调，"把加强基层党的建设、巩固党的执政基础作为贯穿社会治理和基层建设的一条红线，深入拓展区域化党建，建立一支素质优良的专业化社区工作者队伍……"③。

---

① 习近平：《决胜全面建成小康社会　夺取新时代中国特色社会主义伟大胜利——在中国共产党第十九次全国代表大会上的报告》，《习近平谈治国理政》第三卷，外文出版社2020年版，第38页。

② 《习近平到上海代表团参加审议》（http://politics.people.com.cn/n1/2016/0305/c1024-28174544.html）。

③ 同上。

基层建设和基层治理，就是要努力建设人民生活的共同体，让居民对社区形成归属感、认同感。社区建设的现实意义在于，人们通过社区互动形成相互认知和熟悉的安全网络，以此来维护自己的安全和邻里的安全，并在此基础上形成社会信任和严格社会监督，把居民，尤其是把孩子们纳入社区生活中，让未来一代在充满活力和生机的社区生活中得到成长和发展。治理好社区必须依靠社区居民。社区建设既是自治过程，也是法治过程。说是自治过程，就是要给居民更大空间参与自治，处理好自身事务。说是法治过程，居民要守法。地方和基层政府要依法把本该属于居民的权利还给居民，指导居民用好法律，在法律的框架内自治。

社区机制的形成有一个过程，它需要个人坚守对集体的责任、完善的制度和健全的机构。每个人坚守社会规范，把日常的小事做好，才会逐渐把社会和国家的大事做好，这也是基层社会治理创新的真谛。

（三）以防范风险和处置突发事件保持社会稳定有序

社会秩序的改变可能由于社会的逐步进化，也可能会因为突发事件。突发事件有时会造成社会的无序状态，维持社会秩序的相对稳定和稳步向前进步必须防范突发事件。还有，人类社会在其发展过程中，既有"黑天鹅"，也有"灰犀牛"，而且出现了越来越多的让人们束手无策的"灰犀牛"，诸如世界性经济增长动力不足、恐怖主义泛滥、资源枯竭、生态恶化、贫富分化日趋严重等，对于这些"灰犀牛"由于受制于人类自身的弱点和体制机制的缺陷，或者是毫无办法，或者是无能为力。

在应对各类"灰犀牛"危机中，贫富差距不断扩大和恐怖主义泛滥是社会治理必须关注的问题，既是国际上各国关注的问题，也是会影响中国社会全局的问题。现代社会日趋复杂，矛盾和问题多发，防范风险和处置突发事件是社会治理的重要内容。社会发展必须制定预防越轨行为和维护社会安全的策略，这就是社会治理。在所有的社会里，都会有社会安全维护，只不过是维护安全的方式因社会发展阶段和社会环境不同而不一样。针对当前的社会发展，习近平总书记要求，要"加强预防和化解社会矛盾机制建设，正确处理人民内部矛盾。树立安全发展理念，弘扬生命至上、安全第一的思想，健全公共安全体系，完善安全生产责任制，坚决遏制重特大安全事故，提升防灾减灾救灾能力。加快社会治安防控体系建设，依法打击和惩治黄赌毒黑拐骗等违法犯罪活动，保护人民人身权、财产权、人格权"①。保护人民人身权、财产权、人格权必须健全利益表达、利益协调、利益保护机制,引导居民依法行使权利、表达诉求、解决纠纷。

(四)提高社会治理的"四化"水平

加强和创新社会治理必须在完善社会治理体制的基础上打造共建共治共享的社会治理格局,习近平总书记要求,"要更加注重联动融合、开放共治,更加注重民主法治、科技创新,提高社会治理社会化、法治化、智能化、专业化水平,提高预测预警预防各类风险能力"②。这就是说,一是社会化。要完善党委领导、政府负责、社会协同、公众参与、法制保障的社会管理体制。发挥党委在重大决策、重大问题、重大事务中的决策作用,使相关政策的科学性、民主性和法治性得到充分保障;政府部门要依据各自的部门分工充分履行自己的职责;充分发挥人民群众参与国家事务、经济社会发展事务和解决自身问题的能力和水平,把更多的社会问题交给人民自己去解决。公众和社会组织以主体姿态、以自助自治的方式组织起来,参与社会治理,参与社会矛盾的解决;国家通过公共政策和公共财政等制度安排,支持社会组织、志愿者组织活动,调节社会资源分配,给弱势群体以关怀,并在此过程中扩大就业、缓解社会矛盾。党和政府要通过法律、法规和政策,引导和推动地方政府、企业、社会组织(包括社会团体、民办非企业单位、基金会等)和个人按照规则行事,并形成习惯性机制,实现预定的社会目标。在实践中,要通过政府行政体制改革,进一步明确政府的责任。政府负责就是政府制定规则,创造环境,组织政府运作活动、提供服务和福利、税收,通过合同、协议等方式委托社会组织开展社会服务,政府负责不是政府包办;政府应当通过创新等方式,广泛调动社会组织、企业参与社会服务。政府通过包括公民教育在内的方式激励公众关心社会事务,捐赠钱财、时间,不断提高公众自己管理自己事务的能力。二是法治化是社会治理的最基本准则。任何公民都必须遵守法律,依法行事,在法律面前人人平等。在治理过程中,法治的直接目标是规范各个行为主体的行为,使政府、市场和社会各个部门在既定的法律框架内工作。完善的法律会为政府依法行政提供一个有利的环境。没有健全

---

① 习近平:《决胜全面建成小康社会 夺取新时代中国特色社会主义伟大胜利——在中国共产党第十九次全国代表大会上的报告》,新华网,2017年10月27日。
② 《习近平:完善中国特色社会主义社会治理体系 努力建设更高水平的平安中国》,新华网,2016年10月12日,(http://news.xinhuanet.com/politics/2016-10/12/c_1119704461.htm)。

的法律也就不会有社会治理。三是智能化。借助于网络，社会成员从来就没有像现在这样拥有对问题解决的参与热情和治理能力。政府网络客户端、企业和单位的微信、群体之间的"朋友圈"正在取代传统的文件传输方式，改变传统的信息传播渠道，也改变着人们的行为方式，乃至社会结构。在线已经成为当代社会关系和社会结构的重要特征。互联网塑造了网上的在线行动。大数据把现有的数据平台互联起来，形成一个在线的巨型数据系统和运算体系，这其中涉及建立各个部门、地区、行业、单位之间的信息共享机制，以及信息安全制度。随着互联网技术的进步和智能社会的发展，社会组织面对的社会人群及其交往方式将会发生巨大变化。在互联网和智能手机的广泛应用过程中，居民对公共服务的个性化需求越来越凸显和越来越迫切，传统的公共服务供给模式将难以为继，必须借助数字技术来满足日益增长的个性化的居民公共服务需求。四是专业化。按照党的十六届六中全会的要求，必须培养宏大的社会工作专业人才队伍的要求，要加强社会组织、社区组织干部的专业化训练。这些年来，中国各类教育机构培养了大批专业的社会工作者，他们中的相当一部分人在社区事务和社会事务中发挥了重要作用，活跃在各行各业、各个部门，但也有一部分改行从事其他行业，造成人才的浪费，这些问题需要采取措施加以解决。

三 防范和抵御安全风险

（一）国家安全是安邦定国的重要基石

全球化和互联网虽然已经把人类凝聚成一个相互联系且不可分割的全球社会，但是主权国家依然是各个具体社会的基本治理框架。国家是满足和保护各个社会人民的利益的组织形式。现代世界，因商品流、资金流、信息流而日益呈现全球化状态，传统意义上的主权国家发生了深刻变化，社会空间和社会关系模式已经延伸到了全球的各个角落，但这并不意味着个人的家国情怀的消失。

现代国家的治理要求每个人都要努力培育自己的家国情怀，古人道：修身、齐家、治国、平天下。要充分认识到，"有国才能有家，没有国境的安宁，就没有万家的平安"[①]。尤其在当前，要完善国家安全战略和国

---

① 《习近平回信勉励西藏牧民群众——像格桑花一样扎根在雪域边陲 做神圣国土的守护者 幸福家园的建设者》，《人民日报》2017年10月30日。

家安全政策，坚决维护国家政治安全，统筹推进各项安全工作。大国之间的博弈，取决于"政治上的生命力、意识形态上的灵活性、经济上的活力和文化上的吸引力"。[①] 要健全国家安全体系，加强国家安全法治保障，提高防范和抵御安全风险能力。

2018年以来的国际国内形势使人们认识到，在大国崛起过程中，中国面临着前所未有和极其复杂的国际环境和周边地缘政治环境。国家安全是安邦定国的重要基石，维护国家安全是各族人民根本利益所在。中国的崛起、印度的快速发展，美国在特朗普治下的"美国第一"，将使世界出现多极化格局。中美之间的博弈将是世界上两个最大经济体的博弈。针对特朗普的中国战略，必须进一步加强外交沟通、文化交流和经济建设，同时全面深化改革，进一步完善各项制度。同时，严密防范和坚决打击各种渗透颠覆破坏活动、暴力恐怖活动、民族分裂活动、宗教极端活动。加强国家安全教育，增强全党全国人民的国家安全意识，推动全社会形成维护国家安全的强大合力。

（二）国家安全取决于国家内部的社会稳定和健康发展

国家安全取决于国家稳定发展，因此，必须在构建各国共同安全、构建人类命运共同体的同时，通过完善社会治理和保障改善民生，维护社会秩序，习近平总书记说道，"实现各国共同安全，是构建人类命运共同体的题中应有之义。促进和平与发展，首先要维护安全稳定；没有安全稳定，就谈不上和平与发展"[②]。党的十八大以来，以习近平同志为核心的党中央为南京大屠杀死难者举行公祭仪式，为死难烈士举行纪念仪式，这不仅仅表达了对死难者的缅怀之情，也通过仪式教育了人民。仪式是人类重要的文化形式和社会规范，正如习近平总书记指出的，"我们为南京大屠杀死难者举行公祭仪式，是要唤起每一个善良的人们对和平的向往和坚守，而不是要延续仇恨"[③]。通过仪式来培育人们的核心价值观，形成人们内心的心理秩序，加强社会的凝聚力，提升中国特色社会主义核心价值体系对全球的吸引力，提升中国的软实力。

---

① ［美］兹比格纽·布热津斯基：《大棋局：美国的首要地位及其地缘战略》，中国国际问题研究所译，上海人民出版社2015年版，第7页。
② 习近平：《坚持合作创新法治共赢 携手开展全球安全治理——在国际刑警组织第八十六届全体大会开幕式上的主旨演讲》，《人民日报》2017年9月27日。
③ 《习近平在南京大屠杀死难者国家公祭仪式上的讲话》，《人民日报》2014年12月14日。

四 建设人民共同的精神家园

(一) 营造天朗气清的网络空间

网络环境已经成为现代社会环境的重要组成部分，对人们的精神世界的影响越来越重要。习近平总书记指出，"网络空间是亿万民众共同的精神家园。网络空间天朗气清、生态良好，符合人民利益……"① 大数据时代，使用互联网提供的无限空间来提高各个方面解决社会问题的能力，这实实在在是社会治理水平和能力的提升过程。具体来说，利用这一前景良好的新科技来加强社会融合和维护社会秩序，发展这一科技来加强社会建设、社会反馈，了解社会暗示，发现社会议题和公共议题，利用高速、廉价通信环境来加强我们真实社会已经淡化了的组织联系，而不是沉溺于非现实世界的"虚拟社会"的虚幻影像。简而言之，使大数据成为解决社会问题的手段，这恰恰是大数据时代完善社会治理体制机制需要考虑的。

(二) 加强网络内容建设

社会媒体化和媒体社会化是当代社会发展的基本特点之一。由社会成员之间产生的信息及其信息网络已经成为经济活动的脉络，加强和创新网络管理成为国家治理中的重大问题。习近平总书记要求要"依法加强网络空间治理，加强网络内容建设，做强网上正面宣传，培育积极健康、向上向善的网络文化，用社会主义核心价值观和人类优秀文明成果滋养人心、滋养社会……"②。经济社会越来越朝着体验方向升级。体验会通过各种各样的方式出现在人们的生活中。在组织方式和治理模式上，如何通过这类服务和服务组织来实现对社会的治理，需要深入研究和积极探索。习近平总书记强调，"在我国，7亿多人上互联网，肯定需要管理，而且这个管理是很复杂、很繁重的。企业要承担企业的责任，党和政府要承担党和政府的责任，哪一边都不能放弃自己的责任"。通过党委、政府、企业的共同参与和治理，形成共同多元共治的治理格局。2017年底，国内45家重点网络文学网站原创作品总量高达1646.7万种，其中签约的作品超过132万种，年新增原创作品233.6万种，年新增签约作品约22万种。网络文学用户达3.78亿，占网民总量的近49%。由网络小说改编而成的

---

① 习近平:《在网络安全和信息化工作座谈会上的讲话》,《人民日报》2016年4月26日。
② 同上。

《甄嬛传》《琅琊榜》《七月与安生》等影视剧的影响广泛。① 如果盘点一下历史,从1949年中华人民共和国成立到1966年"文化大革命"爆发前的十七年间,全国出版的长篇小说200多部,平均每年出版11种,眼下,纸质长篇小说达到1000多种,网络文学的出现大大改变了文学领域的局面,就有如此庞大的创作队伍和海量作品的创作产出,确实值得关注,这些网络作品是不是文学精品,肯定不全是,但它对社会的影响不言而喻。

（三）网络安全和信息化相辅相成

信息安全是信息化过程的重大问题之一,习近平总书记指出,"网络安全和信息化是相辅相成的。安全是发展的前提,发展是安全的保障,安全和发展要同步推进"②。在互联网发展的同时,要加强互联网安全保障的手段,同步规划、同步建设、同步运行,提升互联网的安全保障能力。

五　聚焦大城市的顽症痼疾

城市化是中国四十多年改革的重要领域,特大城市是中国人口和环境约束条件下的战略焦点。习近平总书记指出,"要加强城市常态化管理,聚焦群众反映强烈的突出问题,狠抓城市管理顽症治理。要加强人口服务管理,更多运用市场化、法治化手段,促进人口有序流动,控制人口总量,优化人口结构"③。从1978年到2018年的四十年间,中国的城市化率由17.92%提升到59.58%,大约有6.5亿人口从农村转移到城市中就业和生活,这是人类历史上未曾有过的现象。这也标志着中国社会进入新的历史阶段。做好城市服务和管理成为新时代的中心工作之一。城市只有把包括基本公共服务在内的整个公共服务体系建设好、管理好,才能使进入城市的人们生活好、工作好,才能推动城市健康发展。在2015年12月,习近平总书记在中央城市工作会议上强调,抓城市工作,一定要抓住城市管理和服务这个重点,彻底改变粗放型管理方式,让人民群众在城市生活得更方便、更舒心、更美好,实现这一要求,必须贴近人民生活,贴近基层,加强社会治理,完善公共服务体系。随着中国城市化进程的加速,大量人口进入城市,城市规模不断扩大,以北京、上海、广州为中心

---

① 中国作协网,2018年(http://www.chinawriter.com.cn/)。
② 习近平:《在网络安全和信息化工作座谈会上的讲话》,《人民日报》2016年4月26日。
③ 《习近平参加上海代表团审议》,中国政府门户网站,2014年3月6日(http://www.gov.cn)。

的大都市圈正在形成，大都市治理问题越来越凸显，其复杂程度不言而喻。如何通过体制创新和组织变革来提升大都市社会治理水平是国家治理体系和治理能力现代化的重大课题之一。城市工作要把创造优良人居环境作为中心目标，尽最大可能推动政府、社会、市民同心同向行动，使政府有形之手、市场无形之手、市民勤劳之手同向发力。政府要创新城市治理方式，特别是要注意加强城市精细化管理。要提高市民文明素质，尊重市民对城市发展决策的知情权、参与权、监督权，鼓励企业和市民通过各种方式参与城市建设、管理，真正实现城市共治共管、共建共享。党的十八大以来，习近平总书记高度重视特大城市治理问题，根据习近平总书记的要求，上海市开展了"加强基层建设，创新社会治理"的一号课题的研究，出台了"1+6"文件，推动了上海的社会治理创新和大城市精细化管理。2017年底，中共北京市委在总结平谷区经验的基础上，提出了"街乡吹哨，部门报到"的探索特大城市简约高效的基层治理体系，被称为2018年北京一号工程（见案例分析9-1）。

案例分析9-1："街乡吹哨，部门报到"——北京探索简约高效的基层治理体制

解决特大城市的"顽症痼疾"是以习近平同志为核心的党中央国家治理体系和治理能力现代化思想的重要组成部分。2018年以来，中共北京市委在全面总结平谷区经验的基础上，提出了"街乡吹哨，部门报到"的街乡体制改革和基层社会治理思路，把平谷区"街乡吹哨，部门报到"的经验提升到首都城市治理创新和简约高效的基层治理体制建设的高度，以问题为导向，着力解决城市环境治理问题，使"街乡吹哨，部门报到"成为解决"最后一公里"治理难题的重要抓手。

"街乡吹哨，部门报到"紧扣新时代大城市体制改革和基层治理，构建超大型城市有效治理体系和建设国际一流和谐宜居之都这一主线，深化街道管理体制改革，建立职责清单，探索街道乡镇实体化综合执法平台的规律性。像中国这样一个超大型国家，基层治理无疑在国家治理体系中享有基础性地位，在某种程度上，基层治理体系和治理水平体现了整个国家治理体系和治理能力的现代化水平抓城市工作，抓住城市管理和服务这个重点，彻底改变粗放型管理方式，让人民群众在城市生活得更方便、更舒心、更美好，实现这一要求，必须贴近人民生活，贴近基层，加强社会治

理，完善公共服务体系。北京市"街乡吹哨，部门报到"这一 2018 年的首都一号工程从特大城市治理的角度探索国家治理体系和治理能力现代化问题。

北京市相关政策的制定、实施和理论探索说明，一是做好大城市的治理工作必须把创造优良人居环境作为中心目标，尽最大可能推动政府、社会、市民同心同向行动，使政府有形之手、市场无形之手、市民勤劳之手同向发力。政府要创新城市治理方式，特别是在加强城市精细化管理上加强制度建设，深化体制机制改革，为发挥群策群力创造优良环境。二是要提高市民文明素质，尊重市民对城市发展决策的知情权、参与权、监督权，鼓励企业和市民通过各种方式参与城市建设、管理，真正实现现代城市的共治共管、共建共享。在推进"街乡吹哨，部门报到"的过程中，北京市积极探索"小巷管家"工作机制，并发布《关于在全区推广"小巷管家"工作经验的指导意见》的通知。三是社区组织的原则要考虑社会效益最大化和居民自身利益最大化的有机统一，坚持以人为本、互助互利、民主自治、安居乐业。生活在社区里的人追求生活环境、生活质量的不断提高和人的素质的不断提高。对基层社会建设精心设计，很好地解决基层体制缺乏活力和灵活性、居委会自治功能不能有效发挥、居民积极性得不到充分调动、居民参与经济社会发展和解决自身问题的能力得不到提升、基层工作人员待遇不高和职业前景不乐观等问题。

坚持党的领导是推动基层治理的核心问题。基层建设和基层治理，就是要努力建设人民生活的共同体，让居民对社区形成归属感、认同感。社区建设的现实意义在于，人们通过社区互动形成相互认知和熟悉的安全网络，以此来维护自己的安全和邻里的安全，并在此基础上形成社会信任和严格社会监督。以从严治党发挥社区党组织联系群众的桥梁和纽带作用。社区党组织是党联系群众的桥梁和纽带，也是居委会和村委会在内的各类基层组织的政治核心。社区组织是党的工作和战斗力的基础，只有依靠社区组织，党的工作才有坚实的基础，形成一个团结统一的整体。发挥基层党组织的作用，必须增强社区党的组织性、纪律性。

简约高效的大城市治理必须不断完善基层治理的手段，要通过市场化和法治化来实现基层的有效治理。法治化是社会治理的最基本准则。任何公民都必须遵守法律，依法行事，在法律面前人人平等。在治理过程中，法治的直接目标是规范各个行为主体的行为，使政府、市场和社会各个部门在既定的法律框架内工作。完善的法律会为政府依法行政提供一个有利的环境。没有健全的法律也就不会有社会治理。

必须充分发挥人民群众的积极性和创造性，这是改革开放四十多年的重要经验。治理好社区必须依靠社区居民。社区建设既是自治过程，也是法治过程。说是自治过程，就是要给居民更大空间参与自治，处理好自身事务。说是法治过程，居民要守法。地方和基层政府要依法把本该属于居民的权利还给居民，指导居民用好法律，在法律的框架内自治。社区机制的形成有一个过程，它需要个人坚守对集体的责任、完善的制度和健全的机构。每个人坚守社会规范，把日常的小事做好，才会逐渐把社会和国家的大事做好，这也是基层社会治理创新的真谛。以社区建设营造全面建成小康社会的微观社会环境。

必须提高城市居民解决自身问题的能力和水平。只有市民们从内心萌生和坚信文明秩序，坚守文明行为，真正的城市文明才是可能的。因此，城市管理必须提高城市居民解决自身问题的能力和水平。社区机制的形成有一个过程，它需要个人坚守对集体的责任、完善的制度和健全的机构。每个人坚守社会规范，把日常的小事做好，才会逐渐把社会和国家的大事做好，这也是基层社会治理创新的真谛。

最大限度发挥基层干部的积极性和创造性。让各级领导干部和全社会了解"街乡吹哨，部门报到"的意义。一方面需要媒体的宣传，另外一方面要加强对干部的培训。在整个政策制定和实施过程中，落实是核心，是重心。部署固然重要，落实更为关键，部署和落实的关系是"一分"和"九分"的关系。制定政策不是目的，实现政策的目标才是目的。

"街乡吹哨，部门报到"的政策制定、实施和理论探索说明，做好大城市的治理工作必须把创造优良人居环境作为中心目标，尽最大可能推动政府、社会、市民同心同向行动，使政府有形之手、市场无形之手、市民勤劳之手同向发力。政府要创新城市治理方式，特别是在加强城市精细化管理上加强制度建设，深化体制机制改革，为发挥群策群力创造优良环境。要提高市民文明素质，尊重市民对城市发展决策的知情权、参与权、监督权，鼓励企业和市民通过各种方式参与城市建设、管理，真正实现现代城市的共治共管、共建共享。

六　建设共建共治共享的民生体制

（一）奠定社会公平正义的物质基础

社会发展就是要使全体社会成员共享经济增长成果，实现社会公平，和平相处，友好相邻，习近平总书记指出，"要从最广大人民根本利益出发，多从社会发展水平、从社会大局、从全体人民的角度看待和处理这个问题……我们必须紧紧抓住经济建设这个中心，推动经济持续健康发展，进一步把'蛋糕'做大，为保障社会公平正义奠定更加坚实的物质基础"①。在发展中保障和改善民生是四十多年来改革开放事业的宝贵经验，也是今后继续推进社会主义事业的基本手段。

必须承认，在市场经济条件下，社会差别的存在是必然的和不可避免的，但又必须承认，在一定社会差别下的各个社会阶层和群体直接的和平相处是可能的，关键问题在于建立一套全社会能够认同和接受的社会公平和公正的准则。社会发展既要从长远着眼，又要从现实着手。事实上，长远问题和现实问题确实是可以结合起来考虑的，例如，贫富差距是人们比较关注的社会问题。实际上也是人类长期共同面对、一直希望解决好的问题。回顾中国历史，"天下大同"的社会理想包含了收入分配制度的合理性内涵。对于当前收入分配体制的设计会影响到人类未来社会的制度框架。改变人们的行为模式和价值体系将需要一个长期的过程。所以，在党的十九大报告中，习近平总书记对中国社会主义现代化的远景目标描述道："到2035年，人民生活更为宽裕，中等收入群体比例明显提高，城乡区域发展差距和居民生活水平差距显著缩小，基本公共服务均等化基本实现，全体人民共同富裕迈出坚实步伐，到2050年，我国物质文明、政治文明、精神文明、社会文明、生态文明将全面提升，实现国家治理体系和治理能力现代化，全体人民共同富裕基本实现。"

在经济领域进一步建立和完善公平正义的分配机制有利于社会的健康发展，也是中国特色社会主义的基本要求。社会不公平的最终结果既不利于穷人，也不利于富人，更不利于整个社会。正如美国经济学家戴维·马德兰所说的，"高度的经济不平等增加了人与人之间的社会疏离感，这让人们越来

---

① 习近平：《切实把思想统一到党的十八届三中全会精神上来》，《人民日报》2014年1月1日。

越难以相信其他人与自己有着共同的经历与价值观,而这些正是信任的基础"①。在一个缺乏信任的国家,无论从人与人之间的关系,还是到涉及人们切身的具体生活领域都会存在巨大风险。实际上,我们已经看到,不平等和不公平已经严重削弱了社会的信任机制,假冒伪劣现象时有发生,就是例证。必须加强对于社会秩序的经济基础的建设,从源头防治社会秩序的混乱,经济越平等,社会割裂的程度就会越小,人们的共有的相互信任就会大大增加。信任是健康经济的价值基础,因为它会大大减少交易成本,提升公共安全水平,密切人与人之间的合作,使经济运行的效率大大提高。

(二) 坚持发展的根本目的是增进人民福祉

习近平总书记在谈到脱贫攻坚战时强调指出,各级领导干部要保持顽强的工作作风和拼劲,满腔热情做好脱贫攻坚工作,加强党对民生和脱贫攻坚工作的领导。当前,在经济转型升级过程中,一些地方党委和政府立足于本地环境优势和生态优势,大力发展旅游经济,发展适合本地实际的新型城镇化,既保护了当地的环境生态,又改善了当地人民的生活,推动了经济发展,取得了显著成效,为新时期经济发展探索了新路子,践行了"绿水青山就是金山银山"这一发展理念。实践证明,党委政府一班人保持对民生工作的满腔热情和顽强的工作拼劲,是做好民生工作的关键。

(三) 努力形成解决民生问题的合力

要通过进一步完善社会治理体制,全面调动全体社会成员的积极性、主动性、创造性,为各行业各方面的劳动者、企业家、创新人才、各级干部创造参与以民生为重点的社会建设的环境。脱贫致富终究要靠贫困群众用自己的辛勤劳动来实现。发挥各类社区组织、社会组织和居民个人在保障和改善民生中的作用,动员一切可以动员的社会力量推动民生事业发展。大力支持企业履行社会责任,承担社会责任。

(四) 以共享理念引领民生事业发展

早在浙江工作期间,习近平同志就指出,发展观决定发展道路,要求凡是为民造福的事一定要千方百计办好。党的十八大以来,以习近平同志为核心的中央领导集体提出了创新、协调、开放、绿色、共享五大发展理念。按照共享发展理念的基本要求,"十三五"时期的民生工作,一是举

---

① [美] 戴维·马德兰:《空心社会:为什么没有强大的中产阶级经济就玩不转?》,陈鑫译,新华出版社2016年版,第36页。

全民之力，调动各方面的积极性，集国内外力量，不断把"蛋糕"做大。二是把做大的"蛋糕"不断分好，让人民群众有更多的获得感和幸福感，在发展中感受公平正义。积极探索扩大中等收入阶层，逐步构建橄榄型的分配格局。

（五）在经济发展基础上不断加大财政保障力度

面对经济下行压力，要正确处理发展经济和保障民生的关系，坚持量入为出，积极调整财政支出结构，既要不断加大保障民生力度，又要保持经济持续稳定增长。要重点加强基本公共服务建设和完善，要特别支持革命老区、民族地区、边疆地区、贫困地区等特定人群和特殊困难地区的基本公共服务体系建设，加快推进基本公共服务均等化。在确保特定人群和特殊困难地区优先发展的基础上，进一步做好教育、就业、收入分配、社会保障、医疗卫生等各项民生工作。

（六）推动各项改革措施与保障和改善民生紧密结合

"十三五"时期供给侧结构性改革和扶贫攻坚等重要任务要紧紧围绕人民群众的生活水平提高和生活质量改善展开，使生活物品和公共服务质量更适应人民生活的要求。各项改革举措要紧紧围绕人民需要的安全食品、清洁空气、纯净饮用水以及其他高质量的产品和服务来制定。教育、医疗卫生、社会保障、社区建设、住房等都需要从质量入手，通过供给侧结构性改革，与人民群众的要求对接起来。在此基础上扩大内需，实现经济由投资和出口拉动转向消费拉动，推动国家经济社会发展走上健康持续发展的道路。

第三节 做好社会体制改革的整体规划

一 从总体上安排社会体制改革

（一）社会体制改革必须衔接全面深化改革总目标

社会体制改革必须与发展和完善中国特色社会主义制度，推进国家治理体系和治理能力现代化这一全面深化改革的总目标有机结合，并成为其重要组成部分；社会体制改革必须纳入两个百年目标之中。在实现两个百年目标进程中稳步推进社会体制改革。

社会体制改革目标设计的核心是如何建立起激励机制。如果一个社会不能建立起与之相适应的激励机制，它将面临经济衰退和社会懈怠，甚至像纯粹的计划经济造成的那种停滞。当前，中国经济进入换挡期，这个换挡不仅仅是增加技术含量，还要调整发展目标和指标，建立和完善配套的体制机制，长期增长最大化不应当成为公共政策的根本目标，持续健康发展才是首选目标。在持续健康发展的过程中，促进社会公平正义应当提到公共政策议程上来。政府官员的责任感、人民群众的坚定信念、合乎社会预期的行为规范，都应当提上议事议程。"一旦最大化经济增长不再是目标，最小化经济衰退就成了一个经济重要的目标。确保经济稳定的宏观经济管理至关重要，而追求长期经济增长率最大化的宏观政策就远不那么重要。"[①] 当经济发展由追求单纯的 GDP 转向追求人民生活品质时，一系列的社会政策和公共政策就必然应运而生，在经济领域包括金融监管、执行能力、产业布局、技术创新、气候变化、地方发展考核体系、发展规划；在社会领域，基本公共服务的供给方式和社会治理的方式也需要进行适度调整。中国社会体制改革的目标设计及其配套政策不能离开总体的经济社会环境，不能离开当前的发展和中国在当前面临的各类问题。只有这样，进一步的发展获得的才是"良性增长"，而不是"恶性增长"。全面深化改革要重新理解改革。这个问题听起来似乎可笑，但确实值得深度思考。在进行了 40 年的发展之后开始反思发展的内涵，反思 GDP，讨论幸福指数，就是这个道理。

改革开放初期理解和进行的改革主要是针对计划经济体制，例如，先是在农村实行家庭联产承包责任制，发展商品经济，减少国家对农副产品的统购统销，让农民进行市场交易，激发农民的生产积极性和农村的发展活力。到 1985 年，整个农业除棉花和少量农产品外，基本实现了市场调节。伴随着农村的发展和繁荣，乡镇企业、个体工商经济、中外合资企业、外资企业快速发展，在计划经济之外逐步培育出一个市场经济来，目前，它就是人们看到的、经常议论的民营经济——共和国经济的半壁江山。另外，国家还针对计划经济本身进行改革，诸如简政放权、扩大企业自主权、价格改革、国有企业、社会保障体制、财政体制改革等。这是 20 多年前改革的主要内容和做法。

全面深化改革，一方面是进一步推动还没有完成的对计划经济体制的改革，另一方面还要对改革开放 40 多年来制定的改革政策中的那些已经

---

① ［英］阿代尔·特纳：《危机后的经济学——目标和手段》，曲昭光等译，中国人民大学出版社 2014 年版，第 99 页。

不适应当前发展要求的部分进行改革。例如，完善财税体制就是要在1994年分税制改革的基础上进一步理顺中央和地方的关系，因为分税制已经不能适应当前发展的要求。除此之外，结构调整、产业升级、宏观调控、金融体制、土地制度以及户籍制度都需要深化改革。所以，当前的改革较30多年前的那场改革不是容易了，而是更难了。换句话说，在计划外生长起来的市场经济需要规范，也需要创新，更需要进一步发展壮大。在计划体制内未完成的改革需要继续，难度可想而知。

改革最初的目标是针对计划体制的，但如果把目前的改革统统视为对传统的计划体制遗留下来的问题进行改革可能就不全面了。改革开放40多年，国际国内的发展环境都发生了巨大变化，一些在改革开放初期可能适应形势需要的政策现在变得不适应了，就需要对这些政策进行调整，需要对有关法律、法规进行清理，该修改的修改，该废止的废止，这就是改革。所以，确切地说，改革就是对现行政策、体制机制不适应发展要求的部分进行调整以使其适应发展的需要。发展无止境，改革也无止境。

改革是为了发展。改革的目标永远是依附于发展目标的。确定改革目标一定要首先确定发展目标。确立市场经济改革目标是因为，人类历史和中国建设与改革的经验表明，市场体制是迄今为止人们看到的最有效的配置资源方式，改革就是要通过完善市场经济体制来最大限度地调动各方面的积极性，激发发展活力，为推动中国社会主义现代化服务。

（二）把社会治理纳入国家治理体系

推进国家治理体系和治理能力现代化，至少在社会体制改革方面要做好这样几项工作，提升社会资源动员和汲取能力、培育国家认同和社会价值观的教化能力、维护社会公平正义的再分配能力、处置社会事务的管理能力、吸纳人民参与公共服务的协调能力，以及社会动员能力。

现阶段的中国改革实际上需要考虑五个方面的内容，一是传统社会和文化中阻碍发展改革开放的因素。例如，官本位是亟须改革的一个领域，它使等级制度和观念固化人与人之间的关系，造成社会歧视和社会懈怠，破坏了社会和谐和公共参与的基本价值——平等，挫伤了社会成员的积极性和创造性。当前的中国是从拥有5000多年悠久历史的文明古国演变而来的，历尽艰难，饱经沧桑。历经各种运动和改革开放发展40多年的历程，传统社会和文化中固有的很多糟粕和阻碍现代化的东西并没有消失，经常还在社会的日常生活中发挥作用，甚至在影响人们的生活信心、行为选择和体制机制运行。二是计划经济中那些阻碍市场经济发展的因素，诸如土地产权不明晰、户籍制度、国有企业垄断、重要资源的定价、行政审批制度、官员作风等。中华人民共和国成立之初建立的经济体制不是简单照搬了苏联的计划经济模式，而是在借鉴苏联模式基础上，添加了诸多中国元素。1952年的土地制度改革，1953年过渡时期总路线的提出，中国逐步确立了使生产资料的社会主义所有制成为国家和社会唯一的经济基础。毛泽东明确总路线的实质就是要扩大国有制范围，把私人所有制改变为集体所有制和国有制，解放生产力，实现工业化。在农村废除农民个体私有制，建立农村合作社。1958年"大跃进"运动中建立起的"政社合一"、"工农商学兵五位一体"的"人民公社"体制，并一直延续到改革开放。在城市，对私人工商业进行社会主义改造，逐步实现国有化。到1955年，国家所有制和集体所有制几乎成为国民经济的唯一基础，并在此基础上建立起计划经济体制，这种计划体制的特点是，国有企业为上级行政机关的附属物，人、财、物、供、产、销全部由国家计划决定。改革开放之初，国有企业占整个国家经济的80%，其他20%是集体经济。三是过去在缺乏经验的情况下借鉴西方和其他国家经验中又被当代西方国家视为发展阻力的因素。这实际上是在回答我们在哪里的问题，例如，福利制度，我们借鉴了发达国家的经验，并没有考虑发达国家实施这些政策的初始条件。但发达国家在过去几十年实践中由于初始条件发生了变化，市场机制、政府管制、社会福利制度的诸多问题暴露出来，类似不公平和不可持续问题等，这些也影响到我国的宏观经济管理、政府职能履行、社会保障和社会福利体制等。西方国家正在改革自己的社会福利制度，甚至是大刀阔斧地改革，中国当前也要及早考虑这些问题。四是过去在实践过程中由于认识的局限造成的对当前工作阻碍的因素。曾几何时，人们认为市场是配置资源的唯一手段和最佳选择，忽视了政府和社会的作用，在教育卫生等领域推行产业化，结果导致了人民群众看病难、看病贵、住房难、上学难等一系列最直接、最现实的问题，进一步的改革就是要恢复基本教育和公共卫生与基本医疗的公益性质。再如贫富差距，有人将其视为改革的结果，其实这个问题很复杂，收入分配制度是一个世界性问题，需要深入的研究。还有城乡差距，主要是户籍制度，在20世纪80年代初期，流动人口不过200多万，若是当时就着手解决户籍制度问题并进行新型城镇规划，一定比现在解决2亿多人要容易得多，这是一种假设。实际上，当时人们对中国城镇化、人口布局、工业化以及未来发展的选择没有现在认识得这么清楚。历史不能假设，人类的认识永远都具有局限性。五是发展带来的新问题和人民群众在发展中形成的新期待，要求变革现行的体制机制，以适应眼下发展变化和人民群众的新期待。目前，世界范围内都在讨论第三次产业革命，新的产业变革以信息技术和新能源为核心，要求经济体制、社会体制、文化观念和行政治理模式的变革，换句话说，需要更加深层次的全面改革。

（三）围绕当前社会问题设计社会体制改革总体目标

社会体制改革如何使居民能够尽可能自己解决自身的问题？实现社会组织的自我管理和社区自治。居民通过自身的感受来改善自己的生活品质要比政府替他们做好得多，也会降低政府的投入，提高服务效率，这样会使他们真正体验到获得感和满足感。

在当代中国，研究社会体制改革，不能回避这样几个中国面临的，同时也是世界性的问题，诸如高结构性失业率、不良就业、收入两极分化、社会生活不健全、深层次的社会矛盾，再加上第三次科技革命正在全球范围内蓬勃兴起引发的新问题。美国、欧洲正以各种各样的方式迎接和适应这场革命。中国如何面对这样的形势和挑战？当然需要深思。

研究社会体制改革，要关注的是，社会上对特权和社会分化的非议，还有通常所说的利益集团问题、代际之间的资源争夺、老龄化带来的家庭与服务问题、无处不在的互联网、超级大城市的经济社会生活、公共卫生制度中的个人健康、政府的角色等问题。38年来，尽管人们的物质生活水平得到巨大改善，但一些老百姓对现状不满意的现象还没有从根本上解决，尤其对于利益格局不合理现象的不满还比较突出。这就需要认真研究和深入改革收入分配体制问题。经济持续发展和人民群众生活质量的提升要求社会生活质量提升。

改善居民生活需要居民参与公共决策。经济水平不断提高和人民群众的生活质量不断提升，有关科学决策和自我治理的诉求就会越来越强烈，建立和完善社会治理体制机制要求改革和完善社会体制。中国面临着老百姓日益感受到的和越来越迫切希望解决的生态环境压力，这也是一些仁人志士关注中国的焦点之一，甚至有人认为，若是处理不好这个问题，中国的持续稳定发展会大打折扣。改革现状不仅需要技术进步，也需要体制变革，尤其是需要对干部考核制度、政绩考核体制、发展观等一系列根本性体制机制进行改革创新。

二 设计激发社会活力的体制机制

社会体制改革的目标就是要设计和安排出最大限度影响人们社会行为的制度，规范和激励人们的社会行为。社会体制改革是全面深化改革的基本内容和基本要求之一。中国共产党十八届三中全会通过的《中共中央关于全面深化改革若干重大问题的决定》（以下简称《决定》）指出，全面深化改革的总目标是完善和发展中国特色社会主义制度，推进国家治理体系和治理能力现代化。《决定》要求，要紧紧围绕着更好地保障和改善民生、促进社会公平正义深化社会体制改革，改革收入分配制度，促进共同富裕，推进社会领域制度创新，推进基本公共服务均等化，加快形成科学有效的社会治理体制，确保社会既充满活力又和谐有序。[①] 在这里，保障和改善民生以及促进社会公平正义是目标，围绕着这个目标需要一系列的配套政策。这是一种包容性的制度设计。

在全面深化改革总目标下探索社会体制改革的目标设计与配套政策，首先，要使社会体制改革成为完善和发展中国特色社会主义制度，推进国家治理体系和治理能力现代化的重要组成部分和基础性工作。其次，要以保障和改善民生、促进社会公平正义为核心，构建合理的利益格局，实现共同富裕。再次，在社会领域要大胆创新，适应经济新常态，积极探索社会发展的新模式。最后，要把社会治理摆在重要位置，努力实现社会治理体制创新，通过社会治理体制创新推动实现社会秩序与活力的统一，并使社会体制与包容的经济体制和政治体制有机结合起来，成为中国特色社会主义制度的有力支撑和国家治理体系的重要组成部分。

就世界范围内而言，社会体制问题由于 2008 年以来的国际金融危机而不时显现出一些新的趋势和特点，正如当代美国社会学家兰德尔·柯林斯所说的，"资本主义目前在一些地区处于主导地位，21 世纪结束之前，技术对中产阶级的取代会导致资本主义在这些地区的衰亡。这个过程和平与否还有待于考察"。在沃勒斯坦等思想家看来，2008 年的国际金融危机昭示着西方社会体制正处在大变革的前夜。他们认为全球格局在未来几十

[①] 本书编写组：《党的十八届三中全会〈决定〉学习辅导百问》，党建读物出版社、学习出版社 2013 年版，第 3 页。

年肯定会变,但是如何变,自己也还没有看清楚。这就为探索中国社会体制改革预留了广阔的视野和无限想象的空间。

三 建立和完善与社会体制改革总体目标相适应的文化体系

任何一个制度背后都有一个价值体系在支撑着,人们的心态决定人们的行为。必须"倡导富强、民主、文明、和谐,倡导自由、平等、公正、法治,倡导爱国、敬业、诚信、友善,积极培育和践行社会主义核心价值观"①。党的十八大报告从国家、社会和公民三个层面概括了社会主义核心价值观的价值目标、价值取向和价值准则。这三个"倡导",勾绘出整个国家的价值内核、社会的共同理想、亿万国民的精神家园,在全社会激发了强烈的共鸣。社会体制改革如何通过实现社会价值规范影响人们的行为?完善社会信用制度实属关键。从目前来看,信用体制的完善已经关乎经济体制和社会体制的运行和效率,甚至关乎成败。不仅对中国是这样,对其他国家也是这样,例如,有美国学者评论道,"若缺乏基本的社会信任,社会将难以为继;若缺乏有组织的、制度化的不信任,民主将难以为继"②。谈到美国,迈克尔·舒德森写道,"显然,美国还没有实现这样的理想。我们所处的是一个被种族或民族对立弄得四分五裂的社会,一个贫富差距大到荒谬的程度而且还在扩大的社会,一个贫困家庭的孩子难以改变命运的社会,一个即使是中产阶级家庭的孩子也为不安全感所困的社会"③。这些都要求我们引以为戒。

第四节 实现中国社会体制改革目标的配套政策

一 创新社会发展方式

(一)探索分类解决社会问题的方式方法

现在看来,要根据社会问题、社会服务、公共服务的对象、活动类型、评价效果、时限等进行分类,然后采取不同的处理和解决办法。不同

---

① 胡锦涛:《坚定不移沿着中国特色社会主义道路前进 为全面建成小康社会而奋斗》,人民出版社2012年版,第26页。

② [美]迈克尔·舒德森:《好公民——美国公共生活史》,郑一卉译,北京大学出版社2014年版,第258、268页。

③ 同上。

的社会问题需要采取不同的解决办法,如针对老年人和残疾人采取慈善可能更好一些,而对于刑释解教人员可能采取社会经营会更加有效。在基本公共服务供给领域也是如此。社会经营的根本特征是在其设计上要求必须是可持续的,这也就要求它的服务对象不能仅仅依靠捐赠,必须在社会发展中增加帮助穷人和其他人群的就业和收入。与社会慈善比较,社会经营鼓励受助者保持个人尊严和自立,我们看到,即便是一些很好的慈善机构和慈善项目也往往难免使受益者的自我发展动力消失殆尽。

(二) 进一步理解和界定市场与社会的关系

社会创新还意味着要进一步解放思想,走出传统上仅仅认为要依靠政府、社区、慈善组织等解决社会问题的思路,积极探索发挥私人部门和资本市场作用的办法和途径。由于社会金融、社会经营,以及企业社会责任的出现,市场与社会的边界也越来越模糊,双轨体制可能会逐步走向单轨。利用私人部门和资本市场不仅是为了解决资金问题,也发挥它们的社会和环境优势。这代表了当前人们推动社会发展和公益事业的最新战略构想。一批新兴的企业慈善、非营利组织、合作社和社会企业家正在探索经营模式和转向私人投资领域,以获取他们开展项目和进行创新需要的资金,实现自己组织的持续发展和满足更大范围的社区发展需求,推动经济增长,最终,使投资者获得更多投资回报和获得更大的社会和环境效益。

(三) 改革和完善现行法律法规

有关营利企业和传统非营利组织的法律法规在世界各地已经日趋完善,但是涉及社会金融、社会经营的法律法规还是凤毛麟角,处于空白状态。无论是在现有的法律还是非法律框架内开展社会创新都存在诸多难题。值得欣慰的是,2007 年,加拿大政府以及一些美国的地方政府开始考虑社会经济有关的法律。如何通过技术研发来提供一些能够解决贫困、饥饿、疾病、健康、失业、遗弃儿童、毒品、住宅、污染、环境的产品,这是社会创新的关键。建立一个社会创新发展的全球环境。让企业家们充分认识社会创新,鼓励非营利组织、非政府组织、基金会以及慈善机构参与到这个领域。奥巴马总统宣布 2012 财政年度将拨款 1 亿美元来支持社会创效证券,马萨诸塞州首先响应。2012 年 1 月,马萨诸塞州要求中间组织和非营利组织使用社会创效证券来为无家可归者提供稳定住房,为未成年犯罪者提供社会矫正等。其他一些州也纷纷探索社会创效证券。社会创效证券的应用和发行范围因地而异,从无家可归者到未成年犯罪、成年犯罪，以及低收入老年居民都可以成为社会问题解决的受益者。2007年，加拿大政府以及一些美国的地方政府开始考虑与社会经营（social economy）有关的法律。[①] 如果政府和社会都承认社会经营将是人类解决面临挑战不可或缺的活动，那么为其立法就需要提到议程上来。社会经营的立法首先涉及如何鼓励企业家在实现推动自己企业正常运行的同时，也考虑一定程度的社会经营，相应的税收、财政和金融政策也需要进行调整。新兴产业的发展也意味着政府自身的改革和创新需要进一步加快步伐。

（四）社会创新与复合型人才

社会创新，尤其是在金融领域的社会创新需要复合型人才和多部门、跨领域合作的智库。通过这类人才的培养和智库的建设，来打破传统意义上的社会与市场、营利与非营利之间的分界，使社会问题得到全面、彻底解决。以公共精神、企业家精神和慈善精神为价值基础的政府、市场和社会之间的密切合作是实现社会创新的组织基础，在此基础上，能够理解公共精神、企业家精神和慈善精神的复合型人才的培育是实现社会创新的关键。

二 创新体制机制环境

首先，明确社会进步、社会秩序、社会和谐是社会宏观管理的目标。社会宏观管理的手段包括发展规划、公共财政、社会规范、社会动员、慈善捐赠，以及行政手段，等等。总体来看，中央政府在社会领域宏观管理问题上的责任是确保基本公共服务的均等化，确定地方政府、基层政府、社会和企业参与社会事务的制度框架。地方政府则负责社会组织、慈善事业、基层组织、社会动员、公民参与等具体社会事务。在这个框架内，地方和基层政府、企业、社会组织和个人的参与空间会得到大大拓宽。其次，明确顶层设计的主要任务是谋划社会进步的目标、原则、社会发展的基本路径和主要手段。把社会治理创新的具体实施手段交给地方和基层政府根据自己的实际情况来不断发掘符合本地特点和居民需求的新方法和新思路，并在中央政府规定的目标和原则框架下推动社会进步。要突破中国两千多年来一直不能走出的怪圈：中央政府在制度设计上细致周密，地方

[①] Muhammad Yunus with Karl Weber, *Building Social Business: The New Kind of Capitalism that Serves Humanity's Most Pressing Needs*, Published by Public Affairs, 2011, pp. 127, 128, 129.

政府政策粗糙无序。在经济领域,政府要围绕着国家经济稳定有序和可持续发展研究经济的宏观管理措施,把具体的经济运行交给市场去调节;在社会领域,政府要围绕着社会稳定有序和国家统一研究社会发展的宏观管理措施,包括建立和完善基本公共服务制度和体系,把具体的社会事务交给基层政府和社会去解决;在文化领域,政府要围绕着加强国家和民族的凝聚力建设核心价值体系,把具体的文化活动组织与实施依据性质和类型交给社会和市场运作,逐步潜移默化成为社会凝聚力。再次,要努力提升多元治理的艺术水平。社会是特定的制度组合,也是教化和居民文化培育的过程,它通过人的自治能力锻炼,自治纽带形成,增进个人责任、公民意识、社会自主性,使多元治理制度成为可能。中国社会的发展已经显示出社会需求、公共资源、多元治理之间衔接的可能性和可行性,当然,还需要这种衔接的环境和手段。各级政府也应创造条件使其不断发展,逐步完善。完善多元治理,需要创造四个基本条件:其一,公民文化素质和社会责任的培育,它是社会价值的基础。培育社会价值需要一个较经济发展更长的历程,甚至可能不是一代人能够完成的,但必须从现在做起,而且需要高度重视,积极推进。其二,完善法治和政策环境,它是多元治理的规则和规范基础,这些在现阶段是可以做到的。其三,个人权利保障。确保公民的知情权、表达权、参与权、监督权、选举权与被选举权,是社会的理性基础,也需要一个过程,它也需要每个人有足够的经济能力和参与公共事务的能力,以便能够承担起个人对社会的责任。

三 建构社会体制的运行机制

利益关系包括个人收入分配、中央和地方的财力与事权、阶层收入或利益集团关系等,它们通过工资、财政收支、社会福利、社会保障、基本公共服务等体现出来。在社会体制的建设和完善上,政府最应当做的是,构建合理的利益格局,激发公众参与社会生活的活力和激情。只要政府能够做到这一点,真正保护弱势群体的基本权利和人们的合法利益,每个人在社会生活中才会发挥自己的积极性和创造性,关注公共事务,形成社会发展的合力,整个社会秩序才能够较快建立起来。要坚持社会主义市场化改革的基本方向,通过打破"特殊利益集团"来深化经济体制、社会体制、政治体制、文化体制的改革,尤其要打破资源和权力垄断,约束公权力的无限膨胀,通过合理的制度驾驭资本,铲除权贵资本产生和传播的土壤，建立官民之间"亲"与"清"的关系。第二，在中央政府层面需进一步理顺的关系包括有关社会发展的财税体制及中央与地方的关系、慈善捐赠体制、国际社会组织管理、社会组织改革与发展等一揽子问题。引导公众关注和参与社会生活，需要政府鼓励和支持社会组织等一道努力建立公众参与机制。政府既要帮助市场把蛋糕做大，又要指导市场把蛋糕切好。个人、企业，甚至包括地方政府追求自身利益最大化无可厚非，但中央政府要最大限度发挥统筹协调作用，这就是宏观社会管理，也是社会治理的最顶层设计。第三，再造社会治理的微观主体。在当代中国，所谓微观治理主要是指事业单位、企业、人民团体、社会组织、基层组织、社区组织和社区居民的自我治理，包括它们自身的绩效和问责性。再造社会治理的微观主体，其一，事业单位在去掉两头之后，中间部分进入社会组织，就应按社会组织的要求，对服务对象、资助机构问责，同时考量其投入产出。其二，企业在社会治理领域的作用主要是考核其社会责任。其三，人民团体是历史发展进程中出现的一种特殊的组织形式，其自身也面临着改革创新，有的地方和部门已经启动这样的改革，如共青团、工会等。其四，把社会组织交给那些来自不同背景的、由志愿者领导人组成的理事会去治理。其五，农村基层组织和城市社区居委会要探索公众参与的方式和方法。社会的最终责任主体是公民个人，每个公民为自己负责，也为社会负责。要形成以村民自治与社区自治为基础的社会治理。从基层着手建设社会，各地迈出了不同的步伐，应当鼓励、支持、引导、提升，从中探索中国社会治理的新路子。其六，从搞活微观机制入手还要努力培养社会企业家。热情、大胆的社会企业家是社会体制改革和创新所必需的力量，要创造条件加以培养。要把培养社会企业家摆在创新社会治理的重要位置。从国际经验看，活跃在许多国家的社会企业家不受年龄、职业、性别等因素限制，有些甚至是退休人员，但还是创造了令人钦佩的成绩，引领了社会风尚。第四，创新社会体制的运行方式。其一，创新政府的社会治理方式。要明确政府参与社会与社会组织、公众参与社会的方法是不一样的。社会组织和公众自己不能创造价值，或者只能创造少量的价值，除非募捐和允许开展经营活动。这样，它们就需要政府的法律支持，由此就产生了对慈善法律和法规的需求以及对社会组织管理的需求。社会发展不能离开政府。所以现实的政府社会管理过程中，政府往往容易自己把财政收入分发给社会的弱势群体，直接介入社会生活。在许多情况下，政府与社会生活存在一定距离,限于政府工作人员的专业化,不能提供公众需要的社会服务,在这样的条件下,政府在社会领域做得越多,问题越大、社会对政府的需求越多,若是政府稍有不慎,都可能陷入舆论的旋涡,结果会陷入"凡事找政府"的恶性循环。其二,社会组织往往过分强调了自己的独立性,忽视了自己对政府的需求。凡此种种,这些问题都需要进一步澄清。其三,进一步完善公共参与机制。公共参与包括民主参与决策、参与社会组织、基层组织和基层生活的各种事务。公共参与的根本目的是确保自身和社会弱势群体的利益,所以,公共参与过程也包含了利益博弈和利益分享。这些,都需要得到政府和社会的充分认识,进一步解放思想。第五,积极推动社会创新。其一,"创新"应当包括政府如何进行自身社会治理职能的改革和创新。政府要全心全意地提供公共服务,这是政府的根本职责,要部分地承担社会治理责任,所谓部分承担就是说社会治理的另外一部分责任实际上需要居民自己负责。其二,鼓励社会组织以有效模式来提供社会服务,同时实现自身的可持续发展。其三,指通过发挥社会成员的创造性,以新的方式解决住房、青少年、农民工、老年人、刑释解教、公共服务、社区管理、无家可归者、残疾人等社会问题。鼓励社会企业家把公共部门延伸到市场领域,或者说把市场手段引入到公共领域,使传统的慈善事业等非营利活动走向制度化和实现可持续发展。通过社会企业家的培养和项目的开发,努力克服当前社区居民、社会成员参与公共事务的"冷漠症"以及社会组织发展缓慢、社会参与主体单一等一系列疑难问题。

综上所述,社会体制改革的总体目标是:最大限度激发社会发展活力,充分发挥社会力量在社会发展、社会建设和社会治理中的作用,化解变革时期经济社会发展中的社会矛盾和问题,推动社会有序发展。换句话说,社会体制的核心是政府与社会的关系在法律和文化上如何界定、各种社会活动的组织方式、居民如何参与,以及基于居民参与活动和方式形成的社会关系状况。在现代社会,在微信和互联网基础上的社会交往和社会认知对于社会关系的融洽是非常重要的,引发的问题也有新特点,必须将其纳入社会体制创新中一并考量,并提出对策和措施。

社会体制改革的目标还在于,努力实现社会创新和促进社会进步,建立人民健康的社会生活。多元化的社会组织和活动方式,能够激起社会组织之间的碰撞,激发社会活力。社会活力来自于社会内部全体社会成员价值坚守和行为互动的多元与统一。

中国社会当前呈现的多元趋势要求社会秩序重建和激发社会发展活力必须采取组合的政策选择，市场方法引入社会领域的创新无论是从历史惯性还是基于人们当前生活现状都已经不可避免，要鼓励和支持类似社会企业建设，但必须坚守社会的秉性与规律。同时，网络的广泛使用以及大数据分析的可能性使社会学习方式在激发社会活力中的作用更加凸显。利用社会学习来重塑社会秩序和激发社会活力在中国还是一个新的领域，前景一定非常广阔。

四 建设基本公共服务供需平台

（一）框架机制

基本公共服务供需平台是基于移动互联网、物联网感知设施、云计算和大数据精算技术的"数据平台"，它更强调数据互联和数据在线，并基于数据准确抓取公众需求、寻找高效的潜在生产者，实现公共服务供需合理配置，它将改变政府的工作流程。

1. 媒合机制

基本公共服务供需平台要能够通过物联网感知设施与智能移动端动态感知用户需求，来组织研发、制造和服务，凭借内生动力，实现基本公共服务供需平衡。基本公共服务的生产者和消费者的有效连接，有赖于打通线上线下，把信息网、需求网与供应链融合起来。这是一个系统工程，需要政府、事业单位、社会组织、企业尤其是互联网公司以及大量第三方的服务机构一起努力。

根据供需平台的设计需求，将该平台上政府基本公共服务职能分解为三个部分：需求侧（海量的潜在用户，居民、企业、社会组织，以及政府组织自身）、供给侧（海量的潜在供给者，居民、企业、社会组织，以及政府组织自身）和建立在互联网与大数据精算基础上的数据匹配平台（搜索引擎、社交网站、视频网站、运算系统等），通过该平台推进各层级、各部门"协同治理"，实现"服务众筹"、"官民互评"模式[1]，实现分布式和点对点等基于移动互联网的基本公共服务模式创新。在该供需平台环

---

[1] 丁元竹：《平台型政府运行机制的设计思路》，《中国浦东干部学院学报》2017年第2期，第123—128页。

境下，基本公共服务模式表现为在线、简单、清晰、快速、透明、参与、智能等具体特征，去除了原先以政府为中心的菜单式服务模式，体现了去中心、以人为本、分享、在线一体化、平台化等核心理念。（见图9－1）

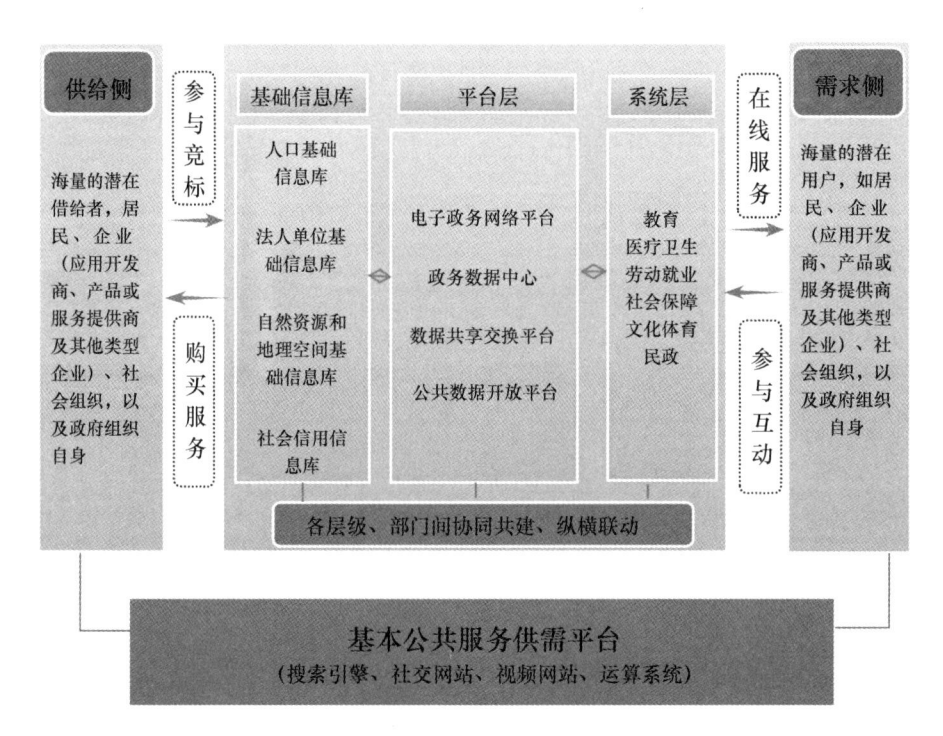

图9－1　基本公共服务供需平台的媒合机制

2. 技术架构

在全国基本公共服务的供需层面上，各层级、区域、部门间的信息难以实现融合共享，业务部门难以跨站点协同，如低保"重复救助"等，拉高管理与服务成本、影响政府流程优化。因此，有必要从整体上对技术架构进行设计。

3. 基础层：大数据、算法和大计算

每个居民每一天会产生非常多的数据，如个人的行为、生理状态的变化，如果要监测、记录的话，都有非常庞大的数据。况且，每一个人每天都在跟互联网打交道，在使用互联网过程中，也会产生很多数据。掌握好、利用好、分析好这些互联网数据，在很大程度上也是对基本公共服务需求和供给的重构。大数据技术分为几个方面，比如数据的采集、提炼以及应用。如果对一个基本公共服务部门数据里的用户进行建模，某一个用户可能是需求方，另一个是供给方，这样的行业数据经过分析就可以帮助政府更好地进行公共服务提供。

4. 认知层：自然语言处理、知识图谱和用户画像

自然语言处理的范围广泛，如果细分的话，有很多子领域，较宏观地可划分为语言的理解和生成，以及相应的应用系统。一方面要理解人的语言，另一方面要表达，能生成语言。比如，基本的分词、短语分析，核心的解决思路就是做句法的分析和语义的理解或意图的理解。

5. 平台以及生态层

云是很大的计算平台，不只是云的拥有者可以用，而且开放给所有的合作伙伴，变成基础的支撑平台，上面有大脑的各种能力。同时还有一些垂直的解决方案，比如基于自然语言的人机交互的新一代操作系统。这样就能解决目前的"信息孤岛"问题。

6. 应用层

当今时代，发现信息不再是仅仅通过网站，还通过多端、多屏、多渠道进行传播。根据《第40次中国互联网络发展状况统计报告》，"截止到2017年6月，手机网民占比达96.3%，移动互联网位置强化"。移动接口已经成为了人们获取服务的主要渠道。同时，人工智能正在成为这个时代技术变革的核心驱动力，AI在To B领域的渗入将会给各行各业带来革命性的改变，也会对人们的日常生活产生巨大的影响。

媒体社会化还渗透到工作领域，成为一种新的工作方式。社会媒体正在成为组织与自己的雇员、客户、合作伙伴以及其他利益相关者沟通的最新方式。政府网络客户端、企业和单位的微信、群体之间的"朋友圈"正在取代传统的文件传输方式，改变传统的信息传播渠道，也同时改变着人们的行为方式，乃至社会结构。企业、组织、机构从过去的纸质文件传达、分送等，到现在的通过不同的工作圈在微信中传播，速度快、便利性强，可以网上互动，从而替代了一些必须面对面的会议、见面讨论，提高了效率。由于信息量多，也加重了人们的阅读、处理负担。特别是在上游部门缺乏协调的情况，下游部门的负担确实不断加重，甚至穷于应付。为了解决这一问题，必须运用新技术对整个管理系统进行改革，建立顶层协调机制。否则，仅仅用原有的系统使用新技术来进行文件传输、任务布

置、推进工作会造成基层的更大工作压力，单个部门的工作效率提升会被整体不协调抵消。

微信企业版这一系统大大改变了传统的层级治理模式，可以使人数众多的大型群体在同一个平台上进行即时讨论、批评。这里需要进一步分析，前台、中台和后台之间的关系，以及它们之间如何协调和提升效率的问题。现在看一些使用企业微信的组织的前台响应力提升了，员工或成员参与率大大提高了，参与的方式得到了发展和创新；说到中台，我们想到了阿里巴巴，几年前阿里巴巴实施了"大中台，小前台"战略，目前已经把自己的技术、组织沉淀出一套综合能力平台，在此基础上，对前台的消费者的需求能够做出快速反应和创新，适应消费者和用户的需求。将平台的组织机制进行调整，甚至创新企业文化来适应平台建设，是新形势下社交媒体的重要选项。平台不仅是一套技术体系，也是一套制度体系，还是一套文化系统，新型企业文化或组织文化。一般来说，平台的后台涉及法律法规、财务制度、人事管理等制度性问题，是相对稳定、不易变化的，要它适应瞬息万变的前台需要非常不容易，它往往滞后于前台，甚至造成二者之间的不协调，因此，有研究建议，在前台和后台之间建立一个中台，中台以服务对象为中心，体现平台的创新能力和回应能力，实现平台创新驱动的战略目标，并发挥其在前台和后台之间的协调作用。这对于那些试图通过技术改造提升组织效率的机构来说，如何加强组织的内部建设，尤其是对技术上的各个环节协调，加强对相关人员的技术的培训及其提高对于技术进步的反应能力极其重要。技术变革必然带来组织体制的变革。

由此延伸出来的问题是，在当代的社会治理中，中间治理层如何适应基层人民的生活需要和企业发展创新的需要极为关键，同时它还要能够遵循上游政府的法律法规、制度规范，这是治理现代化的核心问题之一。由此出发，在网络环境下，上游政府（后台）要把主要管理资源配置在方向选择、制度建设和法律法规的完善上；中游政府（中台）要把主要管理资源配置在基层人民和企业的需求上支持下游政府（前台）创新，同时协调上游政府，遵循上游政府的法律法规和制度要求；下游政府需要面对居民和企业回应和处理他们的问题。这样，治理体系就理顺了，治理能力也就会大大提升。

（二）智慧基本公共服务集成应用平台

1. 智慧基本公共服务集成技术

探索统一运行平台搭建的关键技术，确定统一的空间数据库建设标准，信息交换和使用方式、用户权限管理、软硬件运行环境等。

聘请熟悉基本公共服务管理、智慧城市建设、信息技术、数据库技术等方面的专家和技术人员，完成基本公共服务系统集成技术研究。

2. 智慧基本公共服务系统平台试点应用研究

选择两个基本公共服务领域，教育、医疗卫生，或者基本社会保障或者基本公共文化，搭建符合智慧基本公共服务系统运行要求的软硬件运行环境，开展智慧基本公共服务系统平台试点应用，验证智慧基本公共服务系统平台的实用性，并培训可熟练应用智慧基本公共服务系统平台的技术人员。

3. 智慧基本公共服务系统功能测试

完成智慧基本公共服务系统平台的智能办公管理系统、网络信息发布和交流系统、信息管理和辅助决策系统、信息智能获取系统以及系统集成功能的测试工作。

聘请熟悉基本公共服务管理、智慧城市建设、信息技术、数据库技术等方面的专家和技术人员，对系统平台的各项功能、运行情况进行集中测试。

4. 制定政策，鼓励发展面向基本公共服务需求的机器人

大数据和人工智能的快速发展要求政府改变决策模式，从经验决策到数据驱动决策的转变。政府将根据数据变化实时决策，数据成为决策的"触发条件"和"重要依据"，根据提供基本公共服务项目及其所处的数据环境，随时动态调整其服务项目和投资方向。服务项目和投资方向的敏捷性往往是基于数据驱动，依据数据分析结果灵活调整基本公共服务体系、项目和资源配置方式。传统的决策模式："提出问题→依据知识→解决问题"，也就是根据"知识和经验"找出问题思路是"问题→知识→问题"的思路，会随着数据科学的兴起让位于"提出问题→依据数据→解决问题"的思路，且直接用数据（无须把"数据"转换成"知识"前提下）解决问题。

"数据基本公共服务化"不是简单的"基本公共服务数据化"，而是要求政府有关部门根据"数据"动态地定义、优化和重构基本公共服务

体系及其供需流程，进而提升供需过程的敏捷性，降低风险和较少成本。这就要求，政府跳出传统数据管理中更加关注基本公共服务数据化、记录数据、存储数据和挖掘数据的思维模式。基本公共服务数据化是前提，"数据基本公共服务化"是目标。

（三）智慧服务触手可及推进基本公共服务均等化

物联网、云计算、大数据等信息的技术应用为搭建基本公共服务供需信息平台和建立便捷高效的基本公共服务网络奠定了技术基础。智慧服务触手可及是推进基本公共服务均等化和基本公共服务体系建设的强大动力，它要求，一是加强信息基础设施建设，整合各层级、各区域、各部门的网上信息系统，构建一体化、横向衔接、纵向贯通的统一的在线服务平台。二是通过物联网感知设施、空间地理位置定位系统、智能设备的普及应用以及供需平台的数据汇集、数据分析、数据共享提升"互联网+基本公共服务"的智能化水平。三是推进现行各类基本公共服务卡与服务项目的融合，以北京市为例，拓展一卡式"北京通"及其"北京通App"、智能终端"96156"社区服务平台的应用领域与覆盖范围，实现"线上服务"和"线下服务"的有机结合。

（四）加强网络、平台和安全三大体系建设

基本公共服务互联网包括网络、平台和安全三大体系，其中，网络是基础。推进基本公共服务平台化，一是要通过实施各类基本公共服务内网改造来推动各个基本公共服务机构内网的IT化、扁平化，打通"信息孤岛"、"数据烟囱"。二是加快基本公共服务外网建设，重点加快推进宽带网络基础设施建设与改造，扩大网络的覆盖范围，优化升级有关部门的骨干网络，为实现基本公共服务链的各环节互联与数据顺畅流通提供保障，打造支撑基本公共服务发展的低时延、高可靠、广覆盖的网络。三是安全是基本公共服务信息化建设的前提和保障，在推动基本公共服务互联网发展的同时，要加强基本公共服务互联网安全保障的手段，同步规划、同步建设、同步运行，提升基本公共服务互联网的安全保障能力，确保各种信息安全。

五 全面深化改革的综合决策和执行机制研究

一分政策九分落实，全面深化改革和推进社会体制改革的关键在落实。如何推进全面深化改革，当前，人们纷纷献计献策，提出了不少思路，诸如先寻找战略突破口，排列优先顺序，然后整体推进；也有的认为，从现在开始到2020年，改革应当分为若干阶段，根据每个阶段的重点进行设计，至于如何确定重点，可以通过达成共识的方式，以便率先推进；还有的认为，可以从提高综合效率着眼，优先改革经济体制；还有的观点主张，从部门改革出发，应当优先改革行政体制和国有企业，凡此种种。这从另外一个侧面反映了全面深化改革的复杂性，并要求我们大胆探索、勇于开拓，稳妥审慎、三思而后行。全面深化改革需要建立和完善综合决策机制，通过综合决策机制解决各地区各部门发展和改革过程中的不平衡、不协调、不可持续问题。建立确保公众充分、有效参与经济社会事务和治理机制，最大限度地赢得改革红利，避免极端风险，实现习近平同志所要求的，决不能在根本性问题上出现颠覆性错误。习近平同志指出，改革开放是前无古人的崭新事业，必须坚持正确的方法论，在不断实践探索中推进。2014年1月22日，在主持召开中央全面深化改革领导小组第一次会议时，习近平强调，贯彻落实三中全会精神，还存在一些值得注意的问题。主要是有的地方、单位、干部对全面深化改革的艰巨性、复杂性、关联性、系统性估计不足，对此也要有足够的思想准备。这就要求各级领导干部从传统、过时的领导方式和思维方式中解放出来，在改革实践中形成新的领导方式和思维方式，用科学的方式指导改革实践。2014年3月15日，在主持召开中央军委深化国防和军队改革领导小组第一次全体会议时，习近平同志进一步强调，重大改革举措牵一发而动全身，必须稳妥审慎。改革举措出台之前，必须反复论证和科学评估，力求行之有效，要强化集中统一领导，搞好总体设计、统筹协调、整体推进、督导落实，确保各项改革工作统一谋划、统一部署、统一推进、统一实施。要坚持科学议事决策，坚持走群众路线，充分发扬民主，广泛听取各方面意见。2018年12月18日，在纪念改革开放四十周年大会上，习近平同志指出，"我们既要敢为天下先、敢闯敢试，又要积极稳妥、蹄疾步稳，把改革发展稳定统一起来，坚持方向不变、道路不偏、力度不减，推动新时代改革开放走得更稳、走得更远"。由此我们可以体会到，习近平同志高度全面深化改革的方法论，要求进一步解放思想，逐步建立适应全面深化改革的思维方式和领导方式，其内涵至少包括充分认识改革艰巨性、复杂性、关联性、系统性；在政策制定中，要考虑总体设计、统筹协调，在实施过程中，整体推进、督导落实；在后期要科学评估，使各项政策行之有效。这就要求我们，逐步建立和完善实施全面深化改革的综合决策机制。

总而言之，关于社会体制改革的目标设计，我们面临的主要问题是如何保持在社会生活中的各个群体分隔不会变得过分显著，以至于威胁社会交流、沟通和社会和谐，而这是一个可持续的、美好的社会所要求的基本条件。长远的基本目标是保持全体社会成员的人人享有平等的权利、机会，遵循共同的规则，社会分化保持在一个合理的区间，而不考虑他们的民族、地区差异，还要保障群体和个体都有充分的积极性参与社会生活。

我们进一步需要思考的问题包括：对于一个社会而言，什么是最重要的？那就是全体社会成员可以生活在舒适的环境中，而毫不顾忌个人的职业、地位、收入，每个人都因为自己是社会的一员而充满积极性、主动性和创造性，保持良好的意愿和明智的理性，志愿参与公共生活，关心公共利益，解决共同面对的社会问题，使社会充满活力和保持稳定有序。

跋　关于相互交流与相互隔膜社会模式的深度思考

　　本书围绕着社会体制基本问题的界定、研究方法、社会体制发展的历史脉络、社会体制理论的历史脉络、公共利益与公共空间、社会空间与社会关系模式，以及社会动员机制、国际上社会体制的案例分析和国别经验、当前推进社会体制改革面临的新环境、新形势等，论述了社会体制改革的基本目标、总体设计和配套政策，基本形成了一个有关社会体制的逻辑体制，基本理念是通过交流和沟通实现社会的包容，而不是隔膜。不同的理念，决定了社会建设的不同优先顺序和优先等级，最终的结果也是不一样的。而最终评判的标准是人们的社会生活质量。

　　我们总体认为，就我国而言，四十多年的改革开放，整个社会已经出现了整体性和结构性的变迁，社会建设已经不是改革开放初期的以户籍制度为基础的、以单位制为核心的社会管理和以科教文卫体为主体的带有计划色彩的社会事业，整个社会结构、治理模式、基本公共服务体系建设呈现出了前所未有的变化；就整个世界而言，19世纪后期出现的社会保障体系建设和20世纪出现的福利国家，使过去一百年的社会建设呈现出新的局面，这也是20世纪人类为之自豪也为之困惑的一项体制机制建设。自豪是因为它大大缓解了资本与劳动的关系；困惑的是随着人口增加、老龄化和人们对福利要求的不断提高，这项体制机制的持续性如何保障。2018年出现的各种新情况和新问题，以及方兴未艾的科技革命，带来了深刻的社会变革，表明整个世界出现了整体性和结构性的变化，西方社会、东方社会，以及其他社会，都发生了变化，有的具有共性，有的具有自己的特性和特色。社会研究要对国际国内的发展变化有一个新的理论视角。这种解释已经超越了单纯的经济、社会、文化、生态、环境、军事任何一个单独问题的研究，而是要综合经济、社会、价值、模式等整体化思维的变迁和变局，进行全方位的思考。这个过程将是一个新知识的研究、探索和生产的过程，也是一个对西方各种学说进行反思和对中国发展进行总结和评估并行的过程：中国依然需要继续学习和借鉴，更要敢于抛弃书本，最重要的是要深入现实，从社会体制的深层次探索那些成功的案例中寻求真知，即从实求知。

　　人的社会属性通过自己与社会关系展示出来，这些社会关系的范围、大小就表现为社会空间，这些社会关系在社会空间的拓展过程中，在不同的人文区位和文化中表现为不同的社会关系模式，在形式上表现为人们之间的沟通与互动，在内容上表现为文化、价值、习惯；在社会生活中，人们的个人利益通常通过公共利益得以实现，公共利益通常是发生在一定的公共空间中的。早期的印第安人在北美大陆建立了自己的社区，形成了自己的文化和社会生活。"五月花号"载来的西方移民者进入北美大陆，改变了北美大陆的格局，这些强势的西方文化把印第安人的文化逼向了墙角，再后来一批批西方移民陆续进入这块大陆，来自不同国家和文化环境的人们共同生活，形成了北美文化的大熔炉，形成了这个区域社会特有的社会体制。把西方人载入北美大陆的是航海技术和地理大发现。为了寻求资本的扩张，西方探险者们借助于先进的航海技术进入了新大陆，把公共空间、社会空间扩展到了一个前所未有的程度和水平。在此基础上，形成了具有自己特点的社会关系模式，也形成了新的利益格局。初来乍到的西方人落脚北美大陆，拓荒种地，维持生计。在生活有了着落后，又需要公共生活，当初在这块土地上，没有学校，大家一起建学校，没有图书馆，大家一起建图书馆，没有医院，大家一起建医院，于是大家有了自己新的公共空间和公共利益。历史就是这样循环往复。现代美国的慈善精神和志愿精神就是在这样的历史环境中形成的。托克维尔描述的早期美国，就是这样一个草根、互助、结社的世界。就美国而言，早期社会建设，早期社会体制的建立和完善主要是由社会自身来完成的。

　　政府在建设公共空间中发挥重要作用是伴随着工业化和城镇化进程展开的，尤其是在近代，伴随着工业革命和城市化，政府在社会事务中的作用功不可没。当然，它在各国的时间序列是有差别的，在英国最早是16世纪，以伊丽莎白《济贫法》为代表，后来是德国，再后来是英国，美国着手开展这项工作已经是20世纪30年代了。正如管理学大师德鲁克说过的，在传统的农业社会，公共服务是由家庭和社区来提供的，而在现代工业社会，则是由政府提供的。罗斯福的宏观调控政策之一就是通过公共财政刺激消费和经济增长，进而带来了公共服务的扩张。进入20世纪的下半叶，随着互联网技术的广泛应用和共享经济的快速发展，混合领域的出现使得公共空间大大拓展了自己的范围，而且私人利益和公共利益的边界变得愈加模糊。有时按照传统的公共管理理论，私人领域与公共领域简直不可区分。共享经济的出现和发展引发了一系列的讨论，留下了大量亟待讨论的问题，社会体制面临新的发展和创新环境。

放眼未来，我们可以从不同的角度、层次来进一步阐述社会体制改革及其规划和政策建构问题。改革开放四十多年，经济长足发展之后的社会健康发展已经不可回避，偏离社会发展目标带来的问题和弊端越来越成为人民群众最关心最直接最现实的利益问题，必须通过社会体制改革和创新来面对这些问题，为社会解疑释惑。

在市场机制中嵌入健康社会的芯片，会使经济社会可持续发展。我们需要建设的是市场和社会统一的体制机制。中国改革开放再出发，我们面临新的历史任务和全新的环境。站在新的历史起点上，社会体制改革的迫切性日益凸显。必须通过深化社会体制来为经济社会的高质量发展创造良好的环境。

结束之余，深深感觉社会体制在当代是一个大问题，涉及诸多理论和实践问题，认为还有许多问题值得进一步探索。面对错综复杂的社会现实、人们对社会发展的讨论、对社会发展的期待，我们认为，社会理论必须形成自己的解释能力，回答公众关心的问题。这是我们进行这项研究的初衷之一。在进行大量研究之后，我们认为，未来需要从三个层面入手来深入探讨社会体制的改革和创新问题。

第一节　基层社会体制改革和建设：建设基层人民的美好社会生活

基层人民的美好生活是国家建设美好社会的基础。基层是一个区域和区位，也是一个生活共同体。在当代，互联网赋予基层社会新的含义。网络成为新时代的新的社会共同体。基层是人民社会生活的基础，发生在这个领域的社会体制改革，也叫作社区层次上的社会体制改革。社区是一个人们几乎看得见摸得着的社会空间。传统上人们将其称为熟人社会，尤其被称为传统意义上的乡土社会和熟人社会。在费孝通教授描述的乡土中国中,"熟人社会"的特征表现得淋漓尽致。在这样的社会空间中,讲究人际关系,人们对于社会交往有着强烈的热情和愿望。随着工业化城镇化的发展,社区也在经历着全社会缺乏公共精神、公民意识、社会责任和公共利益所带来的痛苦,在市场化渗透到社会生活各个领域的过程中,社区也难于幸免。最早是滕尼斯感到痛苦,后来美国人开始了社区重建,再后来越来越多的国家都曾有在 20 世纪进行社区建设的经历。这个过程在美国大约发生在 20 世纪 20 年代以后,美国学者将其称为社区重建或社区复兴。"20 世纪 60 年代,日本的政策制定者、社会学家和都市规划师们,被他们所认为的日本新兴的城市和郊区新城中出现的社区崩坏现象所困扰。他们开始研究能够创造出良好社区的前提条件。'社区'这一概念在此时也被赋予了新的意味。"① 早期居住在乡土社区的人们需要也能够了解邻居的情况,他们生活和生产都在同一个区位,彼此相互了解。现在在中国的一些农村社区情况依然是这样。城市社区则就完全不一样了,人们居住在一起,但未必工作在一起,要了解邻居的情况,未必那么容易,很多情况是,大家都早出晚归,除了周末几乎不曾谋面,即便是有谋面的机会,也几乎是匆匆忙忙打个招呼。现代城市社区相对于传统的农村社区,社会网络和社会纽带自然就呈现出弱联结。社区组织、居委会和社会组织,要实现自己的组织动员目标也需要付出巨大努力。在这样的背景下,那些试图恢复传统社区的认同感、信任感、邻里互助的社会研究者们似乎在不断地遭受着心理痛苦和心理折磨。这个历程恰恰是社会转型的具体体现。不同的国家在不同阶段上似乎都经历了这样一个过程。中国大约在 20 世纪 80 年代开启了这个过程,社区复兴与工业化和城市化进程有着密切的关系。

得益于改革开放,中国改革开放不久就开始了社区建设的历程。"十一五"时期以来,中国的社区建设了大量的公共设施,基本公共文化建设的加快,"社区公共空间"扩大了,但是利用率还不是很高。一个社区领域所有物品大致可以分为三类:一是居民的住宅及其附属物(如院落),那是居民的私有财产,是私域;二是政府或开发商建设的道路、公园、池

---

① [美]乔丹·桑德:《本土东京:公共空间,在地历史,拾得艺术》,黄秋源译,清华大学出版社 2019 年版,第 89—90 页。

塘、水渠、体育设施、文化设施，是为公共服务的，但可能属于政府，也可能属于开发商或社区居民，在我国，这类物品的产权属性是比较复杂的。有时我们把这类都划归给公共领域，实际生活中，由于政府或开发商任意开发使用，往往引起居民的不满或侵占公共领域的联想，甚至也出现了一些小区居民侵占公共领域的问题；三是由政府建设的公建配套、公共空间属于真正意义上的公共空间，但是由于政府在建设过程中，重物质和财力投入，忽视人力资源的配置，大大降低了这些公共空间的使用效率甚至根本形不成现实的服务能力，有的空置，既影响了居民参与的积极性，也造成了设施设备的浪费。设施、设备和人力资源的有机结合和形成有效服务能力始终是中国基层建设的关键，也是中国社会事业发展的关键。但是如何把握这些活动的社会方向是关键问题，最终评价它们的是居民的社会化程度和社区问题解决的程度。社区空间的建设仅仅是为居民提供了活动场所，居民参与到什么程度，关键还是看社区有没有形成自己的领军人、核心互动团队，居民的需求得没得到满足，等等。其实，如果从居民的真实需求出发，社区居民的动员并不是那么难。社区动员的关键是把居民的个人和家庭需求与社区发展目标有机结合起来。居民的需求真正满足了，居民真正参与到社区生活了，社区稳定有序、居民生活充满生机和活力，社区建设的目的也就达到了。

在现代社区设施和设备的基础上，鼓励社区居民参与社区生活极为重要。中国确实有自己的社区规划法和城市管理法规，但比比皆是的乱搭建使这些法律和法规显得苍白无力。立法部门不仅要善于立法，更要善于执法，这不仅是维护法律的严肃性，也是培育社会环境的不可或缺的手段。法律得不到有效执行，实际上就会使那些曾经想为社区奋斗的居民们在处理各种社会关系的过程中也失去奋斗的意志，久而久之，社区会处于懈怠状态，没有什么比这个更可怕的了。基层社会体制改革的核心任务就是要激发基层人民的参与热情。法律法规要得到有效执行，必须首先让基层人民群众理解和执行法律，而要让基层人民理解和执行法律必须让他们参与制定政策的整个过程。乡规民约是基层治理的基本规则，必须引起足够的重视，在实际工作中把乡规民约的制定作为一件大事来抓。

社区共同体的打造最终依靠的是居民积极参与，在此基础上就会形成社区精神和社区的核心价值。这些年活跃在社区的公益部门、企业很多，提出了很多解决社区社会活动的办法和方案，诸如"社会企业"、"公益孵化器"、"社会企业家"，这些探索都非常有必要，也是新形势下，我国社区发展的必然趋势。在这些活动中，培育熟悉社区生活的社区领袖是关键之一。

这些年来，政府为了推动社区服务活动的开展，增加了社区工作人员的工资，例如北京，从过去的几千元增加到2018年的平均收入不低于北京市职工的平均收入，这会大大提高社区工作人员的积极性；另外，政府也增加了一些活动的费用，例如，针对社区公园和社区老年的广场舞，加强对文化骨干的培训，配备相应的音响设备，这些空间的扩大，创造了居民的互动空间，一些社会关系就会逐步建立起来，例如参加广场舞的大妈们在互动过程中，会互相添加微信，形成社区中的微信朋友圈，在活动之外，形成新的社会关系和社会关系模式，活动的范围大大超出了原来仅限于跳舞和娱乐的范围，延伸到生活以及其他的活动，包括健康保健，这样，从社区空间衍生的社会关系就活生生地建立起来了。相关部门必须敏锐地抓住这些新的趋势，采取鼓励、支持、培育并举的政策。

如何让人们从互联网的虚拟世界走向面对面的交流仍然是社区建设的重要任务，尽管虚拟世界越来越走向实体化，但朋友圈、邻里圈的虚拟世界似乎永远不可能替代面对面的交流，产生不了面对面交流的感觉和心理愉悦。这似乎又回到了人类的本性。在互联网条件下，滕尼斯曾经期望并长期停留在人们心里的"社区"会不会出现在不久的将来，我们拭目以待。毫无疑问，一个强大而团结的基层社会是现代社会推进体制改革创新的基本目标和主要任务。基础不牢，地动山摇。

第二节　全球化下的国别社会体制：改革开放四十年后的中国改革再出发

主权国家作为一个整体有着自己独特的制度和文化。今天，基本公共服务体系、社会保障体系和社会治理体系都面临着新的发展环境，对于它们的改革是社会体制改革的重要内容。在互联网环境下，企业提供了原先由政府提供的带有外部性特质的公共品，如百度、滴滴出行等；面对人口结构、就业模式以及人口规模的变革，已经持续了一百多年之久的社会保障体系面临前所未有的变革环境；互联网也带来了主权国家社会治理的新挑战。主权国家的社会体制依然是当代社会体制的基本表现方式，诸如美国的社会体制、欧洲的社会体制、日本的社会体制、印度的社会体制等，它们构成了当代社会体制的各类主体，是主权国家的基本制度之一。

中国的利益格局有着与其他国家不一样的特点。在美国，收入不平等主要是个体之间的问题，州与州之间的差异并不大。例如，"人均收入最高的新罕布什尔州与最低收入的阿肯色州的收入比仅为1.5∶1"①。美国的穷人和富人分布的地理特征并不明显，穷人遍布全国的五十个州，在这个意义上，美国的不平等是个体问题，不是区域问题。经过一个多世纪的发展，美国的乡村，包括小镇，尽管与城市存在一定的差距，但是差距也不太大。这大致构成了美国社会结构的特征。而在欧洲，不平等主要表现在国与国之间。"在欧洲国家中，最平等的是匈牙利和丹麦，其基尼系数为0.24—0.25，而最不平等的是英国和爱沙尼亚，该系数为0.37。"② 这样，社会政策在美国和欧洲就不一样，美国的社会政策主要是针对个体的政策，而欧洲主要是针对国家采取的政策。国与国之间的收入差距过大和不平等程度过高会带来治理问题的更大难度，换句话说，欧盟内部的异质性是非常大的，这也是它治理困难的原因之一。国家之间的不平等大多是由经济发展水平决定的。而经济发展水平是各国人民和政府自己的选择。进一步说，中国的不平等表现在诸多领域，个体之间、城乡之间、区域之间。多种不平等之间的叠加带来的治理难题是不言而喻的。再加上经济不平衡基础上的民族文化、信仰等因素，需要综合的社会政策配套方能行之有效。在中国，个体之间、城乡之间、区域之间的不平等都有其特殊性，个体之间的不平等可以追溯到改革开放初期的双轨制以及由于权力缺乏约束带来的财富向少数人手中集中；城乡之间的不平等可以追溯到户籍制度人为割裂城乡人口流动，尤其阻断农民进城的路径。中国的不平等问题很大程度表现在一个城乡关系；区域之间的不平等可以追溯到区位差异带来的机会成本差距，20世纪70年代末的东部沿海地区有着中西部无法具备的得天独厚的获取技术、资本、贸易的区位优势。

处于经济发展不同阶段的经济体在基于自己的发展环境设计相应的基本公共服务体系、社会保障体系和社会治理体系，并使其成为本国治理体

---

① ［塞尔］布兰科·米兰诺维奇：《全球不平等逸史》，熊金武等译，中信出版社2019年版，第132页。

② 同上。

系的一部分，也是其基本的社会体制。各个国家，不论是发展中国家还是发达国家，都在为适应经济发展和技术进步带来的挑战启动了深刻的变革，从美国到中国，从欧盟到印度，无不如此。在美国，前总统奥巴马就是以变革为主题启动竞选并因为承诺变革得到了选民的支持。特朗普就任后，对美国经济、社会和政府等领域进行了大刀阔斧的改革。发生在经济领域的变革迟早会推动社会领域的改革创新。自觉和理性的改革会考虑各个方面的变革，也就是全面深化改革。中国四十多年改革经历了一个单刀直入的经济体制改革到全面深化改革的历程，这也是一个认识不断深化的过程。改革本身就是一个牵一发而动全身的举动。

互联网带来的社会体制变革已经在各国社会体制变革中凸显出来。今天的互联网不仅在匹配物品，也在匹配社会关系。互联网带来了生活的便利，也带来了一系列的不确定性，带来了社会体制的深刻变革。必须主动拥抱这个不确定的未来，甚至重新考虑互联网带来的工作机会重新分配、社会保障体制重构和利益格局重组等一系列新的社会问题，这是在一个具体的国家进行社会建设和社会关系模式构建问题。而且，在一个信息化的社会，信用发挥着关键作用。"深化我们对社会信用数字化以及数字技术如何改变人与人之间的信任水平的理解是至关重要的。"[1] 没有人与人之间的相互信任就不会发展出健康的共享经济等新的商业模式。继滴滴出行等共享经济模式之后，最近在医疗领域出现了"共享经济"的尝试，这些都值得进一步关注。

每一个社会体制背后都有一套价值体系在支撑着，当这些价值通过习惯表现出来时，其影响将是深远且不易觉察的，因为它已经渗透到了人们的心里。近一个时期以来，中国出现的一系列新闻事件，引发了人们对中国社会建设问题的深度思考。理想和健康的社会体制必须是单个的社会成员讲诚信和承担起对社会的责任和义务，积极参与社会事务；必须遵守社会规范，包括法律法规；建设富有价值和意义的个人生活和社会福祉应当成为社会生活的基本内涵，而不是仅仅为了个人的荣耀和面子。我们通常说，要法治国家、法治社会、法治政府一起建设，问题是怎么落实？没有法治社会，法治政府和法治国家就缺乏基本行动基础和价值基础，就有可

---

[1] ［印度］阿鲁·萨丹拉彻：《分享经济的爆发》，周恂译，文汇出版社2017年版，第277页。

能实现不了建设法治国家的目标。谈了那么多年的全民的法律意识、社会责任，志愿服务也倡导那么多年了，似乎感觉到它们对于社会所产生的作用不是那么明显，而且社会似乎是越来越缺乏社会责任感和信任感。问题到底出在哪里？如果，我们读读英国政治学家加雷斯·戴尔的《卡尔·波兰尼：市场的限度》一书，似乎可以找到一些答案，在这本书中，戴尔写道："市场社会导致了两种类型的病症，他们都无法靠自身的机制得以治疗。第一种病症可以被描述为'社会分化'（social diremption），它指的是国家与市场之间的分离。在普选权时代，这种分离将转换为政治民主与商业寡头政治之间难以调和的冲突；第二种病症可以被称为'伦理碎化'（ethical fragmentation）。自由主义创造了一个道德贫乏的社会，因为它创造一种高度理性的社会环境，作为理性的利己主义者（经济人模型），人类的行为仅仅遵循效用逻辑。"[1] 似乎后一种病症更可以用来判断和解释当前中国的社会现状。经过四十多年的改革开放，中国经济取得了巨大成就，人们的物质生活得到前所未有的丰富和满足。相对经济建设取得成就，社会建设有待于进一步跟进。从全人类来说，建设社会的经验确实晚于建设经济，很多情况下，还借用经济和市场的方法来解决社会问题。慈善和公益界出现的"社会企业"、"市场向左，公益向右"等一系列的做法和争论，究其实质来说，是社会理论的匮乏和对社会发展缺乏深刻认识的表现。20世纪90年代，在建立市场体系的过程中，面对巨大的民生压力，由于缺乏足够的社会建设经验，在对企业进行市场化的过程中，把相当一部分社会领域也市场化了，例如，教育的产业化、医疗的产业化等，社会的公共领域被不断地侵蚀，每个人除了关心自己的利益最大化，似乎很少顾及别人的利益，缺乏公共领域，忽视公共利益，道德伦理缺乏。当一群理性利己主义者走在一起的时候，尤其是遇到突发事件的时候，他们束手无策、冷漠无情，重庆公共汽车事件就是一个很好的说明。到目前为止，我们还是不敢说我们已经把社会发展的规律搞清楚了，事实上，还有许多问题有待于进一步的研究和探索。

2018年12月8日，习近平总书记在纪念改革开放四十周年大会上指出，"我们要加强社会治理制度建设，不断促进社会公平正义，保持社会

---

[1] ［英］加雷斯·戴尔：《卡尔·波兰尼：市场的限度》，焦兵译，中国社会科学出版社2016年版，序论，第2页。

安定有序"①。中国的改革从四十多年前的"平均主义大锅饭"到市场开放和建立社会主义市场经济体制，中间走过了一段过度市场化的历程。在这段历程中，公共领域、公共精神、市民精神、公共利益或者被抛弃，或者就压根儿没有建立起来，造成了一个健康社会缺失的市场体制。在一个主权国家内部，建设一个内含健康社会的市场体制是发展中的核心问题。这就需要政府、市场和社会正确使用市场这一工具。

到目前为止，各级政府在社会建设领域，除了熟悉于投资的方式建设基础设施、购买设备，似乎对社会体制的改革创新准备构建不足。结果我们看到的是，一座座高楼大厦建起来了，一条条高速公路建起来了，缺乏的是人人之间的友好相处、相互信任、分担责任。高铁的行驶速度再快，也有人敢拦截，高铁的管理如此严格，也有人敢占座。每个人只为个人利益最大化而不顾其他，每个人只为个人私欲而不顾公共利益。在日常社会中，媒体时时刻刻会告诉人们正在发生的各种"公地悲剧"。在一个个人利益最大化的社会，就有产生"公地悲剧"的环境和条件，每个人都必须为因自己的私欲忽视公共利益、为缺乏公共精神买单。今天，坚持把经济建设的中心地位不动摇和坚持社会的公平正义有机结合起来就显得具有特别重要的意义。

避免"公地悲剧"，实现可持续的社会建设目标，必须预先设计社会成员能够遵守的规则，来约束人们的行为。公平正义和人类福祉可以相互共存、相得益彰。社会体制改革就是要化解二者之间的矛盾和冲突。这里，根本问题是，个人的合法合理的利益必须受到保护，个人对自己的合法合理利益必须具有决策权。健康的社会必须是讲信用的。在这样的框架内，个人是具有责任感的和充满活力的，这样的社会也能更好地去应对全球化、技术进步和经济下行带来的挑战。在一个规则明确和严格执行的社会，个人在制度框架内自由发挥，社会自然充满活力。

第三节　人类命运共同体与全球社会体制：
　　　　全球发展十字路口的思考

在全球化时代，国际上的合作与交流会促使各国不断调整自己的社会

---

① 习近平：《在纪念改革开放四十周年大会上的讲话》，人民出版社2018年版。

结构，以适应日益变动的世界趋势，已便为社会进步提供新的"诱因"。自马克思创立科学社会主义学说以来，关于人类社会发展道路的争论和探索就一直没有停止过。对于资本主义制度本身的批判，从不断发现资本主义制度的问题：不平等、社会矛盾和冲突、环境污染与生态破坏，到提出解决资本主义问题的方案，各种思潮层出不穷，从资本主义1.0到资本主义4.0是现代西方学者和思想家贡献的方案之一。

现在又到了一个新的历史节点，必须考虑全球层次上的人类可持续发展需要与之相适应的社会体制问题，这应当成为各国学界共同研究的主题。经过三百多年的市场体制建设，尤其是最近十年，历经2008年的国际金融危机、中国的迅速崛起、信息化技术的广泛应用，人类处在历史发展的交汇期，我们必须学会用历史、文化、思想、哲学的方式思考社会体制改革的脉络和路径。苏联解体以来，世界格局已经发生了深刻变化，目前还正在发生深刻变化，先是1997年的亚洲金融危机、"9·11"事件，后来出现了2008年的国际金融危机、中国的崛起和新技术革命席卷全球、中美贸易战，等等，全球发展处在十字路口上。

无论是发达国家还是发展中国家，围绕消除贫困和促进社会公平的发展是当代人类社会面临的根本挑战。但地球上所有的生命面临的共同问题是实现人类的永续发展问题。为了避免人口增长过快和环境资源紧张导致地球家园的毁灭，地球上所有的人必须行动起来。当然在这个过程中的穷人和富人的境况是不一样的，穷人需要基本的保障和在此基础上不断提升生活品质。富人则是要承担起帮助穷人的责任。如果富人不打算帮助穷人，也不打算减少他们的生态足迹，可持续的社会发展将会成为一个不可实现的目标，最终他们会与穷人面临同样的命运，随着地球自然生态的崩溃而消亡。从这个意义上我们来理解习近平总书记提出的"人类命运共同体"战略构想是具有特别意义的。按照现有的环境生态资源状况推演，人类，或者是继续生存发展，或者是在不久的将来毁灭于自身的贪婪和不公平。"人类命运共同体"不仅仅是一个国与国利益协调的概念，也是一个人与人如何相处的概念，及社会各个阶层在面对未来可持续发展中如何设计社会关系模式和利益格局的问题。在这个意义上理解人类命运共同体就包含了三层关系，一是人与自然的关系，人类与自然必须友好相处，善待自然，协调发展。恩格斯在他的著名的《自然辩证法》一书中指出，"我们不要过分陶醉于我们人类对自然界的胜利。对于每一次这样的胜利，自然界都对我们进行报复。……因此我们每走一步都要记住：我们决不像征服者统治异族人那样支配自然界，决不是像站在自然界之外的人似的去支配自然界——相反，我们连同我们的肉、血和头脑都是属于自然界和存在于自然界之中的；我们对自然界的整个支配作用，就在于我们比其他一切生物强，能够认识和正确运用自然规律"①。二是人与人之间的关系，包含了人们之间对于自然资源占有和使用过程中形成的关系，列宁将其视为阶级关系，列宁指出，"所谓阶级，就是这样一些大的集团，这些集团在历史上一定社会生产体系中所处的地位不同，对生产资料的关系（这种关系大部分是在法律上明文规定了的）不同，在社会劳动组织中所起的作用不同，因而领得自己所支配的那份社会财富的方式和多寡也不同。所谓阶级，就是这样一些集团，由于它们在一定社会经济结构中所处的地位不同，其中一个集团能够占有另一个集团的劳动"②。由于占有关系和占有的多寡，就造成了社会的不平等，一个社会适度的不平等是可以容忍的，也是必要的，但是过度不平等会带来社会矛盾和冲突。三是心与心之间的关系，世界上各个国家、民族、种族对于自己与自然的关系认识是不一样的，因为他们在特定的历史和地理环境中形成了各自的文化和心态，这也就形成了人心如何沟通和人心如何相通的问题。正如社会人类学家费孝通在20世纪90年代指出的，"小康之后人与自然的关系的变化不可避免地要引起人与人的关系的变化，进到人与人之间怎样相处的问题。这个层次应当是高于生态关系。在这里我想提出一个新的名词，称之为人的心态关系。心态研究必然会跟着生态研究提到我们的日程上来了。生态和心态有什么区别呢？我们常说共存共荣，共存是生态，共荣是心态。共存不一定共荣，因为共存固然是共荣的条件，但不等于共荣"③。"共荣"是心态，是因为它需要各个文化之间相互欣赏。大致可以这样理解，近代以来，西方文化更加注重人与物之间的关系，注重征服自然，获取人类生存主要的财富；东方文化，尤其是中国的儒家文化更加重视人与人之间的关系；而印度文化则关注人与神之间的关系。这些拥有各自特点的文化如何和平共处，就是"共荣"。未来的人类命运共同体建设，作为一项全人类的事

---

① 恩格斯：《自然辩证法》，人民出版社2015年版，第313—314页。
② 列宁：《列宁选集》第四卷，人民出版社2012年版，第11页。
③ 费孝通：《费孝通文集》第十二卷，群言出版社1999年版，第297页。

业，会涉及各个文化之间的沟通和理解，这也就会触及心与心之间的关系。不同文化之间的认同和欣赏，进而融合，达成一致的目标，这恐怕是新时代人类面临的最大问题之一。

从人类命运共同体这样的宏大命题出发，社会体制的改革必须紧紧围绕着人类善待自然、人与人平等相处和心与心相通目标来设计。回顾工业革命以来的历史，如果人类继续按照原有的经济发展方式行进，他们就不可能有一个永续的社会福祉。社会体制的设计要考虑社会公平、经济效率、生态和谐，就不能不涉及当代人类的社会体制的改革和创新，包括财富的重新分配、绿色发展、绿色消费，这些最终都会变成人们的习惯。习惯、习俗、惯例、传统是经过世世代代的总结和选择留下来的行为规范和社会秩序，是社会赖以存在的基础，也是社会体制的重要内容。绿色消费何以实现？印度的素食主义消费习惯如何得到其他文化的认同？西方的消费文化又如何得到东方的接纳，包括中国和印度在内的地区文化的接纳？还有伊斯兰文化，最终的各种文化能不能形成有利于人类永续发展的行为模式和生活习惯？等等，这些问题我们不能回避。

文化研究需要进一步分析什么是人类共同的文化，什么是人类共同的、最好的文化、习惯和偏好？各个民族和文化之间是否能够找到评价最好的习惯标准？本课题组认为至少应当具备两个标准：一是普遍性，能够平等地、没有例外地应用到每一个人身上，是每个人都渴望的。对于个人而言，好的习惯可以让人顺风顺水，健康快乐地生活和愉快顺利地工作，这似乎可以成为一个具有普世价值的标准；二是服务于整个人类的共同目标，是各个民族、国家都渴望的。想来想去，若是为了建设人类命运共同体，费孝通教授晚年提出的"各美其美，美人之美，美美与共，天下大同"似乎应当成为各个民族、国家的共同习惯，在这种共同习惯的基础上，不同民族、国家在思维习惯上要相互理解，理解对方为什么会这样思维？它的历史、地理、文化、政治、社会背景是什么？彼此理解和认同对方的社会习惯；相互欣赏对方的文化艺术习惯；彼此接受对方的社会习惯；在共同的工作中形成一致的有利于工作的工作习惯。在一个日趋全球化的世界，人们不能也不可能回避这些问题。个体的习惯是针对单个个体的生活和工作的，是个体自己的事情；群体的习惯是针对群体如何相处的，是心与心之间的关系。

培养全世界共同的、良好的习惯首先需要一种习惯自觉意识，各个民族和群体需要自觉地反思本民族、自己群体的习惯，这些说起来容易做起来实际上是非常困难的，因为习惯在很多情况下是不自觉的、习以为常的、理所当然的行为。对于个体来说，习惯可以决定命运；对于民族来说，习惯可以决定国运。在国与国之间的交流和沟通中，思维习惯决定成败。面对百年未有之大变局，我们不能不从深层次考虑这些问题：社会体制从哪里来？要到哪里去？

我们回过头来进一步审视全球，不同的国家和贴近我们生活的基层社会体制，它们从哪里来？要到哪里去？就全球而言，目前的全球化社会是在各个国家不同历史发展阶段上的各个人文区位上通过交往交流逐步形成的。以印度为例，从雅利安人进入，到莫卧儿帝国，再到殖民者入侵，印度社会不断发生变化逐步成为一个整体。部分国家似乎也经历了这样的过程。这既是一个自身体制的变革和进化过程，也是一个全球化的过程。贸易、信息和人口流动形成了全球化的基本动力；不同国家的社会体制源自于它们各自的地理、历史、文化、偶然事件等，如今它们在全球化进程中一道前行，以中国为例，改革开放之初，它是从一个计划体制和传统社会下的社会体制转轨过来的，经历了部分社会群体拥有包办的福利（国有企业、机关和事业单位，农民并不在内）、户籍管理、社会不流动，走向逐步建立覆盖的全民社会保障体系，户籍制度逐步被打破，社会人口开始流动。现在，在互联网改变人们的就业模式的同时，新的社会保障模式终将呼之欲出；各个个体生活的基层社区也有着自己的居民圈和朋友圈、人文环境，如今，不管是全球、各个国家，还是某一个个体的生活社区，都被互联网连为一体，世界成为一个小小的村庄。除地域意义上的社区之外，朋友圈和社交媒体上的圈子，据估计可能已经达到数百亿以上。这是人类社会新的组织方式。

当今世界有着前所未有的全球化水平和物质文明程度，但也面临着前所未有的环境生态压力、战争和暴力风险、不平等加剧的挑战，尽管人与人之间的联系前所未有的容易和频繁，但是，人与人之间的关系也前所未有的淡漠和脆弱，要想建设好人类命运共同体，就必须重新审视全球化下的社会体制改革和创新问题，必须从深层次认识社会体制的价值和意义。

面对这样一个纷繁复杂的全球社会，流行着即刻满足、在线通信、风潮短暂、明星一夜成名一夜消失的社会现象，人类不能被眼前的现象所蒙蔽，必须寻找长远的趋势和规律。最终，社会体制的改革和完善必须回答，我们是要建立一个充满隔膜的还是相互交流的社会？一个充满关爱的还是冷漠无情的社会？一个安全有序的还是杂乱无章的社会？答案很明显：必须建立一个互相交流的社会，一个让弱者和弱势群体有尊严的社会，一个安全有序的社会，一个高度文明的社会。

一个健康完美的社会必定具备精神、政治、经济三个方面的特质，三者缺一不可，只要有一个方面出现问题，都会侵蚀其基础，最终走向衰落，人类从其早期文明历史中已经证明了这一点。理想的社会体制应当是：人类社会的利益格局越合理，公共活动空间越大，社会空间越广阔，人类参与社会生活的机会就会越来越多，越来越便利，越来越自觉，越来越直接，越来越贴近生活，人类变得越来越自由，社会从此也就越具有人性化。社会空间不断拓展的过程就是一个社会不断开放的过程。文明的社会关系模式少不了合作、诚信、开放、互惠、互利、契约、法治的良性循环。这就是人们命运共同体得以实现的实质。现代社会必须是一个具有历史和文化底蕴的社会：历史共同体、语言共同体、记忆共同体、习俗和观念共同体。文化产生于特定人文区位，却有共同发展规律、共同的要素。现代社会，"它是一个共同情感和观念的世界，所有的心理动机之间存在着或多或少的和谐张力：构成心理动机的要素是喜怒哀乐、性、自我保护、社会接纳和竞争性本性，而不是占有欲"①。人类为了自身利益和公共利益，通过喷气机、高铁、互联网这些公共服务设施构筑了越来越广阔的公共空间，在这个公共空间之上，人类的社会空间不断拓展，但是由于主权国家的特点和特定的人文区位，社会空间扩张在各个节点上形成自己的社会关系模式，这是全球社会体制的全景式画卷，在这样相互交流的社会关系模式中，人们之间和谐融洽、平和友爱、相互尊重、相互认同，每一个生命个体都活得有尊严，人类社会不断发展和进步，社会福祉不断得到改善，这就是我们希望看到的、理想的社会体制目标模式。

但是，也要看到这种全球社会体制建构的深层次文化价值面临的挑战，"在一定意义上，眼下文化与经济并未同步。尽管后者可以走向世界，但对前者来说加强国际化并非那么简单。一个人当然可以在多语言的咖啡馆里闲逛或是欣赏二十几个国家的音乐，但是这个意义上的文化缺少

---

① ［英］加雷斯·戴尔：《卡尔·波兰尼：市场的限度》，焦兵译，中国社会科学出版社2016年版，第118页。

价值和信念扎根的深度"①。各国在贸易上可以找到共同之处，并开展商贸活动。在中国古代和近代历史上，茶马古道上游的青藏高原居民需要茶叶，陕西等地需要马匹，所以就出现了历史上的茶马互市和茶马古道。贸易交换、物品交换的是工具性的东西，它没有信仰和价值观内涵，只有使用价值，与民生最近，若是有利于改善民生，提高生活品质，人们自然可以使用。贸易因稀缺才产生互换和交易，在互换过程中扩大消费需求，不断推动消费升级。文化则不是这样的东西，文化是人们固有的生活方式和价值取向，在较高层次上，它表现为"四观"：世界观、价值观、人生观、审美观；在中间层次上，它表现为法律、法规、社会规范等；在基础层次上，它表现为具体的文化、艺术和文学形态，诸如旅游、艺术品展示和收藏、家居设计、演出、音像节目、时装以及茶馆等。基础层次的文化的产品是可以进入产业并能够交换的。但不是说，这些基础层次的文化没有内涵，如果做得好的话，它们依然会有很高的艺术品位和思想内涵。

而最高层次和中间层次的文化是很难进行交换的，也是不可能直接被像工具性文化一样可以被使用的，这就是为什么在全球范围内文化和经济不能同步的原因之一。纵观历史，人们在物质上找到一致性比较容易，接受互联网和人工智能在全世界是如此之容易，全世界的互联网用户在短短几十年就发展到几十亿人，可是基督教、伊斯兰教、佛教等宗教，以及西方和东方的文化源远流长、长期固守自己的阵地，不越雷池一步，甚至相互争斗和博弈，也有交流和融合。在精神上找到一致需要时间，甚至是很长的时间，也可能在很长的时间内都找不到一致性。近代历史上的中国东西方文化之争、印度历史上的殖民文化与印度文化的长期冲突与融合、伊斯兰文明与其他文明也是如此，这都是例证。当年的康定（旧称打箭炉）曾经是茶马古道进入藏区的关节点，来自内陆这边的商人一般到了康定就止步，来自藏区的商人也在此止步，在这里茶马互市，交流和交换活动的开展依靠的是翻译。翻译只是语言交流的工具，汉藏商人除了语言上的交流，还必须面对不同的沟通方式、交往方式，人与人相处的社会关系模式。不管是物质性的文化工具还是观念信仰性的文化，若是要被不同的民族接受，都要经历一个沟通、认同的过程。改革开放初期的香港服装、录音机、电视机等进入内地难度似乎不大，但是服装中的喇叭裤、录音机播

---

① ［英］特里·伊格尔顿：《论文化》，张舒语译，中信出版社2018年版，第170页。

放的邓丽君的"靡靡之音"以及电视机播放的"肥皂剧"还是引起了一定争议的，因为这些触及了内地长期形成的"四观"，甚至触及了一些社会规范。革命文艺和"靡靡之音"还是有着巨大差别的。尤其是当把"四观"和一些社会规范置于一个在自己的长期历史和永久地理环境中生长出的"四观"和社会规范的民族、社会和国家中的时候，就需要去改变一些深层次的东西，不仅是个人层面的改变，更是社会层面的改变，甚至是变革和革命。以变革性的方式改变一个社会，要么不可能，若是可能的话，需要时间，因为信仰和价值已经嵌入一个社会体制机制，成为人们集体的内在准则和日常行为规范。改变信仰和价值需要整个社会体制机制的改变、习惯的改变，其难度可想而知。而且，一个民族、社会和国家既定的信仰和价值与它的社会结构相互搭配，甚至搭配得浑然一体，越是历史悠久的国家越会是这样，改变了一个方面，需要系统性地调整整个社会结构和信仰体系。信仰和价值是一个民族、国家、社会中最稳定、最持久、最不容易改变的，由此我们也可以解释为什么基督教、伊斯兰教、佛教、印度教、东方文明、西方文明、印度文明等，历经数千年，虽然也与时俱进，不断调整，但依然保留着"自我"的原因了。个人、群体、民族、国家只有走出自我，进行合作才会有生存和发展，才会有共同的利益、共同发展，才会形成更大的公共空间、社会空间和社会关系模式，这是在全球化时代必须拥有的观念。

在完善收入分配的基础上，不断完善利益格局，包括公共利益格局，建设好人们社会心理的物质基础。在此前提下，探索符合人性、符合人们要求、符合人性特点的公共空间，建设适合各类人群的公共设施，为人们进行公共活动创造条件。这样，人们扩大与他人之间的社会交流和社会沟通就有了良好的环境，无形中会形成强大的社会纽带。围绕着这些社会纽带形成的社会沟通、交流，会成就非常重要的社会关系模式和社会体制模式，只有在这样的基础上，新的社会关系模式会铸造出一个沟通和交流的世界，形成一个和谐的社会情形，一个人们孜孜以求的、心目中的理想社会。这就是社会建设所要解决好的最终问题。沟通和交流不只是手段和方式，也是体制和机制，融合和和谐才是目的。如果要让人们更好地沟通，更好地交流，形成一种交融、密切的社会关系，就必须建设完善的利益格局，以及建设公共空间，这在当前是最为迫切的，我们将其称为社会体制。整个人类的历史就是一部利益格局不断调整、公共空间不断拓展、社会纽带不断扩大和社会关系模式不断变革的历史。

体制是人类在其历史进程中自觉或不自觉地创造出来适应不断变化的外界的一套规范，是人类解决自己面临问题的一套办法，如果环境变化了，面对的问题解决不了了，就需要设计和创新办法，创新体制。今天，我们面临着的是全面建设社会主义现代化强国的任务，我们已经积累了丰富的经验，但是社会体制改革还是面临着许多有待于深入探讨的问题，我们相信在这个领域会出现更多的成果。社会体制建设是一个长期的历史过程。

最后，我们尝试提出另外一个假设留待在未来的研究中去做深入的探讨：基础层次的文化更多是通过改变个人理性选择如自我和相互愉悦、各种便利和享受来改变的，因为个人理性基本取决于个人的感受、便利性、个人利益最大化、生活技能、专业知识等因素；而中间层次和高层次的文化改变需要通过改变集体理性、集体选择和集体行为，它取决于整个社会的社会体制、价值观念的改变。和谐和能够承担起社会责任的社会组织是社会进步的关键。真正的社会进步是社会秩序与社会活力的有机统一。在这个意义上，社会体制改革任重道远，既触及理论，更触及实践。

附录　实地调研分析报告、问卷调查分析报告、大数据分析报告

附录一　我国社会治理状况的大数据分析报告[①]

一　研究概述

党的十八届三中全会通过的《中共中央关于全面深化改革若干重大问题的决定》提出:"推进国家治理体系和治理能力现代化。"

国家治理体系和治理能力现代化可以统称为国家治理现代化,体现为党委科学决策、民主决策和依法决策、国家机构依法履职、人民群众参与经济社会发展和解决自身问题的能力。其核心目标是达成国家治理的民主化、法治化、文明化、科学化,主要包含两个内容:(1)国家治理体系现代化,保障的是社会共治、互动治理的问题,这是国家治理能力现代化的前提和基础;(2)国家治理能力现代化,治理能力现代化是致力于解决各体系结构单元的信息对称问题,是国家治理体系的目的和结果,而解决信息对称的主要手段就是推动数据联通和共享融合。

本研究基于当前国家行政体制,提出国家治理体系的七维结构(见附录一图-1),即:党—中国共产党(民主党派)、政—国务院及各级地方政府、军—军队、企—混合型市场企业(国有、私有;内资企业、外资企业;跨国企业、本土企业等)、社—各类社会组织(科技型、公益型、服务型等;全球型、本土型等)、民—广大人民群众、媒—各类媒体(传统媒体和新型媒体)。

国家治理体系的健康运行,保障的就是社会共治、互动治理,这需要

[①] 本报告所有数据处理基于首页大数据 Home GA(Home Government Affairs)平台,得到国家统计局中国统计信息中心的支持,2017 年 5 月。

遵循三个规律：(1) 自上而下。指的是顶层设计，关键是处理好中央政府与地方政府、上级政府与下级政府之间的权责关系，坚决贯彻落实有益政策，根除"上有政策、下有对策"的对抗性做法，实现政策不走样、不变味。(2) 自下而上。说的是改革创新需要有摸着石头过河的勇气。诸多领域的改革创新，可依靠地方层面的先行先试，等掌握了规律、积累了经验以后，再向全国推行和推广，降低改革风险与成本。(3) 横向互动。在不同领域、不同主体之间通过互动、走访、学习等过程，可以实现协同效应、整合效应。

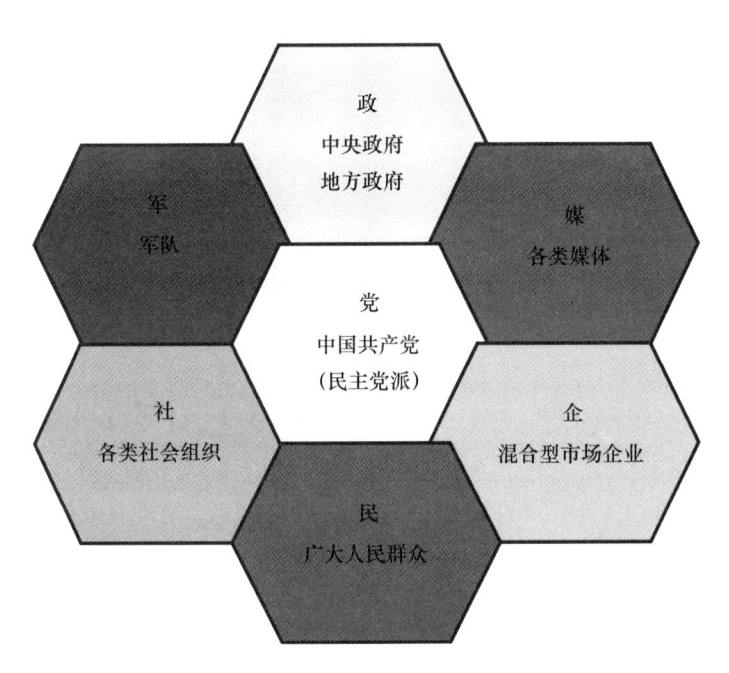

附录一图-1　国家治理体系的维度

2013年11月，党的十八届三中全会提出了推进国家治理体系和治理能力现代化，这一时代命题提出至今已经近八年了，从中央地方各级政府如何落实这一战略？存在的问题是什么？本研究基于当前我国政府的体制特点，沿着实现专业化分工和治理能力的方向提升，通过大数据技术及方法来采集分析相关数据，主要从经济治理、政治治理、文化治理、社会治理、生态治理五大内容来透视信息对称状况，同时，通过对我国区域的大数据发展情况（2016年上半年）进行指数评估，以客观了解当前国家治

理的现状。将聚焦下列问题:

1. 用大数据分析国家治理体系和治理能力基本情况。4月19日,习近平总书记在网络安全和信息化工作座谈会上指出,我们提出推进国家治理体系和治理能力现代化,信息是国家治理的重要依据,要发挥其在这个进程中的重要作用。要以信息化推进国家治理体系和治理能力现代化,统筹发展电子政务,构建一体化在线服务平台,分级分类推进新型智慧城市建设,打通信息壁垒,构建全国信息资源共享体系,更好地用信息化手段感知社会态势、畅通沟通渠道、辅助科学决策。

2. 探索大数据在政府治理中的应用情况。大力发展电子政务是实现国家治理体系和治理能力现代化目标的重要条件,是深化行政管理体制改革和建设法治政府的重要举措,而大数据应用是推进国家治理能力和治理体系现代化的重要抓手,也是解决执行难问题的有效途径。

3. 通过大数据分析研究社会治理情况,区域大数据发展情况(2016年上半年)指数评估,以客观了解当前国家治理的现状。

二 国家治理现代化分析

(一) 国家治理现代化体系

1. 国家治理体系现代化的不同解读

(1) 专家解读

从研究期的互联网数据来看,各领域专家对国家治理现代化的解读主要集中在政治治理方面,占比约为55.8%(见附录一图-2)(治理最早在中国学界是一个政治学概念,20世纪90年代由俞可平提出,社会治理的提出是2010年以后的事,经济学很少使用经济治理,包括政府也极少用经济治理这样的概念);其次是经济治理占比约为17.1%,而同为国家治理现代化五大体系的社会治理、文化治理、生态治理则被专家解读得相对较少(在党的文件中,社会治理是一个专有名词,其他不是这样,这可能造成统计上的偏差)。

在对政治治理方面的解读中,中央编译局世界发展战略研究部副主任认为,人民政协在全面推进依法治国、完善和发展中国特色社会主义制度、推进国家治理现代化的事业中,应当而且完全可以大有作为。东华大学特聘教授秦德君表示,推进国家治理体系与治理能力现代化,关键在于对公共决策的治理界面有切实把握。中国人民大学国家发展与战略研究院国家

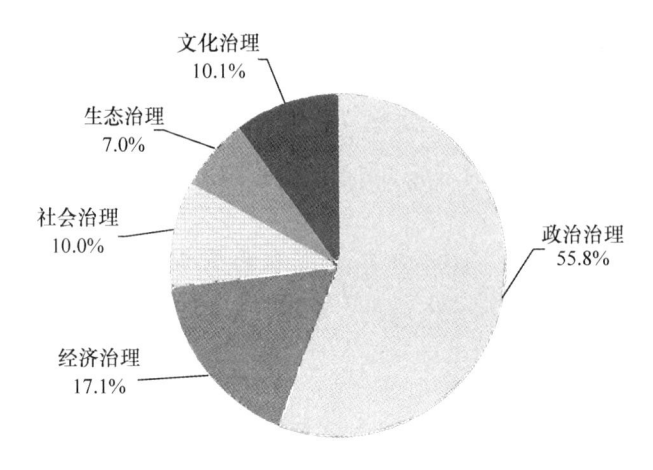

附录一图-2 专家解读国家治理现代化五大体系分布

（饼图数据：政治治理 55.8%；经济治理 17.1%；社会治理 10.0%；生态治理 7.0%；文化治理 10.1%）

治理研究中心副主任祁凡骅声称铁腕反腐是新一届领导集体政治治理的最大亮点。国家行政学院一级教授、博士研究生导师许耀桐表示，推进国家治理现代化是一个全新的理论命题，它要求推进民主化、制度化、法治化、多元化，其中首要的是推进民主政治发展。国防大学马克思主义教研部教授颜晓峰谈道：五大发展理念是当前和今后相当一段时期推进国民经济和社会发展的最新要求，对推进中国特色社会主义制度体系现代化、提升各类主体治理能力现代化水平，都提出了一系列新标准，促进全面深化改革达到新境界。（观点文章的其他具体内容请通过附件中链接查看，下同）

在对经济治理方面的解读中，美国约翰·霍普金斯大学政治学博士张春满认为，现在是从古至今历届中国政府都没有足够的治理经验所面临的一个时代。解决这些问题就需要：第一，加强政府与市场主体和社会主体的合作深度和广度，实现三者的有机衔接。第二，加快建设服务于全面建设小康社会和实现中国梦的"思想市场"。第三，切实推进国家治理现代化的制度建设。美国内华达大学经济学博士朱尔茜则表示经济治理是国家治理的重要内容，对治国理政具有重要意义，经济治理是政府、社会组织和公民个人等社会主体，通过一定形式的组织和制度安排，平等、共同地处理公共经济事务的过程，其本质是多元化的社会主体以平等、联合的方式，共同应对公共经济风险。北京大学经济学院教授、博士生导师，方正证券首席经济学家苏剑表示不管是从需求侧看还是从供给侧看，中国接下来都需要全面深化改革，都需要实现国家治理体系的现代化。所以中国经济能否进一步发展,就看改革了。如果改革能够成功,那么中国经济的前景我认为还是光明的。

在对社会治理的解读中,国家行政学院马庆钰教授认为:国家治理现代化是我国进入全面深化改革阶段的新目标,社会参与和社会组织发展成为影响治理现代化发展的重要条件。北京师范大学马克思主义学院教授张润枝认为:相对于社会管理,社会治理理念的最大不同是强调互动与调和,实现社会合力的最大化,使得公民参与社会生活的积极性、主动性充分发挥,有利于协调各种社会矛盾、平衡不同的利益关系,促进社会发展。

在对文化治理的解读中,中共中央党校文史教研部教授、博士生导师徐平认为:国家治理体系和治理能力的现代化,包含经济、政治、文化、社会、生态等各个方面,其中引申出来的文化治理体系和治理能力的现代化,按照大文化的三个递进关系以及当前中国社会现实需要来看,是最需要加强也是最困难的一部分。国家行政学院社会和文化教研部主任祁述裕、国家行政学院文化政策与管理研究中心主任助理张祎娜认为:文化治理体系和治理能力的现代化关键是要实现三个转型。首先,文化产业管理需由"小文化"向"大文化"转变,其次,从单一管理主体到管理主体多元化转变,最后,我们还要加快文化法制建设,建立健全文化法律保障体系。

在对生态治理的解读中,北京大学政府管理学院院长、政治学讲席教授俞可平认为:生态治理现代化越显重要和紧迫。不仅直接关系到人民生活的幸福与否,而且关系到中国现代化事业的成败。围海股份总经理王掌权认为:生态治理是县域治理的重要方面,也是难题之一,主要难在建设资金缺口突出。

(2)媒体解读

从采集到的具体内容来看,各类媒体对国家治理现代化的解读同样主要集中在社会治理方面,占比约为84.5%;经济治理、生态治理、文化治理、政治治理的占比较小,均在10%以下(见附录一图-3)。(媒体关注"社会治理"与2010年后,党中央国务院和各级政府推进社会治理的各项工作开展有关)

在对社会治理的解读中,人民网文章《让互联网更好地完善社会治理》中提到与"国家管理"传统的单一主体不同,完善社会治理包含了"多元"与"互动"等诸多新的要素。发挥好互联网的平台作用,才能融

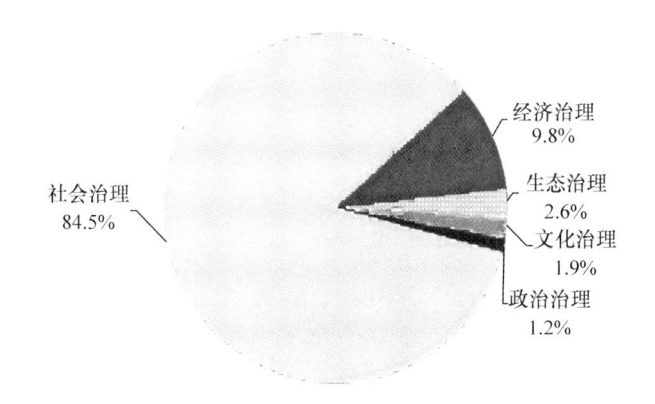

附录一图-3　媒体解读国家治理现代化五大体系分布

入这些要素，让政府、市场、社会真正凝聚在一起，为助力国家发展贡献更大的力量。《新快报》刊登评论员文章《以创新社会治理增强人民群众安全感》。文中称经济、社会及技术的飞速发展，对当下的社会治理提出了诸多新挑战。伴随我国进入全面建成小康社会决胜阶段，我们要准确把握新形势下人民群众需求新变化，深化对社会治理规律的认识，向改革要活力、向创新要动力，建立健全符合中国国情、具有时代特征的社会治理体系。尤其是在政府单打独斗已不能适应人们对公共服务需要多样化、社会问题复杂化的新形势下，社会治理也必须打破"政府包打天下"的单一局面。新华社文章《构建全民共建共享社会治理新格局》从社会管理到社会治理，"一字之变"是对现实变化和时代特征的精准把握；从社会管理到社会治理，"一字之变"彰显全民共建共享社会治理新理念；从社会管理到社会治理，"一字之变"凸显为民情怀和依法治理。创新社会治理、推进国家治理现代化，必须加快社会治理法治化进程，构建社会行为有预期、管理过程公开、责任界定明晰的社会治理制度体系。

在对经济治理的解读中，《学习时报》发文《如何提高经济治理绩效》。文中称，经济治理是国家治理体系的重要组成部分，实现国家治理体系和治理能力现代化离不开科学有效的经济治理。我国面临的经济发展环境较以往更为复杂，对经济治理也提出了更高要求。《经济参考报》发表评论员文章《深化改革，推进国家经济治理现代化》，文中观点表示现代国家经济治理主要包括三方面内容，一是政府权限的界定，二是市场的规范与监管，三是政府的收入与支出。《经济日报》评论员文章《走向经济治理现代化的中国探索》中称，"治"，在于把握重大平衡；"理"，在于规范发展秩序。其指向都是确保人民安居乐业、社会安定有序、国家长治久安。感知一个国家的治理，经济是最直观的维度。生产力决定生产关系，经济基础决定上层建筑，以经济体制改革为重点、推动经济治理现代化，无疑将对全面深化改革、实现国家治理现代化发挥牵引作用。

在对生态、文化、政治治理的解读中，《京华时报》发表评论文章《生态治理也需要一场巡视风暴》，文中称腐败是中国社会的痼疾，污染也是中国发展的伴生性病灶，二者在治理上的紧迫性是同一量级的；反腐大案频出却罕见同级反腐成功案例，污染问题随处可见、地方环保部门却很难真正硬气起来，这也说明二者在治理上的障碍是相似的。人民论坛网刊发文章《文化治理视域下的公共文化服务供给能力》。文章称，从文化治理的视角来审视公共文化服务供给，既可以发现当前公共文化服务供给存在的问题，也可促使各级政府不断地改善本地区的公共文化服务的供给质量。《学习时报》发表时评《国家需要文化治理》。文中观点称，文化管理是国家通过建立规章制度对文化行为进行规范化，对象是文化行为，主体是政府；文化治理是国家通过制度安排，利用和借助文化的功能用以克服与解决国家发展中的问题，对象是政治、经济、社会和文化，主体是政府+社会，政府发挥主导作用，社会参与共治。《学习时报》发表评论文章《治理现代化是啥状态》，文章观点称，治理现代化既是一种追求现代性的过程，更是一种理性的过程。只有明晰治理现代化的目标状态，才能有的放矢地探寻实现治理现代化的基本路径。否则，就会陷入目标不明、路径不畅的尴尬境地。《人民日报》刊发评论文章《以"改革意识"完善国家治理》，文中称用法治思维和法治方式推进改革，把改革主张转换成法治规范，让改革的"破"与法治的"立"、改革的"进"与法治的"稳"相辅相成、相互促进，这正是今天中国的治理新路。这条治理新路有着清晰的政治方向，有着鲜明的问题意识，有着完善的系统设计。

2. 对治理的理解

（1）政治治理

A. 政府治理

政府治理通常包含三方面的内容：一是政府通过对自身的内部管理，优化政府组织结构，改进政府运行方式和流程，强化政府的治理能力，从而使得政府全面正确履行职能，提高政府行政管理的科学性、民主性和有效性。根据党的十八届三中全会的《决定》，在新的历史时期，政府自身的治理优化，就是要建设法治政府与服务型政府。二是政府作为市场经济中的"有形之手"，通过转变政府职能、健全宏观调控对市场经济健康运行更好地发挥政府的作用，进行经济和市场治理活动。党的十八届三中全会《决定》提出，"科学的宏观调控，有效的政府治理，是发挥社会主义市场经济体制优势的内在要求"。由此可见，政府对经济活动和市场活动的治理，是政府治理的重要内容。三是政府作为社会管理主体，在党委领导、政府负责、社会协同、公众参与和法治保障的基本格局下，对社会公共事务进行的管理活动。

政府治理需要分解主要部委职能条线、履职分析，以某部委解决信息对称的相关情况为例。

B. 公务员治理

透视公务员队伍建设中的问题，如教育培训、人才机制、违法犯罪等数据。（公务员治理主要是"吏治"、八项规定、反对"四风"以及严肃党纪政纪）

（2）社会治理

从运行意义上，"社会治理"实际是指"治理社会"，是特定的治理主体对于社会实施的管理。

社会治理理论是西方治理理论的重要组成部分。由于西方国家治理理论奉行社会中心主义和公民个人本位，因此，理性经济人的社会自我治理，在理论逻辑上构成了西方国家治理理论的核心内容。在特定意义上可以认为，西方国家的治理理论，本质上即是理性经济人为基础的社会自我治理理论。"如果说19世纪至20世纪之交的改革家们倡导建立最大限度的中央控制和高效率的组织机构的话，那么21世纪的改革家们则将今天的创新视为是一个以公民为中心的社会治理的复兴实验过程。"

在我国，社会治理是指在执政党领导下，由政府组织主导，吸纳社会组织等多方面治理主体参与，对社会公共事务进行的治理活动，是"以实现和维护群众权利为核心，发挥多元治理主体的作用，针对国家治理中的社会问题，完善社会福利、保障改善民生、化解社会矛盾，促进社会公平，推动社会有序和谐发展的过程"。按照党的十八大报告，我国的社会治理是在"党委领导、政府负责、社会协同、公众参与、法治保障"的总体格局下运行的中国特色社会主义社会管理。党的十八届三中全会的

《决定》在全面深化改革的意义上进一步指出，我国的社会治理主要关节点在于"四个坚持"，即"坚持系统治理，加强党委领导，发挥政府主导作用，鼓励和支持社会各方面参与，实现政府治理和社会自我调节、居民自治良性互动。坚持依法治理，加强法治保障，运用法治思维和法治方式化解社会矛盾。坚持综合治理，强化道德约束，规范社会行为，调节利益关系，协调社会关系，解决社会问题。坚持源头治理，标本兼治、重在治本，以网格化管理、社会化服务为方向，健全基层综合服务管理平台，及时反映和协调人民群众各方面各层次利益诉求"。由此体现了社会治理中党和政府的公共权力与社会组织和公民权利之间的协调合作与和谐平衡。

3. 社会治理现代化的解读

（1）专家解读

从研究期内的互联网数据来看，各领域专家对社会治理的关注中，主要集中在对组织体系的解读，占比约为27.6%；其次是保障体系和制度体系，占比约为24.6%和23.9%，而同为社会治理五大体系的评价体系、运行体系则被专家学者聚焦得相对较少（见附录一图-4）。（这只是学者们的理论探索，就政府而言，社会治理是问题导向的，诸如公共安全、社会组织、社区组织、突发事件等）

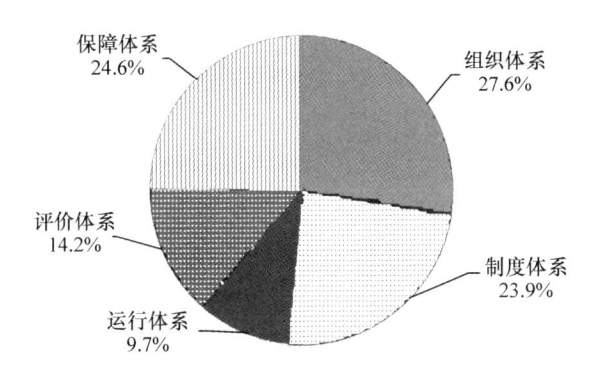

附录一图-4 专家解读社会治理五大体系分布

在对组织体系的解读中，浙江大学经济学院院长黄先海联合浙江大学经济学院博士王煌发表言论称，当前，我国经济社会发展面临公共需求快速增长与公共服务供给不足的现实矛盾。增加公共产品、做好公共服务，推动社会治理体系供给侧改革，既是化解社会矛盾、建设服务型政府的重要抓手，也是提高供给体系质量和效率、实现经济中高速发展的重要引擎。把握社会治理体系供给侧结构性改革的新逻辑，要从人口管理、资源配置、组织体系三个维度创新。南开大学教授关信平认为，公平的、有秩序的、幸福的、有活力的社会治理才是我们的目标。他说，社会治理模式有强制治理模式和柔性治理模式：强制治理模式是以政府为主体，通过控制性组织体系自上而下地采取强力管控方式，侧重秩序；而柔性治理模式主体是社会多元的，通过服务型组织体系自下而上地采取居民自治、社会服务方式，侧重公平和幸福。

在对保障体系的解读中，东中西部区域发展和改革研究院院长、《国家智库》总编于今认为：我们必须在促进改革与发展的同时，依法逐步建立以权利公平、机会公平、规则公平、分配公平为主要内容的社会公平保障体系。要慎重处理效率与公平的辩证关系。在社会建设中，尤其要处理好效率与公平的关系。在收入分配中维护和实现公平原则，绝不能把收入差距拉得太大。如果社会成员收入悬殊而又长期得不到解决，不仅会挫伤人们的积极性，而且会影响社会安定团结。中共中央党校科社教研部副教授徐浩然认为：加强防护性保障体系。党的十八届三中全会提出坚持社会主义市场经济改革方向，以促进社会公平正义、增进人民福祉为出发点和落脚点。人民福祉是人民对发展成果的客观享受和主观体验，是经济发展的终端成果。科学的宏观调控，有效的政府治理，是发挥社会主义市场经济体制优势的内在要求。当前，必须切实转变政府职能，实现发展成果更多更公平地惠及全体人民，加快社会事业改革，解决好人民最关心最直接最现实的利益问题，更好满足人民需求。继续深化教育领域综合改革，健全促进就业创业体制机制，形成合理有序的收入分配格局，建立更加公平可持续的社会保障制度，深化医药卫生体制改革。

在对制度体系的解读中，张家口市委党校行政管理教研室主任梁立华认为：法治作为社会治理创新的最优模式，应该回应社会发展过程中面临的种种问题。要善于运用法治思维构建社会行为有预期、管理过程公开、责任界定明晰的社会治理制度体系，善于运用法治方式把社会治理难题转化为执法司法问题加以解决。国家行政学院社会和文化教研部研究员程萍指出，社会治理精细化，首先是政策制定的精细化，最终落脚到具体执行的精细化。要通过专业化的岗位职责体系，科学的目标管理体系，公正的绩效考核体系，公平的考评结果应用体系，激发各类主体参与社会治理的积极性。尤其要重视政府自身履职精细化，提高基层工作人员的素养和能力。国防大学马克思主义教研部教授郭凤海指出：改革开放以来，我国制度建设成就很大，形成了一整套覆盖社会各领域，相互衔接、相互联系的制度体系。制度体系相对完备，但运用制度依法进行治理的社会运行模式还很落后，还有待进一步升级。因此，在创新治理中，不仅要继续推进制度创新，完善制度体系，而且更重要的是，还要进一步提升运用法治思维和法治方式开展工作的能力，从而真正提升社会治理模式。

在对评价体系、运行体系的解读中，桐乡市委书记卢跃东指出，目前该社会治理模式的成效初步显现，但还有许多方面值得深化和完善，比如评价体系的构建。"三治"建设尽管已经形成比较完备的工作体系，但这是一项基础性、常态化工作，其成果无法用简单的一些指标来衡量。因此，怎样建立一个科学的评价体系来检验基层"三治"成效，怎样建立一个长效化的运行机制，是急需解决的另一个问题。浙江大学公共管理学院教授胡税根对此也有同感，他认为社会治理的现代化必须要有评估体系，没有评估体系就不可能现代化。评估体系可从"三治"的角度出发，也可从投入产出的角度出发，或者是经济建设、社会建设、生态文明建设的角度，只要有科学性、规范性和可操作性即可。广西南宁市司法局副调研员朱玉清认为：树立社会法治思维，司法和执法机关就要走在法治社会建设的前列，通过构建决策科学、执行坚决、监督有力的权力运行体系，健全惩治和预防腐败的廉洁政治体系，把"公平正义"作为司法执法的生命来维护，进而引领社会法治思维的确立，以社会法治自觉支撑现代社会治理。

（2）媒体解读

从采集到的媒体评论文章来看，各类媒体对社会治理的解读与专家的关注点略有偏差，媒体主要集中在对社会治理评价体系方面的解读，占比约为58.8%；其次是对保障体系和制度体系的解读，二者占比均在18%左右，组织体系和运行体系的相关文章占比较小，均在5%以下（见附录一图-5）。

在对社会治理的评价体系解读的文章中，《人民日报》刊发文章《构建科学的绩效评估体系》，文章观点称应完善评估指标体系，明确评什么。评估指标是绩效评估体系的重要内容。只有运用科学合理的评估指标对一个地区的社会管理状况进行系统分析，才能不断提升其社会管理科学

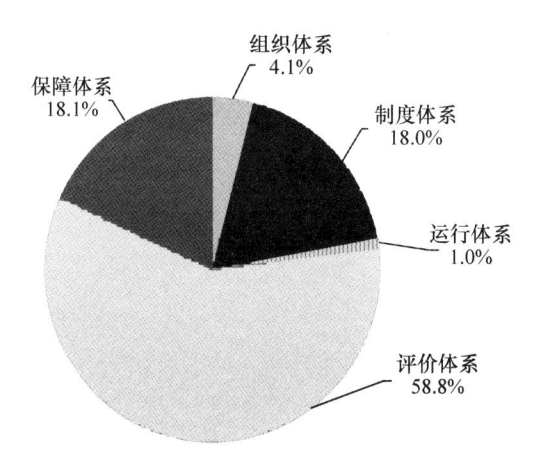

附录一图-5　媒体解读社会治理五大体系分布

化水平。《广西日报》刊文《以体制创新促进社会治理变革》，文中观点称，社会治理的制度化建设须着重关注建立社会治理评价制度。什么样的社会治理是我们需要的，理想的社会治理需要哪些制度支撑，需要建立哪些体制机制，如何评价当前的社会治理状况，等等。一套合理的社会治理评价制度应该能够对这些问题作出回答，从而为社会治理各主体指明行动方向。

在对保障体系、制度体系的解读中，《光明日报》刊文称应夯实基层，建设现代社会体系。特别需要着力构建民生保障体系，着力完善社会治理体系，着力强化社会信用体系，着力健全公共安全体系，着力加强国家安全体系。在新常态条件下，通过社会治理创新来实现社会系统的现代化改造，在加强顶层设计的同时夯实基层，以更好地服务、推进、保障全面小康社会发展目标的实现。同样是《光明日报》发文《制度创新与推进社会治理能力现代化》，文章观点称社会保障制度居于社会治理能力现代化的核心位置，它涵盖了就业、医疗、住房、养老以及基本生活保障。可以说，创新社会保障制度是推进社会治理能力现代化的重要社会条件和社会动力。这是因为，第一，社会保障制度的受益对象具有特定性。第二，社会保障制度对于促进经济发展具有支撑性。第三，社会保障制度对于平衡社会关系具有调节性。因此，要推进社会治理能力现代化，就必须创新社会保障制度。《学习时报》发文《加快形成科学有效的社会治理体制》，文中称改革开放以来，中国的经济体制改革步伐远远快于社会体制方面的改革，社会治理体制改革的滞后在很大程度上使中国特色社会主义制度体系越来越难以消解经济高速增长带来的负面后果，这突出表现在贫富差距逐年拉大和党政官员的违纪腐败问题上。毋庸置疑，加快形成科学有效的社会治理体制已经迫在眉睫。

在对组织体系、运行体系的解读中，《清远日报》发文《社会治理是一个不断探索与创新的过程》，文中称"三个重心下移"模式被评为创新社会治理最佳案例，具体来说，就是一要完善扎根群众的村级党组织体系，推动党组织建设重心下移；二要完善民事民治的基层自治组织体系，推动村民自治重心下移；三要完善便民利民的农村公共服务体系，推动农村公共服务重心下移。中国政府采购网发表文章《社会治理体制创新：主体结构及其运行机制》中谈到，社会治理体制创新的主体结构及其运行机制是一个有机统一的社会治理运行系统。在新的主体结构及其运行机制下加强社会治理，需要在以下几方面进行强化：（1）拓展社会治理主体结构外延，提升社区协商能力。（2）深化社会治理运行机制内涵，加大联动治理力度。（3）推进社会治理体制创新，有效发挥治理功能的扩散效应。

4. 社会共治的现状

（1）信息公布情况

通过对各省政府官网，政务服务大厅等官方网站上相关信息的查询发现，全国各省基本上都可以在网上查询到教育培训服务、就业服务、电子医疗服务、社会保险网络服务、公民信息服务、交通管理服务、公民电子税务、电子证件服务的相关信息。通过这些信息，公民可以提前了解办理途径、条件和注意事项（见附录一图-6）。

（2）官方网站被访问情况

各地政府官方网站的被访问情况与当地人口数量以及上网普及率有着相关关系，所以本研究将这三方面的数据加以整理，便于进一步研究。

从国家统计局发布的2015年年报来看，截至2015年底，我国大陆常住人口达到了137889.34万，其中人口分布最多的四个地区为广东10849万，山东9847万，河南9480万，四川8204万，人口分布最少的为西藏321.9万，青海588.43万，宁夏667.88万。而2015年我国的互联网普及率已经达到了51.24%，即137889.34万人中，网民数为70648.27万。其中互联网普及率最高的集中在经济最发达的省份，其中北京、上海、广东普及率分别为76.5%、73.1%、72.4%，普及率最低的省份为云南

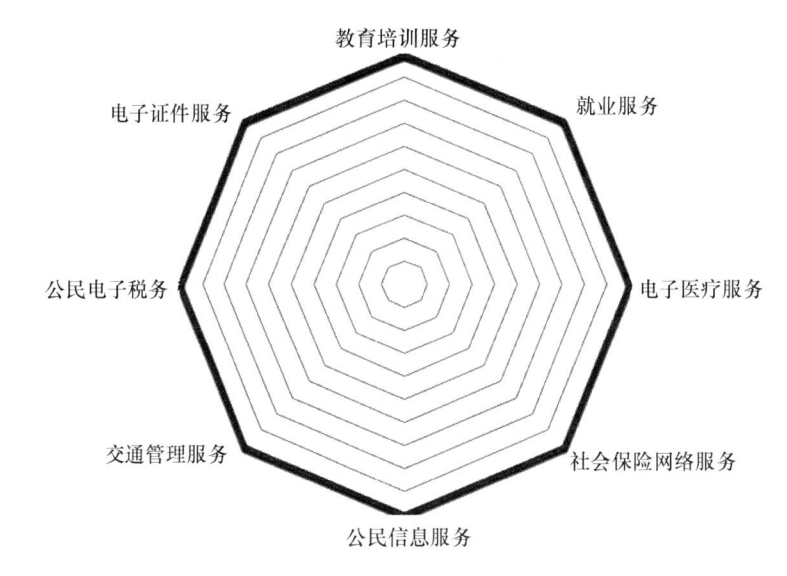

附录一图 -6　中国各省政府网站信息公布情况

37.4%。从下图综合对比各省区市的常住人口数量以及互联网普及率可以看出，各省区市互联网普及率与当地人口数量的关系不大，反而与当地的经济发展水平的关系紧密（见附录一图 -7）。

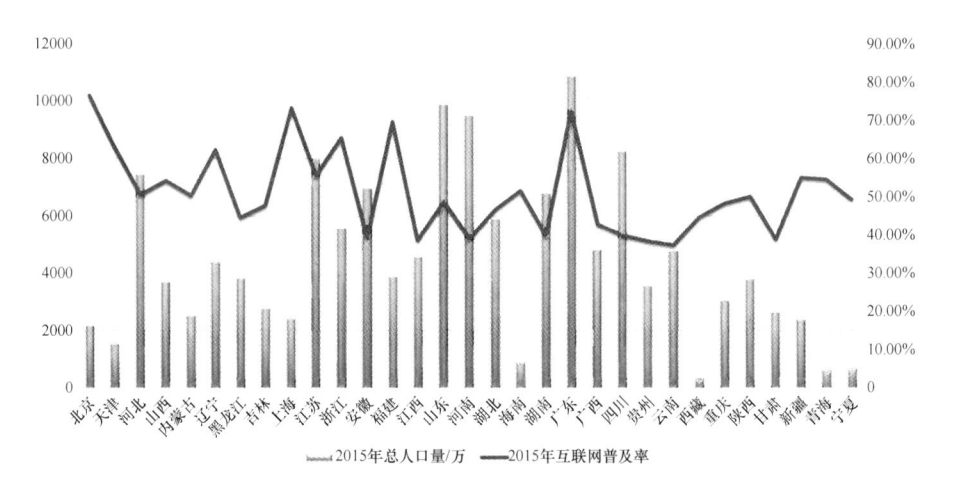

附录一图 -7　2015 年全国总人口数 & 互联网普及率

从下图可以看出，政府官方网站的访问热度基本集中在经济发达的东部地区，西南部地区省区市的官方网站的访问量相对较低。其中，上海政府网站的访问量和浏览量最高，其浏览量远远高出了访问量，其次是北京、江西、浙江以及广东（见附录一图 -8）。

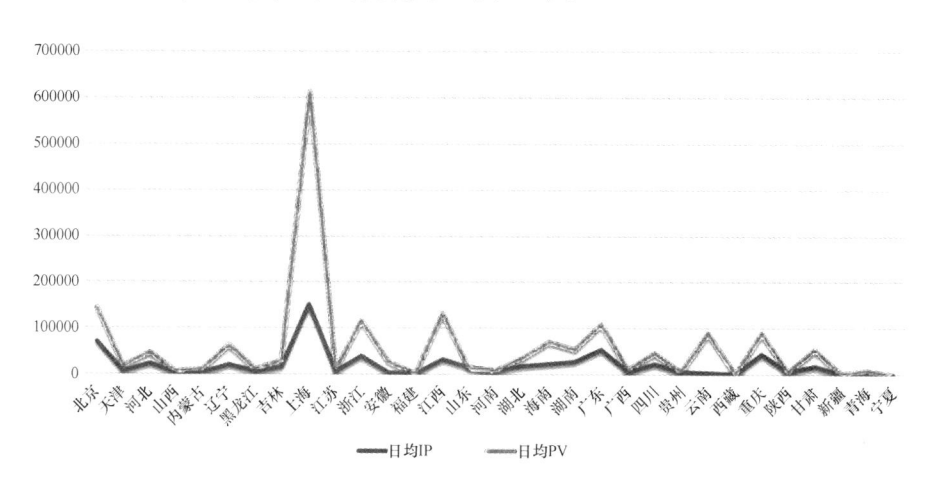

附录一图 -8　中国各省政府网站访问量 IP & 浏览量 PV

（3）在线咨询

各政府网站的在线咨询服务主要体现为在线信箱留言、省市长信箱、服务热线等几种形式。

各省区市政府官方网站的在线留言覆盖率为84%，仅有5个省区市的政府网站没有任何在线留言服务，分别为安徽、山西、甘肃、青海、宁夏（见附录一图 -9）。

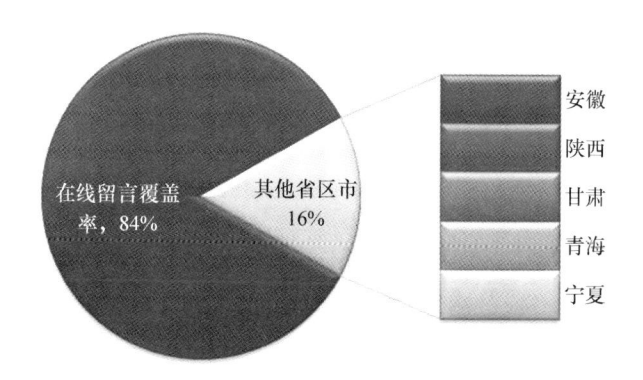

附录一图 -9　中国各省区市政府网站在线留言覆盖率

各政府网站的省市长信箱覆盖率为81%，没有省市长信箱服务的省区市分别为黑龙江、江西、河南、广西、贵州、云南（见附录一图-10）。

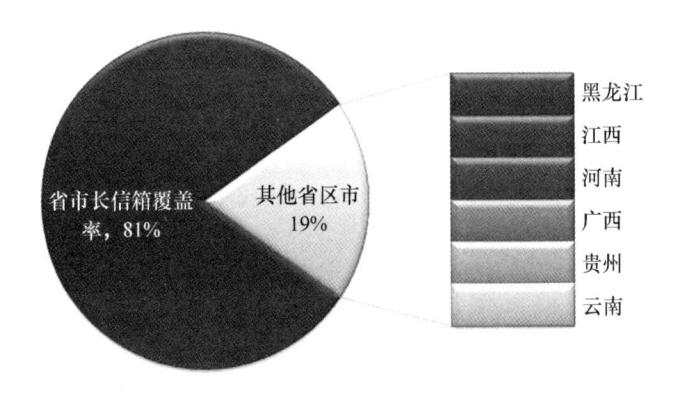

附录一图-10 中国各省区市政府网站省市长信箱覆盖率

各政府网站的服务热线覆盖率为78%，没有服务热线服务的省区市分别为北京、安徽、广西、四川、甘肃、新疆以及宁夏（见附录一图-11）。

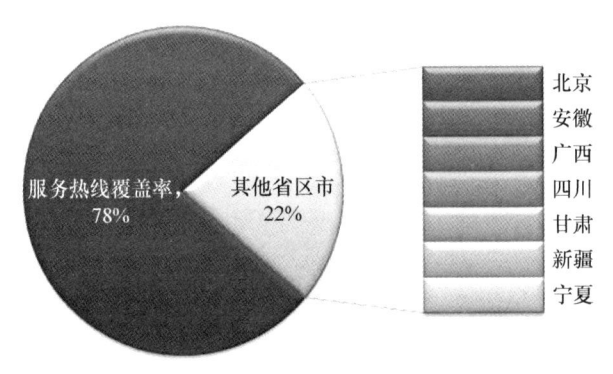

附录一图-11 中国各省区市政府网站服务热线覆盖率

相对于在线留言、省市长信箱和服务热线的提供，江西省政府显得更为直接，直接在政府官方网站上提供了省长的手机号码（见附图一图-12）。另外，河北、上海、山东、湖南、海南等多个省区市已开通24小时在线智能机器人服务（见附录一图-13）。

附录　实地调研分析报告、问卷调查分析报告、大数据分析报告 | 493

省长手机

字号：[大 中 小]

省长手机号码：13767010237

"省长手机"是江西省人民政府联系群众的一个窗口。为了进一步拓展民声渠道，加强民生监督，切实解决好人民群众反映的突出问题，确保党中央、国务院和省委、省政府各项方针政策落实到位，欢迎您通过"省长手机"向省政府及领导反映民生诉求，对我省各级政府及其职能部门的工作提出意见建议。

附录一图-12　江西省政府网站"省长手机"页面

附录一图-13　智能客服覆盖情况

（4）官方微博

通过对全国31个省、市、自治区的新媒体建设情况进行梳理发现，除内蒙古以外，其他省区市均已开通了官方微博的服务，其中90%的省区市都是在新浪微博平台开通的政府官方微博，仅甘肃省开通的为新华微博，广西和云南则为腾讯微博（见附录一图-14）。

附录一图-14　官方微博情况

进一步对各省区市政府官方微博的相关数据进行统计，从微博总发布量来看，发布数量最高的三个地区为北京41330条、上海41311条和天津40695条，均在4万条以上；总发布数量最少的为山西319条。从2015年11月至2016年11月的发稿量上来看，排名前三的省市为：天津11550条、四川8285条和北京7647条，发布数量最少的为山西52条。整体来看，北京、上海、天津的微博活跃度较高；活跃度最低的为西藏，有微博但没有发稿量；甘肃、云南和广西近一年没有发稿量（见附录一图-15）。

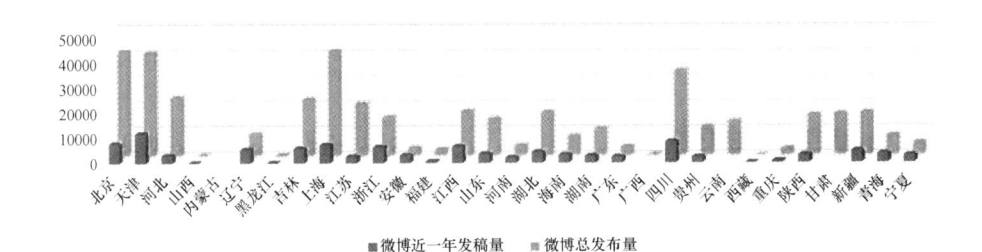

附录一图-15　中国各省区市政府官方微博发稿量

从官方微博的粉丝互动情况来看，北京市官方微博的粉丝数最高，为7868551人，占北京市常住人口的36.25%；其次是上海6017361人，占上海市常住人口的24.91%；粉丝数量排名第三的是四川，粉丝数量为5217412人，但因其人口基数比较大，所以只占常住人口的0.06%；粉丝数量最少的为西藏，仅为15人（见附录一图-16）。

（5）微信公众号开通情况

通过对全国31个省、市、自治区的政府微信公众号的建设情况进行梳理发现，全国各省区市政府均已开通微信公众号，并进行文章推送。

5. 社会共治参与情况

（1）民意关注热度趋势

通过百度搜索指数、360搜索指数以及微博搜索指数综合分析，观察自2015年11月至2016年11月的相关数据发现，民众通过互联网对"社会共治"相关话题的关注热度一直比较波动（见附录一图-17）。其中，2015年11月，国务院发布公告，出台《关于"先照后证"改革后加强事中事后监管的意见》（以下简称《意见》），《意见》中要求"推进以法治

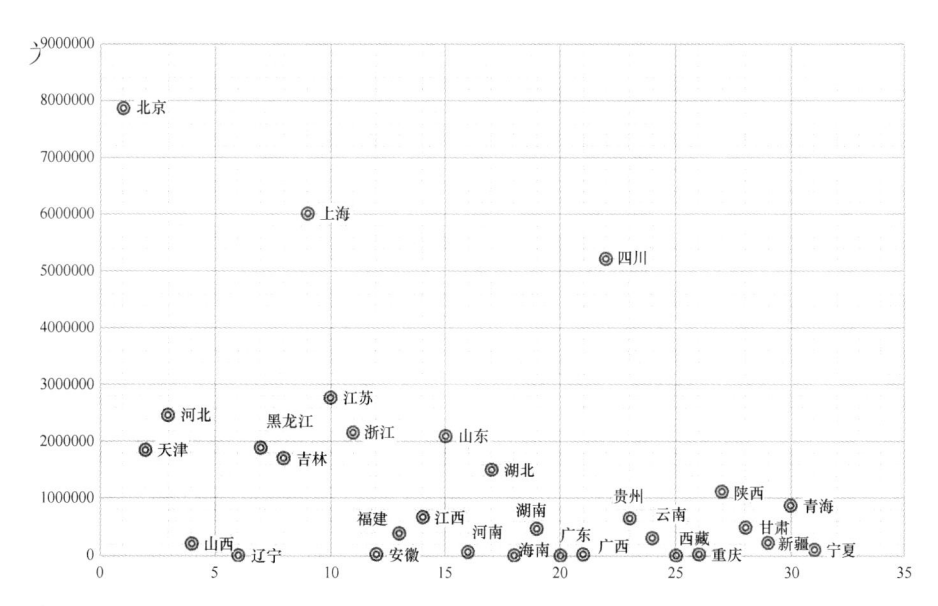

附录一图-16　中国各省区市政府官方微博粉丝数

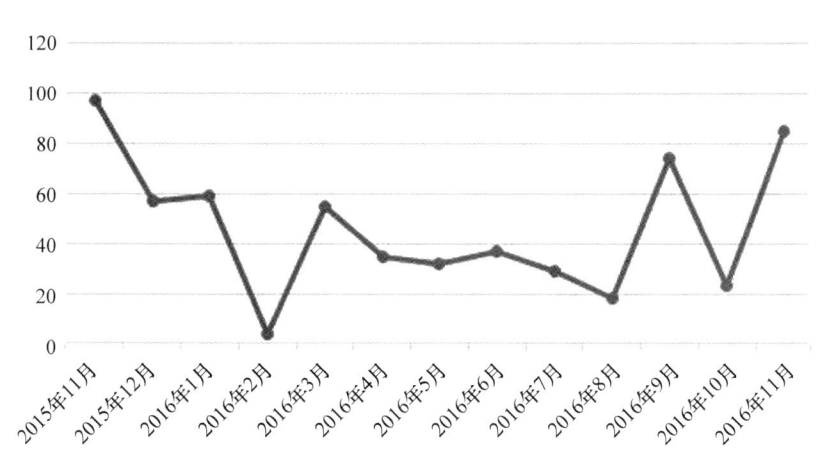

附录一图-17　民意关注热度趋势

理,健全社会监督机制,切实保障市场主体和社会公众的知情权、参与权、监督权,构建市场主体自治、行业自律、社会监督、政府监管的社会共治格局"。《意见》刚一发出就吸引了众多政府网站与主流门户网站的转载转发。加之受新《食品安全法》正式施行的影响,食品安全多元共治在11月也成为备受各界关注与热议的话题,使得当月的话题搜索热度达到了近一年来的最高峰。

2016年3月,食品安全事故、网络假货、消费维权等现象在全国"两会"上被集中聚焦,代表委员们畅谈构建社会共治格局,寄希望于政府部门创新监管方式推进社会共治,得到媒体的普遍关注。受此影响,"社会共治"再一次引发民众关注,形成又一次高峰。4月以后,民众对话题的关注热度呈现出缓慢下降的态势,8月以后止跌回升。

2016年9月,新《食品安全法》实施临近一周年,食品安全的共享共治再次被大面积提及,一些媒体的评论文章应运而生。除此之外,养生市场共治、城市管理共治、信用监管共治、污染共治等话题也颇受关注。民众对"社会共治"的关注热度在9月形成又一次的小高峰。

2016年11月,民众对"社会共治"的关注仍旧围绕食品安全、污染治理、电商打假等内容展开,热度也与9月相当。

(2)居民关注社会问题画像

将各地民众关注社会问题的相关评论内容进行汇总分析,并进行观点聚类发现,食品安全、校园安全、电商消费、交通治理、生态环境、城市发展、社会治安是民众对社会问题最为关注的七个方面(见附录一图-18)。其中,居民对电商消费中的假货现象、欺诈现象、刷单现象等内容极为不满;交通治理成为居民最为关注的第二个社会问题,大量网民呼吁组织发动社会各方面参与,协同共治共建共享推进道路交通治理能力。排名第三位的问题是食品安全,食品安全问题一直是重点民生话题,随着监管部门近几年对创新模式加强监管,严把食品安全关,民众对食品安全的担忧已弱于前几年,但是大部分谈及食品安全的网民普遍认可"食品安全具有最广泛的命运共同体,必须动员全社会的力量来维护"的观点。社会

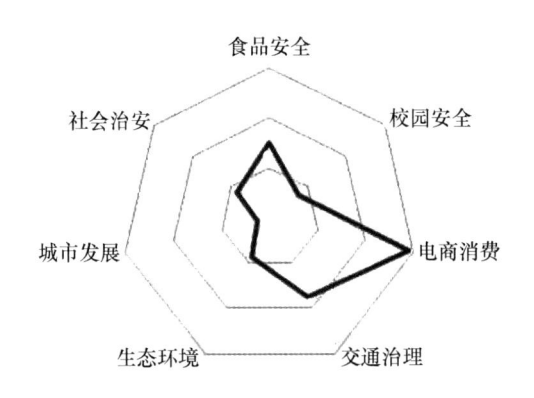

附录一图-18 居民关注社会问题

治安、校园安全、生态环境以及城市发展等问题受关注度相对略低。

（3）人群画像

从人群样本的具体数据来看，关注人群中男女占比相当（见附录一图-19）。由此也可见，在中国现今社会，女性的地位得到明显提升，女性的关注热点不再仅局限于家庭、生活、消费类话题，对国家发展、社会问题相关的话题也表现出一定的关注度。从年龄段来看，19—34岁的青壮年人群对"社会共治"的话题更为关注，35岁以上人群、18岁以下人群对此类话题的关注度较低。

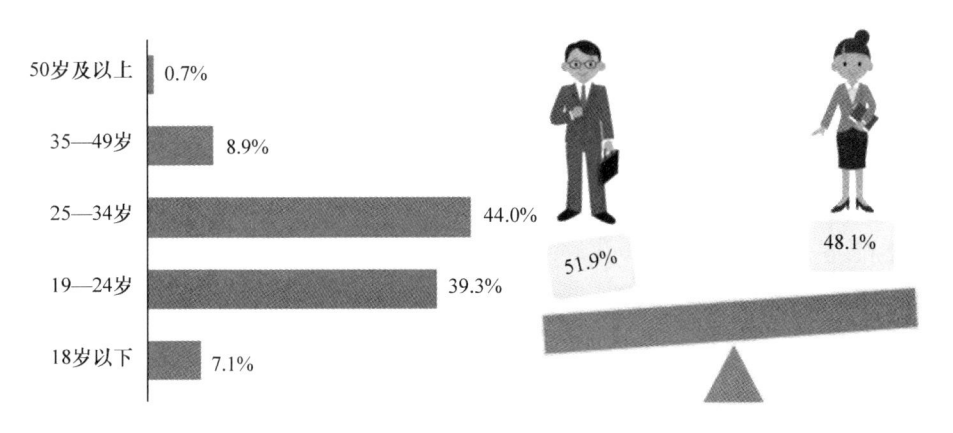

附录一图-19 关注人群性别、年龄情况

分析关注人群样本的所属地域来看，山东、湖北、广东三地民众对"社会共治"相关话题的关注度要高于其他省区市，搜索行为更为主动。从整体来看，经济发达的东部沿海地区民众相较于西北、西南部地区对于该话题关注兴趣更为浓厚（见附录一图-20）。

（二）国家治理能力现代化分析

1.在线政务发展情况

通过对各省区市政府官网、地税局等官方网站的查询，各省区市政府官网以及政务大厅基本全部实现了在线政务信息的全覆盖。

在线政务发展方面，31个省区市的政府网站上均能查询到电子法规、电子公文、电子司法、电子证照、电子财税和电子采购与招标的详细信息。各地居民也可以通过网络相关部门获得电子法规和电子公文获知详细的新闻动态；可以通过电子司法了解到案件的最新进程；可以通过电子证

附录一图 - 20　关注人群地域分布

照了解详细的办事流程、需提前准备的资料，以及办事的地址和时间，大大提高了居民办理日常事宜的便利性；也可以通过电子采购与招标，实施监督政府的工作（见附录一图 - 21）。

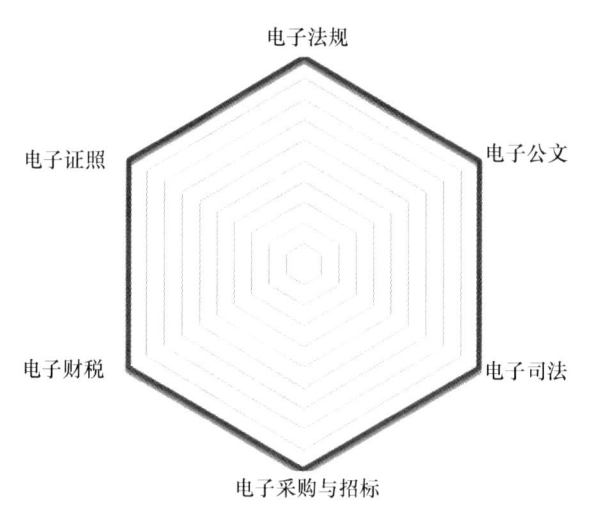

附录一图 - 21　在线政务发展情况

2. 政务信息公开情况

从各省区市统计局发布的 2015 年政府信息工作年度报告可以看出，

在主动公开政府信息方面，全国共计公开政府信息 64388093 条，其中四川公开政府信息 9267653 条，居全国之首。浙江公开政府信息 7912716 条，贵州公开政府信息 6010000 条，依次位列四川之后，新疆和重庆公开的信息最少，分别为 13335 条和 46300 条（见附录一图-22）。

3. 数据开放情况

2016 年各省区市统计局网站月度进度数据公开，包括社会消费品企业、房地产、规模以上工业、固定资产投资、就业、CPI 和 GDP 七个数据，下图以此为维度分析了全国七个地区的 31 个省、市、自治区的数据开放状况（见附录一图-23）。

从已查询到的数据可以看出，大多数统计局都没有公开就业方面的数据信息；浙江和江苏只公开了三个维度的数据；新疆和内蒙古开放的数据最少；西藏暂没有查询到统计局的官网，辽宁统计局官网无相关月度数据，因此西藏和辽宁暂无开放数据可统计。

4. 智能手机和移动互联网使用情况

中国互联网络信息中心（CNNIC）发布的《第 38 次中国互联网络发展状况统计报告》显示，截至 2016 年 6 月，中国网民规模达 7.10 亿，互联网普及率达到 51.7%，超过全球平均水平 3.1 个百分点。同时，移动互联网塑造的社会生活形态进一步加强，"互联网+"行动计划推动政企服务多元化、移动化发展。

（1）网民规模突破 7 亿，互联网普及率增长稳健

截至 2016 年 6 月，我国网民规模达 7.10 亿，上半年新增网民 2132 万人，增长率为 3.1%。我国互联网普及率达到 51.7%，与 2015 年底相比提高了 1.3 个百分点，超过全球平均水平 3.1 个百分点，超过亚洲平均水平 8.1 个百分点。

（2）手机网民规模达 6.56 亿，手机上网主导地位强化

截至 2016 年 6 月，我国手机网民规模达 6.56 亿，网民中使用手机上网的人群占比由 2015 年底的 90.1% 提升至 92.5%，仅通过手机上网的网民占比达到 24.5%，网民上网设备进一步向移动端集中。随着移动通信网络环境的不断完善以及智能手机的进一步普及，移动互联网应用向用户各类生活需求深入渗透，促进手机上网使用率增长。

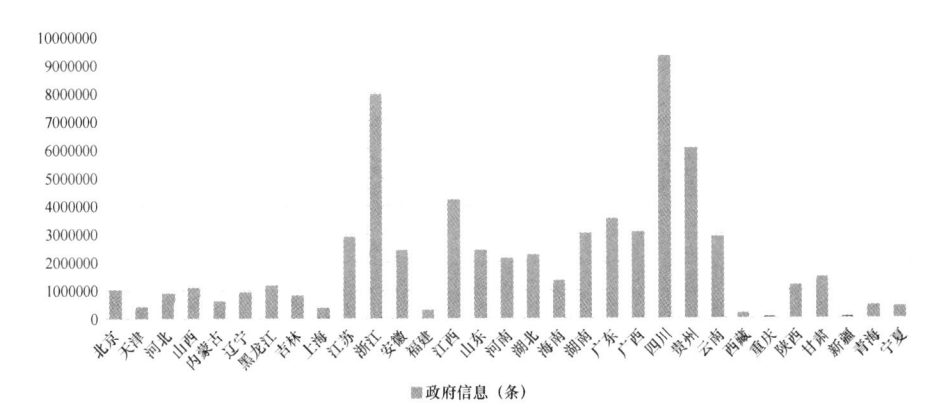

附录一图-22　2015年政府信息工作年度报告数据情况

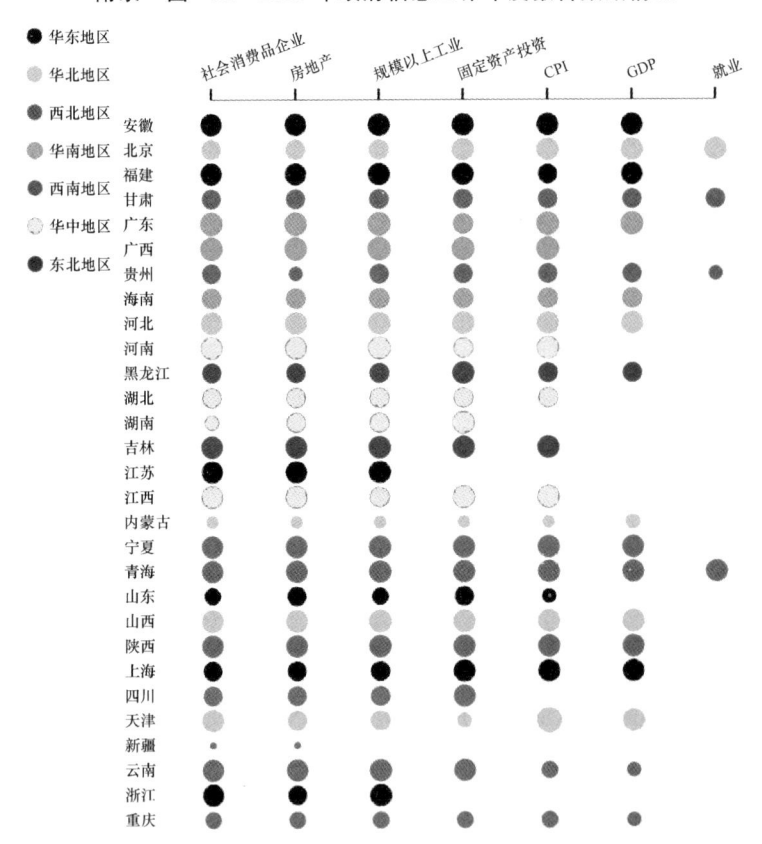

附录一图-23　2016年全国七个地区的31个省、市、自治区的数据开放状况

注：其中列为七个维度；行为31个省、市、自治区；圆点的颜色代表了不同的地区；圆点的大小代表了数据开放的量的大小，没有圆点的代表没有相关数据公开。

(3) 农村互联网普及率保持平稳，城乡差异依然较大

农村互联网普及率保持稳定，截至 2016 年 6 月，为 31.7%。但是，城镇地区互联网普及率超过农村地区 35.6 个百分点，城乡差距仍然较大。"不会上网"和"不愿上网"仍是农村人口上网的主要障碍，68.0%的农村非网民因为"不懂电脑/网络"不上网，认为"不需要/不感兴趣"的农村非网民比例为 10.9%。

(4) 网上支付线下场景不断丰富，大众线上理财习惯逐步养成

互联网金融类应用在 2016 年上半年保持增长态势，网上支付、互联网理财用户规模增长率分别为 9.3% 和 12.3%。电子商务应用的快速发展、网上支付厂商不断拓展和丰富线下消费支付场景，以及实施各类打通社交关系链的营销策略，带动非网络支付用户的转化；互联网理财用户规模不断扩大，理财产品的日益增多、产品用户体验的持续提升，带动大众线上理财的习惯逐步养成。平台化、场景化、智能化成为互联网理财发展的新方向。

(5) 在线教育、在线政务服务发展迅速，互联网带动公共服务行业发展

2016 年上半年，各类互联网公共服务类应用均实现用户规模增长，在线教育、网上预约出租车、在线政务服务用户规模均突破 1 亿，多元化、移动化特征明显。在线教育领域不断细化，用户边界不断扩大，服务朝着多样化方向发展，同时移动教育提供的个性化学习场景以及移动设备触感、语音输出等功能性优势，促使其成为在线教育主流；网络约/租车领域，基于庞大的市场需求和日益完善的技术应用，行业规模不断扩大；在线政务领域，政府网站与政务微博、微信、客户端的结合，充分发挥互联网和信息化技术的载体作用，优化政务服务的用户体验。

5. 居民关注政府问题画像

将各地民众关注政府问题的相关评论内容进行汇总分析，并进行观点聚类发现，工作效率低、官员不作为、工作脱离实际、管理人才危机、官员腐败成为居民对政府问题最为关注的五个方面。其中，居民对政府中的腐败现象与人才危机关注较多。受近两年简政放权等工作的影响，效率低、不作为、脱离实际等问题的被讨论热度明显不及其他两项（见附录一图-24）。

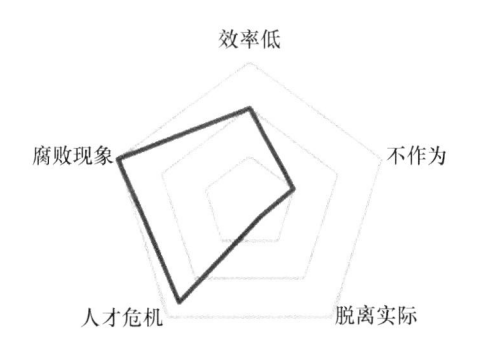

附录一图-24　居民关注政府问题画像

三　国家治理现代化面临的问题

（一）关于社会治理

1. 专家解读

在各领域专家对社会治理的观点聚焦中，"互联网+社会治理"成为最受专家学者关注的话题，相关信息量占据总量的46.8%，接近半数；多元化共治、基层治理能力分别以18.9%和12.6%的占比依次位列其后。农村治理能力、社会组织参与以及社区治理能力受关注的热度相对较小，信息量占比均在10%以下（见附录一图-25）。

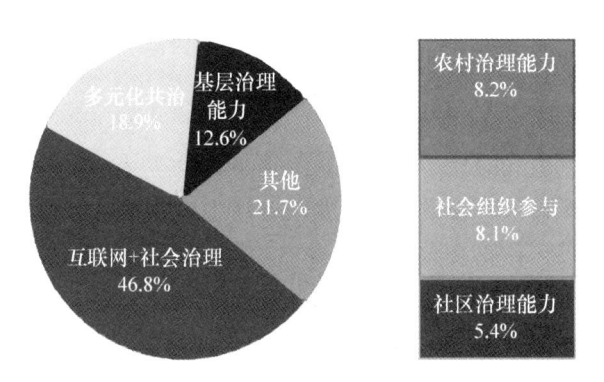

附录一图-25　专家观点聚焦

围绕"互联网+社会治理"展开的专家言论中，上海交通大学媒体与设计学院院长李本乾认为：大数据时代社会治理目前主要面临四大难点：互联网数据体量大，难以统计；大数据的异构和多样性，难以比较；

大量的不相关信息难以利用；实时分析而非批量式分析难以系统化。构建大数据社会共治模式需要我们作出相应的转变，治理主体由"政府支配"到"多方平衡"，治理目标由"各方对立"到"社会统合"，治理内容由"政府本位"到"民众本位"，治理手段由"政府多门"到"融合治理"，从而形成全方位整合的多元协同共治的治理模式。湖南省中国特色社会主义理论体系研究中心研究员吴晓林说："互联网+"的高速列车，是克服传统治理中观念和手段的局限、推动基层治理现代化的重要途径。与线上互动同样重要的是构建"线上线下"融合一体的治理机制，依托互联网技术，搭建多元沟通的互联网通道，构建"政府+业主组织+物业公司+第三方组织"的协商沟通平台，推动"单边主义行政管理"向"多方协商治理"的转变，形成各个治理主体合作共治的格局。线上线下融合，政府社会配合，街道居民结合，才能推动社区治理现代化，提升社会资源配置和问题解决的效率，亿万社区居民的幸福指数、平安指数才会大幅提升。

围绕"多元化共治"展开的专家言论中，中共中央党校党建教研部主任、教授王长江指出：原来政府统管一切的管理方式已不能适应现实要求，社会经济制度变迁催生出国家管理模式的变革需求，即从管理走向治理。社会治理创新要从政府"管控型"的社会治理模式向"多元共治"转变。上海市委党校社会学教研部潘鸿雁认为：社区自治运行系统是一个权利与权力交接的多元交叉网络，是一个由居民、政府组织、社区组织、企事业单位等构成的纵横交错的互动网络，存在于社区的各主体都有明确的利益诉求，且利益呈现多元化，很难调和而导致矛盾尖锐化。因此，依托现实基础，即中国历史传统（强政府、弱社会的管理格局）和社会转型时期的特殊要求，借助于西方合作主义的理论，探索多元主体共同参与的社区共治，形成社区共治与居民自治交融互动的格局就成为我国社区治理的新方向。

围绕"基层治理能力"展开的专家言论中，南京大学公共事务与地方治理研究中心、南京大学政府管理学院教授肖唐镖认为：有关基层治理能力，人们一般多强调基层国家权力对上级政策的执行能力，以及对基层社会的整合、渗透和资源提取等方面的能力。这些方面的能力固然重要且必要，但它们更侧重的是政府单面向因素，却轻忽了市场、社会的角色及其与政府之间的合作共治。实际上，正是多元主体的合作共治能力集中反映了现代治理体系及其能力的大转型。基层合作共治的能力建设，应着力于创新治理的机制与技术，实现地方治理的民主化、科学化、程序化和制度化。国家行政学院教授、中国行政体制改革研究会副会长汪玉凯认为：从我国基层治理的现状看，少数地方之所以出现权力运行失控，一个重要原因就是在基层治理主体的产生和权力授予方面出了问题，权力运行、监督等难以真正发挥作用。运用信息化、网络化手段创新基层社会治理和公共服务。借助信息化、网络化手段变革和创新基层社会治理和公共服务，已成为一种普遍趋势。

围绕"农村治理能力"、"社会组织参与"、"社区治理能力"展开的专家言论中，有学者指出：我国农村基层政权在现实运转过程中还存在不少问题。突出地表现为：其一，乡镇政权的权力和责任不对等，乡镇政权的管理权有限，经济能力也有限，却承担着无限的政治责任，"一票否决"事项过多，不必要地增加了乡镇政权的工作压力和困难；其二，乡镇政权与农村群众自治组织、经济组织和社区组织的关系有待理顺；其三，乡镇政权的民主基础不牢，乡镇人大制度没有全面落实，不能适应农民日益提高的民主意识和诉求，乡镇政府往往得不到农民的高度信任。为了适应新的发展形势，落实依法治国基本方略，有必要通过改善行政体制、创新社会治理方式和落实人大制度来加强乡镇政权建设。宁波大学法学院朱全宝认为：社会组织参与基层社会治理正面临一些挑战：一方面，我国社会组织的发展尚处于初级阶段，社会组织的社会认知度不高、公信力不足、治理经验缺乏等问题在一定程度上影响了其参与基层社会治理功能的发挥；另一方面，社会组织参与社会治理创新的体制机制尚不健全，比如创新动力不足、与政府衔接不到位、监督管理缺乏细则等均是导致治理低效的制约因素。新形势下社会组织参与基层社会治理需要正视不足、找准方向、明确路径，以实现社会组织发展与社会治理有效之双赢。广西机场管理集团党委副书记范树育认为：当前我区社区建设实践过程中，普遍存在着社区成员参与不足的问题，一方面，社区参与主体不具广泛性和代表性；另一方面，社区参与内容的广度和深度不够。这种现状直接导致了社区建设的过程目标难以实现，不能有效培育社区居民的民主参与意识和自治能力。为此，要主动采取多种方式方法提高社区居民参与社区治理能力，推进社区治理主体多元化。

2. 媒体解读

从采集到的媒体评论文章来看，各类媒体对社会组织参与的聚焦点与专家的关注点略有偏差，媒体主要集中在对社会组织参与相关内容的解读，占比约为45.3%；其次是对社区街道治理的解读，信息量占比约为30.7%，基层网格化的信息量占比约为11.1%。农村社会治理、多元化共治、互联网+社会治理以及基层治理能力的相关文章占比较小，均在10%以下（见附录一图-25）。

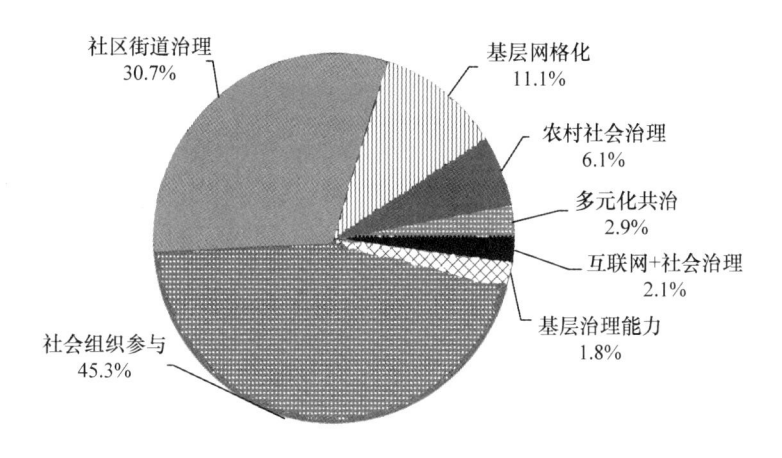

附录一图-25 媒体观点聚焦

在对社会组织参与的评论文章中，《学习时报》文章《多措并举促进社会组织参与社会治理》分析社会组织参与社会治理的现状和问题包含：一是能力不到位，参与社会治理的能力弱。二是管理不到位，参与社会治理的公益性体现弱。三是认识不到位，社会组织在参与社会治理中处于弱势地位。四是培育不到位，大量没有登记的社会组织处于灰色地带。《广西社会科学》发布《新形势下推动我国社会组织界别协商：现状、路径与机制》，其中观点称，当前我国社会组织参与界别协商研究仍然处于起步阶段，社会组织参与界别协商的独特优势尚未得到充分论证，社会组织作为界别协商主体之一的地位尚未完全确立，尤其对于目前社会组织参与界别协商中存在的思想认识不到位、渠道不畅通、形式与内容单一、程序不健全、缺乏制度化法制化保障等问题亟须加强研究。

在对社区街道治理进行解读的文章中，人民网刊发的文章《加强基层党建，引领社区治理》中称，社区治理一直是社会工作、社区工作的重点，它关系到社会的和谐发展、社区的稳定安宁。近年来，随着经济的高速发展，社区在这个趋势中由封闭、稳定逐步向多样化、复杂化转变，社区的治理也频频被党和国家提及。目前我国的社区治理机制还有待改善，现行的社区治理方式是民主自治，但是还是摆脱不了行政化主导的圈子。但是一味地推行民主自治，也会让社区治理像一匹脱缰的野马，难以控制、约束。

在对基层网格化进行解读的文章中，《经济日报》发表的文章《乡村公共管理也应网格化》谈到，目前网格化管理还没有普遍下乡，这除了需要一个发展过程，还与一些部门对城乡统筹的认识有关。现在不少人、不少部门对城乡统筹的认识还停留在先城市后农村阶段，或者认为农村公共事业就是水电路硬件建设，农村公共管理、文化卫生安全等方面则没有纳入统筹范围。这种意识上的不到位，常常带来行动上的滞后、缓慢甚至消极。所以，细究起来，乡村公共管理需要与城市一样的网格化管理，但还有很长的路要走。

在对农村社会治理、多元化共治、互联网+社会治理、基层治理能力进行解读的文章中，《湖南日报》文章《协商民主提升农村社会治理水平的实质与路径》的观点称，农村人口外流外迁、农村社会空心化等问题致使基层党组织发展长期停滞，农村社会治理缺乏有力的组织者和领导者，也使社会组织培育长期滞后，农村社会治理单一化和绝对化，还有就是现有治理机制平台长期空转，农村社会治理陷入形式化窘境。因此，提升农村治理水平，首要任务就是强基固本，积极培育并增能各类治理主体，构建多元协同的治理格局。中国环保在线刊发评论文章《多元共治模式添力环境治理社会共治机制亟待构建》，文章称，当前，我国存在着利益诉求不同的多元主体，对于社会事务，它们有分享权力、维护权益、参与治理的需求，因此，打破政府统揽一切事务的格局、推进社会共治成为解决社会问题的必然选择。《南方日报》发表评论文章《以"互联网+群众路线"推动基层社会治理创新》，文中观点称，互联网思维运用到基层治理，可理解为"互动、联通和网络"，进而延伸为"民主、开放和平等"，其本质为开放和透明。目前，基层工作之所以难做，缘于群众对政务公开透明的需求不断提升。因此，借助互联网思维帮助政府在一定程度上满足群众的这种需求，提升群众对政府的"信任度"。

3. 民众观点

本次研究共采集民意观点样本总量 5660 条，对其中含有实质内容的 3180 条民众观点内容进行语义词频分析，结果如下图（见附录一图 - 26、图 - 27）所示，在关于"社会治理"相关话题的观点中，"网络"、"安全"、"习近平"等关键词是民众声音中词频最为突出的词汇。另外，"税费"、"房产税"以及"环境"等关键词被民众提及次数也较多。在对采集到的民意样本进行词频分析之后，进一步对持有明确观点的言论做进一步内容聚类，分析结果如下：

附录一图 - 26　民意观点

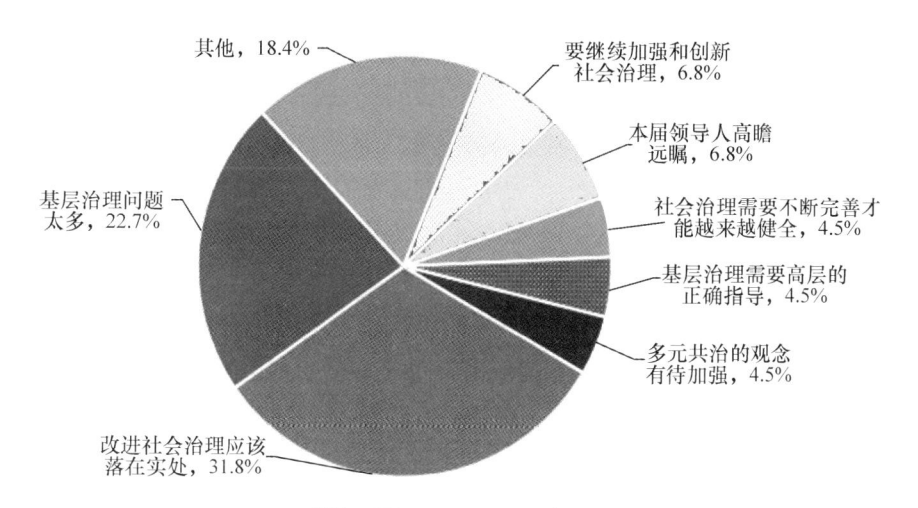

附录一图 - 27　网民观点聚焦

在比较集中的言论观点中，31.8% 的民众明确表示改进社会治理一定要落在实处，不能只是空谈；22.7%的民众认为我国现阶段基层治理问题太多，对此表示出担忧；还有一些观点占比较少，均在10%以下，分别是6.8%的民众认为政府应继续加强和创新社会治理，积极推动理念、制度、机制、方法创新，进一步提升社会治理水平；同样有6.8%的民众认为本届领导人高瞻远瞩，全面推进国家治理体系与治理能力现代化是坚持和发展中国特色社会主义现代化的必然要求，也是实现社会主义现代化的应有之义；4.5%的民众认为我国现阶段的社会治理体制机制虽然形成，但制度化建设方面还需要不断完善；还有4.5%的民众认为基层治理水平与高层的正确指导有着密不可分的关系；同样有4.5%的民众则表示多元共治的观念有待加强、参与共治的意识有待提高。

（二）关于国家治理

1. 专家解读

从监测到的相关数据结果来看（见附录一图-28），各领域专家对国家治理现代化发展与现状的分析主要聚焦于改革创新，占比约为31.2%；其次是法治化、互联网+政务、多元共治、遵循市场规律等主题，占比分别为18.8%、14.5%、14.2%、12.1%。此外，专家对基层治理能力、治理人才培养、简政放权几个话题的关注相对较小，占比均在4%以下。

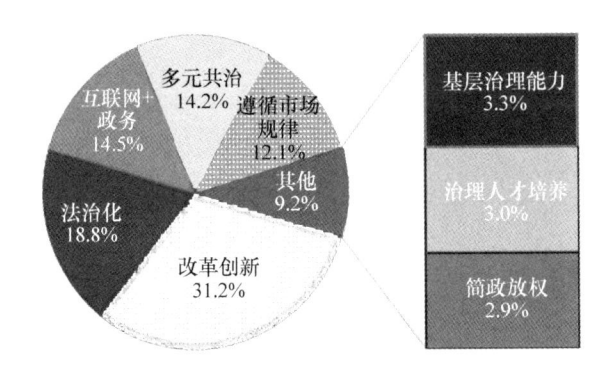

附录一图-28　专家观点聚焦

（1）关于改革创新

国防大学马克思主义研究所研究员颜晓峰在人民网访谈时谈到"稳中求进改革创新"是国家治理现代化的内在要求。他说稳中求进、改革创新，是我们党领导经济社会稳步前进、不断发展的宝贵经验。不仅是做好明年经济工作的核心要求,也是促进经济社会全面发展、持续跃升的核心要求,是推进国家治理体系和治理能力现代化的内在要求。北京大学政府管理学院院长俞可平教授指出:政府创新是推进国家治理现代化的必经之路,政府改革创新一旦动力不足,后果就会很严重。中国社会就像一列火车,火车头是政府,官员是驾驶员,动力不足了,列车前进就会变慢,甚至会停下来。那样,经济发展就会遇到困难,整个社会就缺少活力。中国社会科学院政治学研究所研究员郑言认为:如果仅仅着眼于具体的治理方式改革创新,忽略相互之间的联系与作用,不仅可能造成治理资源的极大浪费,而且可能诱发问题性质的转变以及社会矛盾的恶化。因此,应关注不同领域、不同问题之间改革创新的协调性,防止因为改革措施的碎片化而削弱改革的效果。

(2)关于法治化

全国政协委员、财政部财政科学研究所原所长、中国财政学会副会长贾康认为:中国经过三十几年的发展,有了历史性的新起点,已进入中等收入阶段,但以后绝不会自然而然地就能实现"中国梦"。如何真正避免这样那样的陷阱,是有重大实际意义的真问题。要使其中复杂的利益协调相对平稳地进行,需要以法治化建设的进步来提供保障条件。中南财经政法大学法治发展与司法改革研究中心徐汉明和张新平联合发表文章称,过去,我们的社会治理方式主要是命令型、控制型,已难以适应社会发展和转型的需要。在推进法治社会建设过程中,必须根据社会发展和社会治理转型的实际,从价值理念和具体手段两个层面,推动治理方式从命令向协商、从单向向合作、从强制向引导、从单一向多元转变;丰富和发展现代社会治理方式和技术,拓宽社会治理边界,提高社会治理精度,降低社会治理成本,以社会治理法治化推进法治社会建设。

(3)关于互联网+政务/多元共治/遵循市场规律

福建师范大学公共管理学院张翔认为:"互联网+政务服务"需要加强"线上—线下"的协调运作。近年来,许多地方政府也开始运用互联网来推动政府服务,但在实践中,一些地方政府要求基层政府除了线上的网络信息录入外,还需要完成线下的信息录入。这种重复运作,不仅没有使政府内的信息运作减负,反而加大了基层政府的工作负担。这种结果显然不是"互联网+政务服务"的初衷。

中央党校党建教研部一位教授指出:过去政府是无所不管、无所不包，权力无限，责任无限，从政府管理到社会治理，就要求政府调整自身角色，重新摆正自己，让渡一部分权力和空间。应打破政府包揽一切的治理模式，将市场和社会能够承担职能和发挥作用的领域逐渐交给市场与社会主体，建立一种政府与社会良性互动的多元治理格局。必须加快推进社会治理的探索和转型，形成社会治理探索创新"百舸争流"的局面，这一战略目标才能得以实现。

深圳大学管理学院教授赵宇峰认为：从国家转型与现代化发展的历程来看，西方国家的逻辑是市场主导，市场逐渐包容政府；而中国的逻辑是政府主导，政府逐渐包容市场。中国社会主义市场经济发展到今天，有一点与发达国家是相同的，即市场与政府相互承认，是各自不可或缺的另一半，并形成了相辅相成的关系。在平衡政府与市场关系上，中国会充分遵循市场经济的规律，但其实践的方式和价值取向不可能是西方化的，否则，中国党和政府的治国理政就可能面临合法性危机，因为，一旦政府失去了以民为本，保障基本、统筹全局的能力，市场可能的风险就可能威胁市场本身，进而威胁到社会和国家。所以，中国推行的社会主义市场经济不是一般的市场经济，其"社会主义"规定性，不是政治标签，而是对中国市场经济的价值与制度的规定性，其目的是使市场经济能够与中国特色社会主义相适应。所以，在平衡政府与社会关系、创造国家治理体系现代化中，既要充分尊重市场在资源配置中的决定性作用，同时也必须考虑社会主义制度的内在要求。

（4）关于基层治理能力/人才培养/简政放权

国家行政学院教授、中国行政体制改革研究会副会长汪玉凯说，我国基层治理面临的一些突出问题主要表现为：基层群众自治在一些地方流于形式，居民、村民权利得不到有效保障；基层治理中权力运行不公开、不透明的现象时有发生，群众的知情权、表达权、参与权和监督权受到侵害；基层群众自治的相关法律、党和政府的一些具体政策没有得到很好落实。提升基层治理能力和水平可以有效发挥居民代表大会、村民代表大会在权力授予、运行、监督中的作用。同时运用信息化、网络化手段创新基层社会治理和公共服务。

清华大学贝淡宁教授认为，政治尚贤制比西方的民主制更适合像中国这样的大国，它能够有效规避民主选举制的主要缺陷。因此，贤能型人才的培养和历练，是关乎我国政治治理绩效的关键，是实现"有效的治理"

的核心,也是中国道路、中国模式的精髓。

浙江大学公共管理学院政府管理系主任范柏乃认为:"放权"不在于数量,关键是下放市场、企业需要的权力。充分调查了解市场、企业究竟需要什么样的权力,是实施权力下放前必须要做的工作。只有市场和企业需要的权力放下去了,才能激发市场活力,调动民间创造性和主动性。放权放得对路、放得及时、放得让民众开心,才能最大限度地释放改革红利,才能有效地推动社会主义事业的蓬勃发展。

2. 媒体解读

从各类媒体评论文章的主要观点来看(见附录一图-29),媒体针对国家治理现代化发展与现状的点评与专家的聚焦点不尽相同,互联网+政务的占比最高,约为43.8%;其次是简政放权、法治化,占比分别约为26.5%、12.7%。

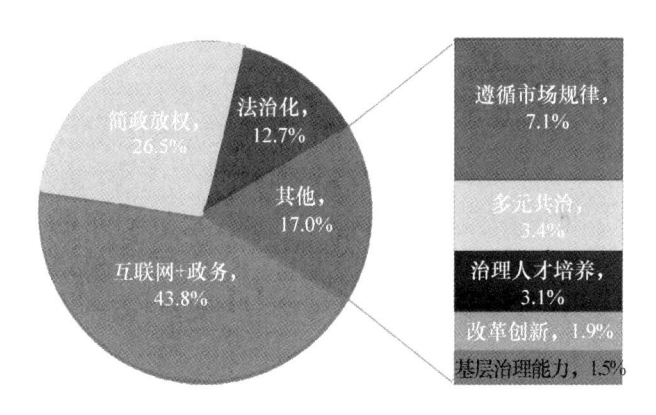

附录一图-29 媒体观点聚焦

(1) 关于互联网+政务

飞象网发表评论文章《政企合力探索社会组织网络治理是"互联网+政务"的积极尝试》。文中称:互联网+政务时代,政企合作精准监管,打破了社会治理"一亩三分地"的传统局限,双方发挥各自优势,让信息公开更加透明彻底,完善了对社会组织的信用管理,推进了信息化监管工作,保障社会公众的合法权益,成为政府与企业在合作保障网络信息安全方面的又一成功案例,这样的合作方式多多益善,值得更多地推广复制。《人民日报》(海外版)发文称当前"互联网+政务服务"推进过程中存在的一些问题，大多源于互联网思维贯彻得不彻底、不到位。有的地方政府和部门热衷于电子系统的建设和技术设施的投入，却没有改变工作模式和办事流程，导致网上网下简单叠加、重复建设，既浪费财力，又没有提升群众办事的体验。有的网上政务平台只是应付上级检查的"花架子"，实则更新缓慢、缺乏运营、功能残缺，反而让上网办事的人误了事。还有的死死守住自己的"一亩三分地"，设置重重壁垒，不愿意推进跨部门、跨区域、跨层级的信息共享，造成大量数据资源躺在一个个分散的小池子里，不能在流通共享中发挥出真正的价值。说到底，"互联网+政务服务"能否真正降低制度性交易成本，产生利企便民的效果，取决于政府部门能否真正转变思维方式和工作模式，以推进自身的改革来实现公共利益的最大化。

（2）关于简政放权

新华网文章《简政放权是市场创造和社会创新的催化剂》称，目前的简政放权所处的背景有两个基本特点：一是市场经济和民主法治的观念已经深入人心，市场和社会主体要求发挥自主性的呼声越来越强烈。这决定了政府的管理理念和管理方式必须改变。二是我国毕竟有较长的以计划经济为主导的历史时期，一些部门和官员习惯于通过直接干预、加强审批等方式来管理经济和社会。这导致改革进行到深层次就会出现"阻击战"，会遇到管理惯性的制约，以及管理机制跟不上、管理手段缺乏等现象。简政放权是对政府与市场、社会三者之间关系的一种厘清，也是对中央和地方之间关系的一种明确。有利于真正让经济社会发展的内生动力充分释放，助推我国的经济社会发展跃上一个新平台。《北京青年报》发表文章《警惕简政放权红利被蚕食》，文章观点称政府把权力下放给市场和社会，同时也是向市场和社会释放改革红利，然而，改革红利能不能一路畅通到达市场和社会，市场和社会能不能顺利享受到改革红利，却是一个需要追问的重大课题。近段时间，媒体披露了多地简政放权改革伴生的怪现状：一些地方取消和下放的行政审批事项，被神不知鬼不觉地转到中介机构手中，中介机构"横"在政府部门前面，做起了"前置审批"的生意。它们"戴市场的帽子、拿政府的鞭子、坐行业的轿子、收企业的票子"，而政府部门作为"老板"，自然也能从中介机构的巨大收益中分到相应份额。加快转变职能、简政放权，是本届政府向市场和社会释放的第一大红利。这一红利如果被某些中介机构大肆截留、恶意蚕食，将严重损害简政放权的公信力和实际成效，给企业发展和政府自身改革带来巨大伤害。

（3）关于法治化

《人民日报》刊文《治理现代化关键在法治化》称：法治化是国家治理现代化的主要内容，是衡量国家治理现代化水平的主要标准，是实现国家治理现代化的关键。法治化与国家治理现代化具有同步性，国家治理现代化的过程也是法治化的过程。现代国家必然是法治国家，科学立法、严格执法、公正司法、全民守法是现代法治国家的重要标志，全面依法治国是实现现代化的基本方略。《法制日报》发表评论文章《推进法治，改善改进国家治理》。文章观点认为有必要进一步推进治理规范化和科学化。国家治理的现代化意味着治理规范化和科学化。当下许多治理失灵，乃缘于权力滥用：一些涉及巨大公共财政资金和广大公民重要权益的决策往往由"一把手"拍脑袋决定。公众质疑时，他们拍胸脯保证自己的决策英明正确。但最后结果往往与其意愿相反，较大的财政投入不仅没有带来任何收益，反而造成国家利益、公共利益和社会公众利益的损失，此时他们则拍屁股走人，换一个地方再继续做官。因此，我们必须从根本上改变这种专断、恣意的决策管理模式，推进治理规范化和科学化。国家治理的现代化必须并必然要求法治化。而法治化必须并必然要求问责制。过去我们一些地方和部门治理水平不高，导致一些重特大事故和冲突事件发生，重要原因之一就是我们没有建立严格和有效的问责制。

（4）关于遵循市场规律/多元共治/治理人才培养/改革创新/基层治理能力

中国廉政网发表评论文章《现代治理不能一"限"了之》文中称，道路拥堵不堪、住房供不应求、公共交通难堪重负——近年来，我国城市化进程加快，大量人口涌入城市，在经济繁荣的同时，各种烦恼凸显。怎么办？于是，限行、限号、限购、限贷、限流……"限字诀"从一线城市逐渐向二线、三线城市铺开。不可否认，限令有一定的必要性。譬如，通过限行、限购可以缓解"大城市病"。但如果头痛医头，脚痛医脚，患上"限令依赖症"，其效果就会适得其反，不仅违反市场规律，还会剥夺许多人的权利和权益。

《中国环境报》发表评论文章《建立良好的多元共治模式》。文中提到，当前我国存在着利益诉求不同的多元主体，对于社会事务，他们有分享权力、维护权益、参与治理的需求，因此，打破政府统揽一切事务的格局、推进社会共治成为解决社会问题的必然选择。环境治理涉及面广，且被社会广泛关注，尤其需要引入共治模式。怎么在政府、企业和社会之间构建起良好的共治机制？关键是各地党委政府要转变观念，树立共治理念。建立运转顺畅的工作机制、建立平等对话机制、建立利益协调机制。

《中国组织人事报》发表评论员文章《加快构建现代人才发展治理体系》。文章称《关于深化人才发展体制机制改革的意见》提出，构建科学规范、开放包容、运行高效的人才发展治理体系。这一重要要求，围绕党和国家事业发展大局，深入贯彻落实全面深化改革部署，把人才发展纳入国家治理体系进行重点布局，着力提高人才发展治理体系的现代化水平，体现了我们党对新时期人才工作规律的深刻认识和把握，为统筹推进人才发展各项制度改革、加快形成具有国际竞争力的人才制度优势进一步明确了方向。

《深圳晚报》刊文《推进基层治理现代化让市民更有获得感》。文中观点称，基层治理，是国家治理和城市治理的根本性乃至决定性环节。如果说国家和社会是一个有机的生态体系，那么基层则构成了这个生态体系的基础，关系着整个体系的活力、稳定性与发展潜能。相对于顶层治理，基层治理直接面向社会大众，与民生冷暖有着切肤的关联。基层治理能力优越，则民众福祉有坚强保障，城市文明进步，政府形象深得民心；而倘若基层治理能力低下，则民众福祉被体制缺陷销蚀，基层社会充满各种不确定性风险，城市发展遭遇重大掣肘而踟蹰难行。基层治理的根本点在于，基层行政机构基于治理现代化的体制重构与能力更新，此外，发挥社会组织和公民个人的主观能动性和社会主人翁精神同样至关重要，才能最终形成多元共治的治理格局。

3. 网民解读

本次研究共采集来自论坛、贴吧、新闻报道以及微博中的民意观点样本总量204158条（见附录一图-30），对其中含有实质内容的3960条评论进行语义分析发现，仅有19.9%的言论是针对我国国家治理相关话题展开的，而80.1%的言论内容与国家治理并没有直接关系。整体来看，大多数民众对国家层面的话题关注热度并不高。

进一步对采集到的言论样本进行观点聚类可以发现，在比较集中的观点中（见附录一图-31），35.2%的民众认为在进一步提高国家治理现代化水平的过程中，人才制度必须要完善。构建新型人才发展治理体系，推进人才发展治理现代化，才能使国家治理现代化水平提升。21.5%的民众

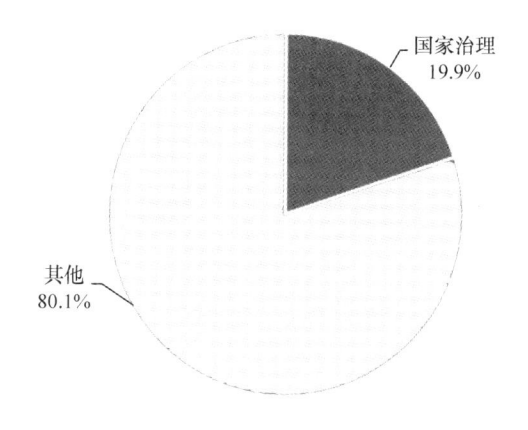

附录　实地调研分析报告、问卷调查分析报告、大数据分析报告 | 515

附录一图-30　网民评论内容分布

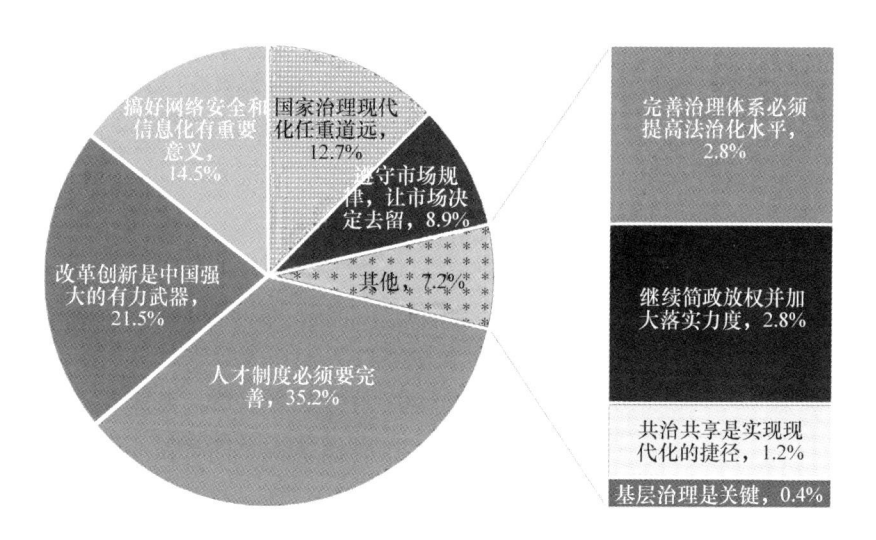

附录一图-31　网民观点聚焦

则认为改革创新是中国强大的有力武器,只有改革才能发展中国,也只有不断改革创新才能强大中国。唯有改革创新才能真正实现国家治理现代化。还有14.5%的言论观点称确保网络安全和信息安全对国家治理现代化水平的提升有着重要意义。12.7%的民众表示真正实现国家治理现代化长路漫漫,任重道远。8.9%的网民则寄希望于市场,呼吁政府遵守市场规则,理顺与市场的关系,减少对市场的干预,把政府作用建立在市场决定作用之上。其他几类观点的占比较小，均未超过3%。分别是完善治理体系必须提高法治化水平占比约为2.8%、认为政府应继续推进简政放权并加大落实力度的言论占比约为2.8%、认为共治共享是实现国家治理现代化的捷径的言论占比约为1.2%，还有0.4%的言论认为基层治理是实现国家治理现代化的关键。

四 大数据在国家治理现代化中的应用

（一）大数据战略与国家治理

在政府治理方面，政府可以借助大数据实现智慧治理、数据决策、风险预警、智慧城市、智慧公安、舆情监测等。大数据将通过全息的数据呈现，使政府从"主观主义"、"经验主义"的模糊治理方式，迈向"实事求是"、"数据驱动"的精准治理方式。

在公共服务领域，基于大数据的智能服务系统，将会极大地提升人们的生活体验，智慧医疗、智慧教育、智慧出行、智慧物流、智慧社区、智慧家居等，人们享受的一切公共服务将在数字空间中以新的模式重新构建。

（二）大数据在国家治理现代化上的应用领域

大数据时代的到来，使各行各业面临新的变革，大数据推进了行业的发展，或正在颠覆传统的运行和发展模式。大数据将其精准、客观、科学的价值转化为生产要素，渗透到传统行业的各个环节中去，从而带来根本性的变革。大数据的发展从互联网行业逐渐蔓延到金融、电信、零售等各种传统行业，这些行业从不同的维度对数据进行挖掘和分析，创造出新的商业模式和经济增长点。随着大数据应用越来越广泛，应用的行业也越来越多，每天都可以看到大数据的一些新奇的应用，从而帮助人们从中获取到真正有用的价值。

1. 互联网领域

互联网的发展，产生了大量的音频、视频、文本、图片等非结构化数据；移动互联网则能够更准确、快速地收集用户的位置、生活信息等数据。数据量快速的增长加速了大数据时代来临的步伐。

大数据的价值已得到互联网公司的认可和重视，大规模数据的收集和应用也已经开始为互联网公司的企业决策和营销活动提供强有力的支持，也使互联网公司成为大数据应用的先行者。

亚马逊、Google、雅虎等国外大型互联网公司在大数据应用实践方面起步很早，且成效突出。还有社交网络公司 Facebook，它把整个社会化网络平台的用户数据作为广告投放以及匹配的依据，形成了一个以大数据技术为基础的广告平台。

国内互联网公司也不甘落后，纷纷进行大数据应用的实践活动。国内互联网三巨头百度、阿里巴巴、腾讯均加大了大数据技术的研发投入，推出基于大数据技术的精准营销服务解决方案。如阿里推出的数据魔方、量子衡道等基于大数据的增值服务；百度成立百度深度学习研究院，并挖来了一大批世界级科技精英的加盟，比如前 Facebook 资深科学家徐伟、美国新泽西州立大学统计系教授张潼、"谷歌大脑之父"吴恩达等；腾讯则成立了腾讯互联网与社会研究院，启动与人大社会管理大数据中心首批博士后共同培养项目。

随着以百度、阿里巴巴、腾讯三巨头为首的互联网公司在大数据方面的布局加快，未来我国互联网领域的大数据的应用场景将更加丰富。

2. 金融领域

随着金融业务的载体与社交媒体、电子商务的融合越来越紧密，数据是重要资产的观念在中国金融行业已经成为共识，传统的数据分析已经不能满足发展的需求。大数据能够加强风险的可审性和管理力度，支持业务的精细化管理；大数据支持服务创新，提高客户转化率，实现差异化竞争。

目前大数据应用已经在金融业逐步推开，并取得了良好的效果，形成了一些较为典型的业务类型，如高频金融交易、小额信贷、精准营销等。

高频金融交易是大数据应用比较多的领域。高频金融交易的主要特点是实时性要求高和数据规模大。现在很多股权的交易都是利用大数据算法进行，这些算法现在越来越多地考虑了社交媒体和网站新闻来决定在未来几秒内是买入还是卖出。

小额信贷是另一个大数据应用领域，阿里巴巴和建设银行在 2007 年推出一个专注于小企业的 e 贷通贷款计划，阿里巴巴拥有大量用户信息，并汇集了他们详细的信用记录，利用淘宝等交易平台掌握企业交易数据，通过大数据技术自动分析判定是否给予企业贷款；而建设银行坐拥巨额资金，希望贷款给无信用记录但发展势头良好的小企业。

大数据在反洗钱领域也崭露头角。蚂蚁金服就已开始利用大数据技术分析挖掘多种数据，建立智能的反洗钱体系。蚂蚁金服掌握的不仅是简单的金额数据，还包含消费行为等各种维度的信息。这些信息改变了原来线下反洗钱静态、片面的信息采集方式，通过数据智能化排查，可以动态、持续地进行监测，综合资金、非资金关联关系信息，发现可疑交易后再进行人工甄别，大大提高了效率，也减小了误报率。

3. 广告领域

伴随着新媒体的广泛普及与快速发展，不仅社会媒体数量急剧膨胀，媒体内容也越来越丰富。网民的媒体接受行为拥有了更多的选择，由此极大地激发了其对个人潜在的兴趣爱好、个性需求的挖掘与满足意识，使其媒体消费行为表现出明显的碎片化特征。

使用大数据技术，收集目标人群的网络行为数据，包括内容接触痕迹、消费行为数据等，并由此总结目标人群消费观念、消费习惯、生活态度、情感心理方面的特征。并以此为依据向特定的目标人群传播极具针对性的广告，提升广告投放效率及品牌的投资回报率，这是大数据在网络精准营销领域的巨大价值。

实时竞价广告（Real Time Bidding，RTB）是一种搭建第三方广告交易平台，利用第三方技术在数以百万计的网站上针对每一个用户展示行为进行评估以及出价的竞价广告模式。当网民访问某个网站时，该网站会就某个广告位的展示内容向广告交易平台发送请求。广告交易平台快速获取该网民的背景数据、该网站信息、广告位信息，并发送给参与竞标的广告主。广告主会根据广告交易平台的信息，对决定出价和广告创意作出决策。然后，广告交易平台选出出价最高的广告主，并将其广告创意发送至网站。最后，该网民看到出价最高的广告主的广告，整个过程在1/100—1/10秒内全部完成。RTB是一个全新的广告交易生态系统，对网络媒体而言，可以有效提升网站碎片化流量的变现能力；对广告主而言，实现了广告的精准性，进而有效提升营销投资回报率。

4. 智慧城市

智慧城市是运用信息和通信技术手段感测、分析、整合城市运行核心系统的各项关键数据，从而对包括民生、环保、公共安全、城市服务、工商业活动在内的各种需求做出智能响应。其实质是利用先进的信息技术，实现城市智慧式管理和运行，进而为城市中的人创造更美好的生活，促进城市的和谐、可持续成长。

智慧城市是新型城镇化建设中不可或缺的重要组成部分。智慧城市的建设有利于提高资源配置效率、创新社会管理方式，是解决城市当前发展瓶颈的新路径。智慧城市是城市信息化向智慧化发展的必经阶段，由城市信息化发展到智慧化，关键是要实现对数字信息的智慧处理，其核心就是引入大数据技术，加速智慧城市的建设。

智慧城市建设内容包含各个方面，城市管理、医疗、交通、能源、公用设施、水资源、安全、教育和食品等，涉及的领域包括物联网、云计算、移动互联网、大数据等。智慧城市的建设带来数据量的爆发式增长，而大数据就像血液一样遍布智慧交通、智慧医疗、智慧生活等智慧城市建设的各个方面，推动城市管理从经验治理转向科学治理。

未来，大数据技术将遍布智慧城市的各个方面，从政府决策与公共服务，到日常生活中的衣食住行，再到城市的产业布局和规划，直到城市的运营和管理方式，都将在大数据支撑下走向科学与高效，大数据是智慧城市的智慧引擎。

5. 医疗、医药

医学领域早就遇到了海量数据和非结构化数据的挑战，而近年来很多国家都在积极推进医疗信息化发展。医学大数据广泛涉及人类健康相关的各个领域，如临床医疗、公共卫生、医药研发、医疗市场、健康管理、气候与环境、精神与心理学、人类遗传学与组织学、社会人口学等。

大数据技术能够帮助医疗机构存储管理好医疗大数据，并从海量且结构复杂的数据中提取价值。汇总患者的临床记录和医疗保险数据集，并进行分析挖掘，将给予医疗领域各个环节更加科学的决策依据。通过数据挖掘和分析，医药公司可以将药物更快推向市场，生产更有针对性的药物、有更高潜在市场回报和治疗成功率的药物，降低了医药公司的研发成本，也降低了药品的市场销售价格，同时降低了患者的经济负担。

公共卫生部门可以通过全面地分析挖掘这些医疗数据，对可能发生的疫情进行全面的监测，并快速进行响应。这极大地减少了不必要的医疗支出，加快了传染病和疫情的检测和响应速度，降低了传染病和疫情的危害范围和程度。并通过提供准确和及时的公众健康信息，大幅提高公众健康风险意识，降低传染病感染风险。

6. 教育领域

教育领域中的大数据分析最终目的是改善学生的学习成绩。成绩优异的学生对学校、对社会以及对国家来说都是好事，而数据成为教学改进最为显著的指标。通常，这些数据主要是指考试成绩，也包括入学率、出勤率、辍学率、升学率等。但学生的日常表现中有一系列重要的信息往往被常规的研究所忽视。而通过分析大数据，就能发现这些重要信息，并利用它们为提高学生的成绩提供个性化的教学。

目前，大数据分析已经被应用到如美国国家教育统计中心的教育系统中，成为教学改革的重要力量。美国联邦政府教育部 2012 年参与了一项耗资 2 亿美元的公共教育大数据计划。这一计划旨在通过运用大数据分析来改善教育。联邦教育部从财政预算中支出 2500 万美元，用于理解学生在个性化层面是如何学习的。美国教育部教育技术办公室 2012 年 4 月 10 日发布了《通过教育数据挖掘和学习分析增进教与学（公共评论草案）》，草案中公布了该计划的部分数据和案例。美国教育部门运用大数据技术创造了一个集数据挖掘、模型和案例运用为一体，名为"学习分析系统"的联合框架。该框架旨在帮助教育工作者了解学生如何学习得更多、更好、更精确。

7. 电信领域

电信与媒体市场调研公司 Informa Telecoms & Media 在 2013 年的调查结果显示，全球 120 家运营商中约有 48% 的运营商正在实施大数据业务；大数据业务成本平均占到运营商总 IT 预算的 10%，并且在未来五年内将升至 23% 左右。海量的数据积累已成为运营商未来发展的战略优势，运营商正由流量经营模式进入数据运营模式。

电信运营商积累了诸如财务收入、业务发展量等结构化数据，也包含图片、文本、音频、视频等非结构化数据。电信运营商的数据来自于移动语音、固定电话、固网接入和无线上网等诸多业务，也涉及公众、政企和家庭等不同的用户群体客户，同时也会收集到实体、电子等渠道多种类型渠道的信息。使电信运营商在数据资源的积累上呈现了极大的丰富性、完整性和连续性，为电信运营商在大数据应用方面的探索奠定了良好的基础，也是电信运营商应用大数据技术的主要优势。

各国运营商在探索大数据应用，西班牙电信与各行各业进行信息共享，推出了智慧足迹（Smart Steps）。基于完全匿名和聚合的移动网络数据，通过统计学的方式对某个时段、某个地点人流量的关键影响因素进行分析，并将分析结果提供给政企客户。如西班牙一些大型市政、基础设施项目同西班牙电信合作，通过分析城市中市民的流动规律帮助政府规划；也能够为零售商新店设计和选址、设计促销方式、与客户反馈等提供决策支撑，更好地理解和满足客户需求、降低成本。

8. 公共管理

政府拥有大部分最具价值的数据，包括天气数据、GPS 数据、金融数据、教育数据、交通数据、能源数据、医疗数据、政府投资数据、农业数据等。如将这些数据脱敏后进行整合，将形成一个极为全面的、准确的以及高效的数据仓库，这有助于政府实现精细化管理。

政府一直都在利用数据来进行管理，但是过去由于各种数据分散在不同的部门，政府领导者缺乏数据思维，以及没有高效的数据处理平台等原因，造成了很多数据只是在收集，没有体现数据自身应用的经济价值和其能产生的社会价值。而依托于大数据技术，政府可以及时得到更加准确的信息，利用这些信息，更加高效地进行公共管理，实现精细化资源配置和宏观调控。

如在交通方面，利用大数据传感器数据来了解车辆通行密度，合理进行道路规划；还可以利用大数据来实现即时信号灯调度，提高已有线路运行能力；美国政府依据某一路段的交通事故信息来增设信号灯，降低了50% 以上的交通事故。大数据技术还能够帮助机场提高航班管理的效率，帮助航空公司提高上座率，降低运行成本，帮助铁路有效安排客运和货运列车，提高效率、降低成本。

借助于大数据技术，政府可以实现农业的精细化管理，实现科学决策。政府能够为农牧业生产提供合理引导，建议依据需求进行生产，避免产能过剩，造成不必要的资源和社会财富浪费。在数据驱动下，结合无人机及传感器等智能终端，政府可以帮助农民采集农产品生长信息，并对病虫害进行提前预警，降低损失。

9. 零售领域

零售行业大数据应用，通过线上、线下，交易、交互等各种结构化和非结构化的数据，了解客户消费喜好和趋势，让用户更加完整地展现在企业面前，并依此进行商品的精准营销，降低营销成本。零售行业还可以通过运用大数据技术预测未来消费趋势，有利于热销商品的进货管理和过季商品的处理。零售商的数据信息将会有助于资源的有效利用，降低产能过剩，厂商依据零售商的信息按实际需求进行生产，减少不必要的生产浪费。传统零售商数据运营管理的时代也已悄然来临。

特易购是全球利润仅次于沃尔玛的第二大零售商,这家英国超市巨头从用户行为分析中获得了巨大的利益,仅在市场宣传一项,就能帮助特易购每年节省 3.5 亿英镑。特易购会基于用户会员卡的购买记录,分析归纳出不同类型的客户,如速食者、单身、有上学孩子的家庭等。根据这些结果,通过邮件或信件寄给用户的促销可以变得十分个性化,店内的促销也可以根据周围人群的喜好、消费的时段变得更加有针对性,提高了货品的流通。

10. 工业领域

中国制造业就规模和总量而言,已居世界第一,但在高端制造业领域与欧美发达国家还有不小的差距。面对资源环境压力加大、劳动力成本上升的现状,中国制造业必须寻求新的发展方式和路径。工业大数据是以工业系统的数据收集、特征分析为基础,对设备、装备的质量和生产效率以及产业链进行更有效和优化管理;拥有大体量、多源性、连续采样、价值密度低、动态性强等特点,其中除结构化数据外,其他半结构化、非结构化等类型数据很难通过机器分析来挖掘应用价值。通过互联网、物联网等带来的低成本感知和互联互通,以及分布式计算、建模与仿真等大数据技术的发展,信息技术和全球工业系统正在深入融合,为研究工业领域复杂系统的动态行为开辟了可能途径,给全球工业带来深刻的变革,创新企业的研发、生产、运营、营销和管理方式。

利用大数据技术能够帮助企业充分整合来自研发、工程、生产部门的不同种类数据,创建产品生命周期管理平台,对工业产品的生产进行虚拟化实践,优化生产流程,提升组织运营效率,缩短产品的研发与上市时间;现代化工业制造生产线安装有数以千计的小型传感器,来探测温度、压力、热能、振动和噪声等。运用大数据技术对设备诊断、用电量、能耗、质量事故等传感器数据进行分析挖掘,可以进行设备故障的实时诊断,提高设备运行效率,降低生产事故概率,为企业节约大量的生产成本。

(三) 区域大数据发展指数

1. 我国大数据产业发展水平指数评价

2016 年上半年,我国大数据产业发展水平指数为 62.60,大数据产业发展已经落地,稳步向前(见附录一图 -32)。自《促进大数据发展行动纲要》发布以来，我国大数据产业发展进入了一个新的阶段。舆论泡沫逐渐消除，大数据产业发展落地，以更加务实的姿态参与到各个领域的实践应用当中，与各行各业形成融合发展的良好态势。

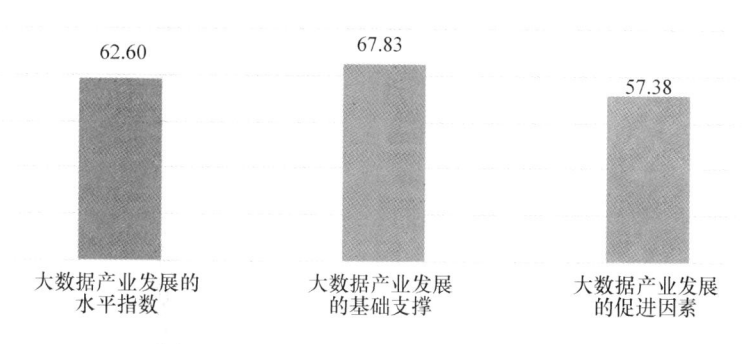

附录一图-32　我国大数据产业发展水平指数

2016年上半年，我国大数据产业发展的基础支撑指数为67.83，大数据产业发展的支撑基础比较牢固。经济的平稳发展为大数据产业的发展提供了有力支撑。2016年上半年我国国内生产总值为340637亿元，按可比价格计算，同比增长6.7%。面对错综复杂的国内外形势和持续较大的经济下行压力，国民经济运行总体平稳、稳中有进的态势表明我国支撑大数据产业发展的经济基础更加雄厚；并且近年来，我国高素质人才稳步增加，2015年我国具有大专及以上学历的人数超过1.6亿，为大数据产业的发展打下了良好的智力基础。

2016年上半年，我国大数据产业发展的促进因素指数为57.38，促进大数据产业发展的因素不断优化。大数据产业发展方面的国家政策引导力度加大，为产业的发展创造了良好的政策环境。各省区市也不断加大政策的支持力度，从存储、计算、人才、应用等大数据相关领域入手，推进大数据产业的跨越式发展；不仅如此，各省区市也积极运用多种形式，多种渠道宣传大数据产业发展和实践应用等相关内容，为产业发展营造了良好的舆论环境。

2. 我国大数据产业发展水平指数构成

在指数构成方面，基础支撑和促进因素两个维度对大数据指数的贡献分别占54.2%和45.8%（见附录一图-33）。说明两个维度在推进大数据产业发展方面还不够均衡，仍以各省区市本身经济社会发展水平的支撑为主，在促进大数据产业发展的针对性领域和措施方面还略显不足，需进一步加强，如进一步优化相关产业布局、加强相关学科人才培养、细化相关领域政策支持，以及引导媒体合理宣传等。

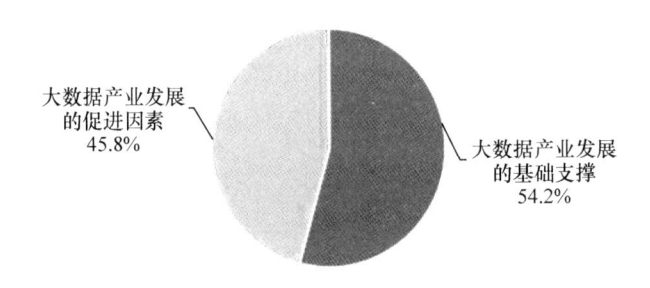

大数据产业发展的促进因素 45.8%

大数据产业发展的基础支撑 54.2%

附录一图-33 我国大数据产业发展水平指数构成

3. 各省区市大数据产业发展水平指数评价（见附录一表-1）

附录一表-1 2016年上半年大数据产业发展水平指数总表

序号	省区市	大数据指数	基础支撑指数	促进因素指数
1	北京	79.60	83.16	76.04
2	天津	61.89	72.66	51.12
3	河北	62.29	66.75	57.84
4	山西	59.97	65.01	54.93
5	内蒙古	56.53	63.74	49.33
6	辽宁	62.53	68.14	56.93
7	吉林	59.37	63.57	55.18
8	黑龙江	58.88	64.10	53.66
9	上海	76.56	82.97	70.15
10	江苏	73.18	78.08	68.27
11	浙江	72.01	77.68	66.33
12	安徽	60.58	65.06	56.10
13	福建	66.04	70.37	61.71
14	江西	59.12	64.29	53.96
15	山东	69.09	72.72	65.45
16	河南	63.65	67.79	59.52

续表

序号	省区市	大数据指数	基础支撑指数	促进因素指数
17	湖北	66.21	67.38	65.03
18	湖南	61.90	65.82	57.98
19	广东	79.07	83.66	74.49
20	广西	58.95	63.20	54.71
21	海南	55.81	64.32	47.30
22	重庆	62.08	67.12	57.03
23	四川	64.08	66.50	61.65
24	贵州	67.37	62.57	72.17
25	云南	57.65	62.40	52.90
26	西藏	47.09	59.51	34.67
27	陕西	62.89	66.70	59.08
28	甘肃	55.03	60.82	49.25
29	青海	53.64	61.09	46.18
30	宁夏	54.28	62.35	46.20
31	新疆	53.40	63.18	43.62

注：为方便与简化说明，后面各章节在分析时均将"大数据产业发展水平指数"简称为"大数据指数"；将"大数据产业发展的基础支撑"和"大数据产业发展的基础支撑指数"分别简称为"基础支撑"和"基础支撑指数"；将"大数据产业发展的促进因素"和"大数据产业发展的促进因素指数"分别简称为"促进因素"和"促进因素指数"。

（1）各省区市大数据产业发展水平指数

如图所示（见附录一图-34），2016年上半年各省区市大数据指数中，北京、广东、上海、江苏和浙江均超过70，分别为79.60、79.07、76.56、73.18和72.01；山东、贵州、湖北、福建、四川、河南和陕西大数据指数分别为69.09、67.37、66.21、66.04、64.08、63.65和62.89，低于70但高于62.60的全国水平；辽宁、河北、重庆、湖南、天津和安徽大数据指数高于60但低于全国水平，分别为62.53、62.29、62.08、61.90、61.89和60.58；其余省区市大数据指数均低于60，其中西藏的大数据指数低于50。总体来看，全国31个省区市中，有12个省区市大数据指数高于全国水平，占全部的 38.7%。

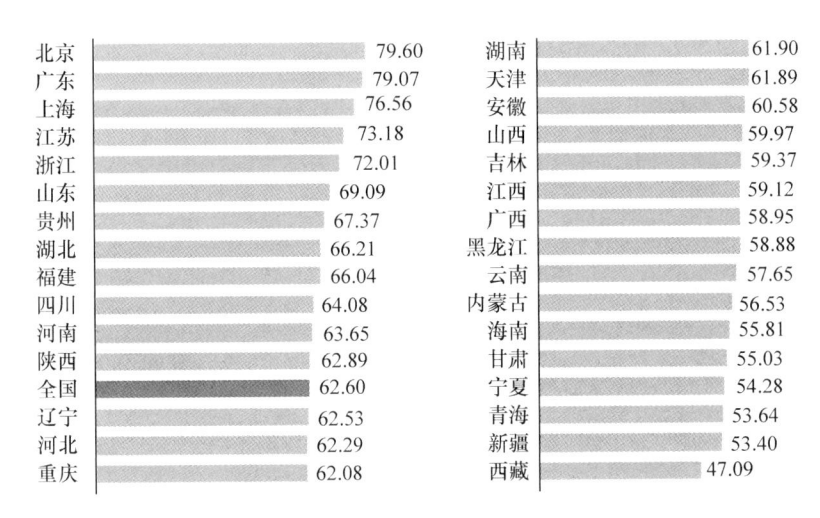

地区	指数	地区	指数
北京	79.60	湖南	61.90
广东	79.07	天津	61.89
上海	76.56	安徽	60.58
江苏	73.18	山西	59.97
浙江	72.01	吉林	59.37
山东	69.09	江西	59.12
贵州	67.37	广西	58.95
湖北	66.21	黑龙江	58.88
福建	66.04	云南	57.65
四川	64.08	内蒙古	56.53
河南	63.65	海南	55.81
陕西	62.89	甘肃	55.03
全国	62.60	宁夏	54.28
辽宁	62.53	青海	53.64
河北	62.29	新疆	53.40
重庆	62.08	西藏	47.09

附录一图-34　各省区市大数据产业发展水平指数

（2）各省区市大数据产业发展水平指数构成

从构成来看，大数据指数较高的地区，其基础支撑指数和促进因素指数相对均衡；指数较低的地区，基础支撑指数和促进因素指数之间差距较大。从比例来看，贵州是唯一一个促进因素指数比重高于基础支撑指数的地区，其促进因素指数比重为53.6%（见附录一图-35），说明贵州在制定大数据产业发展相关领域的措施以及舆论宣传等方面力度较大、布局较为超前，具有先声夺人的势头。但也应考虑到，贵州需在自身经济发展、人口素质提高、基础设施建设、生态环境保护、养老医疗保障等方面做好工作，否则"一鼓作气、再而衰、三而竭"，大力超前部署取得的优势将无法保持。湖北的基础支撑指数和促进因素指数比重之间的差距最小，分别为50.9%和49.1%，说明湖北在大数据产业发展方面比较务实，促进大数据发展的因素与自身经济社会发展融合性较好。北京、广东、上海、江苏和浙江等大数据产业发展水平指数较高的地区中，北京和广东结构相近，均衡性最佳，基础支撑指数和促进因素指数比重差距较小；其次是江苏和浙江，两个地区指数构成也比较相近；上海的基础支撑指数和促进因素指数比重相差较大，主要依靠基础支撑指数，均衡性不佳，需加强促进因素方面的优化。在指数构成中，基础支撑指数和促进因素指数比重差距最大的为西藏，其基础支撑指数的比重达到了63.2%。

省区市	基础支撑	促进因素	省区市	基础支撑	促进因素
北京	52.2%	47.8%	湖南	53.2%	46.8%
广东	52.9%	47.1%	天津	58.7%	41.3%
上海	54.2%	45.8%	安徽	53.7%	46.3%
江苏	53.4%	46.6%	山西	54.2%	45.8%
浙江	53.9%	46.1%	吉林	53.5%	46.5%
山东	52.6%	47.4%	江西	54.4%	45.6%
贵州	46.4%	53.6%	广西	53.6%	46.4%
湖北	50.9%	49.1%	黑龙江	54.4%	45.6%
福建	53.3%	46.7%	云南	54.1%	45.9%
四川	51.9%	48.1%	内蒙古	56.4%	43.6%
河南	53.2%	46.8%	海南	57.6%	42.4%
陕西	53.0%	47.0%	甘肃	55.3%	44.7%
全国	54.2%	45.8%	宁夏	57.4%	42.6%
辽宁	54.5%	45.5%	青海	57.0%	43.0%
河北	53.6%	46.4%	新疆	59.2%	40.8%
重庆	54.1%	45.9%	西藏	63.2%	36.8%

■ 大数据产业发展的基础支撑　■ 大数据产业发展的促进因素

附录一图-35　各省区市大数据产业发展水平指数构成

注：按各省区市大数据产业发展水平指数排序。

4. 各省区市大数据产业发展的基础支撑

如图所示（见附录一图-36），2016年上半年各省区市基础支撑指数中，广东、北京和上海均超过80，分别为83.66、83.16和82.97。三省市指数差距很小，说明三省市在大数据产业发展的支撑基础上发展水平相近；江苏、浙江、山东、天津和福建基础支撑指数分别为78.08、77.68、72.72、72.66和70.37，低于80高于70。其中，江苏和浙江、山东和天津的发展水平比较接近；辽宁基础支撑指数为68.14，高于67.83的全国水平，但低于70。其余22个省区市的基础支撑指数低于全国水平，占全部31个省区市的71.0%。基础支撑指数低于全国水平的22个省区市除西藏外，指数均高于60，说明在大数据产业发展的基础支撑方面各地发展较为均衡，差异性不明显。河南、湖北、重庆三省份指数与全国水平差距不大，应有潜力再进一步。在大数据指数中排名较高的贵州在基础支撑维度中排名不够理想，指数为62.57，也印证了前文对贵州的分析。贵州在大数据产业发展的基础支撑所涉及的领域还比较薄弱，需着力加强自身经济建设和社会发展，争取早日补齐短板，进一步促进大数据产业的快速发展。

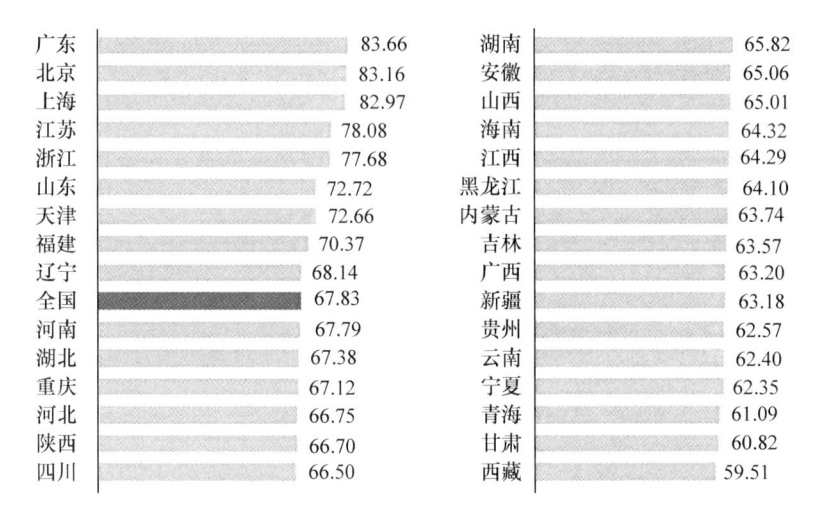

省区市	指数	省区市	指数
广东	83.66	湖南	65.82
北京	83.16	安徽	65.06
上海	82.97	山西	65.01
江苏	78.08	海南	64.32
浙江	77.68	江西	64.29
山东	72.72	黑龙江	64.10
天津	72.66	内蒙古	63.74
福建	70.37	吉林	63.57
辽宁	68.14	广西	63.20
全国	67.83	新疆	63.18
河南	67.79	贵州	62.57
湖北	67.38	云南	62.40
重庆	67.12	宁夏	62.35
河北	66.75	青海	61.09
陕西	66.70	甘肃	60.82
四川	66.50	西藏	59.51

附录一图 - 36　各省区市大数据产业发展的基础支撑

5. 各省区市发展指数促进因素维度分析

如图所示（见附录一图 - 37），2016 年上半年各省区市促进因素指数中，贵州打破了北京、广东和上海在大数据指数和基础支撑指数中对前三名的垄断，超过上海，排名第三。北京、广东、贵州和上海均超过 70，分别为 76.04、74.49、72.17 和 70.15；江苏、浙江、山东、湖北、福建和四川的促进因素指数分别为 68.27、66.33、65.45、65.03、61.71 和 61.65，高于 60 但低于 70；河南、陕西、湖南和河北的促进因素指数均高于全国水平但低于 60，分别为 59.52、59.08、57.98 和 57.84；重庆、辽宁、安徽、吉林、山西、广西、江西、黑龙江、云南和天津的促进因素指数低于全国水平但高于 50，其余省区市促进因素指数均低于 50，其中，西藏的促进因素指数低于 40，为 34.67。总体来看，促进因素指数高于全国水平的省区市为 14 个，占全部的 45.2%；促进因素指数差异化较大，北京的指数为西藏指数的两倍以上，说明各省区市在促进大数据产业发展的硬件，即相关产业的聚集和人才储备等自然禀赋方面差异性较大；在促进大数据产业发展的软件，即相关的政策措施和舆论宣传等方面力度不一，差距较大。

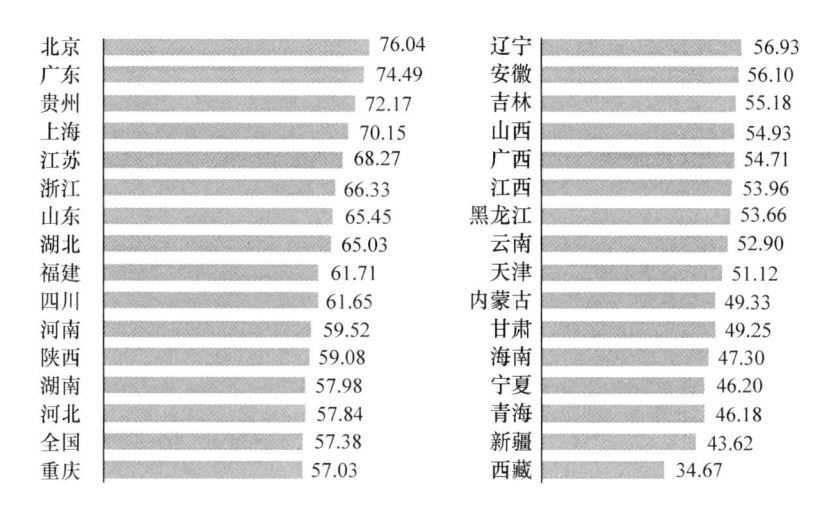

附录　实地调研分析报告、问卷调查分析报告、大数据分析报告 | 529

地区	数值	地区	数值
北京	76.04	辽宁	56.93
广东	74.49	安徽	56.10
贵州	72.17	吉林	55.18
上海	70.15	山西	54.93
江苏	68.27	广西	54.71
浙江	66.33	江西	53.96
山东	65.45	黑龙江	53.66
湖北	65.03	云南	52.90
福建	61.71	天津	51.12
四川	61.65	内蒙古	49.33
河南	59.52	甘肃	49.25
陕西	59.08	海南	47.30
湖南	57.98	宁夏	46.20
河北	57.84	青海	46.18
全国	57.38	新疆	43.62
重庆	57.03	西藏	34.67

附录一图 – 37　各省区市大数据产业发展的促进因素

6. 各省区市大数据产业发展水平指数矩阵分析

以大数据产业发展的基础支撑和大数据产业发展的促进因素两个维度组成矩阵，分别以两个维度的全国指数为交叉点（0 点）、以各省区市指数排序（高于全国指数为正数，低于全国指数为负数）为观测值，构成四个象限以分别代表不同的指数评价标准，表现各省区市之间在大数据产业发展水平上的比较优势（见附录一图 – 38）。

第一象限：大数据产业发展的先进地区。这类地区在基础支撑和促进因素两个维度的指数排名中均为正数。说明这类地区在基础支撑和促进因素两个维度的发展水平均高于全国，是大数据产业发展水平较为先进的地区。这类地区包括北京、广东、上海、江苏、浙江、山东和福建。

第二象限：大数据产业发展的积极地区。这类地区在基础支撑维度的指数排名为负数，在促进因素维度的指数排名为正数。说明这类地区在基础支撑维度的发展低于全国水平，但促进因素维度的发展水平高于全国水平，是积极推动大数据产业发展的地区。这类地区包括河南、湖北、河北、陕西、四川、湖南和贵州，其中尤以贵州特点最为突出。

第三象限：大数据产业发展待改善地区。这类地区在基础支撑和促进因素两个维度的指数排名中均为负数。说明这类地区在基础支撑和促进因素两个维度的发展水平均低于全国，是大数据产业发展涉及的各方面均有待改善的地区。这类地区包括重庆、安徽、山西、海南、江西、黑龙江、

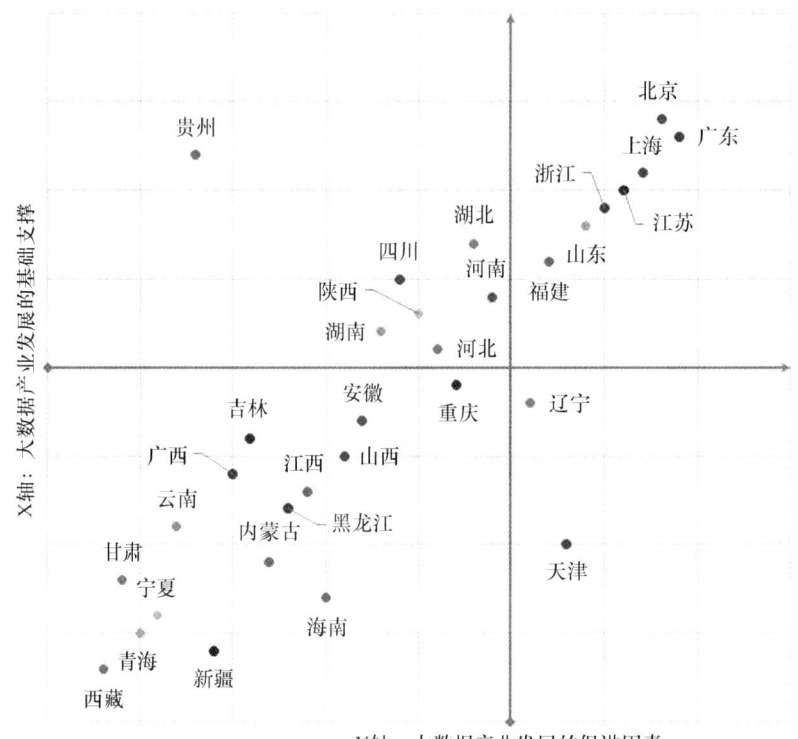

530 | 以交流和沟通重构社会关系模式

附录一图-38 各省区市大数据产业发展指数矩阵分析

内蒙古、吉林、广西、新疆、云南、宁夏、青海、甘肃和西藏。

第四象限：大数据产业发展的潜力地区。这类地区在基础支撑维度的指数排名为正数，在促进因素维度的指数排名为负数。说明这类地区在基础支撑维度的发展高于全国水平，但促进因素维度的发展水平低于全国水平，是大数据产业发展潜力尚未充分挖掘的地区。这类地区包括天津和辽宁。

五 附件

国家治理部分参考文章	
标题	链接
人民政协在国家治理中大有可为	http://www.chinadaily.com.cn/micro-reading/dzh/2014-12-04/content_ 12834314.html

续表

国家治理部分参考文章	
标题	链接
治理能力现代化的核心能力	http://theory.gmw.cn/2016-11/07/content_22856700.htm
铁腕反腐是新一届领导集体政治治理最大亮点	http://news.ifeng.com/a/20160328/48243214_0.shtml
推进国家治理现代化与民主政治发展	http://theory.people.com.cn/n1/2016/1026/c40531-28809084.html
用五大发展理念深化国家治理现代化	http://www.bjqx.org.cn/qxweb/n236442c1213.aspx
全面建成小康社会需大力提高国家治理现代化水平	http://theory.workercn.cn/251/201602/17/160217110603290.shtml
经济治理的若干问题	http://news.ifeng.com/a/20151008/44792651_0.shtml
需求侧改革才是救命良药	http://business.sohu.com/20160222/n438141342.shtml
"十三五"期间我国社会组织发展思路？	http://theory.people.com.cn/n/2015/0511/c40531-26980444.html
构建全民共建共享社会治理新格局	http://news.xinhuanet.com/politics/2016-11/23/c_1119976904.htm
文化治理现代化的可行路径	http://theory.people.com.cn/n/2014/1103/c388581-25962354.html
生态治理现代化越显重要和紧迫	http://dangjian.gmw.cn/2015-11/02/content_17571436.htm
用PPP模式破解县域生态治理难题	http://www.zj.xinhuanet.com/newscenter/sociology/2014-07/07/c_1111492348.htm
让互联网更好地完善社会治理	http://leaders.people.com.cn/n1/2016/1012/c178291-28771231.html
如何提高经济治理绩效	http://theory.people.com.cn/n1/2016/0711/c49154-28542580.html
深化改革，推进国家经济治理现代化	http://politics.people.com.cn/n/2014/0314/c70731-24630877.html
走向经济治理现代化的中国探索	http://www.ce.cn/xwzx/gnsz/gdxw/201602/15/t20160215_8841311.shtml
生态治理也需要一场巡视风暴	http://news.xinhuanet.com/2016-01/05/c_1117666546.htm
文化治理视域下的公共文化服务供给能力	http://www.rmlt.com.cn/2016/0815/436722.shtml

续表

国家治理部分参考文章	
标题	链接
国家需要文化治理	http：//www.qstheory.cn/wh/whzl/201206/t20120618_164517.htm
治理现代化是啥状态	http：//theory.people.com.cn/n1/2016/0721/c49154-28572103.html
以"改革意识"完善国家治理	http：//opinion.people.com.cn/n1/2016/0107/c1003-28021903.html
"稳中求进改革创新"是国家治理现代化的内在要求	http：//theory.people.com.cn/n/2013/1216/c148980-23853846.html
政府创新是推进国家治理现代化的必经之路	http：//difang.gmw.cn/sz/2016-06/29/content_20761957.htm
"治理现代化"与改革创新体制机制	http：//theory.people.com.cn/n/2014/0806/c40531-25411499.html
国家治理的法治化转型潮流所趋	http：//www.p5w.net/news/xwpl/201503/t20150305_968592.htm
提高社会治理法治化水平	http：//www.zgcxtc.cn/lxhw/html/71372.html
"互联网+政务服务"是政府职能转变的重要突破	http：//sky.cssn.cn/zzx/201611/t20161122_3284723.shtml
从政府管控向多元共治转变	http：//news.163.com/16/0618/18/BPS5BVDH00014JB6.html
国家制度与国家治理：中国的逻辑	http：//theory.gmw.cn/2016-02/23/content_19101349.htm
推进基层治理方式创新	http：//theory.people.com.cn/n1/2016/0906/c40531-28693275.html
贤能政治比民主选举制更适合中国国情	http：//finance.ifeng.com/a/20160830/14835266_0.shtml
将市场需要的权力放归市场	http：//politics.people.com.cn/n/2013/1117/c70731-23567617.html
政企合力探索社会组织网络治理是"互联网+政务"的积极尝试	http：//news.163.com/16/1125/19/C6O99L7F000187VE.html
政务服务植入互联网基因	http：//money.163.com/16/1123/03/C6HC2G4U002580S6.html#from=keyscan
简政放权是市场创造和社会创新的催化剂	http：//news.xinhuanet.com/comments/2014-09/26/c_1112625518.htm

续表

国家治理部分参考文章	
标题	链接
警惕简政放权红利被蚕食	http://news.163.com/15/0222/00/AJ12OOUI000014AED.html
治理现代化关键在法治化	http://news.163.com/15/1123/03/B9300BG700014AED.html
推进法治，改善改进国家治理	http://news.sina.com.cn/o/2014-10-18/065931008173.shtml
现代治理不能一"限"了之	http://www.chinadaily.com.cn/micro-reading/dzh/2014-03-17/content_11414484.html
建立良好的多元共治模式	http://www.cenews.com.cn/sylm/hjyw/201609/t20160922_809491.htm
加快构建现代人才发展治理体系	http://cpc.people.com.cn/pinglun/n1/2016/0601/c78779-28402646.html
推进基层治理现代化让市民更有获得感	http://news.sina.com.cn/o/2016-04-18/doc-ifxrizpp1567030.shtml

社会治理部分参考文章	
标题	链接
社会治理体系供给侧改革路径选择	http://theory.people.com.cn/n1/2016/0711/c49154-28541911.html
改进方式激发活力建设平安中国	http://www.dzwww.com/xinwen/jishixinwen/201605/t20160523_14328638_3.htm
加快社会管理体制的转变与创新	http://fangtan.china.com.cn/zhuanti/2012lianghui/2012-03/14/content_24897321.htm
加快形成科学有效的社会治理体制	http://theory.people.com.cn/n/2013/1126/c40531-23656131.html
提升社会治理能力构建全民共建共享的社会治理格局	http://economy.gmw.cn/newspaper/2016-05/28/content_112793578.htm
如何推进社会治理精细化	http://theory.people.com.cn/n1/2015/1217/c49154-27941633.html
创新社会治理重在促进社会公正	http://politics.people.com.cn/n/2014/0217/c30178-24377280.html
基层治理之困凸显	http://money.163.com/16/0619/22/BPV73U7F00254TI5.html#from=bjrec_related
推进现代社会治理需要怎样的思维	http://theory.people.com.cn/n/2014/1021/c40537-25878626.html

续表

社会治理部分参考文章	
标题	链接
构建科学的社会管理绩效评估体系	http://news.163.com/13/0704/04/92TOHJRR00014AED.html
以体制创新促进社会治理变革	http://news.163.com/15/0721/06/AV1FFTR900014Q4P.html
创新社会治理决胜全面小康	http://epaper.gmw.cn/gmrb/html/2016-07/27/nw.D110000gmrb_20160727_1-16.htm
制度创新与推进社会治理能力现代化	http://politics.people.com.cn/n/2015/1125/c70731-27854747.html
宪法在社会治理法治化建设中的价值分析	http://economy.gmw.cn/newspaper/2016-10/31/content_117566602.htm
加快形成科学有效的社会治理体制	http://theory.people.com.cn/n/2014/0211/c107503-24323862.html
社会治理是一个不断探索与创新的过程	http://www.qyrb.com/html/201611/16/1052310.html
社会治理体制创新：主体结构及其运行机制	http://www.cssn.cn/zzx/ggxzygl_zzx/201512/t20151218_2788335.shtml
专家学者在沪共议"互联网+"社会共治	http://www.shedunews.com/zixun/shanghai/zonghe/2016/12/05/2071083.html
把"互联网+"融入社区治理	http://opinion.people.com.cn/n1/2016/1117/c1003-28873932.html
社会治理创新：从政府管控向多元共治转变	http://finance.ifeng.com/a/20160618/14502284_0.shtml
社区治理新模式：共治与自治互动	http://theory.gmw.cn/2013-06/27/content_8098500.htm
基层治理亟待走向系统性改革	http://theory.people.com.cn/n/2015/0729/c217905-27379190.html
推进基层治理方式创新	http://opinion.people.com.cn/n1/2016/0906/c1003-28693195.html
如何提高农村基层治理能力	http://theory.people.com.cn/n/2014/1103/c388581-25962388.html
社会组织参与基层社会治理的路径	http://theory.people.com.cn/n1/2016/0413/c49154-28271641.html
加强社区治理体制机制创新	http://theory.workercn.cn/253/201506/25/150625082920627.shtml
多措并举促进社会组织参与社会治理	http://theory.people.com.cn/n1/2016/0728/c40531-28591262.html

续表

社会治理部分参考文章	
标题	链接
加强基层党建，引领社区治理	http://sh.people.com.cn/n2/2016/1107/c373959-29268381.html
乡村公共管理也应网格化	http://news.163.com/16/1118/05/C64LRGLT000187V8.html
协商民主提升农村社会治理水平的实质与路径	http://news.163.com/15/1102/06/B7D7MCTB00014Q4P.html
多元共治模式添力环境治理社会共治机制亟待构建	http://www.hbzhan.com/news/detail/110806.html
以"互联网+群众路线"推动基层社会治理创新	http://news.163.com/15/1104/06/B7ICB0FI00014AED.html

附录二　北京市基本公共服务痛点大数据分析报告[①]

以《北京市"十三五"时期社会基本公共服务发展规划》为指导，以北京市基本公共服务的六大板块［义务教育、医疗卫生、劳动就业、社会保障、文化体育、民政（养老服务）］为主要内容，分别构建各领域的民众反馈信息模型，借助MySQL数据库构建各领域数据库，利用R软件、数据分析技术对文本信息进行主题归纳，分领域定义民众反馈主题，重点关注民众的负面情绪反馈。

在民众反馈信息中（见附录二图-1），基本公共服务领域的内容占到71.0%，其他内容占比29.0%。在基本公共服务领域中，与劳动就业领域信息相关的内容占比最高，为26.8%，在当前阶段，劳动就业依然是对北京市民众影响最为重要的领域。民众对文化体育领域的关注次之，再次为医疗卫生领域，义务教育、社会保障、养老服务较为靠后，占比依次为7.1%、4.1%、4.1%。

一　劳动就业

（一）民众言论趋势分析

民众言论在劳动就业领域的相关内容呈现先上升后下降趋势。2011—

[①] 数据来源同附录一。

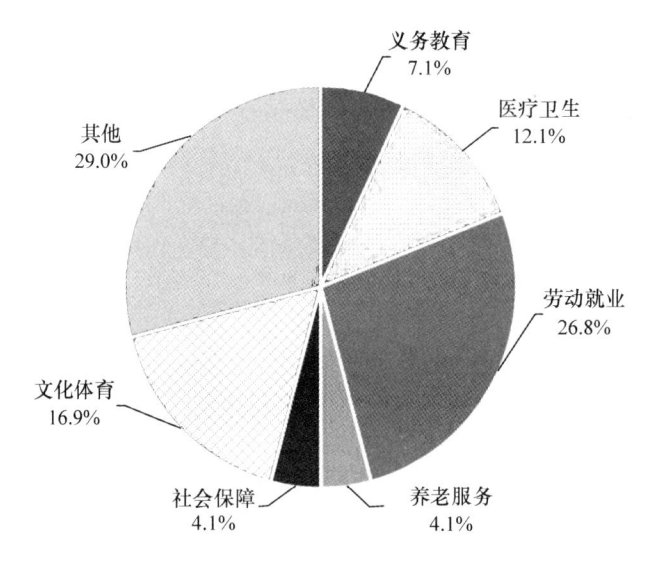

附录二图-1 基本公共服务民众言论分布图

2012年为上升阶段，2012年系近期高点，为19.8%，2012—2016年呈下降趋势，前3年下降速率基本一致，2016年较2015年只有小幅下降。从劳动就业领域的民众言论趋势曲线可以看出，民众关于劳动就业的谈论热情趋于下降（见附录二图-2）。

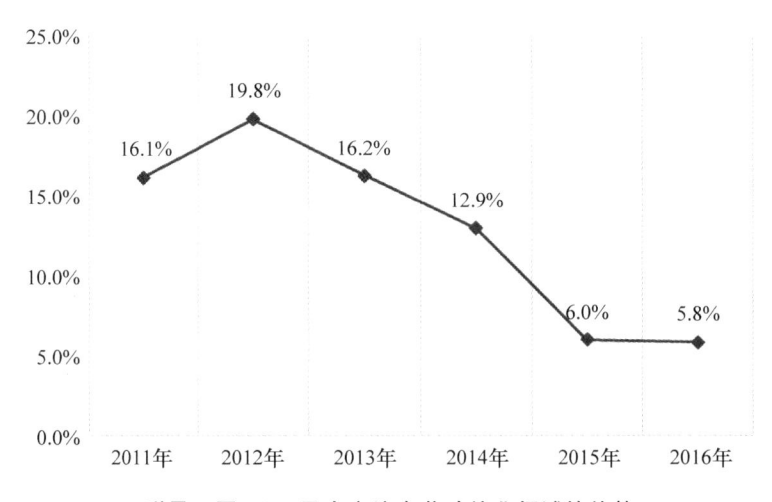

附录二图-2 民众言论在劳动就业领域的趋势

(二) 民众言论倾向性分析

在劳动就业领域的民众言论中 16.9% 的言论表达了负面情绪，83.1% 的言论表达了正面情绪（见附录二图-3）。

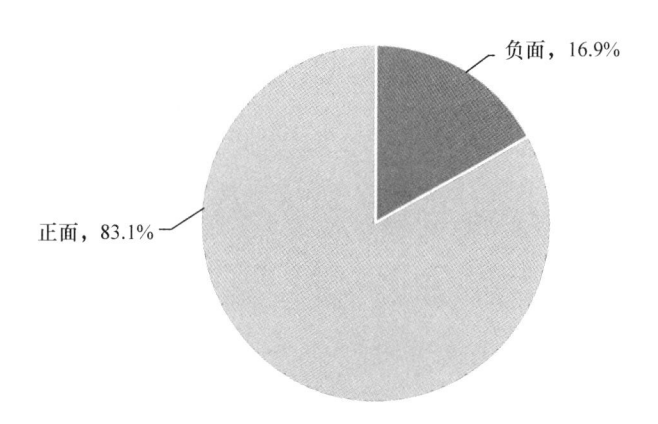

附录二图-3 民众言论倾向性分析

民众言论在劳动就业领域的负面信息总体呈现波浪式上升趋势，负面信息基本保持在 21.1%—35.0% 之间浮动。其中 2016 年最高为 35.0%，即在所有关于劳动就业的言论中，有 1/3 以上表现出负面情绪（见附录二图-4）。次高点为 2014 年，为 31.1%，也有将近 1/3 的负

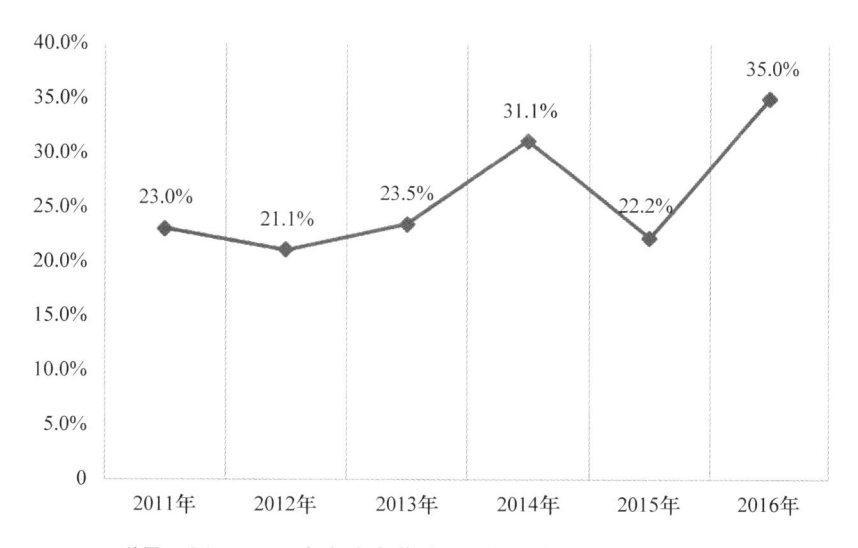

附录二图-4 民众言论在劳动就业领域负面信息倾向性趋势

面情绪表达。从劳动就业领域的负面信息可以发现,劳动就业领域对北京民众的情绪影响较大,大多数民众的生活都直接或间接地受到劳动就业的影响。

(三) 痛点问题分析

民众在劳动就业方面的相关负面信息主要涉及以下问题(见附录二图-5):第一,民众普遍反映工作难胜任、瓶颈期,工作压力大;第二,劳动者申请劳动保护成本太高,侵害劳动者利益的事件经常不了了之;第三,就业市场混乱,多数找工作的人表示有过被骗经历。

附录二图-5 劳动就业领域词云图

痛点问题1:职业规划师、心理师缺乏

关键词:就业压力 技能提升 职业规划 迷茫

在关于劳动就业的信息中,民众反映有职业迷茫、难胜任、压力比较大的问题,大多数人表示对自己的职业生涯缺乏明晰的规划,有一部分是在参加工作一段时间后,遇到了瓶颈期,很难逾越,但又找不到新的突破口,需要专业的职业规划师的指导。而对于新参加工作的人,表示希望在踏入职场前能够有专业人士对自己的职业生涯做一番指导,避免不必要的弯路。北京市作为全国精英最为集中的劳动力市场之一,职业规划师目前缺口较大。同时,近年来因为工作压力大造成的心理疾病也越来越多,越来越多的职场人士需要心理咨询师的指导。

痛点问题 2：劳动者维权成本高

关键词：劳动仲裁　解聘　劳动赔偿　劳动维权

民众反映，在求职过程中，不同程度地遭遇过公司用人不交保险及公积金、企业单方面解除劳动合同后不予赔偿的侵权事件，在遇到企业侵犯劳动者权益的事件中，多数被侵权人会选择忍气吞声，主要的原因在于劳动仲裁成本太高，时间成本是一个很重要的因素，并且即使仲裁机构判定企业应该给予劳动者补偿，也会因为各种原因迟迟拿不到。

痛点问题 3：求职市场混乱

关键词：传销　陷阱　工资低　黑中介　职介所　中介费　虚假职位

在求职市场中，民众反映在求职过程中有不少的黑中介骗取求职者中介费，求职网站的虚假职位隐藏骗局，不少求职者深受其害。有不法分子利用求职者渴望工作、不放弃每一次机会的心理，欺骗求职者，甚至造成恶性事件的发生。期望政府尽快、有效地规范整个求职市场，特别是对职位信息的真实性做出严格审查。减少求职者、特别是一些工作经验不多的人群掉入求职陷阱的可能性。

二　文化体育

（一）民众言论趋势分析

民众言论在文化体育领域的相关内容基本呈逐渐下降趋势。2013 年为近期高点，在所有言论中占比达到 14.3%（见附录二图 -6）。

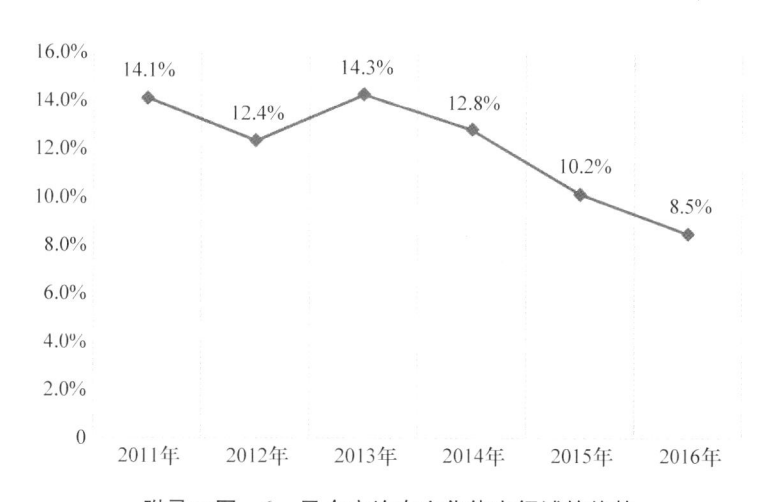

附录二图 -6　民众言论在文化体育领域的趋势

(二) 民众言论倾向性分析

文化体育领域的民众言论中，11.3%的言论表达了负面情绪，88.7%的言论表达了正面情绪（见附录二图-7）。

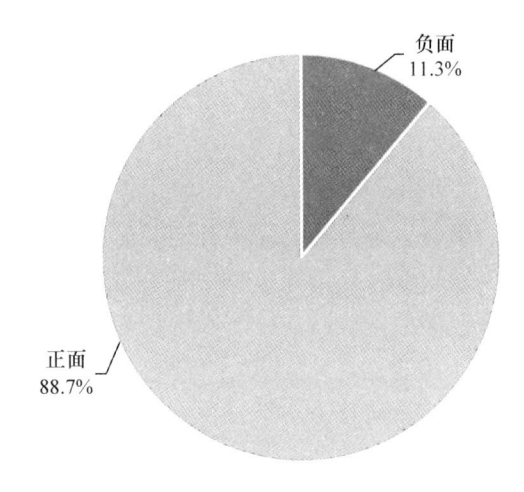

附录二图-7　民众言论倾向性

民众言论在文化体育领域的负面信息波动较大（见附录二图-8）。2011—2015年，负面言论呈现先上升后下降趋势，低点出现在2015年，为9.1%，2016年突然上升至16.6%，随着民众物质生活水平的不断提

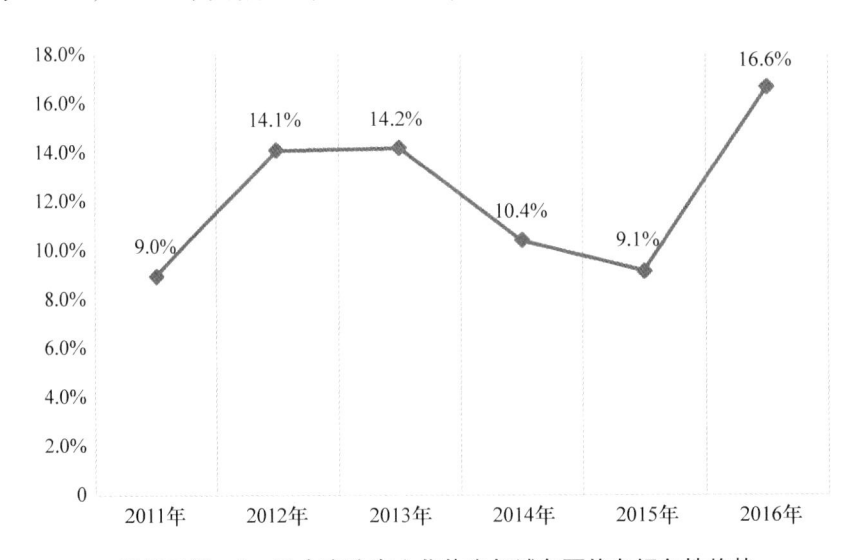

附录二图-8　民众言论在文化体育领域负面信息倾向性趋势

高，民众对文化体育生活也提出了更高的要求。

（三）痛点问题分析

在文化体育设施方面，民众对公共设施建设、维护、管理等存在较多意见，同时对国民使用、维护公共设施的素养表示担忧（见附录二图-9）。在文化建设方面，民众言论反映出当前社会对传统文化的传承缺乏责任心，国民普遍缺乏中国文化底蕴、文化自信。

附录二图-9　文化体育领域词云图

痛点问题1：公众素养需要提升

关键词：图书馆　广场舞　公益演出

在文化设施方面，民众普遍反映文化设施比较少，经常去图书馆（国家图书馆、首都图书馆）找不到座，公益演出没有票，免费的惠民文化活动的宣传不到位，对免费的惠民文化活动缺乏了解。同时，在使用、维护公共设施方面，公共书籍、健身设施遭受损坏等不文明行为较为常见，国民素质需要提升。

痛点问题2：文化危机

关键词：文化传承　文化危机　崇洋媚外　文化底蕴　文化自信

在文化建设方面，传统文化受外来文化的冲击，传统文化传承问题是民众担忧的问题；民众普遍对崇洋媚外比较反感，认为国民目前普遍缺乏中国传统文化的底蕴和文化自信，在传统文化的传承、发展方面普遍缺乏责任心。

痛点问题3：公共设施管理缺失，民众健身难

关键词：健身　遛弯　健身器材　社区健身

在体育设施方面，民众反映一些比较老的社区内的体育健身设施年久失修，器材使用存在安全隐患；新社区内的公共健身设施也存在被故意破坏的现象。另外，民众也反映遛弯儿没地方去，经常一大群人去人行道，影响道路通行，且易发生交通事故。

三　医疗卫生

（一）民众言论趋势分析

民众言论在医疗卫生领域的相关内容呈现双峰趋势（见附录二图-10）。2012年、2015年分别为近6年来的高峰点，均达到32.0%。2011年、2014年、2016年相关言论占比相对较低。

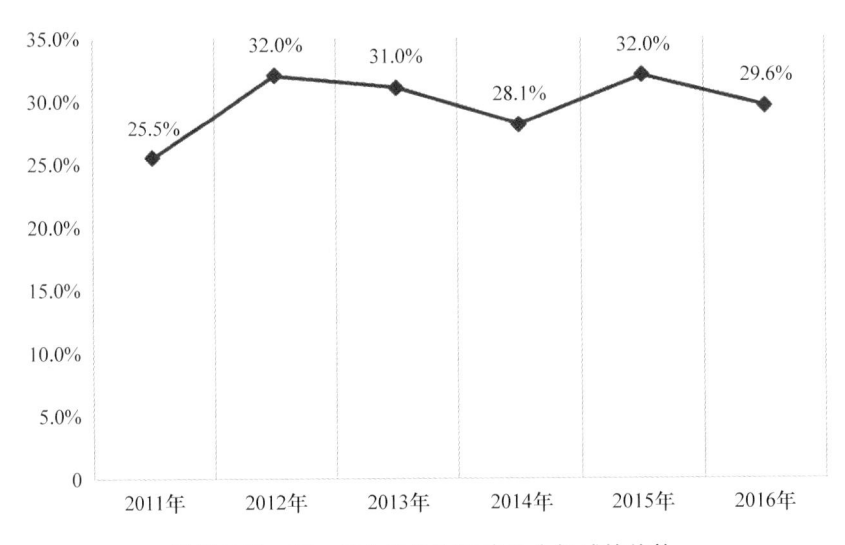

附录二图-10　民众言论在医疗卫生领域的趋势

（二）民众言论倾向性分析

医疗卫生领域的民众言论中，10.0%的言论表达了负面情绪，90.0%的言论表达了正面情绪（见附录二图-11）。

民众言论在医疗卫生领域的负面信息总体呈现先下降后上升趋势（见

附录二图-12)。2011—2014年，负面言论呈现下降趋势，低点出现在2014年，下降至7.8%。2015年民众关于医疗卫生领域的负面言论迅速上升，达到11.1%，与上一次的高点仅差0.3个百分点。2016年有小幅下降，与2012年持平。

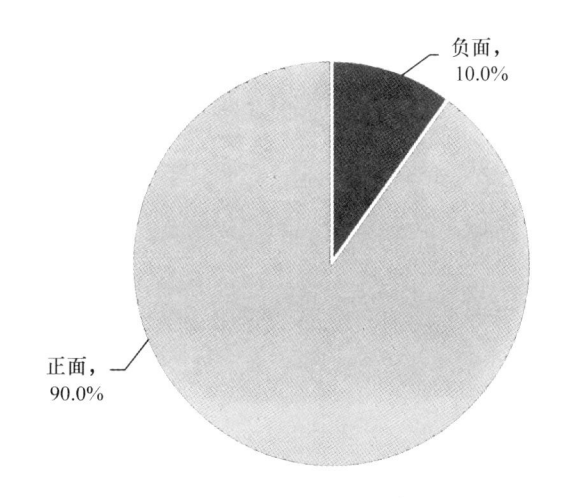

附录二图-11　民众言论倾向性分布

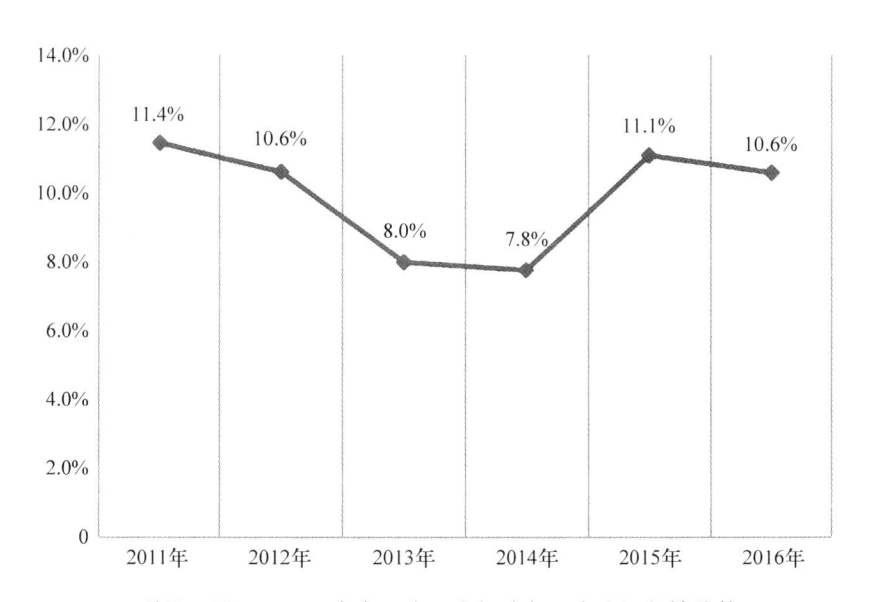

附录二图-12　民众在医疗卫生领域负面言论倾向性趋势

(三) 痛点问题分析

痛点问题1：看病难

关键词：挂号　专家　三甲医院　医生　医院

在医疗卫生领域，挂号难是一个全国性的普遍问题。在北京则更加严重，因为北京有全国最好的医疗资源，但北京市的医疗资源更多地是服务全国人民，有很大一批病人是从全国各地赶过来，且从外地赶来的病人及家属大多数是在当地已经看过病，来北京希望专家能够给予新的希望。目前，我国基层的医疗资源相对较为缺乏，基层医疗资源布局不合理，民众对基层医疗机构的医疗条件、医生专业水平等方面缺乏信心，在需要看病时，普遍会选择大城市、大医院。因此，增加基层的医疗资源总量，优化基层医疗资源布局，提升基层医疗机构设施水平、服务水平，增强民众对基层医疗机构的信心，是下一阶段医疗卫生基本公共服务改进的主要方向（见附录二图-13）。

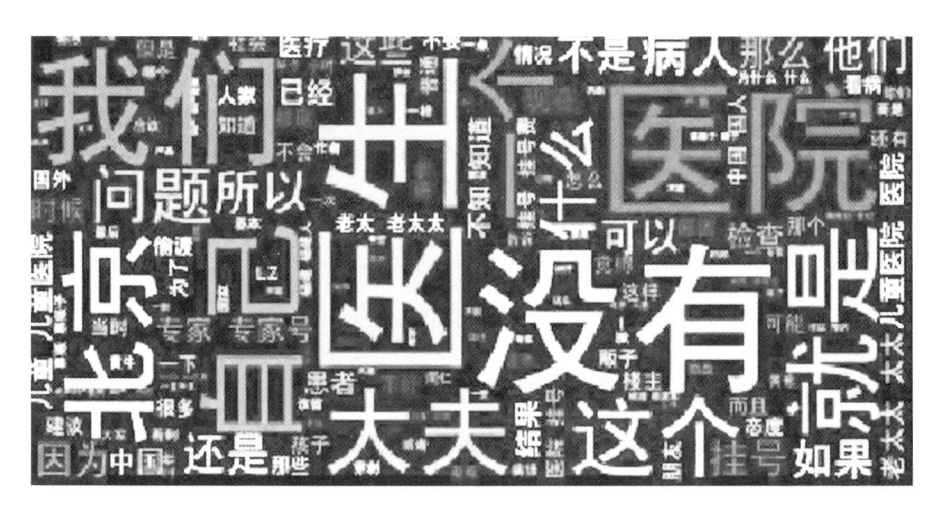

附录二图-13　医疗卫生领域词云图

在婴幼儿就医时，民众更易受负面情绪影响，医生与家长相互理解是十分重要的。一方面，家长在孩子生病时是最难过的，医护人员应该站在患儿家长的角度理解家长的情绪。另一方面，医护人员具有其专业性，会比家长更清楚地知道患儿需要的治疗，家长要给予医护人员充分的信任。

痛点问题2：看病贵

关键词：药费　挂号费　检查费

资源不足：在医疗费用方面，"看病贵"是一种普遍反映。在北京，排除地区价格水平因素，因为优质医疗资源的聚集作用，导致大量的号贩子恶意抬高专家号，原来几块钱的挂号费，转手之间就翻了几十倍，再加上其他的医疗费用，因病致贫的问题便成为一种社会现象。而在今年医药分开改革之前，以药养医致使医生为了追求个人收入的提高，专门给病人开贵药、医保之外的药。更有甚者，为了能让医生尽心尽力地为自己看病，送红包也成为了看病的一项成本（见附录二图–14）。

附录二图–14　医疗卫生领域词云图

投入不足：我国当前的医保基金由财政、企业、个人共同承担。跟发达国家相比，我国政府投入的部分相对较少，因此政府投入不足的部分，市场（消费者）来补，相较于发达国家，我国个人承担的部分相对较高。民众普遍认为药费、检查费、挂号费、专家号、门诊费用等医疗支出都较为昂贵。

痛点问题3：医患关系

关键词：医患　医闹　医生　患者

医德缺失：在医疗卫生领域，医生与患者的关系最近一段时期比较紧张，原因之一是医德败坏。民众对医生的信任危机主要体现在手术过程、检查过程的认真程度、对病人的态度、医疗事故等问题中（见附录二图-15）。

附录二图-15　医疗卫生领域词云图

医患矛盾：一方面，患者需要医务工作者的服务；另一方面，患者对医务工作者又极度地不信任。不信任缘自医务工作者的专业性及其医德。同时，由于社会上医闹事件频发，医务工作者受伤、受迫害的事件也时有发生，医务工作者服务的宗旨已从"救死扶伤"悄然转化到"明哲保身"。双方之间的矛盾，很难在短时间内得到改善，需要双方共同的努力。

痛点问题4：公共卫生安全

关键词：问题疫苗　公共卫生　接种　疫苗安全　血液安全

在公共卫生领域，民众的负面言论信息更多地集中在疫苗接种、血液卫生、艾滋病传播等方面。2016年的山东疫苗安全事件使民众对疫苗运输安全产生了较大担忧；血站对献血人员的体检取消降低了血液的安全概率，同时也存在大量的血液浪费、血站暴利由患者承担的现象，而献血者免费用血却不能兑现，献血承诺形同虚设（见附录二图-16）。

四　义务教育

（一）民众言论趋势分析

民众言论在义务教育领域的相关内容基本呈逐渐下降趋势，且下降的幅度不断增大，2016年下降幅度达到近50%。2012年为近期高点，在所

附录二图-16 医疗卫生领域词云图

有言论中占比达到14.4%（见附录二图-17）。

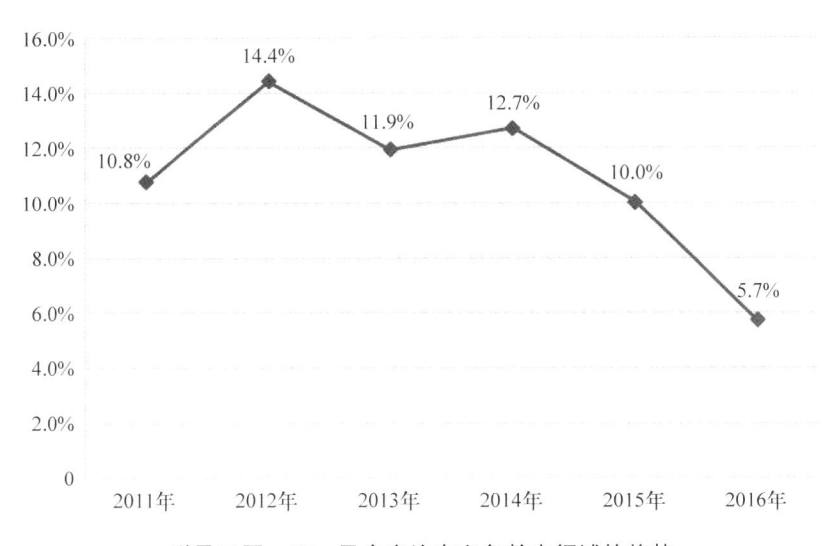

附录二图-17 民众言论在义务教育领域的趋势

（二）民众言论倾向性分析

义务教育领域的民众言论中，11.4%的言论表达了负面情绪，88.6%的言论表达了正面情绪（见附录二图-18）。

民众言论在义务教育领域的负面信息总体呈现波浪式上升趋势。2011—

2014年，负面言论呈现先上升后下降趋势，低点出现在2014年，为11.4%，2015年、2016年迅速上升，2016年达到21.5%（见附录二图-19）。

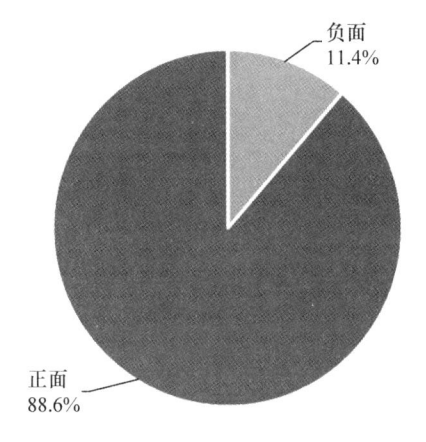

附录二图-18　民众言论倾向性分布

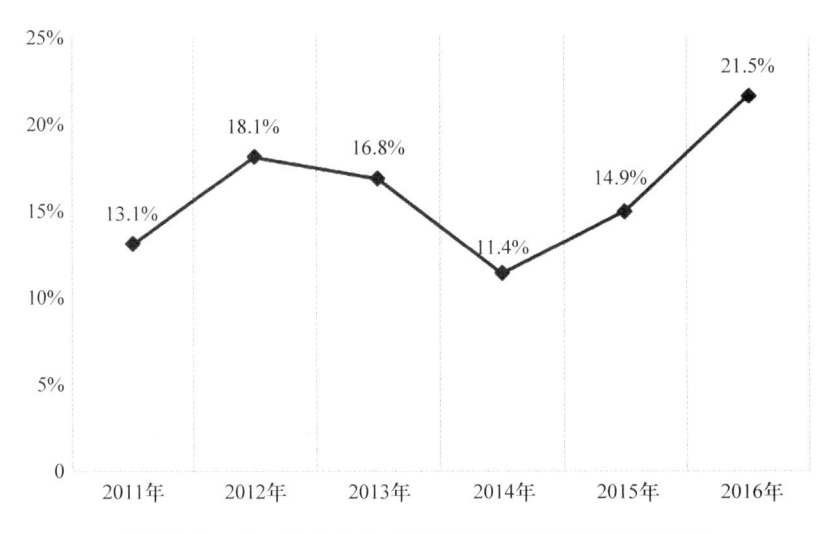

附录二图-19　民众在义务教育领域负面信息倾向性趋势

（三）痛点问题分析

痛点问题1：入学及入托

入学关键词：北京　择校　划片　户口　随迁子女　异地　政策　费用

在义务教育领域，对入学谈论最多的三个因素主要是北京市、户口、外来人口,其次为择校、入学费用问题,最后为政策因素(见附录二图-20)。在义务教育阶段,入学问题无疑是民众最为关注的问题,北京市的教育资源全国领先,所有家长都希望将自己的孩子送进最好的学校。同时,北京又是全国外来人口最多的城市之一,资源比较紧缺。

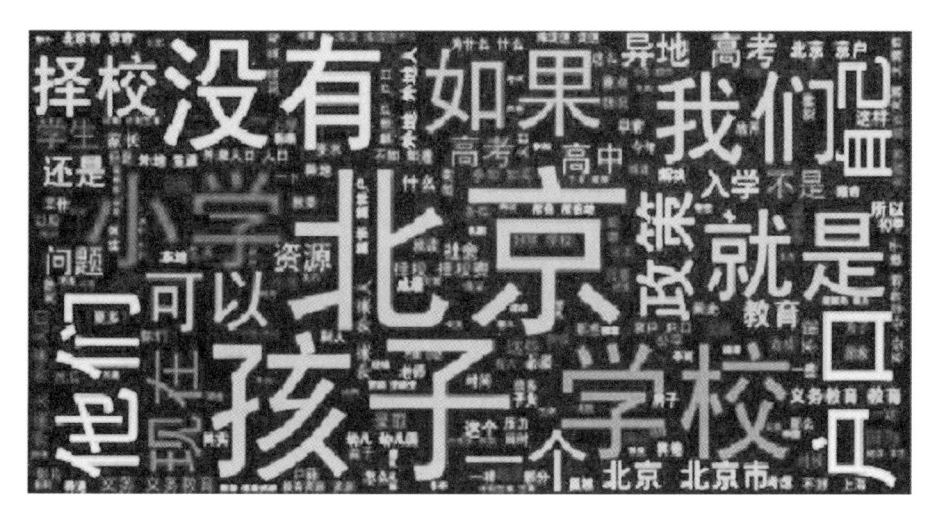

附录二图-20 义务教育领域入学词云图

户口限制:在北京,就读幼儿园、小学、初中,学校首先考虑的是北京户口的学生,在有名额剩余(好的教育资源自然不会出现这种情况,而好的学校通常还需要缴纳高昂的择校费)的情况下才会考虑外来人口,因此,对于属于外来人口,而又不属于精英阶层家庭的学生通常被教学水平一般的学校选中,从义务教育阶段已经开始出现阶层分化。

政策引导:在义务教育阶段,更多地还是需要依靠政府的政策引导,从顶层设计开始,合理配置教育资源,做到教育资源公平分配。在义务教育领域,依靠市场因素引入社会办学方面没有异议,但是教育费用的问题值得关注。另外,民众对非京籍学生(外地人、异地、外来人)的高中教育问题,以及异地高考问题争议较大,争议的焦点仍是非京籍民众对高考对北京市的异地倾斜表达了较多的不满情绪。

痛点问题2:升学

升学关键词:升学 大学 工作 奥数 升学率 生活

在升学问题上,民众从两个方面来考虑:

资源方面：毫无疑问，好学校、好老师将会提高学生进入更好的学校的机会，民众在升学时都希望孩子能够进入好的学校，但是因为教育资源分配的不均和因外在因素导致的学校差异明显让家长感到不满（见附录二图-21）。在北京，课外兴趣班、补习班也是学生升学的一项软实力，有课外技能成为了一个加分项，从而导致家长疯狂地给孩子报各种课外班，既增加家庭成本，也为孩子增加了负担，这是整个社会环境造成的困局，也让家长感到很无奈。

附录二图-21 义务教育领域升学词云图

材料一大堆：根据民众言论，目前幼升小、小升初问题已经成为家长焦虑的一个重要因素。据统计，幼升小京籍需要准备4证，非京籍需要准备5证。需要居住地、户籍地派出所、房管所、企业等多部门同时出具相关证明。而且由于政策的变化，片区划分每年也会有些许出入，家长需要紧密关注政策动态。

痛点问题3：校园安全

校园安全关键词：虐童　校园安全　幼儿　校园霸凌　师德

近年来，校园安全频频爆出恶性事件，民众对校园安全普遍关注。在民众关于校园安全的言论中，提及更多的是关于学校领导者——校长、教师、园长的工作职责及人性的发问，从专业角度来说，他们属于失职行为，且属于重大工作事故，从人性角度来说，缺乏对孩子应该保有的包

容、同理心（见附录二图－22）。

附录二图－22　义务教育领域校园安全词云图

校园安全事故：在校园安全事故中，民众普遍反映的是校园管理者的责任问题。学校理应保障学生在校期间的生活、学习、游戏安全，需要加强对校内游乐、实践设施的定期检修、维护。同时，应该加强课堂安全教育，消防演习、危机处理等实践不能流于形式。

师德问题：在民众负面信息中，突出的表现是对老师危害学生行为的愤怒，有违师德。在老师危害学生个人安全的行为中属于过失为之的，需要在教师培养、培训过程中，加强对老师沟通能力、教学能力的培养。还有一部分是利用身份之便有意为之，这种行为就需要根据相关法律予以严惩。针对校园安全事件，民众普遍反映需要出台《校园安全法》，加强对少年儿童的保护，同时，需要对实施迫害的相关人员予以严惩。

痛点问题 4：减负

关键词：小学　中学　兴趣班　补习班　特长班　费用

2013 年 9 月，北京市公布八条减负禁令，该禁令明确提出了"小学一、二年级不布置家庭作业；三至四年级每天作业总量不得超过 30 分钟"；"小学语、数、外每学期只能有一次全校或全年级考试"等，这被称为史上最严"减负令"。但是，"减负令"貌似并没有起到减负的效果。

越减越重：当前民众言论普遍认为减负的结果就是越减越重，学生每天实际花在学习上的总时间并没有减少（见附录二图-23）。尽管课内学时有所减低，但是各种课外辅导机构和培训机构纷纷介入教育行业，这不但导致学生家庭经济负担的增加和学生学习负担的增加，而且使得社会阶层更加提早固化。

附录二图-23　义务教育领域减负词云图

提前"加负"：在很多广告上都可以看到"不让孩子输在起跑线上"的言论，当前虽说政府大力倡导"减负"，但这种现象非但没有减少，反而愈演愈烈，越来越早。以前的竞争主要集中在重点高中，目前已经演化到名牌初中、明星小学、优质幼儿园的状况，"学区房"的天价纪录一再被刷新便是一个佐证。

义务教育的初衷是为提高我国公民的普遍文化水平，免费提供基础教育。现在的结果是公民的文化教育水平提高了，但却变相地增加了公众的教育投入水平。未能从根本上解决民众的负担，虽说会让可以负担这部分费用家庭的孩童有更好的发展，但却增加了没能力负担课外教育费用家庭的孩子在通往成功路上的困难。

五　社会保障

（一）民众言论趋势分析

民众言论在社会保障领域的相关内容呈现正弦式趋势。2011—2012

年先上升,达到近几年的高点6.3%,2012—2014年呈下降趋势,低点为3.0%,2015年、2016年有小幅上升趋势。整体上看,民众言论保持在4%左右的水平,各年度变化不大(见附录二图-24)。

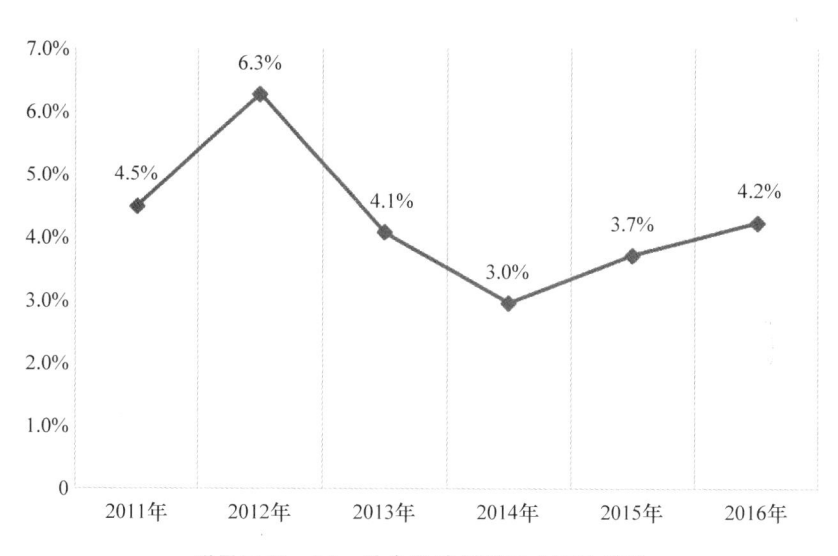

附录二图-24　社会保障领域民众言论趋势

(二)民众言论倾向性分析

社会保障领域的民众言论中10.1%的言论表达了负面情绪,89.9%的言论表达了正面情绪(见附录二图-25)。

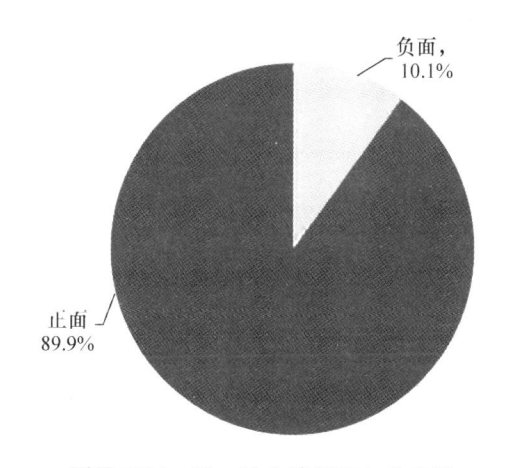

附录二图-25　民众情绪倾向性分析

民众言论在社会保障领域的负面信息总体呈现先上升后下降的趋势。2011—2013 年,民众关于社会保障方面的负面言论呈上升趋势,在 2013 年之后出现转折,2013—2016 年负面言论呈现逐年下降趋势,下降速率不断降低,2016 年负面言论达到近 6 年来最低,为 13.3% (见附录二图 - 26)。

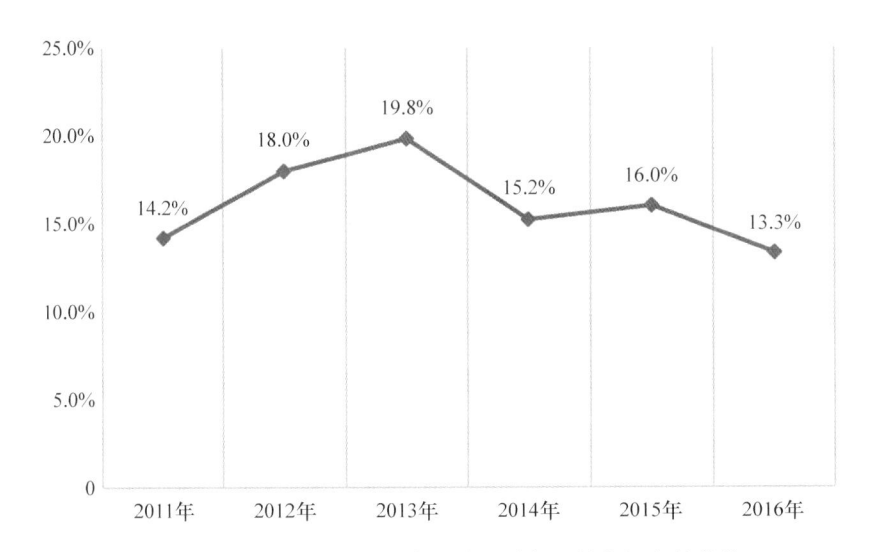

附录二图 - 26 民众在社会保障领域负面信息倾向性趋势

(三) 痛点问题分析

痛点问题 1:社会救助

关键词:救助 弱势群体 条件限制 孤独症 志愿者 未成年

救助主体:民众对社会救助方面的负面情绪主要体现在对特殊群体的救助效果。民众通过实际的调研发现,在社会救助方面,政府作为社会救助的主体,对城市乞讨人员的救助有严格的限制条件:1. 提供身份证件、社保情况、流浪原因;2. 救助期限不超过 20 天;3. 如需延期需要重新申请批准。这难以在短时间内快速减少流浪、乞讨人员数量。同时对于流浪者的自尊心也有伤害,导致很多人宁愿选择露宿街头也不愿寻求救助,整个救助机制缺乏人性化设计(见附录二图 - 27)。同时,希望管理人员对流浪乞讨人员多一些人性化的引导,杜绝粗暴的驱赶行为。另外,据民间组织反映,在实施救助行为时,相关部门对于志愿者的行为不予支持也不予反对,对他们遇到的困难也不予理睬,让志愿者的心理受到打击,同时很多志愿工作推广也比较困难。

附录二图-27　社会保障领域社会救助词云图

救助条件：在民众的负面情绪中，希望政府在关注常规的社会救助对象如乞讨、流浪人员之外，能够更加关注那些孤独症患者、老人、未成年人，目前救助站属于比较常见的基础设施，应该考虑在救助站内增加针对不同救助对象的专有设施、专业人员。同时，还应注重专业培训、培养，特别是增加心理人员的培养，使救助效果得到提升。

痛点问题2：应急救灾

关键词：应急　事故　救灾　应急体系　社会责任　社会保障

民众对应急救灾领域的负面情绪一方面表现出对遇难者及家属的同情，另一方面对有关部门工作人员在调查事故原因及责任追究方面存在不满（见附录二图-28）。民众认为我国的应急体系不健全，相对比较滞后、迟缓，应该提升应对突发事件的能力，加强演习演练，同时能够注重预防性事务，防患于未然，不要总是在沉痛的教训当中积累经验。

另外，在突发事故后，对事故原因调查、事故责任界定过程中，存在"雷声大、雨点小"的问题，在舆论层面，随着民众热度的降低，往往会不了了之，有逃避责任之嫌，属于严重的不负责任行为。同时，在社会责任界定方面，当前的责任体系中，政府责任占主体，企业责任较弱的情况也是民众反映的问题。

附录二图-28　社会保障领域应急救灾词云图

六　民政（养老服务）

（一）民众言论趋势分析

民众言论在养老服务领域的相关内容呈现波浪式发展趋势。2011—2013年，民众言论关于养老服务的内容呈现增长趋势，达到6.6%。2013—2015年民众关于养老服务的内容急剧下降，到达最低点4.0%，2016年又急速上升至6.3%（见附录二图-29）。

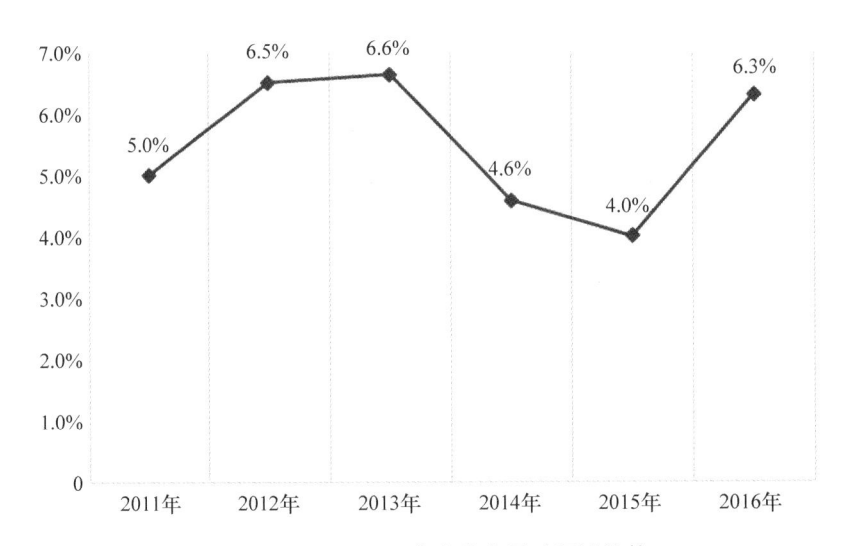

附录二图-29　民众言论在民政领域趋势

（二）民众言论倾向性分析

养老服务领域的民众言论中 16.4% 的言论表达了负面情绪，83.6% 的言论表达了正面情绪（见附录二图 -30）。

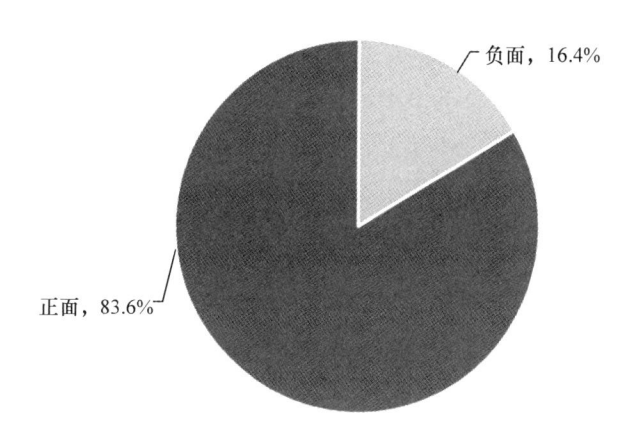

附录二图 -30　民众言论倾向性分析

民众言论在养老服务领域的负面信息总体呈现波浪式上升趋势。2011—2015 年，负面言论呈现先上升后下降趋势，低点出现在 2015 年，为 13.4%，高点为 2012 年 18.7%。2016 年迅速上升，达到 19.3%（见附录二图 -31）。

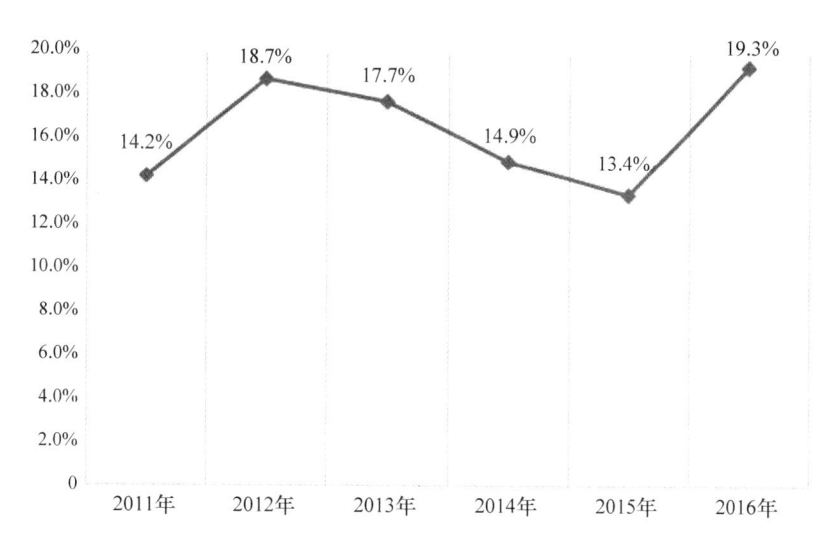

附录二图 -31　民众在养老服务领域负面信息倾向性趋势

(三) 痛点问题分析

民众对养老服务部分的负面信息主要表现在以下三个方面：第一，养老资源分布不均衡；第二，养老护理人员缺乏专业性；第三，养老机构管理水平低下，政府部门监管不力。

痛点问题1：养老资源分布不均衡

关键词：养老院　公办养老院　民办养老院

在养老资源分布上（见附录二图-32），对于民众来说，"公立住不上，民营住不起"是民众反映比较普遍的问题，而根据实际的调研，在北京，养老机构的床位空置率在40%左右，资源并没有那么紧缺，但同时存在"一床难求"的情况。当前，政府应该更加注重平衡公立养老院与私立养老院的资源，真正做到老有所养。

附录二图-32　养老服务词云图

痛点问题2：养老专业护理人员短缺

关键词：虐待　护理人员　孤老院　心理慰藉

养老机构的工作人员结构普遍存在的问题是工作人员少，且缺乏专业知识，工资水平低，护理专业技术培训仅限于初级培训。同时，受我国传统思维的影响，养老院在人们的观念当中一直被认为是"孤老院"或"老年收容所"，特别是一些城乡地区，其护理人员的专业素养相对比较低，同时也更易出现虐老事件。再有一点，近年来之所以发生了比较多的老人自杀事件，主要是因为老年人在心理层面没有得到及时慰藉，导致悲剧的酿成，这也是我国的养老机构未来需要增加的服务事项。

痛点问题 3：监管缺失

关键词：监管　民政部　养老市场

在我国的养老机构准入程序中，只规定对新办的养老机构进行现场调查核实，对材料齐全的新办机构由民政局将其相关材料交税务部门审查，再经民政厅、国家税务局和地方税务局审批，审批之后并没有对其日常经营做出监管。再有，民政部门作为养老机构的监管单位，其监管力量比较单薄，且目前也只能给予其业务指导，并没有法律效力。而且，我国的养老市场缺乏一套完善的评估体系及监管机制，因此，整个养老市场乱象丛生，服务质量参差不齐。未来，不能再把养老的重点放在提供物质帮助上，而是应该在养老服务和机制上创新，让每个老年人都能及时得到医疗及养护服务。

通过对社交网络中的民众言论进行分析，将北京市基本公共服务领域的六大板块的痛点问题分别进行归纳总结。当前劳动就业领域的主要问题表现在：求职市场较为混乱，专业的职业规划师、心理师需要进驻求职领域，劳动者维权成本较高，难以杜绝侵权行为；文化体育领域民众比较关注对于中国传统文化的传承，民众普遍缺乏文化自信；在体育健身方面，缺乏安全场所；医疗卫生领域的"看病难"、"看病贵"依然还是主要问题，在公共卫生安全上，还应该注重对血液、疫苗卫生的监管；义务教育领域的问题主要表现在入学及升学问题上，特别是对非京籍人员，如何平衡教育资源的分布，同时需要杜绝校园安全事故的发生，加强对学生安全意识的培养；社会保障领域的问题主要反映在对社会救助人员的限制条件及政府对民间志愿服务的态度；民政（养老）服务部分的问题主要体现在养老资源的不均衡及专业工作人员的缺失，另外还有监管机构监管不力等。

基本公共服务事关民众切身感受，且与民众基本生活息息相关。针对当前北京市各领域的问题，不能头痛医头脚痛医脚，需要整个社会、政府、民众共同努力，企业担起社会责任，政府改善服务机制，民众提高基本公众素养，共同为建设美好新北京而努力。

附录三　美国的共享经济调研情况汇总报告

一　共享经济的拓荒者们

（一）罗宾·蔡斯（Robin Chase）

蔡斯是一位居住在波士顿的交通运输企业家，曾参与 Zipcar、Veniam、P2P、Buzzcar、GoLoco 等企业或平台的创办，她也是世界上最大的共享经济实体组织之一——Zipcar（该组织在纽约有 3000 辆车，按小时或天租赁）的合伙创办人和 CEO。蔡斯还是 Buzzcar（类似传统的汽车共享模式，Buzzcar 会员之间使用车辆不需要付款，但该组织对尾气排放有一定要求）的创办者和 CEO、P2P 分享服务模式的倡导者。蔡斯发起创办了 GoLoco，还是 Veniam（互联网数据递送业务）的合伙创办人和执行主席。她撰写了著作《同理心公司：人和平台怎样创新合作经济和创新资本主义》。当蔡斯与她的朋友们合作创办 Zipcar 时，她不仅建立了自己的企业，也创立了当代具有经济和社会影响的合作经济。在这本书中，她拓宽了对经济转型的认识，并对资本主义经济模式提出了质疑。当最佳的人力资源与最优质的企业资源结合起来组织"同理心公司"（"Peers Inc"）时，创造力就会被释放出来。"同理心"把地方化的个体、专业化力量和客户力量组织起来。当潜在的能力被平台和多元"同理心"的参与释放出来时，一种全新的动力就会被激发出来。

在《同理心公司：人和平台怎样创新合作经济和创新资本主义》一书中，蔡斯把她富于洞察力的思考引入对工作、经营、经济和环境问题的思考中，提出了一系列的独到见解：动员各种闲置资源并转变经济学通常倡导的、一直坚持的最大限度利用所有资源的理念；公司与具有"同理心"的人之间的合作如何才能使公司成长得更快，学习得更好，更有效地生产产品和递送服务；如何通过"同理心公司"来关注全球加速变暖问题；"同理心公司"如何通过创新和进化来延长那些具有传奇色彩的企业去战胜自己短暂的生命周期；为什么公司与"同理心"的人之间权力相等会成为长期繁荣的前提；平台如何在现存的金融体系之内或者之外建立起来；在一个新的、分权化的世界中，政府如何提高经济发展的可能性和保护人们的工作机会，等等。

蔡斯提出了富有启发性的"同理心公司"模式来强调一系列人类面

临的棘手问题：气候变暖、收入不平等，并试图证明这种模式对于化解这些棘手问题的重要价值。

（二）杰夫·贾维斯（Jeff Jarvis）

贾维斯是纽约市立大学新闻研究生学院教授、该院核心教授、Tow-Knight 企业家新闻研究中心主任，也是《谷歌将做什么?》、《公共部分：促进我们的工作和生活方式》以及电子出版物《古腾堡的丑小鸭》的作者。

在《谷歌将做什么?》一书中，Jarvis 提出了"新谷歌世纪"的理念，内容涉及思想的分布、平台设计、礼品经济、开源软件、丰足无缺生活方式的参与。贾维斯认为，中间商已经死去，你最坏的顾客也是你最好的朋友，你最好的顾客也是你的合作伙伴，做你的最好，与外部联系，不循规蹈矩，不断试错，等等。他不仅把上述思想应用于新兴技术和互联网，也应用到其他产业——电信、航空、电视、政府、保健、教育、新闻，以及图书出版，去探索一旦谷歌操纵了这个世界，世界究竟会怎么样等一系列重大问题。

二 共享经济的其他类型

时下在各种媒体和出版物中，人们讲共享经济主要是讨论 Uber 和 Airbnb，实际上，还有大量的共享经济的形式。

（一）信贷共享

一是 Zopa。它是 P2P 放贷先锋，通过互联网彻底替代银行，把储蓄者与放贷者匹配起来，提高资金利用效率。二是 Zidisha，第一个在网上直接把借贷者和贷款人联系起来的小额借贷共同体——不论借贷者和贷款人之间的距离和差别有多大，他们都有机会参与经营活动。目前，全球已有 5000 人使用 Zidisha。

（二）出行共享

一是 Park at my house，由一家法国广告公司管理和运营，旨在解决停车之急。二是 Vélib'，它是活跃在巴黎及其周边城市的一家大规模自行车共享平台，有 14500 辆自行车和 1230 个停车场。2011 年，Vélib' 用户达到日均 85811 人次。2014 年，它成为世界第十二大自行车共享项目，其他大的项目分布在中国的城市，如杭州等。自 2011 年起，Vélib' 引入电动车共享项目。

(三) 文化共享

一是 Book Crossing, 一家世界性图书馆, 也是一个社会网络平台。它通过 11571948 本图书在 132 个国家的 1626443 个读者中间传阅, 努力实现图书改变世界和教会人们生活的愿景。Book Crossing 的使命是, 通过图书连接人群, 使图书不仅可以收藏, 还可以分享。帮助 Book Crossing 在世界范围内运行的是活跃在各国的志愿者。Book Crossing 分布在世界各国, 如美国 (29%)、德国 (16%)、英国 (13%)、荷兰 (11%)、芬兰 (10%)、加拿大 (8%)、澳大利亚 (5%)、法国 (4%)、葡萄牙 (3%)、西班牙 (1%)。二是 Common Threads, 由首席艺术家 Smith 和艺术家 Jesus Salgueiro 于 2003 年创办。他们坚信, 家庭和食物是连接人类社群、培育情感的重要纽带——连接社区、培育文化、教化人们和使人群感到愉悦。

(四) 日用品共享

Zilok 服务产生于法国, 后传播到美国。Zilok 坚信, 任何人都可以与其他人 (他或她) 共享自己的服务和物品。Zilok 吸引了数千客户, 已经形成一定的经营规模。

附录四　Uber 在美国发展、挑战及运行机制情况调研报告

Uber 从旧金山起步, 目前已经将业务拓展到 57 个国家的 300 多个城市。Uber 从产品设计到确定支付方式, 比较符合美国人的使用习惯, 很容易在美国得到推广。作为一种出行产品和服务, Uber 的创新点在于: 围绕司机和乘客需求, 在时间和空间中创造丰富的场景体验——在满足人们打车需求的基础上, 传递一种时尚、创新性的生活方式, 与消费者建立情感沟通。难怪有人将其称为"交通与生活方式的交汇点"。

一　Uber 在美国的总体情况

(一) 发展现状

在美国, Uber 的用户已发展到 800 多万人, 在为 45 万多人提供工作机会的同时, 为乘客提供了数十亿次的出行体验。

在洛杉矶, 就乘客来说, 若不使用 Uber 软件, 通常需花上 2—3 倍甚至更长的等待时间才能坐上出租车。就驾驶员来说, 无论工作自由度, 还

是实际薪水，Uber 都不亚于传统的全职工作。

在美国，第二大出行应用平台 Lyft 与资金实力雄厚的全球最大打车应用平台 Uber 进行着激烈的竞争，作为一家私有公司，Uber 与 Lyft 一样，不对外公布自己的财务状况。

(二) 驾驶员权利保护

在纽约，Uber 与国际机械师工会一道成立了独立的司机协会，为司机争取更多的机会和权利。独立司机协会作为工会分支机构，为纽约市 Uber 司机做了大量工作，例如支持司机参与 Uber 管理层例会，为司机争取对 Uber 停用决定的申诉权，法律服务优惠、生命和残疾保险、培训课程和道路援助，给司机提供更多的服务和信息支持，给独立工作者提供工作灵活性并带来更多的收益，等等。

问卷调查发现，近90%的驾驶员选择 Uber 的理由是：大家都想做自己的老板。

(三) 遇到的问题与挑战

Uber 面对各种诉讼，官司缠身。通过支付额外费用，Uber 与大部分城市政府实现了庭外和解。在旧金山和洛杉矶，Uber 支付 1000 万美元现金用以补贴 Uber 司机，换取了加州 11 个机场的合法运营权。Uber 向旧金山政府支付 840 万美元，若是 Uber 后期上市，再加付 160 万美元。Uber 与 O'Connor（加州）和 Yucesoy（马州）实现调解，具体内容包括：继续认定 Uber 司机为独立承包人；给驾驶员提供更多保障；增加对司机表现和评分等信息。根据和解协议，加州的驾驶员可以报销从 2009 年到 2016 年 4 月间总额高达 4.26 亿美元的费用；加州免去每年支付给本州 Uber 现任和未来司机的巨额费用。

Uber 在很多城市的机场遭遇封杀，纽瓦克禁止 Uber 在其国际机场运营，类似情况也在华盛顿、洛杉矶、旧金山、芝加哥、波士顿等城市发生。

(四) Uber 的对策

面对围堵，Uber 采用了一系列政策措施影响政府：投入大量资金聘用说客游说政府。在奥斯汀，Uber 与 Lyft 联合发起政治攻势，支持由其资助的地方组织 Ridesharing Works 提出"一号提案"，通过邮寄传单、App 直接沟通、新闻发布、短信推送、电视广告和免费乘车等方式展开舆论攻势，要求政府把司机认定为独立承包人，使其工作享有自由和灵活性。后来，这项议案在公投中失败，Uber 和 Lyft 相继退出休斯敦。

Uber 一直规避把司机认定为正式雇员，而将其视为"司机合伙人"（Driver-Partner），主要目的是降低运营成本：员工薪水、健康和车辆保险、运营支出以及工资税等。以现有 45 万名驾驶员估算，如果把司机视为雇员，Uber 需支付总额 41 亿美元的费用。

（五）政府监管

旧金山市政府通过出租车行业改革，取消了价值 25 万美元的出租车牌照预付费和每辆车每年 1000 美元的使用费。市民可以自主选择出租车或 Uber 专车。为了确保乘客安全，奥斯汀市政府要求除了审核驾驶员背景外，还要增加基于指纹的犯罪背景检查。在洛杉矶机场，Uber 司机须支付 4 美元的手续费方能接活。在波士顿机场，需要 8.75 美元。旧金山的 Uber 司机每年要支付 90 美元才能获得运营资格。纽约的 Uber 司机也要缴纳固定费用。一度引起争议的纽瓦克国际机场禁令，最后也由 Uber 和市长签署和解协议终结，根据该协议，Uber 在未来十年间，每年向纽瓦克市支付 100 万美元的手续费，方能获得运营许可。

仅 2015 年，美国有 22 个管辖区（市、州）颁布实施了针对出行共享（Ride-Sharing）行业的更智能、更现代化的监管法规，给驾驶员提供合理的利益与保障，确保 Uber 和其他平台能够为乘客提供安全可靠的服务。

联邦政府仍在考虑司机身份的法律认定：Uber 是否剥夺了司机作为雇员的福利和保障等问题。Uber 的合法性，诸如缺乏政府监管、经营许可、司机执照、手续费（Commission Fee）等一直困扰着政府和 Uber 平台。

二 案例分析：Uber 在波士顿和纽约的状况

（一）Uber 在波士顿的发展与挑战

1. 概况

波士顿对 Uber 解禁后，为改善与该市出租车行业之间的关系，Uber 推出了出租车叫车服务。Uber 在芝加哥和纽约支持出租车，但仅把出租车叫车作为试点服务设计在"Uber Garage"功能中。顾客呼叫出租车的流程和呼叫 Uber 专车一样，不需付费，出租车司机就可以获得更多载客机会和 Uber 承诺的小费。Uber 专车收费比出租车贵，用户可以叫到 SUV 甚至加长豪华礼宾车，这是 Uber 在用户需要多元化方面进行的经营选择。

波士顿市长马丁·威尔士（Martin J. Walsh）说："人们在波士顿旅行

应当感到安全，我们不能无视那些不受监管的交通模式造成的隐忧，但也不能因此谴责 Uber，它不仅提供了广受欢迎、行之有效的服务，也采取了负责任的措施来确保用户的安全。"波士顿是美国"新英格兰地区"的最大城市，该市出租车行业自 1930 年开始（当年还是马车）由波士顿警察局管理。2008 年，为提高管理水平，警察局颁布了极为复杂而详细的管理办法，简称《规则 403》。这项规则确定了全市出租车数量为 1825 辆，不再增减并允许公开拍卖交易。但随着居民需求不断增加，波士顿的出租车起步价已涨至全美第一，出租车牌照拍卖价格屡创新高，到 2014 年初，已达到 70 万美元。Uber 出现后，波士顿出租车牌照拍卖价格应声下跌至 50 万美元。造成了出租车行业动荡：不仅个体司机，甚至原先从事租车服务的租车公司也迅速加入 Uber。这些训练有素的司机，很快成为软件上的热门选择。由索马里裔移民创办的租车公司 Car Service Boston 在 Uber 帮助下快速发展，为移民提供了许多就业机会，甚至被提名为马萨诸塞州 2015 年最佳移民企业之一。

2. Uber 与波士顿政府的合作

根据双方签署的协议，2015 年 1 月 14 日，Uber 向波士顿市政府提供通过自己公司打车服务的乘客出行的匿名信息，希望借此帮助缓解交通拥堵问题，推动更好的城市规划——帮助城市发展，减少交通拥堵，发展公共交通，减少尾气排放。Uber 提供的信息包括：记录行程的季度报告，报告涵盖的数据信息有：用户每次搭乘的起始和结束时间、行走距离以及用户上下车地点的邮政编码。马萨诸塞州新规正式将 Uber 和其他打车服务归入合法交通模式。与第三方共享数据，意味着用户隐私风险被放大了。参议员艾尔·弗兰肯（Al Franken）要求 Uber 对它控制内部工具"God view"员工的访问权限作出解释。因为该项工具可让员工查看特定用户的行踪记录。在美国，很多城市开始收集出租车的行程数据，并要求 Uber 跟进。

3. Uber 在波士顿面临的问题与挑战

波士顿警察局局长 William Evans 把 Uber 戏称为"吉普赛"出租车业务，质疑缺乏监督的司机中可能有"三级性犯罪者"。波士顿出租车和豪华轿车协会发起了一项名为"谁为你驾车"的活动，企图施压政府加大对 Uber、Lyft 等平台的监管力度。

专车预约 App 的灵活服务和低廉价格，使其在波士顿地区的交通市场中很快占有一席之地，也让出租车公司和出租车司机格外气愤——他们的营业收入降低，他们一直确信为固定资产的出租车牌照缩水。大批司机走上街头，开展各种抗议活动。抗议并未有多大效果，继 Uber 之后，波士顿又出现 Lyft 和 Sidecar 等诸多类似的 App。专车和出租车的矛盾也愈演愈烈。

（二）Uber 在纽约的发展与挑战

1. 基本情况

Uber 发现，纽约很多新注册的用户都居住在公共交通不发达的郊区。这些地区的人们出行需求无法被公共交通满足，需要 Uber 这样的服务。87% 的 Uber 车主说，选择与 Uber 合作的原因在于可以成为自己的老板，自己有权利选择工作的时间。

2. 面临的问题

2015 年 5 月，纽约叫停 Uber 的部分运营，因为 Uber 未应纽约出租车和礼车委员会的要求提供有关数据。2015 年 6 月，纽约市市长公开宣布支持市议会的决定，把 Uber 每年的增长控制在 1% 以内，原因是 Uber 加剧了交通堵塞。而 Uber 则发动了一次对抗纽约市市长的成功的公关活动。通过突出 Uber 给乘客提供的出行便利，给司机提供的工作机会和对纽约经济的促进，Uber 获得了用户和市民的支持，迫使市长一个月之内撤回了这项限制措施。Uber 公共关系策划的内容包括：买下《纽约时报》网络版头版广告，使用 App 与用户沟通，在社交媒体上宣传 Uber，给受歧视社区提供出行服务的视频，在推特上发起讨论等。纽约市政府收到了超过 5 万封市民电子邮件，超过 18 万条推特信息支持 Uber，要求市长撤回决定。

3. 驾驶员审查制度

针对乘客安全问题，Uber 颁布更严格的司机背景审核规定和司机停用制度：雇用第三方审查公司来进行背景审查，审核司机资格；司机筛查制度（Driver Screening）；司机停用制度（Deactivation Policy），其中包括永久停用那些暴力、酒驾的司机，或因肤色、性别拒载的司机。

2015 年 7 月，纽约市长 Bill de Blasio 宣布推迟限制 Uber 在纽约发展的法案投票，表示与 Uber 合作开展交通研究项目。

三 Uber 的运行机制分析

Uber 的运行机制的核心特征是利用技术手段提升效率，便利出行，提升出行舒适程度。在用户体验方面，Uber 聚焦满足用户"实时、低廉、舒适"需求。

（一）以提高效率和便利顾客为导向的派单制

一是 Uber 产品和服务设计的核心理念是采用派单制——一旦乘客下达用车指令，后台在大数据精算基础上实现自动匹配，把订单发给距乘客最近的车辆，要求司机 15 秒内回应。二是 Uber 软件设计采用极简法则：用户打开 App 时，系统默认用户需要用车，就开始搜索距离最近的车辆，只要用户点击用车，后台会迅速给最近的车辆发出指令。派单秉承距离最近原则。司机不必时时担心抢不到单，而处于精神紧张状态。三是效率为导向，Uber 设定的重要考核指标之一是 ETA（Estimated Time of Arrival），即要求 Uber 每开辟一座城市，随着司机和潜在顾客的增加，乘客等待时间应缩短，直至能控制在 5 至 3 分钟，甚至更少，目前，旧金山是 2.4 分钟，纽约是 2.7 分钟，墨西哥城是 4.1 分钟。

（二）建立在精算基础上的价格制度

一是 Uber 组建了多学科合作的算法团队，包括火箭研究科学家，计算神经学专家和核物理学家。技术团队在后台做了大量工作：需求预测、拥堵预测、供应匹配、智能调度、动态定价等。Uber 在本质上是高度自动化的供需匹配中心。二是 Uber 通过强大的算法团队研究压低价格。Uber 这种模式在不同城市得到验证，有些城市 2 年之内就降价 6 次，甚至降到了出租车费用的 40%—50%。2015 年 1 月，Uber 宣布在美国 48 座城市降价，为司机提供保底收入。三是 Uber 研究发现，价格优化还可以让车辆里的乘客不止一位：在保证运行效率前提下，可实行单次多名乘客搭乘，分担每位乘客的支出。Uber Pool 试图实现每次搭乘同一方向上至少有两名乘客，车辆在中途放下一名乘客的同时，又接上另外一位乘客，依次轮替，不断持续。这一计划已在旧金山、纽约和巴黎得到践行，在旧金山的业务量已占 50%。四是尝试降低基准价的同时，还尝试动态定价（Surge Pricing）：根据实时交通信息，在用车需求大于供给时，提高价格，鼓励更多司机出行；在供给超过需求时，降低价格，鼓励更多用户叫车。

（三）双向评价制度环境中的优质服务

一是在一些实用需求上下功夫，提供矿泉水、免费 Wi-Fi、手机充电等。Uber 优质服务依赖双向评价的数据体系。其内部对司机评价有两个核心的指标：乘客评分和接单率，每周结算一次。乘客评价满分是 5 分，若是司机平均分低于 4.8 分，则拿不到奖励。同样，若是系统自动派单，司机接单率达不到 80%，就没有奖励。司机也给乘客打分。若乘客有不良行为，如喝醉弄脏车，司机给差评。当某一乘客分数过低时，就会被判为不受欢迎乘客。同样是叫车，得分高的乘客，更容易叫到车。

（四）信誉和诚信基础上完善营销模式

一是 Uber 在每个城市的营销大致分为两个阶段：从 0 到 100 的冷启动和从 100 到 N 的口碑传播阶段。在传播链条中，采用的是自上而下方式：先激活精英群体，让其成为 Uber 的拥趸，自发传播到白领阶层，再利用白领的影响力扩散到他们的社交圈，引发口碑传播。一般产品的推介，总是先有 1% 的意见领袖，然后是 9% 的跟进者，最后才是 90% 的大众人群。二是 Uber 司机端的冷启动同样依赖金字塔顶端的 1% 群体。这类群体可以是企业的 CEO，也可以是互联网大咖。冷启动后，将产品快速推广到 90% 的大众群体是营销的关键。这一阶段，Uber 通常会通过打造不同体验场景、传递创新型生活方式、与高端企业跨界营销以及借助明星力量等手段，让用户参与到营销过程中，并激发用户充当传播者，以口碑传播方式，协助 Uber 完成宣传。

（五）以"大平台 + 小组织"为基础完善治理模式

一是 Uber 以总部透明化、共享数据平台为基础，通过严格的招聘规则，派遣最精干的三人小组到各大一线城市，给其充分授权，实现全球化战略。二是 Uber 标准配置是三人精英团队，包括市场经理、运营经理和城市总经理。市场经理负责市场营销、媒体对接以及创意策划；运营经理负责数据分析和资源配置，如招募司机、管理与司机相关事宜，以及如何更好地服务用户；城市总经理主要负责策略性工作，如城市策略性规划。三是 Uber 建立专门团队处理一些共性问题，如政府关系、媒体关系、招聘等。在拓展每个城市过程中，依靠后台的强大数据平台来跟踪团队在各个城市业务的进展，进行评价。具体来说，市场经理负责需求端，衡量其工作的主要指标包括：新用户增长量、城市订单量、服务品质、客服满意度以及媒体对接效果。媒体对接效果评价具体指标包括发稿率、质量、品牌认同度等。运营经理负责供应端，重要考核指标之一是 ETA，即用车抵达时间。城市总经理负责总体把控，协调供求两端，保证司机增长量与用户增长量匹配，以及成本、商业方式的可持续性，在本土化过程中，确保 Uber 品牌形象坚持全球标准。

附录五　社会价值与志愿领域：北京市志愿服务问卷调查分析报告[①]

一　研究目的

如何激发社会活力，这是当前中国社会体制改革的关键和核心。而在很多学者和实践者看来，激发社会活力的主要内容之一是开展志愿服务。因为，志愿服务是指人们不为报酬、自愿地贡献自己的时间、精力、知识给他人的一种社会行为，具有利他主义的精神内涵，也是社会进步的重要标志。大约在过去十年中，学术界一直在讨论市场机制和志愿机制的作用和失灵问题。尤其是从事社会治理和社会组织研究的学者们把社会组织的发展归结为市场失灵，必须发挥社会组织的作用，也就是建立志愿机制。学术界对市场机制探索得比较多，而且30多年的社会进步也证明了市场机制在配置资源中的有效性。当社会进步到必须进行整体设计阶段时，厘清志愿机制的机理也就显得非常必要。通过科学、民主、法治建立起来的基本社会秩序和社会规范将更有利于动员社会资源，推动社会进步。

志愿服务激发社会活力不仅在于个体的贡献，也在于服务过程中的人与人之间的交流所形成的社会联系，而这种社会联系通常被人们称之为社会资本。志愿机制实际上包含了两个层面的意义，第一，是什么机制在激励人们不为报酬资源把自己的时间、精力、知识贡献给他人？第二，社会如何去建立和完善这个机制，以便动员更多的资源来促进社会进步，而不是仅仅靠政府的动员？进一步说，市场机制是人类迄今为止找到的配置资源最有效的方式，它在明晰产权和完善公平竞争环境的边界条件内，最大限度地发挥价格机制在配置资源中的作用。如果完善志愿机制，最大限度发挥志愿机制的作用，需要什么样的边界条件？

可以这样说，如果一个人只有自己，他（或者她）会在社会生活中显得无助，如果他（或者她）与他（或者她）的邻居和朋友联系，他（或者她）的邻居或朋友又与他们的邻居或朋友联系，这样拓展开来，就会形成一个巨大的社会圈子，在这个圈子里，他们的需求可能会相互得到满足，他们同时也会创造出一个更加舒适的生活环境，作为整体的社区会

[①] 本部分调查于2014年进行，在问卷发放和处理中得到北京市志愿服务联合会的大力支持。

因为个人之间的关系而更加团结合作,越来越成为理想意义上的共同体。可是现实的状况是,"各人自扫门前雪",甚至是损人利己的个人主义,正在侵蚀着一些社区,个人完全按照自己的意志搭建住房,无视邻里的感受,侵占公共空间,破坏景观,等等,严重损坏了社区人与人之间的关系——个人无限制的欲望,邻里之间的无奈和冷漠的人际关系,正在构成新型社区建设的障碍。如果每个人都能认识到社会资本的重要性,那么社区中的每个人都会抽出时间和精力去扩大和取得社会资本。

那么实际情况又是怎么样呢?我们不妨看看北京市的志愿服务状况。

二 研究方法

按照课题预定的计划,我们在设计问卷的基础上进行了问卷调查。不同的是,这次调查没有按照以往的方式,即通过调查人员入户发放问卷,而是借鉴互联网开展问卷调查,依据是北京志愿者联合会的注册志愿者数据库。

注册志愿者是共青团中央为规范中国志愿者管理而设立的一项制度,主要内容包括对有意愿成为志愿者的人进行登记注册,使之作为潜在志愿者,颁发"志愿者证",要求他们定期参加志愿服务活动。注册志愿者制度对于活动内容没有具体规定,凡是志愿服务都可以。参与志愿服务后,把所做的服务记录在证上。北京志愿者注册地点在北京。严格来说,注册志愿者还不是真正意义上的志愿者,仅仅是潜在的志愿者,只有当他们参与到实际的志愿服务中去时,他们才成为真正意义上的志愿者。只有成为真正意义上的志愿者才可以计量他们的参与率和贡献时间,也才可能计算他们的价值。

北京市志愿者联合会(原北京志愿者协会)成立于1993年12月5日,是由共青团北京市委发起,经北京市民政局核准登记,由热心志愿服务事业的社会各界人士自愿结成的,联合整个北京市各部门、各系统、各领域志愿者组织的"枢纽性"社会组织。依照《北京市志愿服务促进条例》规定,北京市志愿者联合会负责指导全市志愿服务工作的开展。北京市志愿者联合会以弘扬志愿精神,传播志愿理念,倡导良好社会风气,健全社会服务体系,促进社会和谐为宗旨,以关爱他人,服务社会,深入开展符合实际、贴近民生的志愿服务活动,建立与政府服务、市场服务相衔接的社会志愿服务体系,推进社会主义和谐社会首善之区建设为目标[①]。

---

① http: //baike. baidu. com/link? url = ssRfLpvZqkcXKScO_ _ X-LjVuejk6bNo1B2dpTPa2xViD AVhQcWTUx-IV3JKU7I1ONUIuDxVYnIvXvfs_ 0kVlqa.

本次研究采用问卷调查方法研究北京市的社会动员状况，选择注册志愿者的总体作为样本筐，进行抽样。毫无疑问，这就造成了我们抽样的软肋，我们是从注册志愿者的样本筐中抽取调查对象的，因此，一个非常重要的指标，通常是国际上衡量一个国家或地区志愿服务状况的指标，志愿服务参与率，就与我们的调查擦肩而过了。我们能够得到的只是这些潜在的志愿者的参与情况和参与服务的种类等内容。这是本次问卷调查的局限性。我们只知道，北京 2110 多万常住人口中，注册志愿者的数量大约在 230 万人，占北京市常住人口的 10% 以上，低于 2012 年美国的 28%。我们可以看到的是这些注册志愿者的参与情况，可以从中推算北京市民参与志愿服务的大致风貌。

（一）抽样

本次调查按照 16 区县现有注册志愿者总数的 10% 发放问卷，随机发放到所填写的邮箱，总数在 20 万份以上，实际发放 220000 份调查问卷（见附录五表 -1）。随机发放，由于关注回复率，主要是给使用 QQ 邮箱和 163 邮箱的用户，基本做到接近每区县注册志愿者总数的 10% 的比例。

本次研究的第二个局限性就是问卷发放的方式，在 200 多万登记志愿者中发放了 220000 份问卷，虽说是随机发放，但是限于登记志愿者的通信条件，主要是按照 QQ 邮箱和 163 邮箱的用户的通信地址发放的，这又限制了被调查对象的全面性。

总之，这次抽样的样本分布实际上并不能全面反映我们现实中的人口统计特征，而且，很多问题需要进一步实地研究才能得到解释。不过，本报告仅就问卷获得数据进行进一步的分析，深入的研究留在下一步的田野调查中去解释。

（二）试调查

为了确保问卷的有效性和及早发现调查中可能存在的问题，在正式调查之前进行了试调查。也就是，在正式调查之前，先发放 15 份问卷，得到 13 个志愿者回复，最快 2 分钟，最慢 8 分钟，11 人在 3—5 分钟内完成，没有发现其他问题。

（三）正式调查

在试调查的基础上，对 16 个区县发放，为方便发放时的计算，决定按注册志愿者的 20% 比例发放。发放的时间为 2014 年 2 月 18 日至 2014 年 3 月 20 日，共收回 1941 份。与平台主管沟通，回复率低于 1% 是意料之中的事，一是平台注册时不验证邮箱，有可能邮箱真实性较低；二是社区、综治等系统导入注册数据时多人（几人至上百人不等）一个邮箱地址，成为工作邮箱；三是习惯看邮箱的人不多，回复也少。不过，已基本达到预期的数量。

附录五表-1　　　　　　北京志愿者抽样情况

区县	志愿者数（人）	10%抽样	问卷发送数量（份）
东城区	151706	15170.6	15000
西城区	173778	17377.8	15000
朝阳区	462975	46297.5	45000
丰台区	162655	16265.5	15000
石景山区	67156	6715.6	6000
海淀区	520796	52079.6	50000
门头沟区	35198	3519.8	3500
房山区	108332	10833.2	10000
昌平区	160729	16072.9	15000
顺义区	64356	6435.6	6000
通州区	121540	12154	12000
大兴区	125315	12531.5	12000
平谷区	25453	2545.3	2500
怀柔区	32273	3227.3	3000
密云县	74966	7496.6	7000
延庆县	34313	3431.3	3000
总计	—	—	220000

注：因为现在的系统不验证邮箱真实性，所以要是有人填了错误的邮箱，也有可能收不到邮件。

北京是我国的首都，也是国家中心城市和全国的政治、文化、科教和国际交往中心。历史悠久，是世界著名的古都和现代国际城市，也是共和国中央人民政府和全国人民代表大会的办公所在地。北京历史上就有着助人为乐、乐善好施的文化传统。2008年奥运会大大推动了北京志愿服务的发展，当时曾有170万人参与了奥运志愿服务活动。这也是本次选择北京市进行抽样分析的主要原因。从全国来看，北京与上海、广东的志愿服务发达，是全国社会动员和激发社会活力的先行先试的地区。就省一级来说，北京、上海和广东在全国成立了党的社会工作委员会和政府社会建设办公室。三省市的志愿服务联合会也是组织完备，人员齐全，队伍强大。

这些年，北京的各区县在社会动员和激发社会活力方面进行了大量的探索，例如，西城区尝试"社会服务管理全响应体系"，东城区积极完善社会建设全模式，朝阳区大力推进网格化管理，都在全国产生了巨大影响，引起各界高度关注。

(四) 性别问题

对于志愿服务来说，性别一直是一个重要因素。在中国，公共参与并不受到性别的限制，但是，在政治领域中，女性的参与程度还是与男性有一定差别的，尤其是在高级政治生活中。多次调查的结果是，在志愿服务领域往往是一个例外。在一个男性主导的社会，女性很难在各类大的社会组织和机构中担任重要职务，而对于人们通常不过于关注的志愿服务领域，女性往往成为主要角色。这次调查（见附录五表-2），参加者中，女性占62.39%，男性占37.61%，与通常的调查相似，例如，2001年国际志愿者年期间，为了解中国志愿服务发展状况，我们对6个省的志愿者开展了问卷调查，也是女性占多数，国际上的调查也往往会得出这样的结果。

这里，我们从韩国综艺节目《爸爸去哪儿》似乎可以窥见一斑。韩国综艺节目《爸爸去哪儿》的热播，与眼下爸爸角色的缺失的确有很大的关系，尤其是那些事业成功的父亲，几乎集体从子女的成长中消失，[1]从另外一个角度反映了当下男性的角色和生存状况，也为我们理解参与志愿服务活动的男女性别比差提供了一个视角。2014年5月14日，国家卫生和计划生育委员会发布的我国首个国家家庭发展报告也揭示，我国家庭在变小，户均人数由5.3人降至3.02人。孩子变少，四成家庭是"单身贵族"或"二人世界"。[2] 在这样一个背景下来理解男女性别比在志愿服务中的角色就更加复杂。"在所有已知的社会中，男人和女人之间的生物学上的性别差异给他们带来了巨大的文化上的差异。在所有的社会中，男人的生活状况都多多少少不同于女人的生活状况。不仅社会制度和态度处处把两性行为区分成不同的类别，而且女人和男人从内心里看自己的生活

---

[1] 纳秋：《来看真人秀》，《经济观察报》2014年8月4日。
[2] 《我国首个家庭发展报告摘要》，《时事报告资料手册》2014年第4期。

也非常不同。"①

附录五表-2　　　　　　　　志愿者的性别状况

选项	小计	比例
男	730	37.61%
女	1211	62.39%
本题有效填写人次	1941	

调查发现，大学生志愿者占68.3%，第二位的是未就业者，占6.55%。产生这样的结果的原因大致包括两点：一是发放问卷的网站是由共青团北京市委创办的，是其下属的志愿服务指导中心的网站，青年居多也不足为奇。这个网站曾经是2008年北京奥运会网站，而2008年北京奥运会志愿者的主体是大学生，网站留下的联系地址自然是大学生和青年了。二是大学生是中国志愿服务的主体，历次大型赛事都是如此，如在实地研究中也发现，参加2013年北京园艺博览会的志愿者中，大学生志愿者也占60%以上。学校作为一个社会化的机构，理应承担教导儿童、青少年社会价值和习俗的功能，在中国，这些学校的教育功能通常不是通过老师和课堂，而是通过学校的党团组织和学生管理部门来实现的，不是作为一种价值和习俗的教育，而是作为一项政治活动和政治任务来完成的。当然，在一些大学，学生们也自发成立自己的社团，组织自己的活动，但这毕竟是少数。

（五）教育因素

从参加调查者的文化程度看，也是大学生（本科生）居首位（见附录五表-3），占52.34%，其次是高中生，再次是初中生，研究生或以上居第四位。一般来说，志愿服务的参与与其文化程度有比较高的相关性，还可能与使用网络有关，在各类网络使用群体中，大学生无疑是居于较高比例的群体。还有一个需要考虑的因素是社会动员，在各类社会动员中，教育系统的社会动员往往是力度比较大的，这往往是通过学校的学生管理和青年组织有机结合实现的一种具有中国特色的社会动员。2008年奥运

---

① ［美］玛莎·努斯鲍姆（Martha Nussbaum）、［印度］阿玛蒂亚·森（Amartya Sen）主编：《生活质量》，龚群译，社会科学文献出版社2008年版，第303页。

会基本是通过教育系统的全体动员来实现志愿者动员的，2013年的园博会略有不同，充分发挥了各种新媒体在社会动员中的角色和作用。

附录五表-3　　　　　　志愿者的受教育状况

选项	小计	比例
1. 小学或小学以下	9	0.46%
2. 初中	234	12.06%
3. 高中（包括职业高中、中专和技校）	356	18.34%
4. 大专	142	7.32%
5. 大学本科（含双学位）	1016	52.34%
6. 研究生或以上	184	9.48%
本题有效填写人次	1941	

（六）职业状况

职场之外的表现是人类社会化过程的相当重要的部分。许多人在职场之外选择了做志愿者。不过，这次调研的结果（见附录五表-4）中，仅有极少数的志愿者来自党政机关、集体企业、集体事业、个体经营、私营企业、外资企业和股份制企业，以及部分未就业者，大学生参加志愿服务居多。还有一个重要原因就是，各种在业者一般都面临时间和工作的压力，包括工作时间（甚至是经常加班）和需要购买住房的经济压力，迫使大部分在业者不得不把时间用于工作。就北京市来说，市郊化和交通拥堵是一个亟须关注的原因，上下班时间过长和越来越多的人居住在郊区，会对参与社会公共事务产生巨大影响。笔者所在的小区就曾发生选举业主委员会，因为很多人居住在远郊区而不能参加的先例。还有一个原因，就是电视和手机，尤其是移动互联网、微博、微信等社交工具正在改变人们的交往方式，占用人们越来越多的闲暇时间，从美国的经验看，由于电视的冲击，人们25%的闲暇时间被占用了，它导致了人们参与时间相应减少。[①] 而且，移动手机，尤其是微信等社交工具对于人们闲暇时间的影响越来越大。不断创新的媒体——手机、互联网、微信、微博，正在成为越

---

① 参见［美］罗伯特·帕特南《独打保龄——美国社区的衰落与复兴》，北京大学出版社2011年版。

来越重要的社会媒介，尤其是，微博和微信等社交工具彻底改变了人们的生活方式和文化，志愿服务的组织者们越来越认识到这些新媒介的作用——传播和动员。2013年的园博会通过互联网成功地组织了10000多名志愿者参与志愿服务，也成功地组织了这项活动，标志着北京大型赛事志愿服务已经进入社会自我动员的新阶段，这是它不同于2008年奥运会的一大特点。

附录五表-4　　志愿者的职业状况

选项	小计	比例
1. 党政机关	41	2.11%
2. 国营企业	60	3.09%
3. 国有事业	79	4.07%
4. 集体企业	7	0.36%
5. 集体事业	19	0.98%
6. 个体经营	10	0.52%
7. 私营企业	92	4.74%
8. 外资企业	19	0.98%
9. 合资企业	7	0.36%
10. 股份制企业	27	1.39%
11. 社会组织	26	1.34%
12. 自由职业者	23	1.19%
13. 退休	18	0.93%
14. 未就业	127	6.55%
15. 在校学生	1325	68.3%
16. 其他	60	3.09%
本题有效填写人次	1940	

就业者，尤其在当代中国，那些白领们，通常是早上早早出门，晚上很晚才回家，闲暇时间并不多，机关干部们"五加二，白加黑"的工作方式往往成为常态，即便是有自我价值实现的愿望，也往往受制于工作时间和生活压力。还有，很多在职人员，不像以前通常是在完成学业之后才开始进入职场，今天，越来越多的年轻人开始选择先工作，在工作稳定之

后，再出去继续学习，如攻读硕士、博士，为干部们办的 MPA 培训班往往占用了他们节假日和周末的大量时间。职场开始变成像学校一样的机构，职场的社会化方式也发生了巨大变化。工作方式的变化也会给在职人员带来职务能力的新要求，要求他们必须不断提升自己的知识和文化水平。

大学生的就业观念同样也在发生变化，职业的社会化决定了他们不可能终身从事一项工作直到退休，在预期的工作历程中，他们可能会选择多个职业和工作，这也使得他们在大学学习期间就必须不断深入社会去选择和发现机会。

埃里克·阿拉特研究发现，"有关友谊和团结的社会关系的数量和强度与物质生活水平呈零相关。换句话说，在斯堪的纳维亚国家里，社会关系在城堡里和在小屋里是同样的丰富。物质生活水平和衡量友谊和团结的因素之间的零相关关系在统计上适用于一般的斯堪的纳维亚人口"[1]。这一方面可以解释为什么没有就业和没有收入的人群中有相当一部分人参与志愿服务，另一方面也告诉我们，志愿服务动机的复杂性不是仅仅可以用单一的经济因素就可以解释的，志愿服务在更大程度上是一种社会行为。当然，社会行为和经济行为不是可以截然分开的，环境不是静止的，人们的生活和思想总是在不停地变化。在这个过程中，社会生活和经济生活的关系也处在变动中。

（七）经济状况

因为是大学生居多，所有没有收入的志愿者占 66.77%（见附录五表-5）也就比较容易得到解释了。问题是，会不会产生另外的解释，就是大学生参与率高与其收入有关系？或者说，参与志愿服务是其参与动机之一？或者是，因为他们有足够的时间参与？还是他们有通过参与获得经验和经历的机会？通常闲暇时间是决定人们参与社会和公共生活的重要因素。从以往的经验看，大学生参与志愿服务的动机多与未来的就业选择有关系，这些大学生多是 80 后和 90 后，有着自己的人生选择。正如我们在前面已经分析过的，职场人员有收入，但是有工作压力，所以参与志愿服务的时间和机会就受到限制，越是收入高的群体，工作压力越大，时间越

---

[1] [印度]阿玛蒂亚·森、[美]玛莎·努斯鲍姆主编：《生活质量》，龚群译，社会科学文献出版社 2008 年版，第 100 页。

有限，参与志愿服务的机会就越少。当然，另外的情况是，那些收入达到相当水平的人例外。我们经常看到王石等一批企业大亨积极参与并倡导公益事业。值得进一步深思，参与志愿服务积极性高的会不会在两头，一头是大学生群体，另一头是已经发展起来的大企业家，前者追求机会和发展，后者追求社会认同和自我实现？中间的中产阶级往往是压力最大、"我太忙了"的那群人。没有足够的时间，他们要在职场进一步上升，压力自然小不了。另外，还要供养房子和孩子，大部分时间必须为工作和收入奔波。正如帕特南发现的，"认为'我总是觉得急匆匆'的人口比例从60年代中期到90年代中期激增了将近一半。在整个80年代和90年代，越来越多的人认为我们'大部分时间都工作得非常辛苦'，而且我们经常'很晚都在加班'。紧迫感最强烈的群体包括全职员工（尤其受过高等教育者）、妇女、25—54岁的人、年幼儿童的父母、尤其是单身父母。这些发现是非常令人震惊的，因为同样是这些人在历史上曾非常积极地参与公共生活。也许过度工作是唯一的罪魁祸首"[1]。

附录五表-5　　　　　　志愿者的收入分布

选项	小计	比例
1. 无	1296	66.77%
2. 6000元及以下	209	10.77%
3. 6001—12000元	86	4.43%
4. 12001—30000元	92	4.74%
5. 30001—60000元	125	6.44%
6. 60001—10万元	82	4.22%
7. 10万元以上、20万元及以下	34	1.75%
8. 20万元以上、50万元及以下	9	0.46%
9. 50万元以上	8	0.41%
本题有效填写人次	1941	

2014年8月5日，我国首部群众体育蓝皮书在北京发布，这部《中

---

[1] ［美］罗伯特·帕特南：《独打保龄——美国社区的衰落与复兴》，北京大学出版社2011年版，第218页。

国群众体育蓝皮书（2014）》的调查结果显示，"现如今，尤其是在大城市里，人们的生活节奏快、工作强度大，健康时间明显不足，成为制约参与体育健身活动的首要因素。本次调查结果显示，无论是'经常锻炼'、'偶尔锻炼'还是'不锻炼'的人群，均认为'工作忙、家务忙无时间'是影响其参加体育健身活动的主要障碍"①。这个调查结果也从另外一个方面证明了我们以上的分析。

无独有偶，香港《文汇报》报道，香港一个关于爸爸压力及子女沟通情况的调查显示，超过70%的受访爸爸表示生活有压力，17%的受访者表示因长时间工作导致没有时间与子女或家人沟通，17.9%的受访者表示根本没有时间与子女和家人沟通，相较于2013年，这个数据上升了1.89%，20.8%的受访者表示有1小时或以上的时间可以与家人交流，而超过40%的受访者认为自己不是好爸爸。男性因长时间工作导致与家人关系疏远，令他们面对严重的精神和工作压力。②

三　主要研究结论

（一）主要服务领域

从附录五表-6可以看出，志愿服务的主要领域是社区服务，包括邻里互助，占36.53%，其次是关爱服务，占35.96%，再次是文化教育，占30.14%，绿色环保居第四位，占27.46%，赛会志愿服务居于第五位，占24.94%。日常生活领域的志愿服务仍然是志愿服务的主要领域。2014年2月19日，中央精神文明建设指导委员会《关于推进志愿服务制度化的意见》特别强调了扶危济贫、应急救援、大型活动等领域的志愿服务活动。③并对中国志愿服务发展的阶段性特征做出了一个判断："总体而言，我国的志愿服务还处在初始阶段，活动开展不够经常、体制机制不够完善、服务水平不够高等问题，在一些地方不同程度存在。"④做出这样的判断还是比较符合中国实际的，如果把现有的状况开展国际比较的话。

---

① 《"没时间"是制约人们健身的首因》，《北京日报》2014年8月6日。
② 《小康》2014年8月上，第24页。
③ 中央精神文明建设指导委员会：《关于推进志愿服务制度化的意见》，《人民日报》2014年2月27日。
④ 同上。

附录五表-6　　　　　志愿服务领域分布

选项	小计	比例
1. 城市运行：义务指路、文明引导、交通疏导等	388	19.99%
2. 社区服务：邻里互助类	709	36.53%
3. 文化教育：文化传播、法律及科普等	585	30.14%
4. 绿色环保：环保宣传及环保行动、环境污染的发现与改进治理	533	27.46%
5. 关爱服务：帮助残障、老人、流动人口等弱势群体	698	35.96%
6. 应急救援：防灾救灾知识宣传普及、灾后紧急救助、危险应急救援以及相关心理干预等	224	11.54%
7. 赛会服务：体育赛事、展览及博览会、国际及国内的会议服务、政府及公益庆典	484	24.94%
8. 医疗卫生：健康养生、禁毒防艾、医疗保健等	222	11.44%
9. 网络志愿服务	33	1.7%
10. 国际志愿服务	39	2.01%
11. 其他志愿服务，请注明：	181	9.33%
本题有效填写人次	1941	

社区志愿服务是这些年来，政府和各类社区组织力推的一个服务领域。这些年来，社区活动和社区建设迎来了扩张时期，各类社区活动逐年增加，不仅地方政府把社区建设作为社会治理的基础性工作，各级政府也加大了与社区的联系，包括签署共建协议，中央政府和地方政府的财政投入力度也逐年增加。现在看来，推动社区建设和社区志愿服务的主体主要还是政府和居委会组织，居民对于公共生活的热情还没有被真正激发出来，许多人，甚至可以说大部分人还没有真正发现自己与社区的关系：自己的个人利益与公共利益的关系、公共生活在个人和家庭生活中的价值、邻里之间的关系，等等，甚至对于社区发展的信心还不足，还需要提高。

2013年12月3日，海淀区创建全国文明城区办公室发布2014年《海淀社会环境秩序整治志愿服务行动方案》，围绕文明交通秩序、自然环境保护、市容市貌维护、诚信经营建设等社会管理突出问题，2014年组织全区40多万名志愿者开展10项志愿服务行动。按照计划，海淀区在全区25个主要路口、120个重点路段配备文明交通志愿者，每个路口路段配备6至8人，配合交警劝导机动车驾驶员、行人遵守交通规则，不闯红灯，规范停放车辆。这些志愿者举着"礼让行人"等文明提示牌，提醒右转车辆礼让行人；用"请走斑马线"等文明牌提醒、引导行人遵守交通规则，不闯红灯。在人流较多的路口，志愿者会以身作则自觉站在人行道上等候绿灯，引导后面的行人自觉排队等候。

原先从事社区志愿服务的是一些年轻人，现在发生了很大的变化：一是从事者从年轻人扩大到多个年龄段，可以是少年、中年等；二是服务的方式发生变化，原来志愿服务活动主要是帮助老弱病残解决生活上的一些困难，而现在志愿者从单纯的奉献阶段发展到了可利用有偿服务获取收益来支持无偿服务的阶段。

如果按照国际上通用的办法来衡量北京的志愿服务，其特点基本是非正式志愿服务占多数，在各类参与率中居首，占38.45%，说明北京市的志愿服务还是处于成长阶段。如附录五表-7、表-8所示，20小时以下占49.77%，几乎为50%，与国际上其他地区和国家比较还是相对较低的。每一两周固定做的占14.59%，志愿服务还没有成为人们日常生活的一部分，也没有成为一种生活方式，尽管在2008年奥运会之后，北京市在把奥运成果转化为日常志愿服务行为的方案中曾经试图把志愿服务作为人们生活方式的一部分，但事实上，还没有达到这样的目标。节假日做的占18.04%，表明只有在节假日期间人们才有闲暇参与公共事务和公益活动。或者人们把节假日的休闲活动拓展到公民服务领域，把个人的休闲与公共生活联系起来，不仅仅局限于利己主义的个人休闲，而是将其作为利他主义的社会服务活动。我们也看到，很多人只有在单位组织时才参与志愿服务，这也就是我们经常讨论的所谓志愿服务的"灰色领域"。适应变迁着的世界，这是新时代生活方式变革的必然趋势。北京市节假日的休闲还受限于其环境和生态容量，我们从周末动物园的人流以及动物园地铁口的拥堵就可以看到，北京人在节假日休闲行为的可能选择。当然，小汽车的增加正在改变人们出行的方式和地点。

附录五表-7　　　　　　　志愿服务参与频率

选项	小计	比例
1. 偶尔做一两次	746	38.45%
2. 只在节假日做	350	18.04%
3. 每一两周固定做	283	14.59%
4. 每一两月固定做	141	7.27%
5. 单位组织才做	283	14.59%
6. 其他	137	7.06%
本题有效填写人次	1940	

附录五表-8　　　　志愿者最近一年参与志愿服务的时间

选项	小计	比例
1. 20 小时及以下	966	49.77%
2. 20—100 小时	722	37.2%
3. 101—200 小时	166	8.55%
4. 201—300 小时	39	2.01%
5. 301 小时以上	48	2.47%
本题有效填写人次	1941	

应急志愿者在大的突发性事件中的影响，尤其是在 2008 年汶川地震救灾中的作用大大凸显，受到社会的重视。北京志愿者协会在这场抗震救灾中派出了自己的队伍，在共青团四川省委的支持帮助下进入灾区，参加救援。就北京来说，2012 年的"7·21"暴雨中也涌现了大量的志愿者，尤其是在最初，大量社会志愿者自觉组织起来参与救灾活动，在社会中产生了巨大影响，也引发了政府关注，并将其纳入政府工作议程——北京市社会建设办公室设专题讨论如何开展社会动员，并在此基础上设计了社会动员试点方案和选择了一系列的街道社区开展试点工作。从整体来看，与全国比较，北京的应急志愿者的参与活动并不显著，这主要与社会需求有关——这些年，北京的应急志愿者需要并不十分显著，没有特别大的突发事件发生。

（二）参频率

单位组织参与是中国特色的志愿服务性质。尽管经过 36 年的改革开放和发展,越来越多的人脱离单位的种种约束,越来越成为社会人,但是,单位在各类归属中,仍然算得上是最具归属感的组织,社区并没有像人们想象的那样,成为人们生活的共同体,至少目前还没有。这从另一个方面说明,社区建设工作还需要进一步加强。这36年,既是中国社区建设不断得到加强的36年,也是人口不断流动的36年,除了2.69亿人口处于流动中以外,其他居民也经常过着一种居无定所的生活,尤其是这些年的房地产开发和个人住房扩张,几乎很多人都要迁移。年青一代似乎已经习惯于到处安营扎寨的生活。然而,频繁的迁移会阻断植物的根部发育,对于植物是这样,对于人也是这样。传统的农业社会之所以能够生长出让滕尼斯流连忘返的社区生活来,就在于它的相对稳定,在这个相对稳定的社区中,人们相互认识,相互认同,相互帮助,归属感、认同感、地域感,凡此种种,都产生了,发展了,巩固了。一旦社会流动起来,人们便需要花时间在新的社区扎根,居所的稳定性和居民参与公共生活之间的关系非常密切。在一个拥有几处住房的城市,要建立起一个成熟的社区更是难上加难。经常迁居会导致社区纽带脆弱,居住人口频繁更换会导致社区的融合度降低,也会导致居民的安全感下降。

在1900多名志愿者中,参与志愿服务并贡献时间超过100小时以上的大约占13%,13%是个什么概念?如果开展国际比较的话,2001年,美国18岁以上的志愿者的平均贡献时间是218小时,加拿大是162小时,澳大利亚是160小时,英国是170小时。北京志愿者在2014年只有超过13%的人可以年均贡献100小时以上。从这个意义上说,中国的志愿服务还有很大的发展空间。也正是在这个意义上,对于中国的志愿服务的激励形式来说,需要的不是简单向发达国家看齐,而是基于自己的国情,鼓励国人通过各种各样的方式,包括非正式的方式,参与到志愿服务中来,在这个过程中,培育人们的参与意识、参与热情、参与能力。在全民参与不断提升的情况下,再深入考虑通过组织方式组织动员各种各样的志愿服务活动,激发全民的社会责任感。

迈克尔·舒德森在谈到美国民众参与时写道:"在这个国家,除了节日庆祝仪式,没有什么东西比选举更能调动群众。"在舒德森看来,在美国,能够调动居民参与公共生活的首先是节日庆祝活动,其次才是选举。美国是一个选举的国家,这是美国的历史和文化传统。节日庆祝却是各国共有的公共活动。

（三）贡献时间

人们的时间安排既与精神状态有关，也与生活方式、生产方式有关。当前中国，现代的与传统的生活方式、生产方式交叉，使人们处于不同的时空压力之中，这是我们研究社会动员和激发社会活力时不能不考虑的问题。

（四）参与方式

我们还需要进一步讨论志愿服务的参与方式。附录五表-9告诉我们，62.13%的志愿者通过有组织的志愿活动参与到志愿服务中来，因为他们本身就是注册志愿者。问题是那些没有注册的人，在现实生活中帮助和支持他人的生活和工作，这些所谓的非正式志愿服务活动如何计量和如何激励。中国是一个发展中的大国，在经历"文化大革命"和改革开放的数十年的建设和变革后，价值观念亟待重建，人与人之间的社会联系亟待密切，在这样的一个背景下的志愿服务，可能的情况是，发生于日常生活中的帮助和支持，会比通过组织动员的参与要多，对于这样的志愿服务同样需要激励和支持，而且它们可能是根植于社会中的并有可能逐步深入人心的互惠活动，对此，党和政府的志愿服务管理指导组织要引起高度重视，家风是在家庭生活中逐步培养起来的风气，社会风气是全体社会成员自觉形成的行为准则，一个社会一定要高度重视这些微观生活领域的东西。

附录五表-9　　参与志愿服务的方式

选项	小计	比例
1. 有组织的志愿活动	1206	62.13%
2. 个人志愿活动	209	10.77%
3. 兼而有之	526	27.1%
本题有效填写人次	1941	

附录五表-10证明了我们在前面做出的推断，单位依然是人们参与社会生活的主要途径之一。千万不要忽视单位和机构的作用。因为是注册志愿者，所以才有64.09%的注册志愿者是通过社团（如学会、协会、俱乐部、基金会、慈善机构等非营利组织）组织的活动来参与志愿服务的。

网络也发挥了重要的作用,在这里,网络组织的志愿服务被视为非正式的志愿服务,因为它们未经注册。但是现实生活中,这样的志愿服务比比皆是,尤其是年青一代,这种现象尤其值得进一步研究,它可能延伸出当代志愿服务的最新趋势,也可能成为社会动员的主要组织形式,在一些区县和社会组织,我们已经看到,网络和新媒体的组织形式正在取代传统的组织动员成为社会动员的组织方式,各类志愿组织的政策应适应这样的技术条件和发展势态,否则就难以完成自己的既定目标。

附录五表 - 10   **参与志愿服务的组织方式**

选项	小计	比例
1. 政府(如民政部门、街道办事处、社区服务中心等)组织的活动	524	27%
2. 本人供职或就读机构(包括供职或就读机构的党团、妇联、工会或机构内部的志愿者协会等)组织的活动	778	40.08%
3. 社团(如学会、协会、俱乐部、基金会、慈善机构等非营利组织)组织的活动	1244	64.09%
4. 非正式组织(如自组织、网络组织等)组织的活动、偶发的临时性志愿活动	520	26.79%
本题有效填写人次	1941	

(五)参与途径

附录五表 - 11 显示,网络已经成为人们获取志愿服务信息的主要渠道,占 43.07%,其次为相关社会组织,占 40.91%,再次为工作单位,占 39.00%,第四位的是朋友推荐。这里首先说网络,网络成为人们交往和获取信息的主要渠道一点也不足为奇,看看大街上、单位办公室、会场上,人们不时查看手机,就知道它是多么普及和被广泛应用了。网络正在改变人们的生活和工作,这一点是毫无疑问的。社会组织,尤其是志愿组织,在动员人们参与志愿服务活动中的作用越来越凸显出来,这主要是指那些以组织志愿服务为使命的组织,它们的使命决定了它们的工作重点和工作方式,社区志愿者协会、青年志愿者协会,乃至那些草根层次的社会组织都在动员志愿者方面发挥着重要的作用。这些年,除了原有的志愿者组织,如中国青年志愿者协会、中华志愿者协会等,又陆续出现了中华志愿者联合会，中华志愿服务基金会等组织，不仅工青妇参与了志愿者的组织动员，中央精神文明指导委员会也把志愿服务工作摆在重要位置，这些都大大推动了志愿服务的发展。单位的作用远远没有如人们想象的那样被社区取代，在实际生活中，尤其是那些自己购买住房，搬出单位宿舍区的机关工作人员、白领工人，以及其他职业的人员，单位的社会联系的主要意义远远超出现实意义的社区。我们不能说在现时代，单位人由社区人或社会人所取代是一个伪命题，至少在一部分小区还是这样。在小区没有成为生活共同体，人们没有对小区的管理和秩序形成认同之前，单位人还是单位人，人们对于单位的认同会远远超过对社区和社会的认同。除了上述信息之外，朋友推荐也是一个值得进一步分析的因素，这说明在我国社会资本中，朋友之间的联系和交往对于推动社会公益活动是一个重要的因素，我国的社会联系是具有一定的强度的，不容忽视，人们也不都是在独打保龄球，有时候也还是一起打保龄球的，这个现象值得关注和进一步研究分析，把这种社会资本扩大，对于培育现阶段的社会资本，建立人们之间的信任、规范和价值非常重要。朋友、亲友都是社会组织的重要形式，是一个社会中不可缺少的黏合剂，需要从社会建设的高度加以认识和发展。这些非正式的社会组织形式其实是一个社会中最为重要，但往往是隐性的社会联系，不被注意。但是，确实需要加以关注，就像需要关注非正式的社会规范一样。

附录五表 – 11　　　怎样获得这些志愿活动的信息

选项	小计	比例
1. 工作单位召集	757	39.00%
2. 相关社会组织	794	40.91%
3. 网络	836	43.07%
4. 电视	92	4.74%
5. 报纸杂志	105	5.41%
6. 海报	258	13.29%
7. 朋友推荐	589	30.35%
8. 其他，请具体说明：	152	7.83%
本题有效填写人次	1941	

"'寂寞是 20 世纪的主要疾病',正如大卫·雷斯曼所说,'我们都是寂寞的人'。人口在迅速膨胀,而人与人之间的可共患难的真情却逐渐消失了……我们生活在一个无个性的世界里,我们的事业、政府的规模、人口频繁的迁徙等很多原因,致使我们无法获得持久的友谊,然而这还只是个开始而已。"① 这里的所谓事业,应当就是指工作、就业等诸方面的压力,以及人们对于名利的追求。对于名利的追求占去一些人大部分的时间,甚至健康。这里所谓的政府规模,就是指政府承担的公共事务越来越多,使得那些本该公民自己承担和负责的任务都由政府去做了。公民自身处理问题的时间减少了,人与人面对面接触的机会自然也就少了。政府如何在一个更高层次上让居民自己处理自身事务,是创新社会治理的重要任务。这里的关键问题是,谁来处理公共事务的效率、效果、成本、经济,而不是简单地停留在"小政府、大社会"的理论分析和宏观议论上。当然,这种绩效要从一个更大的视角去分析。毫无疑问,人口频繁的迁移,从一般意义上的城乡之间的迁移,到跨国迁移,确实带来了人与人之间接触、认识、交流、信任、友情等方面的困难,而这些,通常被视为是人类最基本、也是最重要的东西。现在得出工业化、城市化泯灭了人类的本性的结论可能还为时过早,反思这个问题也不无益处。"如果一个人想要摆脱寂寞,就必须努力创造出怀特博士所说的'精神气氛'。不管我们身处何地,都应当努力营造温暖和友爱的气氛。具体来说,如果我们想要克服寂寞,就要停止自怜,就应该去结交新朋友,与他们分享我们的快乐。当然这需要勇气,然而我们很多人都做到了。"② 志愿者就是这样一群人,他们通过自己的努力在营造一个友爱和温暖的气氛。给那些被服务的人群和他们自己都带来了快乐。当然,我们更需要专业化的、善解人意的、富有爱心的志愿者们参与到社会事务中去。这就是,"如果说其他地区向上发展的经验有什么指导意义的话,人们必然会在社区平衡中需要更多的个人权利空间。权力问责和给予人民反馈是良好治理的普遍原则"③。

---

① [美] 戴尔·卡耐基:《淡定:内心强大的力量》,马剑涛等译,中国华侨出版社 2012 年版,第 84 页。
② 同上书,第 84—85 页。
③ 郑必坚、基辛格等:《世界热议中国——寻求共同繁荣之路》,中信出版社 2013 年版,第 225 页。

参与灾区救援工作的志愿者首先要能够自救，若是不能自救，何以去救别人？甚至可能成为其他人的拖累，志愿者不仅要有热情，更需要知识。在灾区，志愿者不仅要面对大自然的喜怒哀乐，也要面对成千上万灾民的喜怒哀乐，专业的志愿者不是把救灾物品送到灾民手中就可以了，还要安抚他们，抚平他们心灵的伤痛，这绝不是"别悲伤了，一切都会过去的"这样一句话就可以完成任务的。

附录五表-11告诉我们，纸介媒体在人们日常生活尤其是在志愿者的动员中发挥的作用远远不如网络、相关社会组织、工作单位以及志愿者本人的社会关系网络——亲朋好友，这让我们看到了北京居民眼下社会动员和社会活力的基本方式。在这一点上，第九届中国（北京）国际园林博览会（以下简称北京园博会）是一个很好的创举。北京园博会共录取志愿者12722人，其中高校志愿者11855人，社会志愿者882人，港澳台及海外志愿者15人。在大型赛会志愿服务中，志愿者工作团队以建立标准志愿服务的信息化"远期交易平台"为核心竞争力，发挥市场在志愿服务资源配置中的决定性作用；以"志愿服务的文化传承传播"和"志愿服务的移动互联和大数据整合"为两条主线，既在更深更广的社会范围内传递正能量，发挥文化育人和引领作用，又有效促进志愿者之间、志愿者和工作团队之间的信息交互，提升管理运行效率；突出人性化、社会化、系统化三原则的统一，尊重志愿者主体性，回归志愿服务本质，极大地调动了志愿者的积极性、提升了志愿服务质量。

"丰台模式"基于人性化、社会化、系统化原则，应用青年人喜欢的Web 2.0信息化模式和青年人喜闻乐见、易于接受的时尚、艺术元素，在志愿服务这种"没有价格"的服务"市场"中初步摸索出了一套促使志愿者提供最佳服务的机制，有效地调动了志愿者的主体意识，让志愿服务变得更加贴近青年，更加深入生活。从这个角度来看，大型赛会志愿服务和常态化的志愿服务边界已经变得越来越模糊，而这也正是大型赛会志愿服务工作的立足之本，同时也为未来的常态化服务提供经验借鉴。凡是在北京园博会志愿者网站上注册的用户都可以使用原用户名和密码进行"小V蜂"App手机客户端登录。"小V蜂"App主要有五大功能——资讯、岗亭信息、新鲜事、好友与个人中心。其中"资讯"功能涵盖了园博会志愿者网站的主要信息，包括新闻、资料、通知和园博会志愿者榜单。"岗亭"板块则详细罗列了园博会各岗亭的具体位置和相关服务信息，方便志愿者通过手机客户端进行便捷选岗。"新鲜事"板块是志愿者通过文字和图片方式即时发布志愿服务心情和心得体会的快捷平台。"个人中心"板块则是志愿者完善个人信息，更加全面展现自己，找到更加志同道合的朋友的便捷通道。

附录五表-12体现了注册志愿者的基本特征，不是从项目开放和实际需要来决定是否招聘志愿者，而是报名注册。志愿者的实名注册是眼下各类志愿组织，包括青年志愿者组织和社区志愿者组织的主要组织和动员方式，它们通过这样的方式来实现志愿者参与的第一步，即为进一步开展志愿服务活动奠定初步的人力资源基础，下一步的行动则取决于具体的志愿服务项目的设计和提出。通常，人们往往是先有志愿服务的需求，再开展志愿者的招募。志愿者的实名注册则是另外一个方向的组织，先组织人员再设计项目。它的问题在于，一是不少志愿组织把实名注册的志愿者作为现实的志愿者，其实他们不是，他们只是潜在的志愿者，只有当他们参与到现实的志愿服务中去时，他们才是真正的志愿者，在这一点上，一些志愿组织往往把现实的和潜在的志愿者混淆在一起，尤其是在向上级和社会公布志愿者的数量时，被当作一回事了，潜在的GDP成为现实的GDP。当然，作为一种动员方式和人力资源储备，实名注册制度本身没有什么问题，问题在于志愿组织如何开放广大志愿者喜闻乐见的服务项目并吸引志愿者参与，使潜在的志愿服务力量变为现实的志愿服务，这是问题的关键。志愿者本人不要以为自己注册就是志愿者了，志愿组织也不要以注册人数来炫耀自己的志愿服务队伍的规模，这样才是实事求是的态度。

附录五表-12　　参加志愿活动需要经过的程序有哪些？

选项	小计	比例
1. 报名即可	1504	77.49%
2. 填写基本信息或回答一些问题	1023	52.7%
3. 提交个人简历	581	29.93%
4. 缴纳报名费用	38	1.96%
5. 其他，请说明：	90	4.64%
本题有效填写人次	1941	

《关于推进志愿服务制度化的意见》要求，"志愿服务活动结束后，

由城乡社区、志愿服务组织、公益慈善类组织、社会服务机构等，根据统一的内容、格式和记录方式，对志愿者的服务进行及时、完整、准确记录，为表彰激励志愿者提供依据"[1]。这个意见对于志愿者的服务的要求与以往略有不同，就是要求在志愿者提供服务后再予以登记，这样看到的志愿服务就是真实的志愿服务，如同失业率统计一样。登记失业率和真实失业率完全不是一个概念，但是，长期以来，人们使用登记失业率来反映失业状况，结果很难反映实际，最近国务院常务会议要求在一些有条件的大城市逐步实行抽样失业率就是迈向实事求是的重要一步。我们也可以这样来理解志愿服务的登记制度改革。值得注意的是，在《意见》中，只把志愿者的使用组织界定为城乡社区、志愿组织、慈善公益组织和社会服务机构，其实政府组织在一定意义上也是可以使用志愿者的，企业的实习生中有相当一部分是志愿者，因为他们愿意通过参与实践来获得经验。在这个问题上是不是还可以进一步解放思想，加强研究，令志愿服务本身的界定更加明确，给更多的组织机构更大的空间来使用志愿者资源，使志愿服务的开展更加广泛。当然，《意见》本身也有一些需要通过研究和实践进一步完善的方面。

北京市志愿者实名制注册始于2012年，北京市民只要登录"志愿北京"网站（www.bv2008.cn）即可进行实名申请，经认证后可以拥有全市统一的注册志愿者编号，成为注册志愿者。"志愿北京"是为北京市志愿者建立的统一注册管理平台。注册志愿者可在网上申请参加志愿团体和志愿项目，参与志愿培训。"志愿北京"网站建立审核制度，为志愿者记录志愿服务经历和时间。同年，北京市还在公共空间、基层社区和公益机构，打造首批100个北京市志愿服务示范站。示范站在"蓝立方"基础上，除保留原有的为市民和城市运行提供志愿服务外，还增加管理和服务功能，志愿者和志愿者团队可以在站点报名，参加志愿服务活动，进行实名注册和服务计时、接受培训等。示范站还根据本区域内的志愿项目，招募、联系、管理、服务志愿者和志愿者组织。

总之，研究新时期的志愿服务，科技对于通信和休闲的影响，进而对于人们交往方式的影响势必是不能忽视的因素。在20世纪即将结束的前

---

[1] 中央精神文明建设指导委员会：《关于推进志愿服务制度化的意见》，《人民日报》2014年2月27日。

三十年，通信技术基础上的"大众媒体"出现在人们的日常生活中，而进入21世纪，大型电信和电子娱乐不仅成为巨大的产业，也成为社会生活的基础。在这个社会变迁的过程中，有两个现象特别值得注意，一是新闻和娱乐越来越变得个人化，在体验各种重大甚至触目惊心的信息和娱乐项目时，人们不再需要与别人一起分享，电脑、手机使个体完全可以自己去享受这个过程，个体在这个过程中的随心所欲的空间扩大了，但是集体行动和分享也就相应地减少了。有线电视、卫星电视、音像制品、互联网、手机、微博、微信提供了爆炸性的信息和娱乐节目。二是电子技术使个人可以在私下享受"私人定制"各种信息、娱乐产品，它大大改变了在20世纪中期之前人们还要局限于公共场所的公共活动方式。随着3D打印技术的出现，集体大生产的方式也许变得无足轻重，个体可以在自己的私人空间中设计自己需要的产品并加以生产，那样的社会组织形态将会是什么样子？我们不能不认识到，这些技术革命已经发生和正在发生的速度是令人惊异的，它将改变我们经济生活和社会生活的全部特征，我们直接看到的是，人们集体的公共活动会越来越少，和朋友相处的时间在缩短，与家人交流的机会也被查看微信、微博等大众媒体所取代，很多公共事务不是在大家面对面的公共空间讨论了，而是在微信或者微博的虚拟空间中协商、讨论。即便是在工作单位，纸介的文件正在被办公电子化系统取代，包括行政审批。

过多使用这些电子设备会不会造成人们形单影只、被动消极、与他们的社区和群体分离，现在我们还无法完全确定，如果没有这些，人与人之间会喜欢更多的面对面的交流，社会联系会通过人与人之间的直接接触，而不是虚拟的网络。无论如何，在我们探索的社会参与和社会动员中，电子技术的扩展和广泛应用变成了一把双刃剑，一方面它加速了信息的交流和人员人之间的交流，另一方面它又减少了人与人之间的面对面的、富有情感的交流。

（六）激励考核体系

志愿服务是利己的还是利他的？人们在一般意义上分析这个问题时往往会说，市场的营利行为是利己的，志愿服务客观上是利他的。就一个具体的个人来说，这确实是非常复杂的，个人可能出于自己的目的，比如希望通过帮助别人得到自己的心理满足——荣誉等，在这个意义上也可以说是利己的、自私的，但是，客观上达到了利他的和帮助别人的目的，也是利他的。通过志愿服务活动，获得志愿者服装、志愿者身份卡、徽章和其他标识、志愿服务证明、志愿服务计时，等等，很可能是从自身考虑的。纯粹的利己主义应另当别论，特别是损人利己的行为。对利他主义效果评价的标准之一是看看他们是否有利于公共利益。类似的行为也同样可以拓展到世界范围内，"因为，民粹主义会使各国的政治家被民族主义所劫持。那样，大家只关注眼前自身的利益，没有人去考虑长远的利益，没有人去考虑人类的共同利益和世界前途。其结果是，国与国之间的摩擦、争斗、角逐、冲突层出不穷，世界呈现一种持续的动荡、混乱的局面，人民遭受无穷无尽的苦难"[①]。小的世界和全球意义上的世界事务在道理上是一样的，全球也有全球意义上的公共利益，只有把个体利益与公共利益结合起来的行为才是利他主义的行为，个体与个体之间、群体与群体之间、民族与民族之间以及国家与国家之间都有自身的利益，但是在一个相互依存的世界，它们必须找到利益的汇合点，志愿组织和志愿服务项目开发者就是要去发现这些利益汇合点，发展这些利益汇合点，使个体、群体、民族和国家之间的利益不断扩大，建立起各种形式的利益共同体，就会使个体之间、群体之间、民族之间和国家之间的关系更加牢固。基础牢固了，积极性也就调动起来了，社会活力也就被激发出来了。

在志愿服务过程中，扩大个体与集体利益的汇合点，构建共同利益，将会进一步激发个体的积极性，扩大团体的凝聚力，把社会带向一个美好的未来。所以，志愿精神的培育绝不是志愿者自身的事情，是志愿者、志愿组织和整个社会的事情。如果我们按照这样的思维方式来发展我国的志愿服务，也许我们会找到一条不同于其他国家志愿服务和社会动员的新的路径。一句话，志愿者、志愿组织和社会是一个共同体。

2013年北京园艺博览会建立了360度志愿服务激励考核体系，主要包括：一是神秘人机制，由志愿者组下设的激励考核组在园博园随机选择游客，发放神秘人卡片，承担"神秘人"职责的游客在对整个园区参观游览之后，根据服务体验选择他所认为服务最优的志愿者，将卡片发放给该名志愿者，凭借神秘人卡片，该名志愿者能够获得志愿者吉祥物的玩偶奖励和蜜糖积分的奖励。二是状态评价机制，骨干志愿者负责考核每名志

[①] 郑必坚、基辛格等：《世界热议中国——寻求共同繁荣之路》，中信出版社2013年版，第240页。

愿者的上岗情况，记录迟到、早退、空缺岗情况，在每天的志愿服务结束后，结合志愿者的岗位服务表现，在网站评价系统中选择"卓越"、"勤奋"或"低落"对志愿者工作状态进行评价。三是鲜花评价机制，骨干志愿者接受普通志愿者的评价，由每一位上岗的大学生志愿者和社会志愿者在工作结束后，对本岗位的骨干志愿者进行反向评价。四是骨干评价机制，是片区长通过工作考察后，针对各服务载体岗位的骨干志愿者综合表现进行评价，通过志愿者管理网站选择"卓越"、"辛勤"或"低落"进行评价。五是片区考核机制，将各个片区每个月度的各项指标按片区志愿者人数加权平均后进行综合排名，并将最终结果通过月度工作会进行公布。六是片区巡视机制，志愿者组下设片区巡视组，不定期对园博园内所有片区的服务岗位载体和志愿者进行巡视督导。七是游客投诉机制，凡是接到游客投诉志愿者服务的问题，会通过运营调度中心反馈给志愿者组，建立问责机制。

北京园博会志愿者基于"小 V 蜂"的形象化激励考核。根据激励理论，内在激励源于志愿者因参与园博会而产生的内在满足感，通过挖掘园博会中蕴含的意义和志愿者精神，志愿者组打造志愿者精神文化内涵，设计了志愿者吉祥物"小 V 蜂"乐乐，来增强志愿者的绿色意识、公民的责任感、团队归属感。通过强化"小 V 蜂"群体的形象意义和标识价值，利用文化标识体系让参与者以志愿者身份为骄傲，为能够展示自我而高兴，对活动的意义的自觉认识等。结合志愿者管理网站平台实行在线激励。将志愿者网站按照"小 V 蜂"具象化命名，称为名小 V 蜂巢，按照园博会志愿者选拔政策，根据志愿者选岗、学习、培训、交流的不同功能，用蜜糖数排行榜激发志愿者选岗上岗、自我培训和交流学习。充分利用志愿者网站增强志愿者自身素质和对园博会的了解，扩大园博会志愿者影响力。

北京园博会志愿者激励考核体系作为大型赛会志愿者管理实践的创新尝试，通过基于互联网的信息平台，构建了志愿者远期服务约定机制，通过建立 360 度评价体系将组委会的主题理念、文化价值、服务标准清晰地传递给参观游客，保证了志愿者团队的顺畅运行，避免了由于来源不同导致志愿者组织体系的分层断裂。通过创新志愿者管理的激励考核体系，打造闭环评价机制，有效地降低了组织管理信息传递熵值增大的问题，结合志愿者来源的分层特质，将所有志愿者团队凝聚成具有较强执行力、贯彻力的战斗团体,为北京园博会志愿者服务工作的成功开展奠定了坚实的制度基础。

与国际上的其他激励机制一样,获得参与志愿服务的证明文件,占42.71%,是激励人们参与志愿服务活动的动力之一,这也是他们参与志愿服务的动机。为未来的工作做准备,是志愿服务的主要动力,多少年来激励着国内外的志愿者们参与到志愿服务中来,这是国际上通常的行为选择。眼下的北京,乃至中国,就业问题,尤其是大学生就业问题,吸引无数学生挖空心思,千方百计,寻求出路。参与志愿服务,作为一项重要的生活和工作经历,是大学生和年轻人的必然选择。

志愿者的服装（占39.36%）和志愿服务计时是不同性质上的激励方式,志愿者服装可以使志愿者得到眼下的荣耀、炫耀和面子,而志愿服务计时会带给志愿者将来的预期,也就是互惠(见附录五表-13)。我现在贡献了自己的时间和精力,我期待着以后会得到回报。志愿服务有益于大家和社会,也有益于自己。志愿者的服装和志愿服务计时说明,某些社会资本的投入可以立刻见效,有些可能需要等待时日。这里,还需要关注志愿者的徽章、标识等,都是重要的激励机制。北京奥运会在设计志愿者的标识时主要考虑了各国运动员、参加者心心相扣这一主题,所以用一个心形来象征志愿者与运动员及奥林匹克大家庭和所有宾客心连着心;体现志愿者用心服务、奉献爱心。另外,设计了舞动的人形,展现奉献为乐的志愿精神。

附录五表 - 13　　志愿者组织提供的主要保障

选项	小计	比例
1. 志愿者实名注册	873	44.98%
2. 志愿者服装	764	39.36%
3. 志愿者身份卡	525	27.05%
4. 徽章等其他标识	602	31.01%
5. 志愿者保险	197	10.15%
6. 医疗	85	4.38%
7. 交通补贴	276	14.22%
8. 志愿服务证明	829	42.71%
9. 志愿服务计时	741	38.18%

续表

选项	小计	比例
10. 其他志愿者补贴（包括现金或实物）	155	7.99%
11. 提供餐饮或误餐补助	656	33.8%
12. 其他，请说明：	107	5.51%
本题有效填写人次	1941	

北京园博会志愿者工作以"青春、自信、志愿、绿色"为精神内涵，以"有我·有奉献；有爱·有精彩"和"微笑，让风景更美丽！"为口号，以京燕、永定河为主要元素设计为徽章，以"小V蜂乐乐"为吉祥物，以著名影视演员周冬雨、张晓龙为形象大使，以《爱如花朵》为主题曲，以"小V蜂"志愿服务站服务岗亭为服务载体。

实践证明，文化类标识体系极具辨识度和感染力，可在志愿服务的基础上潜移默化地发挥宣传作用。数据显示，以"园博小V蜂"作为检索词，可以在百度搜索出43万余条新闻，而两名志愿者形象大使的微博粉丝数总计一千余万人，志愿者主题曲《爱如花朵》通过电台、网络、园区和校园服务载体反复播放，覆盖人群超过千万人次。

（七）实际困难

附录五表-14中，"没有时间"确实反映了当前中国社会生活的实际状况，对于那些在职人员，有工作压力，也有家庭和孩子教育的压力，没有时间是一种现实状况。附录五表-15中，"缺乏有力的法律和政策支持"大约包括了在动员参与的过程中，部门之间缺乏协调，导致个别部门出台的政策最终不能兑现，引起志愿者的不满。"志愿组织管理上不够完善"说明现有的志愿组织，在草根层次缺乏资金、缺乏必要的培训和激励机制。而部分志愿组织，往往是过于流于形式，尤其是限于政府和上级交办的任务，不太考虑志愿者的发展和感受，与被服务的对象的关系有时不是十分密切。如每年的重阳节，到老年服务机构的志愿者为老年人洗澡，在很多地方经常是一天之内来了几批志愿者，都从事一样的服务项目，反而给老年人带来了痛苦，造成不良的社会反响，也就是"活动过于形式化、不注重实效"。

附录五表-14　　有哪些因素妨碍了今后继续参加志愿服务

选项	小计	比例
1. 没有时间	22	68.75%
2. 对自己没有明显的服务收益	6	18.75%
3. 家人不支持	3	9.38%
4. 没有经济回报	3	9.38%
5. 个人力量微薄，难以改变现状	11	34.38%
6. 志愿服务过于形式化，没有实效	20	62.5%
7. 其他	4	12.5%
本题有效填写人次	32	

附录五表-15　　开展志愿服务活动中存在的困难

选项	小计	比例
1. 公众对志愿服务缺乏了解和认同	927	47.76%
2. 缺乏有力的法律和政策支持	619	31.89%
3. 缺乏足够的资金	588	30.29%
4. 志愿组织管理上不够完善	812	41.83%
5. 志愿者缺乏培训，无法开展工作	575	29.62%
6. 志愿活动缺乏计量、评价和表彰激励机制	744	38.33%
7. 活动过于形式化、不注重实效	872	44.93%
8. 志愿者保险等保障缺乏	616	31.74%
9. 其他	123	6.34%
本题有效填写人次	1941	

公众对于志愿服务缺乏认同已经是个老问题了，早在20世纪90年代，志愿服务在中国兴起与发展的初期，这个问题就被提上议事日程，成为大家关注的焦点问题之一。2001年国际志愿者年的主题之一也是呼吁世界各国要加强和促进志愿服务的认同。为什么这个问题倡导了如此之长的时间依然是人们开展志愿服务面临的最为困难的问题？（见附录五表-16）这真的需要我们从深层次来研究超出志愿服务之外的其他问题，诸如社会发展环境、核心价值取向、人们的行为选择，等等。从道理上说，历经2001年国际志愿者年、2008年北京奥运会、2010年上海世博会、2012

年广东亚运会，各种媒体对于志愿服务的宣传似乎铺天盖地，志愿者的事迹不绝于耳。可是，这个社会的人们依然缺乏对它的认同，这不能不让我们跳出志愿服务来看志愿服务。首先是整个社会风气。中国从古至今还没有从拜金主义和"官本位"这样的社会风气和氛围中走出来，人们崇尚金钱和官职，并将其作为追求的目标。另外，社会成员之间缺乏信任，等等，这些都不利于志愿服务和志愿精神的开展与弘扬。其次是志愿服务组织形式自身的问题。志愿组织如何开放居民和其他社会成员喜闻乐见的志愿服务项目决定着人们参与的热情和积极性，如何从需求出发，而不是从计划出发，这个问题一直没有解决好，关键问题是政绩考核制度在作怪，志愿组织不是从居民的社会需求出发，而是从领导的喜好出发，不是从居民的满意出发，而是从领导的满意出发，这就注定志愿服务与人民群众的要求之间会有很大距离。最后是公众的生活方式问题。这主要是人们的就业、工作等压力导致实践缺乏等。

（八）培训模式与效果

构建态度、知识、技能三个层次的素质模型，搭建"一网、一册、一课、一营、一岗"（即网络视频培训课程；志愿者培训手册；高校志愿者通用知识现场授课；骨干志愿者冬、春训练营；试运行期间岗位培训）五位一体的培训模式，打造四支志愿者工作力量。通过春训营、强化营等封闭培训形式，将骨干志愿者锻造成为志愿者队伍中的"王牌军"；依托"包点"高校建立的通用培训基地，将高校志愿者打造成为志愿者队伍中的"主力军"；针对社会志愿者开展专场培训，将其培养成为志愿者队伍中的"方面军"；借助优质资源，开展有针对性的专业志愿者培训，将专业志愿者训练成为志愿者队伍中的"特种军"（见附录五表-16）。

附录五表-16　　参加志愿服务活动前的相关培训

选项	小计	比例
1. 每次活动都有培训	405	20.87%
2. 大多数活动都有培训	447	23.03%
3. 半数活动有培训	248	12.78%
4. 不到一半活动有培训	288	14.84%
5. 从未有过培训	553	28.49%
本题有效填写人次	1941	

志愿者参与志愿服务的第一个收获实际上是他们参与志愿服务的培训。通常,这种培训会提供一般知识的培训和专业知识的培训,以2008年北京奥运会为例,志愿者们除了受到文化、礼仪、危机管理等常用知识的训练外,还就各自服务的领域进行专门培训,如场馆志愿者需要专门的知识。这些培训是他们日常学习和生活中难以得到的,所以很多志愿者会在这个培训中获益。从附录五表-17可以看出,26.95%的志愿者认为培训很有效果,43.59%的志愿者认为比较有效果,26.37%的志愿者认为效果一般,认为没有效果或者效果不大的占3%左右,总体来看,北京志愿服务的培训是有成效的。这些年,北京市在奥运志愿服务的基础上,对于志愿服务的研究和培训高度重视,进行了大量的探索和研究,在自身队伍建设、志愿者骨干能力建设以及志愿者队伍能力建设中投入了大量人力和物力,包括举办各种讲座、研讨会,针对不同志愿服务群体的培训,以及适应新形势下的社会需要,建立网络培训等等,传播了志愿服务理念,增长了志愿服务知识,也大大提升了志愿服务组织和个人的服务水平、管理能力。为了提升北京市的志愿服务水平,北京市有关志愿服务组织还邀请国际专家参与北京市的志愿服务活动,开展学术交流。

附录五表-17　　　　　　　　　培训的效果

选项	小计	比例
1. 很有效果	374	26.95%
2. 比较有效果	605	43.59%
3. 一般	366	26.37%
4. 不太有效果	39	2.81%
5. 完全没效果	4	0.29%
本题有效填写人次	1388	

从附录五表-18可以看出,95.62%的志愿者认为自己通过参与志愿服务,为社会和他人贡献了自己的时间和劳动,是认同自己的服务活动的。大部分志愿者是以贡献自己的时间和劳动为主的,专业志愿者或者以贡献自己的专业技能为主的志愿者不多,只占15.92%。

附录五表-18　　对自己在志愿活动中贡献的评价

选项	小计	比例
1. 时间和劳动	1856	95.62%
2. 专业知识技能，请具体说明：	309	15.92%
3. 有建设性的想法，请具体说明：	102	5.26%
4. 其他	80	4.12%
本题有效填写人次	1941	

附录五表-19 显示，98.35%的志愿者表示还会继续参加志愿服务活动，说明了这项活动的可持续性，以及志愿组织对于志愿服务活动的流失率控制的水平。从另外一个角度也说明了他们的激励机制还是有效的。

附录五表-19　　今后您还会继续参加志愿服务活动吗？

选项	小计	比例
1. 会	1909	98.35%
2. 不会	32	1.65%
本题有效填写人次	1941	

98.35%的志愿者表示今后还会参与志愿服务活动，说明这个领域的前景越来越被人们认识到，也是被看好的。志愿服务的发展有着光明的前景。这不仅是基于对于国内经济发展、人民群众物质生活水平提高的一个展望，也是对未来公共生活的信心。关键问题是，政府如何看待这种信心和激发这种信心。未来的生活品质不仅体现在个人生活空间的改善，更取决于公共生活空间的拓展。

（九）参与的社会网络

从附录五表-20 可以看出，77.74%的志愿者动员过其他人参与志愿活动，从政治学理论看，这实际上是在一个公共领域中进行的活动，正如舒德森指出的，公共领域"既指独立于政府之外的公共论坛，又指人们聚集在一起谈论公共事件、超越家庭范围的私人联合体"[1]。他讲的公共领域，

---

[1] ［美］迈克尔·舒德森：《好公民——美国公共生活史》，郑一卉译，北京大学出版社2014年版，第11页。

在传统意义上包括小酒馆的言论交流、法庭楼梯上的报纸、小册子；现代意义上的互联网和微信中的朋友圈，这些都构成了现代意义上的公共领域，而这些以微信为主要工具的交流和讨论，使公共领域的交流频率大大提升，交流的速度大大加快，令朋友、同事、家人都成为这个公共领域的主体（见附录五表-21）。

附录五表-20　您是否动员过其他人参加志愿活动？

选项	小计	比例
1. 是	1509	77.74%
2. 否	432	22.26%
本题有效填写人次	1941	

附录五表-21　您动员过哪些人群参加志愿活动？

选项	小计	比例
1. 动员过家人	385	25.51%
2. 动员过朋友	1332	88.27%
3. 动员过同事	371	24.59%
4. 参与相关宣传活动动员陌生人	260	17.23%
本题有效填写人次	1509	

理解志愿服务的动机可以从若干角度来理解（见附录五表-22）。比如正义之心。"正义之心使得人类在没有血缘纽带的情况下，也有可能组成庞大的、相互协作的群体、部落及至民族。人类是唯一具备此种能力的物种。"[1] 这是从人类的本性来理解人的动机的。"幸福感不仅来自于内心，也与外部有所关联。它来自于我们与他人、我们与自己的工作，我们与群体的正确关系中。"[2] 美国的经验表明，"宗教信徒比非宗教人士参与了更多的志愿服务，其中大部分是为各自的宗教组织所做，或者至少是通

---

[1] ［美］乔纳森·海特：《正义之心》，舒明月译，浙江人民出版社2014年版，"序言"第XVII页。

[2] 同上书，第264页。

过宗教组织集结,再去其他地方做志愿工作者"[1]。

附录五表-22　　志愿服务的动机 [矩阵量表题]

题目/选项	很重要	比较重要	不太重要	很不重要	平均分
1. 参加志愿活动可以开阔视野	1090 (56.16%)	694 (35.75%)	147 (7.57%)	10 (0.52%)	1.52
2. 我关心社会公益事业	1043 (53.74%)	774 (39.88%)	118 (6.08%)	6 (0.31%)	1.53
3. 我同情那些需要得到帮助的人	1013 (52.19%)	747 (38.49%)	159 (8.19%)	22 (1.13%)	1.58
4. 我可以通过参加志愿活动结交新朋友	706 (36.37%)	797 (41.06%)	396 (20.4%)	42 (2.16%)	1.88
5. 我可以通过参加志愿活动学习新技能	870 (44.82%)	724 (37.3%)	312 (16.07%)	35 (1.8%)	1.75
6. 参加志愿活动使我感到快乐	1219 (62.8%)	617 (31.79%)	94 (4.84%)	11 (0.57%)	1.43
7. 人人为我,我为人人,我帮助了别人,当我有困难时,别人也会帮助我	944 (48.63%)	604 (31.12%)	337 (17.36%)	56 (2.89%)	1.74
8. 参加志愿活动对教育孩子有好处	745 (38.38%)	690 (35.55%)	378 (19.47%)	128 (6.59%)	1.94
9. 参加志愿活动是每个公民的职责	883 (45.49%)	676 (34.83%)	311 (16.02%)	71 (3.66%)	1.78
10. 我周围有很多人都在参与志愿服务	487 (25.09%)	611 (31.48%)	638 (32.87%)	205 (10.56%)	2.29
11. 参与志愿活动对工作有好处	526 (27.1%)	559 (28.8%)	631 (32.51%)	225 (11.59%)	2.29

注:该矩阵题平均分:1.79。

---

[1] 同上书,第287页。

调查问卷

志愿者朋友：

您好！以下有关北京志愿者以及志愿服务参与状况的调查是北京志愿服务发展研究会的一项基础调研，现通过志愿北京网络平台向实名注册志愿者发放问卷，希望能够得到您的积极协助。

根据统计法的规定，您的个人意见和资料将被严格保密，因此您不必有什么顾虑，请直率地发表意见，并如实地填写客观情况，为我们研究并呈现北京志愿服务的现状提供可靠的依据。

谢谢您的支持与配合！

北京志愿服务发展报告课题组
2014 年 2 月

通信地址：北京市海淀区中关村大街 28 – 1 号海淀文化艺术大厦 A 座 1503 室

邮政编码：100086

联系电话：010 – 51601232

填答问卷须知

填答要求：

1. 请仔细阅读每一个问题及答题要求，然后根据要求答题；

2. 大部分问题都列出了供选择的答案，如没有特别的说明，请按照题目要求选择其中的一个或多个。

第一部分：志愿活动参与状况

问题 01：**在过去的 12 个月中，在没有任何报酬的情况下，您是否参加过下列志愿服务？（可多选）** ＊ ［请选择 1—11 项］

- □1. 城市运行：义务指路、文明引导、交通疏导等
- □2. 社区服务：邻里互助类
- □3. 文化教育：文化传播、法律及科普等

- ☐4. 绿色环保：环保宣传及环保行动、环境污染的发现与改进治理
- ☐5. 关爱服务：帮助残障、老人、流动人口等弱势群体
- ☐6. 应急救援：防灾救灾知识宣传普及，灾后紧急救助、危险应急救援以及相关心理干预等
- ☐7. 赛会服务：体育赛事、展览及博览会、国际及国内的会议服务、政府及公益庆典
- ☐8. 医疗卫生：健康养生、禁毒防艾、医疗保健等
- ☐9. 网络志愿服务，服务领域为：
- ☐10. 国际志愿服务，服务领域为：
- ☐11. 其他志愿服务，请注明：

问题02：过去的一年中您参与志愿服务是偶尔做还是经常做？ *

- ☐1. 偶尔做一两次
- ☐2. 只在节假日做
- ☐3. 每一两周固定做
- ☐4. 每一两月固定做
- ☐5. 单位组织才做
- ☐6. 其他

问题03：您最近一年中参与志愿服务的时间大约为： *

- ☐1. 20 小时以下
- ☐2. 20—100 小时
- ☐3. 100—200 小时
- ☐4. 200—300 小时
- ☐5. 300 小时以上

问题04：您是以什么方式参加志愿活动的？ *

- ☐1. 有组织的志愿活动
- ☐2. 个人志愿活动
- ☐3. 兼而有之

问题05：如果您参加过有组织的志愿活动，您参加的有： *〔多选题〕

- ☐1. 政府（如民政部门、街道办事处、社区服务中心等）组织的活动

- □2. 本人供职或就读机构（包括供职或就读机构的党团、妇联、工会、或机构内部的志愿者协会等）组织的活动
- □3. 社团（如学会、协会、俱乐部、基金会、慈善机构等非营利组织）组织的活动
- □4. 非正式组织（如自组织、网络组织等）组织的活动、偶发的临时性志愿活动

问题06：您怎样获得这些志愿活动的信息？ ＊ ［多选题］
- □1. 工作单位召集
- □2. 相关社会组织
- □3. 网络
- □4. 电视
- □5. 报纸杂志
- □6. 海报
- □7. 朋友推荐
- □8. 其他，请具体说明：

问题07：参加志愿活动需要经过的程序有哪些？（可多选） ＊ ［多选题］
- □1. 报名即可
- □2. 填写基本信息或回答一些问题
- □3. 提交个人简历
- □4. 缴纳报名费用
- □5. 其他（请说明）

问题08：在您参加志愿服务活动时，志愿者组织主要为您提供的保障是？（可多选） ＊ ［多选题］
- □1. 志愿者实名注册
- □2. 志愿者服装
- □3. 志愿者身份卡
- □4. 徽章等其他标识
- □5. 志愿者保险
- □6. 医疗
- □7. 交通补贴
- □8. 志愿服务证明

- □9. 志愿服务计时
- □10. 其他志愿者补贴（包括现金或实物）
- □11. 提供餐饮或误餐补助
- □12. 其他（请说明）

问题09：参加志愿服务活动前，志愿者组织或其他相关机构是否为您提供过相关培训？＊

- □1. 每次活动都有培训
- □2. 大多数活动都有培训
- □3. 半数活动有培训
- □4. 不到一半活动有培训
- □5. 从未有过培训

＊此题设置了跳转逻辑

问题10：您认为这些培训的效果怎么样？＊

- □1. 很有效果
- □2. 比较有效果
- □3. 一般
- □4. 不太有效果
- □5. 完全没效果

问题11：您认为自己在志愿活动中贡献了什么？（可多选）＊〔多选题〕

- □1. 时间和劳动
- □2. 专业知识技能，请具体说明：
- □3. 有建设性的想法，请具体说明：
- □4. 其他

问题12：经过去年一年的志愿服务经历，今后您还会继续参加志愿服务活动吗？＊

- □1. 会
- □2. 不会

＊此题设置了跳转逻辑

问题13：你认为有哪些因素妨碍了你今后继续参加志愿服务？＊〔多选题〕

- □1. 没有时间

- □2. 对自己没有明显的服务收益
- □3. 家人不支持
- □4. 没有经济回报
- □5. 个人力量微薄，难以改变现状
- □6. 志愿服务过于形式化，没有实效
- □7. 其他

问题 14：**在您看来，开展志愿服务活动中，存在的困难有哪些？** ＊［多选题］
- □1. 公众对志愿服务缺乏了解和认同
- □2. 缺乏有力的法律和政策支持
- □3. 缺乏足够的资金
- □4. 志愿组织管理上不够完善
- □5. 志愿者缺乏培训，无法开展工作
- □6. 志愿活动缺乏计量、评价和表彰激励机制
- □7. 活动过于形式化、不注重实效
- □8. 志愿者保险等保障缺乏
- □9. 其他

问题 15：**在您看来，开展志愿服务活动中，存在的困难有哪些？（按重要程度限选 3 项并排序）** ＊［请选择 3 项并排序］
- □1. 公众对志愿服务缺乏了解和认同
- □2. 缺乏有力的法律和政策支持
- □3. 缺乏足够的资金
- □4. 志愿组织管理上不够完善
- □5. 志愿者缺乏培训，无法开展工作
- □6. 志愿活动缺乏计量、评价和表彰激励机制
- □7. 活动过于形式化、不注重实效
- □8. 志愿者保险等保障缺乏
- □9. 其他

问题 16：**如果您目前正在做或已经做了一些志愿服务工作，那么请告诉我们您之所以愿意奉献自己的时间和精力，下面所列的一些原因对您是否重要（请在每道题中给出答案）** ＊

	很重要	比较重要	不太总要	很不重要
1. 参加志愿活动可以开阔视野	○	○	○	○
2. 我关心社会公益事业	○	○	○	○
3. 我同情那些需要得到帮助的人	○	○	○	○
4. 我可以通过参加志愿活动结交新朋友	○	○	○	○
5. 可以通过参加志愿活动学习新技能	○	○	○	○
6. 参加志愿活动使我感到快乐	○	○	○	○
7. 人人为我，我为人人，我帮助了别人，当我有困难时，别人也会帮助我	○	○	○	○
8. 参加志愿活动对教育孩子有好处	○	○	○	○
9. 参加志愿活动是每个公民的职责	○	○	○	○
10. 我周围有很多人都在参与志愿服务	○	○	○	○
11. 参与志愿活动对工作有好处	○	○	○	○

问题17：您是否动员过其他人参加志愿活动？ *

- □1. 是
- □2. 否

此题设置了跳转逻辑

问题18：您动员过哪些人群参加志愿活动？（根据实际情况，可选多项） * ［多选题］

- □1. 家人
- □2. 朋友
- □3. 同事
- □4. 参与相关宣传活动的陌生人

第二部分：个人基本情况

问题19：您的性别： *

- □男
- □女

问题20：您的年龄是：_____ 周岁 *

问题21：请说明工作单位的类型或主要就业形式： *

- □1. 党政机关
- □2. 国有企业
- □3. 国有事业

- ☐4. 集体企业
- ☐5. 集体事业
- ☐6. 个体经营
- ☐7. 私营企业
- ☐8. 外资企业
- ☐9. 合资企业
- ☐10. 股份制企业
- ☐11. 社会组织
- ☐12. 自由职业者
- ☐13. 退休
- ☐14. 未就业
- ☐15. 在校学生
- ☐16. 其他

问题22：您的文化程度是：（若正在就读未毕业，文化程度也请填正在就读的程度。） *

- ☐1. 小学或小学以下
- ☐2. 初中
- ☐3. 高中（包括职业高中、中专和技校）
- ☐4. 大专
- ☐5. 大学本科（含双学位）
- ☐6. 研究生或以上

问题23：您本人去年全年的总收入大约是：

- ☐1. 无
- ☐2. 6000元及以下
- ☐3. 6001—12000元
- ☐4. 12001—30000元
- ☐5. 30001—60000元
- ☐6. 60001—10万元
- ☐7. 10万元以上、20万元及以下
- ☐8. 20万元以上、50万元及以下
- ☐9. 50万元以上

调查到此结束，再次表示感谢！

附录六　北京市的社会动员机制调研报告[①]

一　研究背景和目的

社会动员工作，是新形势下党和政府动员社会和公众积极参与社会建设的一项重要工作，对于进一步整合社会资源、凝聚社会共识、增强社会活力、促进社会和谐具有重要意义。为贯彻党的十八大和市十一次党代会精神，落实《北京市"十二五"时期社会建设规划纲要》，探索新形势下社会动员的特点和规律，计划首先在街道、社区开展社会动员试点工作。具体方案如下：

按照"党委领导、政府负责、社会协同、公众参与、法治保障"的工作格局，围绕社会动员体制机制创新，以探索社会动员方式方法为重点，以解决群众关心的热点难点问题为切入点，以社会力量广泛参与为目标，以基础较好的街道、社区为平台，分类分批开展社会动员试点工作，努力探索新时期首都社会动员工作新模式。

2012年7月21日，中国大部分地区遭受特大暴雨袭击，北京及其周边地区遭遇61年来最强暴雨袭击和洪涝，造成严重人员伤亡。从当时的媒体和互联网看，在巨大天灾面前，通过在微博上的互动，人们的志愿热情迸发，先是无数热心市民主动出门，帮助那些滞留的人们回家，后是商家、个人纷纷行动，打开家门，展示了一个友善、互助的北京。事后，这些壮举引发社会的讨论，也引起了政府的关注，如何激发社会活力，尤其是在突发事件面前，如何实现有效的社会动员，是新时期社会建设和社会治理的重要内容。

中共北京市委社会工作委员会从2013年开始探索社会动员工作，颁布了相应的文件，确定了一些试点，总体来看有一定成效，但是也存在一些问题，要在实效上取得更大进展，还需要在理论和实践上进一步探索。

二　研究方法

（一）文献研究

收集和研究了中共北京市委社会工作委员会和北京市社会建设工作办

[①] 本部分调查得到原北京市社会工委大力支持。

公室 2013 年以来有关社会动员试点的文件、总结报告和各试点单位的总结报告。

（二）实地研究

实地考察了紫竹院街道、麦子店社区，与社区居民、居委会领导进行了座谈。

三　主要研究结论

（一）基本政策

2013 年 7 月 8 日，中共北京市委社会工作委员会和北京市社会建设工作办公室印发《2013 年在全市街道社区开展社会动员工作试点的方案》的通知（京社委发〔2013〕4 号），要求结合实际认真贯彻落实，努力做好试点工作。

1. 确定试点范围与数量。在北京市各区县选取基础较好、有代表性的街道和社区进行试点，初步选定第一批试点单位 57 个，其中街道 22 个、社区 35 个。

2. 明确试点目标与任务。通过试点，探索中央提出的"社会协同、公众参与"的社会管理格局，引导机关事业单位、社会组织和公众参与社会建设，培育一批社会动员工作示范试点，探索健全与市场经济条件相适应的首都社会动员体制机制。具体工作包括，第一，完善体制机制，主要是建立完善街道统筹、各部门分工负责、驻区单位和公众广泛参与的基层社会动员体制，健全社会动员网络。探索建立健全社会动员决策、会商、信息共享、评估等工作制度。第二，创新方式方法，在巩固传统社会动员工作优势基础上，充分利用新技术、新媒介开展社会动员工作，尤其是以网格化、信息化建设为手段，探索新形势下社会动员的有效方式方法。第三，推动共驻共建，扶持发展各类社会组织，培育社会动员的组织载体；引导企业支持公益事业，积极履行社会责任；发动社会单位通过结对共建等形式积极参与驻区建设。第四，推进依法自治，围绕解决与群众利益密切相关的热点难点问题，加强基层民主自治，搭建平台载体，引导群众有序参与公共决策，实现自我服务、自我管理。第五，完善应急动员工作机制，建立健全重大活动、重大事件、突发事件等社会动员工作制度和分级预案体系，做好社会领域的维稳工作。第六，深化志愿者工作，加强街道、社区志愿者"枢纽型"组织和专业组织建设，拓宽志愿服务领域，规范志愿者管理与服务，进一步壮大志愿者队伍。第七，加强市民劝导队工作，突出柔性管理特点，将文明引导与依法管理有机结合，不断拓展市民劝导队服务功能，建立健全长效机制，不断提升劝导工作效果。第八，完善基本保障政策，建立财政与社会资金相结合的社会动员资金投入保障机制；整合基层社会动员力量，提高动员能力；加强宣传教育工作，形成社会公众广泛参与的良好舆论氛围。第九，制定街道、社区社会动员试点任务指南，指导街道、社区做好试点工作。

3. 具体实施步骤。一是确定试点。区县社会工委、社会办根据试点工作名额，研究提出具体试点街道和社区名单，明确各街道、社区试点工作主要任务，报市委社会工委、市社会办备案。二是组织实施。召开会议部署社会动员试点工作。各区县根据试点工作要求，制定实施工作方案，部署试点工作；深入试点街道社区，加强试点工作指导。试点街道、社区做好具体实施工作。三是总结推广。及时总结各试点单位的好经验、好做法，分析存在的问题与不足，召开全市社会动员第一批试点工作总结推广会议，研究部署第二批试点工作。

4. 加强保障措施。一是加强组织协调。市委社会工委、市社会办成立社会动员试点工作领导小组，加强对试点工作的组织协调；各区县建立相应的工作机制，明确负责领导和工作人员；试点街道和社区成立或明确专门工作机构，确保必要的工作力量。二是加强分类指导。采取以会代训、交流研讨、专家辅导等形式，做好各区县社会动员试点工作培训。及时跟进了解各区县的试点工作进展情况，深入试点街道、社区，做好分类指导，帮助研究解决有关问题，确保试点工作顺利实施。三是提供基本保障。在市、区县社会建设专项资金中设立社会动员专项，支持社会动员试点工作。试点街道和社区所在街道要对社会动员试点工作所需经费给予充分保障。鼓励各区县积极吸纳社会资源支持社会动员试点工作。四是搞好舆论引导。通过新闻媒体、互联网络、内部信息等途径，加大社会动员宣传工作力度，及时做好试点单位典型经验宣传和推广工作，形成社会支持社会动员、支持试点工作的良好社会氛围。

(二) 试点情况

2013年，全市在街道、社区开展了第一批社会动员试点工作，各试点单位以加快构建社会动员体制机制建设为核心，以解决群众关心的热点难点问题为切入点，大胆创新，积极推进社会协同，广泛动员公众参与，不断探索新时期社会动员工作新模式，推动社会动员工作实现良好开局，达到了试点工作的预期成效。

1. 试点内容。第一，加强指导，当好"掌舵手"。制定印发了《2013年在全市街道社区开展社会动员工作试点的方案》及街道、社区社会动员试点工作任务指南，进一步明确了试点方向、目标及任务，开展了试点工作专题培训，召开了3次试点工作片会，深入调研20余次，指导试点工作与本区县中心工作结合、与网格化体系建设结合、与老旧小区服务管理和其他社会建设重点任务结合，动态掌握试点工作进展情况，及时总结基层经验做法，协调解决试点工作中的问题，指导推进试点工作顺利开展。第二，分类推进，探索"多模式"。此次试点选取了基础较好、具有代表性的35个街道、22个社区开展试点工作，探索基层社会动员的方法与规律。在街道层面突出统筹作用，努力探索"社区+社会组织+驻区单位"的基层社会自治机制，通过建立完善辖区社会动员机制、共驻共建机制和社会组织协调机制，把资源整合起来，把社会力量组织起来；在社区层面突出社区特色，努力探索"社工+志工+居民"的公众参与长效机制，发动居民自治，鼓励群众志愿参与，扩大社会的参与。第三，立足基层，力求"有实招"。街道、社区是社会动员工作的平台和基础。各试点单位高度重视、精心组织，成立了试点工作领导小组，建立了工作协调联动机制，从群众最迫切需要解决的问题入手，制定了试点工作实施方案，为试点工作提供了人力、物力、财力等支持保障措施，摸索了一套行之有效、群众满意的社会动员方式方法。朝阳区麦子店街道通过问政于民、与民共治，探索出一条密切联系群众、社会力量共同参与、党政群共商共治的社会动员模式，为辖区居民解决了开通摆渡车、建立社区养老服务中心、居民楼二次供水改造、更换社区老旧健身器材、开通蔬菜直通车等一系列涉及居民切身利益的急事、难事，地区问政议事代表对街道问政工作满意率达到100%。第四，鼓励创新，不搞"一刀切"。试点单位结合实际，大胆探索创新，规定动作做到位，自选动作有特色。门头沟区结合深化街道体制改革，进一步强化街道统筹辖区发展的功能，将驻区单位、有影响的企业负责人和地区人大代表、政协委员吸纳进地区管理委员会，下设街道社会动员中心，更好地统筹动员各类社会力量和社会资源参与社会建设，进一步健全了社会动员工作体系。通州区玉桥街道探索形成"五横五纵"社会动员工作机制，"五横"即依托街道网格平台，协调城管、公安、工商等专业部门提供专业化服务,"五纵"即建立楼门信息员、网格长、社区书记、包片科长、街道包片领导五条防线,形成条块结合、上下结合的社会动员体系。朝阳区潘家园街道松榆西里社区建立了社区动员组织网络,实行了书记、主任包办社会单位,社区干部包办楼宇,和谐促进员包办住户的社会动员格局,成立了由社区楼门长、党员志愿者、社会单位负责人等热心社区工作的居民群众共210人组成的社会动员队伍,在东院小区形成了1个居民议事会、1个自治小组、4支志愿服务队的"1+1+4"居民互动式自治管理模式,解决了小区内最突出的停车难问题,实现了"零发案"和"零上访"。

2. 取得成效。第一,居民群众参与意识"强"起来。东城区龙潭街道整合社区居民常务会、"居民议事厅"、"网格议事会"、"开放空间讨论会"等做法,实施参与式协商治理项目,以六大委员会及与其对接的六类社区社会组织为服务支撑,通过搜集居民反映的急、难、热问题,以议题的形式提交议事厅讨论,引导居民有序参与社区事务。大兴区天宫院街道海子角社区发动辖区居民成立物业自管队,并在此基础上整合力量、规范自管机制,制定了《夕阳红志愿服务协会章程》,成立了社区社会组织"夕阳红志愿者协会",动员居民广泛参与,摸索了一条社区事务群众自管的工作模式。平谷区滨河街道滨河社区提出阡陌工作法,注重培养社区领袖人物,组织退休老干部成立"五老议事会",发挥老干部的骨干带动作用,带动居民群众顺利支持完成社区拆除违建和老旧小区改造监督工作。第二,驻区单位资源共享"活"起来。西城区陶然亭街道设立区域化整体发展专项资金,大力推动驻区资源开放共享,2013年街道投入20万元购买了地区物业公司的"共享停车泊位"、中央芭蕾舞团的"社区舞蹈队骨干人才免费培训"、宣武少年宫的"红色电影放映基地"、62中学的"文化文艺社区共建"等8个项目,为辖区居民提供惠民服务,同时建立了资源共享表彰奖励机制,10家开放内部资源服务居民群众的辖区单位受到了表彰。密云县果园街道建立了与驻区单位"党建工作联创、社会治安联防、环境卫生联搞、文体活动联谊"的"四联"共建机制。延庆县香水园街道制定了《香水园街道县直机关与社区结对共建实施方案》,2013年结对单位负责人到社区调研指导156次,开展共建活动205次,为社区办好事、实事120件,帮扶资金50余万元。第三,应急动员工作机制"建"起来。海淀区西三旗街道构建了辖区"358"三级应急动员响应机制，无缝覆盖了辖区 28 个社区网格，组建了由社区网格应急队伍、驻区半专业应急队伍、职能部门专业应急队伍组成的三级应急队伍，遇网格发生突发事件，三支应急队伍分别在 3 分钟、5 分钟、8 分钟内到场处置。西城区德胜街道建立和完善全响应应急动员工作机制，即一套应急预案、一支专业应急队伍、一个智能化应急系统，形成了街道统一的突发事件社会动员应急处置机制。顺义区石园街道进一步完善突发公共事件应急预案，建立 3 个应急小组，开展应急演练活动，将常态社会动员与应急动员有效结合。第四，解决居民反映问题"实"起来。丰台区右安门街道从"治脏、治乱"入手，对症施策，在玉林东里一区社区开展停车管理试点，成立了社区居民自治会和停车改造管理办公室，建立了停车管理机制和监督机制，最大限度地动员全体社区居民参与停车场的车位分配、管理和监督，同时引进专业停车管理公司，有效解决了小区乱停车、私装地锁等问题；在永乐社区开展文明养犬试点，街道和物业公司出资 10 万元修建了 600 多平方米的宠物乐园，充分发挥社区宠物协会和劝导队的作用，引导养犬人自觉自愿到指定地点遛狗，解决了居民无处遛狗、宠物狗随地大小便等问题。海淀区紫竹院街道动员和协调多方力量共同参与，解决了车道沟社区 6 号居民楼因托管单位和被托管单位纠纷致使电梯停运两年的难题，解决了韦伯豪社区因开发商和业主委员会纠纷导致的居民生活垃圾、污水处理问题。第五，社会动员手段、方式"新"起来。朝阳区的望京街道充分发挥"望京网"的影响力，寻找政府工作与社会兴趣的结合点，以项目化运作的方式，引导带动更多的公民、组织、企业主动参与辖区建设，形成了共建共享的网络社会治理模式，每年与网站及"望京网阳光公益联盟"、"爱聚望京"等民间社会组织共同策划组织志愿公益、文体竞技等具有影响力的地区大型活动 60 余次，参与居民 10 万余人次，实现了网络社会动员"正能量"的有效传递。昌平区的天通苑南街道在充分利用《新周刊》、天通苑社区网和社区宣传栏等传统宣传阵地做好社会动员的基础上，还创建了社区微博信息沟通平台，利用社区电子屏幕号召各种社会力量加入社区志愿者队伍。

（三）案例分析

案例 1：动员社会参与 开展党政群共商共治

麦子店街道地处北京城东北三、四环路之间，CBD 功能区的北部；面积 6.5 平方公里，下辖五个社区，有近 5 万常住居民、7 千余外籍居民。

经过20多年的发展，麦子店地区集国际政治、经济、商务、文化等功能为一体的综合性国际化社区特点日益凸显；第三使馆区、燕莎商圈、朝阳公园、全国农业展览馆及东方歌舞团、凤凰传媒等坐落在区域内。近年来，区域经济发展迅速，地区区级财政收入连年快速增长，2012年街道组织税源实现区级财政收入23亿元，同比增长39.4%。

这件事情的缘起是，街道，作为最基层的政府组织，要面对广大社区居民的衣食住行，为此街道办事处每年都会推出为民办实事的"折子工程"。然而，这种"政府做决定"打造出的"折子工程"从实施效果来看，有时会出现"办实事，群众不买账"的尴尬。比如麦子店街道打造一条亮丽示范街，但居民盼望的是消除"最后一公里"的出行难；麦子店街道在社区大力开展绿化美化工程，而群众犯难的却是小区停车问题。怎样做才能使群众满意，让实事办到群众心坎里？

几经论证，麦子店街道探索出一条密切联系群众，动员社会广泛参与，切实为民排忧解难的新路子——问政于民，与民共治。即：让社会群众的合理诉求，通过公平、公开的疏导渠道，成为决策的选项，问政于民，与民协商共治。

麦子店的具体做法是，第一步——问需。"问需"是解决"办什么"的问题。街道把"问需"的过程作为从群众中来，到群众中去的过程，听取群众呼声，收集群众的意见、建议。每年年初，通过社区报、网络、入户发放调查问卷、社区议事协商会等形式向社区居民、社会单位和社会组织广泛征求"事涉公众利益"的需求建议案。2011年共收集各类需求建议案284件，2012年362件，2013年3122件。按照"合法性、真实性、代表性、可行性"的原则对需求和建议案进行梳理归纳，形成当年度街道办事处协商问计的"建议案汇编"。第二步——问计。"问计"阶段，解决的是"怎么办"的问题。实践中麦子店街道采取了"两会一踏勘"的方式进行。一会是在社区层面召开议事协商会。社区党委组织由社区党代表、人大代表、政协委员、居民常务代表、社会单位及物业代表等组成的社区议事代表，以三下三上的形式，确定应由社区解决的社区事务和向街道申报的实事工程建议案。二会是由办事处召开初选协商会。各社区通过议事协商会推选出的问政议事代表与街道办事处、区政府相关委办局代表、法律专业人士等，面对面对建议案进行协商确认，就建议案所反映的问题及其解决的措施进行可行性论证，并就如何实施提出意见、建议。踏勘即实地踏勘。对于初选协商会确认的建议案，街道组织议事代表、相关科室负责人、专业人员三方进行现场勘验，对建议案的实施开展进一步实地论证，形成《街道年度实事工程的实施方案（草案）》。问计的过程，是从居民群众中获得解决问题的方法和智慧的过程；是得"道"的过程；也是"赢得共识"和"多助"的过程；是将"少数人决策公共事务"转变为"共商共治"的过程；是本着有商就有量，有量就有让，有让就有和的原则，不断提升治理能力的有效途径。第三步——问政。在充分问需、问计的基础上，街道组织召开"问政议事协商会"。在问政大会上，街道向那些问政议事代表提交《街道年度实事工程的实施方案（草案）》，经与会问政议事代表的充分协商、讨论、表决，最终形成《街道年度"一五十"实事工程决议》。第四步——问效。"问效"解决的是"办得怎么样"的问题。在街道问政议事协商会上，除了确定当年度为民办实事的工程，还有一项重要工作就是对上一年度问政实事工作完成情况、完成效果进行评议。由街道办事处主任报告上一年度实事工程完成情况，接受问政议事代表的质询和评议。

三年来的问政实践，麦子店街道为地区居民解决了一系列诸如开通摆渡车、建立社区养老服务中心、居民楼二次供水改造、更换社区老旧健身器材、开通蔬菜直通车等居民普遍关心、关注的急事、难事。三年来麦子店街道地区问政议事代表对麦子店街道问政工作的满意率都是100%。

麦子店街道的工作在赢得地区群众和社会单位信任、支持的同时，各方参与的热情亦空前高涨。这使麦子店街道意识到，如何让居民群众、社会单位的合理诉求通过公平、公开的疏导渠道成为决策的依据？如何实现由广泛参与到有序参与？麦子店街道主要从以下三个方面入手，破解动员社会力量有序参与这个课题：一是充分整合各类基层民主制度资源，在社区协商议事平台上实现有效衔接。社区议事协商会是在社区党委领导下协商讨论社区建设与管理的重要平台，其协商议事的性质决定了在社区层面具有充分整合各类资源的包容性。在麦子店五个社区的议事协商实践中，人大代表、政协委员、社区党代表、居民常务代表、社会单位代表等人员均参加到了议事协商会议中。社区党委通过三种方式在其中发挥领引作用：第一，采取自荐、推选等方式保证社区议事代表中党员占有过半数的比例。第二，充分运用党代表任期制这一制度设计和发挥社区党支部、党小组、党员的作用，执行党代表联系党员制度、党代表接待社区居民制度、党员向党组织反映问题制度，密切联系群众，及时反映社区群众呼声等。第三，针对议题首先在党组织内通过民主集中制形成共识，在协商议事过程中，党员发挥引领、示范和凝聚共识的作用。二是启动社区民政建设资金。开展社区民政建设资金使用项目的评选，目的是充分调动和激活社区"自我管理、自我教育、自我服务、自我监督"的积极性、主动性，引导和支持社区发挥自治功能，承担相应责任。麦子店街道的具体做法是，制定并出台了社区民政建设资金的项目申报、评选、资金使用办法等配套制度。社区民政建设资金支持的力度、政策的引导、使用的方向，极大地激发了社区投入的热情。各社区积极主动争取社会单位对社区建设的支持。经统计，今年办事处实际用122万余元的资金，激发社区积极主动地撬动社会单位135万余元的支持。资金使用额度是有限的，各社区希望争取资金解决各自问题的愿望是强烈的。因此，在五个社区之间形成了竞争局面。这一局面的出现是社区自主意识的体现，是认同、归属、协商、合作的前提。三是对五个社区的40名议事代表进行《议事规则》的专题培训。在培训过程中，议事代表们所表现出来的专注、认真、责任感和主人翁精神是前所未有的。经过集中培训，代表们初步掌握了动议、陈述、答辩、表决等规则要义。在质疑和答辩中，意愿和方案经受了挑战。我想做什么、我该做什么、我能做什么，如何赢得认同和支持，思维和视野如何跳出楼道、小区，这些问题通过演练和实战，使每个代表成为党政群共商共治的践行者、参与者。在一次座谈会上，枣北社区的议事代表蒋捷清真诚地说道："过去麦子店街道总是躺在政府的怀里，有什么事情直接向它们反映。现在麦子店街道认识到要像关心自己的事情一样关心社区事务，以主人翁的精神参与到社区建设中来。"

三年来的问政实践，麦子店街道深深感受到：过去，在革命战争时代，在政治运动中，社会动员就是政治动员，政治动员是发动群众投身革命、英勇奋斗的重要方式。正是这种经常性的政治动员，帮助人们明确了革命的方向，激发了革命热情，提高了思想政治觉悟，增强了夺取中国革命胜利的信心和勇气。现在，时代不同了，社会发生了变化，社会动员的内容和方式也发生了变化。街道工委、办事处正是坚持"致力民生，崇尚务实"的理念，紧紧围绕打造和谐家园，建立创新管理、公众参与的有效社会动员机制和公众参与机制，才使得麦子店街道的"问政"之路越走越好，才能够多做让人民群众满意的好事、实事。

案例2：全方位依托社会力量 创新社区工作载体

右安门街道立足实际，创新方法，探索新形势下社会动员的特点和规律，牢牢把握广泛调动社会各方面积极性、主动性和创造性，最大限度地激发社会活力，围绕社会动员体制机制创新，以社区社会组织为突破口，以政府购买服务、专业机构运作为手段，使社会动员和社会组织有机结合，在参与创新社会管理中充分发挥组织群众、引导群众、服务群众和维护群众的作用，拓展政府与社会交融整合的通道，实现政府、非政府组织、企业、居民对公共问题协同治理的有序控制。

街道按照优先发展公益性社会组织、重点培育自治类社会组织、完善提高文体类社会组织、加快发展救助类社会组织、补充发展其他类社区社会组织的目标任务，不断推进社区社会组织的建设发展。同时，建立扶持社会组织发展的专项资金，采取全额购买、政府补贴和政府奖励三种形式积极购买社会服务，提高财政资金的使用效率和行政效能。

一是挖掘社区社会组织"牵头人"，鼓励和吸纳有组织能力、专业技能强、热心公益事业的各类社会人才加入社区社会组织，作为社会动员组织的根基；二是以广泛培养社会组织成员为重点，由街道进行专业培训、座谈、交流等活动，提高社区自治管理的能力和水平；三是建立完备的志愿者数据库，保证在社会动员工作中，统筹安排专业人员和志愿者资源。四是通过整合社会资源，搭建"社企"合作平台，形成优势互补，吸引社会单位投入公益性社会组织，实现社会动员体系的多元化发展。

依托政府，搭建四大平台，完善社会动员管理机制。一是搭建规范服务管理平台；二是搭建社会资源共享平台；三是发挥社会组织互联平台；四是有效对接96156社区公共服务平台。

街道利用人才集聚的优势，利用右安门体育协会、文化创意协会和志愿者协会三大社会组织协会构成支撑地区社会组织的三个支架，充分带动各社区居民群众广泛参与地区活动，凝聚地区群众合力。其中右安门体育协会，以服务地区居民为导向，承接政府社会服务项目、地区精神文明和物质文明建设，开展各类文体交流、培训辅导、公益服务等多元化社会活动。同时，街道还大力扶持地区文化创意协会和志愿者协会发展，这些社会组织的成长和发展不仅符合和满足了辖区居民需求，同时与政府之间形成了良好互动，成为街道、社区、居民间的纽带和桥梁。

街道放活权利，支持和引导社区社会组织全面参与地区社会动员工作。社区方面采取组建特色志愿服务队的方式，分别从不同方向和角度拓展社区特色服务。如治安巡逻服务队、夕阳红服务队、托幼服务队等，让热爱公益事业、有爱心的社会人士、社区居民参与进来，为社区群众做一些实实在在的事情，解决群众的一些实际问题。同时服务队再以会员或团体的形式加入志愿者服务队，形成社区志愿者分会，为街道志愿者协会扩充力量，从而形成人人动员、人人参与的良好局面。

2013年，在结合社区实际的基础上，右安门街道在针对老旧小区管理模式方面展开了新的探索与尝试，其目的在于运用专业机构运作手段，动员包括社区社会组织在内的一切社会力量参与社区建设，充分发挥组织群众、引导群众、服务群众和维护群众的作用，拓展政府与社会交融整合的通道。通过前期对社区的分片调研和总结，在征求民意的基础上，街道以群众反映突出的"停车难"问题为突破口，将老旧小区——玉林东里一区社区作为试点社区，集中力量解决老旧小区停车难问题。

针对玉林东里一区社区属于多产权单位，且无物业管理等特点，街道通过现场调查以及对问题原因的深入研判，邀请专业规划设计单位，对小区进行摸底、分析、规划，同时引进专业的停车管理公司，进行封闭式管理，以达到执行准物业管理模式的目的。首先，由街道牵头，统一规划，统一布局。在保证社区公共空间及居民活动场所的前提下，对基础设施进行大范围改造，进行合理整合。其次，凝聚社区力量，建立停车管理机制和监督机制。成立居民自治会和改造管理办公室，在社区党委的领导下，执行社区居民代表大会决议，接受社区议事协商委员会监督。最大限度地动员全体社区居民参与到停车场的车位分配、管理、监督中来，确保利益共享。

目前，经过重新规划和调整，玉林东里一区社区停车场改造工程已进入最后的冲刺阶段，停车位个数改造后比原有的增加约25%，基本能够满足小区的停车需求；社区各项基础化硬件改造也已完成，如地面硬化、花坛拆除、增设门岗、门禁系统、电子摄像装置等；停车位规划、车辆登记、停车费缴纳也基本完毕；各项规章制度和达标要求已经初步拟定；人员配备和工作职责也安排到位；各项利益分配经社区党委、居委会和社区居民自治会协商决定后，在充分尊重民意的基础上也已确定。停车管理模式已经开始实施，在接下来的管理过程中，社区停车管理会经历一个由磨合到规范的运作过程。步入正轨后，社区停车将完全遵照市场化规则运营,从而与市场正式接轨,社区的停车管理就此摆脱无序化状态。

针对近年来城市家庭养狗数目的不断扩增,相应而生的养狗后续问题也成为影响社区环境卫生、邻里和谐的主要矛盾。2013年右安门街道以永乐社区为试点,建立由街道办事处指导,永乐社区党委牵头协调为主的,包括志愿者队伍、社区民警、物业公司和养犬自律会为主体的"五位一体"的立体养犬监管网络,以施建宠物乐园作为突破口来解决居民无处遛狗、宠物狗随地大小便等问题。

目前,宠物乐园已全面启动,经过短期的运行,已初见成效。一是培育和谐邻里关系。为社区养犬居民搭建了一个良好的交流平台,有效抑制了因养犬所造成的邻里矛盾;二是改善社区环境。在宠物乐园内集中遛狗,提高了社区居民文明养犬的素质,方便物业公司统一卫生保洁工作,社区环境得到有效改善;三是激发居民参与的热情。协会的活动和集中遛犬,形式简单,内容丰富,调动居民主动参与社区建设的积极性,增强居民对社区的认同感和归属感。

为进一步提高街道应急管理社会动员能力,增强地区群众的公共安全意识、责任意识和在突发事件中的自救互救能力,右安门街道结合地区实际情况,制定地区社会动员应急预案,加强对突发事件的预防,并安排、动员各方面社会力量,如地区各政府派出机构职能部门、社区社会组织、辖区单位、驻地部队等,参与突发事件应急处置与救援,按照就近、安全、方便的原则,做好突发事件后的人员救助、疏散、安置及物资保障等方面工作,最大限度地预防和减少突发事件造成的损失。

街道社会动员目前存在的问题是社会组织主要负责单位不够明确,不能够充分调动地区社区社会组织的积极性。街道指导地区单位权力有限,不能够全面展开社会动员能动机制。

案例3:建立"3+2"管理模式 推动社区民主自治

右安门街道永乐社区是一个多物业、多产权的混合型小区,共有四家物业单位,三小一大,其中国家教委、最高人民法院和中国电信三家产权单位是小物业,因三家产权单位各自只负责自家院内,长年都是"各扫门前雪",既不参与也不掺和楼院以外的事务,与大物业永乐居物业公司相互之间很少沟通和协调,特别是2011年社区进行了整体改造后,社区的环境面貌焕然一新。于是,如何进行社区管理越来越成为永乐社区工作的重心。同时社区居民文化程度较高,居民要求参与社区建设的意愿也越来越强烈，永乐社区在工作中积极探索小区管理的长效机制，最后决定建立由社区党委、居委会、服务站和小区事务协管会、物业公司共同管理的"3+2"模式。社区、物业和居民相互支持、加强协调、保持互动、相互监督，同心协力共同搞好小区管理。

自永乐社区建立"3+2"管理模式以来，在几个物业公司和社区居民的大力支持下，工作开展比较顺利，主要围绕如何给居民群众提供更好的服务与管理、完善规章制度等开展工作，在实践中积极探索工作方法，不断总结新的经验，形成了共同协调重大事项、共同化解矛盾纠纷、共同部署落实任务、共同评议监督效果的五方共议机制，建立了社区居民责任共担、工作共促、利益共享的良好运行机制。营造了五方之间相互支持、相互理解的良好氛围，实现优势互补、汇聚合力、协作管理。一是定期会商，协调处理。"3+2"模式自运行以来，每月定期由社区党委牵头，主持召开各方负责人参加的联席会，对收集的社情民意，各方代表相互交换意见，沟通协商，研究、讨论涉及小区管理的重大事项，在各方充分表达意见并达成共识的基础上形成决议，并由各方共同监督落实。2012年针对社区居民多次提出小区内绿化较少的问题，召开协商议事会和居民代表会，同物业共同协商决定在小区内种植月季400棵、黄杨1000棵、金娃娃4000棵，美化绿化了社区整体环境，满足了社区居民需求。二是齐抓共管，通力配合。2010年对小区道路进行硬化、更换门窗、修建文化墙、在部分楼门前安装设置了整齐划一的地龙架，社区的自行车也有了"专用车位"，社区的环境面貌焕然一新。为切实维护和巩固老旧小区改造成果，保持小区干净、整洁、有序，小区事务协管会建立日常巡查机制，分片包干，每天利用一小时在社区内进行巡查、督促保洁，切实做到早发现、早汇报、早督促、早清理。今年社区居民们普遍反映"小区内宠物随地大小便，散放现象多，邻里间因养犬引发的矛盾时有发生，严重影响居民们的生活质量和社区环境卫生"的问题，依托社区"3+2"管理模式，经多次召开小区事务协管会和五方联席会议讨论研究，实地考察，利用物业的变电站周围空地修建"宠物乐园"，将变电站的墙面进行了美化，并彩绘了宠物的图案，同时将变电站的周围用栏杆围成院落，面积达600平方米，院落内修建了草坪、石子路，还有座椅、跷跷板等游乐设施，专供宠物如厕的沙石坑和器械上"宠物专用"的提示牌，以及在围栏上刻画的"宠物乐园"标识告诉人们，这个区域是专为居民爱宠准备的。"宠物乐园"的落成，既美化了社区环境又给养犬者提供了遛狗的场地，更加促进了居民间的交流，改变了以往遛狗者想遛狗而无场地的尴尬境地，也化解了因养犬带来的各种矛盾与纠纷，更加提升了社区与物业的共建成效，夯实了社区与辖区单位的共建基础，为今后更好地开展为民服务工作打下了良好的基础。三是形成合力，化解矛盾。2010年，小区13号楼南侧安装了一个联通信号发射基站，由于担心通信基站会产生严重辐射，危害人体健康，小区居民为此感到十分不安，整天担惊受怕，提心吊胆。"3+2"成立后，为彻底解决此事，五方共同出谋划策，联系到北京市辐射安全技术中心，并聘请专家到社区检测基站的辐射问题，通过仪器检测后，报告显示基站辐射对人体的影响微乎其微，我们把检测报告张贴出去，这一结果终于让社区基站周边居民悬着的心落下了。2012年由于地铁14号线施工造成社区南平房12户居民居住问题，社区党委牵头召开"3+2"联席会议多次实地考察，了解情况，充分听取南平房居民诉求，五方共同出谋划策，以及向办事处反映情况，联系施工方协调解决居民诉求，在多方共同努力下彻底解决在危房居住情况下的现状，最终南平房的12户居民得到了妥善安置。

小区长效管理机制即"3+2"模式建立之后，更加突显社区党委的领导作用、充分发挥了居委会的自治功能、提升了服务站的服务功能、最大限度调动了居民参与社区建设的积极性、促进了物业管理水平的提高。五方各司其职，密切协作，形成整体合力，共同发挥作用，尤其以小区事务协管会的作用最为突出，模式建立以来，在改善物业服务质量、解决公共事务管理问题、维护社区环境、化解社区矛盾等方面收到良好成效，解决了很多社区管理和建设的问题，并且促进了辖区单位、社区居民参与社区环境维护和社区建设的热情，为社区和谐发展创造了条件。

案例4：社会动员增活力　共驻共建促和谐

自北京市召开街道社区社会动员工作试点部署会以来，紫竹院街道围绕社会体制机制创新，致力于整合社会资源，增强社会活力，解决难点问题，促进社会和谐，进行了一些探索和努力，取得了明显的效果。

紫竹院街道辖区面积6.23平方公里，常住人口13.5万，流动人口4万，社区居委会22个，有中央、省部级及其直属单位28个，市属单位40个，全日制大学5个（中央民族大学、中国青年政治学院、北京理工大学、北京外国语大学、北京舞蹈学院），有中小学、幼儿园22个，驻区部队9个,辖区文艺资源丰富(总政歌舞团、话剧团、军乐团、中央民族歌舞团驻在本辖区),56个民族齐全。

紫竹院街道的主要做法,社会动员工作是一个全新的概念,但又与街道日常的工作有着必然的联系,只不过注重的是社会力量的参与,是通过社会动员的方式,整合社会资源,吸纳和扩大社会力量,参与到社会管理当中,解决老百姓关心的热点和难点问题,可以说,是平时工作的重新洗牌和整合,是日常工作另一个角度的归纳和提升,也是社会管理的新模式,简单地说,就是街道要在基础稳健、扎实、服务大而全的基础上,统筹协调,做出特色,创出亮点。解决了怎么看的问题,怎么干就有了基本的思路,经过街道班子研究,统一了思想,认为要做好社会动员工作,就要做到"五个起来":机关干部"动"起来——街道各科室在履行工作职责的基础上,寻找和社会动员工作的切入点,通过全方位、立体化、多层次、亲情式的服务,营造和谐氛围,搭建有效平台,吸纳社会单位、组织参与到社会动员中来。街道开通了"知竹online"网上社区服务站,将街道各业务科室的办事流程以多媒体形式展示,方便居民查阅,同时利用互联网信息交互和传播性强的特点,在虚拟空间中建立信息交互站;建立网上"跳蚤市场",为地区居民交换、互购闲置物品提供网上交流的机会;开通政务微博,将街道所掌握的信息与社会资源及时告知群众;应百姓需求,改造老旧小区环境,整治重要街巷,安装更换健身器材;组建"家政服务中心",满足社区居民对家政服务的需求;加强民生工程建设,建"新发地便民菜站"1处,建蔬菜直通车5处,建老年餐桌3处,增设老年券代收点20处;解决居民关注热点难点问题。在车道沟社区,车道沟6号楼属于单位托管楼,因托管单位和被托管单位纠纷,致电梯停运两年之久,街道和社区干部费尽周折,动员多方力量参与,让居民重新乘上了电梯;在韦伯豪社区,因开发商和业主委员会发生纠纷,开发商所属的物业公司撒手而去,给社区居民生活带来极大不便,街道紧急动员相关单位,对居民的垃圾、用水等进行处理,并连夜召开业主大会,就相关事宜进行磋商;建立"法律文化服务站",联系公益律师定期为地区居民尤其是老、弱、病、残等弱势群体免费提供法律帮助;开展"同一片蓝天下"义务助学活动,为贫困家庭子女提供学习辅导,结成助学服务对子21对;开展单位与困难群众帮扶结对子活动,牵手20个单位帮扶20个特别贫困家庭;开展民族文化节系列活动,为地区居民送去文化盛宴。社区干部

"走"起来。在社区干部中开展"走动式工作法",深入居民中间,听民声、察民情、集民意、解民忧、惠民生、聚民心,提高居民对社区的满意度和幸福感;刑满释放人员乜某,在押期间离异,儿子也跟他脱离关系,出狱后乜某患了肝硬化,社区及时为他申请了低保,又协调社区服务商,帮助乜某解决了住宿问题;刑满释放人员田某,未婚,肢体残疾,脑血栓后遗症,半身行动不便。社区干部在田某蛮横无理的情况下,不予计较,依据政策先后为其办理了低保金、廉租房补贴、残疾人补助金、助残券、爱心卡等,并与其父亲单位联系,为其提供可能的帮助;及时了解居民困难和需求,对社区困难群众进行有针对性的走访慰问,代表政府为居民送去关爱和温暖,拉近了政府和百姓的距离;及时关注社区内外的变化,保持与相关部门的联系,维护社区的正常秩序:市属某企业办公楼在施工期间,与居民就采光、间距、扰民等问题发生激烈冲突,居民通过堵塞施工道路及在楼体外显要位置悬挂近20条横幅等过激方式对该企业表示不满,社区及时调查情况并开展大量协调工作,化解了不稳定因素,维护了地区的平稳有序。社区资源"统"起来。整合地区人、地、物、事、组织等数据资源,并进行科学存储和梳理,以物联网技术打造"智能平安物联管理应用系统",使社区资源管理横到边,纵到底,促进社区资源利用最大化。工作人员只需坐在电脑前,轻点鼠标,就可以查询和监控地区的所有社会公共资源状况。单位、组织"活"起来。通过社会动员机制的创新,为社会组织和社会单位搭建平台,激发其活力,使其成为社会建设的重要力量。由中央民族大学和中国青年政治学院的大学生组成的"少数民族志愿者服务队",认真耐心地对少数民族的风土人情、饮食文化、歌舞艺术等进行讲解,并与社区居民展开积极的互动,把少数民族文化知识宣讲到地区的各个角落;街道义工分会和中央团校志愿者协会、中国气象学会共同举行"我的紫竹我的家 紫竹建设靠大家"绿色环保志愿服务活动,举办有关环保、气象知识等一系列的讲座和培训,传播建设"美丽紫竹"的正能量;驻区部队医疗队定期到社区为失独的孤寡老人体检,有急诊随叫随到,为患有抑郁症的老人进行心理辅导,为慈善活动进行募捐;文艺团体选派优秀演员参加社区公益活动,郭达、魏积安、谭晶、王宏伟、梦鸽、印青、曲比阿乌等悉数参加,并留言"社区是我家,建设靠大家",社区居民非常容易就能见到平日只有在电视上才能见到的明星;地区餐饮协会在全地区餐饮企业中开展"光盘行动",强化居民的节约意识,环保意识，生态意识；地区小微企业联合工会，宣传"工会法"，代表大家和企业主进行工资集体协商；社区青年会组织地区青年，特别是流动青年，开展各类志愿服务和实践活动，帮助、带动青年认识社区、了解社区、服务社区，成为和谐社区创建的重要力量；社区楼宇工作站积极组织楼宇内的社会力量，因地制宜地开展各种创建活动，正在逐步趋向规范和成熟；地区个体协会所属的服装店为支持社区活动，捐赠了价值10万元的服装；餐饮企业念母恩餐厅每月定期为社区孤寡老人提供活动场所，并免费提供午餐，已促成老人结成"夕阳红一帮一"互助互聊对子5对。九九重阳节，商家还设宴款待20余位高龄老人，受到媒体关注，并进行了电视报道；最值得一提的是，北京雪映画文化传播有限公司，为地区65岁以上的老人免费拍摄办理老年证的证件照，并赠送9张1寸彩色照片；为地区90岁以上老人免费上门拍摄福寿艺术照，并赠送16寸水晶相框；为地区结婚50年以上的夫妻免费拍摄婚纱艺术照，冲洗成24寸大片，再挑选其中1张，免费制作成60寸纪念照；再制作1份3cm迷你内置照片折页；再刻录1张光盘，将所有艺术照保存，留下美好记忆。重阳节前夕，紫竹院街道和北京雪映画文化传播有限公司合作，在紫竹院公园为30对结婚50周年以上的居民举办了"执子之手，与子偕老"金婚庆典，BTV特别关注、BTV生活频道、BTV早间新闻和晚间新闻分别进行了报道。社会效益"升"起来。在政府的引导下，各种力量纷纷参与到社会动员的工作中，营造了良好的社会氛围，社会效益有了大幅度提升，共驻共建共享共赢已经成为地区单位、社会组织的自觉行动，同样，社会单位和社区居民也在以理解、宽容和热情回馈着社会。在海淀区创建全国文明城区活动中，居民给予了大力的理解和支持；特别是在重点日期和敏感日，地区500多个点位由社区志愿者盯守，十余条街巷由90多个门店组长负责巡逻，35处立交桥、过街天桥、地下通道、地铁站口由沿线社会单位义务值守。

　　回首近五个月的社会动员试点工作，紫竹院街道遵照市区精神，搭建平台，统筹引领，对社区分别指导，取得了一定效果，但也在体制机制的运行、各部门的配合协调、社会资源的充分整合等方面有待改进，今后还将继续完善，努力做到"社会动员工作无淡季、无盲区、无断层、有创新"，不断提升群众的安全感、归属感、幸福感，提升群众对政府工作的满意度，使社会动员工作更加坚实、深入地向前推进。

附录七　完善社区治理的社会政策体系：上海市基层社会治理调研报告

为深入研究和全面了解当前我国社区建设和社区治理有关情况，国家行政学院决策咨询部课题组于 2015 年 1 月 31 日至 2 月 4 日对上海市社区治理情况进行了深入的实地研究，其间实地考察了徐汇区梅陇三村、杨浦区延吉新村街道的睦邻家园，与中共上海市社会工委、杨浦区延吉新村街道办事处负责同志、社会组织和社会工作者开展交流，研究了上海市社区建设的有关文献。现将有关情况报告如下。

一　上海市社区治理 1+6 文件的形成过程

（一）问题提出的背景

2014 年"两会"期间，习近平总书记在参加十二届全国人大二次会议上海代表团审议政府工作报告时谈到加强和创新社会治理问题。习近平总书记提出，加强和创新社会治理，关键在体制创新，核心是人，只有人与人和谐相处，社会才会安定有序。社会治理的重心必须落到城乡社区，加强城市常态化管理，狠抓城市管理顽症治理。现代城市建设，还要加强人口服务管理，更多运用市场化、法治化手段，促进人口有序流动，控制人口总量。要把培养一批专家型的城市管理干部作为重要任务，用科学态度、先进理念、专业知识去建设和管理城市。

为贯彻落实习近平总书记的重要指示，2014 年初，中共上海市委、市政府决定把创新社会治理加强基层建设列为该年度市委"一号课题"，由中共中央政治局委员、中共上海市委书记韩正同志担任课题组组长，市委副书记、市委常委组织部长，市委常委、政法委书记和市政府分管副市长担任副组长。

"一号课题"立项后，有人认为，这实际上是 20 年前关于"加强社区管理和基层政权建设"改革的延续。当时，上海社会发展面临诸多问题，有人说，"上海最熟悉的是行政管理一元化、一统到底、垂直行政领导，最不熟悉的是社会"。关于这个问题，2000 年，著名社会学家费孝通在考察上海社区时写道："邓小平同志'南方讲话'发表后，我国沿海地区大城市对外开放和经济体制改革开始以快步走向深入，社会结构和人们的生活方式因此发生了急剧变化,结果使传统计划经济体制下形成的城市基层行政管理系统与新形势下的新城市社会管理的要求不相适应的问题首先提了出来。这个问题在上海表现得尤为突出,上海因此加大了行政管理体制的改革力度,先后试行了'两级政府,两级管理'和'两级政府,三级管理'的新体制,以对付快速而深入的改革开放、大规模的市政建设带来的城区管理任务日益加重的局面。"[1] 如今,二十年后的现在,国际国内形势发生了巨大变化,上海在行政体制改革和基层社会治理方面,也出现了新情况、新问题、新挑战。正如时任市委书记韩正所说的,"基层出现的新变化、新情况、新问题,我们有些掌握、有些只掌握部分、有些根本不掌握"。上海是我国的工业基地,也是国有企业集中的地方。二十年前,上海国有企业改革使单位人逐步变成社会人,社区必须承担起解决居民生活的任务,由此带来的这些离开单位进入社区的人们的原有的生活主要由"条"来负责,变为由"块"来承担。在这样的背景下,"社区的责任在无限扩大,而社区的权力却还不明确。事实上,无论是领导社区工作的人,还是社区里具体管理的人,他们对社区本身的内涵、任务和目标都不太清楚,因此也就不清楚社区与街道之间的区别"[2]。这里,街道体制机制中的内在矛盾和问题、条块之间的责权利关系不清晰,使街道在社会治理体系中的作用发挥不出来,居委会定位左右摇摆,居民区治理体系也难以完善、举棋不定。2002 年春天,费孝通写道:"我们研究的社区建设,实际上是要把上海这样一个正在迅猛发展、流动性很强的国际大都市里的各种各样的人组合起来,组成一个个邻里合作、安居乐业的新社区,建立起一个地方基层群众自我管理的基础。"[3] "一号课题"调研紧紧扣住这样几个问题,诸如基层体制机制、基层队伍、基层综合治理、基层服务保障,分析解决上海基层社区建设中的重要问题。基层体制机制问题,说到底就是长期以来困扰基层发展的街道与居委会之间关系的定位,换句话说,就是政府与社会的关系,以及社区中的各类组织之间的关系,包括社区党组织、居委会、业主委员会、物业公司,各类与社区密切相关的社区社会组织,以及驻区单位之间的关系等。基层队伍问题,主要是如何稳定

---

[1] 费孝通:《费孝通文集》第十五卷,群言出版社 2001 年版,第 243—244 页。
[2] 同上书,第 246 页。
[3] 费孝通:《费孝通文集》第十六卷,群言出版社 2001 年版,第 9 页。

在基层工作的各类人员,进一步明确和提高他们的工资福利待遇,使他们有一个光明的职业前景;基层综合治理问题,主要是社区治理,包括物业、治安、环境生态,等等;基层服务保障问题,就是如何建设基层公共服务体系和社会服务体系,实现便民利民的目标。"一号课题"从问题出发,紧紧围绕上述问题开展调研。

(二)课题组织与调研

根据"一号课题"研究需要,中共上海市委、市政府从各部门抽调41人,组成4个调研组,提出12个重点问题,开展了为期一年的调研。调研工作深入细致,调研组足迹遍布17个区县部分街镇、居村。调研的第一阶段,深入实地调查情况,发现问题分析问题,调研组一共走访了152个街道乡镇、228个居村,座谈访谈4745人。与此同时,社区居民、党员干部也可以通过"12345"热线、市长信箱、新闻媒体,建言献策。第二阶段以调研组为平台,组织职能部门领导、专家学者、实务工作者参加研讨,对发现的问题深入研究,拟定初步政策方案。来自基层一线、学术界和区县政府部门的同志从各自的角度,对"1+6"文件提出了修改意见。他们特别关注的问题包括基层队伍建设的表述、新的体制机制如何更好促进为群众服务。文件形成后,向广大干部群众征求意见,一共征求到意见762条,采纳402条。第三阶段是成果汇总,形成《调研总报告》、《关于进一步创新社会治理加强基层建设的意见》以及《关于深化本市街道体制改革的实施意见》等六个配套文件。

(三)政策实施与落实

2014年12月27日,上海市委举行电视电话会议,由市委副书记、市长杨雄主持,应勇同志对"1+6"文件要点和相关政策举措作说明。2015年1月13日上午,宝山区委书记汪泓主持召开区委中心组(扩大)学习会,专题学习市委创新社会治理加强基层建设"1+6"文件精神。2月,市委举办各种专题研讨班,布置落实"1+6"文件。

二 "1+6"文件的亮点和特点

(一)取消街道招商引资职能

深化街道体制改革是"1+6"文件的重要组成部分。深化街道体制改革首先要明确街道职能定位。根据"1+6"文件,街道的主要职能是加强党的领导,统筹社区发展,组织公共服务,实施综合治理,动员社会参与，指导基层自治和维护社区平安。在此基础上，优化街道党政机构设置，加强街道各中心建设，合理核定人员编制，完善政策保障制度。街道党工委和办事处是上级党委和政府的派出机构，这是其基本定位。街道的基本职能是"公共服务、公共管理、公共安全"。在当前，这些基本职能主要体现在促进社区自治和居民自治。

早在2008年，上海市委、市政府就发文，明确中心城区"街道不得招商"，并在一些街道试点，包括老的卢湾区、静安区、长宁区等，但当时政策的具体落实情况并不尽如人意。一些区县继续向街道下达招商任务，进行税收排名，甚至对于招商有成绩的街道给予奖励，导致街道应有的职能不能发挥。取消街道招商引资职能及其相应的考核和奖励指标，区县政府对街道财政支出全额拨款，能够使街道充分发挥公共服务和社会治理的职能，为社区治理创造良好的宏观氛围，使街道腾出精力来狠抓违法建筑、违法用地、违规种养、非法营运、无序设摊、群租、环境污染等严重影响群众生产生活顽症问题。只有改革考核指标体系和完善激励机制，才能实现街道职能的根本转变。在考核过程中，把居民的满意度提上议程，让居民打分，把群众评议作为重要的一票。2002年，在对上海社区建设进行考察后，社会学家费孝通说："街道地位的变化，意味着一个地区的居民被紧紧地组织到了区域行政体系之中，而不是像过去那样作为从业人员被单位组织起来。"[①]

目前，很多街道已经开始实施居民满意度评价，比如，普陀区长寿街道。采取群众评分的方式，原本一些排名靠后的居委会，反倒排到前面去了。说明考核指标确实是指挥棒，必须高度重视。

（二）提高居委会自治能力

居委会根据自治章程开展自治，围绕社区居民公共事务，关注居民提出的公共议题，开展协商讨论，进行民主决策。"1+6"文件要求，充分发挥居委会的主导作用，减轻居委会的行政负担，加强居民自治专业化支撑，合理设置居委会。加强居民自治专业化支撑主要是指，鼓励支持居民引入专业化社会组织，提供法律援助、文化建设、物业管理、社会工作、科学健身等专业服务，满足居民的多样化需求。要激发居民参与的积极性和热情，必须推动居民参与制度化，创新自治内容和方式，支持社区骨干

---

① 费孝通：《费孝通文集》第十六卷，群言出版社2001年版，第11页。

发挥积极作用。发挥村民主体作用，必须规范村民（代表）会议制度，完善村民委员会职能。推进农村社区建设，必须构建农村社区生活共同体，加强农村社区公共服务，强化农村社区综合治理。

组织引导社会力量参与社区治理，首先，必须明确参与主体和参与重点。"1+6"文件明确要求，推动驻区单位参与，促进社会组织参与，支持社会工作者参与，鼓励社区骨干参与，引导志愿者参与，组织"两代表一委员"参与。其次，"1+6"文件要求，完善参与平台和载体，健全区域化党建平台，优化社区协商共治平台，拓展枢纽性组织平台，用好城市网格化的综合管理平台，开放社区资源平台。最后，"1+6"文件要求，健全参与机制和扶植政策，建立健全驻区单位参与社区治理责任约束和评价激励机制，明确政府购买服务范围，规范政府购买服务流程，健全政府购买服务体系，强化政府购买服务绩效评价，完善社会组织发展政策体系。

（三）让居民对社区形成归属感、认同感

社区建设的目的和根本目标不是社区治理和社区自治，而是把社区建设成为人民生活的共同体和具有归属感和认同感的社会单位。"1+6"文件提出，把目前的"社区（街道）党工委"，更名为"街道党工委"，尽管是两字之差，但使得街道党工委作为区委派出机关的性质更为明确，更加凸显居民区的自治功能和自治角色，对于提高居民社区生活的归属感和认同感具有重要意义。文件要求，"建立健全以居民区党组织为领导核心，居委会为主导，居民为主体，业委会、物业公司、驻区单位、群众团体、社会组织、群众活动团队等共同参与的居民区治理架构"。并明确提出，通过协商民主、联席会议、听证会、协调会议以及评议会等方式来研讨和解决居民关心的切身利益问题。文件还要求，创造条件帮助居委会筹集各种资金发展社区事业。徐汇区梅陇三村在开展绿色环保活动中积极与企业和社会组织合作，寻求支持，如，他们得到万通基金会和北京地球村的支持，推动了事业的发展。另外，他们还积极与NPI等民间组织孵化器合作，提高技术和管理水平。

各种社区活动激发了人们的热情，提高了对社区的归属感和认同感。一位退休工程师写道："自从加入了'家庭一平米小菜园'培训沙龙，我渐渐'走火入魔'，还见识了许多和我一样'疯'了的都市种菜人。——我加入了QQ群：菜友帮，认识了全国各地五百余位都市种菜人，一同在网络平台分享都市种菜的点点滴滴。"① "在这个沙龙小组里，我认识了很多喜爱阳台种菜的菜友们，我们在课间业余时也会一起交流、分享种植体会，每次兴致上来时都会有聊不完的话题。"②

谈到上海的社区，费孝通写道："社区实际能力有多少呢？根据社区目前的综合实力，我觉得社区服务制的首要任务是要动员更多的社会力量，进而组织广大社区居民学习并参与社区生活的自理。社区生活自理就是让越来越多的居民自己来协调和管理他们在社区里的各种关系，而从在社区内创建一个适应于我国当前市场经济的、贴近居民具体生活的、满足居民日常需求的服务系统。"③ 在梅陇三村和杨浦区延吉新村街道就发生了各类社会组织参与社区建设的生动故事，包括上海知行社工事务行深入社区，组织居民开展各种各样的学习活动。社区服务系统，是由政府提供基本公共服务和社会组织提供的各种社会服务的统称。费孝通当时考虑，这个过程需要许多社区居民的积极参与。20年后的今天，人们的思想确实大大解放了，参与热情也在逐步提高。

杨浦区延吉新村街道的睦邻家园建设了图书馆、儿童活动房等，各种服务窗口和娱乐中心，硬件设施周到细致，软件配套考虑人性特征，夯实了基层治理和基层和谐的坚实基础。退了休的老年人可以常常与老邻居一起聊天，很开心、很愉快，小区生活很方便，生活气息浓厚，人情味十足。睦邻家园还建设了各种各样的店铺，供应水果蔬菜、油盐酱醋、日用小百货，家常便饭的小餐厅也比比皆是，日常生活的各个服务门类样样齐全。

（四）为居民自治提供专项活动经费

"一号课题"要求，"居委会工作经费一般每年不低于10万元，主要用于办公、社区服务、自治项目、社区活动、临时应急、临时帮困、访贫问苦等工作事项"。文件要求简化居委会经费使用手续，在资金使用上给居委会更大的自主权，使居委会腾出手来，作为一个自治组织发挥作用，而不是变成街道的派出机构。过去，居委会花费几百元都要向街道打报告，找街道分管领导签字，这样既影响了居委会的积极性，也使街道工作

---

① 上海市学习型社会建设与终身教育促进委员会办公室：《家庭一平米小菜园》，中西书局2013年版，第126—127页。
② 同上书，第162页。
③ 费孝通：《费孝通文集》第十五卷，群言出版社2001年版，第246页。

显得琐碎零乱。居委会自己有了可以支配的资金，办什么事情，自己就可以决定，腾出更多的精力设计项目，动员居民，推动社区居民自治。在简化审批手续的同时，文件要求经费使用必须及时向居民公开，接受社会监督，增强群众在评价中的话语权，提高群众评价在整个评价中的权重。

（五）提高居委会工作人员待遇

"一号文件"坚持，对社区工作人员实行社会化招聘、契约化管理、专业化培训、职业化运作，推动居委会工作人员队伍建设。在待遇方面，按照"人均收入高于上年度全市职工平均工资水平，低于事业编制相应人员收入水平、实行动态调整"。根据各个区县经济水平和财政收入状况制定社区工作人员的薪酬标准，以实际收入为标准，缴纳"五险一金"。建立薪酬体系，设置岗位职级，把职级晋升与工资增长有机结合起来。在调研时也看到，他们还计划进一步考虑把事业编制、公务员、社区工作人员等各个通道打开。

（六）明确参与主体，搭建参与平台

"一号文件"明确，社区治理的参与主体包括社区范围内的党政机构、企事业单位、自治组织、社会组织、社区工作者、社区骨干、志愿者、"两代表一委员"和社区居民等，并指出，"居民区是社会治理的基本单元，是党和政府团结、引领、组织和服务群众的基础平台"。这些参与主体如何实现社会参与自治？文件提出重点推进五大平台：区域化党建平台、社区协商共治平台、枢纽型组织平台、网格化管理平台、社区资源平台。对于居民关心的物业公司管理问题，文件要求，居委会下设物业管理委员会，把好业主委员会人员选择关，督促物业公司履行职能，化解由于物业问题引发的矛盾和冲突，监督和督促业主委员会和物业公司依法履行职能，加强信用管理。

（七）明确政府角色定位

"一号文件"明确，政府在社区建设的角色定位，一是编制政府购买服务目录，引导社会力量参与社区自治。二是完善社会组织服务支撑体系，包括加强资金扶持，把政府购买公共服务资金列入同级财政预算，并随着经济社会发展和财政收入增长逐步增加购买比例。支持居民建立社区自治基金，街镇设立社区发展基金（会），吸引社会资金参与社区建设，支持社会力量参与治理。

（八）建立社区工作者职业化体系

"一号文件"明确规定："社区工作者，是指在本市居民区和街道、乡镇公共事务岗位直接从事社区服务和管理，由街道、乡镇承担全部经费保障和统一管理使用的就业年龄段全日制工作人员。"（《上海市社区工作者管理办法》），具体包括居委会的全日制工作人员，街道、乡镇中心聘用人员，街道、乡镇聘用的社区专职工作人员，以及其他经过区县党委、政府批准纳入的人员。职能部门下派到社区，但在执行职能部门任务，本身不属于社区的工作人员，不能被称为社区工作者。各区县可以根据自己的实际情况制定符合区县实际需要的社区工作者详细规定。凡是正式纳入聘用管理范围的社区工作者，享受相应的薪酬福利待遇。

当前，社区建设中，基层骨干力量职业前景不明确，工资福利待遇不高，难以留住人才，尤其是年轻人，如何通过机制创新、制度设计，实现制度引人、留人，是社区建设的关键。但是，从整个改革，包括事业单位改革方向来看，这种人事体制机制还是有很多值得商榷的地方，需要在实践中进一步完善。"1+6"文件的实施，为社区工作者职业化创造了良好的政策环境。

三 上海社区改革创新展望

国家从"十一五"时期开始制定社区服务体系专项规划并侧重城市社区，"十二五"时期则从城市社区拓展到城乡社区统筹发展。从内容上，这两个时期的规划都侧重公共服务体系建设。经过近十年的实践探索，社区基本公共服务体系建设工作成效显著。

编制"十三五"社区服务体系规划须着眼于问题。当前社区建设的问题是：一是社区服务在一些社区开展起来了，但与居民的需求对接上还需进一步完善，例如社区养老服务体系亟待建设、社区矫正服务亟待探索、居委会需要进一步履行职能、小区停车难问题成为热点，等等。二是过去30多年建设了大量小区，由开发商建立的物业管理，由于自身定位和服务水平等原因，物业与居民之间经常发生冲突，存在社会稳定隐患。三是住房商品化使居民更加关注自己住房的价值和生活环境质量的提升，居委会忙于上级交办的事务无暇关注居民的多元需求，如何通过居民自身治理实现社区治理就成为一个新的课题。

(一) 要相信社区居民能够依法管理好社区事务

一是治理好社区必须依靠社区居民。依照《中华人民共和国城市居民委员会组织法》，社区实行自我管理、自我服务、自我教育、自我监督。二是社区建设既是自治过程，也是法治过程。说是自治过程，就是要给居民更大的空间参与自治，处理好自身事务。说是法治过程，就是居民要守法，地方和基层政府要依法把本该属于居民的权利还给居民，指导居民用好法律，在法律的框架内自治。三是社区机制的形成有一个过程，它需要个人坚守对集体的责任、完善的制度和健全的机构。每个人坚守社会规范，把日常的小事做好，才会逐渐把社会和国家的大事做好，这也是基层社会治理创新的真谛。

(二) 依法建立政府社区公共事务准入制度

机关事业单位过多介入社区事务是"十二五"时期社会各界较为关注的问题。机关事业单位经审批进入社区开展服务要按"权随责走、费随事转"原则，严格落实人员、经费等。进入社区的事项由社区统一管理。

(三) 在社区自治中始终坚持通过法治来规范各个行为主体

一是发挥乡规民约在社区社会治理中的积极作用。二是在个人成长过程中，社区发挥不可替代的作用。社区的任务之一就是宣传宪法、法律、法规和国家的政策，维护居民的合法权益，教育居民依法履行应尽的义务。全面推进依法治国，基础在基层，工作重点在基层。社区成为生活共同体，首先要有共同的社会规范，这些社会规范是社区成员依据法律和自身事务的特点共同参与制定的、真正意义上的乡规民约。通过乡规民约在使个人需要得到的满足的同时，必须满足群体的需要，在享受权利的同时，必须承担义务，在建立和谐的邻里关系中实现个人安全、自我放松、家庭温馨、邻里和睦、共同认知。

(四) 进一步明确社区事务是地方政府的公共事务

一是在政府全面履行职能的过程中加强社区建设，要求中央政府把直接面向基层、量大面广、由地方管理更方便有效的经济社会事项，一律下放地方和基层政府管理。在这里，下放给地方政府是一回事，地方政府如何交给基层社区管理又是另一回事。中央政府把微观事务交给地方和基层政府去履行职责，基于事权和财政责统一的原则，把责权利全部转移，避免事权下放，财权不放，形成权力真空。地方和基层政府把一些事务交给市场和社会则是基于公共服务和社会治理的特点、类型等去制定具体可行的实施细则。二是加快适合地方发展需要的人事制度的改革。"十三五"时期，要适应基层社会治理和公共服务的需要，加大人事制度改革，不搞"上下一般粗"的体制机制。

（五）鼓励地方政府立足现实发展，大胆探索社区发展

"十二五"规划实施以来，国家发展和改革委员会有关部门针对公共服务设施如何才能跟城镇化，特别是城镇人口保持一致、外来农民工如何通过申请租房落户并获得公共服务，如何发挥社区社会组织在村民生活方式转变过程中的作用、农民工的住房保障，以及如何建立流动人口信息平台等问题，分别在西安、天津、郑州、常熟等地推动社区公共服务设施建设、小城镇公共服务设施建设、教育发展、社区社会组织培育、政府部门与社会组织合作、公租房建设、公共租赁住房市场发展，以及建设流动人口信息平台等，出台了综合配套政策，进行了一系列试验，取得显著成效，"十三五"时期应当在更大范围鼓励和支持地方政府因地制宜，大胆创新。

（六）社区服务体系建设要与人民的微生活有机结合

基层社会对公共服务有着巨大需求。从有关城乡居民社区服务需求的比较研究可看出，城镇居民的服务需求依次是家政、就业、老年人、儿童青少年、低收入家庭服务，而农村依次是老年人、文体生活、儿童青少年、低收入家庭和残疾人服务。这些都需要地方政府根据各地实际具体制定符合本地实际的政策来加以解决。

（七）通过微观事务处理来化解可能影响全局的矛盾和问题

一是越来越多的问题发生在地方。近年来，发生的各类群体事件和社会事件，并不是社会深层矛盾的直接爆发，而是通过一系列家庭矛盾、社区关系和人际关系的恶化爆发出来的，与地方密切相关。例如，小区停车收费问题涉及物业、业主、居委会，如何使各方面都满意，需要从微观层面上协调各方。二是要建立以居民满意度为核心的第三方社区工作评价体系。借鉴国际经验，建立起一套能够准确对居民满意度进行测量的指标体系和评价标准，并由第三方机构进行评估，及时发现问题，及时改进工作，引导地方政府逐步实现职能转变和机构改革以适应社区建设工作需要。

（八）通过创新社会组织体制机制来提升社区服务质量

一是从社区需要培育社会组织。二是对社会组织的培育与监管并举。

加强社会组织立法，规范和引导各类社会组织健康发展。

（九）发挥社会工作者的作用

社会工作者通过小组、个案和社区工作方法参与社区建设是新时期社区工作的重要内容。

附录八　北京市基本公共服务供需平台现状评估报告[①]

北京市作为首都，网络基础设施建设在全国范围内都处于领先地位，根据工信部数据，截至2017年9月末，北京市光纤接入（FTTH/O）用户占比92.6%，排名全国第二；4G基站数量4.1万个，3G基站数量2.7万个；无线接入点23.5万个；TD-LTE专网5环覆盖；互联网普及率76.5%，居全国第一。2016年末，移动电话普及率178.3%，高出全国水平82.1%；固定电话普及率32.0%，高出全国水平17个百分点。另外，北京市拥有庞大的互联网用户群体：截至2016年末，互联网宽带接入用户525.4万户，4G用户2646.9万，3G用户408.2万，互联网用户1690万，手机网民1412万。

目前北京市政府有两条政务专网，一条有线专网，一条无线专网。

有线专网，采用"BOT"模式建设运维，目前已接入市级政务部门和相关企事业单位近700家，区县级政务部门近8000家，城域光缆网总规模超过2700公里。目前，北京市电子政务网根据业务需求分为政务内网和政务外网。政务内网主要满足党委、人大、政府、政协、法院、检察院在管理、协调、监督、决策及内部办公过程中的信息传输需要，目前已接入11套业务虚拟网，736家接入单位。政务外网是相对开放的多种政务应用系统的支撑平台，主要满足各级政务部门内部办公、经济调节、市场监管、社会管理、公共服务等业务的需要。目前已接入132套业务虚拟专网，8160家单位横向、纵向业务系统。其中横向系统如市党政机关、无纸化办公互联审批传输系统和北京市应急视频系统；纵向系统如劳社部门、质监部门的办公系统等。

无线专网（800M），实行由市政府控制、企业运作，政府集中购买服务的运行模式。其中包含8部交换机，370个基站，251套室内分布系统，

[①] 本部分数据来源同附录一。

利用应急卫星网络构建移动基站 11 套，百兆宽带用户占比超过 50%，可接纳用户容量 99040 个。已覆盖城区、郊区平原、重要旅游景区、地铁内、重要建筑物室内（机场、火车站、大型竞赛场馆等），能够在 900 多个公共场所实现免费无线上网，是目前全球最大的城市级集群通信网。

一　政务信息平台建设情况

北京市的政务信息平台目前包括两个方面，第一部分是集各部门政务服务于一体的"首都之窗"，第二部分是政府机构自己独立的政务服务平台。

1. "首都之窗"

北京市网上政务服务大厅——"首都之窗"，始建于 1998 年，由北京市人民政府主办，北京市经济和信息化委员会承办，是市政府各部门面向社会的窗口，发布政府信息及在线服务的综合平台。经过近二十年的发展，"首都之窗"已基本涵盖政务服务的所有内容，同时引进互联网、大数据技术，简化民众办理各种政务服务手续，力求做到让"数据多跑路，群众少跑腿"。

"首都之窗"致力于为公众提供一站式平台服务，让民众享受一站到底的优质在线服务。目前北京市共 43 个政府机构，除去市政府办公厅、市社会办、市信访办，有 40 个部门在"首都之窗"有具体的政务服务事项。事项性质包括行政许可、行政征收、行政给付、行政确认、行政奖励、行政裁决、政策内部审批事项、其他职权共计 8 项；主题包括设立变更、资质认证、年检年审、社会保障、投资审批、检验检疫、安全生产等共计 33 项；服务对象包括中小企业、民营企业、私营企业、社会组织、困难企业、重点企业、高新技术企业共计 7 项法人服务。由此可以看出，"首都之窗"基本上涵盖了所有政务服务事项当中的内容和所涉及的部门。但在基本公共服务领域，"首都之窗"目前还存在一些问题。

（1）在线基本公共服务事项仅占 2%

"首都之窗"政务服务板块当中能够提供的在线服务事项共计 2151 项，其中涉及基本公共服务的内容仅 43 项，占所有在线审批事项的 2%，其中社会保障类 40 项，医疗卫生类、住房保障类、劳动就业类服务各 1 项（见附录八图 -1）。

（2）在线服务事项多为法人服务

在所有政务服务事项中，政务服务的对象多为法人，单独对法人占比

29.6%，个人、法人服务都有的占比59.6%，个人服务仅占10.8%。当前的"首都之窗"的定位多为法人服务，更加趋向于为政企之间的互动平台，对普通民众服务的项目较少（见附录八图-2）。

社会保障（40）
- 为老年人发放津贴补贴及补助
- 对养老机构服务质量星级的确认
- 对因见义勇为致残人员进行残疾等级评定
- 对救灾捐赠款物的调拨和调剂分配
- 对救助人员是否属于救助对象进行确认
- 对野生动物造成人身伤亡的补偿
- ……
- ……
- 户口登记及迁移审批
- 残疾等级评定
- 法律援助

医疗卫生（1）
- 残疾儿医学鉴定

住房保障（1）
- 对居民家庭在本市购买住房资格进行审核

劳动就业（1）
- 劳动能力鉴定

附录八图-1　"首都之窗"基本公共服务在线服务事项

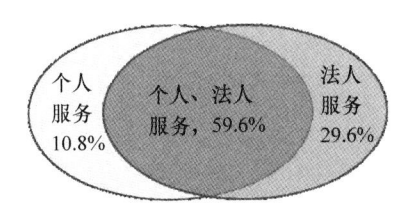

附录八图-2　服务事项的个体属性

（3）交通、医疗、住房、文化、食药机构服务事项占主体

在政务服务事项中（见附录八图-3），服务事项排在前五的部门分别为市交通委、市卫生计生委、市住房城乡建设委、市新闻出版广电局、

市食品药品监管局，占所有政务服务系统的 38.2%。其中，市交通委员

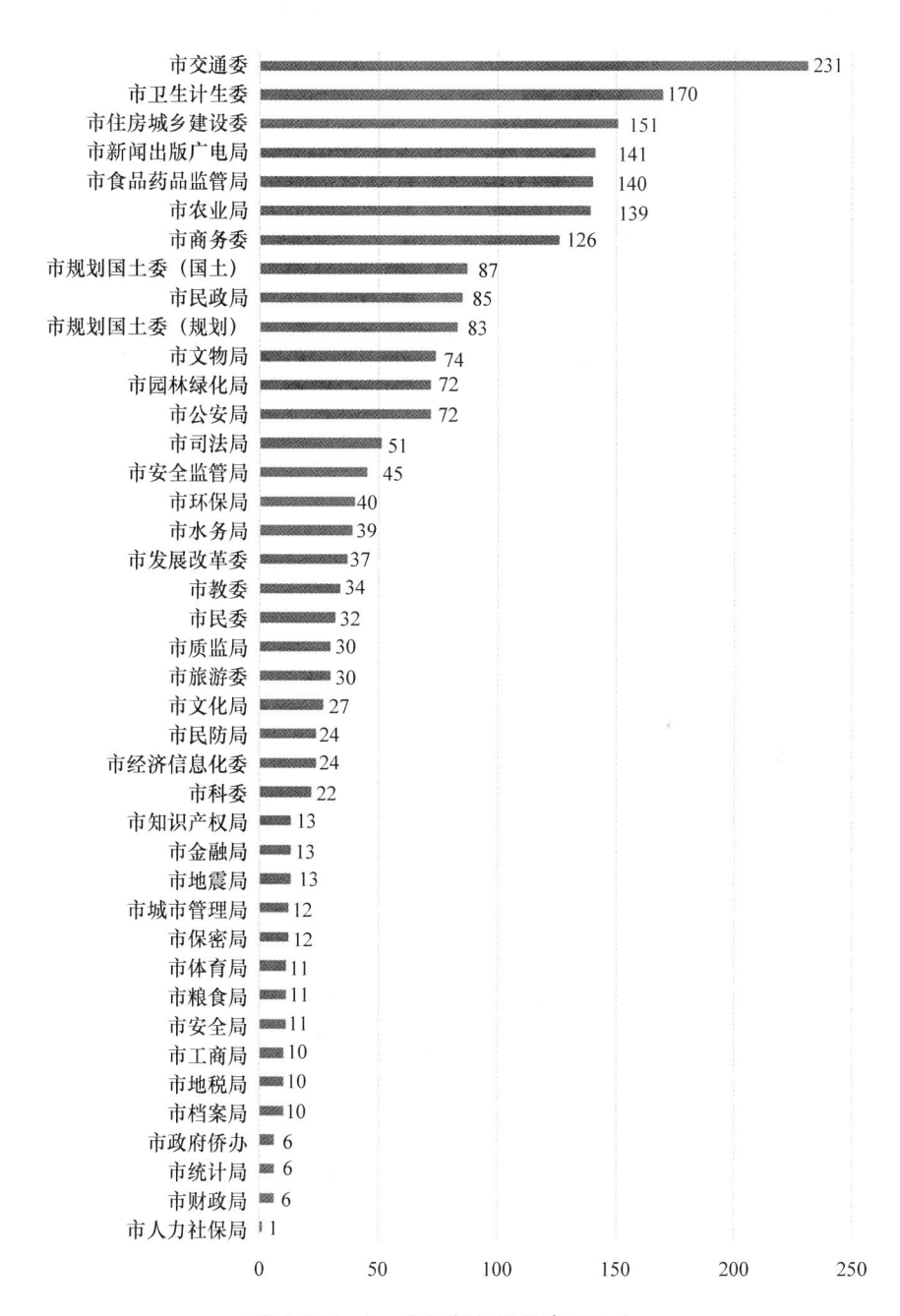

部门	数量
市交通委	231
市卫生计生委	170
市住房城乡建设委	151
市新闻出版广电局	141
市食品药品监管局	140
市农业局	139
市商务委	126
市规划国土委（国土）	87
市民政局	85
市规划国土委（规划）	83
市文物局	74
市园林绿化局	72
市公安局	72
市司法局	51
市安全监管局	45
市环保局	40
市水务局	39
市发展改革委	37
市教委	34
市民委	32
市质监局	30
市旅游委	30
市文化局	27
市民防局	24
市经济信息化委	24
市科委	22
市知识产权局	13
市金融局	13
市地震局	13
市城市管理局	12
市保密局	12
市体育局	11
市粮食局	11
市安全局	11
市工商局	10
市地税局	10
市档案局	10
市政府侨办	6
市统计局	6
市财政局	6
市人力社保局	1

附录八图-3 市级部门服务事项分布

会的服务事项最多，占比10.7%；市卫生计生委次之，占比7.9%；市住房城乡建设委、市新闻出版广电局、市食品药品监管局的占比依次为7.0%、6.6%、6.5%。

（4）近六成服务事项为行政许可事项

在政务服务事项中（见附录八图-4），根据事项性质来分类，行政许可事项占比59.1%，其他职权占比28.8%，行政确认事项占比8.7%，政府内部审批事项占比1.4%，行政征收、行政奖励、行政给付、行政裁决事项占比均低于1%。

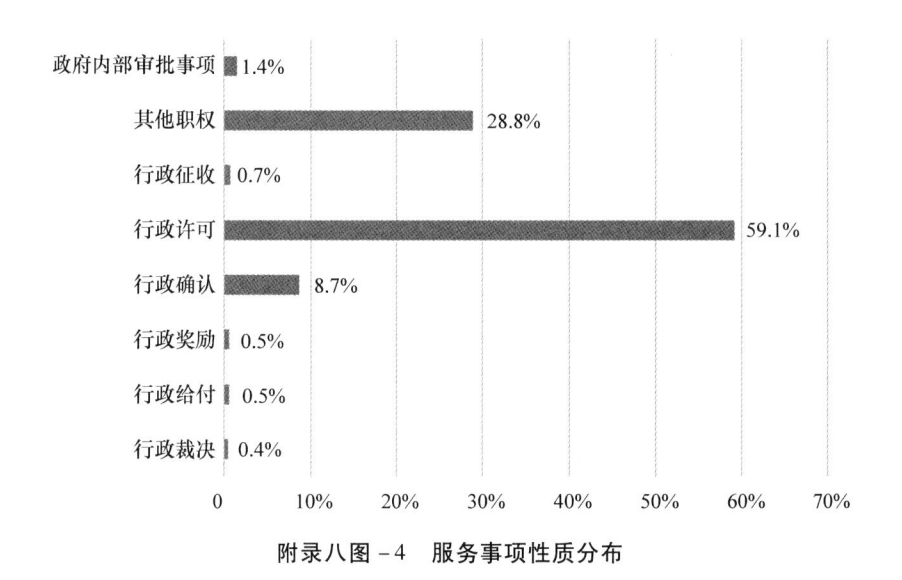

附录八图-4　服务事项性质分布

（5）资质认证、设立变更事项超过一半

在政务服务事项中，关于资质认证（见附录八图-5）、设立变更的服务事项较多，占所有政务服务事项的64%，其次为国土规划、医疗卫生服务事项。而关于抵押质押、检验检疫、财政税务等服务事项较少。

（6）部门平台与"首都之窗"相互独立

"首都之窗"提供的2151项具体服务事项中，根据其服务功能，共分为三类：

第一类，仅提供办事指南服务的事项（见附录八图-6），此类事项占所有在线服务事项的15.9%。

附录　实地调研分析报告、问卷调查分析报告、大数据分析报告 ｜ 641

附录八图 -5　政务服务事项主题分类

5、《船舶营业运输证》延期、变更、补发

附录八图 -6　办事指南服务情况

第二类，可以提供网上预约功能，但需前往具体的办事大厅，此类事项占比51.7%（见附录八图 -7）。

1、《医疗机构执业许可证》核发(共4项)

1.1、 医疗机构变更登记注册

附录八图 -7　网上预约功能

第三类，能够实现网上办理，但需要链接至具体的办事机构的平台，此部分事项占比31.5%（见附录八图 -8）。

12、一级建造师执业资格注册初审(共13项)

12.1、一级建造师个人信息变更

附录八图-8 网上办理功能

综上所述,"首都之窗"的在线服务在对象定位上主要倾向于服务企业对象,针对个人、民众的服务事项较少;第二,在线服务审批事项多是行政审批类服务,偏向于商务贸易性质,在基本公共服务领域中,特别是民众生活类、工作、入学、医疗服务类服务事项目前首都之窗鲜有涉及;第三,当前,"首都之窗"的定位更加偏向于提供查询指南、预约功能的性质,目前还不具有网上申办的功能,与各部门系统平台之间相互独立。

2. 部门平台情况分析

(1) 市民政局

市民政局官方网站中共提供65项网上办理服务事项,其中能够直接在线办理的服务事项为7项,其他须知、告知、查询、便民指南类服务为58项。

当前,民政局共有一套网上预约婚姻登记系统和北京市社会组织公共服务平台。网上预约婚姻登记系统提供结婚登记、离婚登记、预约查询、补领结婚、补领离婚、出具证明、查询档案、预约撤销等登记预约服务。北京市社会组织公共服务平台为社会组织提供登记、核准、证书、年检、资格申请、项目管理、信息报送等服务。

(2) 市人力资源和社会保障局

北京市人力社保局网站提供19项在线服务事项,共包括北京市公务员考试报名、引进人才系统、工作居住证系统、职称评审专家系统、专项审计业务系统、全国计算机考试报名、委托考试报名、职称评审申报、资格考试报名、技能鉴定全国统考、人力资源服务机构管理、毕业生管理、受灾企业优惠政策、促进就业优惠政策网上申报、失业动态监测、企业职工培训统计报表系统、留学人员引进与服务、综合计划统计系统、干部调京工作信息管理系统19套独立的服务系统。

(3) 市卫生和计划生育委员会

北京市卫生和计划生育委员会在线服务"北京市预约挂号统一平台",公众可通过统一平台预约挂号服务;同时提供执业医师与医疗机构、新生儿耳聋基因筛查查询、新生儿疾病筛查结果、护士信息、化验单、医药价格、医院等级等查询服务。另外,在便民服务方面,北京市卫生计生局还提供生育服务证办理、孕前优生检查、药具管理站查询、计生政策、药具服务。除以上服务事项之外,北京市卫生和计划生育委员还拥有医疗广告信息、放射诊疗系统、救护车审查系统3套独立系统。

(4) 市住房和城乡建设委员会

北京市住房和城乡建设委员会网站共提供73项各类查询服务,其中包括工程建设类查询30项,房屋管理类查询服务45项,诚信档案类查询11项,以及其他查询8项。除此之外还拥有办事大厅系统和房产交易系统两大独立系统。

(5) 市公安局

北京市公安局网站的民生服务板块中,提供办理出入境业务、登录办理团体签证系统、交通安全综合服务管理平台、律师预约见系统、办理消防设计备案、办理户口迁移信息查询、办理消防竣工验收消防备案系统、登录建设工程消防设计施工质量系统以及驾驶员计分、车辆违法、报废车辆、使领馆地址、走失人口、失物招领、挂失等在线查询服务。

北京市公安局共包括民生服务平台、网上办事平台、出入境管理办事大厅、北京市居住证服务平台等4大在线服务。

二 大数据技术使用情况

1. 电子政务大数据技术使用现状

(1) 数据采集

采集内容以非结构化数据为主。电子政务信息主要为已经设计好的有关联关系的结构化数据,但是随着近几年互联网的发展,数据趋于向半结构化数据转化,而且随着社交媒体的不断发展,非结构化的数据还将不断增资。根据有关部门的统计发现,现在的政务系统中,有80%以上的信息资源已经是非结构化的数据,未来还将更多。

数据来源向移动端转移。传统的政务系统中,信息的主要来源有个人、机构、文献、新闻媒体以及数据库资源。但是,在大数据时代,各种新兴技术使得信息传播的途径更加多元化，全球定位系统以及移动端技术使得公众更易在社交网络中表达自己的诉求，因此政务系统的信息采集就从 PC 端开始向移动端转移，并且移动端已经成为了最重要的来源及途径。

采集方式趋于智能化。传统的政务信息采集中，人工采集是主要的采集方式，随着大数据时代的到来，智能终端也已经应用于政务信息的采集中，社区治理当中指纹、人脸识别终端、GPS 定位响应已经试点成功。同时，由于互联网的不断发展，人工采集的方式已经没办法适应日益剧增的信息量。

（2）数据挖掘技术

需求导向推送个性化服务。通过对服务器终端用户访问日志进行深度挖掘分析，提取用户浏览的模式信息，进而对用户的具体行为进行预测分析。目前该技术应用在比较有效的地方政府电子贸易中，通过分析用户访问时间、对相关页面的停留时间，进而推送用户感兴趣的事项。明确政务服务供给方与需求方之间的差距，需要广泛收集社会群体中分散的信息，借助在线政务系统监测、分析用户需求，提供个性化需求，与公众共享数据，提高公众满意度。

聚类分析与数据规划。在政务系统中，将庞大的政务信息资源利用聚类分析技术一方面将数据进行层层分割，根据具体的指标口径自动聚类，可以得到各个指标的特点及趋势，为决策提供辅助支持。同时，政务系统庞大的面向应用的信息资源，可以根据各个应用的主题，进行层层抽取和转化，面向数据主题进行重新规划，合理利用，避免政务信息数据的组合爆炸。

2. 基层基本公共服务大数据技术使用现状

街道办作为基层政府最贴近公众的窗口，是基本公共服务的主体，是了解基层基本公共服务线下服务最有效的途径。西长安街具有"京城第一街"的美誉，不仅仅因为其地理位置的特殊性，更因为其基层服务标准、模式都具有模范作用。

（1）街道公共服务大厅

西长安街街道公共服务大厅共设有 13 个窗口，分别为失业服务、就业服务、医疗报销、社会保障卡、一老一小·退休社会化、住房保障、计划生育、便民咨询及两个综合受理窗口、3 个机动窗口，其中综合受理窗口是统一面向群众的交互窗口，负责业务收件和受理，将业务数据流转给具体的科室进行协同办理，待各科室业务办理完成后，由该窗口将办理结果统一反馈给群众。大厅内安排负责指引的人员为办事群众提供咨询、导引服务。大厅内设有座椅便于办事人员休息与等待，还设有医疗急救箱及伞具以应对突发事件。大厅两端设有两台社保自助查询打印终端，可供群众自助查询、办理社会保险相关事宜。大厅内摆放着由47个二维码组成的"扫码查攻略"海报，可导引群众通过手机"扫一扫"直接链接到具体要办理的事项或所归属的街道服务大厅。

服务大厅主要依托一站式综合业务受理平台来办理服务事项。其平台办理流程为：登录平台—个人中心—业务受理—业务办理；平台业务包含五大类：就业服务类（3项）、社会保障服务类（11项）、为老服务类（6项）、爱心助残服务类（9项）、人口计生服务类（12项）；平台数据流向：社区工作人员受理—数据录入并提交—街道审批人员登录平台审批—数据同步更新到原系统。

（2）街道社会治理创新大数据分析与应用平台

目前街道的社会治理平台主要由以下几个方面构成：

第一，"数字红墙"社会服务管理平台。该平台有两个特点，一是明确划分辖区内人口类型，从以房管人到依托属地管理实有人口，定时更新地理、人口等数据库。二是平台依托街道的"四级网格"管理机制，采取"一格五员"的人员配置方式，实现网格化社会服务管理。

第二，一窗式综合业务受理平台。该平台主要包括一窗式政务服务平台、电子证照库、接口服务平台、数据共享平台互通、一事一评五部分。平台已经与上级部门对应的垂直应用系统实现部分对接，试图打通原有市、区级垂直系统，从粗放式、离散化的建设模式，向集约化、整体化的可持续发展模式转变。

第三，"智慧西城"时空云信息平台。该平台是由区规划局牵头，联合区房管局、区市政市容委、市商委、区体育局、区旅游局、区功促局、区民防局、区城管监督指挥中心建立。街道可以从"数字红墙"平台向"智慧西城"的共享交换平台推送各类数据，同时可以获取该平台人口、法人、电子证照、业务工作等数据，以便后期办事调用及数据分析。

第四，VITO大数据系统。以街道前期采集的人口信息和数据红墙平台沉淀的业务数据为基础，通过北京北科维拓科技有限公司开发的VITO大数据系统开展数据的可视化分析，以做好辅助决策和预测预警工作。其中典型的应用是人口热力图，根据所勾选出来的区域云图的颜色深浅来判断人口的密集程度，直观呈现户籍人口、实有人口的结构，以此判断人群需求，辅助决策的制定。如呈现适龄儿童的数量与分布情况，以此判断是否需要增加公立幼儿园；呈现实有人口与机动车的情况，来判断是否需要新建停车位；呈现实有人口与出租房的情况，来判断如何加强社区出租房管理；等等。

第五，视频监控系统。视频监控系统由公安系统内的高清探头及瑞安空中卫视——地幔小目标跟踪视频系统组成。街道与四个派出所合作，可以实时将不同位置的摄像头画面切换到街道的数据红墙平台上，便于加强对公众安全的管理及预警，减少公共安全事件发生。地幔小目标跟踪视频系统是基于西长安街特殊的地理位置设置，对监控辖区内的危险飞行物体进行识别、判断、预警。

西城区西长安街街道积极应用大数据等新技术，在辖区内推行网格化管理，采取"一格五员"等管理措施，积极推进社会共治。街道相关负责人详细讲解了全响应网格化社会服务管理指挥分中心的各项功能及目前的应用现状。其中的"西长安街数字红墙社会服务管理平台"是大数据在政务系统应用的先进案例。在参观并提问的过程中了解到，第一，数据孤岛依然存在。平台中展示数据基本为街道自身采集，其他部门开放交流的数据较少，如公安部门户籍数据、民政系统数据等。但街道一直在积极尝试对接更多部门数据。第二，目前该平台在街道的日常管理中发挥了较大作用，应用大数据技术解决了很多实际工作中原来不好解决或无法解决的问题，如人群聚集区域的疏解、公共服务供应总量的预测等。第三，平台仍然处于建设的初级阶段，受成本、行政职能等因素限制，功能还有一些欠缺，特别是针对个人服务的功能尚未完全开发。第四，该全响应中心及其平台，在推进服务的过程中，更多的是基于管理思维，而不是服务思维。目前面对用户、企业的接口较少。

3. 基层基本公共服务需求难题

从西长安街的调研结果及与工作人员的座谈结果中，目前北京市基层工作人员在工作当中遇到的难题主要体现在以下几个方面：

第一，各系统之间存在数据壁垒。数据信息壁垒造成工作流的延长，需要部门之间的合作，是否可以根据工作职能、内容打开部门之间的有限数据权限，减少不必要的资源周转。数据交互的主导权掌握在市、区级，推广需要上级支持。

第二,线上服务范围窄。目前基层的电子化服务只能覆盖20%左右的基础服务,相当一部分服务还是需要到访办理,工作人员只能从减少群众少跑腿的角度出发,自己多跑腿、多服务。但没有从根本上解决问题,还需要相关技术手段提高工作效率。例如,目前各种能力鉴定事项还需社区工作人员上门服务,是否可以考虑委托第三方鉴定。

第三,居民、企业入口还需拓展。目前平台主要定位在政府的社会管理,因而居民、企业等用户可以主动提出需求、反馈问题的入口设计还待拓展。对于居民、企业的需求,工作人员只能根据工作职能指导相关工作,对工作职能之外的内容,只能尽力为之。民众在基本公共服务需求反馈的接口少,且线上交互(基于业务)局限于小范围试点,跨部门数据流通少。

在国家提出让"信息多跑路,群众少跑腿"的号召下,各级政府机关投入巨资采购了大量硬件设备,建设了多个应用系统,但普遍出现了设备资源利用率低、重复建设严重、信息系统运维难、人工成本和能源消耗巨大等问题,提高设备利用率、避免重复建设、降低维护成本成为各级政府机关迫在眉睫的需求。

我国基层公共服务目前出现的问题是各方因素共同作用的结果,需要各方协同去解决,从上到下,从下到上。下——基层工作人员负责解决居民基本需求(具体的工作),上——政府研究人员负责从顶层设计探讨如何理顺整个服务机制(机制设计、内容设定、协调互通、数据交互)。同时,利用政府鼓励第三方进入提供产品或服务,提高效益。

综上,基层已积极开展应用大数据、云计算、移动互联网等新技术创新社会治理模式的探索及尝试,且取得了比较好的效果。但受行政级别、职能、经费等因素限制,这些探索和尝试所能产生的效果与较为理想的状态仍有距离。若要建成北京市基本公共服务供需平台,应从更高的层级、站在更全面的角度进行规划设计。

三 供需双方在线互动情况

随着大数据、互联网科技的不断发展,社交网络作为当今社会信息传递的一个重要渠道,如今已经广泛应用于政务系统当中,为提高政府与公众沟通的便捷性、有效性提供重要支撑。2009年之前,我国电子政务一直以政府部门的网站为主，随着以新浪微博、微信为主的社交平台的火速发展以及智能终端设备的快速普及，政府作为提供政务系统服务的供给方，为寻求架接好与民众之间沟通的友好桥梁，政务微博、移动政务开始成为政务系统的主要组成部分。北京市各部门政府机构与民众在线互动的方式主要包括网站互动、微博及部门App互动。

1. 网站互动

政府部门网站是政府宣传政务信息、为民众提供互动交流的主要平台。随着社交互动工具的发展，政务系统的互动方式也呈现出更加丰富、多元的形态。目前北京市政府网站政务互动的方式主要包括领导信箱、在线咨询、民意征集、在线调查、监督投诉、投诉建议、常见问题解答以及近两年比较流行的互动访谈直播。

在领导邮箱、在线咨询方面，各部门网站均公布了用于民众建议、咨询的渠道，政民互动的通道已打开，且多数部门对已回复的内容予以公开，保证了信息的真实性。在45个机构网站中，咨询回复信息及领导信箱内容共计32.8万条，平均每个部门7287.6条，回复信息内容数量排名前三的部门为与居民教育、住房及政府财政相关的市教委（89630条）、市住房城乡建设委（67245条）、市财政局（50447条）。市环保局、市政府外办、市国资委等部门暂时未公开相关回复信息结果。

在监督投诉方面，有16个部门暂时未设比较明显的投诉渠道，29个部门投诉渠道畅通。在监督投诉渠道畅通的部门中，有8个部门公示了监督投诉处置结果。在公布的投诉处置结果中，民众对部分处置结果表示不满，主要表现在三个方面：第一，鉴于民众对部门责任认识不清，投诉之后，被告知不属于职责范畴，投诉无果；第二，告知民众反馈结果已知悉，感谢支持，但并无后续进展。第三，投诉反馈时期较长，有的甚至不反馈。

在民意征集、网上调查方面，市旅游委、市政府外办、市文资办、市文物局、市政府法制办等5个部门暂时未设民意征集板块。其余40个部门机构均有响应信息，所有民意调查信息共计2608条，平均每个部门65条左右，其中市质监局、市科委、市住房和城乡保障委的民意调查事项较多，分别为921条、467条、322条，占所有民意调查事项的65.6%，其余部门民意调查事项较少，整体上，民众参与政府政策建议的机会较少。

在互动形式方面，一半以上的部门尝试直播形式互动，直播形式分为图文实时互动和图像实时互动两种。总计直播互动 1018 次，平均每个部门不到 50 次。直播互动的内容主要涵盖发布会、工作通报、政策解读、重要活动。直播采访的对象包括行业专家、部门领导、模范人物等。实时图像直播虽然对政府机构来说已经是一次跨越式发展，但是其民众互动形式还有欠缺，多数在线采访的信息属于录播、编辑之后的内容，不存在实时性，还有一部分直播的内容没有开通民众实时参与的通道，人为地关闭了民众参与的通道。

综上所述，网站互动在内容方面加大了政策宣传力度，形式、方法、工具、通道寻求多样化，紧跟科技步伐。部门主动作为的能力、服务意识也有显著提升。在一些细节方面，还有待作出进一步优化，例如，多数部门的互动形式较为严肃，语言比较官方，将政府形象仍然摆放在牢牢掌控一切的地位，高高在上的语气让民众有距离感，很难达到公平对话，带来的只有怨言。在互动内容方面，除了民众自己反映的生活实际问题之外，政府提供的多为政策信息的解读、热门事件的专家观点等，提供民众与政府之间公平对话的机会较少。

2. 微博互动

微博作为新时期方便、快捷的在线社交、互动平台，在政务系统中也受到广泛青睐。北京市政府机构微博中已有 41 个官方账号主体，覆盖 4106.0 万人次，其中，粉丝超过 1000 万的账号 1 个，粉丝数量在 100 万—1000 万的账号 10 个，10 万—100 万的账号 25 个，10 万以下的账号 6 个。总计发布微博数量 38.9 万条，其中发布微博数量超过 2 万条、5 万条、7 万条的部门各 1 个，发布微博数量在 1 万—2 万条之间的部门 12 个，其余部门发布微博数量均小于 1 万条。

2016 年 1 月—2017 年 9 月，41 个政务微博的月度每条微博转发、评论、点赞数量基本保持在 0—10.0 之间，每条微博的平均传播范围为 10 人。2017 年 2 月，微博转发量达到 25 次，主要原因是"平安北京"账号发布的一篇实习警察的日志备受民众关注，转发超过 1 万次，评论及点赞数量均超过 4000 次，当政务工作贴近民心、接地气时，民众的参与热情也就会增加，因此，政务工作应该改变高高在上的姿态，需要在贴民心、接地气上下功夫。

从各部门微博的转发量可以看出，微博平均转发量大于 10 的部门主要集中在与居民生活、工作、住房、教育及安全息息相关的北京市公安局、北京市地税局、北京市住房和保障局、北京市教委及北京市民防局。北京市中医局、北京市金融局、北京市科委、北京市农委、北京市城市管理委员会、北京市审计局等部门微博转发量较小，平均量转发小于1条。

从总体上来说，政务微博与公众的互动度较低，政务微博每条最大的转发量为117.2，平均最大的传播范围为100人左右，效果较差。结合每条微博的转发量与评论量之间的关系，微博的转发量要远远高于评论量（北京民族和宗教委员会例外），因此，民众更倾向于做政务信息的接收者、传播者而不是反馈者，政民之间的互动水平仍然较低。

3. 部门App互动

伴随着智能终端设备的发展，手机App也得到了快速发展，App在改变人们的生活方式，使得生活水平得到提高，市场上的各种App为卖家和买家搭建了一个桥梁。北京市的45个政府机构中，有10个机构官网公开有部门App，但是具有实际应用功能的App却是凤毛麟角，从用户的反馈评论来看，政府App的开发水平、应用功能实在是差强人意。

公开的10个App下载二维码中，有7个都存在不同程度的问题，北京市公安系统的民生服务平台、北京市农委等不能下载；北京市工商行政管理局北京消费投诉App，只有安卓市场的下载链接，没有提供iOS系统的下载；人力社保局"北京12333"只有3个功能，首页、政务咨询和查询服务，没有政民互动的专属模块，首页主要是公示公告、学习党的十九大、政策解读、工作动态、最新法规、新闻播报等内容，政务咨询与网站的咨询回复信息相同，没有个性化服务，整个App的便捷性功能没有体现，同时，在应用商店中显示下载使用的用户较少。最后是北京市住建网App，用户评论史上最差，总分5分，得分1.2分，总共用户评论23个，只有1个用户评论"还可以"，其他用户均为负面评论，纷纷表示该App属于部门为完成政绩虚设App、"僵尸软件"、"面子工程"，纯粹是为了"糊弄"上级审查，给挪用资金找由头，等等，更有甚者提出应该投诉至纪检部门，需要查办负责此项目的相关工作人员。再从整个App的实际情况来看，整个App只有一张屏保图片，图片显示一个搜索图标和一个设置图标，没有任何功能，也不难理解为何用户这么气愤了。唯独北京交通，在这些App中评分较高，为3.8分，而且启用时间已有4年以上，用户数量也相对较多，App共分为实时公交、公共自行车、综合换乘、实时路况四大功能，用户普遍反映非常方便，能够根据实时路况随时调整路线，有一定数量用户已经形成依赖，而且"实时公交最好用！"。但也有用户提出 App 存在早晚高峰时期加载时间过长、经常刷新不出结果等问题。

从以上用户的反馈信息可以看出，首先，部门 App 的用户较少，在政民互动上首先不具备用户流量条件。其次，在提高与公众沟通效率方面，部分 App 还远未达到应有的及格水准，反倒是增加了用户对政府部门工作态度的不信任，普遍认为相关部门的工作人员仅在做"面子工程"，未从真正提高工作效率、为民服务的立场出发。

小结

近几年大数据技术的不断发展，为电子政务的运行模式带来了新鲜的血液。要想进一步提高电子政务的服务效率，离不开不断挖掘政府部门的大数据潜能。就北京市目前的电子政务状况来看，存在如下问题：

第一，北京市目前尚不具备实质意义上的基本公共服务平台。一方面，"首都之窗"当前功能更加注重政企互动，针对个人、民众的服务事项较少；另一方面，各部门的服务系统只针对部门内部的职能，且基层的公共服务事项较少涉及在线服务，对基层服务效率的提高意义不大。而且，"首都之窗"并没有对各部门的在线服务进行集约化整合，只是简单地集合，并且并不具备真正意义上的网上办事服务，具体的服务事项还要链接至分管部门的系统，只是在部门网站与用户之间架起了一座桥梁，并没有减少办事服务路程。

第二，北京市各政务系统之间的数据壁垒较为严重。根据基层工作人员的反馈，部门系统之间数据通道还未打开，同时也基于数据安全，未对数据使用人员的数据权限进行全方位权衡，也因为"首都之窗"的平台意义还未完全显现，部门之间的数据共享服务暂时还难以展开。

第三，北京市的政民互动情况相对较弱。在网站与微博互动方面，政府机构主动作为的能力、服务意识有所提升，政民互动信息量在生活、住房、教育、安全等领域有所增加，也有部分部门的政民互动情况为零。微博互动民众的参与感不强，多为政策的接收者及传播者，且传播范围较小。部门 App 没有起到加强政民互动的作用，反倒是让民众更加对政府作为能力产生怀疑。

就北京市目前的电子政务服务状况来看，仍然存在着众多"信息孤岛"的状况，部门与部门之间、各级政府之间尚不能实现充分的信息共享、信息交流，因而，当一些公民办理有关服务时，往往存在不便利、不快捷的状况，加强有关大数据标准体系的建立，设立涵盖各个领域、不同类型且能实现不断动态更新的数据库，有利于各级信息系统的信息互联、网络互通与资源共享。

附录九　特朗普出台宽带政策推动美国农村繁荣情况分析报告

2018年1月8日，美国时任总统特朗普在田纳西州参加由美国农业部联合会主办的年会上发表讲话。他对与会的农民和农村领袖们说道："我们每天都在为美国农民工作，就像你们每天为我们工作一样。"刚刚通过的美国税收改革方案支持发展农业和农村事业，"美国农民在一年投资中可以使新设备的成本降低100%"，"我们正在见证爱国主义，繁荣和自豪的新时代，而在这个令人兴奋的新篇章的最前沿，是美国伟大的农民"。

特朗普就任后不久就着手推动美国农业和农村繁荣。这也是继1992年1月13日乔治·W.布什总统在密苏里州堪萨斯城举行的美国农业部联合会年会上发表讲话之后，第一位在美国农业发展的主要会议上发表演讲的总统。当时，布什的讲话主题是：新的全球经济中美国农村贸易、安全和繁荣。

根据美国农业部的界定，美国农村有全国72%的土地和在其中生活的4600万人。农村地区是指以农业生产为重点的区域以及布局制造业、采矿业和林业等行业的区域。特朗普的农村和农业繁荣政策既包括那些发达和快速发展的地区，也包括长期处于低迷的地区，以及其他的区域。在美国农村中，还有许多不同种族和民族的人口居住并从事经济活动。这些居民生活在各种各样的环境中，从大都市郊区的县域到偏远地区，等等。与其他许多国家相似，近两个多世纪以来，美国农村人口持续减少。过去26年间，美国农村被远远抛在整个国家发展后面。农村就业增长速度低于城镇就业增长速度。许多农村社区的贫困率依然很高。39%的美国农民缺乏足够的宽带接入和便利的互联网服务。

特朗普考虑农业和农村发展既有个人原因，也有战略考虑。他的成功当选得益于农村人口的支持，特朗普在农村地区赢得了62%的选票，希拉里·克林顿仅赢得了 34%。特朗普上任后不到五个月就组建了一个特设工作组，专门研究农业和农村发展问题，这个特设工作组提出，到 2050 年，美国人口会达到 4 亿，世界各国的收入增长将转化为对全球粮食的需求。为了养活一个面临粮食压力的世界，美国需要利用技术和科学创新来增加农业的产量，吸引私人资本来支持美国农村和农业服务的全球化，履行养活世界的最终使命。除提高作物产量外，技术创新也可以提高作物品质、营养价值和食品安全。

一 成立跨部门的政府农业发展和农村繁荣的特设工作组

特朗普把 1 月 8 日到田纳西州的旅行变成推动农业和农村发展的行动。他在田纳西州演讲时说："2017 年 4 月，我委托了一个特设工作组与农民和农村社区见面，找到了农村繁荣的最大障碍。这个障碍就是农村缺乏宽带互联网的接入，这也是农村社区和企业最为关心的问题。""这就是为什么今天我到这里来。待一会儿，我将迈出第一步，推动在美国农村的宽带互联网接入。我将签署两项总统令，以提供更广泛、更快、更好的互联网覆盖。"

2017 年 4 月，特朗普发布行政命令，成立跨部门的政府农业和农村繁荣特设工作组。时任农业部长珀杜（Sonny Perdue）被任命为这个特设工作组的组长。参加特设工作组的成员包括来自 22 个联邦机构和地方的领导人。为响应特朗普促进农业和农村繁荣的号召，特设工作组设想在美国农村建设一个拥有世界级资源、工具和支持系统，为世世代代发展建立强大的可持续社区。特设工作组确定了工作方式和优先事项及其行动框架。近一年来，特设工作组在美国各地举行了数次"座谈会"，与利益相关方直接接触，倾听农民们的意见和建议，与各州、各地方和部族政府以及在美国农村拥有股权的联邦机构进行协商，收集各方面的建议。

农业部部长兼特设工作组组长珀杜跑遍了全美的 30 多个州，他在有线广播网上说，"农村宽带是我们的责任"，"为增加农村地区宽带接入，必须激励私人资本投资，包括探索使用公私伙伴关系模式"。

二 跨部门特设工作组提出从五个行动领域繁荣农村

特设工作组成立后，在调研基础上提出了超过 100 项建议，试图帮助改善美国农村的生活，这些建议围绕以下五个方面展开（见附录九图 -1）。

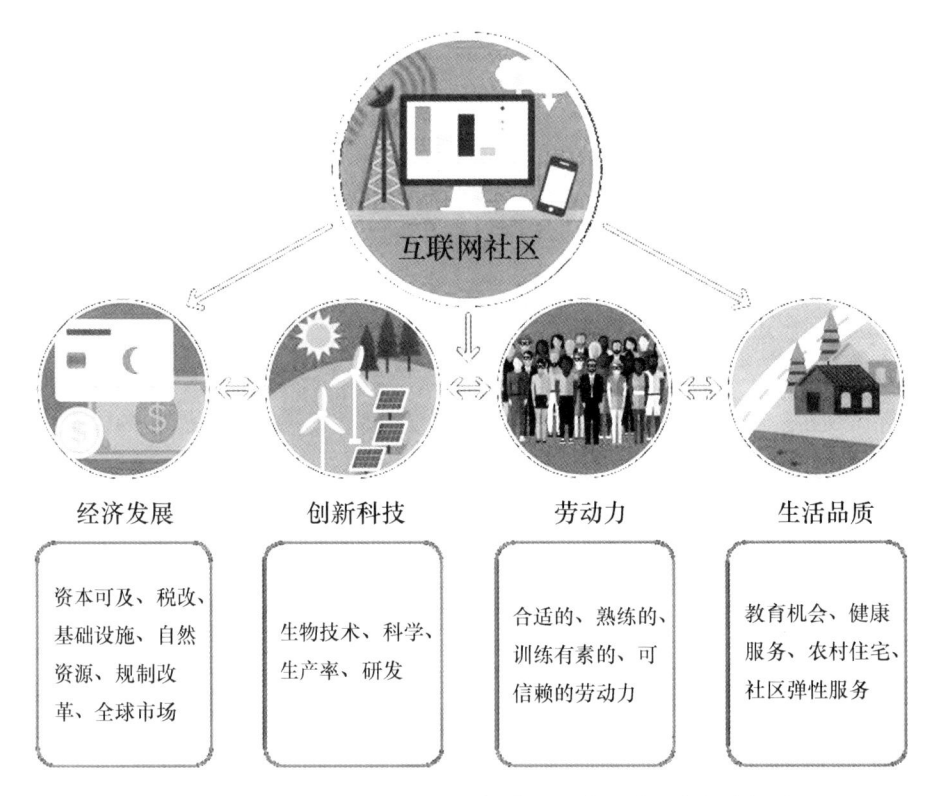

附录九图-1 特设工作小组提出繁荣美国农村的五个行动领域

行动领域1：实现农村信息化

在以信息化为基础的全球经济发展中，互联网不仅为人们提供了舒适和便利，也对经济和社会发展至关重要。互联网将家庭、学校、医疗服务中心相互连接，也与世界各地相互连接，也是提高农场、工厂、森林业、矿业和小型企业劳动生产率的工具。互联网已经成为经济发展、创新、技术进步、劳动力培养和生活品质提升的基本手段。可靠和高速的互联网体系将是美国农村繁荣的催化剂。

行动领域2：提高生活品质

确保美国农民能够有高品质的生活是农村繁荣的前提。生活品质是测量人类福祉的重要指标，包含了一系列的经济和社会指标，诸如公用设施、自由式住宅、有效交通工具、可靠的就业等经济指标。经济指标只有与社会指标结合起来才能构成完整的生活品质指标，社会指标包括可及的医疗服务、公共安全、教育和社区抵御风险的能力等。只有经济和社会协调发展才能使农村社区蓬勃发展和实现繁荣。

行动领域 3：支持农村劳动力

为了实现美国农村的繁荣，农村社区要为居民提供就业机会，雇主也需要合格的劳动力来实现自己的经营目标。这就要求明确就业需求，倡导城市和农村服务中心的工作人员为劳动力提供培训，帮助当地企业和组织找出劳动力方面存在的问题，然后与各级教育培训机构合作，开展职业培训，提供学徒机会，培养农村发展所需要的人才。只有为农村社区、各类组织和企业提供熟练的劳动力，才能实现农村地区的繁荣发展，建设繁荣的农村社区。

行动领域 4：利用技术创新

制造业、采矿业和其他非农产业的创新可以提高企业效率和安全性。农村经济进一步发展需要教育，开展相关研究，加强监管，完善基础设施。在大数据日益发挥作用的现代经济中，还需要加强农村大数据开发，提高农村地区大数据的管理能力。

行动领域 5：发展农村经济

要向农村地区注入更强大的商业资源，给农业经济赋权。通过扩大资金选择渠道提高农民和牧场主的生产力，进一步提升农村地区的生存能力和竞争能力。通过创新和推广农业技术、能源安全、娱乐、农业旅游和可持续的森林管理，赋权给社区充分利用美国农村发展基金的机会。要加强农村交通基础设施建设，把更多"美国制造"的农产品运送到国内外市场，提高美国农业的全球竞争力。

三 签署以宽带发展引领农业和农村繁荣的行政令

2018 年 1 月 8 日，在田纳西州演讲之后，特朗普签署了两个行政命令，《内政部长总统备忘录》和《总统加速在美国农村寻找宽带设施的行政命令》。

第一个行政命令指示内政部将其一部分资产用于农村宽带安装。在这个行政命令中，特朗普要求行政部门将政策作为可行性工具来加速在美国农村部署和采用负担得起的、可靠的现代高速宽带连接，范围覆盖农村家庭、农场、小企业、制造和生产基地、部族社区、运输系统、医疗和教育设施，等等。为了降低宽带在农村部署的成本，可鼓励尝试宽带设施部署的商业模式，扩大对宽带基础设施的投资。为此，行政部门将设法使联邦资产在农村宽带部署中更好发挥作用，同时适当考虑到国家安全问题。

第二个行政命令要求简化安装过程，要求有关机构使用标准化的表格和合同在联邦建筑物上安装天线，提高安装效率。在这份行政命令中，特朗普告诉美国人，特别是美国农村，只有获得可靠、价格合理的宽带互联网服务，才能在当今以信息化为基础的全球经济中取得成功。目前，太多的美国公民和企业仍然无法获得与现代经济链接的基本工具。这个问题在美国农村尤其严重，互联网问题阻碍了美国农村社区的经济繁荣和社会发展，表现在不能更好地吸引新的项目、增加就业、扩大负担得起的高质量医疗保健范围、用数字工具提升学生学习能力、方便进入数字市场等方面。为实现农村宽带基础设施项目的可持续发展，行政部门和有关机构应当更有效地利用政府资源，简化安装过程，提高工作效率，设法消除资金投入壁垒，扫除宽带建设障碍。这里的所谓"联邦财产"指联邦土地、建筑物、道路权利、联邦政府援助的公路和部落土地等，管理机构是指联邦政府对这些资产进行保管和控制或负责管理的机构。这两份行政命令对执行过程中的问题、程序、时间都作出了明确规定。

总之，特朗普的美国农村繁荣计划有两点需要关注，一是其农村宽带发展计划，这是一个实现农业现代化的计划。二是其对2050年全球粮食历史性需求的考量，展示了美国的远期战略视野。

参考文献

经典文献：

《习近平谈治国理政》第一卷，外文出版社2014年版。

《习近平谈治国理政》第二卷，外文出版社2017年版。

习近平：《摆脱贫困》，福建人民出版社、海峡出版发行集团2014年版。

习近平：《干在实处，走在前列》，中共中央党校出版社2013年版。

习近平：《习近平总书记系列重要讲话读本》，学习出版社、人民出版社2016年版。

习近平：《知之深，爱之切》，河北出版传媒集团、河北人民出版社2015年版。

中文文献：

曹志强：《当代英国公共服务改革研究》，山东人民出版社2009年版。

陈福今、袁曙宏等：《欧洲公共部门绩效评估》，国家行政学院出版社2005年版。

陈湘鹏：《迷失的印度》，中央编译局出版社2017年版。

邓国省、肖明超等：《群众评议政府绩效——理论、方法与实践》，北京大学出版社2006年版。

樊纲、武良成：《城市化：一系列公共政策的集合》，中国经济出版社2009年版。

费孝通：《费孝通文集》第八卷，群言出版社1999年版。

费孝通：《费孝通文集》第一卷，群言出版社1999年版。

费孝通：《社会学的探索》，江苏人民出版社1984年版。

费孝通：《文化与文化自觉》，群言出版社2010年版。

《改革开放以来历届三中全会文件汇编》，人民出版社2013年版。

高新军：《美国地方政府治理》，西北大学出版社 2005 年版。

国家统计局：《2009 中国统计年鉴》，中国统计出版社 2009 年版。

韩震：《公共领域与宽容》，社会科学文献出版社 2008 年版。

何正斌：《经济学 300 年》，湖南科学技术出版社 2010 年版。

黄晓勇、潘晨光、蔡礼强：《中国民间组织报告（2009—2010）》，社会科学文献出版社 2009 年版。

李思名等：《中国社会发展——香港学者的分析》，香港教育图书公司 1995 年版。

梁漱溟：《我的努力与反省》，（台湾）老古文化事业股份有限公司 2002 年版。

梁晓声：《中国文化的性格》，中信出版集团、现代出版社 2018 年版。

林承节：《印度史》，人民出版社 2014 年版。

刘俊海：《论社会权的保护及〈经社文公约〉在中国的未来实施》，载刘海年主编《经济、社会和文化权利国际公约研究》，法制出版社 2000 年版。

南怀瑾：《老子他说》，（台湾）老古文化事业股份有限公司 2009 年版。

欧阳中石：《文化漫谭》，人民日报出版社 2017 年版。

钱穆：《晚学盲言》（上、下），（台湾）东大图书有限公司 1996 年版。

钱穆：《中国历史精神》，九州出版社 2016 年版。

任进：《比较地方政府与制度》，北京大学出版社 2008 年版。

苏玉堂：《中外人事制度方略全书》，中国人事出版社 1993 年版。

田北海：《香港与内地老年社会福利模式比较》，北京大学出版社 2008 年版。

王赓武：《更新中国》，浙江人民出版社 2018 年版。

王蒙：《王蒙执论》，人民出版社 2014 年版。

王蒙：《文化掂量》，南方出版传媒、花城出版社 2015 年版。

王名、李勇、黄浩明：《英国非营利组织》，社会科学文献出版社 2009 年版。

王逸：《困境与变革：政府绩效评估发展论纲》，湖南人民出版社 2007 年版。

王雍君等：《地方政府投融资研究》，经济科学出版社 2009 年版。

魏礼群：社会管理创新案例选编（上中下），人民出版社 2011 年版。

吴建南、马亮：《测量政府绩效，亦需解释政府绩效》，中央编译出版社 2008 年版。

吴敬琏：《当代中国经济改革教程》，上海远东出版社 2010 年版。

吴敬琏：《当代中国经济改革》，上海远东出版社 2005 年版。

吴晓波：《吴敬琏传》，中信出版社 2010 年版。

吴义雄：《大变局下的文化相遇》，中华书局 2018 年版。

袁方：《社会研究方法教程》，北京大学出版社 1997 年版。

曾繁正：《西方国家法律制度社会政策立法》，红旗出版社 1998 年版。

张岱年、程宜由：《中国文化精神》，北京大学出版社 2015 年版。

张平等：《中国改革开放：1978—2008》，人民出版社 2009 年版。

《〈中共中央关于全面深化改革若干重大问题的决定〉辅导读本》，人民出版社 2013 年版。

中国科学院战略研究课题组：《中国现代化报告 2006》，北京大学出版社 2007 年版。

周执前：《国家与社会：清代城市管理机构与法律制度变迁研究》，四川出版集团 2009 年版。

朱秋霞：《德国财政制度》，中国财政经济出版社 2005 年版。

［丹麦］埃里克·阿尔贝克等：《北欧地方政府：战后发展趋势与改革》，常志霄等译，北京大学出版社 2005 年版。

［丹麦］本特·格雷夫主编：《比较福利制度——变革时期的斯堪的纳维亚模式》，许耀桐译，重庆出版集团 2006 年版。

［德］范笔德：《亚洲的精神性：印度与中国的灵性和世俗》，金泽译，社会科学文献出版社 2016 年版。

［德］赫尔穆特·沃尔曼：《德国地方政府》，陈伟译，北京大学出版社 2005 年版。

［德］克劳斯·科赫：《市场的贪欲》，张洪明等译，社会科学文献出版社 2002 年版。

［德］裴迪南·滕尼斯：《新时代的精神》，林荣远译，北京大学出版社 2006 年版。

［德］维尔纳·桑巴特：《为什么美国没有社会主义》，王明璐译，社会科学文献出版社 2014 年版。

［德］沃尔夫冈·查普夫：《现代化与社会转型》，陈黎等译，社会科学文

献出版社 1998 年版。

［法］柯雷：《公众参与和社会治理》，李华等译，中国大百科全书出版社 2018 年版。

［法］米歇尔·维沃尔卡：《社会学前沿九讲》，王鲲等译，中国大百科全书出版社 2017 年版。

［法］让·雅克·卢梭：《论人类不平等的起源》，李常山译，九州出版社 2007 年版。

［法］托克维尔：《托克维尔文集》第 1 卷，商务印书馆 2013 年版。

［加］理查德·廷德尔等：《加拿大地方政府》，于秀明等译，北京大学出版社 2005 年版。

［加］梁鹤年：《西方文明的文化基因》，生活·读书·新知三联书店 2018 年版。

［美］阿尔·戈尔：《未来：改变全球的六大驱动力》，冯洁音译，上海译文出版社 2013 年版。

［美］埃尔金·亨特、戴维·科兰德：《社会科学 社会研究导论》，北京大学出版社 2005 年版。

［美］埃里克·西格尔：《大数据预测》，周昕译，中信出版社 2014 年版。

［美］艾伦·格林斯潘：《动荡的世界：风险、人性与未来的前景》，余江译，中信出版社 2014 年版。

［美］安东尼·唐斯：《官僚制内幕》，郭小聪译，中国人民大学出版社 2017 年版。

［美］安瓦·沙：《公共服务提供》，孟华译，清华大学出版社 2009 年版。

［美］彼得·F. 德鲁克：《养老金革命》，刘伟译，东方出版社 2009 年版。

［美］彼得·贝格尔：《宗教社会学》，谢夏珩译，中国社会科学出版社 2015 年版。

［美］彼得·德鲁克：《动荡时代的管理》，姜文波译，机械工业出版社 2006 年版。

［美］大卫·哈维：《资本社会的 17 个矛盾》，许瑞宋译，中信出版社 2016 年版。

［美］戴安娜·M. 迪托尼：《社会福利：政治和公共政策》，何敬等译，中国人民大学出版社 2007 年版。

［美］戴维·明德尔：《智能机器的未来》，胡小锐译，中信出版社2017年版。

［美］费正清：《美国与中国》，张理京译，世界知识出版社2018年版。

［美］格雷戈里·麦克劳克林：《政府创新：构建可持续创新的管理模式》，王文革译，人民邮电出版社2018年版。

［美］格罗弗·斯塔林：《公共部门管理》，陈宪等译，中国人民大学出版社2012年版。

［美］赫伯特·斯坦：《美国的财政革命》，苟燕楠译，上海财经大学出版社2010年版。

［美］亨利·黑兹利特：《一课经济学》，蒲定东译，中信出版社2008年版。

［美］亨利·基辛格：《美国的全球战略》，胡利平等译，海南出版社2009年版。

［美］贾雷德·戴蒙德：《为什么有的国家富裕，有的国家贫穷》，栾奇译，中信出版社2017年版。

［美］卡莱斯·鲍什：《民主与再分配》，熊洁译，上海世纪出版集团2011年版。

［美］凯蒂·加德纳：《人类学、发展与后现代挑战》，张有春译，中国人民大学出版社2009年版。

［美］拉斯·特维德：《创新力社会》，王佩译，中信出版社2017年版。

［美］莱斯特·M. 萨拉蒙等：《全球市民社会——非营利部门视界》，贾西津等译，社会科学文献出版社2002年版。

［美］莱斯特·M. 萨拉蒙：《公共服务中的伙伴——现代福利国家中的政府与非营利组织的关系》，田凯译，商务印书馆2008年版。

［美］雷切尔·博茨曼：《共享经济的时代：互联网思维下的协同消费商业模式》，唐朝文译，上海交通大学出版社2015年版。

［美］理查德·C. 博克斯：《公民治理——引领21世纪的美国社区》，孙柏瑛译，中国人民大学出版社2005年版。

［美］理查德·D. 宾厄姆：《美国地方政府的管理——实践中的公共行政》，北京大学出版社1997年版。

［美］理查德·布克斯塔伯：《理论的终结：金融危机、经济学的失败与人际互动的胜利》，何文忠译，中信出版社2018年版。

［美］刘易斯·A. 科塞：《社会思想名家》，石人译，上海人民出版社2007年版。

［美］龙多·卡梅伦等：《世界经济简史》，潘宁等译，上海译文出版社2009年版。

［美］罗伯特·J. 希勒：《非理性繁荣》，廖理译，中国人民大学出版社2004年版。

［美］罗伯特·耐尔·海尔布伦纳：《经济学的秘密》，秦海译，海南出版社2001年版。

［美］罗纳德·J. 奥克森：《治理地方公共经济》，万鹏飞译，北京大学出版社2005年版。

［美］玛丽昂·麦戈文：《零工经济：在新工作时代学会积累财富和竞争》，邱墨楠译，中信出版社2017年版。

［美］迈克尔·巴尔：《中国软实力》，石竹芳译，中信出版社2013年版。

［美］迈克尔·舒德森：《好公民——美国公共生活史》，郑一卉译，北京大学出版社2014年版。

［美］曼瑟尔·奥尔森：《集体行动的逻辑》，陈郁等译，上海人民出版社2011年版。

［美］米尔顿·M. 戈登：《美国生活中的同化》，马戎译，译林出版社2015年版。

［美］默里·罗斯巴德：《美国大萧条》，谢华育译，上海人民出版社2009年版。

［美］乔尔·科特金：《全球城市史》，王旭译，社会科学文献出版社2014年版。

［美］乔治·布伦特·斯考克罗夫特：《重组的世界：1989—1991年世界重大事件的回忆》，胡发贵等译，江苏人民出版社2000年版。

［美］乔治·沃克·布什：《抉择时刻》，东西网译，中信出版社2011年版。

［美］塞缪尔·鲍尔斯：《经济动物：自利的人类如何演化出利他道德？》，刘少阳译，浙江教育出版社2018年版。

［美］史蒂夫·托夫勒：《互联网第三次浪潮》，黄明坚译，中信出版社2017年版。

［美］史蒂文·瓦格：《社会变迁》，王晓黎译，北京大学出版社2005

年版。

［美］ 史蒂文·希尔：《经济奇点：共享经济、创造性破坏与未来社会》，苏京春译，中信出版集团 2017 年版。

［美］ 魏斐德：《中华帝国的衰落》，梅静译，民主与建设出版社 2017 年版。

［美］ 文森特·奥斯特罗姆：《美国地方政府》，井敏译，北京大学出版社 2004 年版。

［美］ 亚瑟·C. 布鲁克斯：《谁会真正关心慈善》，社会科学文献出版社 2008 年版。

［美］ 约翰·肯尼思·加尔布雷斯：《富裕社会》，赵勇等译，凤凰出版传媒集团、江苏人民出版社 2009 年版。

［美］ 约翰·肯尼思·加尔布雷斯：《好社会：人道的记事本》，胡利平译，译林出版社 1999 年版。

［美］ 约翰·威尔逊：《公共服务财政管理》，高鹏怀译，清华大学出版社 2008 年版。

［美］ 詹姆斯·M. 布坎南：《公共物品的需求与供给》，马珺译，上海人民出版社 2017 年版。

［美］ 詹姆斯·S. 科尔曼：《社会理论的基础》，邓方译，社会科学文献出版社 2008 年版。

［挪威］ 乔根·兰德斯：《2052：未来四十年的中国与世界》，秦雪征等译，译林出版社 2013 年版。

［挪威］ 斯坦恩·库恩勒等：《北欧福利国家》，陈寅章等译，复旦大学出版社 2010 年版。

［日］ 大前研一：《M 型社会：中产阶级消失的危机与商机》，刘锦秀等译，商周出版社、文化事业出版股份有限公司 2006 年版。

［日］ 青木昌彦：《政府在东亚经济发展中的作用》，中国经济出版社 1998 年版。

［日］ 岩井克人：《未来的公司》，张永亮等译，人民东方出版传媒有限公司 2018 年版。

［以］ 阿里·沙维特：《我的应许之地》，简扬译，中信出版社 2016 年版。

［以］ 柴姆·卡西姆：《民主制中的以色列地方政府》，余斌等译，北京大学出版社 2005 年版。

［意］杰奥瓦尼·阿瑞基：《漫长的20世纪：金钱、权利与我们社会的根源》，姚乃强等译，江苏人民出版社2001年版。

［印度］阿鲁·萨丹拉彻：《共享经济的爆发》，周恂译，文汇出版社2017年版。

［印度］阿马蒂亚·森：《惯于争鸣的印度人：印度人的历史、文化和身份》，刘建译，中国人民大学出版社2018年版。

［印度］贾瓦哈拉尔·尼赫鲁：《印度的发现》，齐文译，世界知识出版社2018年版。

［印度］克里希那·克里帕拉尼：《甘地传》，张罗等译，四川人民出版社2017年版。

［印度］克里希那穆提：《谋生之道》，廖世德译，九州出版社2010年版。

［印度］拉纳吉特·古哈特：《少数人的恐惧》，任其然译，商务印书馆2017年版。

［印度］泰戈尔：《泰戈尔诗选》，人民文学出版社2002年版。

［英］埃里克·霍布斯鲍姆：《工业与帝国：英国的现代化历程》，梅俊杰译，中央编译出版社2016年版。

［英］安格斯·麦迪森：《世界经济千年统计》，伍晓鹰等译，北京大学出版社2009年版。

［英］戴维·维尔逊、克里斯·盖姆：《英国地方政府》，张勇译，北京大学出版社2009年版。

［英］凯西·卡麦兹：《建构扎根理论：质性研究实践指南》，边国英译，重庆大学出版社2009年版。

［英］理查德·威尔金森、凯特·皮克特：《不平等的痛苦：收入差距如何导致社会问题》，安鹏译，新华出版社2010年版。

［英］马丁·雅克：《当中国统治世界》，张莉译，中信出版社2010年版。

［英］亚当·斯密：《国富论》，杨敬年译，陕西人民出版社2006年版、邮电出版社2018年版。

《第二次全国经济普查主要数据公报》，《人民日报》2010年1月11日。

《建设服务型政府离不开"第三部门"》，《领导决策信息》2009年12月28日。

刘尚希：《基本公共服务均等化：目标及政策路径》，《中国经济时报》2007年6月14日。

《浦东构建"一园一网一线一品牌项目"NGO 服务网络》,《领导决策信息》2009 年 12 月 28 日。

张立伟:《遏制"三公"消费完善财政支出》,《21 世纪经济报道》2010 年 1 月 8 日。

费孝通:《社会学家派克论中国》,《再生》1933 年卷二第 1 期。

关今华、袁俊韬:《论社会保障的本质——以基本人权为中心》,《福建法学》2006 年第 1 期。

李长健、李伟:《和谐语境下农民社会保障权的法律保护》,《北方论丛》2006 年第 5 期。

刘小玄、赵浓:《论公共部门合理边界的决定》,《经济研究》2007 年第 3 期。

任剑涛:《事业单位改革能否成功关键在政府》,《改革内参》2011 年第 16 期。

[英] 马克·布莱思:《美国资本主义的终结？马克·吐温、忧愁湖及当前的危机》,《交流》2009 年冬季刊。

曾五一、许永洪:《中国国民经济核算研究 30 年回顾》,《统计研究》2010 年第 1 期。

英文文献:

http：//dictionary. bnet. com/definition/public + expenditure. html.

Arun Sundararajan, *The Sharing Economy*, the MIT Press, 2016.

Bill Clinton, *Back to Work：Why We Need Smart Government for A Strong Economy*, Published by Hutchinson, 2011.

Bulletin of the World Health Organization, Print version ISSN 0042 – 9686 *Bull World Health Organ*, Genebra Jan, Vol. 86, No. 1, 2008.

Cathy A. Trower, *Practitioners's Guide to Governance as Leadership*, Josset-Bass A Wiley Brand, 2013.

Craig A. Lochard, *Socities, Networks, and Transitions*, Cengage Learning, 2011.

David Horton Smith, Robert A. Stebins, and Michad A. Dover, *Nonprofit Terms & Concepts*, Indiana University Press, Bloomington & Indianapolis, 2006.

David Pearce, *Sustainable Development：Economic and Enviornment in the Third*

World, Edward Elgar, 1990.

Dennis Sherman, *The West in the World*, Mc Graw Hill Education, 2014.

Domian Ryan, *Understanding Social Media*, KoganPage, London Philadelphia New Delni, 2015.

Drucher P., *Management: Tasks, Responsibilities and Practice*, New York: Harper & Row.

Elizabeth A. Segal, *Social Welfare Policy and Social Pograms*, Cengage Learning, 2016.

Fred Kaplan, *Dark Territory*, Simon & Schuster, 2016.

Geert Hofstede, *Cultures and Organizations: Software of the Mind*, Mc Graw Hill, 2010.

Geert Hofstede, Gert Jan Hofstede, and Michael Minkov, *Cultures and Organizations: Software of the Mind*, Mc Graw Hill, 2010.

Geoffrey G. Parker, Marshall W. Van Alstyne and Sangeet Paul Choudary, *Platform Revolution*, W. W. Norton & Company Inc. , 2016.

Gordon McGranahan, *The Citizens at Risk, from Urban Sanitation to Sustainable Cities*, SEI Stockholm Enviornment Institute, 2001.

Helmut Anheier, *The Study of the Nonprofit Enterprise: Theories and Approaches*, Kluwer Academic/Plenum Publishers, 2003.

Holley H. Ulbrich, *Public Finance in Theory and Practice*, Thomson Learning, 2003.

James Rickards, *The Death of Money*, Published by the Penguin Group, 2014.

Jens Alber, *Hnadbook of Quality of Life in the Englarged European Union*, Routledge Taylor & Francis Group, London and New York, 2008.

J. M. Poterba, K. S. Rueben, "The Effect of Property-tax Limits on Wages and Employment in the Local Public Sector", *The American Economic Review*, 1995 – jstor. org.

John A. Allison, *The Leadership Crisis and the Free Market Cure*, Mc Graw Hill Education, 2015.

Joseph S. Nye Jr, *The Paradox of American Power*, Oxford University Press, 2002.

Kenneth J. Guest, *Cultural Anthropology, a Toolkit for a Global Age*,

W. W. North & Company, New York·London, 2016.

Ku-Hyun Jung, *Civil Society Response to Aisan Crises*, Instutute of East and West Studies, Yonsei University, 2003.

Lester M. Salamon, Editor, *The Tools of Government*: *A Guide to the New Governance*, Oxford University Press, New York, 2002.

Melissa S. Barker, *Social Media Marketing*, Cengage Learning, 2013.

Michael Hechter, Christine Horne, *Theories of Social Order*, Stanford Social Science An Imprint of Stanford Univerisity, 2003.

Muhammad Yunus, Karl Weber, "Building Social Business", *The New Kind of Capitalism that Serves Humanity's Most Pressing Needs*, Published by Public Affairs, 2011.

Munus Muhammad, *Building Social Business*, Public Affairs, New York, 2010.

National Intelligence Council, Global Trends 2025, A Transformed World, 2009, Washington D. C.

Olivier Blanchard, *In the Wake of the Crisis*, the MIT Press, Cambridge, Massachusetts, London, England, 2012.

Osaka Keizai University, *Centre for Japanese Economic Studies*, Macquarie University, Sydney NSW 2109, Australia, May 2004, CJES Research Papers, No. 2004 - 1, ISBN 1 - 86408 - 982 - 2.

Ostrom, Elinor (1990), *Governing the Commons*: *The Evolution of Institutions for Collective Action*, Cambridge University Press.

Ostrom, Elinor (2003), "How Types of Goods and Property Rights Jointly Affect Collective Action", *Journal of Theoretical Politics*, Vol. 15, No. 3, 2003.

Ostrom, Elinor, Roy Gardner, and James Walker (1994), *Rules, Games, and Common-Pool Resources*, University of Michigan Press, 1994.

Owen E. Hughes, *Public Management and Administration*: *An Introduction*, Palgrave Macmillan, 2003.

Paul Krugman, *The Return of Depress on Economics and the Crisis 2008*, W. W. Norton & Company Inc., 2009.

Philip Kotler, *Confronting Capitalism*, AMACOM, American Management Association, 2015.

Philippe Legrain, *Open World: The Truth about Globalization*, Great Britain by Abacus, 2002.

Rajeev Peshawaria, *Be the Change: Essays on Leadership & Governance*, Mc Graw Hill Education, 2015.

Ram Charan, *Leadership in the Era of Economic Uncertainty*, Mc Graw Hill, 2009.

Randy Charles Epping, *21st Cneturt Economiy: A Begingner's Guide*, Vintage Books, A Division of Random House, INC, New York, 2009.

Richard Templar, *The Ruies of Life*, Pearson Prentice Hall, 2006.

Smith, Bucklin & Associates, *The Complte Guide to Nonprofit Management*, John Wiley & Sons, Inc., 1994.

The Republic of Uganda Local Government Finance Commission, *Introduction of Equalization Grant*, March, 1999.

Thomas P. M. Barnett, *America and the World after Bush*, G. P. PUTNAM'S SON, New York, 2009.

Vivian Hutchinson and the New Zealand Social Entrepreneur Fellowship, *How Communities HEAL: Strories of Social Innovation and Social Change*, The Florencw Press, 2011.

Wiley Blackwell, *Cities of Tomorrow*, Peter Hall, 2014.

W. John Hoffmann, *China into the Future*, John Wiley & Sons (Asia) Pte. Ltd., 2008.

Yoshiko Hayashi, *Consumption Inequality and Public Consumption*, Yoshiko Hayashi.

后　　记

这本书是2013年我主持的社会科学基金重点课题"社会体制改革的总目标整体规划和配套设计研究"（项目批准号：13AZD017）最终成果的一部分。在此，我首先对社会科学基金的大力支持表示衷心感谢。

课题完成后的半年里，我又围绕课题核心内容展开大量阅读，对课题报告进行修改完善，增加更多对社会发展历史、国别社会发展和社会关系模式等方面思考的内容。

在课题研究过程中得到了课题组的同仁的密切配合、大力支持。北京师范大学张强教授、中共中央党校（国家行政学院）李志明教授、中共中央党校（国家行政学院）科研部王君琦同志等同仁对课题研究倾注了大量心血，在前期研究中提供了高质量专题研究报告。

我要感谢我所在的部门，原国家行政学院决策咨询部的同事刘晓春女士、社会和文化教研部的老领导祁述裕教授、马庆钰教授等同仁，中共中央党校（国家行政学院）社会和生态文明教研部主任龚维斌教授和同仁。这些年来与他们一起工作和学习，使我不断受到启发，得到提高，思想不断丰富。尤其是新组建的中共中央党校（国家行政学院）社会和生态文明教研部积极探索通过学术共同体推进学术研究。在这个共同体中，大家一起学习、研讨、交流，一起进步。

附录一、二、八是我与首页大数据科技股份有限公司合作形成的报告；附录五的问卷发放和处理得到北京志愿服务联合会的大力支持，同时在分析问卷中也采用了第九届中国（北京）国际园林博览会志愿者部的网络调查数据；附录六得到北京市社会工委的大力支持，在此一并致谢。

我的博士生史李娟、黄广荣、黎明奇在著作初稿完成后帮助我校对和调整格式，做了大量工作，在此表示感谢。

我还要感谢中国社会科学出版社的大力支持,特别是责任编辑刘艳女士不辞辛苦,鼎力相助,在她的大力支持下,这本著作才得以出版。

我还要感谢我的爱人江汛清女士,在这个课题研究的后期,我们共同经历了有生以来的最大挫折,她的理解、支持、鼓励和她的坚强毅力帮助并鞭策我努力工作,使我得以安心完成这部书稿。

丁元竹
2020 年 10 月 9 日